★ **Cathedral of St John the Divine** ⑫
*p. 224-225*

★ **Solomon Guggenheim Museum** ⑪
*p. 186-187*

★ **Metropolitan Museum (MET)** ⑩
*p. 188-195*

★ **St Patrick's Cathedral** ⑤
*p. 176-177*

★ **Le siège des Nations Unies** ⑧
*p. 158-161*

★ **Grand Central Terminal** ⑥
*p. 154-155*

**À NE PAS MANQUER :**

★ **The Cloisters** *p. 234-237*

★ **Le jardin botanique** *p. 240-241*

★ **Bronx Zoo/Wildlife Conservation Park** *p. 242-243*

★ **Brooklyn Museum** *p. 248-251*

GUIDES VOIR

# NEW YORK

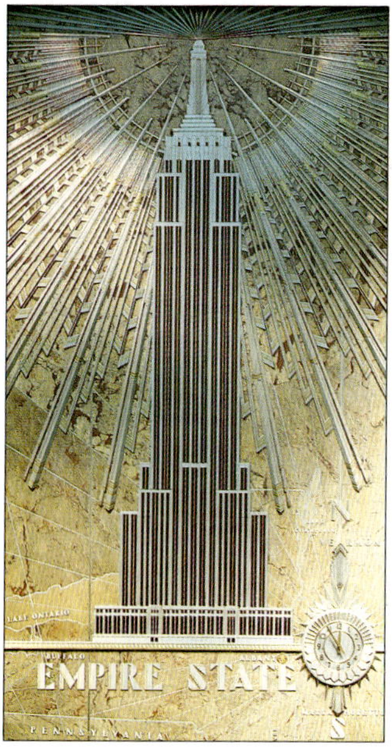

GUIDES VOIR

# NEW YORK

HACHETTE

HACHETTE

CE GUIDE VOIR A ÉTÉ ÉTABLI PAR
Eleanor Berman

GUIDES DE VOYAGE HACHETTE
43, quai de Grenelle 75905 Paris Cedex 15

DIRECTION
Isabelle Jeuge-Maynart

DIRECTION ÉDITORIALE
Catherine Marquet

ÉDITION
Hélène Gédouin
Paulina Nourissier

TRADUIT ET ADAPTÉ DE L'ANGLAIS PAR
Nicolas Serpette et Christophe Watkins,
avec la collaboration de Romain Couderc.

MISE EN PAGE (P.A.O.)
Maogani

DK

Publié pour la première fois en Grande-Bretagne en 1993,
sous le titre : *Eyewitness Travel Guide : New York*


IMPRIMÉ ET RELIÉ PAR DAI NIPPON PRINTING CO. (HONG KONG) LIMITED

DÉPÔT LÉGAL : 7547, février 2000
Collection 32 – Édition 01
ISBN : 2-01-243152-6
ISSN : 1246 - 8134
N° DE CODIFICATION : 24-3152-6

Aussi soigneusement qu'il ait été établi, ce guide n'est pas à l'abri des changements de dernière heure. Faites-nous part de vos remarques, informez-nous de vos découvertes personnelles : nous accordons la plus grande attention au courrier de nos lecteurs.

# SOMMAIRE

**La star du base-ball, Babe Ruth (1895-1948)**

## PRÉSENTATION DE NEW YORK

**La pointe sud de Manhattan**

## NEW YORK QUARTIER PAR QUARTIER

**La boulangerie Vesuvio, SoHo**

**Trump Tower, Upper Midtown**

**New York City Ballet**

**Remorqueur au North Wind Undersea Institute Museum**

## BONNES ADRESSES

**Bagel d'un *deli* de New York**

## RENSEIGNEMENTS PRATIQUES

**Solomon Guggenheim Museum, Upper East Side**

# COMMENT UTILISER CE GUIDE ?

Ce guide a pour but de vous aider à profiter au mieux de votre séjour à New York. L'introduction, *Présentation de New York*, situe la ville dans son contexte géographique et historique, et explique comment la vie y évolue au fil des saisons. *New York d'un coup d'œil* offre un condensé de ses merveilles. *New York quartier par quartier* est la partie la plus importante de ce livre. Elle présente en détail tous les principaux sites et monuments. Enfin, le chapitre proposant *Cinq promenades à pied* vous guide dans des endroits que vous auriez pu manquer. *Les bonnes adresses* vous fourniront des informations sur les hôtels, les marchés, les bars ou les théâtres, et les *Renseignements pratiques* vous donneront des conseils utiles, que ce soit pour poster une lettre ou prendre le métro.

## NEW YORK QUARTIER PAR QUARTIER

Nous avons divisé la cité en 15 quartiers. Chaque chapitre débute par un portrait du quartier, de sa personnalité et de son histoire. Sur le *plan du quartier*, des numéros situent clairement les sites et monuments à découvrir. Un plan *pas à pas* développe ensuite la zone la plus intéressante. Le système de numérotation des monuments, constant tout au long de cette section, permet de se repérer facilement de page en page. Ils correspond à l'ordre dans lequel les sites sont décrits en détail.

**1 Plan général du quartier**
*Un numéro signale les monuments du quartier. Sur ce plan figurent aussi les stations de métro, les héliports et les embarcadères de ferry.*

**2 Plan pas à pas**
*Il offre une vue aérienne du cœur de chaque quartier. Pour vous aider à les identifier en vous promenant, les bâtiments les plus intéressants ont une couleur plus vive.*

**Des photos** d'ensemble ou de détail, permettent de reconnaître les monuments.

**Une carte de situation** indique où se trouve le quartier dans la ville.

**Des repères colorés** aident à trouver le quartier dans le guide.

**La Trump Tower** ❷ est aussi représentée sur ce plan.

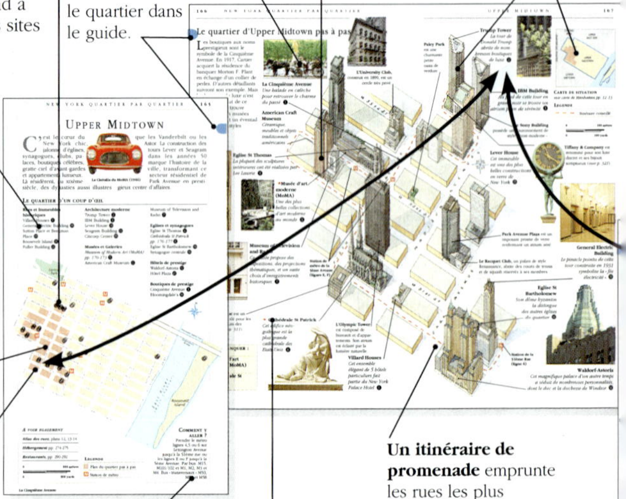


**Le quartier d'un coup d'œil** classe par catégorie les centres d'intérêt du quartier : rues et bâtiments historiques, églises, musées, parcs et jardins.

**La zone** détaillée dans le *plan pas à pas* est ombrée de rouge.

**Un itinéraire de promenade** emprunte les rues les plus intéressantes.

**Des numéros** situent les monuments sur le plan. La Trump Tower, par exemple, est en ❷.

**Vous savez** comment atteindre le quartier rapidement.

**Des étoiles rouges** indiquent les sites à ne pas manquer.

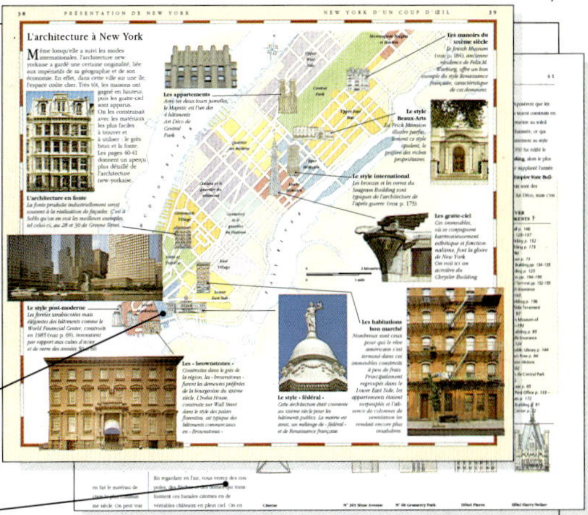


## New York d'un coup d'œil

Chaque plan de cette partie du guide est consacré à un thème : *Musées, Architecture, Diversité culturelle, Hôtes célèbres.* Les lieux les plus intéressants sont indiqués sur le plan ; d'autres sont décrits dans les deux pages suivantes.

**Chaque quartier** a sa couleur.

**Le thème** est développé dans les pages suivantes.

### 3 Renseignements détaillés

*Cette rubrique donne des informations détaillées et des renseignements pratiques sur tous les monuments intéressants. Leur numérotation est celle du* plan du quartier.

### Informations pratiques

Chaque rubrique donne les informations nécessaires à l'organisation d'une visite. Une table des symboles se trouve sur le rabat de la dernière page.

**Report au plan de l'atlas des rues**

**Adresse**

**Numéro du site**

**Trump Tower ❷**

725 5th Ave. **Plan** 12 F3.

☎ 832-2000. Ⓜ 5th Ave-53rd St.

***Niveau jardin, boutique ouv.*** *10h-18h du lun. au sam.* ***Bât. ouv.*** *8h-22h tlj.* ***Entrée libre****. Voir* ***Boutiques et marchés*** *p. 311.* ***Concerts.***

**Heures d'ouverture**

**Services et équipements disponibles**

**Numéros de téléphone**

**Station de métro**

### 4 Principaux monuments à New York

*Deux pleines pages, ou plus, leur sont réservées. La représentation des bâtiments historiques en dévoile l'intérieur. Les plans des musées, par étage, vous aident à y localiser les plus belles expositions.*

**Le mode d'emploi** vous aide à organiser ou simplifier votre visite.

**Une photo** de la façade de chaque lieu important vous permet un repérage rapide.

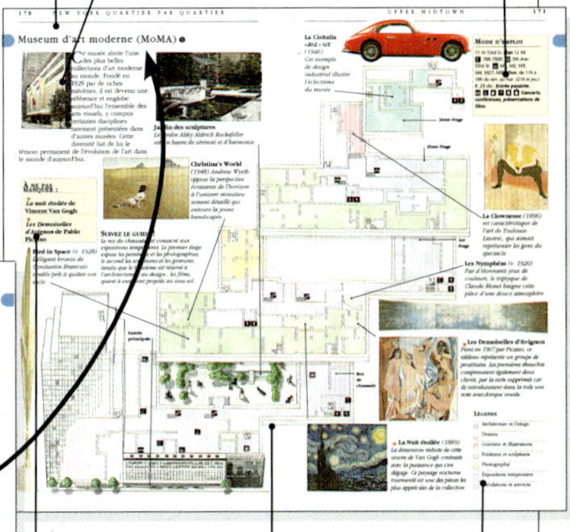


**Des étoiles rouges** signalent les détails architecturaux les plus intéressants et les œuvres d'art les plus remarquables.

**Une légende** vous aide à trouver votre chemin parmi les collections.

**Les étages** sont indiqués « à l'européenne ». Notre rez-de-chaussée correspond au premier étage aux États-Unis.

# Présentation de New York

# New York dans son environnement

New York est une ville de plus de neuf millions d'habitants qui s'étend sur 780 km². Elle donne son nom à l'État de New York, dont la capitale est Albany, à 250 km au nord. New York est aussi une bonne base de départ pour aller visiter Boston ou Philadelphie, et se rendre aux chutes du Niagara.

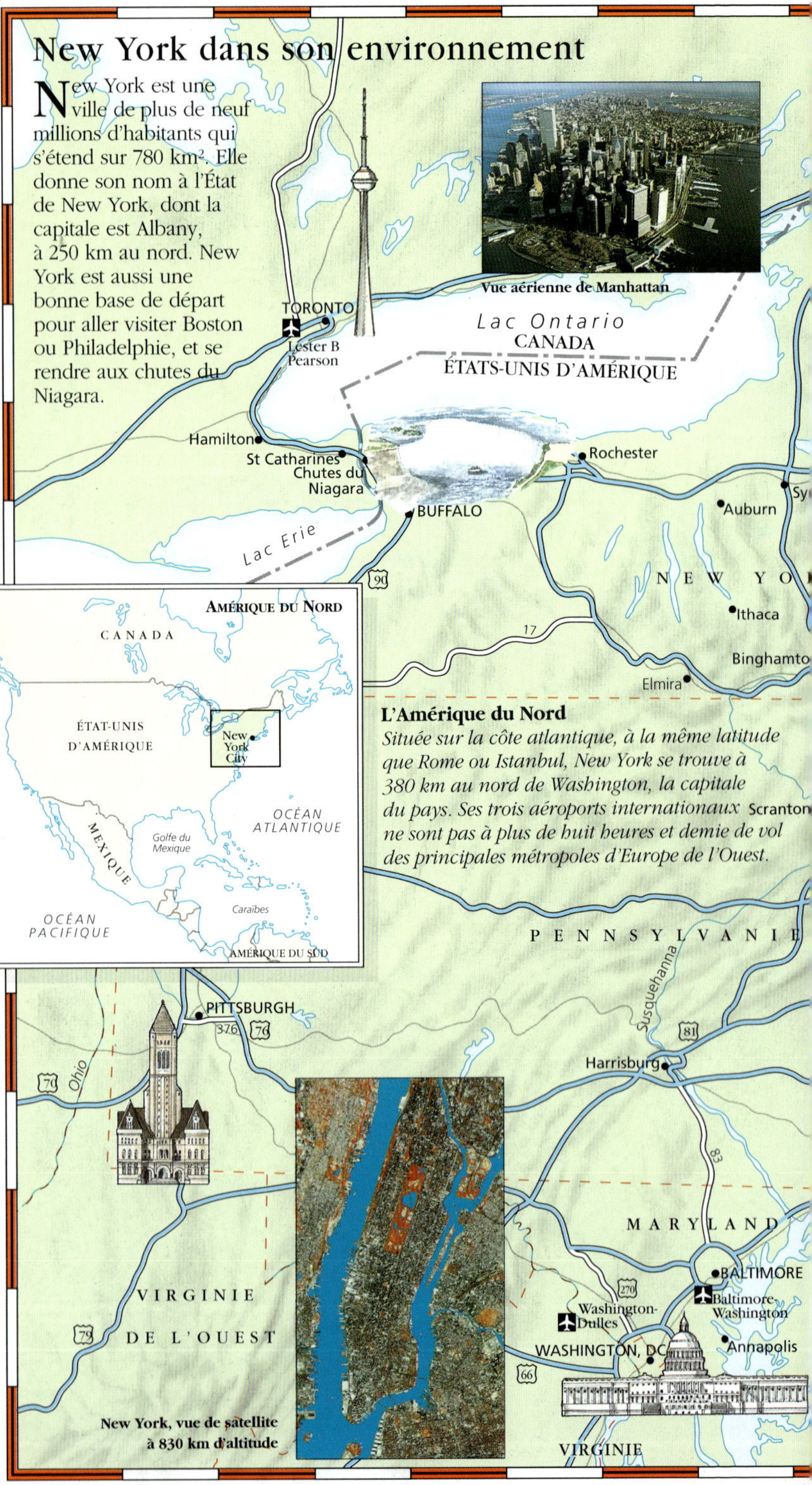


Vue aérienne de Manhattan

**L'Amérique du Nord**

*Située sur la côte atlantique, à la même latitude que Rome ou Istanbul, New York se trouve à 380 km au nord de Washington, la capitale du pays. Ses trois aéroports internationaux ne sont pas à plus de huit heures et demie de vol des principales métropoles d'Europe de l'Ouest.*

New York, vue de satellite à 830 km d'altitude

## L'agglomération de New York

Greater New York *est le regroupement de 5 municipalités ou* boroughs *: Manhattan (où sont réunis la plupart des centres d'intérêt), le Bronx, le Queens, Brooklyn et Staten Island. Sans quitter le périmètre de la ville, vous trouverez, p. 250-253, le détail des visites à faire hors de Manhattan. Des excursions plus lointaines sont également proposées p. 377.*

# Manhattan

La plupart des sites décrits dans cet ouvrage sont répartis dans une quinzaine de quartiers de Manhattan, chacun faisant l'objet d'un chapitre particulier. Si vous avez peu de temps, ne visitez qu'un ou deux quartiers. Dans Lower Manhattan, les plus vieux bâtiments côtoient les plus modernes et c'est de là que vous pourrez embarquer pour Staten Island d'où vous admirerez la célèbre vue des gratte-ciel posés sur l'eau. Sur la Cinquième Avenue vous trouverez des boutiques de luxe, des musées et des gratte-ciel historiques comme le Chrysler Building. Dans Upper East Side, l'« avenue des musées », Museum Mile constitue un paradis culturel à proximité de l'oasis de verdure de Central Park.

**Pages 138-147**
*plans*
*8, 11-12*

**Pages 128-137**
*plans*
*7-8*

**Pages 106-113**
*plans*
*3-4*

**Pages 100-105**
*plan*
*4*

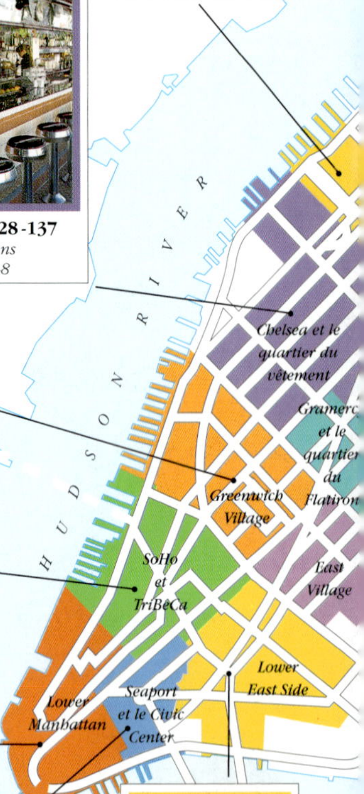

**Pages 64-79**
*plans*
*1-2*

**Pages 80-91**
*plans*
*1-2*

**Pages 92-99**
*plans*
*4, 5*

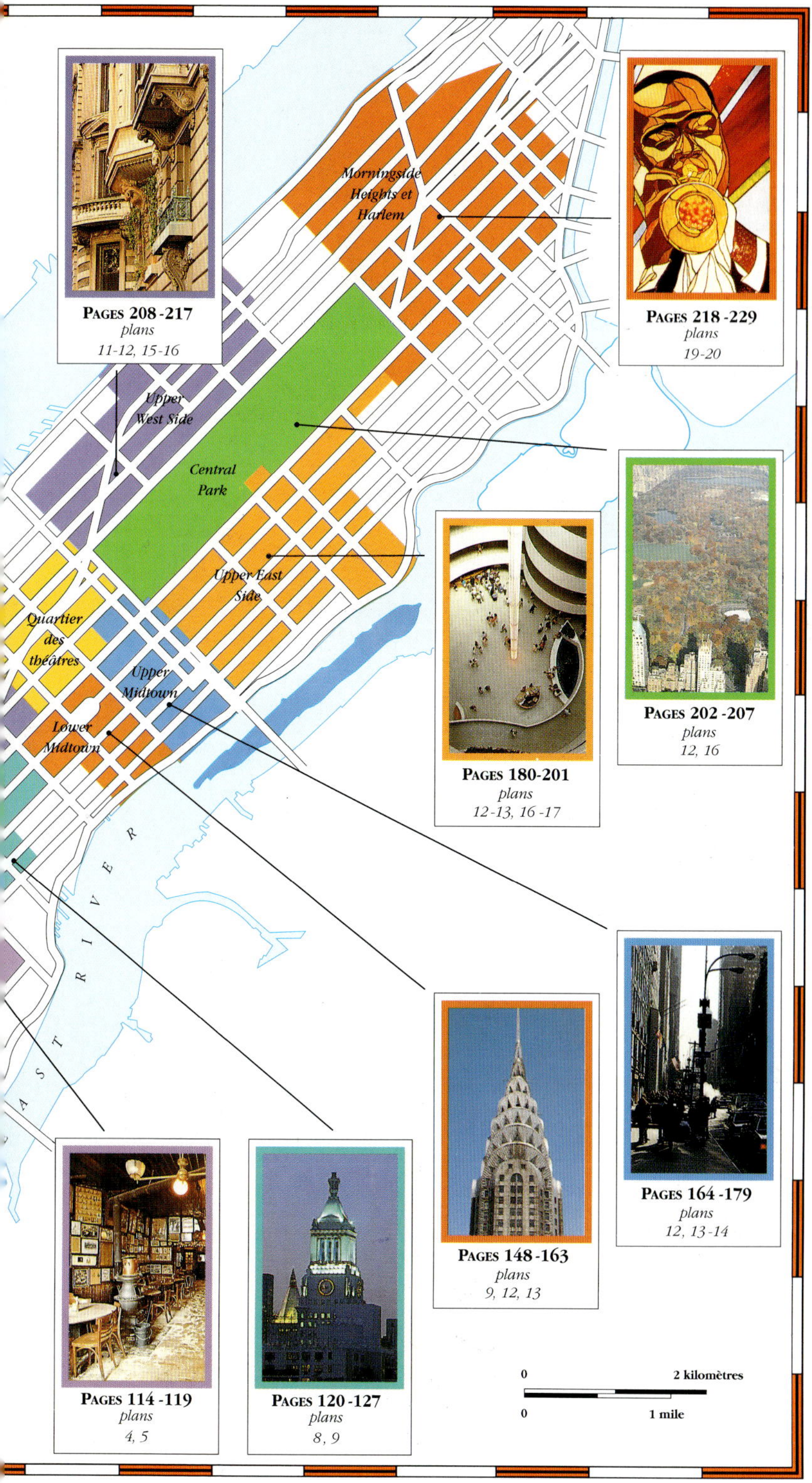
Pages 208-217
plans
11-12, 15-16
Morningside Heights et Harlem
Pages 218-229
plans
19-20
Upper West Side
Central Park
Pages 202-207
plans
12, 16
Upper East Side
Pages 180-201
plans
12-13, 16-17
Quartier des théâtres
Upper Midtown
Lower Midtown
EAST RIVER
Pages 164-179
plans
12, 13-14
Pages 148-163
plans
9, 12, 13
Pages 114-119
plans
4, 5
Pages 120-127
plans
8, 9
0
2 kilomètres
0
1 mile

RTH, OR, HUDSON'S RIVER
EAST RIVER
Ship Yards
Delancey's Square
Salt Meadows
Brookland Ferry
The WALLABOUT BAY
The Governours or Nutten Island
Red Hook
Southward Boundaries
Oliver Delancey Esqr.

# L'HISTOIRE DE NEW YORK

Depuis sa découverte il y a près de 500 ans par l'Italien Giovanni da Verrazano, le port de New York excite la convoitise de l'Europe entière. Les Hollandais commencent par y envoyer des trappeurs en 1621, mais leur comptoir, baptisé Nouvelle Amsterdam, passe aux Anglais en 1664. Le site est alors rebaptisé New York, nom qui a subsisté depuis, bien que l'Angleterre ait perdu la guerre d'Indépendance.

**Manteau porté par un chef indien**

### UNE VILLE EN PLEINE EXPANSION

Au XIXe siècle, New York grandit rapidement et devient un port important. Les industries s'y développent et des fortunes colossales sont constituées. En 1898, la réunion de Manhattan et des cinq municipalités de la périphérie en font la deuxième ville du monde. De 1800 à 1900, la population passe de 79 000 à 3 millions d'habitants, faisant de la ville la capitale des loisirs et le centre des affaires du pays.

### LE « MELTING POT »

L'arrivée massive de milliers d'immigrants entraîne une forte surpopulation et nombre d'entre eux s'entassent dans des taudis. C'est cependant ce brassage culturel qui a enrichi la ville en lui apportant sa spécificité. Aujourd'hui, les neuf millions de New-Yorkais ne parlent pas moins de 80 langues !

Le paysage de Manhattan s'est formé lorsque la cité, faute de place, a dû se développer verticalement pour abriter une population toujours plus nombreuse. L'histoire de New York est faite d'une alternance de périodes de croissance et de déclin, mais dans l'euphorie comme dans l'adversité, la ville est restée une des plus dynamiques du monde.

**Acte notarié signé par le dernier gouverneur hollandais, Peter Stuyvesant, en 1664**

**La pointe sud de l'île de Manhattan et le nord de Brooklyn en 1767**

# New York à ses débuts

Masque indien

En 1625, lorsque des trappeurs hollandais s'installent dans un comptoir baptisé Nouvelle Amsterdam, Manhattan est un terrain boisé peuplé d'Indiens algonquins. Les premiers colons construisent leurs maisons un peu au hasard, si bien que, même aujourd'hui, les rues de Lower Manhattan sont encore sinueuses. La colonie, gouvernée d'une main de fer par Peter Stuyvesant, produit des revenus insuffisants. En 1664, les Hollandais la cèdent aux Anglais qui la rebaptisent New York. Mais comme dans Harlem ou Broadway, (« Breede Wegh » en néerlandais), la toponymie actuelle conserve beaucoup de souvenirs de la période hollandaise.

**Croissance de la métropole**

*En 1664* *Aujourd'hui*

**Sceau de la Nouvelle Hollande**
*La fourrure de castor et les ceintures faites de coquillages que l'on voit sur ce sceau étaient la monnaie de la Nouvelle Hollande.*

**Les premiers New-Yorkais**
*Les Indiens algonquins étaient les premiers habitants de Manhattan.*

**Premier panorama de Manhattan (1626)**
*Avec son moulin à vent, la pointe sud de Manhattan ressemblait à un village de Hollande. Le fort dessiné ici n'était pas encore construit.*

**Pot iroquois**
*Les Iroquois se rendaient fréquemment à Manhattan.*

**Village indien**
*Avant l'arrivée des Hollandais, les Algonquins vivaient à Manhattan dans ces huttes tout en longueur.*

## Chronologie

**1524** Giovanni Da Verrazano débarque à New York.

**1609** Henry Hudson remonte Hudson River en quête d'un passage vers le nord-ouest.

**1624** Les Hollandais établissent le premier comptoir d'échange permanent.

**1625** Les premiers esclaves noirs arrivent d'Afrique.

**1626** Peter Minuit achète Manhattan aux Indiens.

**1643-45** Des escarmouches avec les Indiens se terminent par un traité de paix.

**1647** Peter Stuyvesant devient gouverneur de la colonie.

**1653** Construction d'un mur d'enceinte, la rue adjacente est baptisée Wall Street.

**1654** Les premiers colons juifs arrivent.

1600 | 1620 | 1640

**Faïence de Delft**
*Les colons apportèrent avec eux ces céramiques vernissées.*

**Les membrures du *Tigre***

### Où voir le New York hollandais ?

Exhumés en 1916, ces restes d'un bateau hollandais, brûlé en 1613, constituent les plus vieux témoignages de cette période et sont maintenant exposés au Museum of the City of New York *(p. 197)*. Plusieurs salles de ce musée ainsi que de la Morris-Jumel Mansion *(p. 223)* et du Van Cortland House Museum *(p. 238)*, présentent aussi des poteries et du mobilier de cette même époque.

**Manhattan**
*C'est sur le Strand (aujourd'hui Whitehall Street) que fut bâtie la 1ère maison de briques.*

**Le prix de Manhattan**
*En 1626, Peter Minuit acheta l'île aux Indiens contre des colifichets d'une valeur de 24 dollars.*

**Peter Stuyvesant**
*Le dernier gouverneur hollandais était un tyran qui imposa des lois sévères comme la fermeture des tavernes à 9 heures du soir.*

**1660** Premier hôpital de la ville.

**1664** Les forces britanniques expulsent les Hollandais sans rencontrer de résistance. La ville est rebaptisée New York.

**1676** Construction du grand dock sur East River.

**1698** Consécration de Trinity Church.

1660 | 1680 | 1700

*La Nouvelle Amsterdam se rend aux Britanniques.*

Dans les années **1680**, des lois accordent à New York l'exclusivité de la minoterie et du commerce du grain.

**1683** Établissement de la première charte de la ville.

**1689** Le marchand Jacob Leisler conduit une révolte contre les impôts et dirige la ville pendant deux ans.

**1693** Quatre-vingt-douze canons sont installés pour défendre la ville ; l'endroit est nommé la Battery.

**1691** Leisler est condamné à mort pour trahison.

# Le New York colonial

Riche colon

Sous pavillon anglais, New York connaît la prospérité et se développe rapidement. Avec ses 20 000 habitants c'est, avant la Révolution, la seconde ville des 13 colonies américaines. La minoterie est sa principale activité commerciale, mais la construction navale prospère également, favorisant la naissance d'une bourgeoisie pour laquelle on crée mobilier et objets d'art appliqué. Toutefois la métropole se désintéresse de cette colonie dans laquelle elle ne voit qu'une source de revenus. Le prélèvement de nouveaux impôts soulève l'hostilité de la population où l'idée d'indépendance commence à faire son chemin.

Monnaie coloniale

**Croissance de la métropole**

*En 1760* *Aujourd'hui*

**Rue de New York à l'époque coloniale**
*Les chiens ou les cochons se promenaient en liberté dans les rues de New York.*

**Mobilier**
*Cette armoire en pin, de style hollandais, a été réalisée dans la vallée de l'Hudson vers 1720.*

**Le commerce maritime**
*Le commerce maritime avec les Caraïbes et la Grande-Bretagne fit la prospérité de New York.*

## Chronologie

**1702** Lord Cornbury, nommé gouverneur colonial, s'habillait souvent en femme.

**1710** Le chef iroquois Hendrick en visite en Angleterre.

**1711** Le marché aux esclaves s'établit dans le bas de Wall Street.

**1720** Ouverture du premier chantier naval.

**1725** Lancement de la *New York Gazette*, premier journal de la ville.

**1732** Inauguration du premier théâtre de la ville.

1700 | 1710 | 1720 | 1730

**Capitaine Kidd**
*Ce célèbre pirate fut un citoyen respecté qui contribua à la construction de Trinity Church* (voir p. 68).

**La maison Van Cortland**
*En 1748, Frederick Van Cortlandt construisit cette maison de style classique dans un champ de blé où se trouve aujourd'hui le quartier du Bronx. Transformée en musée* (voir p. 238), *elle évoque la vie quotidienne d'une famille de colons aisés.*

## Où voir le New York colonial ?

On peut visiter des bâtiments coloniaux dans Richmond Town, sur Staten Island *(voir p. 252).* De belles pièces d'argenterie et de mobilier sont exposées au Museum of the City of New York *(voir p. 197).*

**Le magasin de Richmond Town**

**Cuisine coloniale**
*On servait souvent un fromage blanc appelé « white meat » à la place de la viande. Les gaufres, introduites par les Hollandais, étaient très appréciées. On mangeait aussi des fruits au sirop.*

**Biberon en étain**

**Faisselle à fromage**

**Moule à gaufres**

**Sculptures décoratives**
*Un visage gravé dans la pierre guette au-dessus de chaque fenêtre.*

**Cuiller à fruit**

**1734** Le procès en diffamation de J. P. Zenger permet d'instaurer la liberté de la presse.

**1741** Une révolte d'esclaves est matée dans le sang : 30 seront exécutés et 150 emprisonnés.

**1754** Début des guerres françaises et indiennes ; fondation du King's College (Columbia University).

*Soldat britannique*

**1759** Construction de la première prison.

1740 — 1750 — 1760

**1733** Bowling Green devient le premier parc municipal, lancement du premier bac pour Brookyn.

*King's College*

**1762** Création du premier corps de police.

**1763** Fin de la guerre : les Britanniques contrôlent l'Amérique du Nord.

# Le New York révolutionnaire

George Washington, général révolutionnaire

Protégée derrière ses tranchées, bombardée par les troupes britanniques et sous le feu des canons, New York souffre de la guerre d'indépendance. Mais les New-Yorkais continuent d'assister aux matches de cricket, aux combats de boxe, aux courses et aux bals. La ville était depuis longtemps un bastion loyaliste mais, après que les Britanniques s'en soient emparé en 1776, les loyalistes des autres États viennent s'y réfugier et les troupes américaines ne peuvent finalement entrer à Manhattan qu'après la signature du traité de paix, en 1783.

**Croissance de la métropole**

*En 1776* — *Aujourd'hui*

Soldat américain

**Tenue de combat**
*Les soldats américains étaient en habit bleu, et les britanniques en habit rouge.*

Soldat britannique

**Le havresac du soldat**
*Les soldats américains portaient leurs provisions dans des musettes comme celle-ci.*

**Le renversement du roi**
*Les New-Yorkais mirent à bas la statue du roi George III dans Bowling Green et la fondirent pour en faire des munitions.*

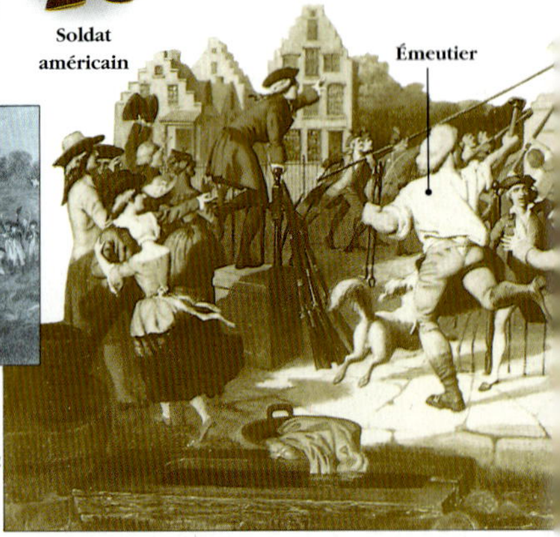


**La bataille de Harlem Heights**
*Washington remporta cette bataille le 16 septembre 1776 mais, disposant de trop peu d'hommes il dut abandonner la ville aux Anglais.*

**Mort d'un patriote**
*Alors qu'il travaillait derrière les lignes anglaises en 1776, Nathan Hale fut pendu pour espionnage sans autre forme de procès.*

## Chronologie

**1765** Les New-Yorkais protestent à la suite du Stamp Act, qui impose l'usage de timbres officiels pour toute transaction.

**1767** Le Townshend Act impose de nouvelles taxes, il est abrogé après force protestations.

**1770** Les Fils de la Liberté se battent contre les Britanniques dans la bataille de Golden Hill.

**1774** Pour protester contre les impôts, les rebelles jettent du thé dans le port.

1760 — 1770 — 1780

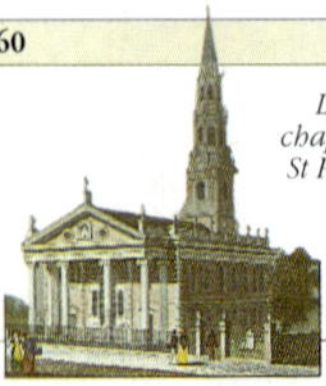

*La chapelle St Paul*

**1766** Achèvement de la chapelle St-Paul ; abrogation du Stamp Act ; érection de la statue de George III dans Bowling Green.

*Le général William Howe, commandant en chef des troupes britanniques*

**1776** Début de la guerre ; 500 navires aux ordres du général Howe mouillent dans le port de New York.

Seau à eau en cuir

**Les soldats du feu**

*Les incendies étaient courants à New York mais, pendant la guerre, plusieurs d'entre eux faillirent détruire la ville. Après la retraite des indépendantistes, le 21 septembre 1776, un incendie détruisit Trinity Church et un millier de maisons.*

**Le retour de George Washington**

*À son retour à New York le 25 novembre 1783, après le départ des troupes britanniques, Washington est accueilli en héros.*

**Les drapeaux de la révolution**

*L'armée de Washington arborait un drapeau portant une rayure pour chacune des treize colonies et un Union Jack dans un coin. La bannière étoilée ne fut officialisée qu'en 1777.*

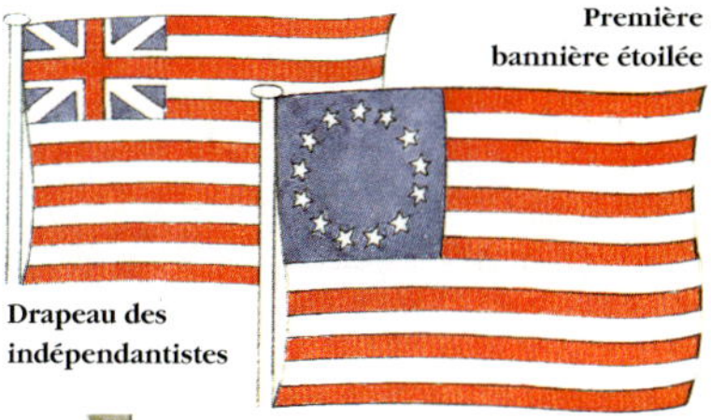

Première bannière étoilée

Drapeau des indépendantistes

Statue de George III

Patriotes en liesse

**OÙ VOIR LE NEW YORK RÉVOLUTIONNAIRE ?**

En 1776, George Washington établit son quartier général dans la maison Morris-Jumel *(voir p. 233)*. Il dormit aussi dans la maison Van Cortland *(voir p. 19 et p. 238)*. Après la guerre il fit ses adieux à ses officiers à la taverne Fraunces *(voir p. 76)*.

La maison Morris-Jumel

**1783** La signature du Traité de Paris donne leur indépendance aux États-Unis.

**1784** Création de la Banque de New York.

**1785** New York devient capitale des États-Unis.

**1789** George Washington devient officiellement le premier président fédéral.

*L'investiture de Washington*

**1790**

**1790** Philadelphie devient capitale des États-Unis.

**1791** Inauguration du New York Hospital, le plus vieux de la ville.

**1792** Construction de la Tontine Coffee House, premier siège de la Bourse.

**1794** Ouverture de l'hôpital Bellevue, sur les rives de l'East River.

**1800**

**1801** Alexander Hamilton fonde le *New York Post*.

**1804** Le vice-président Aaron Burr tue en duel son rival politique, Alexander Hamilton.

# New York au XIXe siècle

**Le gouverneur De Witt Clinton**

Plus grande ville et premier port du pays, New York voit s'accroître sa richesse. L'industrie se développe grâce au commerce maritime favorisant la prospérité d'une grande bourgeoisie d'affaires. La haute société se déplace vers le nord de la ville et les transports publics suivent le mouvement. Mais cette croissance rapide multiplie les risques d'incendie et les problèmes d'insalubrité. L'arrivée d'un grand nombre d'immigrants entraîne une surpopulation et un développement des taudis. En 1846, un New-Yorkais sur sept est un pauvre.

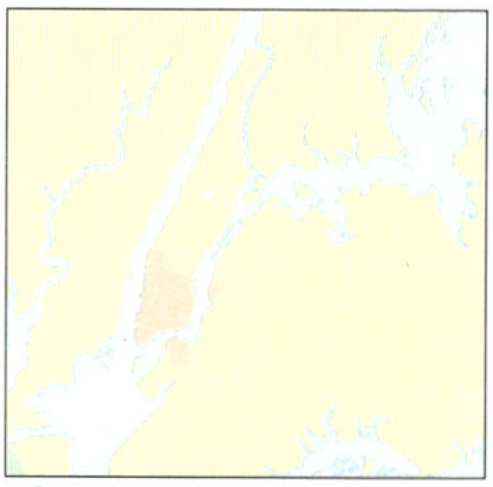

**CROISSANCE DE LA MÉTROPOLE**

*En 1840* *Aujourd'hui*

**La musique**
*Le New-Yorkais Stephen Foster écrivit de nombreuses ballades très populaires.*

**Le réservoir Croton** fut construit en 1842 ; jusque-là les New-Yorkais n'avaient pas l'eau potable et devaient se contenter de l'eau en bouteilles.

**La forme**
*Des gymnases, comme celui du Dr Rich, font leur apparition dans les années 1830 et 1840.*

**L'omnibus**
*C'est en 1832 que fut introduit l'omnibus hippomobile qui allait sillonner les rues de New York jusqu'à la première guerre mondiale.*

## Chronologie

**1805** Ouverture des premières écoles publiques de New York.

**1811** Le plan Randel établit le quadrillage des rues de Manhattan au nord de la 14e Rue.

**1812-1814** Guerre de 1812 ; les Britanniques font le blocus du port.

*Le* Constitution *fut le plus célèbre bateau de la guerre de 1812.*

**1835** Un grand incendie détruit la vieille ville.

1810 — 1820 — 1830

**1807** Robert Fulton lance son premier bateau à vapeur sur Hudson River.

**1822** Une épidémie de fièvre jaune fait évacuer Greenwich Village.

**1823** New York dépasse Boston et Philadelphie et devient la plus grande ville américaine.

**1827** New York abolit l'esclavage.

**1837** Samuel Morse envoie son premier message télégraphique.

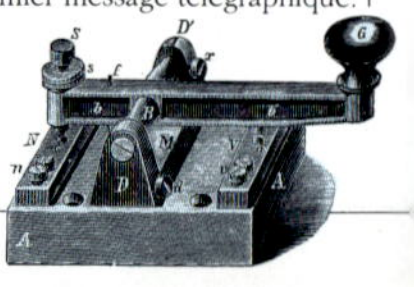

**Les « Brownstones »**
*Ces maisons de grès brun furent construites dans la première moitié du siècle. L'entrée en était surélevée pour distinguer l'accès des maîtres de l'accès des domestiques, à l'entresol.*

**Crystal Palace**, un bâtiment de fer et de verre, fut construit pour l'exposition Universelle de 1853.

## NEW YORK EN 1855

*En regardant vers le sud depuis la 42e Rue, on voyait Crystal Palace et le réservoir Croton là où se trouvent aujourd'hui la Public Library et Bryant Park.*

## LE PORT DE NEW YORK

L'importance du port de New York s'accroît par à-coups au début du XIXe siècle. Robert Fulton y lance son premier bateau à vapeur, le *Clermont*, en 1807. Les navires à vapeur raccourcissent les distances : il ne faut plus que 72 heures pour rejoindre Albany, capitale de l'État et lieu de passage pour l'Ouest. Désormais, les bateaux à vapeur, les clippers ou les péniches relient New York au reste du monde.

**Le *Clermont***

**Crystal Palace en flammes**
*Le 5 octobre 1858 Crystal Palace fut détruit par les flammes.*

**Les fêtes du grand canal**
*Les bateaux du port paradent à l'occasion de l'inauguration du canal de l'Érié, en 1852. En reliant les grands lacs avec Albany, ce canal ouvrait une voie navigable entre le Midwest et New York. La ville en tira d'énormes bénéfices.*

**1840**

**1842** Construction du réservoir Croton.

**1845** Première équipe de base-ball officielle, The New York Knickerbockers.

*Joueur de base-ball à l'ancienne*

**1849** Émeutes d'Astor Place ; des navires se lancent vers la Californie : c'est la ruée vers l'or.

**1850**

**1851** Première parution du *New York Times*.

**1853** Première exposition Universelle.

*Publicité pour un clipper*

**1857** Panique financière et dépression économique.

**1858** Vaux et Olmsted dessinent Central Park ; ouverture de Macy's.

**1860**

**1861** Début de la Guerre de Sécession.

**1863** Violentes émeutes contre la conscription.

**1865** Assassinat d'Abraham Lincoln.

*La foule dans Central Park*

# Les années fastes

**Le grand industriel Andrew Carnegie**

Avec l'enrichissement des rois du commerce new-yorkais, la ville entre dans un âge d'or. Les buildings les plus fastueux sont construits : institutions culturelles (Metropolitan Museum, Public Library ou Carnegie Hall) et palaces comme le Plaza et le premier Waldorf-Astoria. En même temps de somptueux grands magasins ouvrent leurs portes pour satisfaire une riche clientèle. Cette période d'excès génère aussi ses personnages excentriques comme le politicien véreux Willam Tweed, ou le patron de cirque Phineas Barnum.

**Croissance de la métropole**

En 1890 — Aujourd'hui

**Vue sur le parc**
*Le Dakota (1880) fut le premier immeuble d'appartements de luxe dans Upper West Side* (p. 216).

**La vie de château**
*Des hôtels particuliers bordaient la 5e Avenue. Lors de sa construction en 1883, le palais à l'italienne de Vanderbilt (au 660 de la 5e Avenue) était l'un des plus éloignés du centre.*

**Le métro aérien**
*Vers 1875, le viaduc des voies ferrées court le long de plusieurs avenues. Pratiques, les transports urbains n'en sont pas moins source de nuisances.*

BATHING SUITS.

A GREAT SPECIALTY AT
LORD & TAYLOR'S, Broadway and 20th Street, N. Y.
CHEAPEST AND BEST QUALITY OF BATHING SUITS IN THE CITY.

**Ville de la mode**
*Lord & Taylor ouvrirent un nouveau magasin sur le « Ladies' Mile » de Broadway ; la 6e Avenue était surnommée la « rue de la Mode ».*

## Chronologie

1865 — 1870 — 1875

**1867** Ouverture de Prospect Park, à Brooklyn.

**1868** Construction du premier métro aérien dans Greenwich Street.

**1869** Premier immeuble divisé en appartements sur la 18e Rue ; crise financière du « vendredi Noir » à Wall Street.

*Intérieur de la Bourse*

**1870** John D. Rockefeller fonde la Standard Oil.

**1871** Ouverture du premier dépôt de Grand Central, sur la 42e Rue ; arrestation de W. Tweed.

**1872** Ouverture de Bloomingdale's.

**1873** Faillites bancaires et panique à Wall Street.

**1877** A.G. Bell fait une démonstration de son téléphone.

**1879** Achèvement de St Patrick's Cathedral ; ouverture du premier standard téléphonique sur Nassau Street.

**L'anniversaire de Mark Twain**
*Mark Twain, dont le roman* L'Age doré *stigmatisait le mode de vie décadent des New-Yorkais, fêta en 1873 son anniversaire chez Delmonico.*

## NEW YORK DES EXTRAVAGANCES

La Gold Room des Henry Villard Houses *(p. 174)* évoque bien cette période. Jadis salle de concert, elle sert aujourd'hui de salon de thé. Vous pourrez visiter deux salles d'époque au Museum of the City of New York *(p. 197)*.

**Le réseau de Tweed**
*William Tweed domina longtemps la vie politique de la ville et détourna des millions de dollars de fonds publics.*

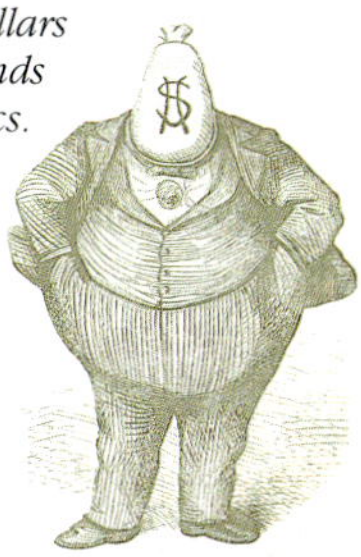

**Caricature de Tweed par Nast**

**Le tigre des Tammany**
*Cette canne est conservée au Museum of the City of New York. Son pommeau est une tête de tigre en or, emblème des Tammany, le parti de William Tweed.*

**Les temps changent**
*Ce tableau de Ralph Blakelock montre un bidonville de la 86e Rue. C'est, aujourd'hui, l'un des quartiers les plus chic de la ville.*

**1880** Premières conserves d'alimentation en vente dans les boutiques ; ouverture du Metropolitan Museum of Art ; éclairage public électrique.

**1883** Ouverture du Metropolitan Opera sur Broadway ; inauguration du pont de Brooklyn.

**1886** Inauguration de la statue de la Liberté.

**1891** Ouverture de Carnegie Hall.

**1880** | **1885** | **1890**

**1888** Le Grand Blizzard recouvre New York de 56 cm de neige.

**1890** Premiers spectacles d'images animées à New York.

*Feux d'artifice pour l'inauguration du pont de Brooklyn (1883)*

**1892** Début des travaux de la Cathedral of St John the Divine. Ouverture d'Ellis Island.

# New York au début du siècle

**Voiture à cheval**

Dès 1900 New York est devenue le centre industriel du pays : 70 % des entreprises américaines y ont leur siège social et le port voit transiter les deux tiers des marchandises importées. Les disparités entre riches et pauvres s'accroissent. Les épidémies gagnent les taudis surpeuplés mais les immigrants continuent à s'y entasser. En 1900 le Syndicat international des femmes de l'industrie textile est fondé. Il défend les femmes et les enfants qui travaillent dans des conditions dangereuses. Mais il faut attendre l'incendie de l'usine Triangle Shirtwaist en 1911, pour que de véritables réformes soient adoptées.

**Croissance de la métropole**

*En 1914* *Aujourd'hui*

**Image de la pauvreté**
*Cinq fois plus peuplé que le reste de New York, Lower East Side avait la densité de population la plus élevée du monde.*

**La surpopulation**
*Les taudis étaient insalubres, surpeuplés, et fréquemment dépourvus de fenêtres, d'aération ou d'installations sanitaires.*

**Dans un atelier**
*Dans les ateliers du quartier du textile, les ouvriers travaillaient de longues journées pour des salaires très bas. Cette vue de l'atelier de Moe Levy date de 1912.*

**Tramways sur Broadway**

### New York au tournant du siècle

Le musée de Lower East Side Tenement *(p. 97)*, évoque la vie quotidienne dans ce quartier déshérité.

**Baignoire sabot**

**Ciseaux de tailleur**

## Chronologie

**1895** L'Olympia est le premier théâtre à ouvrir dans le quartier de Broadway.

**1898** Cinq arrondissements se rassemblent, formant ainsi la seconde plus grande ville du monde.

**1901** Macy ouvre son magasin de Broadway.

1895

1900

**1896** Vente des premiers bagels dans une boulangerie de Clinton Street.

**1897** Ouverture du Waldorf-Astoria, le plus grand hôtel du monde.

**1900** Avec une pelle en argent le maire Robert Van Wyck donne le coup d'envoi des travaux du métro.

**1903** Ouverture du Lyceum, le plus vieux théâtre de Broadway encore utilisé de nos jours.

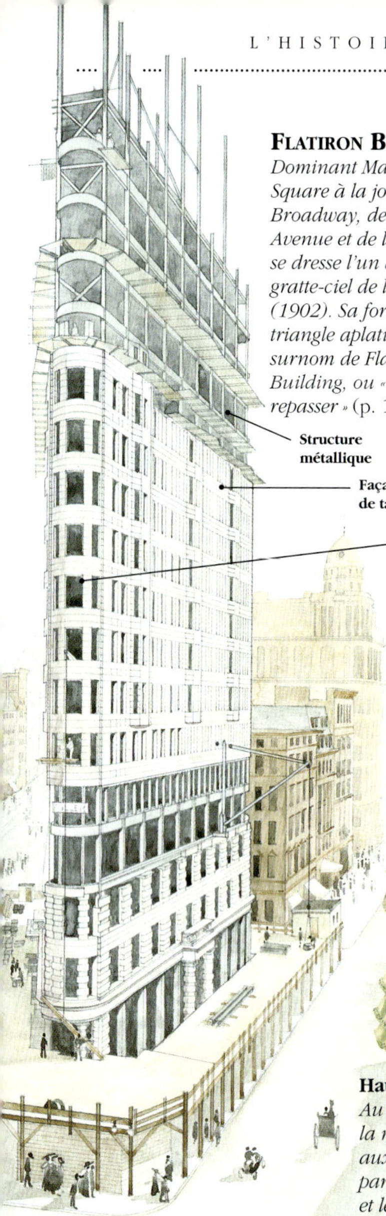


**FLATIRON BUILDING**
*Dominant Madison Square à la jonction de Broadway, de la 5e Avenue et de la 23e Rue, se dresse l'un des premiers gratte-ciel de la ville (1902). Sa forme de triangle aplati lui valut le surnom de Flatiron Building, ou « fer à repasser »* (p. 125).

**Soupers équestres**
*Les fêtes un peu folles étaient très à la mode. Le dîner à cheval donné par C.K.G. Billing au restaurant Sherry (1903) fit jaser toute la ville.*

**La promenade du Plaza**
*Le tronçon de la 5e Avenue devant l'hôtel Plaza était l'endroit le plus élégant de la ville.*

**Haute couture**
*Au début du siècle, la mode était aux robes soutenues par des tournures et les arceaux des crinolines.*

**Perruque ventilée**

**Crinoline**

**Tournure**

**1905**

**1905** Voyage inaugural du bac de Staten Island.

**1906** L'architecte Stanford White est abattu dans Madison Square Garden, qu'il avait dessiné en 1890.

**1907** Premiers taxis à compteurs, premières Ziegfeld Follies.

**1909** Wilbur Wright est le premier à survoler New York.

**1910**

**1910** Ouverture de la gare de Pennsylvania.

**1911** 146 morts dans l'incendie de l'usine Triangle Shirtwaist ; fin des travaux de la Public Library.

**1913** Woolworth Building est le plus haut bâtiment du monde ; ouverture du nouveau Grand Central et de l'Apollo à Harlem.

*Woolworth Building*

# New York entre les deux guerres

**Carte d'entrée dans un speakeasy**

Les années 1920 sont une époque faste pour les New-Yorkais. Jimmy Walker, le maire, montre l'exemple, en s'affichant avec des danseuses, en buvant dans des *speakeasies* ou en assistant à des matches de base-ball. Mais les années folles prennent fin en 1929 avec le krach de Wall Street. En 1932, J. Walker, accusé de corruption, démissionne ; à cette date le chômage touche un New-Yorkais sur quatre. Après l'élection, en 1933, de F. LaGuardia, New York commence à renaître.

**CROISSANCE DE LA MÉTROPOLE**

*En 1933* — *Aujourd'hui*

**En petite tenue**
*Les danseuses du Cotton Club étaient une attraction de choix.*

**COTTON CLUB**
*Cette boîte de Harlem reçut les meilleurs musiciens de jazz, comme Duke Ellington et Cab Calloway. On venait de toute la ville pour les entendre.*

**La prohibition**
*L'interdiction de l'alcool entraîna la multiplication des* speakeasies, *bars illégaux semi-clandestins.*

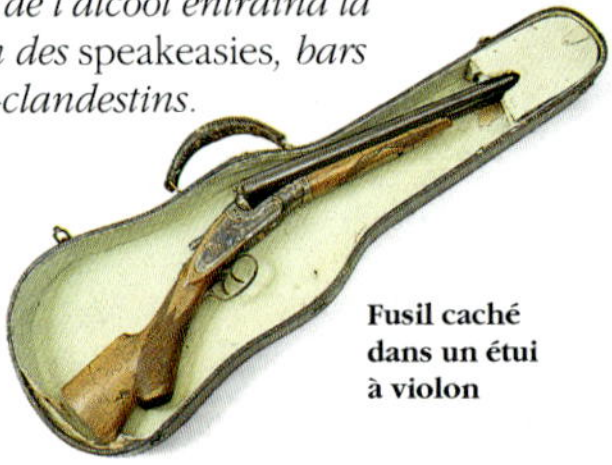

**Fusil caché dans un étui à violon**

**Les gangsters**
*Dutch Schultz était le chef d'un réseau clandestin de distribution d'alcool.*

**Un champion de base-ball**
*En 1927, Babe Ruth réussit à faire 60* home runs *pour les Yankees, performance record. Yankee Stadium* (p. 239) *fut surnommé « la maison de Ruth ».*

## Chronologie

**1918** Fin de la première guerre mondiale.

**1919** Interdiction de l'alcool par le 18e Amendement : c'est le début de la Prohibition.

**1920** Droit de vote des femmes.

**1926** Jimmy Walker est élu maire.

*L'ouverture de Holland Tunnel*

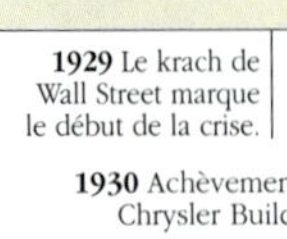

**1931** L'Empire State Building est le gratte-ciel le plus haut du monde.

1920 | 1925 | 1930 | 1660

**1924** Naissance à Harlem du romancier James Baldwin.

**1925** Lancement du *New Yorker.*

**1927** Lindbergh traverse l'Atlantique ; sortie du premier film parlant : *Le Chanteur de jazz* ; ouverture de Holland Tunnel.

**1929** Le krach de Wall Street marque le début de la crise.

**1930** Achèvement de Chrysler Building.

**Les folles nuits de Harlem**

*Interdits de scène dans de nombreux clubs du centre-ville, les artistes noirs comme Calloway sont les vedettes du Cotton Club.*

**Broadway**

*Les années 1920 furent la grande époque des comédies musicales de Broadway.*

## La Grande Dépression

Les années folles sombrent dans l'effondrement boursier du 29 octobre 1929 qui marque le début de la Crise. New York est durement frappée : un bidonville de sans-logis s'installe dans Central Park. Dans ce contexte, les arts sont pourtant florissants grâce à la Works Projects Administration qui finance la réalisation de grands murs peints dans toute la ville.

**1931 : on fait la queue pour l'aide sociale**

**Menu de gala**

**L'avion de Lindbergh, *Spirit of St Louis***

**La traversée de Lindbergh**

*Les New-Yorkais célébrèrent la traversée de l'Atlantique sans escale par Lindbergh, entre autres en donnant des repas de gala en son honneur.*

**Rockefeller Center**

*Le millionnaire John D. Rockefeller enfonce le dernier rivet avant l'ouverture du Rockefeller Center, le 1er mai 1939.*

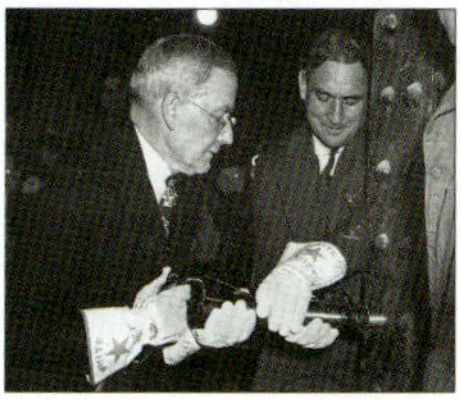

**Un grand succès**

*L'exposition Universelle de 1939 attira 45 millions de visiteurs !*

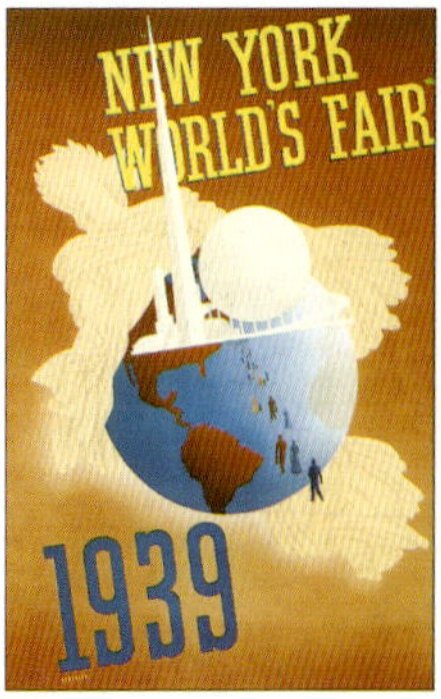


**1933** Fin de la Prohibition ; Fiorello LaGuardia entame le premier de ses trois mandats de maire.

1935

**1936** Robert Moses prend la direction du Service des Parcs.

**1939** Ouverture du Rockefeller Center.

1940

**1940** Ouverture du tunnel Queens-Midtown.

**1941** Entrée en guerre des États-Unis.

**1942** Black-out sur Times Square ; ouverture de l'aéroport Idlewild (aujourd'hui JFK).

**1944** Élection au Congrès du leader noir Adam Clayton Powell.

1945

# New York après-guerre

Depuis la fin de la guerre New York connaît le meilleur comme le pire. Capitale financière de la planète, la ville elle-même frôle la faillite dans les années 1970. Wall Street connaît un boom dans les années 1980 avant de vivre sa pire récession depuis la crise de 1929. Au cours des cinq dernières années; non seulement le taux de criminalité à New York a considérablement baissé, mais la ville connaît aussi une importante campagne de restauration et de rénovation de ses bâtiments historiques, tels que Grand Central Terminal et le « nouveau » Times Square. Sa constante reconstruction est emblématique de sa position comme centre culturel et commercial des États-Unis.

**1967** Première de la comédie musicale *Hair*. 1 836 représentations seront données !

**1971** Rétrospective des œuvres d'Andy Warhol au Whitney Museum.

**1953** Merce Cunningham fonde sa troupe de danse.

**1963** On rase la gare de Pennsylvania.

**1966** Grève des transports et de la presse.

**1970** John Lindsay entame son deuxième mandat de maire.

**1959** Ouverture du musée Guggenheim.

**1945** Fin de la seconde guerre mondiale.

**1946** L'O.N.U. s'installe à New York.

**1954** Fermeture d'Ellis Island.

| 1945 | 1950 | 1955 | 1960 | 1965 | 1970 |
|---|---|---|---|---|---|
| MAIRES : | IMPELLITERI | WAGNER | WAGNER | LINDSAY | LINDSAY |
| 1945 | 1950 | 1955 | 1960 | 1965 | 1970 |

**1947** Jackie Robinson, premier joueur noir dans les équipes de première division, signe chez les Brooklyn Dodgers.

*L'un des groupes les plus populaires des années 1960 - les Beatles*

**1964** Exposition Universelle ; émeutes raciales à Harlem et Bedford-Stuyvesant ; le pont Verrazano Narrows relie Brooklyn et Staten Island ; les Beatles jouent à Shea Stadium.

*Foulard souvenir*

**1968** 20 000 hippies manifestent à Central Park ; sit-in d'étudiants à Columbia University.

*Andy Warhol avec les comédiennes Candy Darling et Ultra Violet*

*Donald Trump*

**1975** Un prêt fédéral sauve New York de la faillite.

**1977** Une panne d'électricité dure 25 heures.

**1981** La municipalité redevient solvable.

**1983** Boom économique : l'immobilier s'envole et Donald Trump, symbole de la réussite des yuppies des années 1980, fait construire la Trump Tower.

**1987** Effondrement boursier.

**1988** Un New-Yorkais sur quatre vit en-dessous du seuil de la pauvreté.

**1990** David Dinkins devient le premier maire noir de New York ; Ellis Island devient un musée de l'immigration.

**1993** Rudolph Giuliani devient maire.

| 1975 | 1980 | 1985 | 1990 | 1995 |
|---|---|---|---|---|
| **BEAME** | **KOCH** | **KOCH** | **DINKINS** | **GIULIANI** |
| 1975 | 1980 | 1985 | 1990 | 1995 |

**1973** Achèvement du World Trade Center.

**1986** Les scandales et la corruption ébranlent l'administration du maire Koch ; centenaire de la statue de la Liberté.

**1995** Les digues abandonnées de Chelsea sont rénovées et ouvertes sous la forme d'un gigantesque complexe sportif et de divertissements *(p. 136)*.

ONE WAY

# NEW YORK D'UN COUP D'ŒIL

Le chapitre *quartier par quartier* décrit près de 300 lieux à visiter : des synagogues aux gratte-ciel et de la fiévreuse Bourse de New York *(p.70-71)* aux paisibles « Strawberry Fields » de Central Park *(p. 206)*. Les 16 pages qui suivent vous guideront vers les sites les plus intéressants. Les musées et l'architecture font chacun l'objet d'un chapitre indépendant, et vous trouverez aussi des informations sur un des aspects les plus caractéristiques de « Big Apple » : la diversité ethnique de ses habitants.

## LES DIX « MUSTS » TOURISTIQUES DE NEW YORK

**Ellis Island**
*Voir p. 78-79.*

**Empire State Building**
*Voir p. 134-135.*

**South Street Seaport**
*Voir p. 84.*

**Rockefeller Center**
*Voir p. 142.*

**Museum of Modern Art**
*Voir p. 170-73.*

**Central Park**
*Voir p. 202-207.*

**Statue de la Liberté**
*Voir p. 74-75.*

**Metropolitan Museum of Art**
*Voir p. 188-195.*

**Brooklyn Bridge**
*Voir p. 86-89.*

**Chinatown**
*Voir p. 96.*

**Sur Park Avenue, le trafic est toujours intense**

# Les plus beaux musées de New York

On trouve, à New York, des musées aussi divers que le Metropolitan ou les collections du financier J. Pierpont Morgan. Plusieurs d'entre eux mettent en valeur le patrimoine de la cité et font découvrir au visiteur les hommes ou les événements qui ont fait l'histoire de la ville. La carte ci-contre situe les musées les plus célèbres ; elle est suivie d'une présentation plus détaillée p. 36-37.

**Museum of Modern Art**
*Sa collection d'art contemporain, la plus riche du monde, comprend* la Chèvre *de Picasso (1950).*

**L'*Intrepid*, musée de la Mer, de l'Air et de l'Espace**
*Ce porte-avions amarré sur Hudson River abrite un musée naval et retrace les progrès de l'aéronautique et de l'exploration sous-marine.*

**Pierpont Morgan Library**
*Cette collection de manuscrits, gravures et livres, l'une des plus belles du monde, comprend cette bible française de 1230.*

**Old Merchant's House**
*Cette demeure parfaitement conservée (1820) appartenait à un riche commerçant.*

**Ellis Island**
*Ce musée nous fait revivre l'expérience de plusieurs millions de familles immigrantes.*

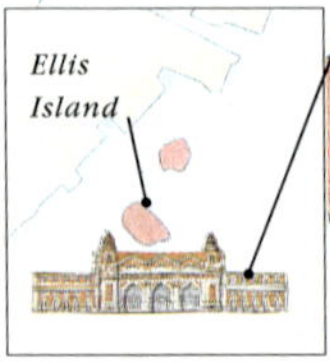

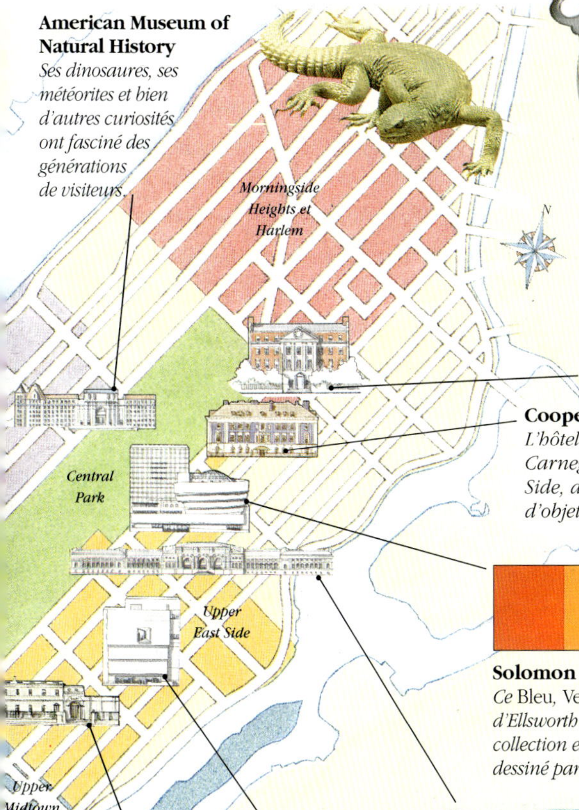


**American Museum of Natural History**
*Ses dinosaures, ses météorites et bien d'autres curiosités ont fasciné des générations de visiteurs.*

**Museum of the City of New York**
*Costumes, œuvres d'art et ustensiles ménagers (tel ce plat en argent de 1725) évoquent l'histoire de New York.*

**Cooper-Hewitt Museum**
*L'hôtel particulier d'Andrew Carnegie, dans Upper East Side, abrite une multitude d'objets d'art décoratif.*

**Solomon Guggenheim Museum**
*Ce* Bleu, Vert, Jaune, Orange, Rouge *d'Ellsworth Kelly (1966) fait partie de la collection exposée dans le seul bâtiment dessiné par Frank Lloyd Wright.*

**Metropolitan Museum of Art**
*Parmi les millions d'œuvres exposées, cet hippopotame égyptien en faïence de la 12e dynastie est la mascotte du musée.*

**Frick Collection**
*La collection particulière du magnat du rail Henry Clay Frick est exposée dans son ancienne demeure. On y voit, entre autres, un* Saint François dans le Désert, *de Giovanni Bellini (vers 1480).*

**Whitney Museum**
*Cette collection exceptionnelle comprend de nombreux paysages new-yorkais. L'un des plus réussis est le* Brooklyn Bridge : variation sur un vieux thème, *de Joseph Stella (1939).*

# À la découverte des musées de New York

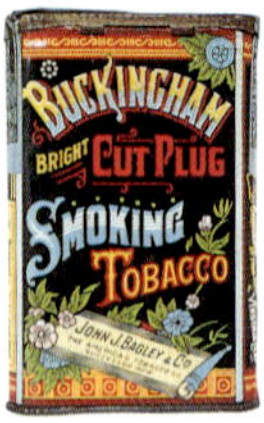


**Boîte à tabac de Richmond Town**

Si vous vouliez visiter tous les musées de New York, un mois entier ne suffirait pas. Rien que dans Manhattan on en compte 60 et une trentaine de plus dans les autres *boroughs*. Les œuvres exposées ont toutes un intérêt comparable à celles qui se trouvent dans les plus grands musées du monde, des peintures de maîtres aux vieilles voitures de pompiers, des dinosaures aux poupées, des tapisseries tibétaines aux masques africains. Renseignez-vous sur les jours de fermeture. Beaucoup de ces musées restent ouverts en nocturne une ou deux fois par semaine. Certains sont gratuits un soir par semaine, mais vos dons seront toujours les bienvenus.

## La peinture et la sculpture

Les musées d'art de New York sont célébrissimes. Le **Metropolitan Museum of Art** (le « Met ») abrite une vaste collection d'art américain et de chefs-d'œuvre du monde entier. Les **Cloisters** (les Cloîtres, une section du « Met » dans Upper Manhattan) renferment des trésors d'art et d'architecture du moyen âge. La **Frick Collection** possède un vaste ensemble de toiles de maîtres, tandis que le **Museum of Modern Art (MoMA)** abrite certains des plus célèbres tableaux impressionnistes et modernes. Le **Whitney Museum of American Art** et le **Solomon Guggenheim Museum** sont aussi spécialisés dans l'art moderne et la biennale du Whitney est l'une des meilleures expositions d'artistes contemporains. Les œuvres d'avant-garde sont exposées au **New Museum of Contemporary Art** tandis que le **Museum of American Folk Art** (musée de l'Art populaire américain) présente des œuvres d'artistes autodidactes. La **National Academy of Design** présente une collection des XIXe et XXe siècles, constituée par les donations de ses membres. À Harlem, le **Studio Museum** est consacré aux œuvres d'artistes noirs.

## Les arts décoratifs

Si vous vous intéressez à la porcelaine, aux tissus, à la broderie, à la dentelle, au papier peint ou à la gravure, allez visiter le **Cooper-Hewitt Museum,** qui est la section new-yorkaise de la **Smithsonian Institution** de Washington. Les collections d'art appliqué du **MoMA** sont aussi réputées que ses salles de peinture et retracent l'histoire du design. L'**American Craft Museum** (musée de l'Artisanat) conserve les meilleures réalisations d'artisans contemporains sur des supports aussi différents que le cuir et le verre tandis que le **Museum of American Folk Art** présente de l'artisanat plus traditionnel. On verra de belles collections d'argenterie au **Museum of the City of New York**, quant à l'**American Indian Museum**, il expose de magnifiques objets : bijoux, tapis, poteries.

*Le Royaume de la paix* **(env. 1840-1845) par Edward Hicks, au Brooklyn Museum**

## La gravure et la photographie

L'**International Center of Photography**, petit mais très riche, est le seul musée de New York entièrement consacré à cet art. Par ailleurs, d'intéressantes collections sont exposées au **Metropolitan Museum of Art** et au **MoMA** et de nombreux spécimens de la photo à ses débuts se trouvent au **Museum of the City of New York** (musée de la Ville) et sur **Ellis Island**. La **Pierpont Morgan Library** expose les œuvres de grands illustrateurs tels que Kate Greenaway et John Tenniel. Le **Cooper-Hewitt Museum** illustre l'emploi de la gravure dans les arts décoratifs.

## Le mobilier et les vêtements

L'exposition annuelle de l'institut du Vêtement au **Metropolitan** vaut toujours une visite. Les 24 salles de l'aile américaine du « Met », avec leur mobilier d'époque reconstituant la vie quotidienne de 1640 à nos jours sont également intéressantes.

**Poupée de son, American Museum of Natural History**

Au **Museum of the City of New York** (musée de la Ville), les salles évoquent l'histoire de la ville, depuis la période hollandaise. L'**Old Merchant's House**, une résidence bien conservée depuis les années 1820, fut habitée par la même famille pendant 98 ans. **Gracie Mansion,** la résidence du maire, était en 1799 la maison de campagne d'un riche commerçant de la marine marchande. Elle est parfois ouverte à la visite.

On peut aussi voir la **maison natale de Théodore Roosevelt,** le 26e président des États-Unis, et celle d'**Abigail Adam Smith,** qui faisait partie d'une vaste propriété au XVIIIe siècle.

## L'HISTOIRE

**Pistolet de paume au Police Academy Museum**

Au **Federal Hall**, vous verrez se dérouler l'histoire du pays depuis son indépendance : c'est sur son balcon que George Washington prêta serment en avril 1789. Pour un aperçu sur le New York colonial, visitez le **Fraunces Tavern Museum**. **Ellis Island** et le **Lower East Side Tenement Museum** recréent les épreuves endurées par les immigrants. Le nouveau **Museum of Jewish Heritage** dans Battery City est un mémorial de l'Holocauste. Le **NYC Fire Museum** et le **Police Academy Museum** enregistrent au jour le jour les actes héroïques et les tragédies connus par les pompiers et la police, tandis que le **South Street Seaport Museum** retrace l'histoire navale depuis ses débuts.

## LA TECHNOLOGIE ET L'HISTOIRE NATURELLE

**Antilope des bois, American Museum of Natural History**

Dans les musées scientifiques, la nature comme la technologie spatiale ont leur place. L'**American Museum of Natural History** (Musée américain d'Histoire naturelle) abrite de vastes collections montrant la faune, la flore et les cultures du monde entier. C'est ici que le planétarium Hayden offre ses impressionnants spectacles laser. L'***Intrepid***, un porte-avions, est le sanctuaire du progrès de la technologie militaire. Si vous avez manqué un épisode d'un feuilleton classique ou les premiers pas de l'homme sur la Lune, au **TV and Radio Museum**, vous pourrez voir et entendre des documents d'archives.

## LES CIVILISATIONS EXTRA-OCCIDENTALES

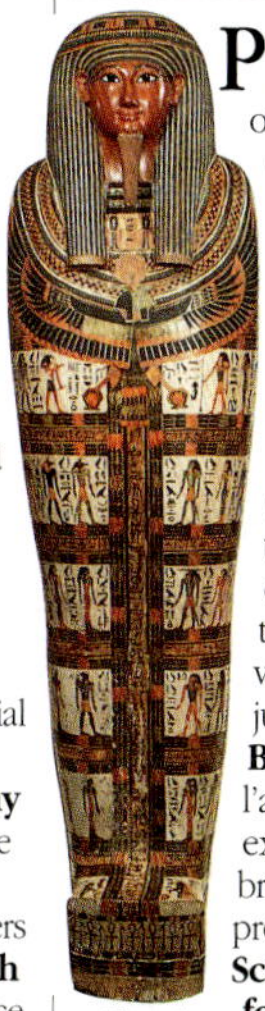

**Momie égyptienne (Brooklyn Museum)**

Plusieurs musées présentent des objets appartenant à d'autres cultures. L'art oriental est la spécialité de l'**Asia Society** et de la **Japan Society.** Le **Jewish Museum** (Musée juif) présente une collection d'art ainsi que des expositions temporaires sur la vie quotidienne des juifs. **El Museo del Barrio,** consacré à l'art portoricain, expose de nombreuses œuvres précolombiennes. Le **Schomburg Center for Research in Black Culture** offre un immense panorama de l'art et de l'histoire des Noirs américains. Enfin, le **Metropolitan Museum** possède de superbes témoignages de cultures aussi différentes que l'Égypte ancienne ou l'Afrique contemporaine.

## LES BIBLIOTHÈQUES

Les grandes bibliothèques new-yorkaises, telles que la **Pierpont Morgan Library,** renferment de superbes collections d'art et de livres rares. La **New York Public Library** possède une collection comprenant de nombreux manuscrits d'œuvres célèbres.

## EN DEHORS DE MANHATTAN

Parmi les autres musées à visiter, citons le **musée de Brooklyn** et son million et demi d'œuvres, ainsi que l'**American Museum of the Moving Image,** dans le Queens, et son exceptionnelle collection cinématographique. Le **Jacques Marchais Center of Tibetan Art** est l'une des perles de Staten Island, où se trouve aussi l'**Historic Richmond Town**, un village restauré datant du XVIIe siècle.

### TROUVER LES MUSÉES

# L'architecture à New York

Même lorsqu'elle a suivi les modes internationales, l'architecture new-yorkaise a gardé une certaine originalité, liée aux impératifs de sa géographie et de son économie. En effet, dans cette ville sur une île, l'espace coûte cher. Très tôt, les maisons ont gagné en hauteur, puis les gratte-ciel sont apparus. On les construisait avec les matériaux les plus faciles à trouver et à utiliser : le grès brun et la fonte. Les pages 40-41 donnent un aperçu plus détaillé de l'architecture new-yorkaise.

**L'architecture en fonte**
*La fonte produite industriellement servit souvent à la réalisation de façades. C'est à SoHo qu'on en voit les meilleurs exemples, tel celui-ci, aux 28 et 30 de Greene Street.*

**Les appartements**
*Avec ses deux tours jumelles, le Majestic est l'un des 4 bâtiments Art déco de Central Park.*

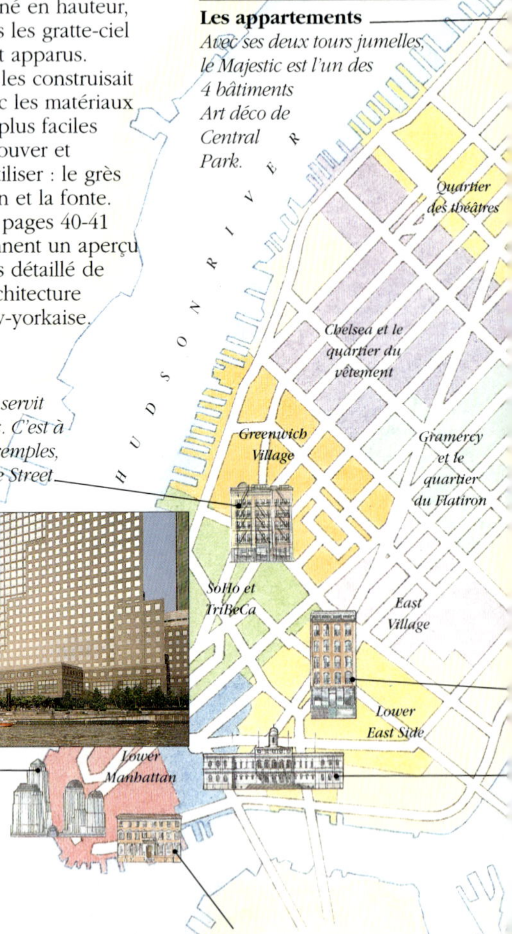

**Le style post-moderne**
*Les formes tarabiscotées mais élégantes des bâtiments comme le World Financial Center, construits en 1985* (p. 69), *innovaient par rapport aux cubes d'acier et de verre des années 1950 et 1960.*

**Les « brownstones »**
*Construites dans le grès de la région, les* brownstones *furent les demeures préférées de la bourgeoisie du* XIX^e^ *siècle. India House, construite sur Wall Street dans le style des palais florentins, est typique des bâtiments commerciaux en* brownstones.

**Les manoirs du XIXe siècle**
*Le Jewish Museum* (p. 184), *ancienne résidence de Felix M. Warburg, offre un bon exemple du style Renaissance française, caractéristique de ces demeures.*

**Le style Beaux-Arts**
*Frick Mansion illustre parfaitement ce style opulent, le préféré des riches propriétaires.*

**Le style international**
*Les bronzes et les verres de Seagram Building sont typiques de l'architecture de l'après-guerre* (p. 173).

**Les gratte-ciel**
*Ces immeubles, où se conjuguent harmonieusement esthétique et fonctionnalisme, font la gloire de New York. On voit ici un acrotère de Chrysler Building.*

**Le style fédéral**
*Cette architecture était courante au XIXe siècle pour les bâtiments publics. La mairie est ainsi un mélange de fédéral et de Renaissance française.*

**Les habitations bon marché**
*Nombreux sont ceux pour qui le rêve américain s'est terminé dans ces immeubles construits à peu de frais. Principalement regroupés dans Lower East Side, les appartements étaient surpeuplés et l'absence de colonnes de ventilation les rendait encore plus insalubres.*

# À la découverte de l'architecture new-yorkaise

Porte de style fédéral

Pendant ses deux premiers siècles d'existence, New York, comme le reste de l'Amérique, a cherché son inspiration du côté de l'Europe. Aucun immeuble hollandais ne subsiste aujourd'hui dans Manhattan : la plupart furent détruits dans l'incendie de 1776 ou abattus au début du XIXe siècle pour faire place à de nouveaux édifices. C'est à partir des années 1850, avec les premières constructions en fonte, que New York commença à développer sa propre architecture. L'Art déco puis l'incessante ascension des gratte-ciel allaient ensuite affirmer cette originalité.

## L'architecture fédérale

Cette adaptation du néo-classicisme fleurit dans les premières décennies suivant l'indépendance. Elle se caractérise par des immeubles de deux ou trois étages offrant un équilibre harmonieux entre leurs toits aux arêtes basses, leurs balustrades et leurs décorations. La mairie **(City Hall)**, construite en 1811 par John McComb et Joseph-François Mangin, est un mélange de style fédéral et Renaissance. Les entrepôts de **Schermerhorn Row**, rénovés, sont aussi de style fédéral.

## Les « brownstones »

L'abondance du grès brun dans la vallée du Connecticut et sur les rives de la Hackensack, dans le New Jersey, en fait le matériau de

Un perron conduit à la porte d'entrée d'une *brownstone* typique

construction le plus commun du XIXe siècle. On peut voir des *brownstones* dans tous les quartiers résidentiels, mais c'est dans **Chelsea** que se trouvent les meilleurs exemples de ces maisons souvent divisées en appartements. Les contraintes d'espace en font des immeubles profonds mais de faible largeur. On y accède généralement par un perron qui conduit au logement des maîtres, tandis que des escaliers séparés descendent à l'entresol, autrefois réservé aux domestiques.

## Les habitations bon marché

Ces immeubles furent construits pour héberger les nombreux immigrants qui arrivèrent entre les années 1840 et la première guerre mondiale. Hauts de six étages, ils recevaient air et lumière uniquement par les conduits de ventilation et les fenêtres des murs latéraux, de sorte que les pièces du milieu étaient mal aérées et plongées dans l'obscurité. Ces minuscules appartements étaient surnommés *railroad* en raison de leur ressemblance avec des compartiments de chemin de fer. On peut voir des maquettes de ces immeubles au Lower East Side Tenement Museum.

## L'architecture en fonte

Innovation américaine en architecture, la fonte, moins chère que la pierre ou la brique, permettait la préfabrication industrielle des décorations des façades. Aujourd'hui, c'est à New York que l'on trouve la plus grande concentration de façades entièrement ou partiellement réalisées en fonte. Les plus beaux spécimens, construits dans les années 1870, se trouvent à SoHo, dans le **Historic Cast-Iron District**.

Façade en fonte des 72-76 Greene Street dans SoHo

## Le style Beaux-Arts

Cette école d'architecture française influença la construction des bâtiments publics et des demeures bourgeoises de l'âge d'or new-yorkais (de 1880 à 1920). Beaucoup des plus importants architectes de la ville vécurent à cette période, parmi lesquels Richard Morris Hunt (**Carnegie Hall**, 1891, **Metropolitan Museum**, 1895) qui, en 1845, fut le premier architecte américain à étudier à Paris ; Cass Gilbert (le bâtiment de la Douane, 1907, **New York Life**

## Déguisements architecturaux

Certaines des réalisations les plus originales sont dues à d'habiles architectes qui tentèrent de dissimuler les réservoirs d'eau, utiles mais disgracieux, placés sur les toits. En regardant en l'air, vous verrez des coupoles, des flèches et des dômes qui transforment ces banales citernes en de véritables châteaux en plein ciel. On en aperçoit facilement deux exemples sur les toits de deux hôtels de la 5e Avenue : Sherry Netherland, à l'angle de la 60e Rue, et Pierre, à l'angle de la 61e Rue.

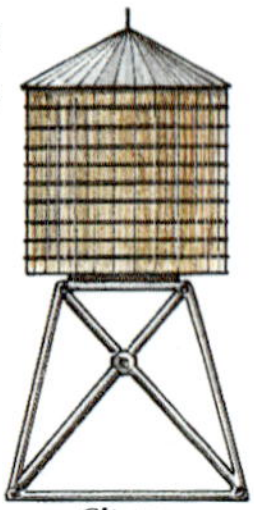
Citerne ordinaire

**Manoir de style Beaux-Arts construit pour Cornelius Vanderbilt II (1843-99), maintenant démoli**

**Insurance Building**, 1928), les cabinets de Warren & Westmore (la gare de **Grand Central**, 1913, **Helmsley Building**, 1929) ; Carrère & Hastings (**New York Public Library**, 1911, **Frick Mansion**, 1914) ; et enfin McKim, Mead & White, qui formèrent le plus célèbre cabinet d'architectes de la ville (**Villard Houses**, 1884, **United States General Post Office**, 1913, **Municipal Building**, 1914).

## LES IMMEUBLES COLLECTIFS

L'augmentation de la population entraînant le rétrécissement de l'espace disponible, les maisons particulières devinrent trop chères pour la plupart des New-Yorkais, et même les plus aisés finirent par s'installer dans des immeubles collectifs. Nombre d'entre eux, construits autour d'arrière-cours invisibles de la rue, ressemblaient à des châteaux. En 1884, la construction du Dakota *(p. 216)*, l'un des premiers immeubles de luxe, marqua le début de la vague de construction du début de notre siècle dans Upper West Side. Les quatre **Twin Towers** (tours jumelles) construites à Central Park à la grande époque de l'Art déco (de 1929 à 1931), l'Eldorado, le Century, le San Remo et le Majestic qui dessinent l'horizon caractéristique de Central Park, comptent parmi les plus célèbres.

## LES GRATTE-CIEL

C'est à Chicago que se sont dressés les premiers gratte-ciel, mais New York apporta à ce type de construction des innovations significatives. En 1902, Daniel Burnham, architecte de Chicago, construisit le **Flatiron Building**, un immeuble si haut (91 m) que certains dirent alors qu'il allait s'effondrer. Dès 1913, le **Woolworth** se dressait à 241 m et très vite des règles d'urbanisme imposèrent que les derniers étages soient construits en retrait pour permettre au soleil d'atteindre la chaussée, ce qui convenait parfaitement au style Art déco. En 1930 fut édifié le **Chrysler Building**, alors le plus haut du monde supplanté l'année suivante par l'**Empire State Building**. Tous deux sont des classiques de l'Art déco, mais c'est le **Group Health Insurance Building** de R. Hood, anciennement McGraw-Hill Building, qui, en 1932, représenta New York dans une étude sur l'architecture internationale. Avec ses 411 m, le **World Trade Center** est le second plus haut bâtiment du monde. Il est la parfaite illustration du style international, supplanté par le style post-moderne, dont le **Citicorp Building** est un exemple.

**Motif Art déco sur la flèche du Chrysler Building**

### TROUVER CES BÂTIMENTS


- Carnegie Hall *p. 146*
- Chelsea *p. 128-137*
- Chrysler Building *p. 152*
- Citicorp Building *p. 173*
- City Hall *p. 90*
- Custom House *p. 73*
- Empire State Building *p. 134-135*
- Flatiron Building *p. 125*
- Frick Mansion *p. 194-195*
- Grand Central Terminal *p. 152-155*
- Group Health Insurance Building *p. 145*
- Helmsley Building *p. 156*
- Lower East Side Tenement Museum *p. 97*
- Metropolitan Museum of Art *p. 186-193*
- Municipal Building *p. 85*
- New York Life Insurance Building *p. 124*
- New York Public Library *p. 144*
- Schermerhorn Row *p. 84*
- SoHo Cast-Iron Historic District *p. 102*
- Twin Towers de Central Park West *p. 212*
- US Courthouse *p. 85*
- US General Post Office *p. 133*
- Villard Houses *p. 172*
- Woolworth Building *p. 91*
- World Trade Center *p. 72*


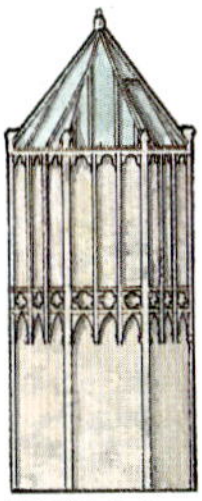

**N° 245 5e Avenue (immeuble collectif)**

**N° 60 Gramercy Park nord *(brownstone)***

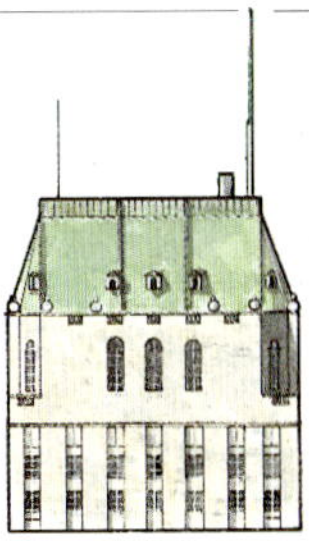

**Hôtel Pierre (Beaux-Arts)**

**Hôtel Sherry Netherland (Beaux-Arts)**

# Le New York multiculturel

Le caractère multiculturel de New York est très sensible, même dans les quartiers les plus animés du centre : avec un seul ticket d'autobus on va de Madras à Moscou ou de Haïti à Hong-Kong ! New York continue à recevoir des immigrants, mais ils sont peu nombreux comparés aux 17 millions de personnes qui arrivèrent entre 1880 et 1910. Dans les années 1980, un million d'étrangers, en majorité antillais et asiatiques, débarquèrent et fondèrent leurs propres petites colonies. Tout au long de l'année, chaque ethnie continue à célébrer ses fêtes traditionnelles. Pour en savoir plus sur ces manifestations, reportez-vous aux pages 50 à 53.

**Hell's Kitchen**
*C'est ici que s'est établie la communauté irlandaise, qui le 17 mars, défile dans la 5e Avenue, pour célébrer la Saint-Patrick.*

**Little Ukraine**
*À Taras Sevchenko Place, on peut assister aux cérémonies du 17 mai, qui marquent la conversion des Ukrainiens au christianisme.*

**Little Korea**
*Non loin de Times Square s'est regroupée une petite communauté coréenne.*

**Little Italy**
*En septembre, pendant dix jours, la communauté italienne se rassemble dans les rues autour de Mulberry Street pour la Festa di San Gennaro.*

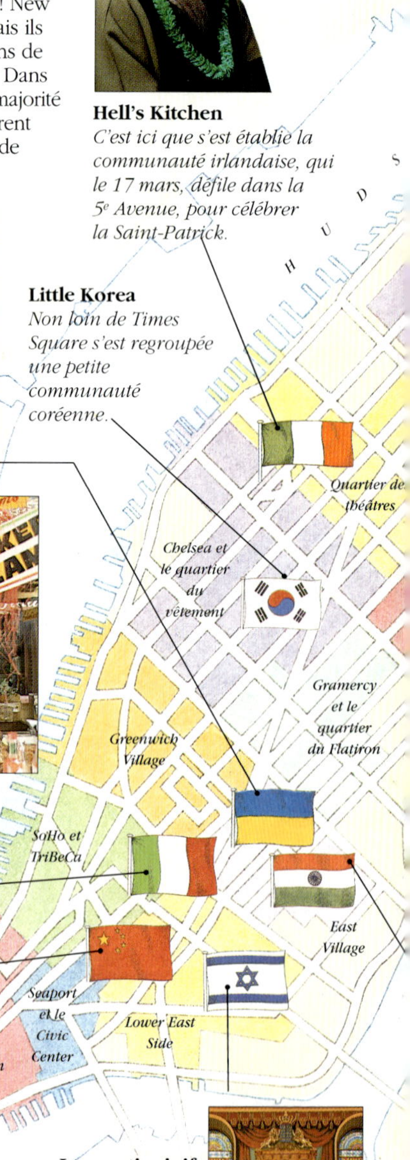

**Chinatown**
*Tous les ans, à la fin du mois de janvier, une foule de fêtards envahit les rues de Chinatown pour célébrer le Nouvel An chinois.*

**Le quartier juif**
*Les synagogues du quartier de Rivington Street témoignent des traditions religieuses de ce vieux quartier juif.*

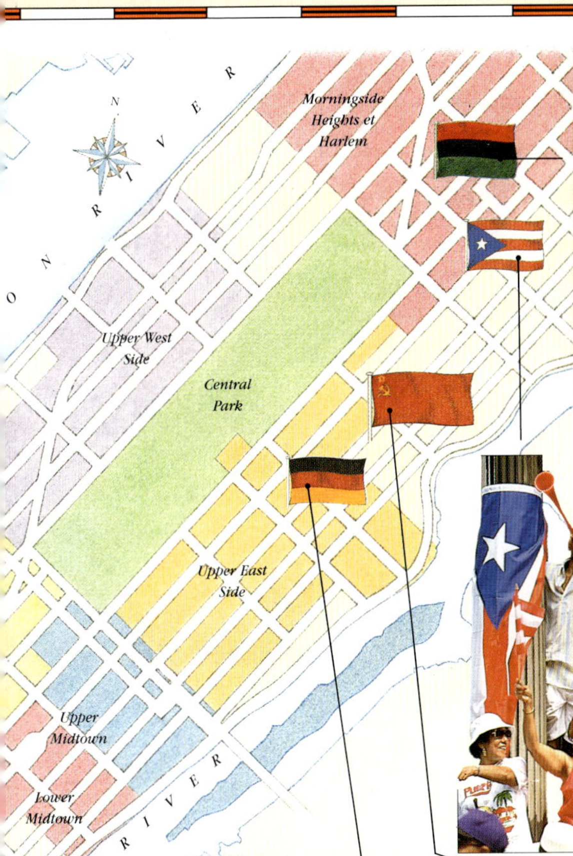

**Harlem**
*La célébration dominicale d'Abyssinian Baptist Church est l'une des plus belles messes gospel de Harlem.*

**El Barrio**
*La tapageuse communauté hispanique d'El Barrio, dans Harlem, s'est regroupée autour de la rue du marché, La Marqueta.*

**Yorkville**
*Quelques cafés et bars à bière perpétuent la couleur locale de cet ancien quartier allemand. Tous les ans, en septembre, se tient la parade de Steuben.*

**Little Odessa**
*La magnifique St Nicholas Russian Orthodox Cathedral, sur la 79e Rue Est, témoigne de l'émigration russe blanche. Une messe en russe y est célébrée chaque dimanche.*

**Little India**
*Vous trouverez dans la 6e Rue Est une ambiance orientale et des prix abordables.*

# À la découverte du New York multiculturel

**Vitrail au Cotton Club**

Tous les New-Yorkais « de souche » ont des racines dans d'autres pays. Au cours du XVIIe siècle, les Hollandais et les Anglais viennent s'installer à New York, et la ville devient un symbole d'espoir pour les Européens les plus pauvres. Ils traversent l'océan par bateaux entiers, les poches vides et souvent sans connaître un mot d'anglais. La famine des années 1840 lance sur les mers la première vague d'immigrants irlandais, bientôt suivie par des ouvriers allemands victimes de la révolution industrielle. Depuis lors, de nombreux immigrants ont quitté leur quartier d'origine pour se répandre dans toute la ville, où l'on parle aujourd'hui environ 80 langues différentes !

**Immigrants turcs arrivant à Idlewild Airport en 1963**

## Les juifs

Il y a une communauté juive à New York depuis 1654. La première synagogue, Shearith Israël, a été construite par des réfugiés venus d'une colonie hollandaise du Brésil. Elle est encore utilisée aujourd'hui. Ces premiers immigrants, des séfarades d'origine espagnole, comprenaient des familles importantes, comme celle des Baruch. Puis vinrent des juifs allemands, comme les frères Strauss, qui ouvrirent des commerces florissants. En Russie, vers la fin du XIXe siècle, des foules entières se rendirent aux États-Unis pour échapper aux persécutions. Au début de la première guerre mondiale, environ 600 000 juifs vivaient dans Lower East Side. Aujourd'hui, ce quartier est plus hispanique mais témoigne de l'époque où il était le refuge de ces immigrants.

## Les Allemands

Les Allemands commencèrent à s'installer à New York au XVIIIe siècle. Depuis l'époque de Peter Zenger *(p. 19)*, la communauté allemande de la ville a toujours défendu la liberté d'opinion. Elle a aussi produit des magnats de l'industrie, tels John Jacob Astor, le premier millionnaire new-yorkais.

## Les Italiens

Les Italiens commencèrent à arriver entre 1830 et 1840. Nombre d'entre eux fuyaient l'échec de leur révolution puis, dans les années 1870, beaucoup d'autres émigrèrent pour échapper à la pauvreté du Mezzogiorno. Ils constituèrent à New York une force politique considérable, comme en atteste le succès de F. LaGuardia, l'un des meilleurs maires de la ville.

## Les Chinois

Les Chinois arrivèrent tardivement : dans les années 1880, ils n'étaient que de 700 à vivre à Mott Street. Dès les années 1940, ils représentaient une population en rapide expansion et à forte mobilité sociale. Ils dépassèrent les limites de Chinatown pour aller s'établir dans certains quartiers de Brooklyn et du Queens. Ils formaient jadis une communauté fermée mais aujourd'hui Chinatown est envahie de touristes qui viennent explorer rues et marchés et s'attabler dans ses restaurants.

**Temple chinois dans Chinatown *(p. 96-97)***

## Les Hispano-Américains

**Sculptures religieuses au Museo del Barrio *(p. 229)***

Les Portoricains arrivèrent à New York dès 1838, mais ce n'est qu'après la première guerre mondiale qu'ils débarquèrent en grand nombre, en quête d'emplois. La plupart vivent dans El Barrio, autrefois appelé Spanish Harlem. Les Cubains des classes aisées qui avaient fui le régime castriste ont quitté la ville mais conservent une grande influence sur le commerce et la culture hispaniques. Washington Heights est le foyer dominicain et colombien.

## Les Irlandais

Les Irlandais, qui commencèrent à arriver au début des années 1840, rencontrèrent beaucoup de difficultés. Affamés et sans le sou, ils ont travaillé dur pour fuir les taudis de Five Points et Hell's Kitchen. Leur contribution à la modernisation de New York est essentielle. Ils ont souvent rejoint la police ou les pompiers où ils sont parvenus à faire de brillantes carrières. D'autres ont ouvert des commerces prospères, notamment les fameux pubs, qui servent de points de rencontre aux membres d'une communauté dispersée.

### Les Afro-Américains

Les ancêtres de beaucoup d'Afro-Américains sont arrivés en Amérique comme esclaves dans les plantations du sud. Ils ont commencé à émigrer vers les grandes villes du nord après l'abolition de l'esclavage, dans les années 1860. Cependant, dans les années 1920, la population de Harlem est passée de 83 000 à 204 000 habitants et la municipalité s'est affirmée comme le centre d'une certaine renaissance noire *(p. 28-29)*. Aujourd'hui le ghetto noir le plus connu du monde, Harlem, attire des visiteurs qui viennent écouter des chants religieux, le gospel, et goûter sa cuisine *soul*.

Femme participant à la parade de la fête de l'indépendance grecque

### Le « melting pot »

D'autres cultures new-yorkaises, moins bien représentées que les précédentes, n'en sont pas moins faciles à repérer. Les Ukrainiens sont rassemblés dans East Village, autour de St George's Ukrainian Catholic Church. Les restaurants indiens sont concentrés le long de la 6e Rue. Les Coréens tiennent de nombreuses épiceries dans Manhattan mais vivent surtout dans le quartier de Flushing. Le centre islamique de Riverside Drive, la cathédrale orthodoxe de la 97e Rue Est *(p. 197)* et le nouveau centre culturel islamique de la 96e Rue attestent tous de la diversité religieuse de la ville.

### Les autres municipalités

Brooklyn est de loin le plus international des *boroughs* new-yorkais. Les nouveaux arrivants de la Jamaïque et d'Haïti y représentent l'un des groupes à l'expansion la plus rapide. Les Antillais vivent le long d'East Parkway entre Grand Army Plaza et Utica Avenue. Les juifs russes récemment arrivés vivent à Brighton Beach, qu'ils ont transformé en un petit « Odessa-sur-mer », tandis que Libanais et Scandinaves se sont installés dans Bay Ridge et les Finlandais dans Sunset Park. Les juifs orthodoxes vivent dans Borough Park et Williamsburg alors que Midwood accueille des juifs du Moyen-Orient. Les Italiens sont installés dans le quartier de Bensonhurst. Greenpoint est une petite Pologne et Atlantic Avenue abrite la plus importante communauté arabe d'Amérique. Les Irlandais furent parmi les premiers à franchir Harlem River pour aller dans le Bronx. Les cadres japonais, eux, préfèrent le quartier plus chic de Riverdale. Astoria, dans le Queens, est l'un des quartiers les plus typés et abrite la plus vaste communauté grecque en dehors de la Grèce elle-même. Jackson Heights comprend un grand quartier de Latino-Américains, parmi lesquels on compte 300 000 Colombiens. Les Indiens aussi affectionnent cet endroit ainsi que Flushing, non loin de là. Mais ce sont les Orientaux qui ont si bien transformé Flushing que le train local a été surnommé l'*Orient Express*.

La police de New York, refuge des Irlando-Américains

### Quelques immigrants célèbres *Voir aussi p. 46-49.*

*Les dates indiquent l'année d'arrivée de ces immigrants aux États-Unis via New York.*

- **1893** Irving Berlin (Russie), musicien.
- **1894** Al Jolson (Lituanie), chanteur.
- **1896** Samuel Goldwyn (Pologne), magnat du cinéma.
- **1902** Joe Hill (Suède), syndicaliste.
- **1903** Frank Capra (Italie), cinéaste.
- **1904** Hyman Rickover (Russie), inventeur du sous-marin nucléaire.
- **1906** Lucky Luciano (Italie), gangster (déporté en 1946).
- **1908** Bob Hope (Angleterre), comédien.
- **1909** Lee Strasberg (Autriche), metteur en scène de théâtre.
- **1912** Claudette Colbert (France), actrice.
- **1913** Rudolph Valentino (Italie), acteur.
- **1921** Bela Lugosi (Hongrie), acteur dans *Dracula*.
- **1923** Isaac Asimov (Russie), scientifique et écrivain.
- **1932** George Balanchine (Russie), chorégraphe.
- **1933** Albert Einstein (Allemagne), scientifique.
- **1938** Famille von Trapp (Autriche), chanteurs.

1890 | 1895 | 1900 | 1905 | 1910 | 1915 | 1920 | 1925 | 1930 | 1935 | 1940

# Visiteurs et New-Yorkais célèbres

La ville semble avoir stimulé la créativité des New-Yorkais. Ceux d'entre eux qui sont devenus célèbres furent souvent des immigrants venus aux États-Unis en quête de liberté d'expression ou pour fuir la répression de leur pays natal. C'est ainsi que New York s'est souvent distingué dans le domaine culturel grâce aux apports d'immigrants de première génération comme de ses résidents temporaires.

**George Balanchine** *(1904-1983)*
*Ce chorégraphe émigra depuis la Russie en 1933 et forma le New York City Ballet.*

**Dylan Thomas** *(1914-1953)*
*Ce poète gallois brûla sa vie dans l'alcool. Il fréquentait la* White Horse Tavern *de Greenwich Village.*

**Marcel Duchamp**
(1887-1968)
*En 1917, ce peintre dadaïste français grimpa sur l'arche de Washington Square pour protester contre l'entrée en guerre des États-Unis.*

**Giuseppe Garibaldi** *(1807-1882)*
*Dans Greenwich Village une statue rend hommage à ce révolutionnaire italien qui passa quatre ans en exil sur Staten Island avant de retourner lutter pour l'unification de l'Italie.*

**Irving Berlin** *(1888-1989)*
*De son vrai nom Israël Baline, ce compositeur né en Sibérie grandit dans Lower East Side.*

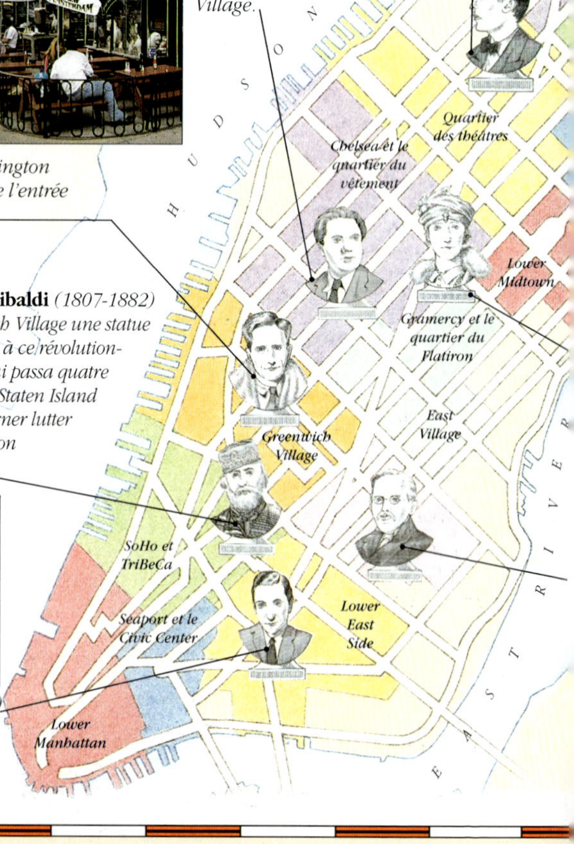

**Isaac Bashevis Singer**
*(1904-1991)*
*Romancier juif d'origine polonaise, il vécut sur la 86e Rue Ouest.*

**John Audubon**
*(1785-1851)*
*Le plus célèbre ornithologue américain est né en France. Il habitait Washington Heights.*

**Marcus Garvey**
*(1887-40)*
*Né en Jamaïque, Garvey vécut à Harlem dans les années 1920 et fut un leader noir très influent.*

**John Lennon**
*(1940-80)*
*Ce musicien et chanteur né à Liverpool s'établit avec sa femme, Yoko Ono, dans Upper West Side.*

**Harry Houdini**
*(1874-26)*
*Cet illusionniste, roi de l'évasion, né à Budapest, habita pendant longtemps la 113e Rue Ouest.*

**Andrew Carnegie** *(1835-1919)*
*La demeure de cet industriel et philanthrope né en Écosse est maintenant le Cooper-Hewitt Museum* (p. 184).

**Sarah Bernhardt** *(1844-1923)*
*L'actrice française assistait aux messes de Little Church Around the Corner* (p. 127) *lorsqu'elle vivait à New York.*

**Jacob Riis** *(1849-14)*
*Cet immigré danois dormit sous les portes cochères de Bowery avant d'écrire* Comment vivent les autres ?, *un livre qui contribua à l'amélioration des conditions de vie des pauvres.*

# Quelques New-Yorkais d'exception

New York a porté certains des plus grands créateurs de ce siècle. Le Pop Art a vu le jour à New York, et Manhattan est toujours un des centres mondiaux de l'art moderne. Les écrivains alternatifs des années 1950 et 1960, connus sous le nom de Beat Generation, puisaient souvent leur inspiration dans les clubs de jazz de la ville. Capitale financière, elle a attiré les plus grands capitaines d'industrie.

## Les écrivains

**Le romancier James Baldwin**

La littérature américaine est née à New York. En 1791, Suzanna Rowson publia *Charlotte Temple,* un roman retraçant l'histoire d'une rencontre dans le décor de New York, qui devait rester un best-seller pendant cinquante ans. Le premier écrivain professionnel américain fut Charles Brockden Brown (1771-1810), qui arriva à New York en 1791. Les romans d'Edgar Allan Poe (1809-1849), pionnier des histoires policières modernes, virent le développement des thrillers. Henry James (1843-1916) publia *Les Bostoniennes* en 1886 et devint le maître du roman psychologique, tandis que son amie Edith Wharton (1861-1937) se fit connaître pour ses romans satiriques. La littérature américaine reçut enfin une reconnaissance internationale grâce à l'*Histoire de New York,* une satire de Washington Irving publiée en 1809. Ce roman lui rapporta alors deux mille dollars. C'est lui qui trouva le surnom de « Gotham » pour New York et de « Knickerbockers » pour les New-Yorkais. Avec Fenimore Cooper (1789-1851), il forma l'école de roman new-yorkaise. Greenwich Village a toujours attiré les écrivains, comme Herman Melville (1819-1891). Son chef-d'œuvre, *Moby Dick,* reçut d'abord un accueil très mitigé. Jack Kerouac (1922-1969), Allen Ginsberg et William Burroughs, qui étudièrent à Columbia University, fréquentaient le San Remo Café de Greenwich Village en compagnie d'autres hommes de lettres. Dylan Thomas (1914-1953) finit ses jours à l'hôtel Chelsea *(p. 317).* Le romancier Nathanael West (1902-1940) travailla à Gramercy Park et son ami Dashiell Hammett (1894-1961) écrivit *Le Faucon Maltais* alors qu'il résidait là-bas. James Baldwin (1924-1987), né à Harlem, écrivit *Un autre pays* en 1963 lors de son retour d'Europe.

## Les artistes

L'expressionnisme abstrait fut le premier mouvement artistique américain d'importance internationale. Il fut lancé par Hans Hofmann (1880-1966), Franz Kline et Willem de Kooning qui débuta aux États-Unis comme peintre en bâtiment. Adolph Gottlieb, Mark Rothko (1903-1970) et Jackson Pollock (1912-1956) contribuèrent beaucoup à la popularité de ce style. Les ateliers de Pollock, Kooning et Kline étaient situés dans Lower East Side. Le Pop Art vit le jour à New York dans les années 1960 avec les travaux de Roy Lichtenstein et

**Andy Warhol, inventeur du Pop Art**

Andy Warhol (1926-1987), qui réalisa certains de ses films-cultes au 33 Union Square. Keith Haring (1958-1990) fut un artiste très prolifique dont on commence à vraiment comprendre l'importance. Robert Mapplethorpe (1946-1989) fut rendu célèbre par ses photos de jeunes homosexuels nus. Il n'est plus la bête noire de l'establishment artistique, remplacé dans ce rôle par Jeff Koons. Les peintures en trompe-l'œil de Richard Haas ornent de nombreux murs de la ville.

## Les acteurs

En 1849, l'acteur britannique Charles Macready déclencha une émeute en affirmant que les Américains étaient vulgaires. Une foule fit irruption dans Astor Place Opera House, où Macready jouait *Macbeth,* la police ouvrit le feu et 22 émeutiers furent tués.

En 1927, Mae West (1893-1980) passa dix jours en prison et acquitta une amende de 500 dollars pour avoir donné à Broadway un spectacle appelé *Sexe* et jugé obscène. Plus tard, un opéra de Marc Blitzstein, prenant fait et cause pour la classe ouvrière, monté par Orson Welles (1915-1985) et John Houseman (1902-1988),

**L'actrice Mae West**

fut aussitôt interdit et le spectacle dut être produit dans une autre salle. Les acteurs parvinrent à contourner l'interdiction en chantant leurs rôles depuis la salle. Les comédies musicales sont depuis longtemps une spécialité new-yorkaise. Les *Follies* de Florenz Ziegfeld (1869-1932) furent jouées de 1907 à 1931. La première d'*Oklahoma,* à Broadway en 1943, marqua le début du règne de Richard Rogers (1902-1979) et Oscar Hammerstein (1895-1960). Les Provincetown Players, au 33 McDougal Street, furent les premiers à jouer *Beyond the Horizon,* de Eugene O'Neill (1888-1953). Le deuxième grand innovateur du théâtre américain fut Edward Albee, l'auteur de *Qui a peur de Virginia Woolf ?* (1962).

## Les musiciens et les danseurs

Leonard Bernstein (1918-1990) appartient à une longue lignée de chefs d'orchestre du New York Philharmonic, parmi lesquels on compte Bruno Walter (1876-1962), Arturo Toscanini (1867-1957) et Leopold Stokowski (1882-1977). Maria Callas (1923-1977) naquit à New York mais émigra en Europe. Carnegie Hall *(p. 146)* a reçu Enrico Caruso (1873-1921), Bob Dylan et les Beatles. Le record du nombre de spectateurs appartient à Paul Simon qui, à Central Park, donna un concert gratuit devant un million de personnes. Les clubs de jazz légendaires des années 1930 et 1940 ont maintenant disparu de la 52e Rue, mais des plaques sur Jazz Walk à l'extérieur du

**Florenz Ziegfeld, directeur des Ziegfeld Follies**

**Joséphine Baker**

CBS Building rendent hommage à des artistes aussi réputés que Charlie Parker (1920-1955) ou Joséphine Baker (1906-1975).
Entre 1940 et 1965, New York devint la capitale de la danse grâce au New York City Ballet de Georges Balanchine (1904-1983) et à l'American Ballet Theater. En 1958, le chorégraphe Alvin Ailey (1931-89) lança l'American Dance Theater, où s'illustrait une troupe aux danseurs de multiples origines.

## Les industriels et les entrepreneurs

**Cornelius Vanderbilt**

Le mythe du self-made-man fait partie du rêve américain. Andrew Carnegie, le « baron de l'acier au cœur d'or », parti de rien, avait distribué plus de 350 millions de dollars lorsqu'il mourut. Parmi ses œuvres, on compte des bibliothèques et des universités dans tout le pays. De nombreuses fondations doivent beaucoup à d'autres philanthropes. Pour certains, tels Cornelius Vanderbilt (1794-1877), le mécénat était un moyen d'oublier leurs origines modestes. Dans le monde des affaires, certains « barons voleurs » trafiquaient en toute impunité. Ainsi les financiers Jay Gould (1836-1892) et James Fisk (1834-1872) battirent Vanderbilt, en manipulant Wall Street, dans la guerre pour le contrôle du chemin de fer de l'Érié. En septembre 1869, ils furent responsables du premier vendredi Noir en tentant d'accaparer le marché de l'or mais ils s'enfuirent lorsque leur manœuvre fut découverte. Gould mourut milliardaire et heureux tandis que Fisk fut tué par un rival dans une querelle amoureuse. Parmi les entrepreneurs d'aujourd'hui, il faut citer Donald Trump *(p. 31)* ainsi que Harry et Leona Helmsley qui fut emprisonnée pour fraude fiscale sans que leur patrimoine colossal *(p. 156)* soit entamé.

## Les architectes

Cass Gilbert (1858-1934), qui construisit des immeubles néo-gothiques comme le Woolworth Building *(p. 91)* fut l'un de ceux qui façonnèrent New York. On peut voir son portrait dans le hall, serrant contre lui une maquette de son chef-d'œuvre. Stanford White fut aussi célèbre pour les scandales de sa vie privée que pour la qualité de ses constructions de style Beaux-Arts, tel le Players Club *(p. 126)*. Pendant la majeure partie de sa carrière Frank Lloyd Wright dénigra l'architecture urbaine. Lorsqu'on parvint enfin à le convaincre d'apposer sa griffe à New York, il dessina le musée Guggenheim *(p. 186-187)*. Né en Allemagne, Mies van der Rohe (1886-1969), père du Seagram Building, recherchait une architecture pure, équilibrée et défiant le temps. Certains considèrent ses œuvres comme les plus réussies de la ville.

# NEW YORK AU JOUR LE JOUR

Au printemps, Park Avenue est entièrement fleurie tandis que pour la Saint-Patrick, la première des grandes fêtes de l'année, la 5e Avenue se pare de vert. L'été à New York est chaud et humide, mais il ne faut pas hésiter à quitter les intérieurs climatisés pour descendre dans les parcs où l'on peut assister à des concerts en plein air. Le premier lundi de septembre est le jour de la fête du travail ; les températures se radoucissent et les arbres s'habillent des couleurs de l'automne. Puis, à l'approche de Noël, les rues et les boutiques commencent à étinceler de tous leurs feux.
Les dates des événements cités dans les pages suivantes peuvent varier et il est bon de se reporter à la presse locale *(p. 353)*. Le New York Convention and Visitors Bureau publie un calendrier trimestriel des principales fêtes.

## LE PRINTEMPS

Chaque saison modifie le caractère et l'atmosphère de la ville. New York sort de l'hiver au milieu des tulipes, des cerisiers en fleurs et des collections de printemps des magasins de mode. Tout le monde fait du lèche-vitrines. La Saint-Patrick est l'occasion de grandes réjouissances et des milliers de personnes se préparent pour descendre dans la 5e Avenue.

## MARS

**Saint-Patrick** *(17 mars)*, 5e Avenue, entre les 44e et 86e Rues. Vêtements verts, fleurs vertes : la couleur de l'Irlande. **Fête de l'Indépendance grecque** *(25 mars)*, 5e Avenue, entre les 49e et 59e Rues. Danses et buffets grecs. **Saison de printemps du New York City Opera** *(de mars à mi-avril)*, au Lincoln Center *(p. 338)*. **Cirque Barnum et Ringling Bros** *(fin mars à fin mai)*, Madison Square Garden *(p. 133)*.

**Tulipes et taxis jaunes dans Park Avenue**

**La créativité des New-Yorkais se manifeste pendant le défilé de Pâques**

## PÂQUES

**Exposition florale** *(semaine avant Pâques)*, chez Macy's *(p.132-133)*.
**Easter Parade** *(dim. de Pâques)*, sur la 5e Avenue entre les 44e et 59e Rues. Déguisements extravagants autour de St Patrick's Cathedral.

## AVRIL

**Cherry Blossom Festival** (fête des Cerisiers ; *fin avril-mai)*, jardin botanique de Brooklyn. Célèbre pour la beauté de ses cerisiers du Japon. Activités du **Earth Day Festival** *(variable)*. **Base-ball** *(avril-mai)* début de la saison des Yankees et des Mets *(p. 344)*. **Saison de printemps du New York City Ballet** *(avril-juin)*, aux New York State Theater et Metropolitan Opera House du Lincoln Center *(p. 212)*.

## MAI

**Fête de Martin Luther King**, *(3e dim.)*, 5e Avenue entre les 57e et 79e Rues. Défilé en l'honneur du leader qui défendit les droits des Noirs et fut assassiné en 1968.

**Défilé en costume folklorique pour la Fête nationale grecque**

**Nineth Avenue Street Festival** *(mi-mai)* de la 37e Rue Ouest à la 57e Ouest. Cuisine, musique et danses de toutes origines. **Washington Square Outdoor Art Exhibit** *(dernier week-end de mai et premier de juin)*. Peinture, sculpture et artisanat en plein air.

**L'ensoleillement à New York**
*New York bénéficie de longues journées de soleil de juin à août, particulièrement en juillet. Les journées d'hiver sont plus courtes, mais souvent claires. Le printemps et l'automne sont agréables, même si ce dernier est moins ensoleillé.*

## L'ÉTÉ

Dès que possible les New-Yorkais vont pique-niquer, ou se promener sur les plages. Le feu d'artifice de Macy's illumine la nuit du 4 juillet et lorsque les Yankees ou les Mets jouent en ville. L'été est la saison des fêtes de rue, des concerts de plein air, des pièces de Shakespeare et des opéras gratuits dans Central Park.

**Policier dansant au cours d'un défilé portoricain**

### JUIN

**La parade du Puerto Rican Day** *(1er dim.)*, 5e Avenue, de la 44e à la 86e Rue. Chars et fanfares.
**Museum Mile Festival** *(2e mar.)*, 5e Avenue, entre les 827 et 105e Rues. Entrée gratuite dans les musées.
**Central Park Summerstage** *(juin-août)*, Central Park. Musiques et danses en tout genre, presque tous les jours par temps pluvieux ou par beau temps.
**Concerts du Metropolitan Opera dans les parcs.** Concerts gratuits dans les parcs de la ville *(p. 338-339)*.
**Goldman Memorial Band Concerts** *(juin-août)*, au Lincoln Center *(p. 212)*. Concerts traditionnels.
**Shakespeare au parc** *(juin-sept.)*. Les stars de Broadway se produisent au théâtre Delacorte, dans Central Park.
**La parade de la Lesbian and Gay Pride** *(mi-juin)*, remonte la 5e Avenue depuis Colombus Circle, jusqu'à Washington Square.
**JVC Jazz Festival** *(fin juin-début juil.)*. De grands musiciens de jazz jouent dans des salles de la ville *(p. 341)*.

### JUILLET

**Feux d'artifice de Macy's** *(4 juillet)*, East River. Bouquet de la fête de l'Indépendance.
**Festival de l'Artisanat** *(fin juin à début juillet)*, au Lincoln Center.
**Festival de Chinatown** *(mi-juillet à mi-septembre)*, à Chinatown *(p. 96-97)*.
**Festival de Musique** *de mi-juillet à fin août* à l'Avery Fisher Hall, Lincoln Center *(p. 338-339)*.
**NY Philharmonic Parks Concerts** *(fin juillet-début août)*. Concerts gratuits dans les parcs de la ville.
**Lincoln Center Festival** *(juil.)*. Danse, opéra et autres spectacles du monde entier. Représentations du **World Trade Center** *(juil.)*.

**Festivités estivales à Greenwich Village**

### AOÛT

**Semaine de Harlem** *(mi-août)*. Films, peinture, musique et danse.
**Out-of-doors Festival** *(mi-juil. à début sept.)*, Lincoln Center. Spectacles théâtraux et chorégraphiques gratuits *(p. 334)*.
**US Open de tennis** *(fin août-début sept.)*, Flushing Meadows *(p. 345)*.

**Feu d'artifice du 4 juillet (jour de l'Indépendance) sur East River**

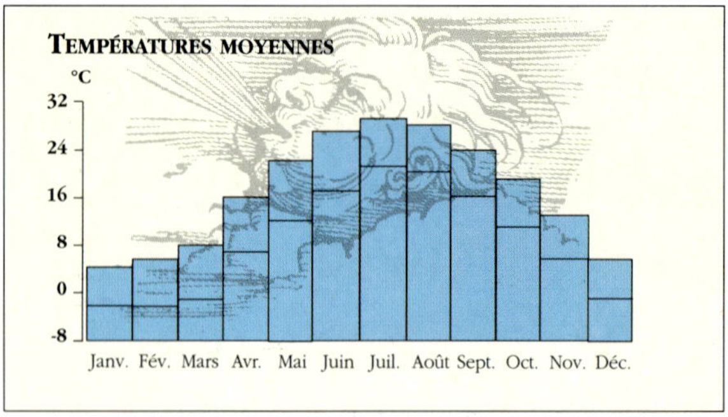


**Les températures**
*Ce graphique indique les minima et maxima moyens pour chaque mois. Avec un maximum moyen de 29°C, on voit que l'été peut être chaud et humide. Par contre, bien qu'il gèle rarement pendant les mois d'hiver, le froid peut alors sembler mordant.*

## L'AUTOMNE

La fête du Travail marque la fin de l'été. Les Giants et les Jets attaquent la saison de football tandis que la saison théâtrale commence. La Festa di San Gennaro est le point culminant d'une suite de fêtes de quartier hautes en couleur. Thanksgiving Day Parade de Macy's donne à tout le pays le signal de départ des fêtes de fin d'année.

### SEPTEMBRE

**Richmond County Fair**, dans Richmond Town *(p.252)*, est la seule vraie foire de New York.
**Carnaval antillais**, à Brooklyn. Défilé, chars, musique, cuisine.
**Brazilian Festival** *(début septembre)*, 46e Rue Est, entre Times Square et Madison Avenue. Musique, nourriture et artisanat brésiliens.

Costume de carnaval antillais dans les rues de Brooklyn

**New York is Book Country** *(mi-sept.)*, 5eAvenue, de la 48e à la 59e Rues. Foire du livre.
**Festa di San Gennaro** *(3e semaine)*, Little Italy *(p. 96)*. Dix jours de fêtes et de processions.
**Festival du film de New York** *(mi-sept. à début oct.)*, Lincoln Center. Films américains et films d'art internationaux.
**Von Steuben Day Parade** *(3e sem.)*, haut de la 5e Avenue. Fêtes germano-américaines.
**Football américain** *(début de saison)*, Giants' Stadium, territoire des Giants et des Jets *(p.344)*.

### OCTOBRE

**Colombus Day Parade** *(12 oct.)*, 5e Avenue, de la 44e à la 86e Rues. Défilés et concerts pour fêter la découverte de l'Amérique par Christophe Colomb.
**Pulasky Day Parade** *(plus proche dim. du 5 oct.)* 5e Avenue de la 26e à la 52e Rues. Fête du héros américano-polonais Casimir Pulasky.
**Hallowe'en** *(31 oct.)*, Greenwich Village. Grande fête et déguisements extraordinaires.
**Big Apple Circus** *(oct.-janv.)*, Damrosch Park, Lincoln Center. Un thème nouveau chaque année.
**Basket-ball** *(la saison peut débuter début nov.)*, Madison Square Garden. L'équipe new-yorkaise est celle des Knicks.
**Marathon de New York** *(dernier dim. d'oct. ou premier de nov.)*. Il traverse tous les *boroughs* au départ de Staten Island.

Un Superman géant flotte au-dessus du défilé de Thanksgiving de Macy's

### NOVEMBRE

**Thanksgiving de Macy's** *(4e jeudi)*, de l'angle de Central Park Ouest et de la 79e Rue Ouest à celui de Broadway et de la 34e Rue Ouest. Un régal pour les enfants : chars, énormes ballons et père Noël.
**Rockefeller Center Ice Skating Rink** *(novembre-mars)*. Ouvert au public. Pour patiner sous le célèbre arbre de Noël.

Greenwich Village est le haut lieu de Halloween

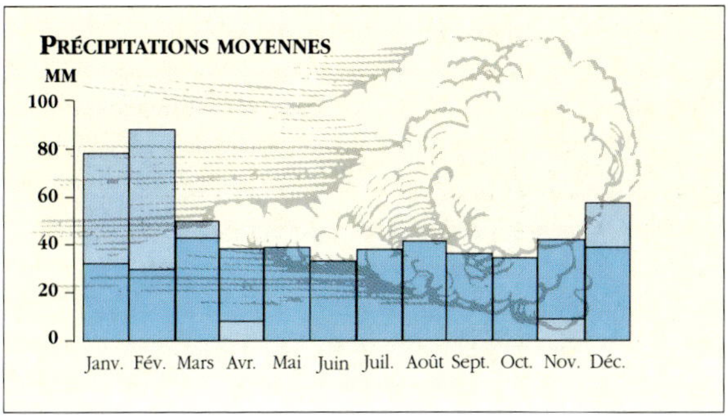


**Les précipitations**
*Mars et août sont les mois les plus pluvieux. Les pluies de printemps sont imprévisibles, alors prenez vos précautions. Les importantes chutes de neige hivernales peuvent paralyser la ville.*

Pluie

Neige

## L'HIVER

À Noël, New York est merveilleux et même les lions de pierre de la Public Library se parent de couronnes tandis que les vitrines se transforment en véritables œuvres d'art. De Times Square à Chinatown la ville s'anime et Central Park devient le théâtre de multiples jeux d'hiver.

**Statue d'*Alice au Pays des Merveilles* dans Central Park**

### DÉCEMBRE

**Tree-Lighting Ceremony** *(début décembre)*, Rockefeller Center. Illumination de l'immense sapin devant le RCA Building.
**Concert du Messie** *(mi-déc.)*, Lincoln Center *(p. 212)*. Le public répète et chante le Messie sous la direction de plusieurs chefs d'orchestre.
**Hannukah Menorah** *(mi-fin déc.)*, Grand Army Plaza, Brooklyn. Illumination de la *menorah* (chandelier) tous les soirs du festival (huit jours).
**Nouvel An**. Feux d'artifice à Central Park *(p. 204-205)*, fête à Times Square, course de huit kilomètres dans Central Park et lecture de poésie à St Mark's Church.

### JANVIER

**National Boat Show** *(mi-janv.)*, Jacob Javits Convention Center *(p. 136)*.
**Nouvel An chinois** *(fin janv.-fév.)*, Chinatown. Dragons, feux d'artifice.
**Winter Antiques Show** *(fin janv.)*, Seventh Regiment Armory *(p.185)*. La plus prestigieuse foire aux antiquités de New York.

### FÉVRIER

**Mois de l'Histoire noire.** Événements afro-américains dans toute la ville.
**Empire State Building Run-Up** *(début fév.)*. Des coureurs montent jusqu'au 102e étage *(p. 134-135)*.
**Anniversaires de Lincoln et Washington** *(12-22 fév.)*. Soldes dans les grands magasins.
**Exposition canine du Westminster Kennel Club** *(mi-fév.)*, Madison Square Garden *(p. 133)*. Remarquable exposition canine.

**Le Nouvel An chinois dans Chinatown**

### JOURS FÉRIÉS

**Nouvel An** (1er Janv.)
**Martin Luther King Day** (3e lun. de janv.)
**President's Day** (mi-fév.)
**Memorial Day** (dernier lundi de mai)
**Indépendance** (4 juil.)
**Labor Day** (fête du Travail 1er lun. de sept.)
**Columbus Day** (2e lun. d'oct.)
**Election Day** (1er mar. de nov.)
**Veterans Day** (11 nov.)
**Thanksgiving Day** (4e jeu. de nov.)
**Noël** (25 déc.)

**Arbre et décorations de Noël à Rockefeller Center**

**CARTE DE SITUATION**

La pointe sud

# La pointe sud de Manhattan

Depuis Hudson River, la vue sur le sud de Manhattan embrasse plusieurs des plus spectaculaires bâtiments du paysage new-yorkais, comme le World Financial Center ou les tours jumelles du World Trade Center, immédiatement reconnaissables. Vous pourrez aussi apercevoir des vestiges du vieux Manhattan : Castle Clinton, devant Battery Park et, derrière, l'ancien bâtiment de la Douane.

**World Trade Center**
*Les 110 étages de ces deux tours d'acier et de verre* (p. 72) *dominent le panorama. En-dessous se trouve un parvis plus vaste que la place St-Marc de Venise.*

**World Financial Center**
*Au cœur de ce complexe se trouve le jardin d'hiver (Winter Garden), un endroit où manger, faire des courses, se distraire ou simplement admirer Hudson River* (p. 69).

**Upper Room**
*Cette sculpture environnementale de Ned Smyth est l'une des nombreuses œuvres d'art exposées dans Battery Park.*

**Détail de *Upper Room***

**Manhattan au siècle dernier**
*Cette photo de 1898 montre à quel point le paysage a changé.*

**Athletic Club**
*C'est dans ce beau bâtiment Art déco que l'on garde le trophée Heisman (football américain).*

**US Custom House (la douane)**
*Ce remarquable bâtiment Beaux-Arts (1907) va abriter, début 1994, l'American Indian Museum* (p. 73).

**East Coast War Memorial**
*Dans Battery Park, un aigle de bronze d'Albino Manca honore les morts de la seconde guerre mondiale.*

**N° 26, Broadway**
*L'ancien building de la Standard Oil ressemble à une lampe à pétrole. L'intérieur est encore décoré des insignes de l'entreprise.*

**Monument à la marine marchande** *(1991)*
*Cette sculpture de Marisol se dresse sur le dernier des anciens quais de Manhattan. On y voit aussi une horloge qui sonne les heures sur des cloches de bateau.*

**Le sanctuaire de Mère Seton**
*La première sainte née aux États-Unis vécut ici* (p. 76).

# Lower Manhattan depuis East River

À première vue, la partie de la berge de East River qui remonte depuis le sud de Manhattan n'est qu'une suite ininterrompue d'immeubles de bureaux sans attrait. Depuis la mer, on aperçoit cependant encore des rues et des vestiges du vieux New York, ainsi que le quartier de la finance à l'ouest. Certains gratte-ciel historiques dépassent encore des immeubles plus récents mais plus anonymes.

**CARTE DE SITUATION**

*Vue depuis East River*

**India House**
*Cette* brownstone *du 1, Hanover Square est l'un des plus beaux exemples de ce style.*

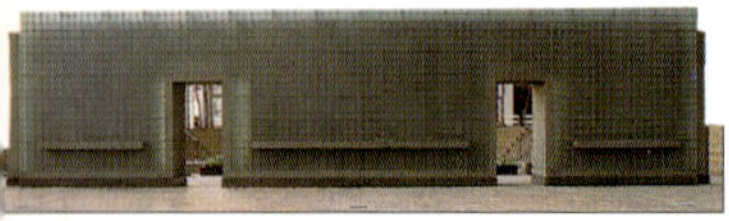

**Vietnam Veterans Plaza**
*Ce monument aux morts, en verre, de couleur verte, domine l'ancien Coenties Slip, un bassin remblayé pour faire place à un parc* (p.76).

**Hanover Square**
*La statue d'un des maires hollandais, Abraham de Peyster, près de la maison où il naquit en 1657.*

**Battery Maritime Building**
*Cet embarcadère ne dessert plus que Governor's Island* (p. 77).

**L'héliport**
*C'est le point de départ des sauvetages en mer et des excursions aériennes.*

**Delmonico's**
*Il y a un siècle, la haute société y dînait.*

**New York Stock Exchange**
*Ce bâtiment, dissimulé aux regards, est toujours le centre du fiévreux quartier de la finance* (p. 70-71).

**N° 40, Wall Sreet**
*Dans les années 1940, un avion de tourisme heurta la toiture pyramidale de l'ancienne Banque de Manhattan.*

**N° 70, Pine Street**
*Près des entrées de Pine et Cedar Streets on peut voir des copies de cette élégante tour de style néo-gothique.*

**Bank of New York**
*Cet intérieur lumineux de style Art déco se trouve dans la banque fondée par Alexandre Hamilton en 1784* (p. 21).

**Morgan Bank**
*Ce bâtiment moderne se distingue par ses colonnes qui montent du hall au toit.*

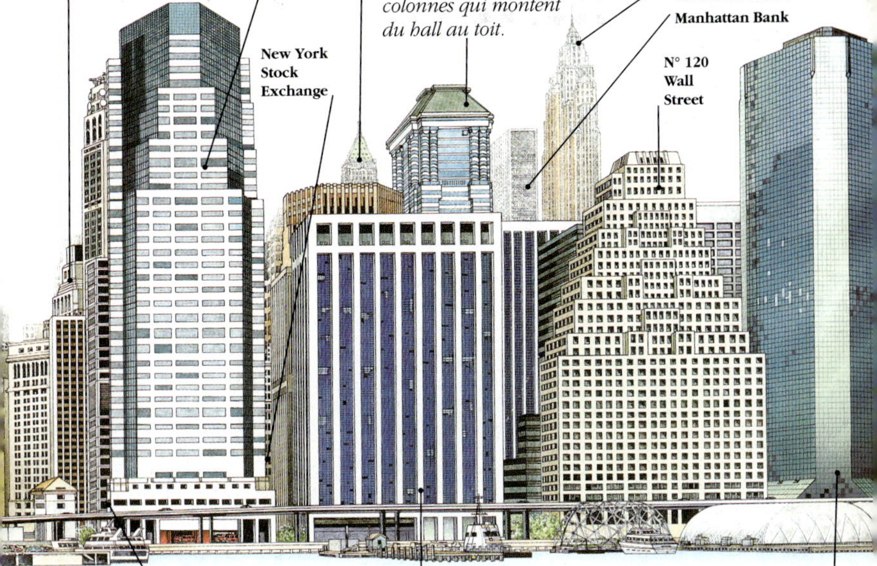

**N° 100 Old Slip**
*Quand il fut inauguré en 1911, ce petit commissariat de style florentin était le plus moderne de la ville. Il se tient aujourd'hui dans l'ombre du 1, Financial Square.*

**Médaillon sculpté du 100 Old Slip**

**Queen Elizabeth Monument**
*Plaque commémorative du paquebot qui coula en 1972.*

**Carte de situation**

South Street

# South Street Seaport

Le panorama change du tout au tout quand se termine le quartier de la finance. Les bureaux sont alors remplacés par des quais, des immeubles peu élevés et les entrepôts de South Street Seaport *(p. 82-83)*. Le Civic Center n'est pas loin et l'on peut apercevoir certains de ses impressionnants édifices. Le pont de Brooklyn marque la fin de ce quartier. De là jusqu'au centre-ville se succèdent ensuite des immeubles résidentiels.

**Pier 17**
*S'élevant sur un môle, ce pavillon traditionnel abrite boutiques et restaurants. Il est le centre d'attraction du port.*

**Sculpture sur Woolworth Building**

**Woolworth Building**
*Ce bâtiment, dont la flèche ouvragée domine le siège de l'empire de F.W. Woolworth, est toujours la plus belle « cathédrale commerciale » jamais construite* (p. 91).

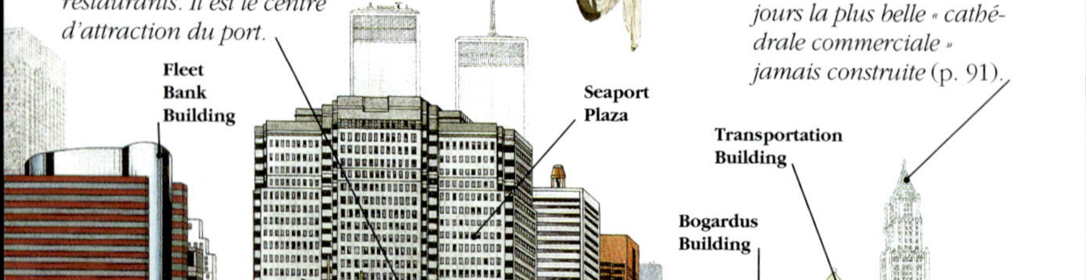


**Maritime Crafts Center**
*Sur le quai 5, des artisans montrent d'anciennes techniques artisanales maritimes comme la sculpture sur bois ou la fabrication de maquettes.*

**Sweets**
*Ce restaurant de poisson est resté dans Schermerhorn Row de 1847 à 1993.*

**Fulton Fish Market**
*Le plus important marché de poissons en gros des États-Unis s'y tient avant le lever du soleil.*

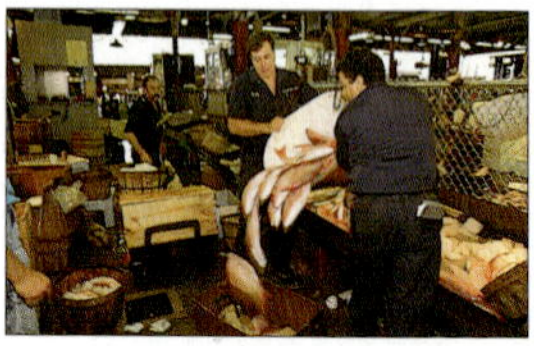

**Police Plaza**
Five in One *(1971-1974), sur Police Plaza, est une sculpture de Bernard Rosenthal qui représente les cinq* boroughs *de New York.*

**United States Courthouse**
*Le Civic Center se distingue par la pyramide dorée due à l'architecte Cass Gilbert* (p. 85).

**Municipal Building**
*Parmi les salles de ce vaste bâtiment se trouve la Chapelle des Mariages. La statue qui domine le paysage est le* Civic Frame, *œuvre d'Adolph Weinman* (p. 85).

**Surrogate's Court et Hall of Records**
*Ici sont entreposées et exposées les archives de la ville depuis 1664* (p. 85).

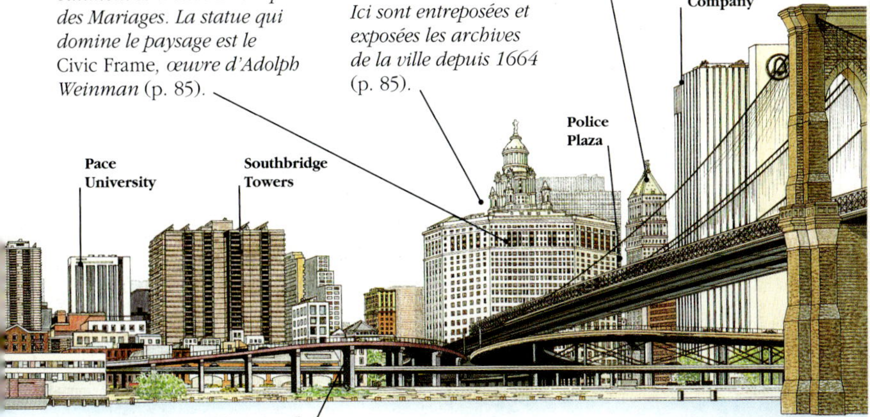

**Le mural Con Edison**
*En 1975, l'artiste Richard Haas a peint le pont de Brooklyn sur les murs d'un ancien transformateur électrique.*

**Brooklyn Bridge**
*La vue de ce pont est l'une des images les plus typiques de New York* (p. 86-89).

# Midtown Manhattan

On peut voir dans cette partie de la ville certaines de ses plus belles tours et des plus belles flèches, depuis l'Empire State Building et son sommet Art déco jusqu'aux angles aigus du Citicorp. En remontant vers le nord on passe ensuite dans des quartiers plus chic. Le siège des Nations Unies occupent une bonne partie du paysage avant que ne commencent les îlots résidentiels à partir de Beekman Place, où personnalités riches et célèbres peuvent se soustraire à l'agitation ambiante.

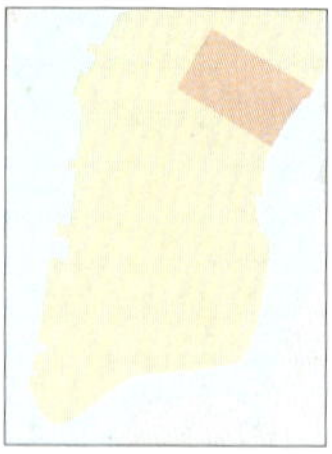

**CARTE DE SITUATION**

*Midtown*

**Empire State Building**
*Ses 449 m de hauteur lui valurent longtemps d'être le plus haut bâtiment du monde* (p. 134-135).

**Chrysler Building**
*Qu'elle scintille au soleil ou brille de tous ses feux pendant la nuit, sa flèche en acier inoxydable est sans doute la plus réussie* (p. 153).

**Grand Central Terminal**
*Maintenant écrasé par ses voisins, ce bâtiment historique contient de remarquables décorations d'époque, comme cette horloge* (p. 154-155).

**Tudor City**
*Construit dans les années 1920, ce complexe néo-Tudor comprend plus de trois mille appartements* (p. 156).

**Le siège des United Nations**
*Parmi les œuvres d'art exposées figure cette sculpture de Barbara Hepworth, donnée par la Grande-Bretagne.* (p. 160-161).

**N° 1 et 2 de U.N. Plaza**
*Les tours de verre de ce bâtiment abritent des bureaux et l'U.N. Plaza Hotel* (p. 156 et 280).

**General Electric Building**
*Ce bâtiment Art déco en briques rouges (1931) est surmonté d'une haute couronne de béton dont les flèches pointues font penser à des ondes* (p. 174).

**Waldorf-Astoria**
*Ces tours jumelles couvertes de cuivre abritent le plus prestigieux hôtel new-yorkais. Son intérieur est vraiment splendide* (p. 175).

**Citicorp Center**
*St Peter's Church est nichée dans un des angles du Citicorp Center* (p. 175).

***The Nail*, d'Arnoldo Pomodoro, St Peter's Church, Citicorp Center**

**Rockefeller Center**
*Les galeries et la patinoire extérieures de ce gigantesque ensemble d'immeubles sont un excellent endroit pour observer les New-Yorkais* (p. 142).

**N° 100 U.N. Plaza**

**General Electric Building**

**N° 866 U.N. Plaza**

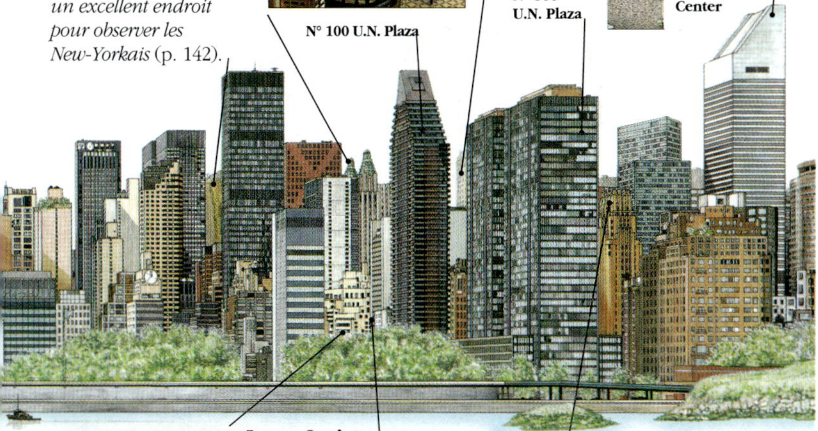

**St Mary's Garden**
*Le jardin de Holy Family Church est un havre de paix.*

**Japan Society**
*On peut y voir des œuvres japonaises : pièces d'avant-garde comme art ancien.*

**Beekman Tower**
*La tour de cet hôtel Art déco, qui n'offre que des suites, fut construite en 1928 à l'intention de femmes membres des sociétés universitaires.*

# New York quartier par quartier

# Lower Manhattan

Le moderne et l'ancien se côtoient à la pointe sud de Manhattan, où églises coloniales et vieux bâtiments américains sont tapis à l'ombre des gratte-ciel. C'est là que naquit New York et que se tenait la première assemblée du pays. Le commerce y fleurit dès 1626, lorsque Peter Minuit fit une très bonne affaire en achetant l'île de *Man-a-hat-ta* aux Algonquins contre 24 dollars de colifichets *(p.17)*. Les enjeux se sont corsés, mais la finance est toujours l'activité principale du quartier : c'est là que l'on trouve Wall Street, la Federal Reserve Bank, le World Trade Center et le New York Stock Exchange.

**Le monument à Peter Minuit**

**La flèche néo-gothique de Trinity church, à l'extrémité de Wall Street**

## Le quartier d'un coup d'œil

**Rues et bâtiments historiques**
Federal Reserve Bank ❶
Federal Hall ❷
*New York Stock Exchange p. 70-71* ❸
Downtown Athletic Club ❽
Cunard Building ❾
Fraunces Tavern Museum ⓭
Battery Maritime Building ⓰

**Musées et galeries**
US Custom House ⓫
*Ellis Island p. 78-79* ⓲
Castle Clinton National Monument ⓴
Museum of Jewish Heritage ㉑

**Monuments et Statues**
*Statue de la Liberté p. 74-75* ⓱

**Parcs et jardins**
Bowling Green ❿
Vietnam Veterans' Plaza ⓮
Battery Park ⓳

**Visites en bateau**
Staten Island Ferry ⓯

**Églises**
Trinity Church ❹
St Elizabeth Ann Seton Shrine ⓬

**Architecture moderne**
World Financial Center ❺
World Trade Center ❻
Battery Park City ❼

**Taureau en bronze, symbole de Wall Street, près de Custom House**

## Comment y aller ?

Les lignes de métro les plus pratiques pour gagner la pointe de Manhattan sont les lignes 4 et 5 de Lexington Avenue pour Bowling Green ; N ou R pour Whitehall Street. Pour Wall Street, empruntez les lignes 2, 3, 4 ou 5 (arrêt Wall Street), ou bien N ou R (arrêt Rector Street). Les bus M1, M6 et M15 ainsi que l'itinéraire transversal M22 desservent aussi ce quartier.

**Légende**

- Plan du quartier pas à pas
- Station de métro
- Embarcadère de ferry
- Héliport

0 — 500 mètres
0 — 500 yards

***Voir également :***

• ***Atlas des rues***, plans 1, 2
• ***Hébergement*** p. 274-275
• ***Restaurants*** p. 290-292

# Wall Street pas à pas

Aucun carrefour n'a eu plus d'importance dans l'histoire de la ville que celui de Wall et Broad Streets. On y trouve trois sites importants. Le monument du Federal Hall est l'endroit où Washington prêta serment lors de son investiture, Trinity Church est l'une des plus anciennes églises anglicanes du pays, enfin New York Stock Exchange (la Bourse), fondé en 1817, est toujours le centre nerveux de la finance, dont les fluctuations font trembler le monde entier. Les bâtiments des alentours forment le cœur même du quartier financier de New York.

**Marine Midland Bank** dresse fièrement ses 55 étages. Cette sombre tour de verre n'occupe que 40 pour cent de la surface de son terrain, le reste du parvis est occupé par une grosse sculpture rouge d'Isamu Noguchi, *Cube*, qui se dresse sur une pointe.

**Trinity Building,** un gratte-ciel néo-gothique du début du siècle, fut dessiné pour faire pendant à Trinity Church.

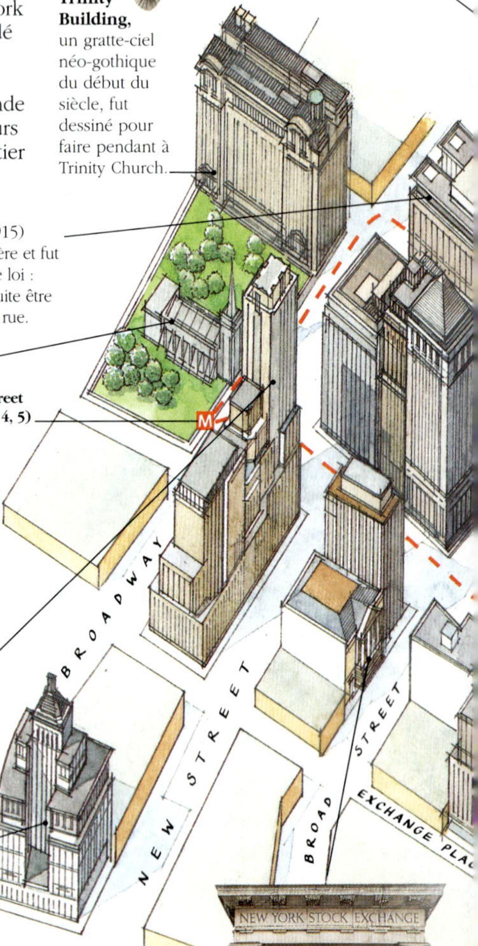


**Equitable Building** (1915) priva ses voisins de lumière et fut à l'origine d'une nouvelle loi : les gratte-ciel durent ensuite être construits en retrait de la rue.

★ **Trinity Church**
*Construite en 1846, de style gothique, fut la troisième église de ce quartier. Son clocher, jadis l'un des plus hauts de New York, est aujourd'hui écrasé par les gratte-ciel avoisinants. De nombreux New-Yorkais célèbres sont enterrés dans le cimetière attenant* ❹

**Métro Wall Street (lignes 4, 5)**

**Irving Trust Building** fut construit en 1932. L'un de ses murs extérieurs imite la texture d'un morceau de tissu. Belle mosaïque Art déco dans le hall.

**Le n° 26 de Broadway** fut construit pour abriter le Standard Oil Trust. Une lampe à pétrole orne son sommet.

**New York Stock Exchange** ★
*Le cœur des marchés financiers mondiaux bat dans un bâtiment de 17 étages, construit en 1903. Les visiteurs peuvent s'y faire expliquer son histoire et le fonctionnement de la Bourse* ❸

**Liberty Tower,** de style gothique, est revêtue de terre cuite blanche. On y a aménagé des appartements.

**La Chambre de Commerce,** de style Beaux-Arts, fut construite en 1901.

## À NE PAS MANQUER :

- ★ **Federal Hall National Monument**
- ★ **Federal Reserve Bank**
- ★ **New York Stock Exchange**
- ★ **Trinity Church**

**CARTE DE SITUATION**
*Voir carte de Manhattan p. 12-13*

**LÉGENDE**

Itinéraire conseillé

0 — 100 mètres
0 — 100 yards

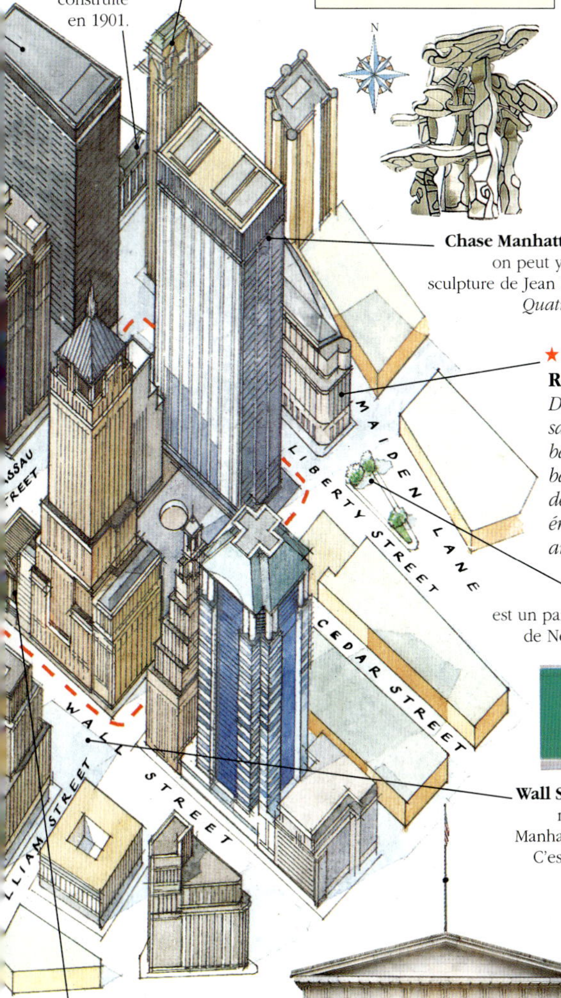


**Chase Manhattan Bank** on peut y voir une sculpture de Jean Dubuffet, *Quatre Arbres*.

★ **Federal Reserve Bank**
*De style renaissant, c'est la banque des banques. C'est de là que l'on émet la monnaie américaine* ❶

**Louise Nevelson Plaza** est un parc où l'on voit une sculpture de Nevelson, *Shadows and Flags*.

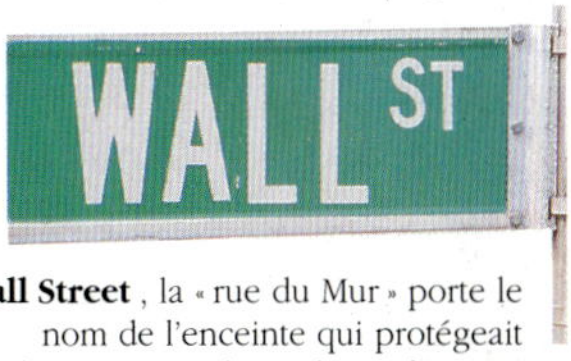


**Wall Street**, la « rue du Mur » porte le nom de l'enceinte qui protégeait Manhattan contre les Indiens algonquins. C'est aujourd'hui le centre des affaires.

★ **Federal Hall National Monument**
*Ce bâtiment classique, après avoir été le siège des douanes américaines, est devenu un musée de la Constitution* ❷

**Wall Street en 1920**

## Federal Reserve Bank ❶

33 Liberty St. **Plan** 1 C2. *720-6130.* *Wall St.* ***Ouv.*** *de 8h30 à 17h du lun. au ven.* ***F.*** *les j.f.* *10h30, 11h30, 13h30 et 14h30 (appeler pour une réservation).*

**Entrée de Federal Reserve Bank**

Dessiné par York & Sawyer, le bâtiment fut achevé en 1924. Il occupe tout un pâté de maisons et s'inspire des palais florentins de la Renaissance. À l'intérieur se trouve la « banque des banques », l'une des douze réserves fédérales du pays. Cette insitution est donc habilitée à frapper la monnaie. On reconnaît les billets qu'elle émet à la lettre B portée dans le sceau fédéral. Les cinq niveaux du sous-sol abritent des réserves d'or de nombreux pays. L'or de chaque État est entreposé dans son propre compartiment, le tout est protégé par des portes de 90 tonnes. Les échanges entre États se faisaient jadis par de véritables transferts, mais le développement de l'informatique a mis fin à cette pratique.

## Federal Hall ❷

26 Wall St. **Plan** 1 C3. *825-6870.* *Wall St.* ***Ouv.*** *de 9h à 17h du lun. au ven.* ***F.*** *les j.f.*

Sur les marches, une statue de George Washington rappelle l'endroit où il fit son serment d'investiture en 1789. Des milliers de New-Yorkais étaient venus ce jour-là (ce qui bloqua Wall Street et Broad Street) pour acclamer le chancelier de l'État de New York lorsque celui-ci déclara : « Longue vie à George Washington, Président des États-Unis ! » L'édifice actuel, bâti entre 1834 et 1842 pour abriter la Douane, est l'un des plus beaux bâtiments de style classique de New York. Parmi les salles d'exposition on pourra voir celle de la Bill of Rights et celle où une présentation informatique interactive explique le fonctionnement de la Constitution.

**Rotonde aux colonnes de marbre dans Federal Hall**

## New York Stock Exchange ❸

*Voir p. 70-71.*

**Le cimetière de Trinity Church**

## Trinity Church ❹

À l'angle de Broadway et Wall St. **Plan** 1 C3. *602-0872.* *Wall St, Rector St.* ***Ouv.*** *de 7h à 18h du lun. au ven., de 8h à 16h, le sam. et de 7h à 16h le dim.* *11h15 le dim.* *sf pendant les offices.* *chaque jour à 14h.* ***Concerts*** *le jeu.*

À l'extremité de Wall Street, cette église anglicane est la troisième à avoir été construite sur le site de l'une des plus vieilles paroisses américaines, fondée en 1697. Conçue en 1846 par Richard Upjohn, elle fut l'une des plus imposantes églises de son temps et annonça le début de la mode de l'architecture néo-gothique en Amérique. Les portes sculptées de Richard Morris Hunt s'inspirent des *Portes du Paradis*, de Ghiberti, à Florence.

La restauration a permis de remettre à jour le grès rose de ses murs, depuis longtemps recouvert par la crasse. Son clocher de 85 m, qui resta le plus haut édifice de New York jusque dans les années 1860, est encore très imposant en dépit de la présence des gratte-ciel voisins. De nombreux grands New-Yorkais vivaient sur la paroisse de Trinity : Alexander Hamilton, homme d'État, Robert Fulton, inventeur du bateau à vapeur, et William Bradford, fondateur du premier journal de New York en 1725. Ils sont enterrés dans le cimetière qui jouxte l'église.

## World Financial Center ❺

West St. **Plan** 1 A2. *945-0505.*
*1, 2, 3, 9, A, C, E jusqu'à Chambers St, 1, 9, N, R jusqu'à Cortlandt St.* *M1, M6, M9, M10, M22.*

Ce modèle d'architecture civile dû à Cesar Pelli & Associates a largement contribué à la réhabilitation de Lower Manhattan. Quatre tours de bureaux, chacune couronnée d'une forme géométrique différente, se dressent vers le ciel. Certaines des plus importantes entreprises mondiales y ont leur siège, et ce complexe est relié au World Trade Center. En fait, le World Financial Center est bien plus qu'un ensemble de bureaux. Au cœur du Centre, un extraordinaire jardin d'hiver (Winter Garden), vaste espace de verre et d'acier bordé de restaurants et de boutiques, s'ouvre sur la marina de Hudson River. Des palmiers de 15 mètres de hauteur, importés du désert mojave, y apportent une touche d'exotisme. L'escalier de marbre qui descend vers le jardin d'hiver sert souvent de gradins aux spectateurs des concerts, spectacles et ballets gratuits qui s'y donnent. Inauguré en 1988 et toujours en perpétuelle évolution, le World Financial Center, conçu pour l'agrément du public, est considéré comme le Rockefeller Center du XXI^e siècle, y compris par les plus sévères critiques d'architecture.

**Étage principal du jardin d'hiver**

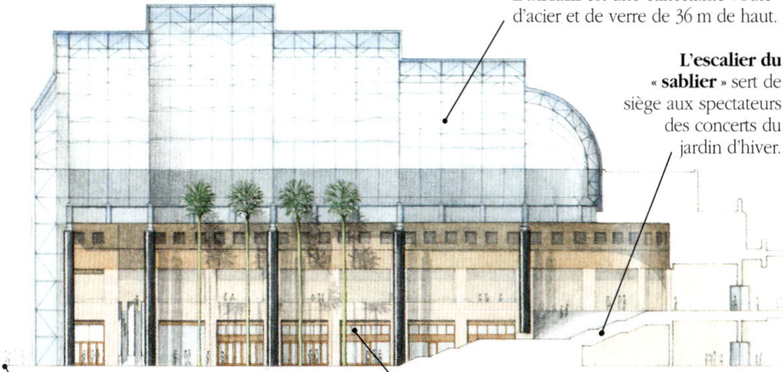

**L'atrium** est une étincelante voûte d'acier et de verre de 36 m de haut.

**L'escalier du « sablier »** sert de siège aux spectateurs des concerts du jardin d'hiver.

**Une esplanade** longe l'Hudson.

**Des cafés et des boutiques** bordent l'atrium.

**World Financial Center vu de Hudson River**

# New York Stock Exchange (la Bourse) ❸

En 1790, les titres s'échangeaient – de manière anarchique – aux alentours de Wall Street. En 1792, 24 courtiers qui traitaient leurs affaires sous un platane, au 68 Wall Street, s'engagèrent à n'échanger des titres qu'entre eux. Cet accord marque la naissance de la Bourse de New York. Ce club est très fermé : en 1817, un « siège » valait $25 ; aujourd'hui, il peut coûter jusqu'à un million de dollars, et ce à condition de réussir un rigoureux test de respectabilité. Les visiteurs peuvent observer l'activité frénétique de l'endroit du haut d'une galerie.

La Bourse a connu de nombreux krachs et booms, et les progrès de la technologie – du téléscripteur à la puce – ont conféré à ce marché local une dimension mondiale.

**Téléscripteur**
*Introduites en 1870, ces machines imprimaient le détail des dernières cotes à l'achat sur des rubans de papier.*

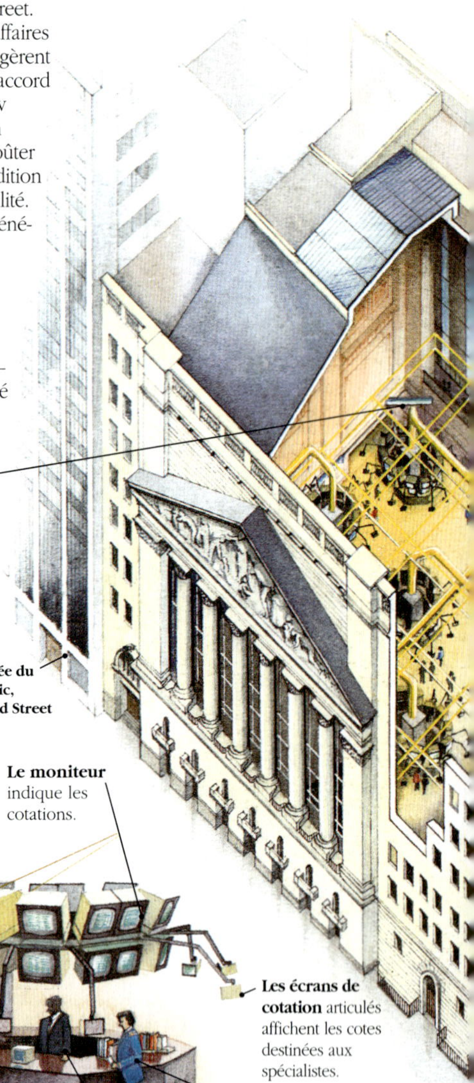

**Des téléscripteurs informatisés** affichent un flux continu de cotations qui défile à la vitesse maximum supportée par l'œil humain.

**Entrée du public, Broad Street**

## QU'EST-CE QU'UN COMPTOIR ?

**Chacun des 17 comptoirs** est constitué de 22 groupes ou *sections* de courtiers et de terminaux déterminant les cotations de dix sociétés.

**Le moniteur** indique les cotations.

**Les écrans de cotation** articulés affichent les cotes destinées aux spécialistes.

**Le « flasheur »** apporte les ordres aux agents de change et aux spécialistes et assure la liaison avec le comptoir.

**Le superviseur** assure la légalité et le bon fonctionnement des opérations de comptoir.

**Un spécialiste** traite un titre à la fois, cotant les offres pour les autres agents de change.

Travaillant pour des sociétés de courtage, **les agents de change** vont et viennent entre leur cabine et les comptoirs et effectuent des transactions pour le public.

**Les « coteurs »** traitent les ordres arrivant via l'ordinateur SuperDOT et enregistrent les transactions sur le système de données de la Bourse de New York.

**Les négociateurs indépendants** passent des ordres pour des sociétés de courtage.

**La journée de 48 heures**
*Lors du krach boursier de 1929, les coteurs de la Bourse travaillèrent 48 heures d'affilée. La bonne humeur était de mise malgré l'ambiance de panique.*

**MODE D'EMPLOI**

20 Broad St. **Plan** 1 C3. 656-5168. M 2, 3, 4, 5 dir. Wall St, N, vers Rector St. M1, M6, M15. **Ouv.** de 9h à 16h30 du lun. au ven. (dernière visite 14h45). **F.** les j.f.

**Le parterre**
*Dans l'atmosphère trépidante du parterre, 200 millions de titres sont échangés chaque jour pour le compte de plus de 2 000 sociétés. Au plafond, une myriade de câbles et d'électronique alimente l'ordinateur SuperDOT.*

**Le grand krach de 1929**
*Mardi 29 octobre : plus de 16 millions de titres changent de mains tandis que le marché s'effondre. Hagards, les investisseurs ruinés errent dans Wall Street, mais contrairement au mythe, les courtiers ne se jetèrent pas par les fenêtres.*

## CHRONOLOGIE

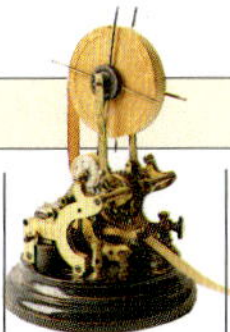

**1792** 17 mai : Accord du Platane.

**1817** Création de la Commission des échanges de titres de New York.

**1844** Invention du télégraphe : traitement des titres à l'échelle du pays.

**1863** Naissance de la Bourse de New York.

**1865** La Bourse emménage à l'angle de Wall et Broad Streets.

**1867** Introduction des téléscripteurs.

**1869** Vendredi Noir : le 24 septembre, le cours de l'or s'effondre.

**1903** Ouverture des locaux actuels.

**1929** Krach de Wall Street, 29 octobre.

**1976** Le système DOT remplace les téléscripteurs.

**1981** Les comptoirs se dotent de terminaux informatiques.

**1987** Lundi Noir : le 19 octobre, l'indice Dow Jones perd 508 points.

1750 | 1800 | 1850 | 1900 | 1950

*La foule devant la bourse lors du krach de 1929*

## World Trade Center ❻

**Plan** 1 B2. *Chambers St, Rector St.* ***Plate-forme d'observation*** *Two World Trade Center.* *323-2340.* ***Ouv.*** *hiver : de 9h30 à 21h30, été : de 9h30 à 23h30 tlj (prévoir 1h d'attente en cours de journée).* ***Entrée payante.*** *sauf plate-forme d'observation.*

Les tours jumelles du World Trade Center dominent de leurs 110 étages le sud de Manhattan. Leur poids énorme n'est pas supporté par une structure d'acier, mais par un immense grillage métallique. Au sommet, le panorama est époustouflant. La construction du complexe a commencé en 1966 et a duré plus de dix ans. Composé de cinq immeubles de bureaux et d'un hôtel reliés par un vaste réseau de galeries souterraines proposant restaurants et boutiques, le World Trade Center abrite 450 sociétés, et 50 000 personnes y travaillent chaque jour.

De nombreux visiteurs viennent admirer la vue du haut de la galerie d'observation, au 107e étage de la tour 2. Un ascenseur vous y emmènera en moins de 58 secondes ! Dans la tour 1, la même vertigineuse ascension vous transportera jusqu'au restaurant Windows of the World *(p. 295)*.

Une fois dans la galerie d'observation, pensez au funambule Philippe Petit qui, le 7 août 1974, effectua la traversée d'une tour à l'autre sur son filin d'acier, tenant en haleine pendant près d'une heure les occupants des tours, ébahis par cet acte de bravoure.

Les autorités portuaires viennent d'achever une importante rénovation de la place reliant les tours : chaque été s'y tient le festival On Stage at the Twin Towers.

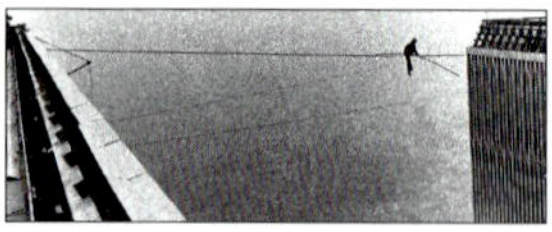

**Sur la corde raide...**

**Philippe Petit en 1974 sur le point de se lancer dans sa périlleuse traversée**

## Battery Park City ❼

**Plan** 1 A3. *Rector St.*

**La promenade de Battery City Park**

C'est en 1983 que le gouverneur de New York, Mario Cuomo, lance la construction de ce quartier, le plus récent de New York. Ce site ambitieux s'étend sur 37 hectares le long de Hudson River. Ses bureaux, restaurants, appartements, sculptures et jardins sont remarquables par leur qualité et leur dimension humaine.

À terme, plus de 25 000 personnes se rendront chaque jour à Battery Park City, pour y travailler ou y dormir. Le centre financier, véritable cœur du quartier, est composé de quatre tours construites autour d'un jardin d'hiver dont le vaste atrium est bordé de palmiers. Son coût total a été estimé à 4 milliards de dollars.

## Downtown Athletic Club ❽

19 West St. **Plan** 1 B4. *425-7000.* *4,5, Bowling Green. Hall d'entrée ouvert au public.*

Cet immeuble Art déco est l'un des plus étonnants du quartier. Construit en 1926, il se caractérise par ses arches d'inspiration mauresque et sa façade ornée de superbes tuiles qui ont gardé leur couleur originelle et résisté à la pollution grâce à leur vernis naturel. Les chambres du Club, réservées aux membres et à leurs invités, sont empreintes de l'atmosphère calme et feutrée des paquebots transatlantiques d'antan.

**La façade de Downtown Athletic Club**

Le plafond du Grand Hall du Cunard Building

## Cunard Building ❾

25 Broadway. **Plan** 1 C3.
☎ *363-9490* Ⓜ *Bowling Green.*
**Ouv.** *h. de bureau de 6h à 18h le lun., mer. et ven. ; de 6h à 19h le jeu. ; de 6h à 13h le sam.*

Une fois franchies les lourdes portes en cuivre de ce qui est aujourd'hui un bâtiment de la poste, vous pourrez admirer le hall central et le dôme de ce magnifique édifice. Construit en 1921, cet immeuble est doté d'une somptueuse façade de style Renaissance. On pouvait jadis y acheter des billets pour voyager à bord du *Lusitania*, du *Titanic* ou du *Queen Mary*. La Cunard Line était alors la plus importante compagnie maritime au monde de transport de passagers.

Le hall est décoré de superbes fresques, parmi lesquelles celles de Barry Faulkner. Sur les voûtes qui soutiennent le plafond, des œuvres d'Ezra Winter représentent les navires de Christophe Colomb, John Cabot, Sir Francis Drake et de l'explorateur Viking Leif Eriksson.

## Bowling Green ❿

**Plan** 1 C4. Ⓜ *Bowling Green.*

Ce lopin de terre triangulaire, au nord de Battery Park, fut l'un des premiers jardins de la ville. Il a d'abord servi de marché aux bestiaux, puis de terrain de bowling. Une statue du roi George III, symbole de la domination britannique, se dressait là avant d'être fondue lors de la déclaration d'Indépendance pour fournir des munitions *(p. 20-21)*. La clôture, dressée en 1771, est toujours là ; il ne lui manque que les couronnes qui l'ornaient jadis, et qui ont connu le même sort que la statue royale. La pelouse, autrefois bordée de demeures élégantes, marque le début de Broadway, avenue qui traverse Manhattan en longueur avant de rejoindre, sous son nom officiel de « Route Nationale 9 », la capitale de l'État de New York, Albany.

Détail d'un chapiteau de l'US Custom House

La fontaine de Bowling Green

## US Custom House ⓫

1 Bowling Green St. **Plan** 1 C4.
Ⓜ *Bowling Green.* ☎ *668-6624.*
**Ouv.** *de 10h à 17h tlj.* **F.** *le 25 déc.*

Ce palais de granit bâti en 1907 par Cass Gilbert illustre le rôle historique prépondérant de New York en tant que port maritime, ainsi que le talent des meilleurs sculpteurs et artistes de l'époque. Quarante-quatre colonnes ioniques, ornées d'une frise richement décorée, montent majestueusement la garde. Des sculptures de Daniel Chester French représentant des femmes assises symbolisent quatre continents : l'Asie (contemplative), l'Amérique (qui regarde vers l'avenir avec optimisme), l'Europe (entourée des symboles de son passé glorieux) et l'Afrique (encore endormie). À l'intérieur, des peintures murales de Reginald Marsh décorent la rotonde en marbre, illustrant l'entrée de navires dans le port de la ville. Sur la droite, face à l'entrée, vous pourrez voir un portrait de Greta Garbo en train de donner une conférence de presse à bord d'un bateau. Abandonnée en 1973 par le service des douanes américaines, Custom House abrite depuis 1994, sur trois étages, le George Gustav Heyes Center, dépendant du National Museum of the American Indian *(p. 232)*.
On peut y admirer près d'un million d'objets artisanaux et plusieurs milliers de photos relatant l'histoire de la culture indienne des Amériques.

# La statue de la Liberté ⓱

Cette statue, conçue par Frédéric-Auguste Bartholdi et offerte par la France aux Américains, est devenue le symbole de la liberté à travers le monde. Le poème d'Emma Lazarus gravé sur le socle rappelle : « Donnez-moi vos peuples fatigués, pauvres et opprimés qui aspirent à la liberté. » La statue, installée sur Liberty Island (autrefois île de Bedloe), fut inaugurée par le président Cleveland le 28 octobre 1886 et restaurée à l'occasion de son centenaire.

**★ La torche dorée**
*L'ancienne torche corrodée a été remplacée en 1986 par une réplique plaquée or.*

**De la tête aux pieds**
*La statue de la Liberté est composée de trois cents plaques de cuivre moulées et rivetées.*

**★ Le musée de la statue**
*Parmi les objets en vente, des affiches à l'effigie de la statue.*

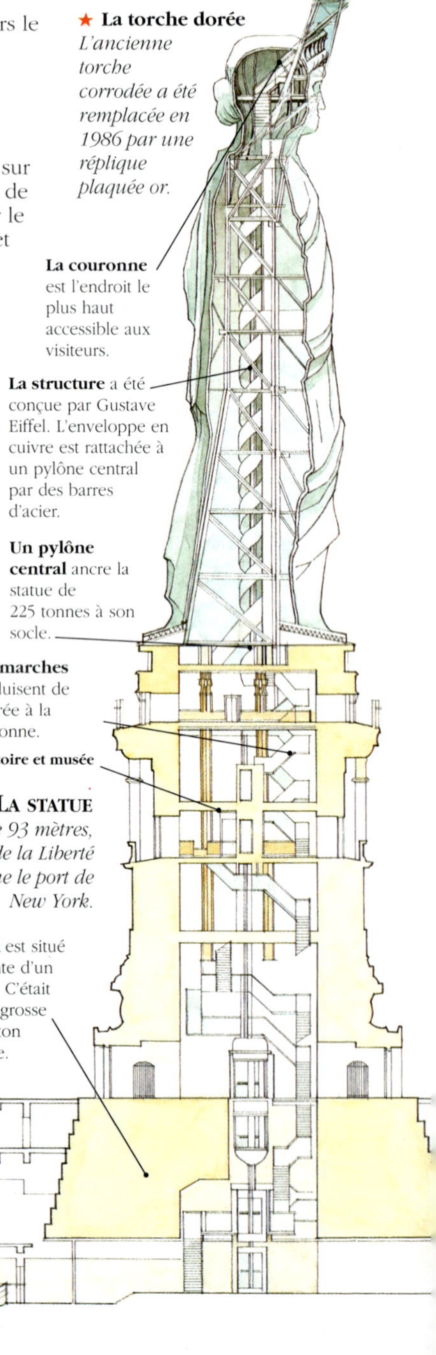

**La couronne** est l'endroit le plus haut accessible aux visiteurs.

**La structure** a été conçue par Gustave Eiffel. L'enveloppe en cuivre est rattachée à un pylône central par des barres d'acier.

**Un pylône central** ancre la statue de 225 tonnes à son socle.

**354 marches** conduisent de l'entrée à la couronne.

**Observatoire et musée**

**LA STATUE**
*Haute de 93 mètres, la statue de la Liberté domine le port de New York.*

**Le piédestal** est situé dans l'enceinte d'un fort militaire. C'était alors la plus grosse masse de béton jamais coulée.

**La torche d'origine** est désormais exposée dans le hall d'entrée.

★ **Panorama sur le sud de Manhattan**
*Une escapade vers la statue de la Liberté offre de superbes vues sur la ville. Admirez-les depuis la galerie d'observation, la couronne ou le bateau.*

### Mode d'emploi

Liberty Island. **Plan** 1 A5.
363-3200. 1, 9, N, R vers South Ferry, 4, 5 vers Bowling Green. M6, M15 vers South Ferry, puis Circle Line–Statue of Liberty Ferry depuis the Battery toutes les 30 min, de 9h30 à 15h30 en été (horaires variables en hiver). 269-5755. **Ouv.** de juil. à août : de 9h30 à 17h30 tlj ; de Sept. à juin : de 9h30 à 18h tlj. **F.** le 25 déc. Le prix du ferry comprend l'entrée à Ellis et Liberty Is. asc. vers observatoire.

**Le visage de la liberté**
*C'est la propre mère de Bartholdi qui servit de modèle à la statue. Les sept rayons de sa couronne symbolisent les sept mers et continents.*

**Fabrication de la main**
*Elle a d'abord été réalisée en bois puis en plâtre avant le moulage définitif en cuivre.*

**Les maquettes**
*Une série de modèles réduits à différentes échelles a permis à Bartholdi de concevoir la plus grande statue métallique jamais construite.*

### Frédéric-Auguste Bartholdi

Sa statue est un hymne à la liberté dont manquait la France de l'époque. Il a consacré 21 ans de sa vie à ce projet. Il s'est même rendu en Amérique en 1871 afin de s'entretenir avec le président Grant du financement et de l'installation de la statue dans le port de New York : « Je veux glorifier la république et la liberté ici, dans l'espoir de la retrouver un jour dans mon pays. »

### À ne pas manquer

★ **La torche dorée**

★ **Le musée de la statue**

★ **Vue sur Lower Manhattan**

**Célébration du centenaire**
*Le 3 juillet 1986, après 69,8 millions de dollars de travaux, la statue fut rouverte au public. Un extraordinaire feu d'artifice fut tiré pour l'occasion.*

## St Elizabeth Ann Seton Shrine ⓬

7–8 State St. **Plan** 1 C4. *269-6865 Q Whitehall, South Ferry.* ***Ouv.*** *de 6h30 à 17h du lun. au ven., les week-ends pour la messe fréquent.*

**Elizabeth Ann Seton**

Elizabeth Ann Seton (1774-1821) est la première Américaine canonisée par l'église catholique.

Elle a vécu ici de 1801 à 1803 et fondé les Sœurs américaines de la Charité, la première communauté de religieuses aux États-Unis. Après la guerre civile, la mission Notre-Dame-du-Rosaire transforma ce bâtiment en refuge pour les femmes irlandaises immigrées – 170 000 d'entre elles y séjournèrent. Cette mission entretient de nos jours le mémorial. La maison elle-même a été construite en 1793 et l'église en 1883.

En 1806, on lui adjoignit une aile de style fédéral et un porche à colonnes. Les façades de style georgien et fédéral ont été fidèlement restaurées et témoignent des premières demeures de Lower Manhattan.

## Fraunces Tavern Museum ⓭

54 Pearl St. **Plan** 1 C4. *425-1778* *South Ferry, Bowling Green.* ***Ouv.*** *de 10h à 16h45 du lun. au ven. et de 12h à 16h sam. et dim.* ***F.*** *les j.f. et le lendemain de Thanksgiving* ***Conférences, films.***

L'unique pâté de maisons de New York datant du XVIII^e^ siècle contient une réplique fidèle de la Fraunces Tavern, dont l'origine remonte à 1719. Au début de la guerre d'Indépendance, en 1775, un boulet tiré du navire britannique *Asia* transperça sa toiture. C'est ici que George Washington fit ses adieux à ses officiers en 1783. Sa restauration en 1907 par l'organisation des Fils de la Révolution est l'un des premiers efforts du pays pour la conservation de son patrimoine. Le restaurant du rez-de-chaussée, plein de charme, sent bon le feu de bois. À l'étage, un musée propose des expositions tournantes de peintures, gravures et objets décoratifs traditionnels.

**Fraunces Tavern Museum et son restaurant**

## Vietnam Veterans Plaza ⓮

Between Water St et South St. **Plan** 2 D4. *Whitehall, South Ferry.*

Au centre de cette place en briques au style dépouillé s'élève un énorme mur en verre transparent, sur lequel sont gravés des extraits de discours, de reportages et des lettres émouvantes envoyées aux familles des victimes de la guerre.

**Le ferry de Staten Island : la balade en bateau la moins chère de la ville !**

## Staten Island Ferry ⓯

Whitehall St. **Plan** 2 D5. *718-815-2428.* *South Ferry.* ***Ouv.*** *24heures tlj.* ***Gratuit.*** *Voir* ***Renseignements pratiques*** *p. 353.*

Créé par un jeune habitant de Staten Island, Cornelius Vanderbilt, futur magnat du chemin de fer, ce ferry fonctionne depuis 1810. Il est le moyen de transport quotidien des habitants des îles voisines et offre au visiteur un panorama inoubliable sur le port, la statue de la Liberté, Ellis Island et le sud de Manhattan. Le prix du billet est la meilleure affaire de la ville : c'est gratuit !

## Battery Maritime Building ⓰

11 South St. **Plan** 2 D4. M *South Ferry.* ***F.*** *au public.*

De 1909 à 1938, le terminal des ferries à destination de Brooklyn se trouvait sur un quai appelé Schreijers Hoek, nom qui remonte à l'époque coloniale hollandaise. Au temps glorieux des ferries, 17 lignes assuraient les traversées. Aujourd'hui, ce bâtiment construit en 1907 n'est utilisé que par les garde-côtes. En arrivant, les navires traversaient d'énormes arches de 91 mètres de hauteur flanquées de magnifiques colonnes ornées de moulures et de cocardes typiques de la période Beaux-Arts. L'ensemble a été peint en vert pour imiter le cuivre, mais le revêtement est en réalité composé de plaques d'acier.

**Rambarde en fer forgé du Battery Maritime Building**

## La statue de la Liberté ⓱

*Voir p. 74-75.*

## Ellis Island ⓲

*Voir p. 78-79.*

**Le monument national de Castle Clinton au cœur de Battery Park**

## Battery Park ⓳

**Plan** 1 B4. M *South Ferry, Bowling Green.*

Ce parc, qui doit son nom aux canons qui protégeaient jadis le port offre une vue dégagée sur la baie de New York. Au fil des années, des travaux de terrassement ont permis au parc de s'étendre au-delà de State Street (ancienne limite). Au milieu du parc se dressent de nombreux monuments et statues : mémoriaux des Pays-Bas, des premiers immigrés juifs new-yorkais, des pionniers wallons, de l'Armée du Salut et des garde-côtes, monuments à la mémoire de Giovanni Da Verrazano, premier explorateur à apercevoir ce rivage, et de la poétesse Emma Lazarus.

**Bouche de métro de style Beaux-Arts aux abords de Battery Park**

## Castle Clinton National Monument ⓴

Battery Park. **Plan** 1 B4. *344-7220.* M *Bowling Green, South Ferry.* ***Ouv.*** *de 8h30 à 17h tlj.* ***F.*** *25 déc.* ***Concerts.***

Castle Clinton est un fort construit en 1807. À l'époque, il est situé à 91 mètres de la rive et relié à Battery Park par une chaussée surélevée. Des travaux de terrassement l'ont depuis intégré à la côte. Ses 28 canons n'ont jamais servi à des fins militaires. Le fort, fermé en 1824, est devenu un théâtre à la mode. En 1850, Phineas T. Barnum y produit Jenny Lind, le rossignol suédois. À partir de 1855, il sert de centre de transit à plus de 7,5 millions d'immigrants. L'édifice est remodelé en 1896 pour accueillir l'aquarium de New York, qui déménage en 1941 à Coney Island *(p. 253)*. Castle Clinton sert désormais de centre d'information des parcs de Manhattan et expose une rétrospective historique de New York. C'est également de là que partent les ferries pour la statue de la Liberté et Ellis Island *(p. 353)*.

## Museum of Jewish Heritage ㉑

18 First Place. **Plan** 1 B4. *968-1800.* M *Bowling Green.* ***Ouv.*** *de 9 h à 17 h de dim. à mer., de 9 h à 20 h le jeu., de 9 h à 14 h le ven.* ***F.*** *sam. et fêtes juives.* ***Entrée payante*** ***Conférences.***

Le musée de l'Héritage juif, qui a ouvert ses portes en 1997, retrace l'histoire du peuple juif au XXe siècle et se présente comme un émouvant monument à l'Holocauste. Trois grands thèmes se dégagent : l'époque pré-nazie, l'horreur de la guerre et l'espoir de renouveau des temps présents. Des photographies, des maquettes et des films donnent vie à l'histoire.

# Ellis Island ⓲

Près de la moitié de la population américaine a ses racines sur cette île, qui accueillit entre 1892 et 1954 près de dix-sept millions d'immigrants en route vers les quatre coins du pays. Ce site est aujourd'hui un musée abritant des expositions qui retracent l'histoire de l'immigration : à l'aide de photos, de témoignages, de cartes, il illustre la diversité des origines du peuple américain et permet de comprendre les étapes et les formalités par lesquelles devait passer tout nouvel arrivant. C'est l'endroit idéal pour bien comprendre ce melting pot qui caractérise New York et les États-Unis.

**Bâtiment principal**

**Des tarifs spéciaux** incitèrent les immigrants à partir en Californie.

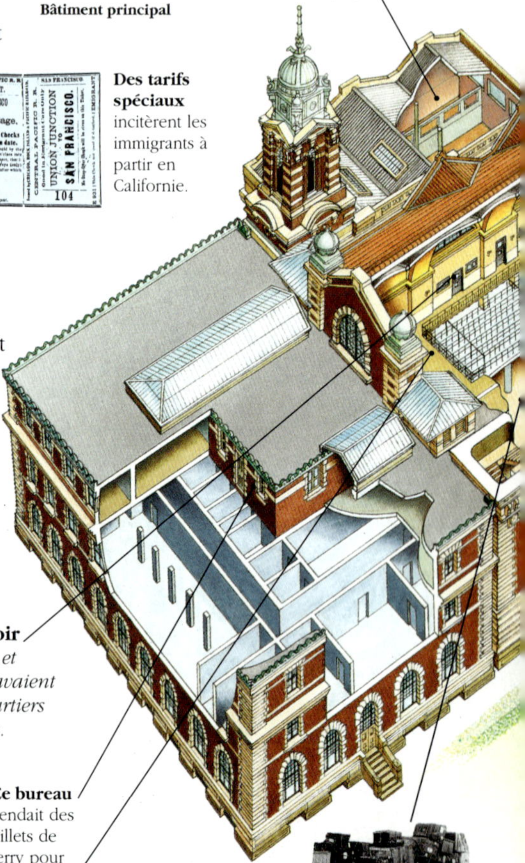

**Bâtiment principal**
*Un bureau vendait des billets de train pour la suite du voyage.*

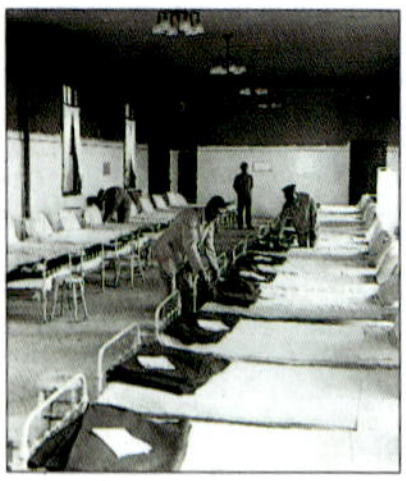

★ **Dortoir**
*Hommes et femmes avaient leurs quartiers respectifs.*

**Ce bureau** vendait des billets de ferry pour le New Jersey.

★ **Salle des bagages**
*Les maigres bagages des immigrants étaient contrôlés dès leur arrivée.*

## La restauration

Laissée à l'abandon jusqu'en 1990, Ellis Island a bénéficié de 156 millions de dollars de travaux qui ont permis le remplacement de ses dômes de cuivre, le nettoyage des mosaïques et sa restauration.

**Hall principal** ★
*Les familles devaient y attendre l'accomplissement des formalités. Les barrières métalliques furent remplacées par des bancs en bois en 1911.*

Greenwich

→ St Luke's place (près d'Hudson park) Leroy st).

→ Grove Court (Grove st)
Prendre Grove st → Sheridan sq puis w whasing place
→ Washington Square

→ NY University
Remonter 5th av → w 10th st

→ Church of the ascension
ouv. de 12h à 14h et 17h à 19h tlj.

→ Patching Place : w 10th st

→ The Pink Tea Cup : 42 Grove st. Ouv de 8h → 0h
Menu à 7 $, soul food

→ Cones : 272 Bleecker St.
ouv. de 13h à 2 .

→ Cio Bella : 227

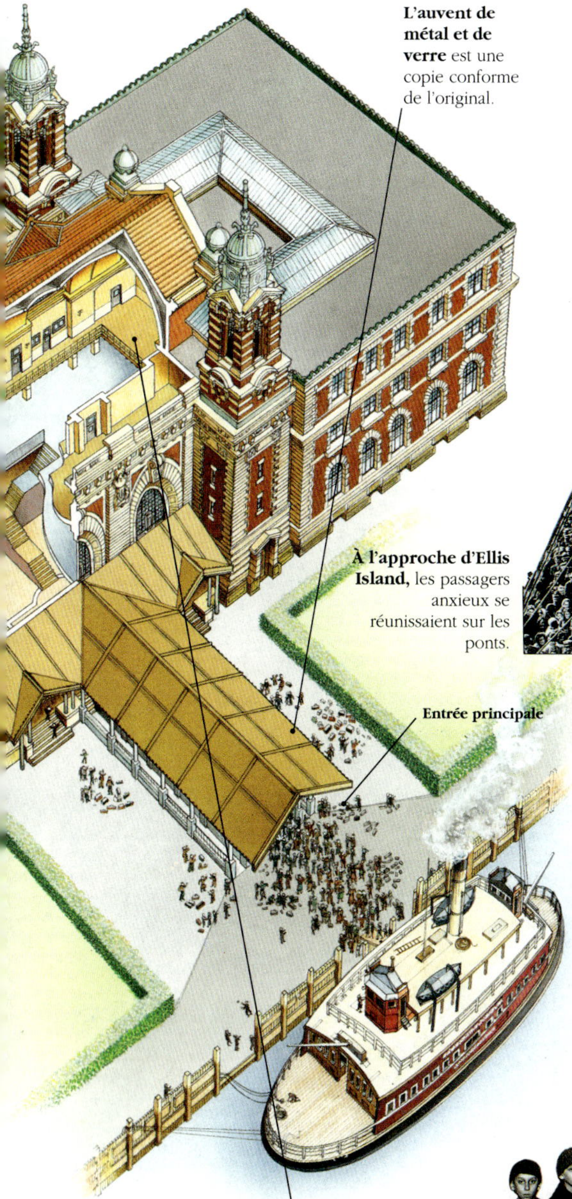

**L'auvent de métal et de verre** est une copie conforme de l'original.

**Entrée principale**

**À l'approche d'Ellis Island,** les passagers anxieux se réunissaient sur les ponts.

**Salles d'examen médical**
*Les immigrants atteints de maladies contagieuses pouvaient être refoulés.*

### MODE D'EMPLOI

**Plan** 1 A5. *363-7620.* *4, 5 jusqu'à Bowling Green ; 1, 9, N, R jusqu'à South Ferry, puis prendre le ferry Circle Line-Statue of Liberty jusqu'à Battery.* ***Départ*** *ttes les 30 min de 9h30 à 15h30 l'été (l'hiver les hor. peuvent changer).* *269-5755.* ***Ouv.*** *de juil. à août de 9h30 à 18h tlj ; de sept. à juin de 9h30 à 17h tlj.* ***F.*** *25 déc. Le prix du ferry comprend l'entrée à Ellis et Liberty Is.*

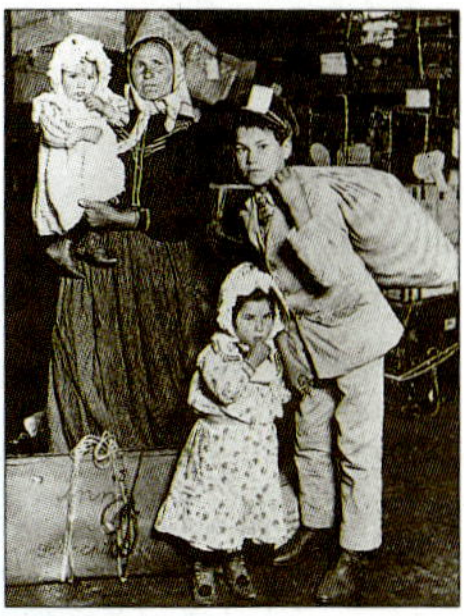

**Famille immigrée**
*Une mère italienne et ses enfants, 1905.*

### À NE PAS MANQUER

- ★ **Le hall principal**
- ★ **Le dortoir**
- ★ **La salle des bagages**

PEKING

# SEAPORT ET LE CIVIC CENTER

Situé à Manhattan, le Civic Center comprend un ensemble de tribunaux (de la ville, de l'État de New York et de l'État fédéral), ainsi que le siège de la police de New York. Dans les années 1880, de grands journaux y avaient leur adresse. Ce quartier se caractérise par l'élégance de ses constructions, comme Woolworth Building (XXe siècle), City Hall (XIXe siècle) ou St Paul's Chapel (XVIIIe siècle). À proximité se trouve South Street Seaport, baptisé «la rue de la Voile» au XIXe siècle, en raison du grand nombre de navires qui y étaient amarrés. Ce port déclina à mesure que progressait la marine à vapeur. Aujourd'hui réhabilité, le quartier abrite un musée, des boutiques et des restaurants. Le pont suspendu de Brooklyn, autrefois le plus grand du monde, s'étire jusqu'au nord.

**Figure de proue, South Street Seaport**

## LE QUARTIER D'UN COUP D'ŒIL

**Rues et bâtiments historiques**

South Street Seaport 1
Schermerhorn Row 2
*Brooklyn Bridge p. 86-89* 3
Criminal Courts Building 4
New York County Courthouse 5
United States Courthouse 6
Municipal Building 7
Surrogate's Court, Hall of Records 8
Old New York County Courthouse 9
City Hall 10
Woolworth Building 12
AT&T Building 14

**Église**

St Paul's Chapel 13

**Parcs, squares et places**

City Hall Park et Park Row 11

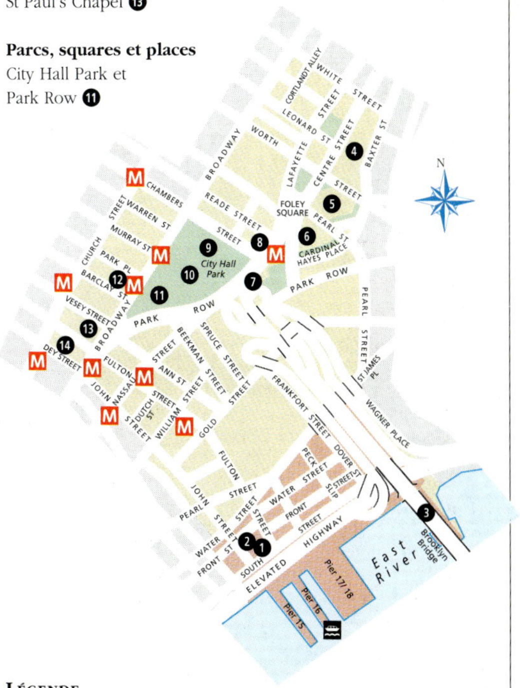


## COMMENT Y ALLER ?

Le quartier est desservi par de nombreuses lignes de métro : lignes 2 et 3 (7e Ave./Broadway), v. Park Place; lignes 4, 5 et 6 (Lexington Ave.), v. Brooklyn Bridge; lignes A, C et E (8e Ave.), v. Chambers St; N et R, v. City Hall. Bus : M1, M6, M9, M10, M15, M101/102, ou M22 (transversal).

### VOIR ÉGALEMENT :


- ***Atlas des rues,*** plan 2
- ***Restaurants*** p. 290 -292
- ***Balade dans Lower Manhattan*** p. 257


**LÉGENDE**

- Plan du quartier pas à pas
- M Station de métro
- Départ des bateaux-mouches

0 500 mètres
0 500 yards

**South Street Seaport**

# South Street Seaport pas à pas

Le développement de South Street Seaport a fait de ce qui était au XIXe siècle le haut lieu portuaire de New York un quartier animé, avec des boutiques et des cafés, où mouillent à nouveau de grands navires. South Street Seaport Museum, qui occupe des bâtiments historiques restaurés et une partie de l'ancien port, s'attache à retracer le passé maritime de New York au travers de reconstitutions, d'expositions et de visites de bateaux.

**★ South Street Seaport**
*Jadis fréquenté par les marins des voiliers à quai, le port est devenu un ensemble de boutiques, de cafés et de musées* ❶

**Cannon's Walk,** un ensemble de maisons des XIXe et XXe siècles, comprend un café en plein air, des boutiques et un marché animé.

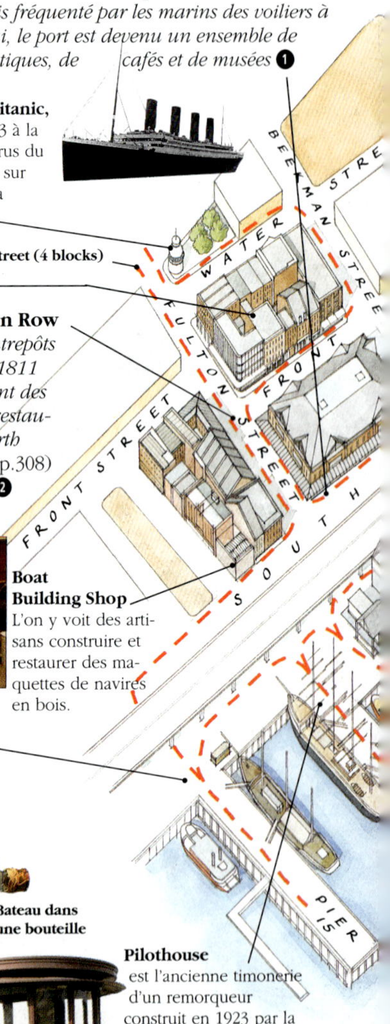


**Le mémorial du Titanic,** phare élevé en 1913 à la mémoire des disparus du naufrage, se dresse sur Fulton Street vers la station de métro.

**Vers le métro Fulton Street (4 blocks)**

**Schermerhorn Row**
*Ces anciens entrepôts (construits de 1811 à 1813) abritent des bistrots et des restaurants, dont North Star Pub (voir p.308) et Brookstone* ❷

**Boat Building Shop** L'on y voit des artisans construire et restaurer des maquettes de navires en bois.

**Au Maritime Crafts Center,** l'on peut assister à des travaux de sculpture sur bois, des constructions de maquettes de bateaux ou de figures de proue.

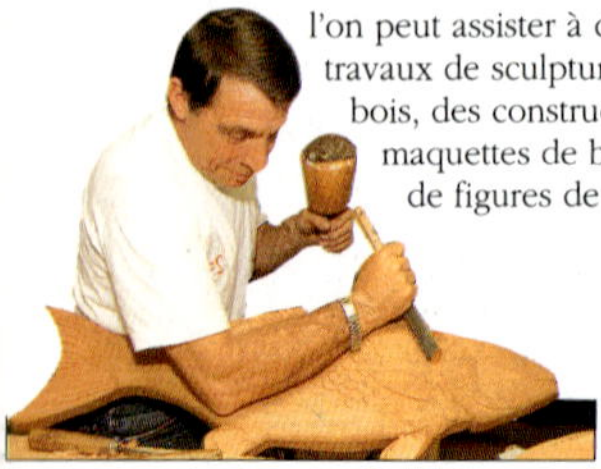

**Bateau dans une bouteille**

**Pilothouse** est l'ancienne timonerie d'un remorqueur construit en 1923 par la New York Central. Elle abrite aujourd'hui le bureau de renseignements du Seaport.

**À NE PAS MANQUER :**

- ★ Brooklyn Bridge
- ★ South Street Seaport

La sous-station électrique de **la Consolidated Edison,** construite en 1975, est recouverte d'un *mural* peint en trompe-l'œil, de Richard Haas, qui a pour objet de l'intégrer aux édifices historiques voisins.

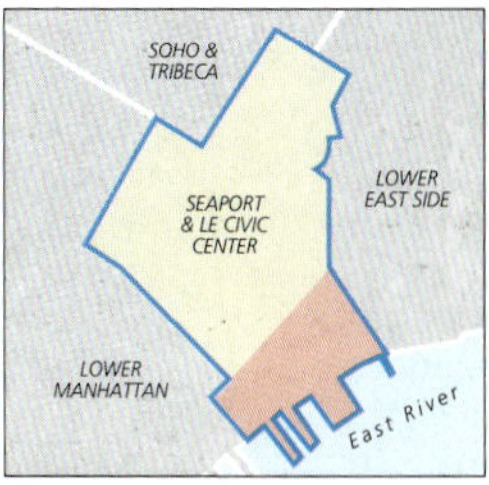


**CARTE DE SITUATION**
*Voir carte de Manhattan p. 12 -13*

**LÉGENDE**

Itinéraire conseillé

0 100 mètres
0 100 yards

**Meyer's Hotel,** construit en 1873, est aujourd'hui un bar. Il a conservé son charme un peu rétro de l'époque où la tireuse d'élite Anne Oakley y séjournait.

★ **Brooklyn Bridge**
*Extraordinaire lors de son achèvement en 1883, ce pont suspendu n'a rien perdu de son caractère. Depuis la passerelle pour piétons, on a de belles vues sur le pont et la ville* ❸

**Fulton Fish Market** existe depuis plus de 150 ans. Le poisson n'y est plus directement débarqué des bateaux mais acheminé par route. Le marché n'est ouvert qu'au petit matin *(p. 347).*

**Pier 17** (môle) comprend trois étages de boutiques et de restaurants. D'en haut on a de belles vues sur le pont et les vieux gréements à quai.

**Le bateau à aubes** *Andrew Fletcher* assure des croisières fluviales. L'on peut aussi monter à bord de la goélette *Pioneer* mise en service par South Street Museum.

**Le port de East River, à South Street Seaport**

## South Street Seaport ❶

Fulton St. **Plan** 2 E2. *732-7678.*
M *Fulton St.* ***Ouv.*** *de 10h à 21h du lun. au sam., de 11h à 20h le dim.*
***Concerts.***
**South Street Seaport Museum**
*748-8600.* ***Ouv.*** *de 10h à 17h tlj (pas d'entrée après 16h).* ***F.*** *le mardi, 1er janv., Thanksgiving, 25 déc.* ***Entrée payante*** ***Conférences, expositions, films***

Le cœur du port du XIXe siècle recommence à battre : des boutiques et des cafés sympathiques y côtoient ateliers d'artisans, bâtiments historiques ou musées. Depuis les rues pavées on a de très jolies vues sur le pont de Brooklyn et East River.

Les navires anciens ancrés au long des môles vont du petit remorqueur *W.O. Decker* au grand quatre-mâts *Peking*, deuxième plus grand voilier du monde. On peut effectuer des excursions dans le port à bord d'un bateau à aubes du XIXe siècle, et des mini-croisières sur la goélette *Pioneer*.

Le marché aux poissons, créé en 1821, n'est plus approvisionné par les bateaux de pêche du port, mais par des camions réfrigérés. L'animation qui y règne dès avant l'aube est cependant fort intéressante, mais il faut être très lève-tôt.

**Le marché aux poissons à l'aube**

**L'enseigne d'un restaurant historique du port, à Schermerhorn Row**

## Schermerhorn Row ❷

Fulton et South Sts. **Plan** 2 D3.
M *Fulton St.*

Ce bel ensemble architectural, construit en 1811 par l'armateur et shipchandler Peter Schermerhorn sur un terrain gagné sur le fleuve, comprenait initialement des entrepôts et des immeubles de bureaux réservés aux comptables. L'ouverture du débarcadère du bac de Brooklyn en 1814, puis du marché aux poissons en 1822, en accrut la valeur. North Star Pub, approvisionné par le marché voisin, est réputé pour sa bouillabaisse. Restaurés dans le cadre du South Street Seaport, les bâtiments abritent aujourd'hui un office du tourisme, des boutiques, restaurants et une patinoire.

## Brooklyn Bridge ❸

*Voir p. 86-89.*

## Criminal Courts Building ❹

100 Centre St. **Plan** 4 F5.
M *Canal St.* ***Ouv.*** *de 9h à 17h du lun. au ven.* ***F.*** *les j.f.*

Cet édifice de 1939, de style Art déco, évoque un temple babylonien. L'entrée, haute de trois étages, est en retrait dans une cour, derrière deux énormes colonnes de granite : les accusés ne manquent pas d'en être impressionnés. Le bâtiment abrite aussi une prison pour hommes, qui se trouvait jadis de l'autre côté de la rue, dans un immeuble baptisé The Tombs (« Les Tombeaux ») en raison de son architecture de style égyptien. L'immeuble a disparu, mais l'appellation est restée. Un « pont des Soupirs » relie le building au tribunal correctionnel situé de l'autre côté de la rue. Cet immeuble abrite également les tribunaux nocturnes, où les affaires sont jugées en semaine de 17h à 1h.

**L'entrée de Criminal Courts Building**

## New York County Courthouse ❺

60 Centre St. **Plan** 2 D1.
M *Brooklyn Br-City Hall.* ***Ouv.*** *de 9h à 17h du lun. au ven.* ***F.*** *les j.f.*

Cette cour de justice du comté, construite en remplacement de Tweed Courthouse *(p. 90)* fut achevée en 1926. Le portique corinthien au sommet d'un large escalier est la caractéristique majeure de cet édifice de plan hexagonal. L'austérité de l'extérieur contraste avec la rotonde à colonnade intérieure, éclairée de lustres de Tiffany, ornée de marbres somptueux et dont le plafond peint par Attilio Pusterla illustre les thèmes de la loi et de la justice. Les salles de tribunal sont situées dans les six ailes qui partent de la rotonde. C'est ici que fut tourné le célèbre film *Douze Hommes en colère,* avec Henry Fonda.

**New York County Courthouse**

## United States Courthouse ❻

40 Centre St. **Plan** 2 D1. Ⓜ *Brooklyn Br-City Hall.* ***Ouv.*** *de 9h à 17h du lun. au ven.* ***F.*** *les j.f.*

Ce palais de justice fut la dernière œuvre entreprise par l'architecte Cass Gilbert (à qui l'on doit aussi le Woolworth Building), en 1933, un an avant sa mort. La construction fut achevée par son fils. Cet immeuble de 31 étages est constitué d'une tour surmontée d'une pyramide, appuyée sur un édifice en forme de temple classique. Le bronze ouvragé des portes est vraiment remarquable. Des passerelles relient l'édifice à son annexe de Police Plaza.

**United States Courthouse**

## Municipal Building ❼

1 Centre St. **Plan** 1 C1. Ⓜ *Brooklyn Br-City Hall.*

Le Municipal Building, édifié en 1914, domine le Civic Center et enjambe Chambers Street. Premier gratte-ciel de McKim, Mead&White, il abrite des bureaux administratifs et une chapelle où sont célébrés des mariages. L'extérieur, en harmonie avec le City Hall, ne dépare pas les édifices plus anciens. La caractéristique la plus remarquable réside dans les tours surmontées d'une statue d'Adolph Wienman, *Civic Fame*.
La gare de chemin de fer (désaffectée) qui s'enfonce à la base de l'immeuble et le parvis qui le relie à l'entrée d'une station de métro furent conçus pour répondre aux besoins modernes en matière de transport urbain. Ce buiding aurait inspiré la grande tour de l'université de Moscou.

**Municipal Building**

## Surrogate's Court, Hall of Records ❽

31 Chambers St. **Plan**1 C1. Ⓜ *City Hall.* ***Ouv.*** *de 9h à 17h du lun. au ven.* ***F.*** *les j.f.*

Le Hall of Records fut construit de 1899 à 1911 pour abriter les archives de la ville. La façade à colonnes, en granite blanc du Maine, est surmontée d'un toit à la Mansard. Les sculptures de Henry K. Bush-Brown qui ornent le toit représentent les âges de la vie; quant aux statues de Philip Martiny qui dominent la colonnade, elles figurent d'éminents New-Yorkais tels que Peter Stuyvesant. Martiny sculpta également des représentations de New York à ses origines et à l'époque révolutionnaire (entrée de Chambers Street). L'Opéra de Paris a servi de modèle pour les escaliers de marbre et le plafond peint de l'éblouissant hall central. Le plafond en mosaïque dû à William de Leftwich Dodge représente notamment les signes du zodiaque.
Hall of Records conserve des archives dont les plus anciennes datent de 1664. Une exposition permanente présente des documents, dessins, lettres et photographies historiques évoquant la vie à New York de 1626 à nos jours.

**Surrogate's Court**

# Brooklyn Bridge ❸

Le pont de Brooklyn, achevé en 1883, était alors le plus grand pont suspendu du monde, et le premier de ce type à avoir été construit en acier. Alors qu'il était bloqué par les glaces sur le bac qui devait le conduire à Brooklyn, l'ingénieur John A. Roebling avait eu l'idée d'un pont enjambant East River. Outre Roebling lui-même, une vingtaine des six cents hommes qui prirent part à la construction trouvèrent la mort au cours du chantier. Après seize ans de travaux, le pont relia définitivement Manhattan à Brooklyn, qui étaient alors deux villes distinctes.

**Médaille commémorative frappée à l'occasion de l'inauguration du pont**

## Le pont de Brooklyn

*De la conception des câbles à l'enfouissement des supports, le pont fut construit avec des techniques révolutionnaires pour l'époque.*

**Ancrage**

*Les extrémités des quatre câbles d'acier sont fixées à une série de barres d'ancrage maintenues par des plaques insérées dans d'énormes piliers de granite. Les espaces intérieurs servaient autrefois d'entrepôts.*

**Les fondations**

*Les tours s'élèvent sur des caissons immergés dont chacun a la taille de 4 courts de tennis. À l'intérieur on pouvait travailler sous le niveau de la rivière. Au fil des travaux, ils se sont enfoncés dans le lit de East River.*

**Plaques d'ancrage**

*À chacune des quatre plaques d'ancrage en fonte est fixé un câble. La maçonnerie fut construite autour des plaques après leur mise en place.*

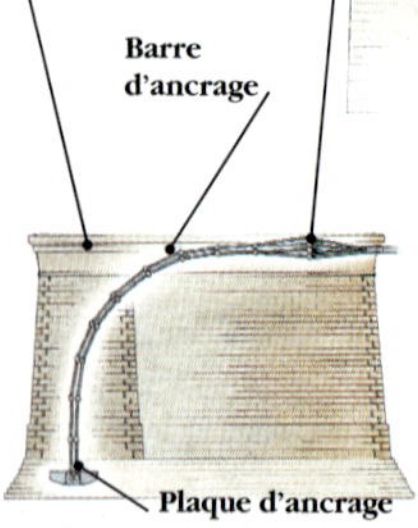

**Première traversée**
*Le maître mécanicien E.F. Farrington fut le premier à traverser East River en 1876, accroché à un treuil tiré par une machine à vapeur. Sa traversée dura 22 minutes.*

**MODE D'EMPLOI**

**Plan** 2 D2. M *4, 5, 6 vers Brooklyn Bridge-City Hall (côté Manhattan); A, C jusqu'à High St, Brooklyn Bridge (côté Brooklyn).* *M9, M22, M101, M102.*

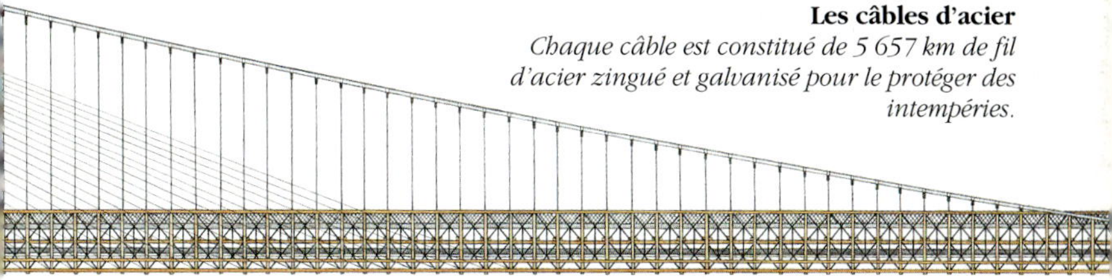

**Les câbles d'acier**
*Chaque câble est constitué de 5 657 km de fil d'acier zingué et galvanisé pour le protéger des intempéries.*

**Brooklyn Tower (1875)**
*Deux doubles arches néo-gothiques de 84 m de haut, se dressant respectivement à Brooklyn et à Manhattan, devaient constituer les portes des 2 cités.*

**À l'intérieur des caissons**
*Des travailleurs immigrés cassaient des pierres.*

**JOHN A. ROEBLING**

Cet ingénieur d'origine allemande conçut le pont.
En 1869, avant même le début des travaux, il se fit écraser le pied par un ferry et mourut trois semaines plus tard. Son fils Washington Roebling acheva la construction du pont, mais il fut victime en 1872 d'un accident de décompression qui le laissa partiellement paralysé. Sous son contrôle, son épouse prit alors la direction des travaux.

## LA FABRICATION DES CÂBLES

**Un brin d'acier (taille réelle)** **Section**

**Conception des câbles**
*Chacun des quatre câbles principaux est constitué de 19 mèches de 278 brins d'acier, non tordus ensemble mais disposés en parallèle.*

**Les 19 mèches d'un câble principal**

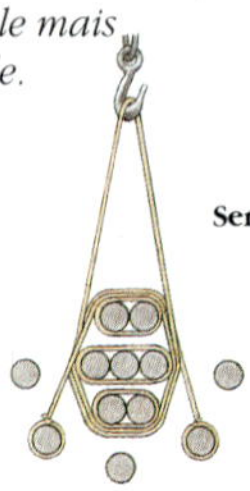

Après la mise en place des 12 mèches inférieures, **les mèches** du milieu sont liées entre elles.

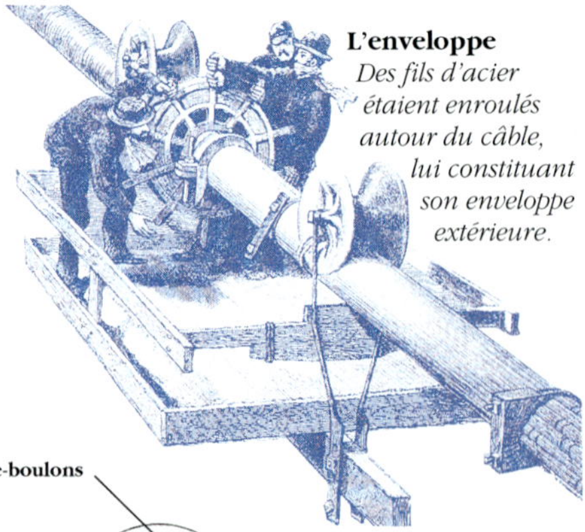

**L'enveloppe**
*Des fils d'acier étaient enroulés autour du câble, lui constituant son enveloppe extérieure.*

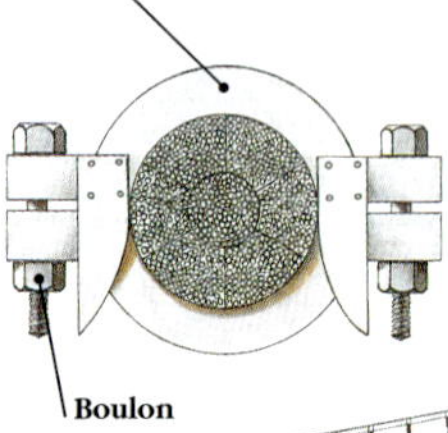



Une fois que les filins étaient mis en place, un **énorme serre-câbles** de fer les comprimait en un cylindre.

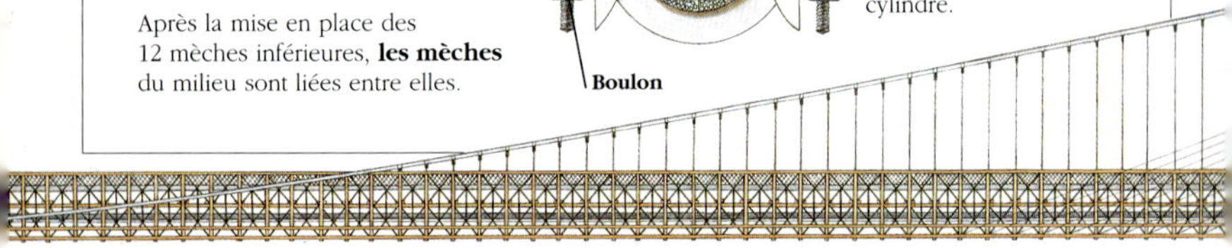

**Feux d'artifice**
*Chaque année, le 4 juillet est marqué par un grand feu d'artifice.*

**Le pont vu de Manhattan**
*Sur cette vue datant de 1883, l'on distingue les deux voies extérieures initialement destinées aux voitures hippomobiles, les deux voies centrales réservées aux tramways et la passerelle pour piétons, surélevée.*

**La panique du 30 mai 1883**
*Après qu'une femme eut chuté du pont, la foule, d'une vingtaine de milliers de personnes, fut prise de panique. Il y eut douze morts.*

**Les ultimes travaux (1883)**
*Des suspensoirs verticaux fixés aux haubans assujettissent le tablier.*

**La fixation des câbles** est assurée au sommet de chacun des deux pylônes par des plaques d'équilibrage.

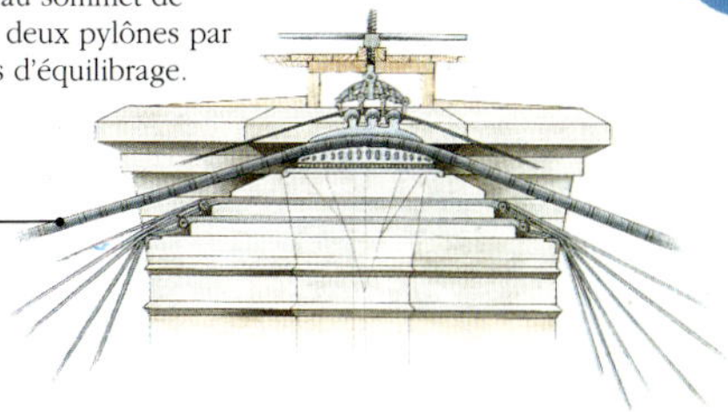


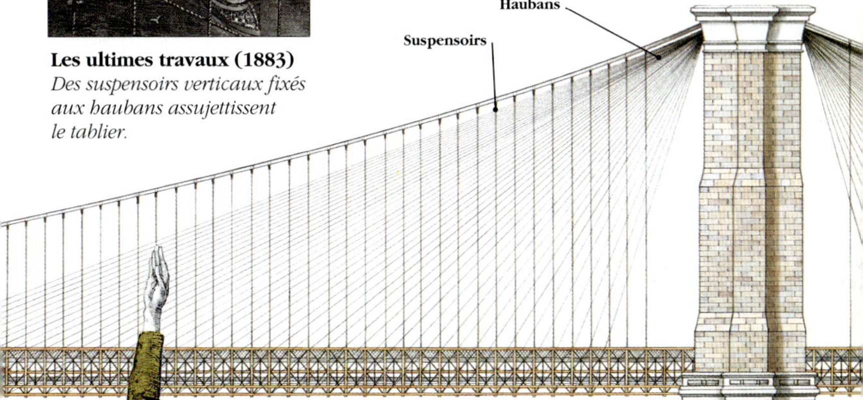


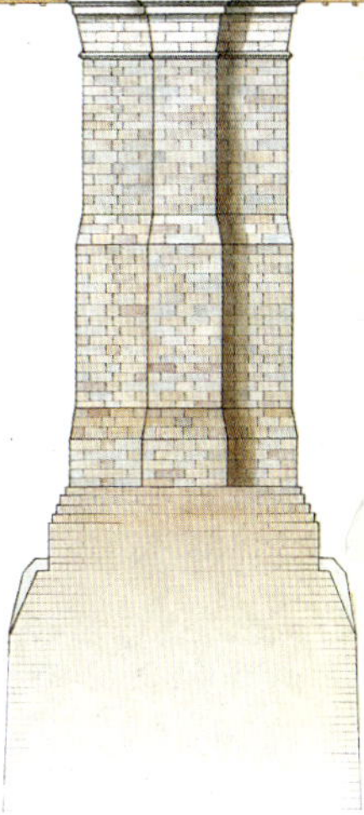

**Le saut d'Odlum**
*Robert Odlum fut le premier à sauter du pont, en mai 1885, à la suite d'un pari. Il devait mourir d'une hémorragie interne.*

**Les poutres du tablier**
*Elles sont en acier et pèsent chacune 4 tonnes.*

**La passerelle surélevée**
*Le poète Walt Whitman considérait que la vue qui s'offrait depuis la passerelle, au-dessus de la chaussée, était pour son âme « le meilleur, le plus efficace des remèdes ».*

## Old New York County Courthouse ❾

52 Chambers St. **Plan** 1 C1. M *Chambers St-City Hall.* ***Fermé pour rénovation***

Cet édifice est surtout connu pour le scandale qui accompagna sa construction : il est surnommé « le château Tweed », du nom du politicien qui dépensa vingt fois le budget initialement prévu et empocha 9 des 14 millions de dollars que coûta ce palais de justice. Tweed acheta même une carrière de marbre et fit des profits faramineux en vendant des matériaux à la Ville. Le mécontentement des administrés entraîna finalement sa chute en 1871 : jugé dans son propre palais de justice, il mourut dans une prison new-yorkaise *(p. 25)*. Tweed léguait cependant à la ville un élégant monument de style italianisant, qui abrite aujourd'hui des bureaux administratifs.

**L'imposante façade de City Hall, datant du début du XIXᵉ siècle**

## City Hall ❿

City Hall Pk. **Plan** 1 C1. *788-3071.* M *Brooklyn Br-City Hall.* ***Ouv.*** *pour visites organisées uniquement* *788-6865.*

City Hall, siège de l'administration municipale depuis 1812, est l'une des plus belles réalisations architecturales américaines du début du XIXᵉ siècle. Cet imposant édifice de style néo-classique fut conçu par le Français Joseph Mangin et l'Américain John McComb Jr. L'arrière de l'hôtel de ville ne bénéficia pas d'un revêtement de marbre, car l'on pensait alors que la ville ne se développerait jamais vers le nord. En 1954, une restauration (en calcaire et granite) remédia à ce défaut ; l'intérieur fut également remis à neuf.

On attribue habituellement à Mangin l'extérieur, et à McComb le magnifique intérieur, caractérisé par une rotonde surmontée d'un dôme entouré de dix colonnes. L'espace intérieur s'ouvre sur un élégant escalier de marbre à double volée, qui mène à la salle du Conseil et aux appartements du Gouverneur – ces derniers comprennent une galerie de portraits des premières personnalités new-yorkaises. Cette superbe entrée accueille depuis près de deux siècles les grands de ce monde. En 1865, la dépouille d'Abraham Lincoln y fut exposée. Du sommet des marches, on voit sur la droite une statue de Nathan Hale, soldat américain pendu par les Britanniques pour espionnage en septembre 1776. Ses dernières paroles (« Mon seul regret est de n'avoir pas plus d'une vie à offrir au service de mon pays ») lui ont valu de figurer en bonne place dans les manuels d'histoire américains.

**Barnum's Museum détruit devant la foule de City Hall Park**

## City Hall Park et Park Row ⓫

**Plan** 1 C2. M *Brooklyn Br-City Hall.*

Place gazonnée du village qu'était New York il y a deux siècles et demi, ce site fut, dans la période prérévolutionnaire, le théâtre de manifestations contre l'autorité coloniale britannique ; sur la pelouse ouest de City Hall se dresse un monument commémorant les mâts de la Liberté qui y furent érigés. C'est là que fut donnée lecture de la déclaration d'Indépendance, devant George Washington et ses troupes, le 9 juillet 1776.

De 1842 à sa destruction par un incendie en 1865, Phineas Barnum's Museum attira les foules à l'extrémité sud du parc. Park Row Building abritait le Park Theater, où de 1798 à 1848 se produisirent les meilleurs comédiens de l'époque (dont Edmund Kean et Fanny Kemble). Park Row, qui s'étend au long de la partie est de City Hall Park, était jadis baptisé « l'avenue de la Presse ». Des journaux tels que *Sun, World, Tribune* y avaient leur siège. Printing House Square s'enorgueillit d'une

**Statue de Benjamin Franklin dans Printing House**

statue de Benjamin Franklin tenant un exemplaire de sa *Pennsylvania Gazette*. Le XXe siècle n'a pas été favorable au commerce des journaux. En 1893, New York comptait 19 quotidiens contre 4 aujourd'hui.

## Woolworth Building ⓬

233 Broadway. **Plan** 1 C2. M *City Hall. **Ouv.** heures de bureau.*

**Caricature de l'architecte Gilbert, dans le hall de Woolworth Building**

En 1879, Frank Woolworth ouvrit un nouveau type de commerce, où les clients pouvaient voir et toucher les marchandises proposées, et où tout était vendu au prix de 5 cents. Révolutionnant l'univers de la distribution, Woolworth fut bientôt à la tête d'une chaîne de magasins. Le siège de son empire, un édifice de style néo-gothique achevé en 1913, devait être jusqu'en 1930 le plus grand building du monde. Ce magnifique immeuble fut le modèle des gratte-ciel suivants.

Le sommet de ce bâtiment haut de 241 m dessiné par Cass Gilbert, orné de gargouilles représentant des chauves-souris et d'autres animaux, est surmonté d'un toit en pyramide, d'arcs-boutants, de pinacles et de 4 tourelles. Les intérieurs de marbre sont agrémentés d'ornements en filigrane, de bas-reliefs et de décorations peintes, ainsi que d'un somptueux plafond en mosaïque de verre. Gilbert, dans le hall d'entrée démontra son sens de l'humour, en le dotant de caricatures en bas-relief montrant le fondateur en train de compter sa fortune en piécettes, et l'architecte lui-même tenant une maquette du building. Les 13 millions et demi de dollars que lui coûta l'immeuble furent réglés au comptant. La firme Woolworth a cessé toute activité commerciale en 1997. L'édifice appartient désormais au Witkoff Group.

## St Paul's Chapel ⓭

Broadway. **Plan** 1 C2. ☎ *602-0874.* M *Fulton St. **Ouv.** de 9h à 15h du lun. au ven. et de 7h à 15h le dim. **F.** les j.f. sauf exception.* ✝ *8h le dim.* *sur rdv. **Concerts** le lun. à 13h.*

Dans l'immense ombre du World Trade Center se dresse la seule église de Manhattan construite avant l'indépendance américaine et encore debout. Des concerts gratuits sont organisés dans la nef éclairée de chandeliers de ce joyau du style colonial. Le banc où Washington vint prier dès son accession à la présidence a été conservé. Dans le cimetière, Actor's Monument perpétue la mémoire de George Frederick Cooke, qui interpréta maints grands rôles au Park Theater avant de sombrer dans l'alcool à la Shakespeare Tavern de Fulton Street.

**L'intérieur de St Paul's Chapel**

## AT&T Building ⓮

195 Broadway. **Plan** 1 C2. M *Broadway-Nassau. **Ouv.** heures de bureau.*

La profusion des colonnes caractérise cet ancien siège social de l'American Telephone and Telegraph dessiné par Welles Bosworth et achevé en 1922 : la façade comprendrait plus de colonnes que tout autre édifice au monde, et l'intérieur abrite une véritable forêt de piliers de marbre. L'édifice dans son ensemble évoque une gigantesque pièce montée au sommet carré.

**Divinité marine, au-dessus de la porte de AT & T Building**

# Lower East Side

Le caractère cosmopolite de New York n'est nulle part aussi évident que dans Lower Manhattan, où s'établirent tant d'immigrants. Italiens, Chinois et juifs y créèrent leurs propres quartiers, où dans un pays nouveau pour eux ils surent préserver leurs langues, leurs coutumes, leurs arts culinaires et leurs religions. De nouveaux immigrés venus de nombreux pays occupent aujourd'hui ce quartier, qui a cependant conservé son ambiance inimitable. Les restaurants pullulent ici, tout comme les commerces, où l'on peut faire les meilleures affaires de la ville. Le compositeur Irving Berlin, qui grandit dans ces rues, déclarait : « Chacun devrait avoir un Lower East Side dans sa vie. »

**Boîte ancienne au Lower East Side Tenement Museum**

## Le quartier d'un coup d'œil

**Rues et bâtiments historiques**
Home Savings of America ❶
Police Headquarters Building ❷
Little Italy ❸
Chinatown ❹
Orchard Street ❽
Delancey Street ❿
Puck Building ⓬
Engine Company n° 31 ⓮

**Parcs, squares et places**
Columbus Park ❺

**Musées et galeries**
Lower East Side Tenement Museum ❼

**Églises et synagogues**
Eldridge Street Synagogue ❻
Bialystoker Synagogue ❾
Old St Patrick's Cathedral ⓭

**Vieilles boutiques**
Schapiro's Winery ⓫

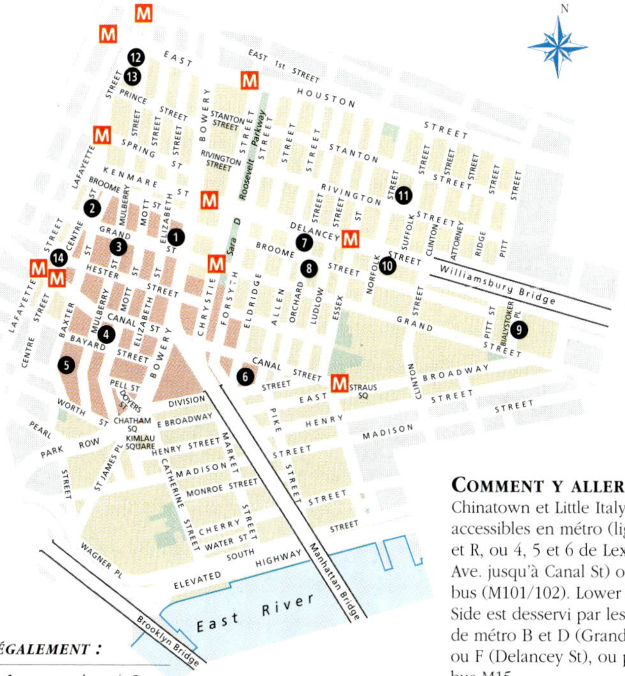


0 500 mètres
0 500 yards

## Comment y aller ?

Chinatown et Little Italy sont accessibles en métro (lignes N et R, ou 4, 5 et 6 de Lexington Ave. jusqu'à Canal St) ou en bus (M101/102). Lower East Side est desservi par les lignes de métro B et D (Grand St) ou F (Delancey St), ou par le bus M15.

### Voir également :


- ***Atlas des rues***, plans 4, 5
- ***Hébergement*** p. 274-275
- ***Restaurants*** p. 290- 292
- ***Balade dans Lower East side*** p. 258-259


### Légende

Plan du quartier pas à pas
M Station de métro

**Effigie de dragon dans Chinatown lors du Nouvel An chinois**

# Little Italy et Chinatown pas à pas

Le plus grand et le plus pittoresque des quartiers « ethniques » de New York est Chinatown, dont la croissance est si rapide qu'il est en passe de submerger Little Italy et le Lower East Side juif. Ses rues regorgent d'étals de primeurs, de boutiques de souvenirs et de centaines de restaurants chinois. Les vestiges de Little Italy occupent Mulberry Street et Grand Street, où flotte le parfum de l'Ancien Monde.

★ **Little Italy**
*Jadis occupée par des milliers d'immigrants, Little Italy a conservé de ses origines maints restaurants et boulangeries* ❸

★ **Chinatown**
*Ce quartier habité par une communauté prospère d'origine chinoise est célèbre pour ses restaurants et l'animation de ses rues, particulièrement intense lors du Nouvel An chinois (en janvier ou février)* ❹

**Au marché de Canal Street,** on pourra faire toutes sortes d'emplettes (de vêtements notamment) sans se ruiner.

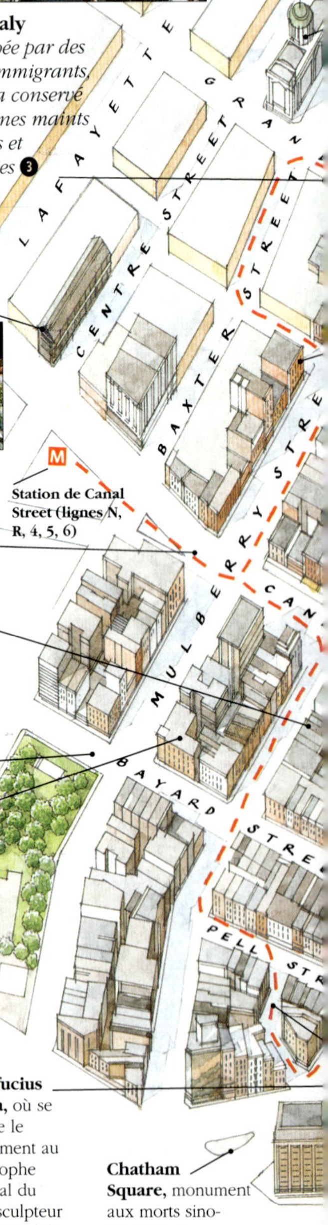


**Station de Canal Street (lignes N, R, 4, 5, 6)**

**Le temple bouddhique** du n° 64b Mott Street abrite plus de cent bouddhas dorés.

**Le mur de la Démocratie** à Bayard Street est couvert de journaux et de posters décrivant la situation en Chine.

**Columbus Park** s'étend sur le site de ce qui fut au XIXe siècle le plus misérable taudis de New York.

**Confucius Plaza,** où se dresse le monument au Philosophe oriental du sculpteur Liu Shih.

**Chatham Square,** monument aux morts sino-américains.

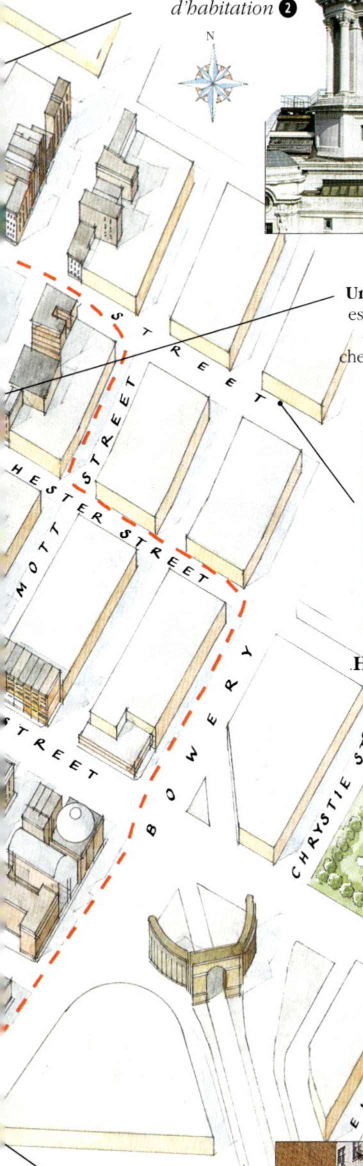


**Police Headquarters Building**
*Le dôme de cet édifice baroque domine le quartier de City Hall. La police l'a quitté en 1973 : il a depuis lors été transformé en immeuble d'habitation* ❷

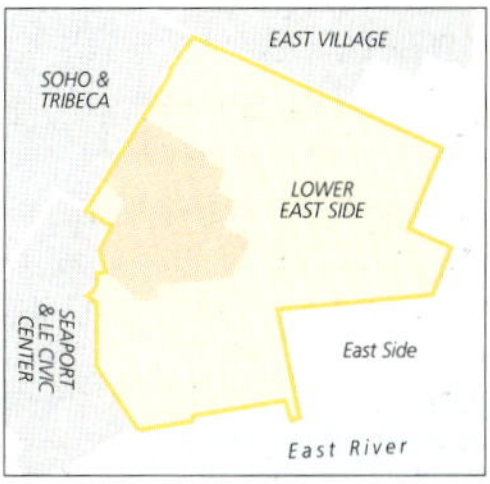


**CARTE DE SITUATION**
*voir carte de Manhattan p. 12-13*

**Umberto's Clam House** est réputé pour ses fruits de mer à l'italienne. Le chef mafieux Joey Gallo y fut abattu en 1972.

**LÉGENDE**

– – – Itinéraire conseillé

0 100 mètres

0 100 yards

**Home Savings of America**
*Stanford White conçut cet édifice en 1894 à l'intention de la Bowery Savings Bank* ❶

★ **Eldridge Street Synagogue**
*Ce lieu de culte somptueux, désaffecté durant des décennies, est en cours de restauration* ❻

**Bloody Angle,** où Doyers Street s'incurve brutalement, fut dans les années 1920, au plus fort de la guerre des gangs, le théâtre de maintes fusillades.

**À NE PAS MANQUER**

★ **Eldrige Street Synagogue**

★ **Chinatown**

★ **Little Italy**

## Home Savings of America ❶

130 Bowery. **Plan** 4 F4. M *Grand St, Bowery.* ***Ouv.*** *horaires de la banque.*

Aussi imposant à l'intérieur qu'à extérieur, cet édifice de style Classical Revival fut bâti en 1894 pour la Bowery Savings Bank. L'architecte Stanford White conçut la façade de grès de manière à engloutir la banque Buthchers and Drovers qui avait refusé de vendre la parcelle du coin de la rue. L'intérieur est orné de colonnes de marbre et d'un plafond parsemé de rosettes dorées. Au début du siècle, le contraste avec la misère du quartier était saisissant.

**Détail de l'immeuble des Home Savings**

## Police Headquarters Building ❷

240 Centre St. **Plan** 4 F4. M *Canal St.* ***F.*** *au public.*

Achevé en 1909, ce bâtiment surmonté d'une coupole était tout à fait adapté à sa fonction de quartier général des nouvelles forces de police professionnelles de la ville. Le portique principal et les pavillons latéraux sont bordés de colonnes corinthiennes. Le manque d'espace dont souffrait le site, au cœur de Little Italy, contraignit cependant l'architecte à adopter un plan en coin. Les « meilleurs hommes de New York » vinrent travailler ici pendant 3/4 de siècle. Durant la Prohibition, Grand Street reçut le sobriquet de « Bootleggers' Row ». On y obtenait facilement de l'alcool. Les revendeurs de contrebande versaient de fortes sommes à leurs informateurs, qui œuvraient au sein même des forces de police. Celles-ci prirent possession de nouveaux locaux en 1973. Douze ans plus tard, le bâtiment fut transformé en immeuble d'appartements luxueux.

**Fronton sculpté du Police Headquarters Building**

## Little Italy ❸

Rues autour de Mulberry St. **Plan** 4 F4. M *Canal St.*

Les Italiens du Sud qui émigrèrent à New York à la fin du XIX^e^ siècle vinrent s'entasser dans de sordides appartements construits si près les uns des autres que la lumière du soleil ne parvenait jamais jusqu'aux fenêtres des étages inférieurs. Les maladies telles que la tuberculose régnaient dans ces immeubles insalubres qui abritaient plus de 40 000 habitants.

En dépit des difficultés de la vie dans Lower East Side, la communauté italienne qui s'épanouit aux alentours de Mulberry Street sut préserver les couleurs, les parfums et l'ambiance de son pays d'origine. Ceci est encore partiellement vrai, même si la population italienne, réduite aujourd'hui à cinq mille personnes, est de plus en plus menacée par l'extension de Chinatown.

Le moment le plus propice à une visite du quartier se situe lors des fêtes de San Gennaro. *(p. 52).* Chaque année, Mulberry Street est pendant neuf jours rebaptisée Via San Gennaro. Le 19 septembre, une grande procession accompagne les reliques du saint dans les rues. Tout au long des festivités, la foule se saoule de musique, de danse, de spectacles, de boissons et de mets variés. Les restaurants de Little Italy proposent une cuisine simple et généreuse, servie à des prix raisonnables dans un cadre sympathique.

**Café italien dans Little Italy**

## Chinatown ❹

Quartier de Mott St. **Plan** 4 F5. M *Canal St.* ***Eastern States Buddhist Temple ouv.*** *de 9h à 20h tlj.*

Le Chinatown du début du XX^e^ siècle était avant tout une communauté masculine, constituée par des immigrants chinois venus de Californie, qui envoyaient le fruit de leur travail à leurs familles restées en Chine (les lois américaines relatives à l'immigration leur interdisant d'entrer aux États-Unis). Le mah-jong et les jeux d'argent étaient pour ces hommes des divertissements quotidiens. Vivant isolée du reste de la ville, cette communauté demeura financée et contrôlée par ses propres organisations secrètes, les Tongs. Si certains de ces Tongs étaient simplement des associations familiales, d'autres (dont les On Leong et les Hip Sing) étaient des confréries criminelles. L'étroite et tortueuse Doyers Street fut

**Épicerie chinoise dans Canal Street**

qualifiée de Bloody Angle (« le Coin Sanglant »), en raison des embuscades que s'y tendaient les gangsters rivaux. Une trêve conclue en 1933 entre les Tongs amena la paix à Chinatown, qui dès 1940 était occupée par de nombreuses familles bourgeoises. Après la guerre, les immigrants et les sociétés venus de Hong Kong accrurent la prospérité du quartier, où vivent actuellement plus de 80 000 Sino-Américains. On visite souvent ce quartier pour sa cuisine, mais il possède d'autres attraits : galeries d'art, magasins d'antiquités et de souvenirs, ou fêtes orientales *(p. 53)*. Un autre aspect de Chinatown apparaît au temple bouddhique du n° 64b Mott Street où s'amoncellent les offrandes et où plus de cent effigies dorées du Bouddha luisent à la clarté des cierges.

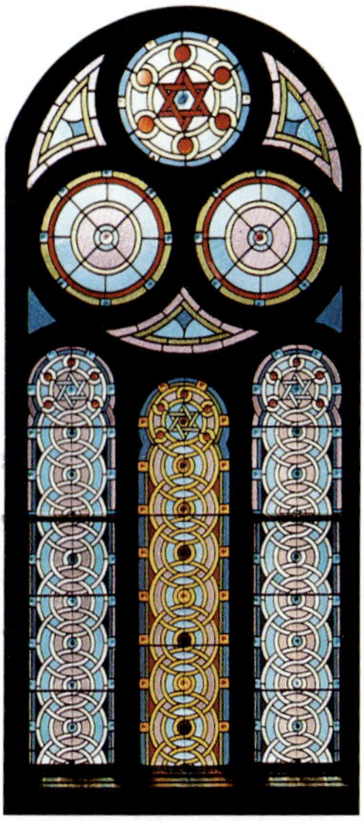

**Vitrail de Eldridge Street Synagogue**

## Columbus Park ❺

**Plan** 4 F5. M *Canal St.*

La tranquillité de Columbus Park est à mille lieues des scènes qui se déroulaient dans le voisinage au début du XIXe siècle. Le quartier, où régnaient des gangs, comme celui des « Lapins morts », était occupé en partie par les taudis de Five Points, dévolu à la prostitution et à la délinquance. Il n'était pas rare qu'en moyenne un meurtre y fût commis chaque jour et les policiers eux-mêmes craignaient de s'y aventurer. Par suite notamment des écrits du réformateur Jacob Riils *(p. 47)*, les taudis furent rasés en 1892. Le parc est aujourd'hui le seul espace vert de Chinatown.

## Eldridge Street Synagogue ❻

12 Eldridge St. **Plan** 5 A5. *219-0888.* M *E Broadway.* ***Ouv.*** *du lun. au jeu. sur rdv uniquement. au coucher du soleil le ven., à partir de 10h le sam.* ***Entrée payante*** *tél. pour les horaires.*

Lorsque ce lieu de culte fut construit par des ashkenazes orthodoxes en 1887, il s'agissait du temple le plus somptueux des environs. Mais de nombreux immigrants juifs, qui ne considéraient Lower East Side que comme la première étape d'une vie nouvelle, quittèrent ultérieurement l'immense synagogue. Dans les années 1930, ce sanctuaire orné de vitraux, de chandeliers de cuivre et de délicates sculptures ferma ses portes. Trois décennies plus tard, un groupe de citoyens entreprit de réunir des fonds en vue de sa restauration, qui est actuellement en cours. Une brève présentation audiovisuelle retrace l'histoire de la synagogue et de sa rénovation. Bien que laissée à l'abandon des années durant, la façade, où l'on décèle des influences romanes, gothiques et mauresques, demeure fort impressionnante. À l'intérieur, l'arche italienne sculptée à la main et le balcon de bois ouvragé suffisent à percevoir ce qui fit la gloire de cet édifice.

## Lower East Side Tenement Museum ❼

90 Orchard St. **Plan** 5 A4. *431-0233.* M *Delancey, Grand St.* ***Ouv.*** *pour uniquement à 13h, 14h et 15h du mar. au dim. ; à 11h et 16h15 le sam. et le dim..* ***F.*** *1er janv, Thanksgiving, 25 déc.* ***Entrée payante*** ***Conférences, films, vidéos.***

**Voiture de marchand des quatre-saisons (1890), exposée au musée**

L'intérieur de l'édifice reconstitue les appartements à différentes époques : fin des années 1870, 1916, 1918 et 1935. Jusqu'en 1879, aucune loi ne régissait les conditions de vie des *tenements* (pièces sans fenêtres, lavabos et toilettes sur le palier, peu de conduit d'aération), et les occupants vivaient dans des conditions d'insalubrité déplorables. Le musée propose des expositions et des diaporamas sur le thème de l'immigration, et d'excellentes visites guidées dans le quartier.

## Orchard Street ❽

**Plan** 5 A3. *Delancey, Grand St.*
*Voir* ***Shopping*** *p. 312.*

Des immigrants juifs fondèrent l'industrie de l'habillement à Orchard Street, qui doit son nom aux vergers *(orchards)* qui s'étendaient sur le domaine colonial de James de Lancey. Pendant des années, la rue fut encombrée de charrettes à bras, chargées d'articles dont une bonne partie étaient fabriqués dans les taudis du quartier. Les charrettes ont disparu depuis longtemps, et tous les commerçants ne sont pas juifs, mais l'ambiance a subsisté et les boutiques ferment toujours le samedi, jour du sabbat. Le dimanche, jour du marché en plein air, les acheteurs se pressent de Houston à Canal Streets, à la recherche de bonnes affaires dans l'un ou l'autre des 300 magasins du quartier.

**Peinture murale à Bialystoker Synagogue**

## Bialystoker Synagogue ❾

7–11 Willett St. **Plan** 5 C4.
*475-0165.* *Essex St.*
*Services fréquents.*

Ce lieu de culte de style fédéral, édifié en 1826, était à l'origine l'église méthodiste de Willett Street. Rachetée en 1905 par des immigrants juifs de la province polonaise de Bialystok, l'édifice fut transformé en synagogue (c'est pourquoi elle est orientée vers l'ouest, et non vers l'est, comme le voudrait la tradition). L'intérieur, magnifique, se signale par ses vitraux, son arche de bois sculpté et ses peintures murales figurant les signes du zodiaque et des vues de la Terre sainte.

**Le marché aux légumes de Canal Street**

## Delancey Street ❿

**Plan** 5 C4. *Essex St.*
*Voir* ***Shopping*** *p. 312.*

Jadis boulevard des plus majestueux, Delancey Street n'est aujourd'hui guère plus qu'une voie d'accès au Williambsburg Bridge. Cette rue doit son nom à James de Lancey, dont la ferme était située dans les environs à l'époque coloniale. Demeuré loyal à George II durant la révolution, Lancey s'enfuit en Angleterre à la fin de la guerre d'Indépendance, avant que ses biens ne soient saisis. La plupart des magasins de cette rue, qui fut une prestigieuse artère commerçante, sont aujourd'hui quelque peu délabrés, mais l'on y peut encore faire l'acquisition d'un authentique chapeau melon (ou d'un véritable Stetson), à la Buranelli Hat Company (au n° 101).

## Schapiro's Winery ⓫

126 Rivington St. **Plan** 5 B3. *674-4404.* *Essex St.* ***Ouv.*** *de 11h à 17h du lun. au jeu., de 10h à 17h le dim.* ***F.*** *fêtes juives et le ven.* ***Entrée payante.*** *le dim. toutes les heures, réserver à l'avance.*

Fondé en 1899, à l'intention des immigrants juifs qui pouvaient ainsi disposer de vins kascher, Schapiro's a survécu à la Prohibition, à la crise de 1929 et à la diminution du nombre des résidents juifs du quartier. Le propriétaire affirme que l'établissement existera encore quand ses petits-enfants auront eux-mêmes des petits-enfants ! Schapiro's produit aujourd'hui 32 vins différents. Si le pressage s'effectue maintenant dans le nord de l'État de New York, la fermentation et la mise en bouteilles sont encore assurées sur place. Il est possible d'assister à ces opérations dans le cadre de brèves visites guidées, après quoi l'on peut déguster des vins liquoreux, dont la tradition veut que l'on puisse presque « les couper au couteau ».
Au n° 150 de Rivington Street, chez Streit's Matzoh, les

**Vin kascher chez Schapiro's**

visiteurs peuvent voir les pains azymes frais parvenir derrière le comptoir sur des tapis roulants.

## Puck Building ⓬

295–309 Lafayette St. **Plan** 4 F3. Ⓜ *Lafayette.* ***Ouvert*** *au public aux heures de bureau.* ☎ *274-8900.*

**La statue de Puck, dans le coin nord-est du building du même nom**

Cette curiosité architecturale, construite en 1885 par Albert et Herman Wagner, est inspirée du Rundbogenstil allemand, style du XIXᵉ siècle caractérisé par des bandes horizontales de fenêtres cintrées et par l'emploi habile de brique rouge moulée. Cet édifice appartient à l'histoire de l'édition new-yorkaise. Situé en bordure de l'ancien quartier des imprimeries de Manhattan, il fut de 1887 à 1916 le siège de la revue satirique *Puck*. C'était alors le plus grand bâtiment du monde consacré à la lithographie et à l'édition. Puck Building est aujourd'hui le théâtre d'élégantes soirées et de séances de photographie de mode. Les seuls liens actuels avec le mythique Puck résident dans la statue dorée qui se dresse à la hauteur du deuxième étage de l'immeuble, au coin de Mulberry et Houston Streets, et dans la version réduite qui surmonte l'entrée de Lafayette Street. À deux pas de là, des couvertures de *Puck* sont exposées chez Bars and Backbars (au 49, East Houston Street).

## Old St Patrick's Cathedral ⓭

263 Mulberry St. **Plan** 4 F3. ☎ *226-8075.* Ⓜ *Prince St.* ***Ouv.*** *tlj de 8h à 13h et de 15h30 à 18h.* ***F.*** *le mer.* ✝ *à 9h du lun. au sam., à 17h30 le sam., à 9h30 le dim., en espagnol à 11h le dim.*

La construction de la première cathédrale Saint-Patrick fut entreprise en 1809, ce qui en fait l'une des plus anciennes églises de la ville. Détruite par le feu dans les années 1860, elle fut relevée et prit alors un aspect très semblable à celui qui est aujourd'hui le sien. Lorsque l'archevêché prit la décision de transférer la cathédrale *uptown* (c'est-à-dire au nord) *(p.176-177)*, elle devint simple église de quartier. Les modifications ethniques intervenues au sein des paroissiens n'ont en rien nui à sa fréquentation. Les cryptes contiennent parmi d'autres tombes celles de l'une des familles de restaurateurs new-yorkais les plus célèbres, les Delmonico. Pierre Toussaint fut inhumé dans le cimetière adjacent, avant que sa dépouille ne fût transférée (en 1990) dans une crypte de la nouvelle cathédrale. Né esclave à Haïti en 1766, Toussaint fut amené à New York, où il fut affranchi et devint un prospère perruquier. Il se consacra ensuite aux pauvres, aux victimes du choléra et aux orphelins. Sa canonisation est actuellement envisagée.

**Old St Patrick's Cathedral**

## Engine Company n° 31 ⓮

87 Lafayette St. **Plan** 4 F3. ☎ *966-4510.* Ⓜ *Canal St.* ***F.*** *au public.*

Au XIXᵉ siècle, l'importance des casernes de pompiers était telle qu'elles étaient jugées dignes d'avoir une belle architecture. Cette caserne bâtie en 1895 est l'une des plus intéressantes réalisations de l'agence Le Brun, qui s'en était fait une spécialité. Le bâtiment, qui évoque lointainement un château de la Loire, est actuellement occupé par le Downtown Community Television Center, qui propose des cours et organise des ateliers uniquement à ses membres.

**La façade de l'Engine Company N° 31**

LIPPE
TAIB
ALLERY

# SoHo et TriBeCa

Les arts et l'architecture sont les deux axes majeurs de la transformation de ces anciens quartiers industriels. SoHo (South of Houston) était menacé de démolition dans les années 1960, quand les défenseurs du patrimoine attirèrent l'attention sur l'architecture à structure métallique *(cast-iron)* caractéristique. Dès lors, des artistes entreprirent de s'installer dans les lofts du quartier, où bientôt s'implantèrent galeries d'art, cafés et boutiques. L'augmentation des loyers ayant ensuite chassé les artistes, ceux-ci s'établirent à TriBeCa (Triangle Below Canal), dont les galeries d'art et les restaurants sont aujourd'hui très en vogue.

**Devanture d'une boulangerie à SoHo**

## Le quartier d'un coup d'œil

**Rues et bâtiments historiques**
- Haughwout Building ❶
- St Nicholas Hotel ❷
- Greene Street ❸
- Singer Building ❹
- Harrison Street ❾
- White Street ❿

**Musées et galeries d'art**
- Guggenheim Museum SoHo ❺
- Museum for African Art ❼
- New Museum of Contemporary Art ❻
- New York City Fire Museum ❽

### Comment y aller ?

Métro : lignes D ou F (6th Ave.), v. Broadway-Lafayette ; ligne 6 (Lexington Ave.), v. Bleecker St ; lignes N ou R v. Prince St Pour Canal St, lignes 1 ou 9 (7th Ave./Broadway) ; lignes A, C ou E (8th Ave) ; lignes 4, 5, 6, N ou R (Lexington Ave.). Bus : M1, M6, M21 Houston St (transversal).

***Voir également :***


- ***Atlas des rues,*** plan 4
- ***Balade dans SoHo*** p. 260
- ***Restaurants*** p. 290-292


0 — 500 mètres
0 — 500 yards

**Légende**
- Plan du quartier pas à pas
- M Station de métro

**Façades métalliques de Greene Street**

# Le quartier de SoHo pas à pas

La plus grande concentration mondiale d'architecture à façade de fonte *(p. 40-41)* subsiste dans le quartier compris entre Canal et Houston Streets. Au cœur de ce quartier, Greene Street comprend 50 bâtiments élevés entre 1869 et 1895. Les façades richement ouvragées, produites en série dans des fonderies, sont aujourd'hui des œuvres rares d'art industriel, bien en accord avec le caractère du quartier.

**West Broadway** se caractérise dans la traversée de SoHo par une architecture remarquable et un chapelet de galeries d'art prestigieuses, dont Charles Cowles, Hirsch & Adler, Sonnabend, Leo Castelli et Mary Boon *(p. 324)*.

**Zona,** au n° 97 Greene Street, propose des articles décoratifs fort originaux.

**Un hôte de Enchanted Forest**

Comme le laisse supposer son nom, **Enchanted Forest** est un magasin magique, où les jouets et livres pour enfants sont vendus dans un cadre féerique *(p. 314)*.

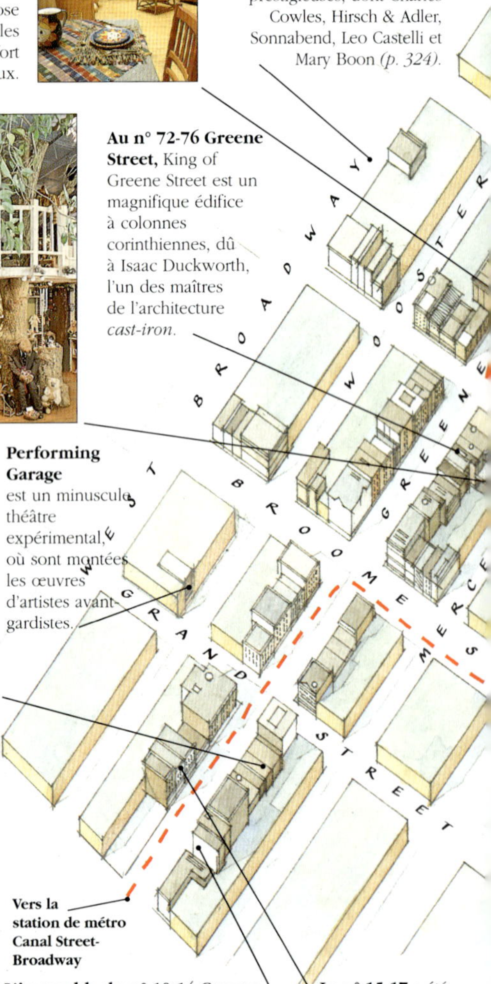


**Au n° 72-76 Greene Street,** King of Greene Street est un magnifique édifice à colonnes corinthiennes, dû à Isaac Duckworth, l'un des maîtres de l'architecture *cast-iron*.

**Performing Garage** est un minuscule théâtre expérimental, où sont montées les œuvres d'artistes avant-gardistes.

**Vers la station de métro Canal Street-Broadway**

★ **Greene Street**
*L'un des plus beaux exemples d'architecture* cast-iron *de Greene Street est sans doute le Queen, au n° 28-30, construit en 1872 par Duckworth* ❸

**L'immeuble du n° 10-14 Greene Street** date de 1869. Les disques de verre des contremarches de la terrasse métallique permettaient à la lumière d'atteindre le sous-sol.

**Le n° 15-17** a été bâti en 1895 dans un style corinthien empreint de simplicité.

**Pace Gallery** est l'une des galeries d'art installées dans un immeuble à armature de fonte de style toscan construit par Henry Fernbach *(p. 324)*.

**★ Singer Building**
*Ce superbe édifice revêtu de terre cuite fut bâti en 1904 pour le célèbre fabricant de machines à coudre* ❹

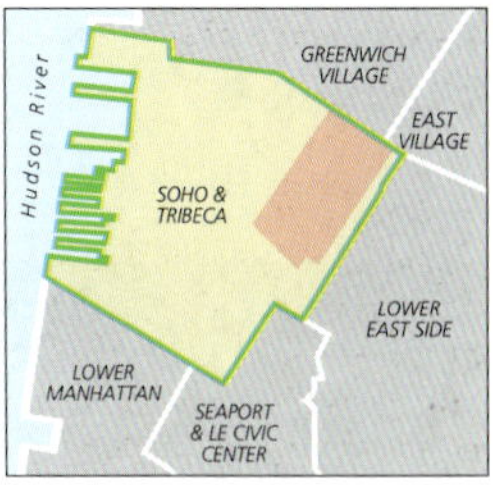


**CARTE DE SITUATION**
*Voir carte de Manhattan p. 12 -13*

**LÉGENDE**

– – – Itinéraire conseillé

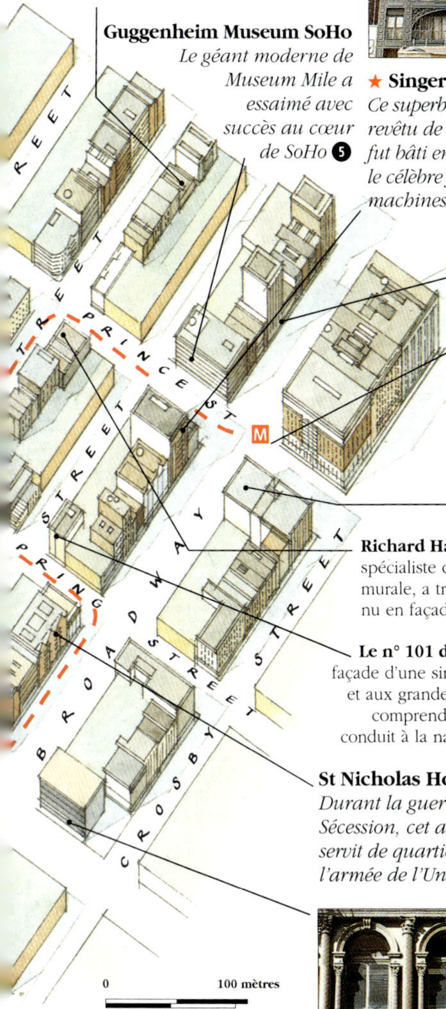


**Guggenheim Museum SoHo**
*Le géant moderne de Museum Mile a essaimé avec succès au cœur de SoHo* ❺

**New Museum of Contemporary Art**
*Ce musée veut montrer le travail innovateur d'artistes vivants* ❻

**Station de métro de Prince Street (lignes N et R)**

**Dean & DeLuca** est l'une des meilleures épiceries fines de New York, où l'on trouve notamment des cafés du monde entier *(p. 326)*.

**Richard Haas,** prolifique spécialiste de la peinture murale, a transformé un mur nu en façade de fonte.

**Le n° 101 de Spring Street,** à la façade d'une simplicité géométrique et aux grandes fenêtres, permet de comprendre comment ce style a conduit à la naissance du gratte-ciel.

**St Nicholas Hotel**
*Durant la guerre de Sécession, cet ancien hôtel servit de quartier général à l'armée de l'Union* ❷

**Haughwout Building**
*En 1857, c'est dans cet ancien grand magasin que fut installé le premier ascenseur Otis* ❶

0 100 mètres
0 100 yards

**À NE PAS MANQUER :**

**★ Singer Building**

**★ Greene Street**

## Haughwout Building ❶

88–92 Broadway. **Plan** 4 E4.
M *Canal St.*

**La façade de Haughwout Building**

Cet immeuble à structure et façade de fonte fut bâti en 1857 pour le fabricant de porcelaine, fournisseur de la Maison-Blanche, E.V. Haughwout. Malgré la crasse, la façade est superbe : des rangées de fenêtres sont encadrées d'arches reposant sur des colonnes flanquées de pilastres de plus grande taille. La production industrielle se traduit par une répétition des motifs. Cet immeuble fut le premier à être doté d'un ascenseur Otis (mû par une machine à vapeur).

## St Nicholas Hotel ❷

521–23 Broadway. **Plan** 4 E4.
M *Prince St.*

Le parlementaire anglais W.E. Baxter, qui séjourna à New York en 1854, écrivit au sujet du St Nicholas Hotel récemment inauguré : « Tous les tapis sont en velours de pure laine… les rideaux sont de soie ou de damas… les broderies des moustiquaires pourraient elles-mêmes être présentées à des membres de la famille royale. » Il n'est donc pas étonnant que la construction ait coûté plus d'un million de dollars (mais les bénéfices furent dès la première année supérieurs à cinquante mille dollars). Lors de la guerre de Sécession, l'armée de l'Union en fit un quartier général. Plus tard, les hôtels de qualité s'installèrent *uptown* (au nord) dans le quartier des théâtres. Au milieu des années 1870, il dut fermer ses portes. Il suffit aujourd'hui de lever les yeux pour distinguer dans la façade du bâtiment les vestiges de son opulence passée.

**St Nicholas Hotel à l'apogée de sa gloire**

## Greene Street ❸

**Plan** 4 E4. M *Canal St.*

**Trompe-l'œil de Haas**

Au long d'une chaussée pavée, cinq pâtés de maisons construits de 1869 à 1895 constituent le cœur du quartier *cast-iron*. Le *block* qui s'étend entre Broome et Spring Streets comprend 13 façades entièrement en fonte ; du n° 8 au n° 34 s'étire la plus longue rangée d'immeubles à structure de fonte du monde. King of Greene Street est situé du n° 72 au n° 76, mais c'est pourtant Queen (du n° 28 au n° 30) qui est considérée comme le plus bel exemple de cette architecture *cast-iron*. Si certains immeubles sont particulièrement remarquables, c'est tout l'ensemble du paysage de la rue qui vaut d'être apprécié. On pourra pénétrer dans l'une ou l'autre des galeries d'art pour admirer de superbes volumes intérieurs. Au croisement de Greene et Prince Streets, le peintre Richard Haas a réalisé un magnifique trompe-l'œil, qui transforme un mur de brique en façade de fonte.

## Singer Building ❹

561–3 Broadway. **Plan** 4 E3.
M *Prince St.*

Le « petit » Singer Building, bâti en 1904, est le deuxième édifice du même nom conçu par Ernest Flagg : la plupart des critiques le considèrent comme plus réussi que la tour de 41 étages jadis située au bas de Broadway (détruite en 1967). Cet immeuble est joliment décoré de balcons de fer forgé et d'élégantes arches peintes en vert foncé. La façade de terre cuite, de verre et d'acier annonce les murailles de verre et de métal des années 1940 et 1950. Cet immeuble accueillit des bureaux et des entrepôts de la célèbre firme Singer, dont le nom est moulé dans la fonte à l'entrée du magasin de Prince Street.

**Une ancienne machine à coudre électrique Singer**

## Guggenheim Museum SoHo ❺

575 Broadway. **Plan** 4 E3. ☎ *423-3600.* Ⓜ *Prince St.* ***Ouv.*** *10h-18h dim.-mer., 10h-20h le ven. et le sam.* ***Entrée payante.***

Ce spectaculaire musée conçu par l'architecte Arata Isozake a ouvert ses portes en 1992, pour présenter des expositions complémentaires de celles du Guggenheim Museum *(p. 186).*

## New Museum of Contemporary Art ❻

583 Broadway. **Plan** 4 E3. ☎ *219-1222* Ⓜ *Prince St.* ***Ouv.*** *12h-18h mer., dim., 12h-20h le jeu., ven. et sam.* ***Entrée payante*** ***Conférences, séances de lecture.***

***Les Enfants de Dijon*, de Christian Boltanski, New Museum**

Marcia Tucker quitta en 1977 son poste de conservateur au Whitney Museum pour fonder ce musée. Les travaux de Jeff Koons et de John Cage, notamment, firent l'objet de spectacles thématiques, alliant peinture, sculpture et performances. Tucker présente des travaux absents des musées plus traditionnels.

## Museum for African Art ❼

593 Broadway. **Plan** 4 E3 ☎ *966-1313.* Ⓜ *Prince St.* ***Ouv.*** *10h30-17h30 mar.-ven., 12h-18h sam., dim.* ***Entrée payante.***

L'un des deux seuls musées consacrés à l'art africain, ses galeries ont été décorées par Maya Lin, créateur du mémorial des Vétérans du Vietnam. Les expositions temporaires de grande qualité font souvent le tour des principaux musées d'Amérique et de l'étranger. Le musée propose aussi des conférences, des représentations musicales et de danse et possède un excellent magasin.

**Pompe à incendie hippomobile à vapeur *La France* (1901)**

## New York City Fire Museum ❼

278 Spring St. **Plan** 4 D4. ☎ *691-1303.* Ⓜ *Spring St.* ***Ouv.*** *de 10h à 16h du mar. au dim.* ***Entrée payante.***

Les superbes collections municipales d'équipement de lutte contre le feu sont présentées dans une caserne de pompiers de style Beaux-Arts datant de 1904. À l'étage, des voitures et des pompes sont alignées pour un défilé très fin de siècle. Des expositions spéciales sont parfois organisées.

## Harrison Street ❽

**Plan** 4 D5. Ⓜ *Chambers St.*

Entouré d'immeubles élevés, cet alignement de huit maisons de ville de style fédéral restaurées avec leurs toits inclinés et leurs lucarnes distinctives ressemble à un décor de théâtre.

Ces maisons furent bâties à la fin du XVIIIe siècle et au début du XIXe.

Deux d'entre elles, dessinées par John McComb Jr., premier grand architecte new-yorkais d'origine américaine, ont été transplantées depuis Washington Street, leur emplacement d'origine pour des raisons de conservation.

Ces maisons employées comme entrepôts étaient sur le point d'être rasées quand, en 1969, la Commission des sites intervint afin de trouver les fonds pour les mettre à l'abri et les faire restaurer. Elles appartiennent aujourd'hui à des propriétaires privés.

Au-delà des gratte-ciel s'étend Washington Market Park, qui occupe l'ancien site d'un marché de gros transféré dans le Bronx au début des années 1970.

## White Street ❾

**Plan** 4 E5. Ⓜ *Franklin St.*

Sans être aussi belle que celle de certains des *blocks* de SoHo, l'architecture *cast-iron* de TriBeCa permet aux visiteurs d'admirer une palette de styles très étendue. L'immeuble du n° 2 présente des caractéristiques du style fédéral et un toit à deux pentes d'un genre fort rare, très différent du toit mansardé du n° 17 (The Alternative Museum). Le n° 8-10, conçu en 1869 par Henry Fernbach, présente des arches et colonnes toscanes. C'est un bon exemple d'architecture néo-Renaissance avec des étages supérieurs de moindres dimensions construits pour donner l'impression que le bâtiment est encore plus élevé qu'il n'est réellement.

**La galerie Let There Be Neon**

QUITTING SMOKING NOW GREATLY REDUCES SERIOUS HEALTH RISKS
EXCEPT DELIVERIES THIS BLOCK
HERITAGE OF PRIDE PRESENTS
PRIDE
9A
WEST SIDE HWY
Vacations — Call any Travel Agent
7 AV SOUTH
CHRISTOPHER ST
ONE WAY
ONE WAY
VILLAGE CIGARS
VILLAGE CIGARS
VILLAGE CIGARS
110 7 AVE SO.
PIPES
UMBRELLAS
BOOKS
STATIONERY
Christopher Station Downtown
1 9
Marlboro

# Greenwich Village

Les New-Yorkais l'appellent simplement « le Village ». Ce fut effectivement un village rural, où les citadins vinrent se réfugier lors de l'épidémie de fièvre jaune de 1822.

**Enseigne d'un club de jazz sur West 3rd St.**

Le plan tortueux de ses rues, qui reflète l'ancien tracé des parcelles et des cours d'eau, ne put être mis en conformité avec le plan en damier de la ville, aussi le quartier demeure-t-il une sorte d'enclave, un havre de bohème qui au fil de son histoire a accueilli peintres et écrivains. Aujourd'hui apprécié des gays, il s'est cependant embourgeoisé et les non-conformistes ont désormais tendance à lui préférer East Village, où les loyers sont moins élevés.

## Le quartier d'un coup d'œil

**Rues et bâtiments historiques**
St Luke's Place ❶
nos 75 1/2 Bedford Street ❷
Isaacs-Hendricks House ❸
Grove Court ❹
Jefferson Market Courthouse ❻
Patchin Place ❼
Salmagundi Club ❾
Washington Mews ⓬
New York University ⓭

**Musées et galeries d'art**
Forbes Magazine Building ❽

**Églises**
First Presbyterian Church ❿
Church of the Ascension ⓫
Judson Memorial Church ⓮

**Parcs, squares et places**
Sheridan Square ❺
Washington Square ⓯

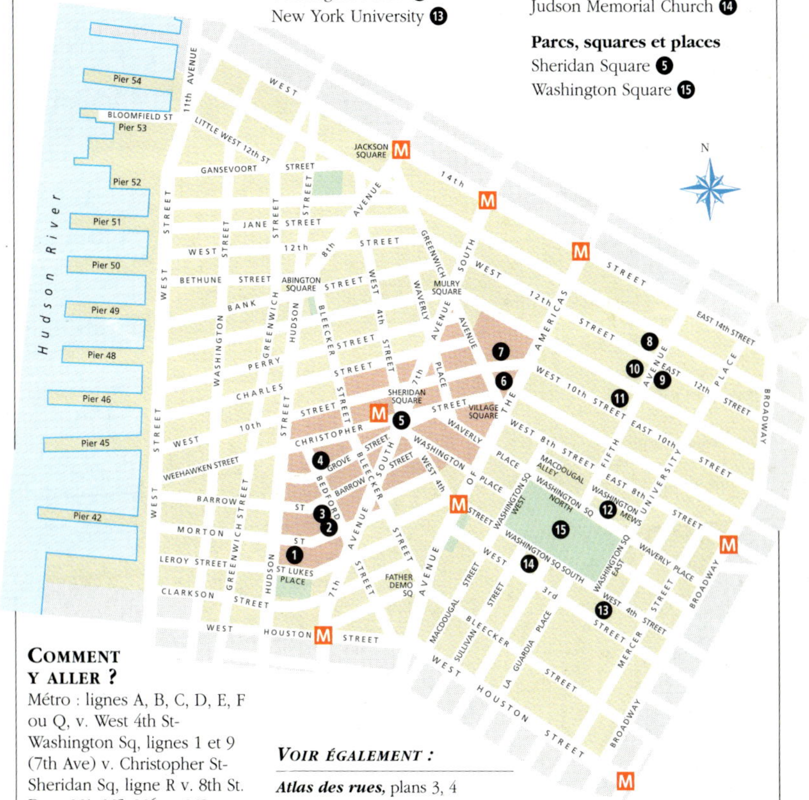


### Comment y aller ?

Métro : lignes A, B, C, D, E, F ou Q, v. West 4th St-Washington Sq, lignes 1 et 9 (7th Ave) v. Christopher St-Sheridan Sq, ligne R v. 8th St. Bus : M1, M5, M6 ou M8 (transversal).

0 500 mètres
0 500 yards

*Voir également :*

***Atlas des rues,*** plans 3, 4

***Balade dans le Village*** p. 260-261

***Hébergement*** p. 274-275

***Restaurants*** p. 290-292

**Légende**

Plan du quartier pas à pas

Station de métro

**Enseignes publicitaires au carrefour de Christopher Street et Seventh Avenue South**

# Greenwich Village pas à pas

Une promenade dans les rues du « Village » réserve toujours d'agréables surprises : jolies maisons, allées secrètes ou cours verdoyantes. L'architecture souvent désordonnée est bien en accord avec l'ambiance bohème du quartier. De nombreuses célébrités, dont le dramaturge Eugene O'Neill ou l'acteur Dustin Hoffman, se sont installées dans les maisons et les appartements qui bordent les vieilles rues étroites. C'est à la nuit tombée que le Village se réveille, pour vivre au rythme de ses cafés, de ses clubs et de ses théâtres d'avant-garde.

**Le théâtre Lucille Lortel,** au 121 Christopher Street, a ouvert ses portes en 1955. La première pièce jouée fut *L'Opéra de quat' sous.*

**Christopher Street,** point de rencontre de la communauté gay, est bordée de multiples boutiques, bars et librairies.

**Twin Peaks,** au n° 102 Bedford Street, fut une maison ordinaire, construite en 1830. En 1926, elle fut transformée par l'architecte Clifford Daily afin d'accueillir peintres, écrivains et acteurs car il la jugeait propice à l'épanouissement de la créativité artistique.

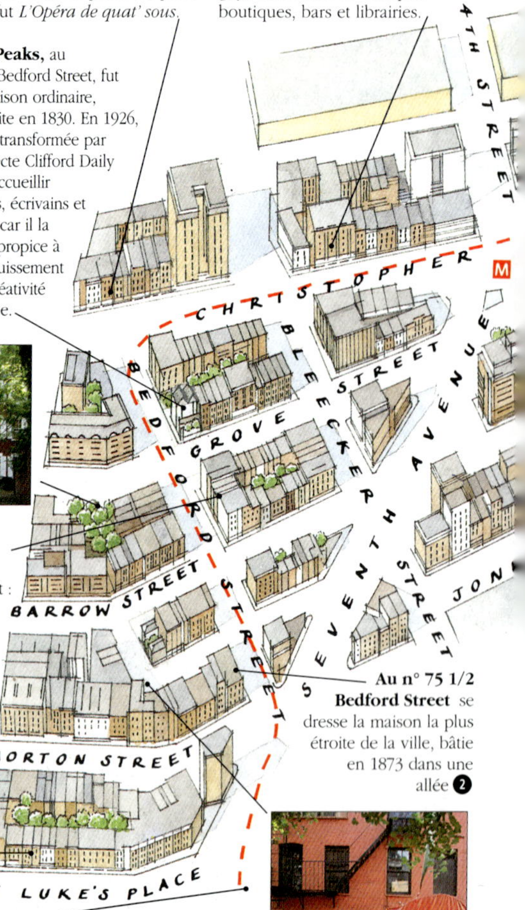

**Grove Court**
*Six maisons bâties en 1853-1854 sont implantées au fond d'une paisible cour verdoyante* ❹

**Chumley's,** au n° 86 Bedford Street *(p. 309)*, fut un *speakeasy* avant d'être un restaurant. Il a conservé son goût du secret : seul le menu affiché permet de l'identifier.

**Au n° 75 1/2 Bedford Street** se dresse la maison la plus étroite de la ville, bâtie en 1873 dans une allée ❷

★ **St Luke's Place**
*Ce bel alignement de maisons de style italianisant fut édifié vers 1850* ❶

**Vers la station de métro de Houston Street**

**Cherry Lane Theater,** fut fondé en 1924 dans ce qui était à l'origine une brasserie. Il fut l'un des premiers théâtres en dehors de Broadway.

**Patchin Place** fut construit en 1848 pour loger le personnel du Brevoort Hotel. Cet immeuble fut ensuite occupé par des écrivains célèbres des années 1920 et 1930, dont le poète E. Cummings ❼

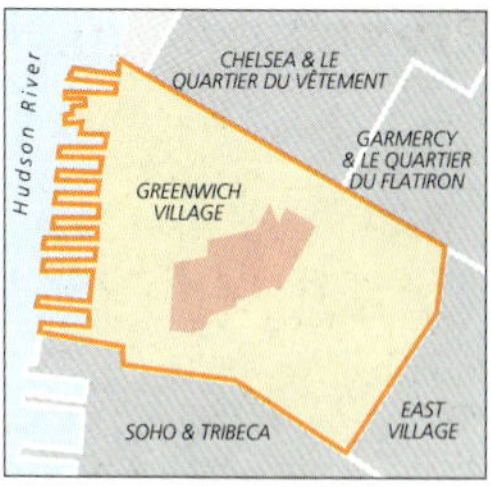


**CARTE DE SITUATION**

*Voir carte de Manhattan p. 12-13*

**À NE PAS MANQUER :**

- ★ **St Luke's Place**
- ★ **Jefferson Market Courthouse**

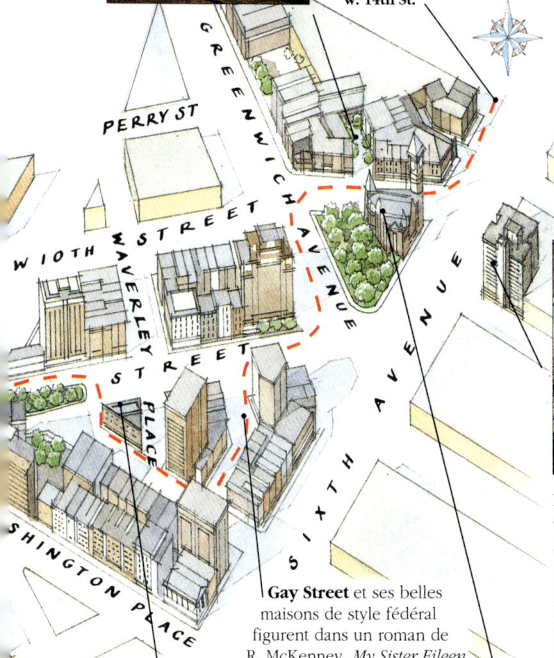


**Vers la station de métro W. 14th St.**

**Balducci's** (*p. 327*), où officient toujours trois générations d'une même famille, est l'une des meilleures épiceries de la ville, spécialisée dans les produits italiens.

**Gay Street** et ses belles maisons de style fédéral figurent dans un roman de R. McKenney, *My Sister Eileen*.

**LÉGENDE**

Itinéraire conseillé

0 100 mètres

0 100 yards

**Vers la station de métro de West 4th Street**

**Northern Dispensary** soigne gratuitement les indigents depuis 1827. Edgar Allan Poe y fut traité pour un rhume.

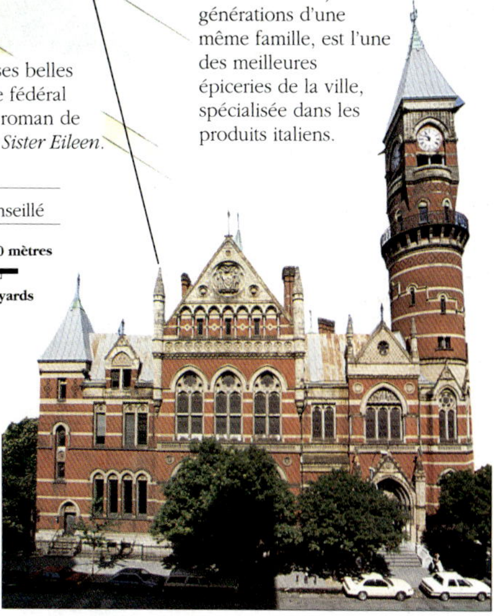

★ **Jefferson Market Courthouse**

*Transformé en bibliothèque, cet édifice construit en 1877 fut élu « cinquième plus beau bâtiment des États-Unis ». Il resta à l'abandon pendant plus de vingt ans avant d'être restauré en 1967* ❻

Maisons sur St Luke's Place

## St Luke's Place ❶

**Plan** 3 C3. Ⓜ *Houston St.*

Un alignement de quinze belles maisons datant des années 1850 borde le côté nord de cette rue. Le parc qui leur fait face a reçu le nom d'un ancien résident de St Luke's Place, le fringant Jimmy Walker, maire de la ville de 1926 à 1932, qui dut démissionner à la suite d'un scandale financier. Devant le n° 6 se dressent les réverbères qui à New York permettent d'identifier la demeure d'un maire de la ville. La maison la plus célèbre est celle qui porte le n° 10, présentée à la télévision, dans *The Cosby Show*, en tant que demeure de la famille Huxtable. C'est également dans cette rue que fut tourné le film *Wait Until Dark*, dans lequel Audrey Hepburn interprétait une jeune aveugle vivant au n° 4. Theodore Dreiser habitait au n° 16 lorsqu'il rédigea *An American Tragedy* (d'autres gens de lettres, dont la poétesse Marianne Moore, vécurent également dans cette rue). À un *block* de distance, vers le nord, le carrefour de Hudson et Morton Streets est situé là où se trouvait il y a 3 siècles la rive de Hudson River.

Mayor's lamp au n° 6

## N° 75½ Bedford Street ❷

**Plan** 3 C2. Ⓜ *Houston St.* ***Fermé** au public.*

La maison la plus étroite de New York, large de 2,90 m, fut bâtie en 1893 dans un ancien passage. La poétesse Edna Saint Vincent Millay y vécut brièvement, tout comme les acteurs John Barrymore puis Cary Grant. Cette maison sur trois niveaux a été rénovée récemment et est indiquée par une plaque. À deux pas de là, au n° 38 Commerce Street, Miss Millay fonda en 1924 le théâtre de Cherry Lane, où sont encore créées des œuvres de jeunes auteurs, et qui connut son heure de gloire dans les années 1960 avec *Godspell*.

Un cottage de Bedford Place

## Isaacs-Hendricks House ❸

77 Bedford Street. **Plan** 3 C2.
Ⓜ *Houston St.* ***Fermé au public.***

Cette maison construite en 1799 est la plus ancienne subsistant dans le Village. Les vieux murs de bardeaux sont encore visibles sur l'arrière et les côtés ; la brique et le deuxième étage ont été ajoutés ultérieurement. Le premier propriétaire, John Isaacs, acquit le terrain en 1794 pour 295 dollars. Vint ensuite Harmon Hendricks, marchand de cuivre et associé du révolutionnaire Paul Revere ; il eut pour client Robert Fulton, qui utilisait le cuivre pour les chaudières de ses bateaux à vapeur.

Isaacs-Hendricks House

## Grove Court ❹

**Plan** 3 C2. Ⓜ *Christopher St-Sheridan Sq.*

Un épicier entreprenant du nom de Samuel Cocks décida de la construction de cet ensemble de six maisons de ville enchâssées dans un tournant que décrit la rue. Cocks escomptait que les habitants du terrain auparavant vacant situé entre les nos 10 et 12 de Grove Street viendraient grossir la clientèle de son magasin du n° 18. Les *courts* résidentielles, aujourd'hui fort prisées, étaient en 1854 jugées peu respectables, ce qui valut à Grove Court d'être initialement fort mal fréquentée. En 1902, O. Henry fit de ce pâté de maisons le cadre de son roman *The Last Leaf*.

Maisons de ville du milieu du XIXe siècle à Grove Court

## Sheridan Square ❺

**Plan** 3 C2. **M** *Christopher St-Sheridan Sq.*

C'est là le cœur du Village, formé par le regroupement de 7 rues en un labyrinthe qui s'attira le sobriquet de « souricière ». La place porte le nom du général Philip Sheridan, qui s'illustra lors de la guerre de Sécession et devint en 1883 commandant en chef de l'US Army. Sa statue se dresse non loin de là, dans Christopher Park. En 1863, des émeutiers en révolte contre le service militaire tentèrent de lyncher des esclaves affranchis sur la place. Plus d'un siècle plus tard, un autre épisode violent eut lieu : malgré l'interdiction qui frappait

**Sheridan Square**

les lieux de réunion homosexuels, Stonewall Inn, sur Christopher Street, était un bar resté ouvert au prix du versement de pots-de-vin à la police. Le 28 juin 1969, les clients se rebellèrent contre cet état de fait : à l'issue de la bataille rangée qui s'ensuivit, les policiers se barricadèrent pendant des heures à l'intérieur de l'établissement, sous les huées de la foule massée à l'extérieur. Cet événement fut perçu comme une victoire morale par le jeune mouvement pour la reconnaissance des droits des homosexuels. Depuis, le Village est resté un haut lieu de la communauté gay new-yorkaise, qui organise chaque année un défilé tonitruant et bariolé, à l'occasion de Halloween *(p. 52)*.

**La statue du général Sheridan à Christopher Park**

**La tour de « Old Jeff »**

## Jefferson Market Courthouse ❻

425 6th Ave. **Plan** 4 D1. ☎ *243-4334.* **M** *W 4th St-Washington Sq.* **Ouv.** *de 10h à 18h le lun., de midi à 18h le mar. et le ven., de 12h à 20h le mer. et de 10h à 17h le jeu. et le sam.* **F.** *le dim. et j.f.* ♿

« Old Jeff », qui est l'un des édifices fétiches du Village, a échappé aux démolisseurs pour être transformé en annexe de la New York Public Library, à la suite d'une campagne animée qui s'ouvrit lors d'une fête de Noël à la fin des années 1950.

Le site, qui devint un marché en 1833, reçut le nom de l'ancien président des États-Unis Thomas Jefferson. Sa tour abritait une énorme cloche qui retentissait en cas d'incendie pour alerter les pompiers volontaires du quartier. En 1865, la création du corps municipal des sapeurs-pompiers rendit la cloche inutile ; le palais de justice de Jefferson Market qui fut alors construit, fut désigné comme l'un des dix plus beaux édifices du pays. La cloche fut installée dans sa tour. C'est là qu'en 1906 Harry Thaw fut jugé pour le meurtre de Stanford White *(p. 124)*. En 1945, le marché avait déménagé, le tribunal était désaffecté, l'horloge était arrêtée et le bâtiment menaçait ruine. Dans les années 1950, des défenseurs du patrimoine luttèrent pour obtenir la restauration de l'horloge, puis celle de l'édifice tout entier. L'architecte Giorgio Cavaglieri a préservé nombre des détails originels, dont les vitraux et un bel escalier en colimaçon.

**Une façade et un ailante de Patchin Place**

## Patchin Place ❼

W 10th St. **Plan** 4 D1. **M** *W 4th St-Washington Sq.*

Ce minuscule pâté de petites demeures bordé d'ailantes plantés « pour régénérer l'atmosphère » est l'un des nombreux recoins de charme du Village. Ces maisons furent construites au milieu du XIXe siècle pour loger les serveurs basques d'un grand hôtel de la 5e Avenue, Brevoort. Plus tard, de nombreux écrivains célèbres vinrent y habiter. Le poète E. Cummings vécut au n° 4 de 1923 jusqu'à sa mort en 1962. Le poète anglais John Masefield résida également dans l'une de ces maisons, tout comme le dramaturge Eugene O'Neill, ou encore John Reed, dont le témoignage sur la Révolution russe, *Les Dix Jours qui ébranlèrent le monde*, fut porté à l'écran par Warren Beatty, sous le titre de *Reds*.

**Jouet mécanique appartenant à la Forbes Collection**

## Forbes Building and Galleries ❽

62 5th Ave. **Plan** 4 E1. *206-5548.* *14th St-Union Sq.* ***Musée d'art ouv.*** *de 10h à 16h le mar., mer., ven., sam.(horaires variables). Poussettes interdites.* *Jeu.*

D'aucuns jugent pompeux ce cube de grès conçu en 1925 par Carrère & Hastings, qui fut d'abord le siège de la maison d'édition MacMillan. Lorsque celle-ci déménagea uptown, Malcom Forbes y installa sa revue financière *Forbes*. Forbes Magazine Galleries illustrent la diversité des goûts de Forbes ; y sont notamment exposés des œufs créés par Fabergé pour le dernier tsar de Russie, plus de 500 maquettes de bateaux anciennes, 12 000 petits soldats, et un exemplaire signé de la main d'Abraham Lincoln du *Discours de Gettysburg*, ainsi que de nombreux tableaux français et américains, d'inspiration militaire pour la plupart.

## Salmagundi Club ❾

47 5th Ave. **Plan** 4 E1. *255-7740.* *14th St-Union Sq.* ***Ouv.*** *de 8h30 à minuit du lun. au ven. ; de 8h à 17h le sam. ; de 12 h à 17h le dim.*

Ce club d'artistes, le plus ancien du pays, occupe le dernier hôtel particulier du bas de la 5e Avenue. Construit en 1853 pour Irad Hawley, il est le siège de l'American Artists' Professional League, celui de l'American Watercolor Society et celui de la Greenwich Village Society for Historic Preservation. Le club doit son nom à la revue satirique créée par W. Irving, *The Salmagundi Papers*. Fondé en 1871, il s'installa dans ces locaux en 1917. À l'occasion d'expositions, l'intérieur, datant de la fin du XIXe siècle, est ouvert au public.

**Salmagundi Club**

## First Presbyterian Church ❿

5th Ave, 12th St. **Plan** 4 D1. *675-6150* *7th Ave-Union Sq.* ***Ouv.*** *de 12h15 à 12h45 lun., mer., ven. et de 11h à 13h30 le dim.*

Cette église néo-gothique fut érigée en 1846 par Joseph C. Wells. Elle a pour caractéristique principale une tour en grès brun ou *brownstone*. Le nom de tous les pasteurs depuis 1716 est gravé sur des plaques de bois, sur l'autel. Le transept sud, dû à McKim, Mead & White, a été ajouté en 1893. La clôture de fer et de bois, construite en 1844, a été restaurée en 1981.

## Church of the Ascension ⓫

5th Ave, 10th St. **Plan** 4 E1. *254-8620.* *14th St-Union Sq.* ***Ouv.*** *de 12h à 14h de 17h à 19h tlj.* *18h tlj, 9h, 11h et 18h le dim.* *(interdit lors des services).*

**Church of the Ascension**

Cette église de style néo-gothique fut construite en 1840-1841 par Richard Upjohn, architecte de Trinity Church. L'intérieur fut remanié en 1888 par Stanford White. Une peinture murale de John La Farge, *L'Ascension*, domine l'autel. Le clocher est illuminé la nuit, ce qui permet d'admirer les vitraux, dont certains sont également l'œuvre de La Farge. C'est dans cette église qu'en 1844 le président John Tyler épousa Julia Gardiner, qui habitait Colonnade Row *(p.118)*.

## Washington Mews ⓬

Washington Sq N/E 8th St **Plan** 4 E2. *W 4th St.*

Ces anciennes écuries furent transformées vers 1900. La partie sud fut ajoutée en 1939. Gertrude Vanderbilt Whitney, fondatrice du Whitney Museum, y vécut et y travailla. Au coin de University Place se dresse la maison de la France, qui se consacre à la défense de la culture française (par le biais de films, de conférences et de cours).

## New York University 13

Washington Sq. **Plan** 4 E2.
*998-1212.* M *W 4th St.* ***Ouv.*** *de 8h30 à 20h du lun. au ven.*

Initialement baptisée University of the City of New York, NYU fut créée en 1831 pour faire pendant à Episcopalian Columbia University. C'est aujourd'hui la plus grande université privée américaine, qui occupe plusieurs *blocks* autour de Washington Square. La construction des premiers bâtiments, à Waverly Place, fut à l'origine d'émeutes provoquées en 1833 par la corporation des tailleurs de pierre, protestant contre l'emploi de détenus à la taille des pierres. La Garde nationale dut intervenir pour rétablir l'ordre. Ce bâtiment originel n'existe plus, mais l'on peut voir un monument comprenant un fragment de la tour sur un piédestal encastré dans le trottoir à Washington Square South. Cet édifice vit naître le télégraphe de Samuel Morse, le premier portrait photographique de John W. Draper et le pistolet à 6 coups de Samuel Colt. Brown Building (à Washington Place, près de Greene Street) était jadis occupé par la Triangle Shirtwaist Company ; en 1911, la mort de 146 ouvriers dans l'incendie du bâtiment conduisit à l'adoption d'une nouvelle législation du travail.

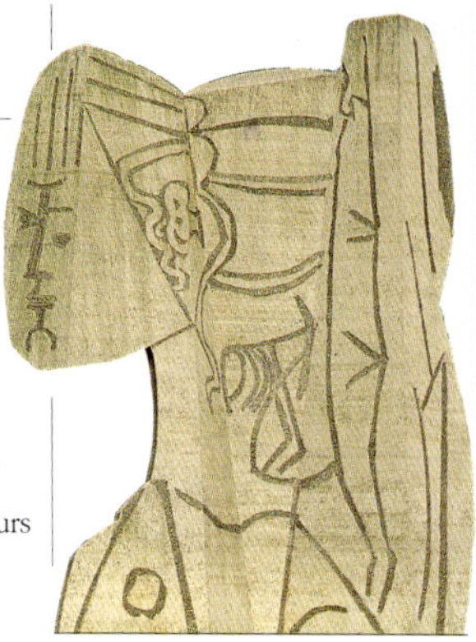

***Le Buste de Sylvette,* par Picasso, entre Bleecker et West Houston Streets.**

## Judson Memorial Church 14

55 Washington Sq S. **Plan** 4 D2.
*477-0351.* M *W 4th St.*
***Ouv.*** *de 10h à 13h, de 14h à 18h du lun. au ven.* ✝ *dim. à 11h.*

Cette église construite en 1892 par McKim, Mead & White est un imposant édifice roman orné de vitraux de John La Farge. Conçue par Stanford White, elle doit son nom au premier missionnaire américain à avoir été envoyé en terre étrangère, Adoniram Judson, qui servit en Birmanie en 1811. Une copie de sa traduction de la Bible en birman fut insérée dans la pierre angulaire lors de la consécration de l'église.

Plus que par son architecture, cette église est remarquable par l'esprit qui y souffle. Judson Memorial joue depuis longtemps un rôle social actif, aux plans local et international, dans des domaines aussi divers que la lutte contre le sida ou l'action en faveur du désarmement mondial.

**L'arc de triomphe de Washington Square**

## Washington Square 15

**Plan** 4 D2. M *W 4th St.*

Washington Square, qui est aujourd'hui l'une des places les plus animées de New York, était jadis un marécage parcouru par un paisible ruisseau. À la fin du XVIII^e^ siècle, le secteur avait été transformé en cimetière : lorsque les travaux de création du parc commencèrent, quelque dix mille squelettes furent exhumés. La place fut un temps le pré carré des duellistes, puis des pendaisons y eurent lieu en public jusqu'en 1819. L'« orme des pendaisons » se dresse toujours dans le coin nord-ouest de la place. En 1826, le marais fut asséché et le ruisseau détourné sous terre. Il y coule toujours : son cours est indiqué par un petit panonceau apposé sur une fontaine à l'entrée du n° 2 de la 5^e^ Avenue. Un arc de triomphe en marbre, dû à Stanford White et achevé en 1895, remplace un monument antérieur en bois, érigé à l'occasion du centenaire de l'accession de Washington à la présidence. En 1916, un groupe d'artistes conduit par Marcel Duchamp et John Sloan gagna le sommet de l'arc pour proclamer la naissance de l'État de Nouvelle-Bohême, « République libre et indépendante de Washington Square ». De l'autre côté de la rue, The Row, aujourd'hui intégré à NYU, eut jadis pour occupants les plus éminentes familles de New York. La famille Delano, les écrivains Edith Wharton, Henry James et John Dos Passos y vécurent, tout comme le peintre Edward Hopper. Le n° 8 fut la résidence officielle du maire. Étudiants et promeneurs fréquentent assidûment le parc, ainsi que quelques dealers – mais dans la journée la sécurité y est assurée.

**Fenêtre à l'angle de 4th West Street et Washington Square**

# East Village

Peter Stuyvesant possédait un domaine campagnard dans East Village. Au XIX$^{e}$ siècle, les Astor et les Vanderbilt y vécurent ; mais vers 1900, la haute société se déplaça vers le nord et fut remplacée par des immigrants. Irlandais, Allemands, juifs, Polonais, Ukrainiens et Porto-Ricains y ont laissé leur empreinte sous la forme d'églises, de monuments… ou de restaurants (qui sont parmi les plus variés et les moins chers de New York). Dans les années 1960, le niveau peu élevé des loyers attira la Beat Generation, puis les punks succédèrent aux hippies. Les clubs et les théâtres du quartier continuent de refléter les dernières tendances. Astor Place est le lieu de rencontre favori des étudiants de NYU et du collège Cooper Union. À l'est s'étend Alphabet City, quartier délabré défini par les Avenues A, B, C et D.

**Mosaïque ornant la façade de St Georges's Ukrainian Catholic Church**

## Le quartier d'un coup d'œil

**Rues et bâtiments historiques**
Cooper Union ❶
Colonnade Row ❸
Bayard-Condict Building ❽

**Musées et galeries d'art**
Old Merchant's House ❹

**Églises**
St Mark's-in-the-Bowery Church ❺
Grace Church ❻

**Parcs, squares et places**
Tompkins Square ❼

**Théâtres célèbres**
Public Theater ❷

***Voir également :***


- ***Atlas des rues***, plans 4, 5
- ***Hébergement*** p. 274-275
- ***Restaurants*** p. 290-292


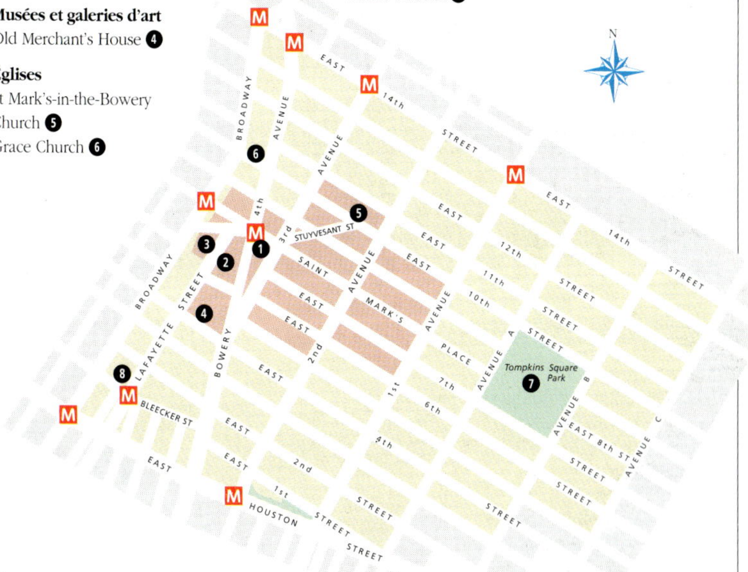


## Comment y aller ?

Métro : ligne 6 (Lexington Ave.), v. Astor Place. Bus : M15, M101/102, M8 (transversal).

0 500 mètres
0 500 yards

**Légende**
Plan du quartier pas à pas
Station de métro

**Bas-relief néo-gothique de la façade de Grace Church**

**L'intérieur de McSorley's Old Ale House**

# East Village pas à pas

À l'angle des actuelles 10th et Stuyvesant Streets se dressait jadis la maison de campagne de Peter Stuyvesant. Ayant hérité de la majeure partie du domaine, son petit-fils (qui portait le même nom) y fit tracer des rues en 1787. Les hauts lieux du quartier historique de St Mark sont St Mark's-in-the-Bowery Church, la maison Stuyvesant-Fish et la demeure de Nicholas Stuyvesant (1795). De nombreuses autres maisons, bâties entre 1871 et 1890, ont conservé maints détails architecturaux d'origine.

**Astor Place** fut en 1849 le théâtre de graves émeutes, après que l'acteur anglais William Macready, qui jouait *Hamlet* à l'Astor Place Opera House, eut critiqué l'acteur américain Edwin Forrest. Les admirateurs de ce dernier s'étant soulevés, la répression qui s'ensuivit fit 34 morts.

**Station de métro Astor Place (ligne 6)**

**Alamo**, est un cube d'acier de Bernard Rosenthal, de 4,50 m de côté, qui pivote lorsqu'on le pousse.

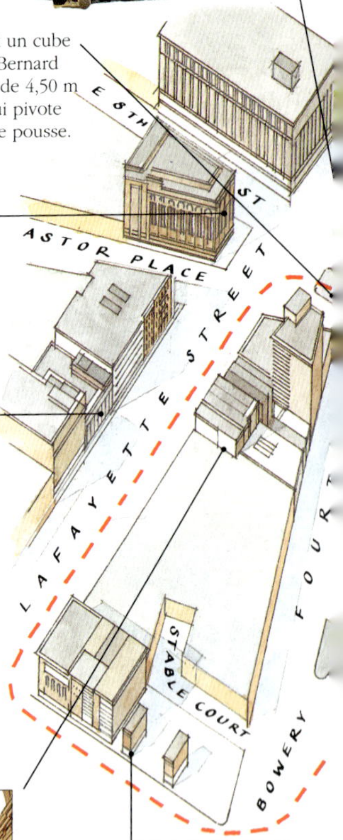

**Colonnade Row**

*Aujourd'hui délabré, cet alignement jadis somptueux comptait neuf maisons (il n'en reste que quatre) unifiées par une façade unique. Le marbre des colonnes fut extrait par des détenus de Sing Sing* ❸

**Public Theater**

*En 1965, à l'instigation de Joseph Papp, la Ville racheta Astor Library (1849) pour la transformer en théâtre. À l'issue des travaux de restauration, de nombreuses pièces célèbres y furent créées.*

★ **Old Merchant's House**

*Ce musée abrite une intéressante collection de mobilier américain* ❹

**À NE PAS MANQUER :**

★ **Cooper Union**

★ **Old Merchant's House**

★ **Cooper Union**
*Fondé en 1859 par le self-made man Peter Cooper, ce collège universitaire privé dispense un enseignement gratuit* ❶

**St Mark's-in-the-Bowery Church**
*Cette église fut édifiée en 1799, le clocher a été ajouté en 1828* ❺

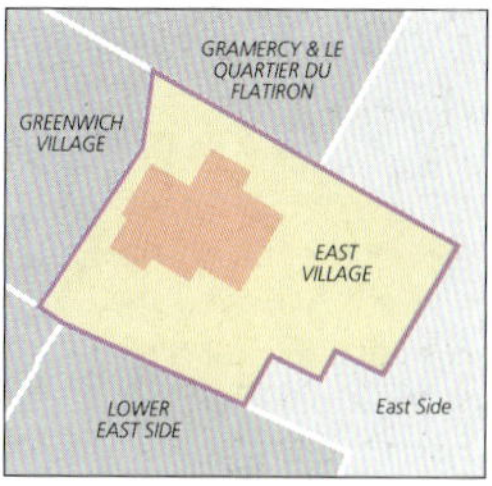


**Carte de situation**
*Voir carte de Manhattan p. 12-13*

**Stuyvesant-Fish House** (1803-1804), construite en brique, est un exemple classique de demeure de style fédéral.

**Renwick Triangle** est un ensemble de seize maisons bâties en 1861 dans un style anglo-italien.

**Stuyvesant Polyclinic** fut fondée en 1857 sous le nom de German Dispensary. Cette clinique se signale par sa façade ornée des bustes de médecins et savants célèbres.

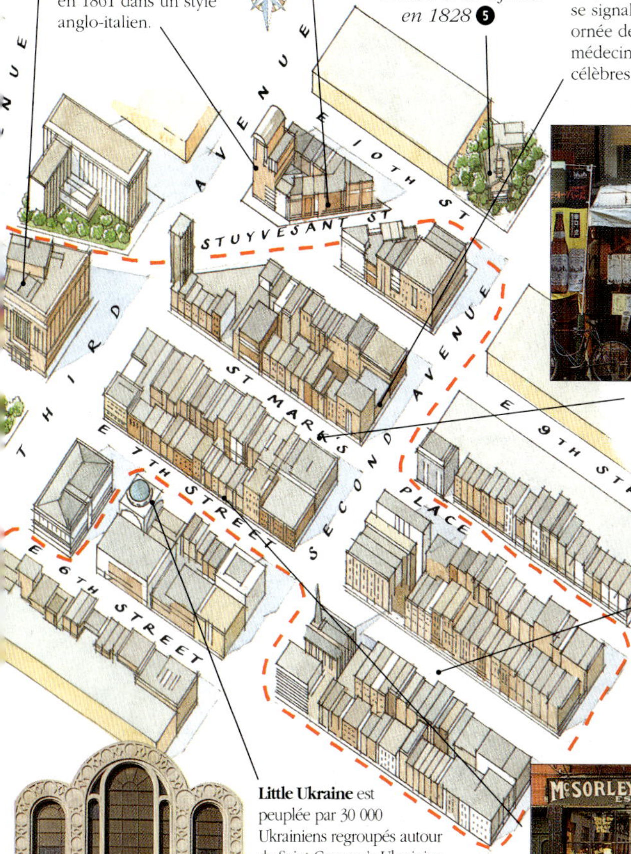

**St Mark's Place** fut un haut lieu de la culture hippy. Des magasins « branchés » occupent nombre des sous-sols de cette rue.

**Little India** permet de voyager en Inde à prix modique, au gré des restaurants indiens alignés sur le côté sud de la 6e Rue Est.

**Little Ukraine** est peuplée par 30 000 Ukrainiens regroupés autour de Saint Georges's Ukrainian Catholic Church.

**LÉGENDE**

Itinéraire conseillé

0 100 mètres

0 100 yards

**McSorley's Old Ale House** continue de brasser sa propre bière, servie dans un cadre apparemment inchangé depuis 1854 *(p. 309)*.

**Le grand hall de Cooper Union, où s'exprima Abraham Lincoln**

## Cooper Union ❶

30 Cooper Square. **Plan** 4 F2. *353-4100* *Astor Pl.* ***Ouv.*** *sur rdv, ou pour conférences et concerts dans Great Hall.* ***F.*** *de juin à août et j.f.*

Peter Cooper, riche industriel qui construisit la première locomotive à vapeur américaine, les premiers rails d'acier, et fut associé à la mise en place du premier câble transatlantique, n'avait pas fait d'études. Pour assurer l'éducation des enfants défavorisés, il fonda le premier collège privé gratuit, mixte et non-confessionnel de New York. Aujourd'hui, la concurrence est rude pour y entrer. L'immeuble de cinq étages, rénové en 1974, fut le premier à être construit autour d'une armature d'acier (faite des rails de Cooper). Le grand hall fut inauguré en 1859 par Mark Twain ; l'année suivante, Lincoln y prononça son célèbre discours « Le droit fait la Force ».

## Public Theater ❷

425 Lafayette St. **Plan** 4 F2. *260-2400 (bureau de location).* *Astor Pl.* *Voir aussi* ***Se distraire*** *p. 333.*

Ce grand édifice de brique rouge et de grès brun, siège de la compagnie du New York Shakespeare Festival, fut construit en 1849 sous le nom d'Astor Library (première bibliothèque publique gratuite de la ville). En 1965, alors que le bâtiment était menacé de démolition, Joseph Papp, fondateur du Shakespeare Festival, obtint que la Ville le rachetât pour en faire le siège de sa compagnie. Les travaux de rénovation furent entrepris en 1967. Une grande partie de l'intérieur a été préservée lors de la transformation en six salles de théâtre. Les œuvres qui y sont mises en scène sont surtout à caractère expérimental, mais le Public Theater a aussi vu la création de comédies musicales telles que *Hair* ou *A Chorus Line* (qui allait ensuite remporter un succès sans précédent à Broadway).

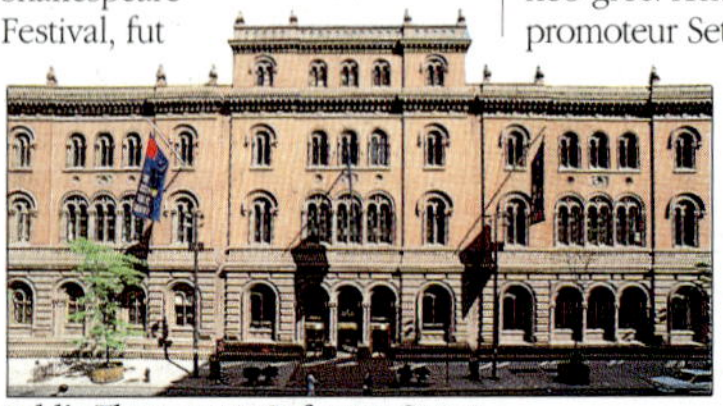

**Public Theater, sur Lafayette Street**

## Colonnade Row ❸

428–434 Lafayette St. **Plan** 4 F2. *Astor Pl.* ***F.*** *au public.*

Les colonnes corinthiennes alignées sur la façade de ces quatre maisons sont le seul vestige de ce qui fut une magnifique rangée de neuf maisons de ville dans le style néo-grec. Achevé en 1833 par le promoteur Seth Geer, Colonnade Row fut qualifié de « Folie de Geer » par les sceptiques qui jugeaient impossible que quiconque fût prêt à s'installer aussi loin à l'est. Ils se trompaient, comme le montra l'installation dans ces maisons de citoyens aussi éminents que John Jacob Astor et Cornelius Vanderbilt. L'écrivain W. Irving, y vécut aussi, tout comme les grands romanciers anglais William Thackeray et Charles Dickens. Cinq maisons furent rasées au début du XX$^{e}$ siècle pour céder la place à un garage. Celles qui ont subsisté sont hélas délabrées.

## Old Merchant's House ❹

29 E 4th St. **Plan** 4 F2. *777-1089* *Astor Pl.* ***Ouv.*** *de 13h à 16h du dim. au jeu. et sur rdv.* ***Entrée payante.*** *flash interdit* ***Conférences***

**Ce poêle de fonte est depuis le XIX$^{e}$ siècle dans la cuisine de Old Merchant's House**

Cette remarquable maison de ville de style néo-grec semble presque incongrue dans son *block* de East Village. Elle a conservé son aspect d'origine, tout comme le mobilier, la décoration et les objets de la famille qui y vécut pendant près d'un siècle. Bâtie en 1832, elle fut achetée en 1835 par un riche commerçant, Seabury Tredwell, et demeura propriété familiale jusqu'à la mort de sa fille Gertrude en 1933. Celle-ci avait préservé la maison de son père en l'état, et un parent en fit un musée en 1936. Les somptueux salons du rez-de-chaussée illustrent l'aisance dans laquelle vivaient les gros commerçants new-yorkais au XIX$^{e}$ siècle.

## St Mark's-in-the-Bowery Church ❺

131 E 10th St. **Plan** 4 F1. *674-6377.* *Astor Pl.* ***Ouv.*** *de 8h30 à 16h du lun. au ven.* *à 10h30 le dim.*

Cette église épiscopalienne datant de 1799 fut bâtie sur le site d'une église construite en 1660 sur le domaine de la *bowerie* (ou ferme) du gouverneur Peter Stuyvesant. Celui-ci y est inhumé, aux côtés de sept générations de ses descendants et de nombreux notables new-yorkais. La mémoire du poète W.H. Auden, qui fut l'un des paroissiens, y est également célébrée. En 1878, un macabre enlèvement fut perpétré dans le cimetière : la dépouille du magnat de la distribution A.T. Stewart fut exhumée, les ravisseurs exigeant vingt mille dollars pour la restituer. Le presbytère du 232 East 11th Street, édifié en 1900, est une œuvre peu connue d'Ernest Flagg, qui allait connaître la notoriété grâce au Singer Building *(p. 104)*.

## Grace Church ❻

802 Broadway. **Plan** 4 F1. *254-2000.* *Astor Pl.* ***Ouv.*** *de 10h à 17h30 du lun. au ven., de 12h à 16h le sam.* ***F.*** *les j.f.* *à 7h30 du lun. au ven., à 18h le mer. et à. 9h, 11h, 18h le dim.* ***Concerts***.

Grace Church est visible de très loin, car elle est implantée dans un virage de Broadway (un propriétaire s'était opposé à ce que l'artère traverse son verger !). James Renwick Jr., architecte de St Patrick's Cathedral, n'avait que 23 ans lorsqu'il dessina cette église considérée comme sa plus grande réussite. Les gracieuses lignes néo-gothiques de cet édifice sont en accord avec son nom. L'intérieur est tout aussi beau, orné de vitraux préraphaélites et d'un superbe sol en mosaïque. L'on craignait que la flèche de marbre qui en 1888 remplaça le clocher de bois ne fût trop lourde pour l'édifice : elle s'est effectivement inclinée depuis lors. La paix et la sérénité qui émanent de cette église furent brièvement rompues en 1863 par le chahut qui accompagna le mariage d'un célèbre nain, le « général Tom Pouce », mariage organisé par Ph. Barnum.

Tom Pouce et son épouse à Grace Church

L'autel et le vitrail de Grace Church

## Tompkins Square ❼

**Plan** 5 B1. *2nd Ave, 1st Ave.*

Ce parc à l'anglaise, d'apparence fort paisible, fut pourtant le théâtre de maints événements violents. La première manifestation ouvrière des États-Unis y fut organisée en 1874. Fréquenté par les hippies dans les années soixante, il connut des émeutes sanglantes en 1991, après que la police eut essayé d'expulser les sans-abri qui l'avaient investi. Un monument se dresse dans le parc en souvenir d'une tragédie qui frappa le quartier en 1904 : la petite statue qui représente un garçon et une fillette observant un vapeur commémore l'incendie du *General Slocum*, survenu lors d'une excursion sur East River, qui fit plus de mille morts (dont une majorité de femmes et d'enfants du voisinage). De nombreux hommes, d'origine allemande pour la plupart, qui avaient perdu toute leur famille dans cette catastrophe, quittèrent alors le quartier.

## Bayard-Condict Building ❽

65 Bleecker St. **Plan** 4 F3. *Bleecker St.*

De délicates colonnes, une élégante façade en filigrane de terre cuite et de superbes corniches distinguent l'unique réalisation new-yorkaise (1898) du grand architecte de Chicago Louis Sullivan, qui eut pour disciple Frank Lloyd Wright et mourut dans la misère en 1924. Sullivan se serait opposé à l'adjonction des anges soutenant la corniche, mais il dut finalement accéder aux désirs du propriétaire. Engoncé dans un pâté d'immeubles commerciaux, Bayard-Condict Building s'apprécie mieux à distance : pour ce faire, il convient de traverser la rue et de descendre Crosby Street.

Bayard-Condict Building

# GRAMERCY ET LE QUARTIER DU FLATIRON

Gramercy Park est l'un des quatre squares tracés au XIXe siècle par des promoteurs désireux de reproduire les quartiers chic des grandes métropoles européennes. Les demeures qui entourent le parc furent construites par les meilleurs architectes new-yorkais et occupées par certaines des plus éminentes personnalités de la ville.

Jouet au Police Academy Museum

Non loin de là, boutiques de luxe et cafés à la mode gagnent le bas de la 5e Avenue, au sud du célèbre Flatiron Building.

## LE QUARTIER D'UN COUP D'ŒIL

**Rues et bâtiments historiques**
New York Life Insurance Building 2
Cour d'Appel de l'État de New York 3
Metropolitan Life Insurance Building 4
Flatiron Building 5
Ladies' Mile 6
National Arts Club 8
The Library at the Players 9
Block Beautiful 11
Con Edison Headquarters 14

**Musées et galeries d'art**
Maison natale de Theodore Roosevelt 7
Police Academy Museum 12

**Églises**
The Little Church Around the Corner 16

**Parcs, squares et places**
Madison Square 1
Gramercy Park 10
Stuyvesant Square 13
Union Square 15

*VOIR ÉGALEMENT :*

- ***Atlas des rues***, plans 8, 9
- ***Hébergement*** p. 274-275
- ***Restaurants*** p. 290-292

### COMMENT Y ALLER ?

Métro : station de 23rd St (ligne 6, Lexington Ave). Bus : M101/102 (3rd Ave), M1, M2 ou M3 (5th Ave /Madison), M26 (transversal).

0 500 mètres

0 500 yards

**LÉGENDE**

- Plan du quartier pas à pas
- M Station de métro

Détail d'une statue de Union Square

Le siège de la Consolidated Edison, de nuit

# Gramercy Park pas à pas

Bien que voisins, Gramercy Park et Madison Square semblent appartenir à deux mondes distincts. Le second, parcouru par une intense circulation automobile, est entouré d'immeubles de bureaux, mais l'architecture et les nombreuses statues le rendent digne d'intérêt. L'ancien Madison Square Garden de Stanford White s'y dressait jadis, ce qui lui valait d'être envahi par les New-Yorkais en quête de divertissement. Quant à Gramercy Park, il ne s'est jamais départi de sa dignité tranquille. Les résidences et les clubs huppés sont demeurés autour du dernier parc privé de New York, auquel seuls les riverains ont accès.

**La statue de Diane, au sommet de l'ancien Madison Square Garden**

**★ Madison Square**
*Le Knickerbocker Club, qui y pratiquait le base-ball dans les années 1840, fut le premier à codifier ce sport. Aujourd'hui, les employés de bureau déambulent entre les statues de grands hommes du XIXe siècle (dont celle de l'amiral David Farragut)* ❶

**Station de métro de la 23e Rue (lignes N et R)**

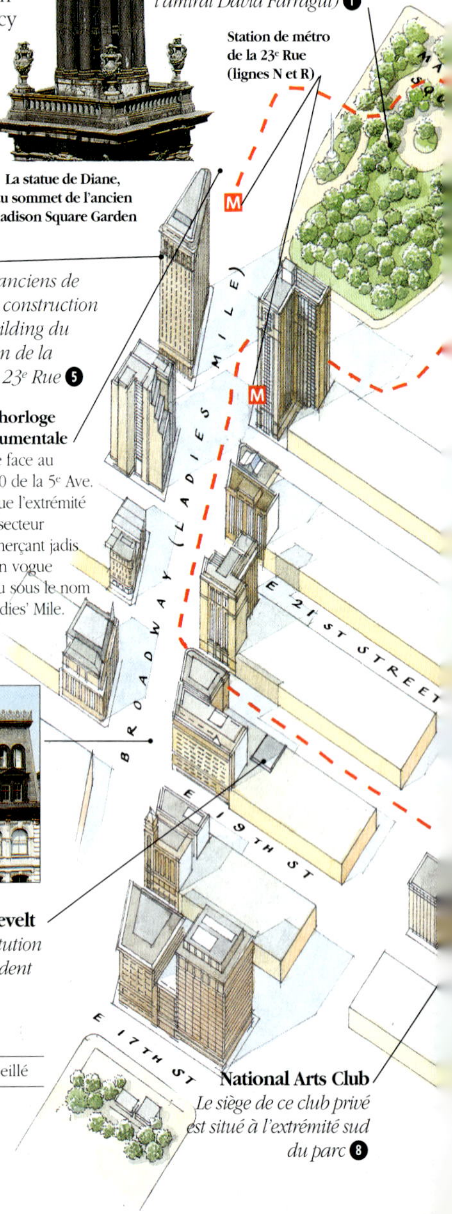

**★ Flatiron Building**
*L'un des plus célèbres gratte-ciel anciens de New York, qui détenait lors de sa construction en 1902 le titre de plus grand building du monde. Il se trouve à l'intersection de la 5e Avenue, de Broadway et de la 23e Rue* ❺

**Une horloge monumentale** située face au n° 200 de la 5e Ave. indique l'extrémité d'un secteur commerçant jadis fort en vogue connu sous le nom de Ladies' Mile.

**Ladies' Mile**
*De Union Square à Madison Square, Broadway constituait l'artère commerçante la plus prisée de New York* ❻

**Maison de Theodore Roosevelt**
*Cette maison est une reconstitution de celle où naquit le 26e président des États-Unis* ❼

**LÉGENDE**

– – – Itinéraire conseillé

0 100 mètres

0 100 yards

**National Arts Club**
*Le siège de ce club privé est situé à l'extrémité sud du parc* ❽

**Cour d'Appel**
*Ce petit édifice de marbre serait le palais de justice le plus actif du monde* ❸

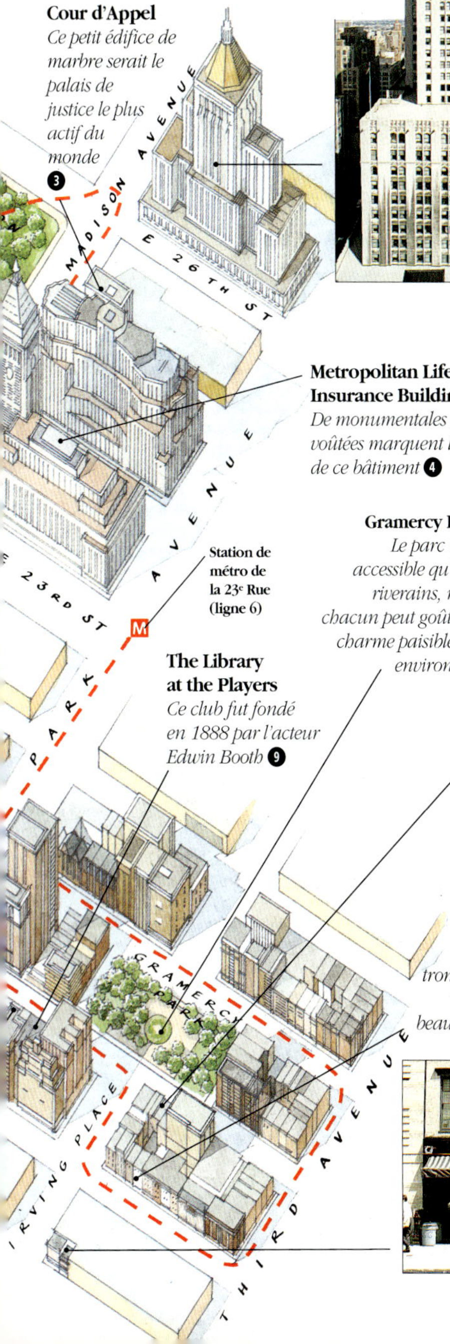

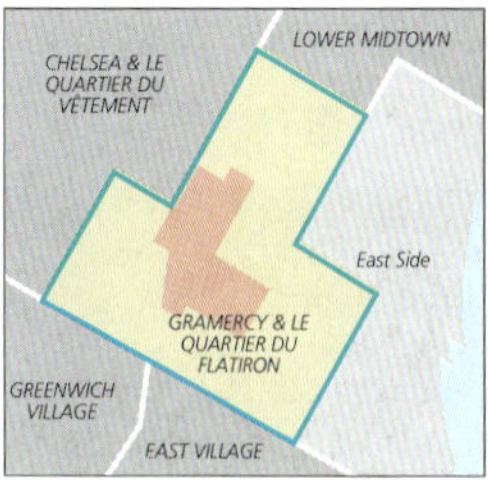


**CARTE DE SITUATION**
*Voir plan de Manhattan p. 12-13*

**New York Life Insurance Building**
*Cette spectaculaire réalisation de Cass Gilbert porte la signature de son concepteur : un sommet en pyramide* ❷

**À NE PAS MANQUER :**

- ★ **Flatiron Building**
- ★ **Madison Square**

**Metropolitan Life Insurance Building**
*De monumentales entrées voûtées marquent les angles de ce bâtiment* ❹

**Station de métro de la 23e Rue (ligne 6)**

**Gramercy Park**
*Le parc n'est accessible qu'aux riverains, mais chacun peut goûter le charme paisible des environs* ❿

**The Library at the Players**
*Ce club fut fondé en 1888 par l'acteur Edwin Booth* ❾

**Brotherhood Synagogue** fut de 1859 à 1975 un lieu d'assemblée des Quakers.

**Block Beautiful**
*Sans qu'aucune de ses constructions soit vraiment remarquable, ce tronçon planté d'arbres de la 19e Rue Est a beaucoup de charme* ⓫

**Pete's Tavern** fut inauguré en 1903. O. Henry, chroniqueur attitré de la vie new-yorkaise, rédigea *The Gift of the Magi*.

## Madison Square ❶

**Plan** 8 F4. Ⓜ *23rd St.*

**La statue de Farragut, Madison Square**

Conçu pour former le cœur d'un quartier résidentiel de luxe, ce parc devint après la guerre de Sécession un lieu de divertissement populaire, bordé par Madison Square Hotel, Madison Square Theater et Madison Square Garden. Le bras de la statue de la Liberté, portant sa torche, y fut exposé en 1884. Ce parc est principalement fréquenté par les employés des bureaux voisins, qui viennent déjeuner sur le pouce. La statue de l'amiral David Farragut (1880), due à Augustus Saint-Gaudens, repose sur un piédestal de Stanford White. Durant la guerre de Sécession, Farragut fut le héros d'une bataille navale : des allégories du Courage et de la Loyauté surgissant des flots sont sculptées sur le socle de la statue. La statue de Roscoe Conkling honore la mémoire d'un sénateur américain qui périt lors du terrible blizzard de 1888. Le mât de la Lumière éternelle, dû à Carrère & Hastings, célèbre la mémoire des soldats tombés en France lors de la Grande Guerre.

## New York Life Insurance Building ❷

51 Madison Ave. **Plan** 9 A3.
Ⓜ *28th St.* ***Ouv.*** *h. de bureau.*

Dans cet imposant building, édifié en 1928 par Cass Gilbert, l'intérieur est somptueux, orné d'énormes lustres, de portes de bronze et de lambris. Un escalier monumental mène à la station de métro ! D'autres édifices célèbres se dressèrent sur ce site : Barnum's Hippodrome, en 1874, puis le premier Madison Square Garden, inauguré en 1879, où le célèbre boxeur Jack Dempsey combattit dans les années 1880. Le second Madison Square Garden, « palais des plaisirs » conçu par Stanford White, ouvrit ses portes sur le même site en 1890. Ses brillantes soirées attirèrent aussitôt l'élite new-yorkaise, qui n'hésitait pas à payer plus de cinq cents dollars le privilège de disposer d'une loge lors du prestigieux concours hippique annuel. L'édifice présentait des arcades en rez-de-chaussée, ainsi qu'une tour inspirée de la Giralda de Séville, sur laquelle était juchée une statue dorée de Diane. La nudité de la déesse choquait les esprits vertueux, qui s'offusquèrent plus encore de la vie décadente de White et de sa mort scandaleuse : en 1906, alors qu'il assistait à une revue, il fut abattu par le milliardaire Harry Thaw, mari de l'ancienne maîtresse de White, la *girl* Evelyn Nesbit. La une de *Vanity Fair* résuma bien l'opinion générale : « Stanford White, libertin et pervers meurt comme un chien ». Le procès qui s'ensuivit fut l'occasion de révélations tapageuses concernant les mœurs dépravées de la haute société de Broadway.

**New York Life Insurance Building**

## La Cour d'appel de l'État de New York ❸

E 25th St at Madison Ave. **Plan** 9 A4.
*340 0400.* Ⓜ *23rd St.*
***Ouv.*** *de 9h à 17h du lun. au ven. audience à partir de 14h les mar., mer., jeu., à partir de 10h le ven.*
***F.*** *les j.f.*

Les appels relatifs aux affaires civiles et pénales de New York et du Bronx sont jugés dans ce tribunal, souvent considéré comme le plus actif du monde. Ce petit palais de marbre édifié en 1900 par James Brown Lord est décoré de nombreuses sculptures dont une *Justice* de Daniel Chester French, flanquée d'allégories de la *Puissance* et de l'*Étude*. En semaine, le public est invité à admirer l'intérieur de la Cour d'Appel de l'État de New York, dû aux frères Herter, et même à visiter la salle de tribunal (lorsque celui-ci n'est pas en session). Parmi d'autres détails, mentionnons les vitraux, la coupole et les peintures murales. Dans le vestibule, des expositions retracent fréquemment certaines des affaires les plus célèbres jugées ici ; on y pourrait relever les noms de Babe Ruth, Charlie Chaplin, Fred Astaire, Harry Houdini, Theodore Dreiser ou Edgar Allan Poe.

**Ces statues de la *Justice* et de l'*Étude* veillent sur la Cour d'Appel**

La tour de Metropolitan Life Insurance Building

## Metropolitan Life Insurance Building ❹

1 Madison Ave. **Plan** 9 A4. ☎ *578-2211.* Ⓜ *23rd St.* ***F.*** *au public à l'exception du hall d'entrée.*

En 1909, l'adjonction d'une tour de 210 m fit de cet édifice datant de 1893 l'immeuble le plus élevé du monde. L'énorme horloge à quatre cadrans (dont chacune des aiguilles des minutes pèse 45 kg) est illuminée la nuit, ce qui en fait un élément distinctif du paysage nocturne new-yorkais (la compagnie d'assurance avait pour devise : « La lumière qui jamais ne faiblit »). Les murs de la cafétéria étaient jadis ornés de tableaux historiques du célèbre illustrateur N.C. Wyeth (*Robin des Bois*, *L'Île au Trésor*, *Robinson Crusoé*), père du peintre Andrew Wyeth. Ces tableaux sont aujourd'hui exposés dans le hall d'entrée.

## Flatiron Building ❺

175 5th Ave. **Plan** 8 F4. Ⓜ *23rd St.* ***Ouv.*** *hdb.*

Initialement baptisé Fuller Building, du nom de la société de travaux publics qui en était propriétaire, ce building conçu par l'architecte de Chicago David Burnham était à son achèvement, en 1902, le plus élevé du monde. Construit sur une armature d'acier, il annonçait l'ère des gratte-ciel. Sa forme triangulaire lui valut d'être bientôt baptisé « Flatiron » c'est-à dire « le fer à repasser ». Parfois appelé « Folie Burnham » : d'aucuns prédisaient que les vents soulevés par ses contours le jetterait à bas. S'il a résisté à l'épreuve du temps, les vents qui soufflent dans la 23e Rue ne furent pas sans effet. Peu après l'édification du building, les hommes se pressaient aux abords pour lorgner les chevilles des jeunes femmes, dévoilées par l'envol de leurs longues jupes. Il fallut faire appel à la police pour les disperser.

La partie de la 5e Avenue qui s'étend au sud du Flatiron était jusqu'à récemment un peu à l'abandon, mais l'arrivée de boutiques chic (telles qu'Emporio Armani ou Paul Smith) lui a redonné vie et le quartier y a gagné un nouveau nom : Flatiron District.

Flatiron Building en cours de construction

## Ladies' Mile ❻

Broadway (Union Sq to Madison Sq). **Plan** 4 E1 à 8 F4. Ⓜ *14th St, 23rd St.*

Le magasin Arnold Constable

Au XIXe siècle, la grande bourgeoisie new-yorkaise faisait ses courses dans des magasins de luxe tels qu'Arnold Constable (nos 881-887) et Lord & Taylor (n° 901). Si les devantures du rez-de-chaussée sont aujourd'hui méconnaissables, les étages ont conservé une partie de leur splendeur passée.

Le président « Teddy » Roosevelt

## La maison de Theodore Roosevelt ❼

28 E 20th St. **Plan** 9 A5. ☎ *260-1616* Ⓜ *14th St-Union Sq.* ***Ouv.*** *de 9h à 17h du mer. au dim. (dernière admission : 16h).* ***F.*** *les j.f.* ***Entrée payante*** ***Conférences, concerts, films, vidéos.***

La maison où le pittoresque 26e président des États-Unis naquit et passa son enfance a été reconstruite à l'identique. Y sont exposés les jouets du jeune Teddy, tout comme des badges politiques et des emblèmes du célèbre chapeau de *rough rider* (cavalier volontaire) que portait Roosevelt lors de la guerre hispano-américaine.

**Visages de grands écrivains, en bas-relief, National Arts Club**

## National Arts Club ❽

15 Gramercy Pk S. **Plan** 9 A5. *475-3424.* *14th St-Union Sq.* ***Ouv.*** *pour expositions.*

Cette imposante *brownstone* construite par Calvert Vaux en 1881-84 fut la résidence du gouverneur Samuel Tilden, qui fit condamner William Tweed *(p. 25)* et créa une bibliothèque publique. En 1906, le National Arts Club fit l'acquisition de cet immeuble, dont il conserva les hauts plafonds et les vitraux. Ce club compta parmi ses membres quelques-uns des plus grands artistes américains de la fin du XIXe siècle et du début du XXe. À l'origine, les membres devaient faire don au club d'une peinture ou d'une sculpture : ces dons constituent la collection permanente du club, ouvert au public plusieurs fois par an à l'occasion d'expositions.

## The Library at The Players ❾

16 Gramercy Pk S. **Plan** 9 A5. *228-7610.* *14th St-Union Sq.* ***F.*** *sf groupe (réservation à l'avance).*

Cette *brownstone* fut habitée par l'acteur Edwin Booth, frère de John Wilkes Booth, l'assassin du président Lincoln. Edwin Booth la fit transformer par Stanford White en 1888, pour accueillir son club. Celui-ci s'adressait en priorité aux acteurs mais compta cependant parmi ses membres White lui-même, l'écrivain Mark Twain, l'éditeur Thomas Nast et Winston Churchill (dont la mère était née non loin de là). Une statue de Booth en Hamlet se dresse à l'angle de la rue, dans Gramercy Park.

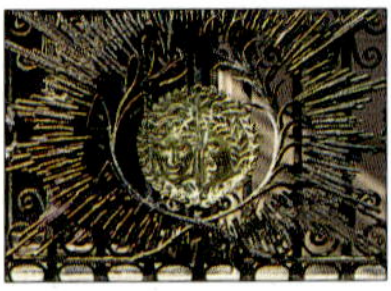

**Grille ouvragée de The Players**

## Gramercy Park ❿

**Plan** 9 A4. *23rd St.*

Gramercy Park est l'un des 4 squares tracés dans les années 1830 et 1840 pour attirer de riches résidents. C'est aujourd'hui l'unique parc privé de la ville : comme leurs devanciers, les résidents des immeubles contigus possèdent des clefs leur permettant d'y accéder. À travers les grilles de l'angle sud-est, l'on peut apercevoir la fontaine de Greg Wyatt, aux girafes bondissant autour d'un soleil souriant. Les édifices qui entourent Gramercy Park furent dessinés par certains des plus célèbres architectes new-yorkais, dont Stanford White (sa maison se dressait sur le site actuellement occupé par le Gramercy Park Hotel). Les nos 3 et 4 sont particulièrement remarquables par leurs portiques et leurs ornements de fonte. Le n° 4 se distingue par la présence de réverbères qui signalaient la demeure d'un maire de la ville (James Harper). Au n° 34 vécurent notamment le sculpteur Daniel Chester French, l'acteur James Cagney et l'imprésario de cirque John Ringling.

***Fontaine au soleil,* œuvre de Greg Wyatt, à Gramercy Park**

## Block Beautiful ⓫

E 19th St. **Plan** 9 A5. *3rd Ave, 14th St-Union Sq.*

**Façade de l'une des maisons du Block Beautiful (19e Rue Est)**

Ce pâté de maisons des années 1920 superbement restaurées et bordées d'arbres respire la tranquillité. Aucune des constructions n'est vraiment remarquable, mais l'ensemble est merveilleusement harmonieux. Au n° 132 vécurent deux actrices célèbres, Theda Bara, vedette du cinéma muet et premier sex symbol hollywoodien, et l'excellente actrice shakespearienne Mrs. Patrick Campbell, qui en 1914 créa le rôle d'Eliza Doolittle dans le *Pygmalion* de George Bernard Shaw. Parmi les nombreux détails à observer lors d'une promenade au long du *block*, noter les poteaux d'attache devant le n° 141 et les girafes en bas-relief de céramique devant les nos 147-149.

## Police Academy Museum ⓬

235 E 20th St. **Plan** 9 B4. *477-9753.* *14th St-Union Sq.* ***Ouv.*** *de 9h à 15h du lun. au ven.* ***F.*** *le sam., dim., j.f., et lors de réunions. Tél. à l'avance.*

Ce musée possède l'une des plus importantes collections d'objets liés à l'activité policière du monde. Y sont notamment exposés des registres faisant état d'opérations menées contre le trafic d'alcool lors de la Prohibition, d'extraordinaires meurtres à la hache, d'attaques de banques ou d'enlèvements. Des armes blanches et autres objets contondants côtoient une impressionnante collection d'armes à feu. L'on peut voir aussi des uniformes anciens, ainsi que tous les insignes successivement portés par la police depuis 1845. Plus inquiétante est l'exposition montrant les tragiques conséquences de la toxicomanie et du phénomène des gangs de jeunes.

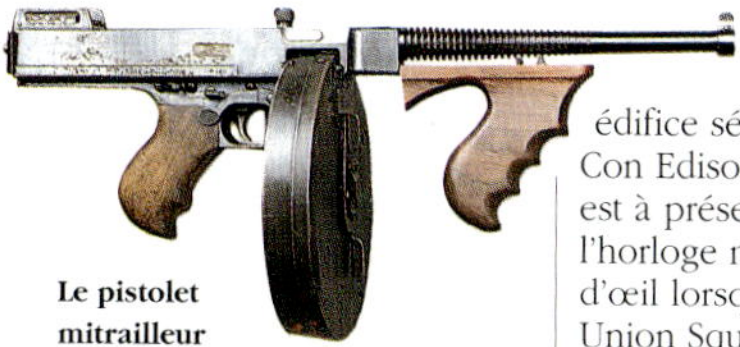

**Le pistolet mitrailleur du gangster Al Capone, Police Academy Museum**

## Stuyvesant Square ⓭

**Plan** 9 B5. *14th St-Union Sq.*

Cette oasis de verdure de part et d'autre de la 2e Avenue était au XVIIe siècle située sur le domaine de la ferme de Peter Stuyvesant. Le terrain appartenait encore à sa famille lorsque le parc fut créé, en 1836. Peter G. Stuyvesant le vendit à la ville pour la somme symbolique de 5 dollars (au grand plaisir des riverains, qui virent la valeur de leur propriété grimper). Une statue de Stuyvesant due à Gertrude Vanderbilt Whitney se dresse dans le parc, qui sépara le quartier Stuyvesant de Gas House District, moins huppé.

**Les tours de Con Edison (à dr.), Metropolitan Life et Empire State Buildings**

## Con Edison Headquarters ⓮

145 E 14th St. **Plan** 9 A5. *3rd Ave, 14th St-Union Sq.* ***F.*** *au public.*

La tour de cet édifice de 1911 est célèbre pour sa grande horloge. Moins haute que l'Empire State Building, son éclairage nocturne fait d'elle un édifice séduisant. Con Edison Energy Museum est à présent fermé, mais l'horloge mérite un coup d'œil lorsqu'on chemine vers Union Square.

## Union Square ⓯

**Plan** 9 A5. *14th St-Union Sq.* ***Marché*** *le lun., mer., ven. et le sam.*

**Le marché de Union Square**

Ce parc doit son nom au fait qu'il vint en 1839 relier Bloomingdale Road (l'actuel Broadway) à Bowery Road (4e ou Park Avenue). Plus tard, il fut surélevé en son centre pour que les rames du métro puissent passer en dessous. Union Square devint le point de ralliement des harangueurs de foules. En 1930, au plus fort de la Crise, plus de 35 000 chômeurs s'y rassemblèrent avant de marcher sur City Hall pour exiger un emploi. Des maraîchers de tout l'État de New-York viennent y vendre leurs produits.

## The Little Church Around the Corner ⓰

1 E 29th St. **Plan** 8 F3. *684-6770.* *28th St.* ***Ouv.*** *de 9h à 17h tlj.* *8h, 9h et 11h le dim.* *après la messe de 11h.* ***Conférences, concerts, récitals.***

La paisible Episcopal Church of the Transfiguration est familièrement appelée « Petite église au coin de la rue » depuis qu'en 1870 le pasteur d'une église voisine, refusant de célébrer les funérailles d'un acteur (George Holland), suggéra que le service funèbre eût lieu dans « la petite église au coin de la rue ». Le nom est resté, et depuis lors cette église est chère au cœur du monde du théâtre (Sarah Bernhardt y assista à des messes). Le vitrail du transept sud, œuvre de John La Farge, représente Edwin Booth interprétant *Hamlet*. Un autre vitrail immortalise l'exclamation de Jefferson : « Dieu bénisse la petite église au coin de la rue ! »

# Chelsea et le quartier du vêtement

Champêtre en 1750, suburbain en 1830, ce quartier devint commerçant dans les années 1870, avec l'arrivée du métro aérien *(p. 24-25)*. Music-halls et théâtres se multiplièrent au long de la 23e Rue. Dans l'ombre de l'« El », les grands magasins de Fashion Row se développèrent, pour servir les classes moyennes. Mais alors même que la mode progressait *uptown* (vers Manhattan Nord), Chelsea déclina pour devenir un quartier d'entrepôts, jusqu'à ce que la disparition du viaduc du métro permît aux New-Yorkais de redécouvrir ses charmantes maisons de ville du XIXe siècle. À la décrépitude de Chelsea répondit l'essor de Herald Square, qui accueillit le grand magasin Macy's et maintes entreprises de confection pour devenir le cœur du quartier du vêtement.

**Statue d'un ouvrier du vêtement (n° 555 7th Ave.)**

**Le bar Empire Diner, à Chelsea**

## LE QUARTIER D'UN COUP D'ŒIL

**Rues et bâtiments historiques**
*Empire State Building p. 134-135* ❷
General Post Office ❼
General Theological Seminary ⓫
Chelsea Historic District ⓬
Hugh O'Neill Dry Goods Store ⓮

**Églises**
Marble Collegiate Reformed Church ❶
St John the Baptist Church ❺

**Architecture moderne**
Madison Square Garden ❻
Jacob K. Javits Convention Center ❽
Chelsea Piers Complex, centre sportif et de divertissement ❾

**Monuments**
Worth Monument ⓯

**Parcs et Squares**
Herald Square ❸

**Hôtels et restaurants célèbres**
Empire Diner ❿
Chelsea Hotel ⓭

**Grands magasins**
Macy's ❹

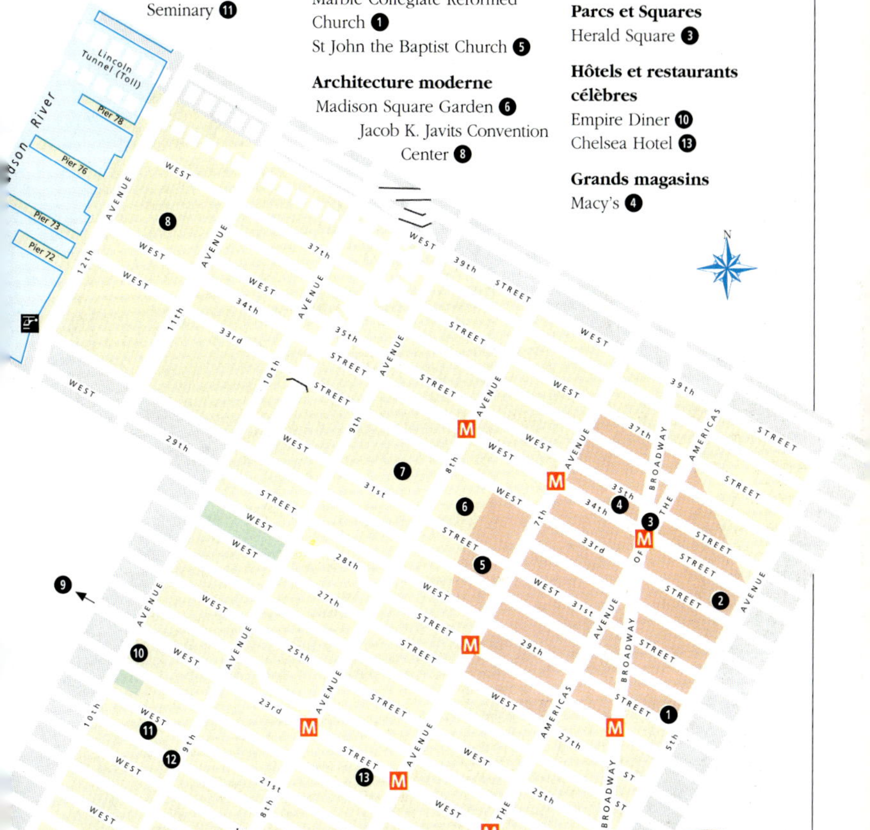

Médaillon à la gloire de la technologie (Empire State Building)

0 — 500 mètres
0 — 500 yards

### COMMENT Y ALLER ?

**Chelsea :** métro lignes 1 et 9 (7th Ave/Broadway), v. 18th St ou 23rd St ; lignes A, C et E. Bus : M10 et M11 ; bus transversal : M14 ou M23 v. 23rd St.
**Macy's :** métro lignes 1 ou 9, ou 2 et 3 (express) v. 34th St/Penn Station. Les rames de 8th Ave s'arrêtent aussi à 34th St.

### VOIR ÉGALEMENT :


- ***Atlas des rues***, plans 7-8
- ***Hébergement*** p. 274-275
- ***Restaurants*** p. 290-292


### LÉGENDE

- Plan du quartier pas à pas
- Station de métro
- Héliport

# Herald Square pas à pas

Herald Square doit son nom au journal *New York Herald*, qui y eut son siège de 1894 à 1921. Aujourd'hui dévolu au shopping, ce secteur fut à la fin du XIXe siècle l'un des plus « chauds » de New York. Après l'ouverture du grand magasin Macy's, en 1901, dancings et maisons closes furent supplantés par les entrepôts et les commerces de Garment District. Ce quartier de la confection occupe aujourd'hui les rues proches de Macy's, autour de la 7e Avenue. « l'avenue de la Mode ». À l'est, sur celle-ci, se dresse le célèbre Empire State Building : depuis l'observatoire, un somptueux panorama s'offre sur New York et ses environs.

**Fashion Avenue** (avenue de la Mode) est le nom donné à la 7e Avenue dans le secteur de la 34e Rue. Cœur de l'industrie textile new-yorkaise, les rues bourdonnent d'employés poussant des chariots de vêtements ou de fourrures.

**Manhattan Mall**, qui abritait autrefois Gimbel's, le rival de Macy's, comprend 90 magasins, 20 restaurants et un étage consacré aux vêtements d'enfants.

**Station de métro 34th St-Penn Station (lignes 1, 2, 3, 9, A, C, E)**

**Ramada Hotel Pennsylvania** est célèbre pour les big bands qui s'y produisaient dans les années 30. *Pennsylvania 6-5000*, de Glenn Miller, conféra la célébrité au numéro de téléphone de l'hôtel.

**St John the Baptist Church**
*Un chemin de croix gravé orne les murs de marbre blanc à l'intérieur de cette église* ❺

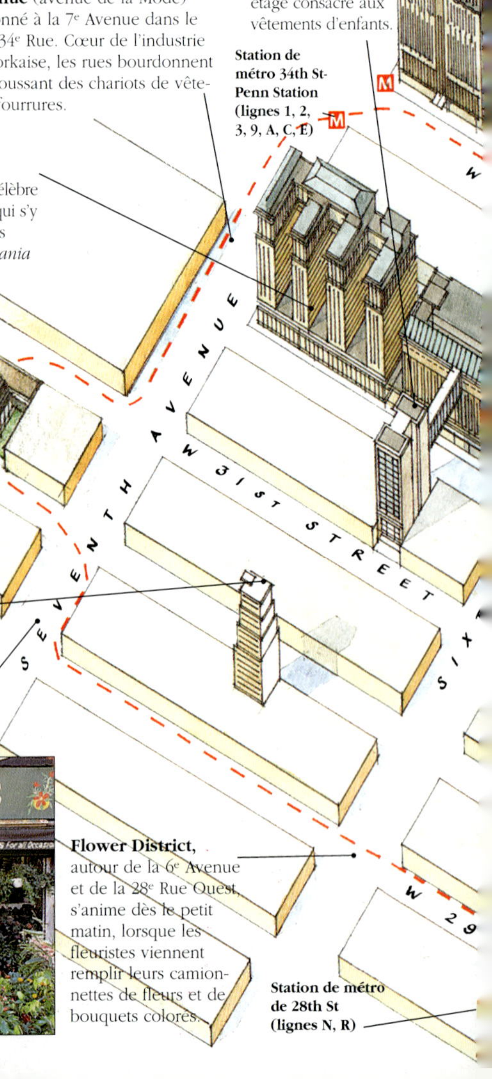


**SJM Building** se dresse au 130 de la 30e Rue Ouest. Une frise mésopotamienne court tout au long de la façade.

**Fur District** (quartier de la fourrure) est situé à l'extrémité sud du quartier du vêtement.

**Flower District**, autour de la 6e Avenue et de la 28e Rue Ouest, s'anime dès le petit matin, lorsque les fleuristes viennent remplir leurs camionnettes de fleurs et de bouquets colorés.

**Station de métro de 28th St (lignes N, R)**

★ **Macy's**
*Le plus grand des grands magasins du monde* ❹

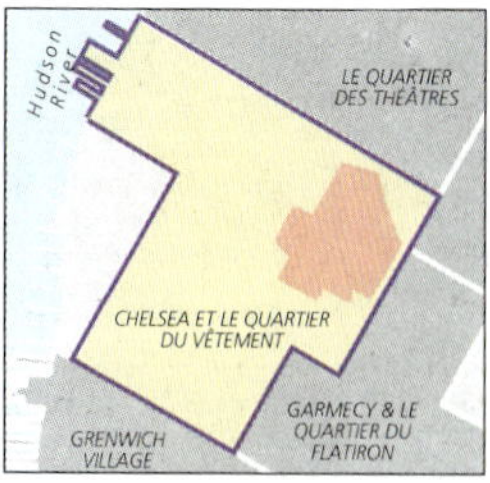


**CARTE DE SITUATION**
*Voir plan de Manhattan p. 12 - 13*

**LÉGENDE**

– – – itinéraire conseillé

0 — 100 mètres
0 — 100 yards

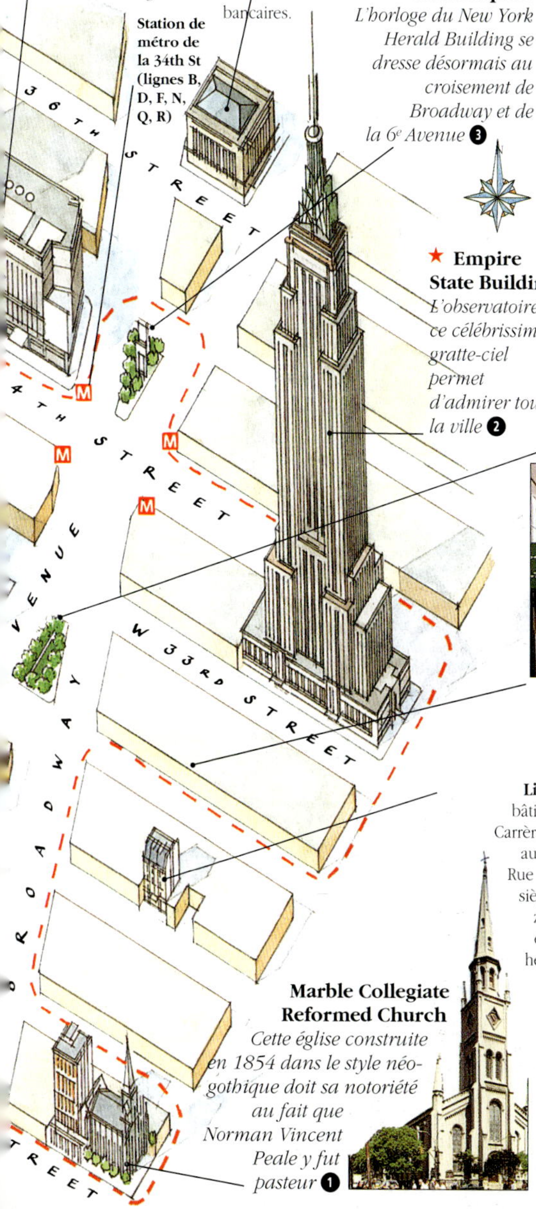


**Le siège de la Greenwich Savings Bank** (aujourd'hui Republic National Bank) est un temple grec aux énormes colonnes élevé à la gloire des activités bancaires.

**Station de métro de la 34th St (lignes B, D, F, N, Q, R)**

**Herald Square**
*L'horloge du New York Herald Building se dresse désormais au croisement de Broadway et de la 6e Avenue* ❸

★ **Empire State Building**
*L'observatoire de ce célébrissime gratte-ciel permet d'admirer toute la ville* ❷

**Greeley Square** est un simple carrefour dont le centre est occupé par une statue de Horace Greeley, fondateur du *New York Tribune*.

Dans **Little Korea** (31e et 32e Rues Ouest), outre des commerces, on trouve de nombreux restaurants coréens.

**Life Building**, bâti en 1894 par Carrère & Hastings au 19 de la 31e Rue Ouest, fut le siège du magazine *Life* (qui était alors un hebdomadaire satirique).

**Marble Collegiate Reformed Church**
*Cette église construite en 1854 dans le style néo-gothique doit sa notoriété au fait que Norman Vincent Peale y fut pasteur* ❶

**À NE PAS MANQUER :**

★ **Macy's**

★ **Empire State Building**

**Vitraux de Tiffany (Marble Collegiate Reformed Church)**

## Marble Collegiate Reformed Church ❶

1 W 29th St. **Plan** 8 F3. ☎ 686-2770. Ⓜ *28th St.* ***Ouv.*** *sur r.d.v. seulement.* ✝ *de sept. à juin : 11h15 le dim. ; de juin à sept. 10h30 le dim.* *Pdt services* ♿

Cette église est surtout connue pour son ancien pasteur, Norman Vincent Peale, auteur de *The Power of Positive Thinking*. Autre adepte de la « pensée positive », l'ex-président Richard Nixon y assista à des offices lorsqu'il était avocat (avant d'entrer à la Maison-Blanche). Cette église de marbre fut construite en 1854 : la 5e Avenue n'était alors qu'une simple route de campagne poussiéreuse, et la barrière de fonte qui entoure l'édifice avait pour objet d'empêcher le bétail d'entrer. L'intérieur d'origine, blanc et or, a été remplacé par des motifs fleurdelisés dorés sur un fond rouille. Deux vitraux de Tiffany, représentant des scènes de l'Ancien Testament, ont été mis en place en 1893.

## Empire State Building ❷

*Voir p. 134-135*

## Herald Square ❸

6th Ave. **Plan** 8 E2. Ⓜ *34th St-Penn Station. Voir* ***Boutiques*** *p. 313.*

La place, qui doit son nom au *New York Herald*, qui, de 1893 à 1921, y occupa un bel édifice flanqué d'arcades, à l'italiene, de Stanford White, fut le centre du Tenderloin District, quartier des boîtes de nuit et de la prostitution dans les années 1870 et 1880. Des théâtres, comme le Manhattan Opera House, des dancings, hôtels et restaurants ont tenu le quartier en ébullition jusqu'à ce que les autorités prennent des mesures contre l'insalubrité. Il ne reste plus du Herald Building que l'horloge ornementale Bennett, ainsi nommée en l'honneur de James Gordon Bennett J.-R., éditeur du *New York Herald*. L'Opéra fut rasé en 1901 pour la construction de Macy's, suivis de près par d'autres grands magasins faisant ainsi de Herald Square La Mecque des consom-mateurs. Herald Square fut éga-lement le site du grand magasin des frères Gimbel, qu'une farouche rivalité opposait à Macy's. (Cette rivalité fut portée à l'écran avec tendresse dans le film de Noël, *A Miracle on 34th Street*). En 1988, cet immeuble fut transformé en centre commercial à la verticalité soulignée par des néons monu-mentaux. Malgré la disparition de la plupart des vieilles enseignes, Herald Square est toujours un secteur commercial clé.

**La façade de Macy's sur la 34e Rue**

## Macy's ❹

151 W 34th St. **Plan** 8 E2. ☎ 695-4400 Ⓜ *34th St-Penn Station.* ***Ouv.*** *de 10h à 20h30 les lun., jeu., ven. ; de 10h à 19h les mar., mer., sam. ; de 11h à 19h le dim. Voir* ***Boutiques*** *p. 311.*

« Le plus grand magasin du monde » occupe tout un *block*, et propose à la vente d'innombrables articles dans toutes les gammes de prix. Macy's fut fondé par un ancien pêcheur de baleine du nom de Rowland Macy, qui en 1857 ouvrit une petite boutique dans la 14e Rue Ouest. Le logo de Macy's, une étoile rouge, est inspiré du tatouage de son fondateur. À sa mort, en 1877, le petit magasin était devenu un ensemble de onze immeubles, qui allait croître encore sous la houlette des frères Isidor et Nathan Straus, anciens dirigeants du rayon porcelaine et verrerie de Macy's. En 1902, Macy's était trop important pour ses locaux de la 14e Rue, aussi la firme prit-elle possession du site actuel. La façade est, dotée d'une nouvelle entrée, a conservé ses fenêtres en saillie et ses colonnes corinthiennes. La façade de la 34e Rue est gardée par les caryatides d'origine. À l'intérieur, beaucoup d'escalators en bois d'époque sont toujours en bon état de marche. La mer allait de nouveau jouer un rôle dans l'histoire de Macy's, en 1912 : une plaque apposée à l'entrée principale rappelle qu'Isidor Straus et son épouse périrent dans le naufrage du *Titanic*. Macy's organise chaque année la grande parade de Thanksgiving et le feu d'artifice du 4 juillet (fête nationale). Au printemps, de grandes floralies attirent des milliers de visiteurs.

**La nef de St John the Baptist Church**

## St John the Baptist Church ❺

210 W 31st St. **Plan** 8 E3. *564-9070.* *34th St-Penn Station.* ***Ouv.*** *de 6h45 à 18h tlj* *Tte la journée*

Fondée en 1840 à l'intention d'immigrants fraîchement arrivés, cette petite église catholique à flèche unique est aujourd'hui presque perdue au cœur du quartier de la fourrure. Derrière la façade de *brownstone* de la 30e Rue, noircie par la pollution, se cachent de véritables trésors. L'entrée s'effectue aujourd'hui par le couvent moderne de la 31e Rue. Le sanctuaire de Napoléon Le Brun étincelle de toute la blancheur de ses arcs néo-gothiques, que soulignent les dorures des chapiteaux qui les surmontent. Les murs inondés de lumière par des vitraux sont ornés de bas-reliefs peints. À l'extérieur de l'église, Prayer Garden est une paisible oasis de verdure agrémentée de statues.

## Madison Square Garden ❻

4 Pennsylvania Plaza. **Plan** 8 D2. *465-6741.* *34th St-Penn Station.* ***Ouv.*** *du lun. au dim., horaires variables selon spectacles.* ***Entrée payante.*** *Voir* ***Se distraire*** *p. 344.*

La démolition de la magnifique gare de Pennsylvanie de McKim, Mead & White et son remplacement en 1968 par ce complexe sans grâce eut au moins un mérite : les défenseurs du patrimoine architectural new-yorkais en conçurent une telle fureur qu'ils s'allièrent pour veiller à ce que pareil outrage ne pût se reproduire.
Madison Square Garden proprement dit, qui se superpose à une gare désormais souterraine, est un cylindre de béton précontraint, dont la grande salle peut accueillir les vingt mille fans des New York Knickerbockers (basket-ball) ou des New York Rangers (hockey sur glace) ; y sont aussi organisés des concerts de rock, des tournois de tennis, des combats de boxe, des spectacles de cirque, des expositions canines et toutes sortes de manifestations. L'édifice est également doté d'une salle de théâtre de 5 600 places.
Malgré les récents travaux de rénovation, Madison Square Garden ne possède pas le lustre de l'ancienne salle réalisée par Stanford White, où se déroulèrent d'extraordinaires spectacles *(p. 124)*.

**La salle principale de Madison Square Garden**

## General Post Office ❼

421 8th Ave. **Plan** 8 D2. *967-8585.* *34th St-Penn Station.* ***Ouv.*** *24h/24.* *Voir* ***Renseignements pratiques*** *p. 361.*

Conçue en 1913 par McKim, Mead & White dans un style en accord avec la gare de Pennsylvanie qu'ils avaient construite trois ans plus tôt, la poste centrale est un imposant bâtiment néo-classique, qui étend sur deux *blocks* une façade corinthienne agrémentée de vingt colonnes, d'un pavillon à chaque extrémité et d'un large escalier. Au fronton court une inscription longue de 85 m, inspirée d'Hérodote, qui affirme fièrement que « Ni la neige, ni la pluie, ni la canicule, ni les ténèbres de la nuit n'empêchent ces messagers d'accomplir avec diligence leurs tournées. »

**L'imposante façade de la poste centrale**

# Empire State Building ❷

Empire State Building

Bien qu'il ait été dépossédé dans les années 1970 de son titre de plus grand édifice du monde, l'Empire State est demeuré le plus célèbre des gratte-ciel de New York, et le symbole de la ville pour la terre entière. Sa construction commença quelques semaines seulement avant le krach boursier de 1929, de sorte qu'au moment de son inauguration en 1931, ses promoteurs connurent les pires difficultés à louer ses bureaux. Il n'évita la faillite que grâce au succès remporté par ses belvédères, qui ont depuis lors accueilli plus de 100 millions de visiteurs.

Dans le hall d'entrée, **des médaillons de bronze** de style Art déco figurent des symboles de l'ère moderne.

## La Construction

*Le bâtiment fut conçu pour être construit rapidement, d'où l'emploi d'éléments préfabriqués, mis en place au rythme de quatre étages par semaine.*

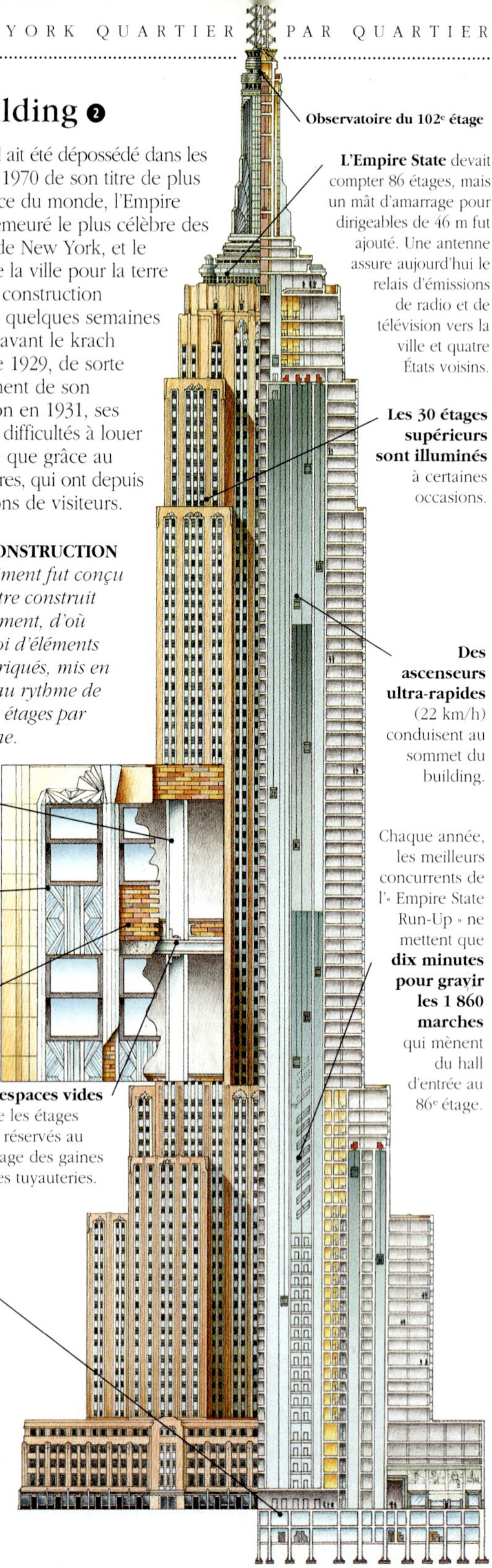


**À NE PAS MANQUER :**

- ★ **L'entrée sur la 5e Avenue**
- ★ **Les observatoires des 86e et 102e étages**

★ **Les observatoires**
*Au niveau du 86ᵉ étage, une plate-forme d'observation offre une vue somptueuse sur Manhattan. Depuis le belvédère du 102ᵉ étage (à 381 m au-dessus de la chaussée), le panorama s'étend sur plus de 125 km à la ronde par temps clair (consulter les tableaux de visibilité dans le hall d'entrée).*

**MODE D'EMPLOI**

350 5th Ave. **Plan** 8 F2.
*736-3100.* *B, D, F, N, Q, R vers 34th St.* *Q32, M1, M2, M3, M4, M5, M16, M34.*
***Observatoires ouv.*** de 9h30 à 24h tlj. (dern. ent. 23h30) de 9h à 17h le 24 déc. ; de 11h à 19h le 25 déc. ; de 11h à 19h le 1ᵉʳ jan.
***Entrée payante.*** ***Snack.***

**À la conquête du ciel**
*Le photographe Lewis Hine sut traduire sur la pellicule toute l'aventure de la construction et la bravoure des hommes qui accomplirent cette prouesse. Hudson River, à l'arrière plan, ressemble à un maigre ruisseau.*

**Coup de foudre !**
*Chaque année l'Empire State est frappé jusqu'à 500 fois par la foudre. Le belvédère extérieur est fermé pendant les orages, mais les visiteurs ne craignent rien à l'intérieur.*

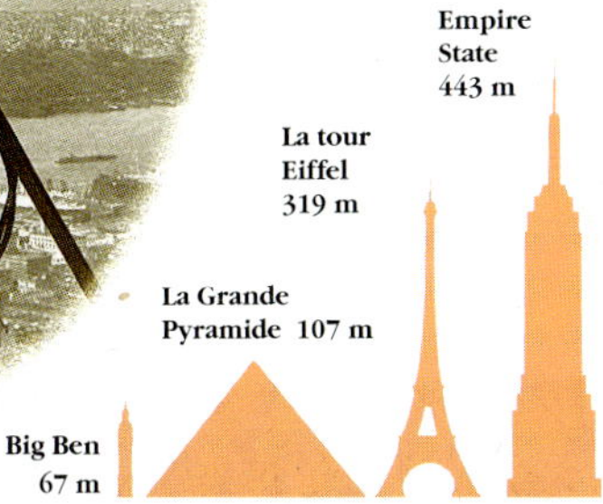


**Toujours plus haut**
*Les New-Yorkais sont fiers du symbole de leur ville, qui surpasse les réalisations les plus monumentales.*

★ **Le hall d'entrée de la 5ᵉ Avenue**
*Dans le hall habillé de marbre, une représentation du gratte-ciel se détache en relief sur une carte de l'État de New York.*

**VERTIGES…**
*L'Empire State Building apparaît dans de nombreux films, mais il connut sans doute son plus grand rôle en 1933, dans* King Kong *: on y voit le monstrueux gorille agrippé à son sommet, aux prises avec des avions de chasse. En 1945, un bombardier bien réel heurta le gratte-ciel à la hauteur du 78ᵉ étage. Plus chanceuse, une jeune liftière fit avec sa cabine une chute de 79 étages, avant d'être sauvée par le frein de secours.*

## Jacob K. Javits Convention Center ❽

655 W 34th St. **Plan** 7 B2. ☎ *216-2000.* Ⓜ *34th St-Penn Station.* **Ouv.** *variable selon les expositions.* **F.** *hors expositions.* **Entrée payante.**

**Jacob K. Javits Convention Center est un chef-d'œuvre d'architecture moderne**

Avec ce building de verre d'un saisissant modernisme dû à I.M. Pei, New York s'est doté en 1986 d'un centre propre à accueillir près de Hudson River les plus grandes expositions. Les deux salles principales de cet immeuble de quinze étages constitué de 16 000 panneaux de verre peuvent accueillir des milliers de délégués, et le hall d'entrée est si vaste qu'il pourrait contenir la statue de la Liberté. L'achèvement en 1989 de Galleria River Pavilion est venu ajouter près de 4 000 $m^2$ d'espace disponible, ainsi que deux terrasses dominant le fleuve.

## Chelsea Piers Complex ❾

11th Ave entre 17th et 23rd St. **Plan** 7 B5. ☎ *336-6666.* Ⓜ *14th St., 23rd St.* *M23.* **Ouv.** *tlj.* **Entrée payante.**

Ce gigantesque complexe ouvert en 1995 a reconverti quatre digues abandonnées en un centre proposant une grande diversité d'activités sportives et de loisirs. Les installations comprennent des pistes de skate-board, de course, un parcours de golf, une marina et onze studios de production pour la télévision et le cinéma.

## Empire Diner ❿

210 10th Ave. **Plan** 7 C4. ☎ *243-2736.* Ⓜ *23rd St.* **Ouv.** *24h/24.* *Voir* ***Restaurants et bars*** *p. 306.*

Cette magnifique réalisation de style Art déco reconstitue le restaurant américain de 1929, au bar de zinc et aux décorations noires et chromées, qui aurait été l'établissement favori de Bette Davis.

**Une partition manuscrite, General Theological Seminary**

## General Theological Seminary ⓫

20th–21st St. **Plan** 7 C4. ☎ *243-5150.* Ⓜ *23rd St ou 34th St-Penn Station.* **Ouv.** *de 12h à 15h du lun. au ven., de 11h à 15h le sam.*

Ce campus fondé en 1817 prépare les promotions de 150 étudiants à la prêtrise. Clement Clarke Moore, professeur d'études bibliques, fit don de ce site qui s'étend sur tout un *block* et a pour nom officiel Chelsea Square. Le bâtiment le plus ancien qui ait subsisté date de 1836, le plus moderne (St Mark's Library), de 1960 : cette bibliothèque possède le fonds de bibles en latin le plus important du monde. L'entrée s'effectue par la 9e Avenue. Le jardin est particulièrement agréable au printemps.

**Empire Diner, où les noctambules branchés viennent prendre le petit déjeuner**

## Chelsea Historic District ⓬

De la 9th à la 10th Ave. et de la W 20th à 21st St. **Plan** 8 D5. Ⓜ *18th St.*

Plus connu comme écrivain que comme urbaniste, Clement Clarke Moore divisa en lots le domaine qu'il possédait là dans les années 1830, et où furent bâties d'élégantes rangées de maisons de ville dont bon nombre ont fait l'objet d'une soigneuse restauration. Les plus belles d'entre elles sont sans doute les sept demeures qui constituent Cushman Row (nos 406-416, 20e Rue Ouest), édifiées en 1839-1840 pour Don Alonzo Cushman. Ce riche commerçant, fondateur de la Greenwich Savings Bank, participa avec Moore et James Wells à la mise en valeur de Chelsea. Cushman Row est avec Washington Square Nord l'un des plus beaux exemples d'architecture néo-grecque. Des guirlandes en fonte agrémentent les fenêtres des combles, et deux de ces maisons affichent en signe d'hospitalité des ananas ornant les pilastres des rampes d'escalier. Aux nos 446-450 de la 20e Rue Ouest, l'on peut admirer de beaux exemples du style italianisant pour lequel Chelsea est également réputé. Les fenêtres et impostes cintrées témoignent de l'aisance des premiers propriétaires.

Une maison de Cushman Row

**Hugh O'Neill Dry Goods Store**

## Chelsea Hotel ⓭

222 W 23rd St. **Plan** 8 D4. ☎ *243-3700.* Ⓜ *23rd St, 34th St-Penn Station.*

Rares sont les hôtels capables de rivaliser avec Chelsea Hotel pour ce qui est des liens avec le monde de la littérature. Parmi les anciens clients célébrés par des plaques de cuivre apposées sur la façade, citons Tennessee Williams, Mark Twain, Jack Kerouac et Brendan Behan. Dylan Thomas passa ici les dernières années de sa vie. En 1966, Andy Warhol prit Chelsea Hotel pour cadre de son film *Chelsea Girls*, et c'est dans une de ses chambres que le musicien punk Sid Vicious tua sa compagne, en 1978. Ces événements ne font qu'ajouter à l'aura sulfureuse de cet hôtel qui attire musiciens, peintres et écrivains avec l'espoir que leur nom aussi passera à la postérité.

**La cage d'escalier de Chelsea Hotel**

## Hugh O'Neill Dry Goods Store ⓮

655–671 6th Avenue. **Plan** 8 E4. Ⓜ *23rd St.*

Bien que la mercerie O'Neill ait depuis longtemps disparu, la façade en fonte à pilastres, datant de 1876, illustre bien la majesté des grands magasins jadis alignés au long de la 6e Avenue entre les 18e et 23e Rues, et qui valaient à ce secteur le nom de Fashion Row (la rue de la Mode). O'Neill, dont l'enseigne figure encore sur la façade, était un extraordinaire vendeur, et sa clientèle affluait. Sans être aussi chic que celle du Ladies' Mile *(p. 125)*, cette affluence assura la prospérité de Fashion Row, jusqu'au début du siècle (le cœur du quartier commerçant en vogue reprit alors sa progression vers le nord). De majestueux immeubles ont subsisté, qui pour bon nombre sont en cours de restauration. Il suffit de lever les yeux pour imaginer ce que fut leur grandeur passée.

## Worth Monument ⓯

5th Ave. **Plan** 8 F4. Ⓜ *34th St-Penn Station.*

Dissimulé derrière un compteur d'eau dans un triangle situé au milieu du flot de la circulation, cet obélisque fut érigé en 1857 sur la tombe du seul personnage public inhumé sous une rue de Manhattan, le général William J. Worth, héros des guerres mexicaines du milieu du XIXe siècle. Une barrière de fonte figurant des épées entoure le monument.

**Worth Monument**

# LE QUARTIER DES THÉÂTRES

L'installation du Metropolitan Opera à Broadway (40e Rue), en 1883, attira de somptueux théâtres et restaurants dans ce quartier. Dans les années 1920, de monumentales salles de cinéma y ajoutèrent le prestige du néon : les enseignes lumineuses se firent de plus en plus grandes, de plus en plus éclatantes, jusqu'à valoir à cette artère le nom de « l'Avenue Brillante ». Après la seconde guerre mondiale, l'attrait du cinéma déclina, au chatoiement succéda la crasse. Le quartier a depuis lors retrouvé son lustre et sa fréquentation, tout en conservant de petits îlots de sérénité (Public Library, Bryant Park). Ces deux mondes se côtoient au Rockefeller Center.

Œuvre de Lee Lawrie au Rockefeller Center

La grande salle de lecture de New York Public Library

## Le quartier d'un coup d'œil

**Rues et édifices historiques**
New York Yacht Club 5
New York Public Library 8
American Standard Building 7
Times Square 9
Group Health Insurance Building 11
Paramount Building 12
Shubert Alley 13
Alwyn Court Apartments 18

**Musées**
Intrepid Sea-Air-Space Museum 19

**Architecture moderne**
Rockefeller Center 1
MONY Tower 14

**Parcs, squares et places**
Bryant Park 6

**Salles de spectacle célèbres**
Lyceum Theater 3
New Amsterdam Theater 10
City Center of Music and Dance 15
Carnegie Hall 16

**Hôtels et restaurants célèbres**
Algonquin Hotel 4
Russian Tea Room 17

**Magasins célèbres**
Diamond Row 2

## Comment y aller ?

Métro : lignes 1, 2, 3 et 9 (7th Ave/Broadway) v. 50th ou 42nd St ; ligne N ou R v. 57th ou 49th St. Lignes A, C ou E (8th Ave.), B, D, F ou O (6th Ave.). Bus : M5, M6, M7 ; bus transversaux : M10, M34, M42, M50, M57, M58.

## Légende

- Plan du quartier pas à pas
- M Station de métro
- Départ des River Boats

0 500 mètres
0 500 yards

***Voir également :***


- ***Atlas des rues***, plans 8, 11-12
- ***Hébergement*** p. 274-275
- ***Restaurants*** p. 290–292

**Fontaine de la Sirène et du Dauphin (Channel Gardens)**

# Rockefeller Center pas à pas

Premier complexe de bureaux, magasins, salles de spectacles, bars, restaurants et jardins au monde, le Rockefeller Center est l'un des sites les plus visités de New York. Tout au long de l'année, de nuit comme de jour, il connaît une animation permanente : s'y côtoient les employés de certaines des plus grandes sociétés mondiales, les adeptes du lèche-vitrines et les touristes venus admirer la richesse de l'architecture et des arts américains. En hiver, les patineurs évoluent au pied du célèbre sapin de Noël. De superbes compositions florales sont renouvelées au fil des saisons.

*Mural au coup de brosse bleue* (1984-85), de Roy Lichtenstein, orne le hall d'entrée de l'**Equitable Center**.

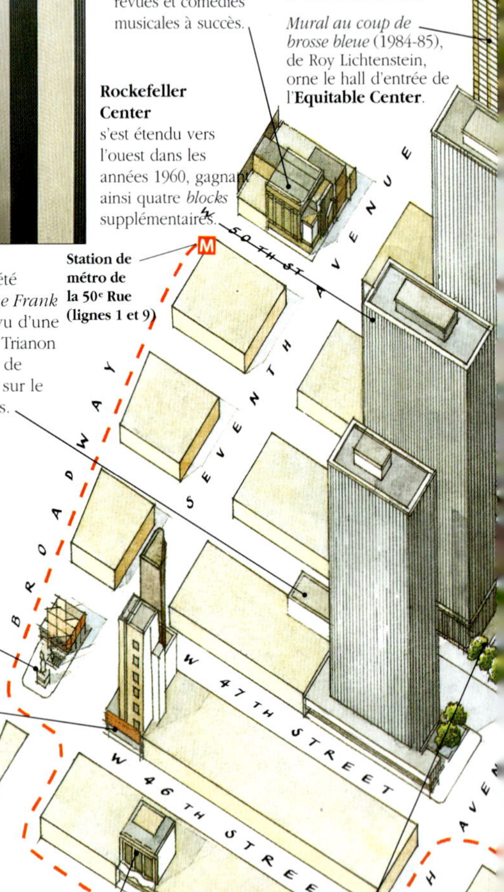


**Winter Garden** accueille depuis 1911 revues et comédies musicales à succès.

**Rockefeller Center** s'est étendu vers l'ouest dans les années 1960, gagnant ainsi quatre *blocks* supplémentaires.

**Station de métro de la 50e Rue (lignes 1 et 9)**

**Cort Theater,** où ont été créés *Le Journal d'Anne Frank* et *Sarafina !*, est pourvu d'une façade inspirée du Petit Trianon de Versailles. Un buste de Marie-Antoinette veille sur le hall de vente des billets.

**La statue de George M. Cohan,** dans Duffy Square, célèbre le souvenir de l'auteur de *Give My Regards to Broadway.*

**Miller Building,** « magasin de chaussures des gens du spectacle » avant la seconde guerre mondiale, n'a conservé de cette époque que les statues de 4 actrices américaines, dues à A. Stirling.

**Lyceum Theater**
*C'est le plus ancien théâtre new-yorkais encore en activité (réduite). Il fut construit en 1903 pour le producteur Daniel Froman, qui disposait d'un appartement équipé d'une trappe permettant d'observer la scène* ❸

**Détail de la façade du Lyceum**

**Sun Triangle**, dans Lower Plaza, mêle science et symbolisme pour illustrer, au moyen de globes d'acier se reflétant dans un bassin, les relations qui unissent le Soleil aux planètes.

**Radio City Music Hall**
Entertainment Center propose tout au long de l'année des spectacles et concerts de qualité, tout particulièrement au moment de Noël *(p. 334)*.

**Station de métro des 47e à 50e Rues (lignes B, D, F, Q)**

★ **Rockefeller Center**
*L'imposant building de General Electric, « vaisseau amiral » du Center, brille de tous ses feux la nuit* ❶

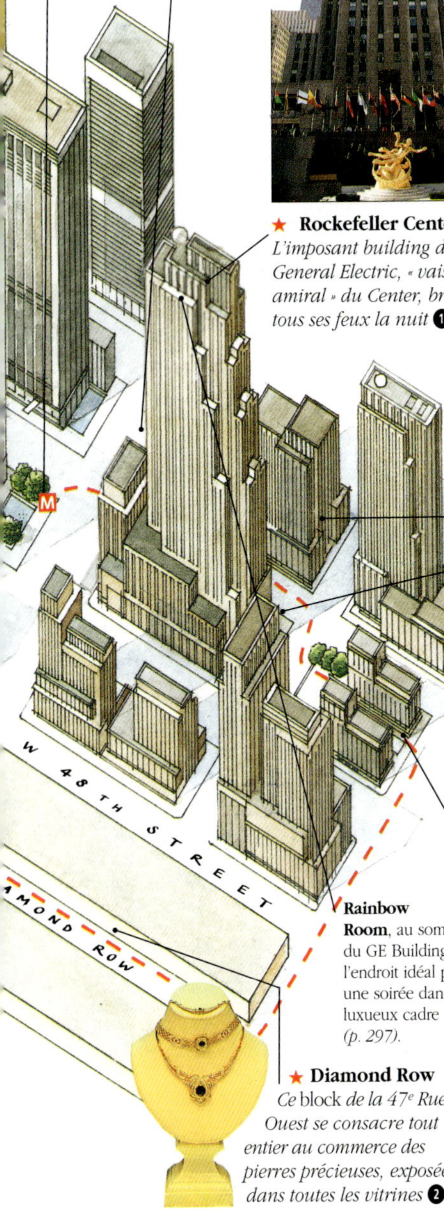


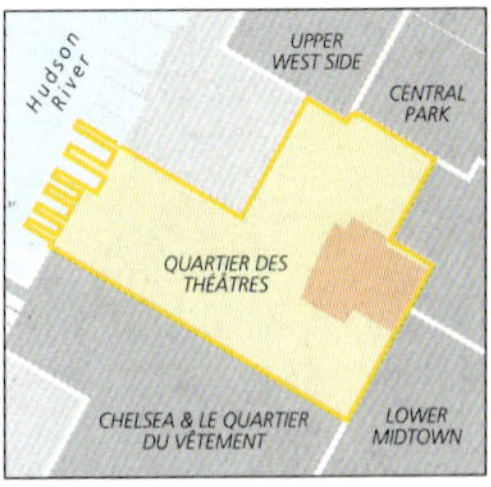


**Carte de situation**
*Voir carte de Manhattan p. 12-13*

**LÉGENDE**

— — — Itinéraire conseillé

0 100 mètres

0 100 yards

**À NE PAS MANQUER :**

★ **Rockefeller Center**

★ **Diamond Row**

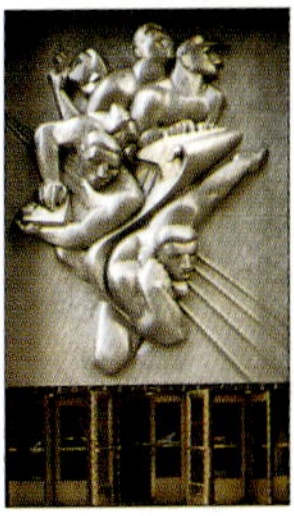

**News**, panneau d'acier de dix tonnes, œuvre d'Isamu Noguchi, est exposé à l'entrée principale de Associated Press Building.

**La patinoire** de Rockefeller Plaza est gagnée en été par les terrasses des cafés.

**Atlas**, de Lee Lawrie, se dresse dans l'entrée principale de International Building. Cette sculpture de bronze est l'une des douze œuvres de Lawrie présentes dans le Center.

**Rainbow Room**, au sommet du GE Building, est l'endroit idéal pour une soirée dans un luxueux cadre 1930 *(p. 297)*.

**Channel Gardens** qui sépare British Building de la Maison Française, est un paisible lieu de détente agrémenté de fontaines et de parterres de fleurs.

★ **Diamond Row**
*Ce block de la 47e Rue Ouest se consacre tout entier au commerce des pierres précieuses, exposées dans toutes les vitrines* ❷

**Rockefeller Center, dominé par la masse de GE Building**

## Rockefeller Center ❶

**Plan** 12 F5. **M** *47th-50th Sts.*

Décidant d'inscrire le Rockefeller Center à l'inventaire du patrimoine new-yorkais (en 1985), la Commission municipale des sites le qualifia à juste titre de « cœur de New York » et de « grande présence unificatrice au centre de Manhattan ». Ce complexe culturel et commercial, le plus vaste du genre, est tellement bien intégré dans la cité qu'il a suscité des dizaines d'imitation de par le monde. La conception du Center fut assurée dans l'esprit Art déco par une équipe d'architectes conduite par Raymond Hood. Les œuvres d'une trentaine d'artistes ornent les foyers, les façades et les jardins. Le site, auparavant occupé par un jardin botanique appartenant à Columbia University fut loué en 1928 à John D. Rockefeller Jr., qui souhaitait y édifier un nouvel opéra. La crise de 1929 survint, qui incita Rockefeller à annuler le projet pour construire un centre d'affaires. Les 14 gratte-ciel bâtis entre 1931 et 1940 fournirent du travail à 225 000 personnes au plus fort de la dépression. D'autres travaux de construction, effectués entre 1957 et 1973, portèrent à 19 le nombre des immeubles. En décembre 1932, Radio City Hall ouvrit ses portes au sein du complexe. Les divertissements qui y sont présentés en ont fait une institution new-yorkaise, particulièrement appréciée pour le spectacle de Noël donné par la troupe de danse des Rockettes.

***La Sagesse*, relief de Lee Lawrie, GE Building**

## Diamond Row ❷

47th St. **Plan** 12 F5. **M** *47th-50th Sts. Voir **Boutiques et marchés** p. 320.*

Presque toutes les vitrines de la 47ᵉ Rue ruissellent d'or et de pierreries. Les immeubles de ce secteur sont occupés par des magasins et des ateliers où les joailliers rivalisent pour attirer l'attention des clients. La rue du diamant naquit dans les années 1930, lorsque les diamantaires juifs d'Anvers et d'Amsterdam chassés par le nazisme s'enfuirent en Amérique. Les juifs orthodoxes, reconnaissables à leur chapeau noir, leur barbe et leurs longues boucles, sont toujours nombreux dans le quartier. Si la rue se consacre principalement au commerce de gros, les particuliers sont cependant les bienvenus (s'abstenir si l'on ignore tout de la valeur des diamants). Si vous aimez les livres, ne manquez pas de vous rendre au Gotham Book Mart, qui recèle des trésors de bibliophilie *(p. 322).*

**Un locataire de la « rue du diamant »**

## Lyceum Theater ❸

149 W 45th St. **Plan** 12 E5. *Réservations 239-6200.* **M** *42nd St-5th Ave. Voir **Se distraire** p. 330.*

Le plus ancien théâtre new-yorkais en activité, pièce montée baroque de 1903, fut le premier théâtre construit par Herts et Tallant, agence d'architecte réputée pour l'extravagance de ses constructions. Le Lyceum est entré dans l'histoire avec les 1 600 représentations de la comédie *Born Yesterday*, puis en étant le premier théâtre classé monument historique. Désormais à l'abri des transformations, il est cependant beaucoup moins actif maintenant que Theater District s'est déplacé vers l'ouest.

**Rose Room, Algonquin Hotel**

## Algonquin Hotel ❹

59 W 44th St. **Plan** 12 F5.
840-6800. M *42nd St-5th Ave.*
*Voir* ***Hébergement*** *p. 278.*

L'extérieur est quelque peu surchargé (fenêtres métalliques en saillie, brique rouge, détails tarabiscotés), mais c'est l'ambiance plus que l'architecture de cet hôtel datant de 1902 qui fait de Algonquin Hotel un établissement à part. Dans les années 1920, Rose Room fut le théâtre des déjeuners du célèbre club de la Table ronde, fréquentés par des gens de lettres tels qu'Alexander Woolcott, Franklin P. Adams, Dorothy Parker, Robert Benchley et Harold Ross, tous liés au *New Yorker* (dont Ross était l'un des fondateurs). Le siège du club, sis au 25 de la 43e Rue Ouest, communiquait directement avec l'hôtel. De récents travaux de rénovation ont restitué l'atmosphère délicieusement surannée de Rose Room, et les lambris du confortable hall d'entrée où des habitués du monde de l'édition et des amateurs de théâtre aiment à se retrouver pour boire un verre.

**Statue du poète William Cullen, Bryant Park**

## New York Yacht Club ❺

37 W 44th St. **Plan** 12 F5.
M *42nd St-5th Ave.* ***F.*** *au public (réservé aux membres).*

Le siège de ce club privé, bâti en 1899, se distingue par les poupes de voiliers du XVIIIe siècle gravées dans ses trois fenêtres en saillie. La proue de ces mêmes navires est soutenue par des dauphins et des vagues sculptées qui débordent jusque sur le trottoir. C'est ici qu'est née la célèbre coupe de l'America, et c'est sur une table du club que le trophée nautique tant convoité fut exposé de 1857 à 1983, date de la victoire historique d'*Australia II*.

**Le célèbre trophée de la Coupe de l'America**

## Bryant Park ❻

**Plan** 8 F1. M *42nd St-5th Ave.*

En 1853, alors que le site de la Public Library était encore occupé par le réservoir Croton, Bryant Park (Reservoir Park) accueillit un éblouissant Palais de Cristal, construit à l'occasion de l'exposition Universelle *(p. 23)*. Dans les années 1960, ce parc devint un repaire de dealers et autres indésirables. En 1989, la Ville le ferma pour rénovation et en fit un lieu de détente pour une population plus paisible.

L'on peut s'y restaurer et un kiosque Music & Dance Tickets *(p. 329)* propose des billets à moitié prix pour les spectacles du jour. Sous le parc sont alignés des rayonnages pouvant recevoir plus de sept millions d'ouvrages de la Public Library.

## American Standard Building ❼

40 W 40th St. **Plan** 8 F1. M *42nd St-Grand Central.* ***F.*** *au public.*

Première œuvre new-yorkaise majeure de Raymond Hood, qui allait concevoir News Building et Rockefeller Center, cet édifice de 1924 rappelle le gratte-ciel néo-gothique du *Chicago Tribune* (à Chicago), pour lequel Hood était surtout connu alors. Très élancé, ce building de 21 étages paraît plus élevé qu'il ne l'est en réalité. Les briques noires de la façade sont soulignées par des ornements de terre cuite dorée : l'image de charbons ardents ainsi créée eût certainement fait le bonheur des propriétaires initiaux, qui fabriquaient des installations de chauffage.

C'est depuis Bryant Park que l'on pourra le mieux admirer le sommet doré de cette tour. En 1989, le building fut racheté par une société japonaise. L'édifice passa ensuite aux mains d'un propriétaire qui le convertit en hôtel de luxe.

**American Standard Building, vu depuis Bryant Park**

# New York Public Library 8

5th Ave et 42nd St. **Plan** 8 F1. *869-8089. 42nd St-Grand Central.* **Ouv.** *du lun. au sam. (horaire variable).* **F.** *j.f.* ***Conférences, ateliers, séances de lecture.***

**L'entrée de la grande salle d'étude de Public Library**

En 1897, la conception de la grande bibliothèque publique de New York fut attribuée à Carrère & Hastings. Leur projet fut influencé par le premier directeur de la bibliothèque, qui souhaitait créer un lieu d'étude clair, calme et aéré, où des millions d'ouvrages pourraient être entreposés et mis aussi rapidement que possible à la disposition des lecteurs. Les architectes édifièrent un chef-d'œuvre de la période Beaux-Arts new-yorkaise. Bâtie sur le site de l'ancien Croton Reservoir *(p. 22)*, la bibliothèque comprend une vaste salle de lecture principale lambrissée, qui s'étend sur deux *blocks*, et qui reçoit la lumière provenant de deux cours intérieures. Sous la salle s'étendent 140 km de rayonnages, contenant plus de sept millions de volumes. Plus de cent employés et un système de distribution informatisé assurent la mise à disposition de tout ouvrage en moins de 10 minutes. La salle des périodiques, qui contient plus de 10 000 titres courants provenant de 128 pays, est ornée de peintures murales de Richard Haas honorant les grandes maisons d'édition new-yorkaises. Le fonds originel de la bibliothèque réunissait les collections de John Jacob Astor et de James Lenox. Il comprend aujourd'hui aussi bien un brouillon de la déclaration d'Indépendance de la main de Jefferson qu'une bible de Gutenberg. Une base de données informatisée permet de répondre à plus de mille demandes quotidiennes. Cette bibliothèque constitue le cœur d'un réseau de 82 succursales, au service de près de sept millions d'usagers. Certaines annexes sont célèbres, notamment New York Public Library for the Performing Arts Lincoln Center *(p. 210)* et Schomberg Center de Harlem *(p. 227)*.

**L'un des 2 lions de pierre de Public Library, « Patience » et « Force d'âme » par le maire LaGuardia**

**Les voûtes de marbre blanc de l'escalier de Astor Hall**

**La grande salle d'étude a conservé ses lampes de travail en bronze**

**Les néons de Times Square**

## Times Square ❾

**Plan** 8 E1. Ⓜ *42nd St-Times Sq.*

Désigné à la fin du XIXe siècle sous le nom de Longacre Square, ce site était alors occupé par des loueurs de chevaux, des bourreliers et des maréchaux-ferrants, qui exerçaient leurs activités à proximité du « Repaire des Voleurs ». En 1899, Oscar Hammerstein y construisit deux salles de spectacle, Victoria et Republic, qui prit ensuite le nom de Minsky's, et devait être le théâtre des scandaleuses représentations de Gypsy Rose Lee. L'essor de Broadway en fit le cœur du quartier des théâtres. Lors de la crise de 1929 , les *guys and dolls* de Broadway laissèrent la place à des personnages plus douteux. Dans les années 1980, un programme de rénovation a rendu Times Square aux amateurs de théâtre et aux touristes. La place a pris son nom actuel en 1904, lors de l'installation de la tour du *New York Times* (25 étages). L'emménagement du *Times*, à la Saint-Sylvestre, fut marqué par un grand feu d'artifice. Depuis lors la chute d'une boule lumineuse au douzième coup de minuit marque le commencement de l'année nouvelle. En 1928, le *Times* annonça les résultats des élections par l'intermédiaire d'un bandeau de 14 800 ampoules courant sur le pourtour du bâtiment. Le siège du *Times* a été transféré, mais les dépêches lumineuses continuent d'y défiler.

## New Amsterdam Theater ❿

214 W 42nd St. **Plan** 8 E1. ☎ *282-2907.* Ⓜ *42nd St-Times Sq.* *de 10h à 17h le lun., de 10h à minuit le mar.*

**W. C. Fields (à gauche) et Eddie Cantor (à dr., tenant un haut-de-forme), dans les *Ziegfeld Follies*, en 1918, New Amsterdam Theater**

Ce théâtre, le plus opulent des États-Unis lors de son inauguration en 1903, fut le premier à être doté d'une décoration intérieure de style Art nouveau. Florenz Ziegfeld y produisit sa célèbre revue de 1914 à 1918. Propriétaire des murs, il aménagea sur le toit du New Amsterdam la salle de Aerial Gardens. Frappé comme tant d'autres théâtres de la 42e Rue par la crise économique, il a tiré profit de la réhabilitation de Times Square : la fortune lui sourit à nouveau, et il reste encore un lieu de spectacles.

## Group Health Insurance Building ⓫

330 W 42nd St. **Plan** 8 D1. Ⓜ *42nd St.* ***Ouv.*** *h. de bureau.*

Cet immeuble de Raymond Hood, construit en 1931, fut le seul édifice new-yorkais sélectionné en 1932 dans le cadre de l'International Style Survey *(p. 41)*. Sa conception inhabituelle lui confère un profil à degrés lorsqu'on le voit de l'est ou de l'ouest, mais il présente une face unie lorsqu'on l'observe depuis le nord ou le sud. Des bandes horizontales de terre cuite bleu vert lui ont valu le surnom de « Bon Géant vert ». À l'intérieur, l'on peut admirer le hall d'entrée de style Art déco, tout de verre opaque et d'acier.

## Paramount Building ⓬

1501 Broadway. **Plan** 8 E1. Ⓜ *34th St.*

La fabuleuse salle de cinéma du rez-de-chaussée où les *bobbysoxers* des années 1940 se pressaient pour acclamer Frank Sinatra a disparu, mais cet imposant édifice bâti en 1927 par Rapp & Rapp demeure très théâtral. Des degrés symétriques s'élèvent vers un sommet Art déco constitué d'une tour, d'une horloge et d'un globe. À l'âge d'or de Broadway, la tour surmontée d'une plate-forme d'observation était illuminée la nuit.

**Le sommet Art déco de Paramount Building.**

## Shubert Alley ⓭

Between W 44th et W 45th St.
**Plan** 12 E5. Ⓜ *42nd St-Times Sq.*

Les salles de spectacle des rues à l'ouest de Broadway, sont souvent remarquables par leur architecture. Deux théâtres construits en 1913, Booth (au n° 22 de la 45ᵉ Rue Ouest) et Shubert (au n° 221 de la 44ᵉ Rue Ouest) bordent le côté ouest de Shubert Alley, où les acteurs s'assemblaient dans l'espoir de décrocher un rôle dans une pièce produite par Shubert. *A Chorus Line* fit l'objet du nombre record de 6 137 représentations au Shubert, jusqu'en 1990. Katharine Hepburn y avait auparavant joué dans *The Philadelphia Story*. Face à l'extrémité de Shubert Alley donnant sur la 44ᵉ Rue se dresse le théâtre St James, où Rogers et Hammerstein firent leurs débuts en 1941 dans *Oklahoma*, qui fut suivie de *The King and I*. Au restaurant Sardi's tout proche, les acteurs venaient jadis attendre les critiques au soir de la première. À l'autre extrémité de Shubert Alley, Irving Berlin mit en scène *The Music Box Revue*, en 1921.

**La façade mauresque de City Center of Music and Drama**

## MONY Tower ⓮

1740 Broadway. **Plan** 12 E4.
Ⓜ *57th St.* ***F.*** *au public.*

Construite en 1950, MONY Tower est nantie d'une girouette particulière, qui n'indique pas la direction du vent ! Le mât devient vert lorsqu'il fait beau, orange lorsque le temps est nuageux, orange clignotant quand il pleut et blanc en cas de neige. L'amélioration ou la dégradation des conditions météorologiques sont annoncées par le mouvement de lumières au long du mât.

**L'auditorium du Shubert Theater, construit en 1913 par Henry Herts**

## City Center of Music and Dance ⓯

131 W 55th St. **Plan** 12 E4.
*581-1212.* Ⓜ *57th St.*
*Voir* ***Se distraire*** *p. 334.*

Cet édifice de style mauresque surmonté d'un dôme de tuiles d'Espagne fut conçu en 1924 en tant que temple maçonnique. Sauvé de la démolition par le maire LaGuardia, il accueillit en 1943 la troupe du New York City Opera and Ballet. Lorsque celle-ci s'installa au Lincoln Center, le City Center se consacra à la danse. De récents travaux de rénovation ont préservé le caractère exotique de son architecture.

## Carnegie Hall ⓰

154 W 57th Street. **Plan** 12 E3.
*903-9600.* Ⓜ *57th St, 59th St.*
***Musée ouv.*** *de 11h à 16h30 le lun., mer., jeu. et ven. & lors des concerts.*
*Voir* ***Se distraire*** *p. 338.*

La première grande salle de concerts de New York, financée par le milliardaire et philanthrope Andrew Carnegie, ouvrit ses portes en 1891 dans ce qui était un faubourg de la ville. L'on dit de cet édifice de style néo-renaissance qu'il possède l'une des meilleures acoustiques au monde. La soirée inaugurale, au cours de laquelle Tchaïkowsky était au pupitre, eut lieu en présence des familles new-yorkaises les plus en vue, dont certaines durent pourtant patienter plus d'une heure avant de pouvoir quitter leurs voitures à cheval.

Le Carnegie Hall eut pendant de longues années pour orchestre le New York Philharmonic, placé sous la direction de chefs tels que Toscanini, Stokowski, Walter ou Bernstein. Le fait de se produire au Carnegie Hall devint bientôt un symbole international de réussite pour les musiciens : classiques, jazz, rock…

À la fin des années 1950, une campagne menée par le violoniste Isaac Stern évita la transformation en immeuble de bureaux de Carnegie Hall, qui fut classé monument historique en 1964. Rénové en 1986, l'intérieur a retrouvé toute la splendeur de ses balcons de bronze et de ses plâtres ornementaux. Les couloirs sont agrémentés de souvenirs d'artistes qui se sont produits en ces murs. Depuis 1991, un musée retrace le premier siècle d'existence de cette salle « construite par la musique », qui conserve le souvenir des plus grands orchestres et des artistes du monde entier qui illuminèrent ses soirées.

**Le roi de l'acier, Andrew Carnegie**

## Russian Tea Room ⓱

150 W 57th St. **Plan** 12 E3.
M *57th St. Appeler pour infos sur h. d'ouverture.* *Voir* ***Restaurants et Bars*** *p. 303.*

À deux pas de Carnegie Hall, ce restaurant incontournable, ne pourrait être mieux placé. Il devrait réouvrir en 2000 mais Walter LeRoy, le propriétaire, tient secret le nouveau décor, le menu et le nom célèbre du nouveau chef. Ce qui est sûr, c'est que le nouveau Russian Tea Room sera novateur, merveilleux et… cher.

**L'ancien intérieur luxueux du Russian Tea Room**

## Alwyn Court Apartments ⓲

180 W 58th St. **Plan** 12 E3.
M *57th St.* ***F.*** *au public.*

Impossible de rater cet immeuble de 1909, œuvre de Harde et Short : il est orné de couronnes, de dragons et autres sculptures en terre cuite de style Renaissance. Au fil des altérations, le rez-de-chaussée a perdu sa corniche, mais la complexe ornementation de pierre du reste de l'édifice est intacte. La façade est inspirée des châteaux de la Loire de style François I$^{er}$ : une salamandre couronnée, emblème de ce roi de France, veille sur l'entrée de la 58$^{e}$ Rue.

**La salamandre de Alwyn Court**

Les résidents et leurs hôtes peuvent apprécier la cour intérieure, où Richard Haas a exercé ses talents d'illusionniste, transformant des murs nus en « sculptures de pierre ».

**Le pont d'envol de l'*Intrepid***

## Intrepid Sea-Air-Space Museum ⓳

Pier 86, W 46th St. **Plan** 11 A5.
*245-0072.* M *M42, M16, M27.*
***Ouv.*** *avr.-sept. : 10h-17h tlj ; 10h-18h sam. et dim. ; oct.-mars : 10h-17h, mer-dim.* ***Entrée payante.***

Le hangar et le pont d'envol de l'*Intrepid*, porte-avions américain de la seconde guerre mondiale, ont été transformés en musée, où l'on peut voir aussi bien des avions de chasse des années 1940 que l'A12, avion-espion le plus rapide du monde. On visite également le sous-marin lance-missiles *Growler* ou le destroyer *Edson*. Le hall des pionniers retrace l'évolution du vol aérien et le fonctionnement des porte-avions modernes ; le hall des technologies est consacré à l'exploration des océans et aux fusées du futur.

# Lower Midtown

Cette partie au centre de Manhattan s'enorgueillit de superbes réalisations architecturales, dans les styles Beaux-Arts et Art déco, notamment. Le paisible et résidentiel quartier de Murray Hill doit son nom au domaine campagnard qui s'étendait jadis sur le site. Plusieurs illustres familles new-yorkaises s'y installèrent à la fin du XIXe siècle, dont celle du financier J. P. Morgan (sa bibliothèque, aujourd'hui transformée en musée, témoigne de la splendeur de cette époque). Le secteur prend un caractère plus commercial aux alentours de la 42e Rue et de Grand Central Terminal, où les rues sont bordées de grandes tours de bureaux.

**Porte en bronze de Fred F. French Building**

## Le quartier d'un coup d'œil

**Rues et édifices historiques**

*Grand Central Terminal p. 154-155* 2
Home Savings of America 3
Chanin Building 4
Chrysler Building 5
News Building 6
Tudor City 7
Helmsley Building 8
Fred F. French Building 12
Sniffen Court 15

**Musées et galeries d'art**

*Morgan Library p. 162-163* 14
Japan Society 11

**Architecture moderne**

MetLife Building 1
N[os] 1 et 2 United Nations Plaza 9
*Siège des Nations Unies p. 158-161* 10

**Églises**

Church of the Incarnation 13

**Comment y aller ?**

Métro : ligne 4, 5 ou 6 (Lexington Ave) v. 42nd St-Grand Central. Bus : M15, M101/102, M1, M2, M3 et M4 ; bus transversaux : M34 et M42.

**Bac à fleurs de Sniffen Court**

***Voir également :***

- ***Atlas des rues,*** plans 9, 12, 13
- ***Hébergement*** p. 274-275
- ***Restaurants*** p. 290-292

**Légende**

Plan du quartier pas à pas
M Station de métro

0 500 mètres
0 500 yards

La flèche revêtue d'acier inoxydable de Chrysler Building

# Lower Midtown pas à pas

Une promenade vers Grand Central sera l'occasion d'admirer des styles architecturaux très divers. Après avoir apprécié à distance la silhouette des gratte-ciel les plus élevés, on pourra découvrir leurs nombreux intérieurs magnifiques, la modernité d'atriums tels que ceux de Philip Morris Building et de Ford Foundation Building, la profusion des détails dans le siège de la Home Savings Bank, l'ampleur des volumes de Grand Central Terminal.

**★ Grand Central Terminal**
*L'immense intérieur voûté est un somptueux monument élevé au transport ferroviaire* ❷

**MetLife Building**
*Ce gratte-ciel construit en 1963 pour la Pan Am a obstrué la perspective de Park Avenue* ❶

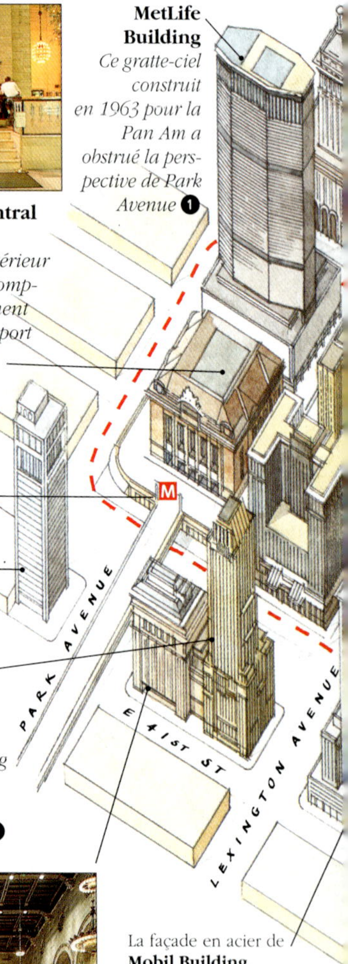


**Station de métro Grand Central/ 42e Rue (lignes S, 4, 5, 6, 7)**

**Philip Morris Building** abrite aussi une succursale du Whitney Museum spécialisée dans l'art moderne.

**Chanin Building**
*Édifié en 1922 pour le roi de l'immobilier Irwin Chanin, ce building se signale par un superbe hall d'entrée Art déco* ❹

**À NE PAS MANQUER :**

- ★ **Grand Central Terminal**
- ★ **Chrysler Building**
- ★ **Home Savings of America**
- ★ **News Building**

**Porte en bronze (Home Savings Bank)**

**★ Home Savings of America**
*Ancien siège de la Bowery Savings Bank, ce building dû aux architectes York & Sawyer prend l'apparence d'un palais de style roman* ❸

La façade en acier de **Mobil Building**, gratte-ciel de 1955, dotée d'un dispositif de nettoyage automatique, est ornée d'embossages de formes géométriques qui l'empêchent de se gauchir.

**Helmsley Building**
*L'entrée richement ornementée témoigne de l'opulence de New York Central Railroad, qui fut son premier occupant* ❽

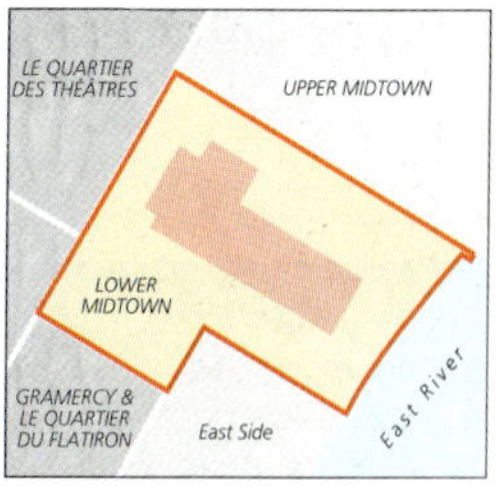


**CARTE DE SITUATION**
*Voir carte Manhattan p. 12-13*

**LÉGENDE**

- - - Itinéraire conseillé

0 100 mètres
0 100 yards

**Boîte aux lettres de Chrysler Building**

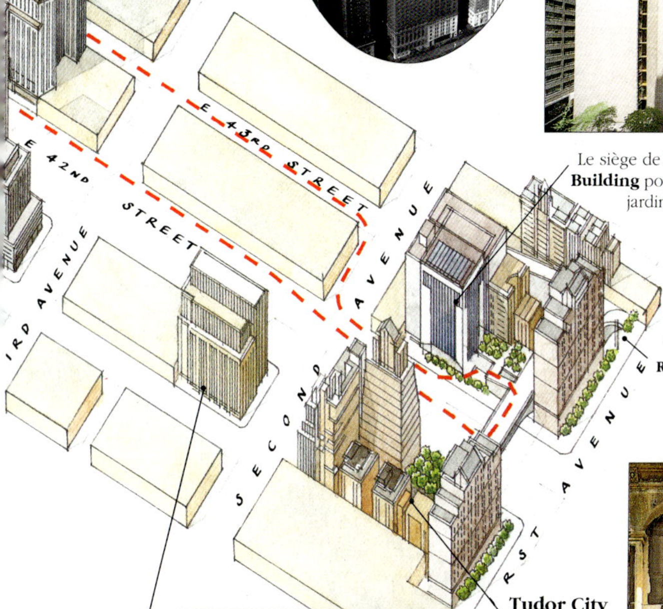


★ **Chrysler Building**
*Cette merveille Art déco fut édifiée en 1930 pour le grand constructeur automobile* ❺

**Pause en plein ciel pendant la construction de Chrysler Building**

Le siège de **Ford Foundation Building** possède un charmant jardin intérieur au cœur d'un building en forme de cube, en granite, verre et acier.

**Ralph J Bunche Park**

**News building** ★
*Un énorme globe terrestre tourne sur son axe dans le hall d'entrée du siège Art déco du quotidien* Daily News ❻

**Tudor City**
*De belles décorations sculptées dans la pierre caractérisent cet ensemble de 3 000 appartements, de style Tudor américain* ❼

## MetLife Building ❶

200 Park Ave. **Plan** 13 A5. M *42nd St-Grand Central.* **Ouv.** *h. de bureau.*

**Couloir de MetLife Building**

Les sculptures du sommet de la gare de Grand Central Terminal se découpaient jadis sur le ciel new-yorkais. Puis, en 1963, la perspective de Park Avenue fut bouchée par ce colosse initialement baptisé Pan Am Building, œuvre de Walter Gropius, Emery Roth & Sons et Pietro Belluschi. La gare fut comme écrasée par ce qui était alors le plus grand building commercial au monde : la réprobation fut générale, ce qui explique l'abandon ultérieur d'un projet de construction d'une tour au-dessus de Grand Central. Par une ironie de l'histoire, le ciel se trouvait masqué par la Pan Am, compagnie aérienne qui avait permis à des millions de personnes de parcourir les airs (et qui à ses débuts, en 1927, comptait Charles Lindbergh parmi ses pilotes et consultants). La première ligne transpacifique (1936) et le premier tour du monde en vol régulier (1947) furent notamment assurés par la Pan Am. L'héliport qui occupait le toit du gratte-ciel fut désaffecté en 1977, à la suite d'un accident (une pluie de débris s'était abattue sur les rues environnantes). La Pan Am ayant disparu, le building a été vendu à MetLife en 1981.

## Grand Central Terminal ❷

*P. 154-155.*

## Home Savings of America ❸

110 E 42nd St. **Plan** 9 A1. M *42nd St-Grand Central.* **Ouv.** *horaires de banque.*

Cet immeuble de 1923 est considéré comme la plus belle œuvre des meilleurs spécialistes de l'architecture « bancaire » des années 1920. York & Sawyer retinrent pour les locaux de Manhattan-Nord de la Bowery Savings Bank un style évoquant une basilique romane. Une entrée voûtée conduit à une haute salle au plafond à poutres apparentes, aux sols de marbre à mosaïques, aux colonnes (de marbre elles aussi) soutenant de grandes arches de pierre. Entre les colonnes, des panneaux de mosaïque en marbre de France et d'Italie sont ornés de motifs animaliers symboliques (un écureuil pour l'économie, un lion pour la puissance).

**Facade de Home Savings of America Building**

## Chanin Building ❹

122 E 42nd St. **Plan** 9 A1. M *42nd St-Grand Central.* **Ouv.** *h. de bureau.*

**Détail de bas-relief sur Chanin Building**

Ancien siège de l'une des plus importantes sociétés de promotion immobilière de New York, celle d'Irwin S. Chanin, cette tour de 56 étages fut le premier gratte-ciel du quartier de Grand Central. C'est l'un des exemples les plus réussis d'architecture Art déco de la ville. Une large frise de bronze, ornée d'oiseaux et de poissons, court sur toute la longueur de la façade ; la base en terre cuite est décorée d'un enchevêtrement luxuriant de feuilles et de fleurs stylisées. À l'intérieur, le sculpteur René Chambellan réalisa toutes sortes de motifs ornementaux en cuivre ; les reliefs du vestibule retracent la carrière du self-made man Chanin.

**Détail de sculpture dans le hall de Home Savings of America Building**

## Chrysler Building 5

405 Lexington Ave. **Plan** 9 A1. 682-3070. M 42nd St-Grand Central. **Ouv.** *h. de bureau, hall d'entrée seulement.*

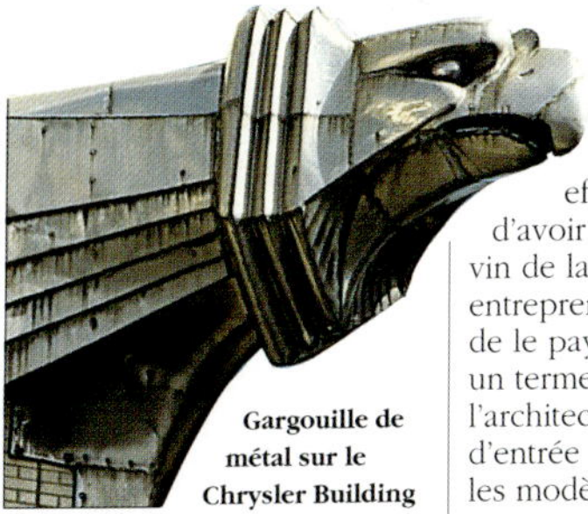

**Gargouille de métal sur le Chrysler Building**

Walter P. Chrysler entama sa carrière dans un atelier de chemin de fer de la Union Pacific, mais fort d'une passion pour l'automobile il s'éleva rapidement jusqu'au sommet de cette industrie, pour fonder en 1925 une compagnie portant son nom. Son souhait de se doter d'un siège new-yorkais qui symbolisât sa réussite allait aboutir à l'édification par William Van Alen d'un building qui resterait comme l'un des plus grands témoignages de l'âge d'or de l'automobile. La flèche Art déco en acier évoque une calandre ; les degrés de la tour sont ornés de bouchons de radiateur ailés, de roues et d'automobiles stylisées ; les gargouilles sont inspirées des emblèmes de capot de la Chrysler Plymouth de 1929. Bien qu'il ait été dépossédé du titre de plus haut gratte-ciel du monde quelques mois après son achèvement (par Empire State Building), Chrysler Building, haut de 77 étages, demeure l'un des plus prestigieux de New York. L'adjonction d'une flèche fut tenue secrète jusqu'au dernier moment ; construite à l'intérieur du building, celle-ci fut élevée par le toit, amenant ainsi le gratte-ciel à une hauteur supérieure à celle de l'immeuble de la Bank of Manhattan construit par H. Craig Severance, le grand rival de Van Alen. Van Alen fut bien mal récompensé de ses efforts. L'accusant d'avoir accepté des pots-de-vin de la part des entrepreneurs, Chrysler refusa de le payer. Le scandale mit un terme à la carrière de l'architecte. L'étonnant hall d'entrée (où étaient exposés les modèles Chrysler), parfaitement restauré en 1978, est décoré de marbre, de granite et d'acier chromé. Le plafond peint par Edward Trumball représente des scènes sur le thème des transports de la fin des années 1920. Bien que la Chrysler Corporation n'ait jamais fait son siège de ce building, le nom de la firme automobile lui est resté attaché.

**Porte d'ascenseur, Chrysler Building**

**Entrée de News Building**

## News Building 6

220 E 42nd St. **Plan** 9 B1. M *42nd St-Grand Central.* **Ouv.** *de 8h à 16h du lun. au ven.*

Le quotidien *Daily News*, fondé en 1919, était dès 1925 diffusé à un million d'exemplaires. Son goût des potins et des scandales, son style et l'abondance de ses illustrations lui valurent le surnom de « bible des domestiques ». Au fil des ans, il s'est cantonné à ce domaine (il révéla par exemple l'idylle d'Édouard VIII et de Mrs. Simpson), ce qui pendant des années s'avéra fort lucratif. Bien que déficitaire depuis quelque temps, ce quotidien réputé pour ses unes racoleuses continue de bénéficier de l'un des plus forts tirages de la presse américaine. Son siège, dessiné en 1930 par Raymond Hood, se caractérise par les rayures verticales alternées que forment ses fenêtres et des bandes de briques noires et brunes. Le hall d'entrée est célèbre pour avoir été celui du *Daily Planet* des films de *Superman* tournés dans les années 1980. Il contient un énorme globe terrestre et une voûte céleste aux détails constamment remis à jour. Sur le sol, des lignes en bronze indiquent la direction des grandes villes du monde et la position des planètes. La nuit, un ornement Art déco surmontant l'entrée principale est illuminé de l'intérieur par des néons.

# Grand Central Terminal ❷

En 1871, Cornelius Vanderbilt inaugura sur la 42e Rue une gare qui en dépit de maints aménagements se révéla toujours trop exiguë et qui fut finalement démolie. La gare actuelle de style Beaux-Arts, achevée en 1913 est la porte et le symbole de la ville. Elle doit une grande partie de son prestige à son immense hall, et à la façon dont sont divisés les flux de circulation des automobiles, des piétons et des trains. Sa charpente d'acier est recouverte de plâtre et de marbres. Reed & Stern furent responsables de la planification logistique, Warren & Wetmore de la conception d'ensemble. Sa restauration entreprise par Beyer & Blinder Belle, est superbe.

**La façade à colonnade de la 42e Rue**

**Fronton de la façade de la 42e Rue**
*Sculptures du français Jules-Alexis Coutan : Mercure, Hercule et Minerve couronnent l'entrée principale.*

**Niveau du grand hall**

**Circumferential Road**

**Métro**

**Un demi-million de passagers** transite chaque jour par Grand Central Terminal. Un escalier roulant conduit à l'intérieur de MetLife Building ; des magasins spécialisés et de nombreux restaurants ont ouvert récemment.

**Cornelius Vanderbilt**
*Le magnat du chemin de fer était appelé « Le Commandeur ».*

**À NE PAS MANQUER :**

- ★ **Le grand escalier**
- ★ **Le hall principal**
- ★ **Le bureau d'information**

**Grand Central Oyster Bar**
*Décoré des tuiles jaunes de Guastavino, il est aujourd'hui l'un des nombreux restaurants de la gare. En plus des restaurants particuliers, il y a aussi un « espace restauration » pour satisfaire tous les goûts* (p. 294).

**MODE D'EMPLOI**

E 42nd St at Park Ave. **Plan** *13 A5.* ☎ *340-3000.* Ⓜ *4, 5, 6, 7 jusqu'à Grand Central Stn.* 🚌 *M104, M42.* **Ouv.** de 5h30 à1h30 *tlj.* 📷 ♿ *mer. 12h30 Par le Municipal Arts Society (gratuit).* ☎ *935-3960.* 🍴 ☕ *Consigne ; bureau des objets trouvés.*

★ **Hall principal**

*Cet immense espace piétonnier au monumental plafond voûté est éclairé sur deux côtés par trois grandes verrières de 23 m de haut.*

**Plafond voûté**
Le Français Paul Helleu s'inspira d'un manuscrit médiéval pour réaliser un firmament piqueté de plus de 2 500 étoiles ; les constellations majeures sont illuminées.

**Le niveau inférieur** est relié aux autres niveaux par des escaliers, des rampes et un escalator tout neuf.

**Les grands escaliers** ★

*Deux doubles volées de marches de marbre, inspirées du grand escalier de l'Opéra de Paris, témoignent de la splendeur de l'âge d'or des transports ferroviaires.*

★ **Bureau d'information**

*Cette horloge à 4 cadrans surmonte le bureau des renseignements du hall.*

## Tudor City 7

E 42nd St. **Plan** 9 B1.
M *42nd St-Grand Central.*

L'œuvre de remodelage résidentiel et urbain que représentait Tudor City, véritable « ville dans la ville » conçue à l'intention des classes moyennes, fut entreprise entre 1925 et 1928 par la Fred F. French Company. Les douze immeubles comprenaient 3 000 appartements, un hôtel, des magasins, des restaurants, un bureau de poste et deux petits parcs privés. Aujourd'hui fort paisible, le quartier était au XIXe siècle un repaire de criminels, appelé Corcoran's Roost (le « Perchoir de Corcoran »), du nom de Paddy Corcoran, chef d'un gang tristement célèbre. La rive de East River était bordée d'usines, de brasseries et d'abattoirs, dont certains existaient encore lorsque la construction de Tudor City fut décidée. Pour cette raison, celle-ci ne possède que peu de fenêtres donnant sur l'extérieur, alors que la vue y est aujourd'hui superbe.

**Les étages supérieurs de Tudor City**

## Helmsley Building 8

230 Park Ave. **Plan** 13 A5. M *42nd St-Grand Central.* ***Ouv.*** *h. de bureau.*

L'une des plus belles vues de New York s'offre sur Park Avenue, vers le sud, jusqu'à Helmsley Building qui enjambe la chaussée où s'écoule une intense circulation. Seule tache de ce magnifique paysage urbain, MetLife Building dresse sa masse monolithique là où s'étendait jusqu'en 1963 la toile de fond du ciel. Édifié en 1929 par Warren & Whetmore, Helmsley Building fut conçu pour abriter le siège de la New York Central Railway Company. Il est aujourd'hui la propriété de Leona Helmsley, femme du défunt Harry Helmsley, un milliardaire qui commença sa carrière comme grouillot, payé 12 dollars par semaine. Leona figurait en bonne place dans toutes les publicités de leurs chaînes d'hôtels jusqu'à son incarcération en 1989 pour fraude fiscale. On attribue à Leona le caractère tape-à-l'œil de la rénovation du building.

**Représentation à la Japan Society**

**Des divinités à l'antique encadrent l'horloge de Helmsley Building**

## Nos 1 & 2 United Nations Plaza 9

**Plan** 13 B5. M *42nd St-Grand Central.*

Ces deux grandes colonnes de verre réfléchissant bleu-vert sont placées de telle façon l'une par rapport à l'autre que les jeux de lumière ainsi créés en font une gigantesque œuvre d'art sans cesse changeante. Leur intérieur, tout de marbre et de miroirs, est tout aussi saisissant. Ils abritent des bureaux d'une grande modernité, et le n° 1, Regal United Nations Plaza Hotel *(p. 280)*, accueille de nombreux diplomates et chefs d'État. Ceux-ci peuvent oublier les tensions de la politique internationale en glissant dans la piscine sous verrière, d'où s'étend une vue imprenable sur la ville et le siège des Nations Unies.

## Le siège des Nations Unies 10

*Voir p. 158-161.*

## Japan Society 11

333 E 47th St. **Plan** 13 B5.
*832-1155.* M *42nd St-Grand Central.* ***Musée ouv.*** *de 11h à 18h du mar. au dim.*

Le siège de la Japan Society, fondée en 1907 pour favoriser les échanges culturels entre le Japon et les États-Unis, fut financé par John D. Rockefeller, à hauteur de 4,3 millions de dollars. Ce superbe édifice noir édifié en 1971 sur les plans des architectes de Tokyo Junzo Yoshimura et George Shimamoto comprend un auditorium, un centre linguistique, une bibliothèque d'étude, un musée et des jardins orientaux traditionnels d'une profonde sérénité. Les expositions temporaires ouvertes au public présentent divers arts japonais, des sabres aux kimonos et aux estampes. La société propose des représentations d'arts vivants, des conférences, des cours de langue et des séminaires destinés à des cadres et dirigeants américains et japonais.

## Fred F. French Building ⓬

521 5th Ave. **Plan** 12 F5.
*M 42nd St-Grand Central.*
***Ouv.** h. de bureau.*

Construit en 1927 en tant que siège de la plus célèbre firme de promotion immobilière de l'époque, cet édifice somptueux fut conçu par l'architecte en chef de French, H. Douglas Ives, en collaboration avec

**Vitrail de Tiffany dans Church of the Incarnation**

Sloan & Robertson, auteurs de Chanin Building *(p. 152)*. Les concepteurs mêlèrent des formes proche-orientales, égyptiennes et Art déco. La façade est ornée dans sa partie supérieure de faïences multicolores. Un château d'eau se dissimule au sommet de l'immeuble, chargé de reliefs représentant un soleil levant flanqué de griffons, d'abeilles et de symboles de vertus telles que l'intégrité et l'industrie. Des monstres ailés assyriens chevauchent une frise de bronze au-dessus des entrées. Ces thèmes exotiques trouvent leur prolongement sous la voûte du hall d'entrée, au plafond polychrome et aux 25 portes en bronze doré. La construction de ce building vit pour la première fois l'emploi d'ouvriers de la tribu canadienne des Caughnawaga ; insensibles au vertige, ils allaient participer à l'édification de nombre des plus célèbres gratte-ciel new-yorkais.

**Le hall de Fred F. French Building**

## Church of the Incarnation ⓭

205 Madison Ave. **Plan** 9 A2.
*689-6350. M 42nd St-Grand Central. **Ouv.** de 11h30 à 14h du lun au mer. et ven. de 8h à 13h le dim. Prévenir à l'avance.*

Cette église épiscopalienne et son presbytère datent de 1864. Madison Avenue était alors un lieu de résidence de l'élite new-yorkaise. Son extérieur de grès et de *brownstone* est bien représentatif de l'époque. À l'intérieur, l'on peut admirer une balustrade de l'autel en chêne, œuvre de Daniel Chester French, une *Adoration des Mages* de John La Farge ainsi que des vitraux de La Farge, Louis Comfort Tiffany, William Morris et Edward Burne-Jones.

## Morgan Library ⓮

*Voir p. 162-163.*

## Sniffen Court ⓯

150–158 E 36th St. **Plan** 9 A2.
*M 33rd St.*

Les dix maisons en briques de style néo-roman qui se dressent dans une cour tranquille constituent une charmante surprise, parfaitement préservée au cœur d'un *block* animé du New York moderne.
La maison de l'extrémité sud servit de studio à Malvina Hoffman, dont les cavaliers grecs décorent le mur extérieur.

**Le studio de Malvina Hoffman**

# Le siège des Nations Unies ⑩

Le drapeau des Nations Unies

L'Organisation des Nations Unies, qui comptait 51 États membres lors de sa fondation en 1945, en compte aujourd'hui 185. Elle se donne pour objectifs de préserver la paix internationale, de favoriser l'autodétermination des peuples et de contribuer au bien-être économique et social dans le monde. New York fut choisi pour abriter le siège de l'ONU, et John D. Rockefeller fit don de 8,5 millions de dollars pour l'acquisition de terrains au bord de East River. La construction du siège se fit sous la houlette de l'architecte américain Wallace Harrison, qui œuvra en collaboration avec une équipe internationale. Les 7 ha du site jouissent d'un statut d'extraterritorialité. Des visites guidées quotidiennes permettent de découvrir diverses salles du palais de l'ONU, dont celle de l'Assemblée générale.

Le siège des Nations Unies

**Le bâtiment de l'Assemblée générale** comprend les salles de réunion du Conseil de sécurité, du Conseil de tutelle et du Conseil économique et social.

★ **Le Conseil de sécurité**
*Les délégués et leurs assistants se réunissent en conférence autour de la table en fer à cheval, cependant que le personnel (chargé notamment de la transcription des débats) est assis à la longue table du centre.*

★ **La cloche de la Paix**
*Fondue avec les monnaies de 60 nations, elle est suspendue dans une pagode en cyprès. C'est un don du Japon*

**Roseraie**
Les jardins soignés situés au bord de East River sont ornés de 25 variétés de roses.

**À NE PAS MANQUER :**

- ★ **L'Assemblée générale**
- ★ **Le Conseil de sécurité**
- ★ **La cloche de la Paix**
- ★ **Reclining Figure**

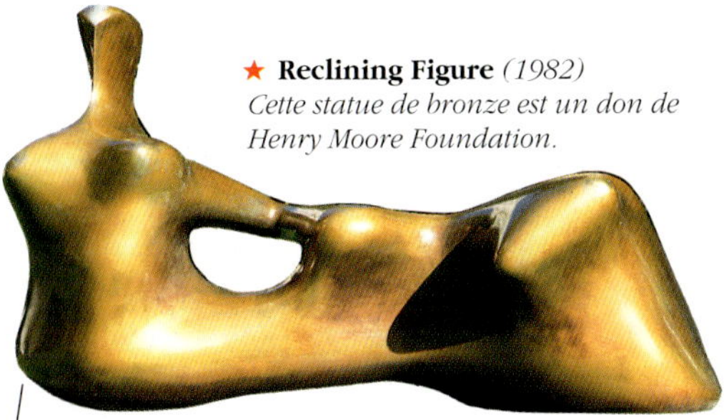

★ **Reclining Figure** *(1982)*
*Cette statue de bronze est un don de Henry Moore Foundation.*

**MODE D'EMPLOI**

1st Ave et 46th St. **Plan** 13 C5. *963-8687.* *4, 5, 6, 7 jusqu'à 42nd St-Grand Central Station.* *M15, M27, M42, M50, M104.* **Ouv.** *de mars à déc. de 9h15 à 16h45 t.l.j. ; de janv. à fév. du lun. au ven. seulement.* **F.** *1er janv., Thanksgiving, 25 déc. (horaires réduits durant fêtes de fin d'année).* ***Visites payantes.*** *en 20 langues.* ***Conférences, films.***

**Les couleurs du monde**
*Les drapeaux des États membres flottent devant le siège de l'ONU.*

**L'Assemblée générale** ★
*Unique organe des Nations Unies dans lequel tous les États membres sont représentés, elle est en session régulière trois mois par an.*

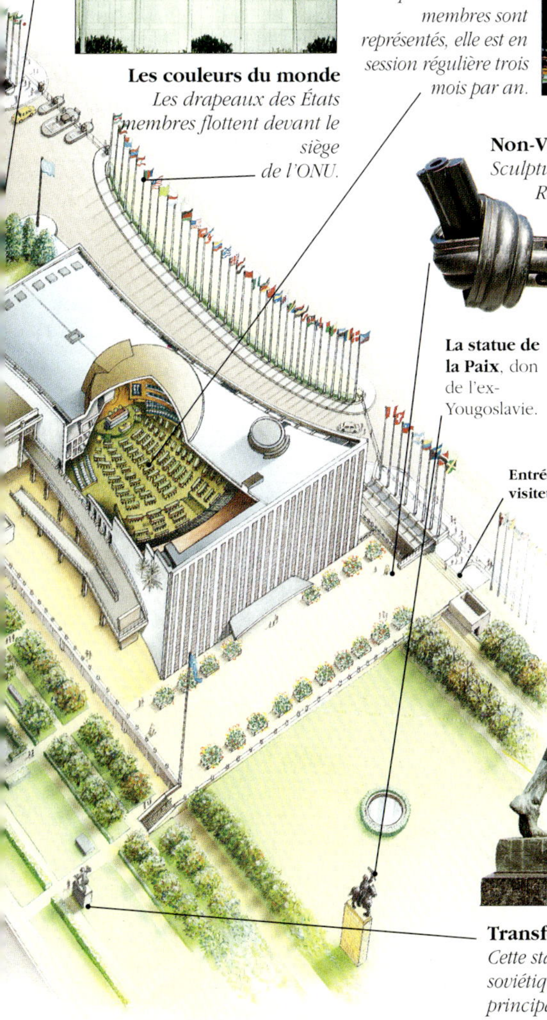

**Non-Violence** *(1988)*
*Sculpture du Suédois Karl Fredrik Reutersward, don du Luxembourg.*

**La statue de la Paix**, don de l'ex-Yougoslavie.

**Entrée des visiteurs**

**Transformons les épées en charrues**
*Cette statue de bronze (1958) du sculpteur soviétique Evgeny Vuchetich symbolise la principale raison d'être des Nations Unies.*

# L'Organisation des Nations Unies

L'Organisation des Nations Unies accomplit la mission qui lui est dévolue par le truchement de trois Conseils et d'une Assemblée générale (comprenant tous les membres de l'ONU). Le Secrétariat assure l'administration de l'organisation. Des visites guidées permettent de découvrir la salle du Conseil de sécurité et celle de l'Assemblée générale.

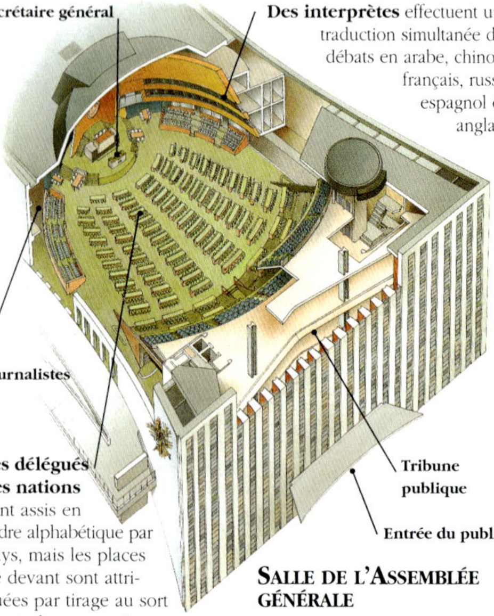


**SALLE DE L'ASSEMBLÉE GÉNÉRALE**

## L'Assemblée générale

L'Assemblée générale, organisme majeur de l'ONU, se réunit en sessions régulières de la mi-septembre à la mi-décembre. Des sessions extraordinaires peuvent également se tenir à la demande du Conseil de sécurité ou d'une majorité des États membres. Chacun de ceux-ci, quelle que soit sa taille, dispose d'une voix.
L'Assemblée générale traite de tout problème international soulevé par les États membres ou par d'autres organismes de l'ONU. Sans avoir valeur de lois, ses recommandations, votées à la majorité des deux tiers, exercent une profonde influence sur l'opinion publique internationale.
Les 1 898 sièges de la salle sont équipés d'écouteurs permettant aux délégations (placées par tirage au sort avant chaque session) de suivre les débats en traduction simultanée.
L'Assemblée générale désigne le Secrétaire général (sur proposition du Conseil de sécurité), approuve les budgets de l'ONU et élit les membres non permanents des Conseils. Conjointement avec le Conseil de sécurité, elle nomme les juges de la Cour internationale de Justice, qui siège à La Haye.

***Le Pendule de Foucault*** **; sa lente rotation prouve que la Terre tourne sur son axe**

## Le Conseil de sécurité

Ce conseil, qui s'efforce de favoriser la paix internationale et intervient en cas de crise (au Koweit, en ex-Yougoslavie et au Kosovo), est le seul organisme de l'ONU dont les décisions s'imposent à tous les États membres, et le seul à siéger en permanence. Le Conseil de sécurité compte cinq membres permanents (Chine, France, Fédération de Russie, Royaume-Uni et États-Unis), les autres membres étant élus pour deux ans par l'Assemblée générale.
En cas de conflit international, le Conseil s'efforce tout d'abord de rechercher un accord entre les parties, par la médiation. Lorsque des combats armés éclatent, il peut ordonner des cessez-le-feu et imposer des sanctions économiques ou militaires. Il peut également dépêcher des troupes chargées de maintenir la paix ou de s'interposer entre les factions rivales jusqu'à ce qu'une solution diplomatique ait pu être trouvée. L'intervention militaire ne s'effectue qu'en dernier ressort. Des forces de l'ONU peuvent être déployées de façon ponctuelle ou permanente (à Chypre, au Proche-Orient).

**Cette peinture murale de Per Krohg (Norvège) symbolise la paix et la liberté**

## Le Conseil de tutelle

C'est le seul organisme de l'ONU dont la tâche va diminuant. Créé en 1945 dans le but d'assurer une transition pacifique vers l'indépendance de territoires ou de colonies non encore autonomes, il a supervisé l'accession à l'indépendance de plus de 80 colonies. Les populations sous son contrôle se sont réduites de 750 millions de personnes à environ 3 millions. Le Conseil de tutelle est actuellement composé des cinq membres permanents du Conseil de sécurité.

Cette peinture murale de Zanetti (République dominicaine), dans le bâtiment des Conférences, illustre la lutte pour la paix

La Chambre du Conseil des tutelles

## Le Conseil économique et social

Les 54 membres de ce conseil se donnent pour mission d'améliorer les conditions de vie matérielles et sociales dans le monde, ce à quoi sont consacrées 80 % des ressources de l'ONU. Le Conseil adresse des recommandations à l'Assemblée générale, à chaque nation membre et aux institutions spécialisées de l'ONU. Il est assisté par des commissions traitant de problèmes économiques régionaux, des droits de l'homme, de l'environnement... Il œuvre aussi en partenariat avec l'Organisation mondiale de la santé, l'UNICEF et d'autres organismes internationaux.

## Le Secrétariat

Les 16 000 membres du personnel du Secrétariat assurent, au quotidien, le fonctionnement de l'Organisation des Nations Unies et de tous ses conseils, commissions et institutions. Le Secrétaire général, élu pour cinq ans par l'Assemblée générale, joue un rôle clef en tant que porte-parole de l'organisation, dans ses efforts de maintien de la paix notamment.

## Les grandes dates dans l'histoire de l'ONU

En 1960, Khrouchtchev s'adresse à l'Assemblée générale

N'étant pas dotée de forces de maintien de l'ordre permanentes, l'ONU s'en remet à l'obéissance volontaire et au soutien militaire de ses membres, ce qui lui a valu de connaître la réussite mais aussi l'échec. En 1948, l'ONU déclara que le gouvernement légitime de Corée était celui de Corée du Sud ; deux ans plus tard, elle joua un rôle majeur dans la lutte contre l'armée d'invasion venue de Corée du Nord. En 1949, l'ONU contribua au cessez-le-feu entre l'Indonésie et les Pays-Bas, et mit sur pied une conférence qui aboutit à l'indépendance de l'Indonésie. En 1974, la République populaire de Chine fut enfin acceptée au sein de l'Organisation, et donc de la communauté internationale. Les problèmes les plus persistants se situent au Proche-Orient. Après qu'Israël eut été envahi par cinq nations arabes au lendemain de sa création en 1948, l'ONU négocia un cessez-le-feu ; des forces de l'ONU sont présentes dans la région depuis 1974, mais la question palestinienne n'est pas encore complètement résolue malgré les accords de paix de septembre 1993. Après avoir joué un rôle de médiation lors de l'accession de Chypre à l'indépendance, en 1957, l'ONU y établit en 1964 une force militaire afin de maintenir la paix entre Grecs et Turcs.

## Œuvres d'art à l'ONU

Le siège de l'ONU abrite de nombreuses œuvres d'art et reproductions, souvent offertes par les nations membres. La plupart de ces œuvres (tableaux ou sculptures, notamment) ont pour thème la paix ou la fraternité internationale. *La Règle d'Or*, de Norman Rockwell, a pour légende « Fais à autrui ce que tu voudrais que l'on te fasse ». Un grand vitrail de Marc Chagall est dédié à la mémoire de l'ancien Secrétaire Général Dag Hammarskjöld, mort accidentellement en 1961 lors d'une mission au Congo. Une sculpture de Henry Moore orne le parc.

*La Règle d'Or* (1985), mosaïque de Norman Rockwell

# Morgan Library ⓮

Le fonds de la bibliothèque Morgan fut constitué à partir des collections privées du banquier John Pierpont Morgan. En 1902, les architectes McKim, Mead & White édifièrent pour les accueillir un splendide palais de style Renaissance. En 1924, le fils de Morgan fit de la bibliothèque une institution publique. Elle possède aujourd'hui l'une des plus belles collections de manuscrits, livres et gravures rares au monde, présentée dans deux bâtiments, celui de 1902 et l'ancienne demeure de J.P. Morgan Jr.

**L'extérieur du bâtiment initial de Morgan Library**

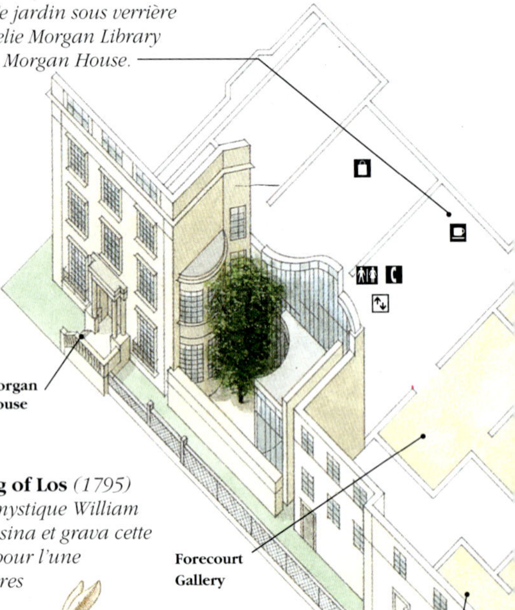


★ **Le jardin d'hiver**
*Ce jardin sous verrière relie Morgan Library à Morgan House.*

**LÉGENDE DU PLAN**

☐ Espace d'exposition

☐ Autres salles et espaces

**The Song of Los** *(1795)*
*Le poète mystique William Blake dessina et grava cette planche pour l'une de ses œvres les plus novatrices.*

**Alice au pays des Merveilles**
*Les personnages de Lewis Carroll sont immortalisés par les célèbres illustrations de John Tenniel (vers 1865).*

**À NE PAS MANQUER :**

- ★ **Le Livre de la Chasse**
- ★ **Adam et Ève d'Albrecht Dürer**
- ★ **Le Garden Court**
- ★ **La partition manuscrite du concerto pour cor de Mozart**

**La bible de Gutenberg** *(1465)*
Le volume imprimé sur papier vélin est l'un des 11 exemplaires restants.

**GUIDE DE LA BIBLIOTHÈQUE**
*Le cabinet de travail de Morgan et la bibliothèque originelle contiennent certains des objets d'art préférés du banquier. Des expositions temporaires permettent aux visiteurs d'avoir accès à des pièces d'une très grande richesse culturelle.*

★ **La partition manuscrite du concerto pour cor en mi bémol majeur de Mozart.** *Les 6 feuillets qui subsistent sont rédigés avec des encres de couleur.*

**MODE D'EMPLOI**

29 E 36th St. **Plan** 9 A2. 685-0008. 6 jusqu'à 33rd St. M1, M2, M3, M4. **Ouv.** de 10h30 à 17h du mar. au jeu., jusqu'à 20h le ven., jusqu' à 18h le sam., de 12h à 18h le dim. **F.** lun. et jours fériés. **Entrée payante.** **Concerts, conférences, présentations de films-vidéos.**

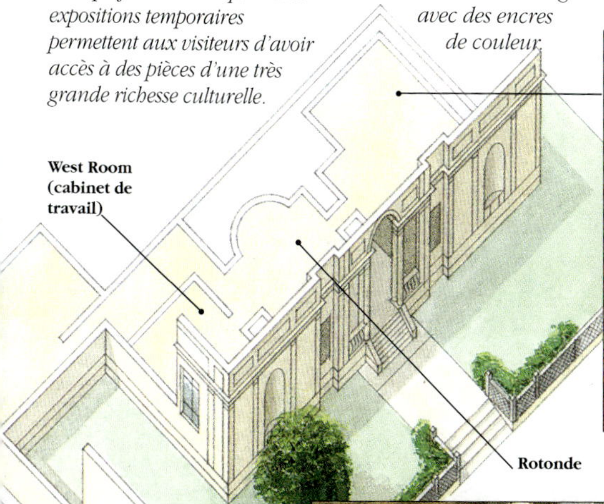

**East Room**
*Les murs sont garnis du sol au plafond de triples rayonnages. Des peintures murales représentent des personnages historiques et leurs muses, ainsi que les signes du zodiaque.*

★ **Adam et Ève (1504)**
*Cette œuvre parmi les plus célèbres de Dürer traduit sa quête d'une représentation parfaite de l'anatomie humaine.*

★ **Le Livre de la Chasse**
*Cette copie du livre enluminé de Gaston Phébus sur la chasse date du* XV^e^ *siècle.*

**PIERPONT MORGAN**

J. P. Morgan (1837-1913) fut non seulement un brillant financier, mais aussi l'un des plus grands collectionneurs de son temps. C'était un grand honneur que de figurer dans la collection de ce passionné d'ouvrages rares et de manuscrits originaux. En 1909, lorsque Morgan lui demanda son manuscrit de *Pudd'nhead Wilson*, Mark Twain répondit : « L'une de mes plus grandes ambitions se trouve satisfaite. »

Ermenegildo Zegna

# UPPER MIDTOWN

La Cisitalia du MoMA (1946)

C'est le cœur du New York chic, jalonné d'églises, synagogues, clubs, palaces, boutiques célèbres, gratte-ciel d'avant-gardes et appartements luxueux. Là résidèrent, au XIXe siècle, des dynasties aussi illustres que les Vanderbilt ou les Astor. La construction des tours Lever et Seagram dans les années 1950 marque l'histoire de la ville, transformant ce secteur résidentiel de Park Avenue en prestigieux centre d'affaires.

## LE QUARTIER D'UN COUP D'ŒIL

**Rues et bâtiments historiques**
Villard Houses 9
General Electric Building 11
Sutton Place et Beekman Place 17
Roosevelt Island 18
Fuller Building 20

**Architecture moderne**
Trump Tower 2
IBM Building 3
Lever House 13
Seagram Building 14
Citicorp Center 15

**Musées et galeries**
*Museum of Modern Art (MoMA) p. 170-173* 5
American Craft Museum 6
Museum of Television and Radio 7

**Églises et synagogues**
St Thomas' Church 4
*St Patrick's Cathedral p. 176-177* 8
St Bartholomew's Church 10
Central Synagogue 16

**Hôtels de prestige**
Waldorf-Astoria 12
Plaza Hotel 21

**Boutiques de prestige**
Cinquième Avenue 1
Bloomingdale's 19

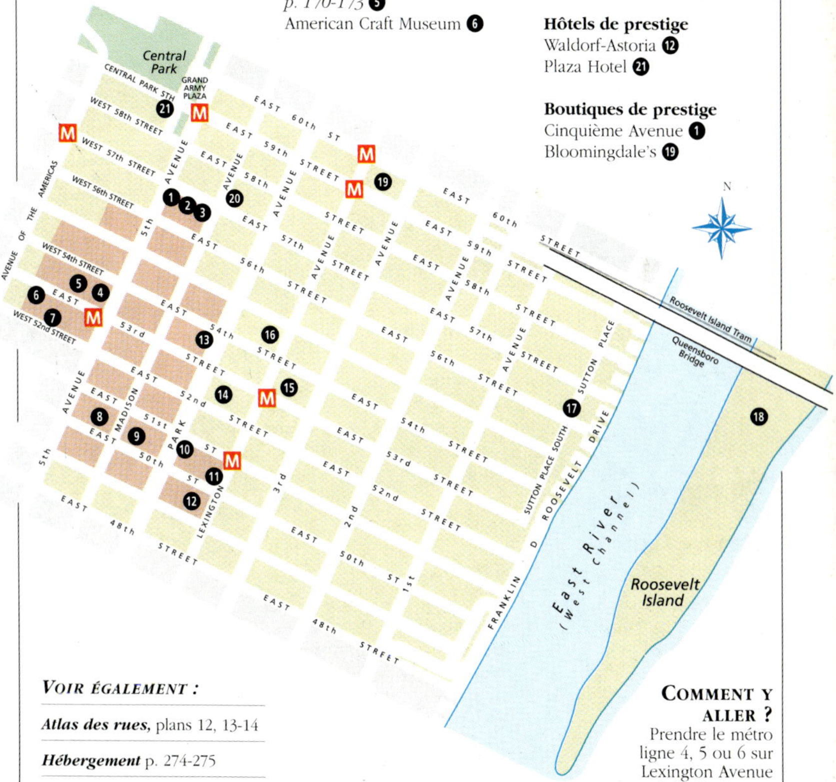


***VOIR ÉGALEMENT :***

***Atlas des rues***, plans 12, 13-14
***Hébergement*** p. 274-275
***Restaurants*** p. 290-292

0 — 500 mètres
0 — 500 yards

**LÉGENDE**

- Plan du quartier pas à pas
- M Station de métro

**COMMENT Y ALLER ?**

Prendre le métro ligne 4, 5 ou 6 sur Lexington Avenue jusqu'à la 51e Rue ou ligne E ou F jusqu'à la 5e Avenue. Bus : M15, M101/102 et M1, M2, M3 et M4 ; bus transversaux : M50, M57 et M58.

# Upper Midtown pas à pas

Les boutiques aux noms prestigieux sont le symbole de la Cinquième Avenue. En 1917, Cartier acquiert la résidence du banquier Morton F. Plant en échange d'un collier de perles. D'autres détaillants suivront son exemple. Mais le shopping de luxe n'est pas le seul atout de ce quartier : on y trouve également trois musées passionnants et un éventail surprenant de styles architecturaux.

**La Cinquième Avenue**
*Une balade en calèche pour retrouver le charme du passé* ❶

**American Craft Museum**
*Céramique, meubles et objets traditionnels américains.*

**University Club,** construit en 1899, est un cercle très privé.

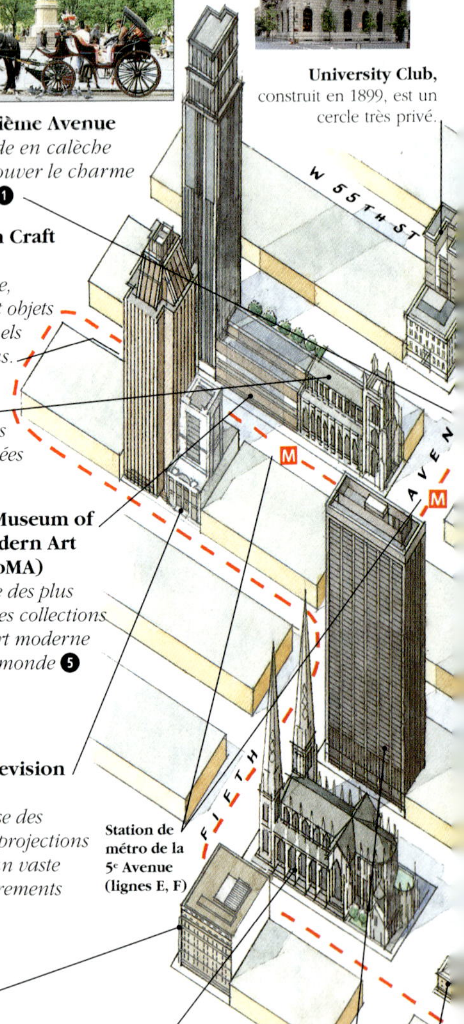

**St Thomas' Church**
*La plupart des sculptures intérieures ont été réalisées par Lee Lawrie* ❹

**★Museum of Modern Art (MoMA)**
*Une des plus belles collections d'art moderne au monde* ❺

**Museum of Television and Radio**
*Ce musée propose des expositions, des projections thématiques et un vaste choix d'enregistrements historiques* ❼

**Station de métro de la 5e Avenue (lignes E, F)**

**Saks Fifth Avenue** est un modèle de bon goût pour les New-Yorkais depuis des générations *(p. 311).*

**★ St Patrick's Cathedral**
*Cet édifice néo-gothique est la plus grande cathédrale des États-Unis* ❽

**Olympic Tower** est composée de bureaux et d'appartements. Son atrium est éclairé par la lumière naturelle.

**Villard Houses**
*Cet ensemble élégant de 5 hôtels particuliers fait partie du New York Palace Hotel* ❾

**À NE PAS MANQUER :**

- ★ **Museum of Modern Art (MoMA)**
- ★ **St Patrick's Cathedral**

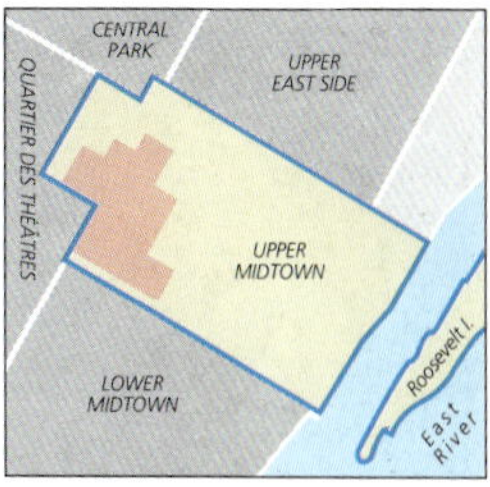


**CARTE DE SITUATION**
*Voir carte de Manhattan p. 12-13*

**LÉGENDE**

Itinéraire conseillé

0 100 mètres
0 100 yards

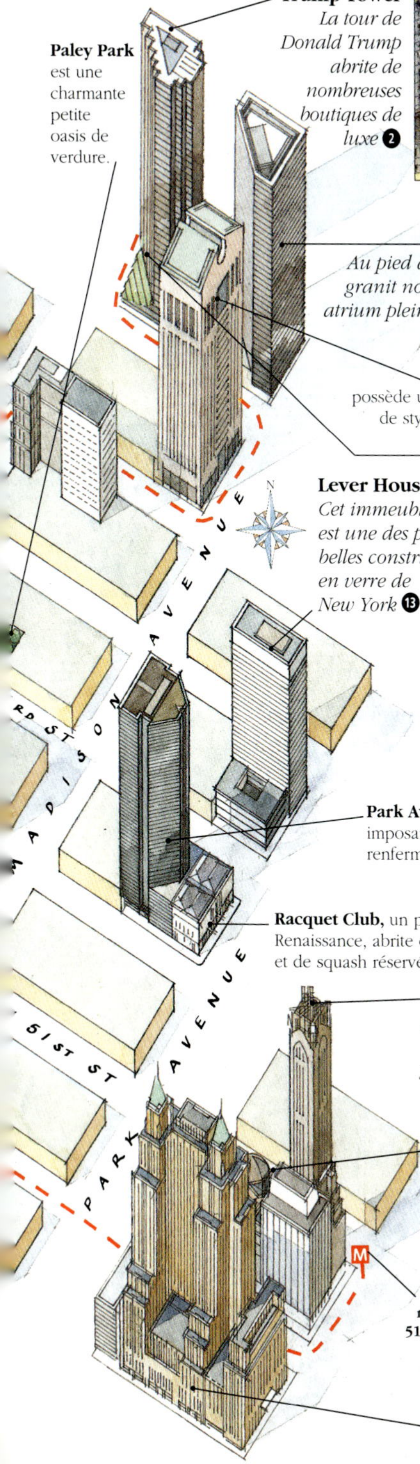


**Trump Tower**
*La tour de Donald Trump abrite de nombreuses boutiques de luxe* ❷

**Paley Park** est une charmante petite oasis de verdure.

**IBM Building**
*Au pied de cette tour en granit noir se trouve un atrium plein de sérénité* ❸

**Sony Building** possède un couronnement de style post-moderne.

**Tiffany & Company** est renommé pour son luxe discret et ses bijoux somptueux (*p. 321*).

**Lever House**
*Cet immeuble est une des plus belles constructions en verre de New York* ⓭

**Park Avenue Plaza** est un imposant prisme de verre renfermant un atrium aéré.

**General Electric Building**
*Le pinacle pointu de cette tour construite en 1931 symbolise la « fée électricité »* ⓫

**Racquet Club,** un palais de style Renaissance, abrite des courts de tennis et de squash réservés à ses membres.

**St Bartholomew's Church**
*Son dôme byzantin la distingue des autres églises du quartier* ❿

**Station de métro de la 51e Rue (ligne 6)**

**Waldorf-Astoria**
*Ce magnifique palace d'un autre temps a séduit de nombreuses personnalités, dont le duc et la duchesse de Windsor* ⓬

Une vitrine du magasin de Bergdorf Goodman *(p. 311)*

## La 5e Avenue ❶

**Plan** 4 F1 –16 E1. Ⓜ *5th Ave-53rd St.*

En 1883, William Henry Vanderbilt fut le premier membre de la haute société new-yorkaise à faire construire son hôtel particulier sur la 5e Avenue. Bientôt ses pairs lui emboîtèrent le pas : les Astor, les Belmont ou les Gould. Aujourd'hui, seuls quelques édifices témoignent encore du faste de cette époque. C'est le cas de la joaillerie Cartier, au n° 651, qui fut autrefois la résidence du milliardaire Morton F. Plant. À partir de 1906, de nombreuses boutiques s'ouvrent, gagnant le nord de l'avenue et faisant refluer les riches familles vers d'autres artères du centre-ville. La légende prétend que lorsque Plant emménagea en 1917 sur la 86e Rue, il céda son ancienne demeure à Pierre Cartier en échange d'un superbe collier de perles. Depuis lors, 5e Avenue rime avec luxe et splendeur. Elle est bordée d'innombrables boutiques chic, parmi lesquelles Cartier sur la 52e Rue, Tiffany ou Bergdorf Goodman sur la 57e, que fréquentaient déjà, en leur temps, les Vanderbilt ou les

Le hall pharaonique de Trump Tower

## Trump Tower ❷

*725 5th Ave.* **Plan** *12 F3.* ☎ *832-2000.* Ⓜ *5th Ave-53rd St.* ***Niveau jardin, boutiques ouv.*** *de 10h à 18h du lun. au sam., de 12h à 17h le dim.* ***Bâtiment ouv.*** *de 10h à 19h tlj.* ***Entrée gratuite*** *Voir* ***Histoire*** *p. 31.* ***Concerts.***

Cette tour, dont les bureaux et les appartements coûtent des fortunes, se dresse au-dessus d'un atrium de six étages bordé de magasins chic et de luxueux cafés. Marbre rose, cascades et jeux de miroirs : ce monument tape-à-l'œil symbolisant le capitalisme triomphant et la société de consommation a été élevé par Donald Trump, dont la personnalité est à l'image de la démesure des années 80. En comparaison, la célèbre joaillerie Tiffany qui se trouve juste à côté fait figure de temple du bon goût. Les vitrines raffinées et l'élégance discrète des sobres écrins bleus de cette maison fondée en 1837 appartiennent au patrimoine new-yorkais depuis que l'écrivain Truman Capote les a immortalisés dans son roman *Petit déjeuner chez Tiffany*.

L'entrée de la célèbre bijouterie Tiffany & Co

## IBM Building ❸

590 Madison Ave. **Plan** 12 F3. ☎ *745-5994.* Ⓜ *5th Ave.* ***Garden Plaza ouv.*** *de 8h à 22h tlj*

Achevée en 1983, cette tour de 43 étages conçue par Edward Larrabee Barnes est un prisme composé de cinq faces en granit gris vert. Elle abrite le Garden Plaza, un vestibule vaste ouvert aux visiteurs désireux d'y faire un tour et d'admirer les lieux. Près du hall, une œuvre du sculpteur Michael Heizer, intitulée *Levitated Mass*, représente un réservoir en acier dans lequel un énorme bloc de granit semble suspendu dans le vide, au-dessus d'un tapis d'eau courante. En 1999, IBM Corporation a vendu la tour ; et l'avenir de la galerie des Sciences et des Arts, saluée par tous, reste incertain.

St Thomas' Church

## St Thomas' Church ❹

1 W 53rd St. **Plan** 12 F4. *757-7013.* *5th Ave-53rd St.* ***Ouv.*** *de 7h à 18h tlj.* *fréquents.* *après la messe de 11h.*

Bâtie entre 1909 et 1914, St Thomas' Church remplace un premier sanctuaire détruit par un incendie en 1905. C'est là que se déroulaient les mariages de la grande bourgeoisie new-yorkaise à la fin du siècle dernier. Le plus somptueux d'entre eux fut sans doute celui de l'héritière des Vanderbilt avec un Anglais, le duc de Marlborough, en 1895. La forme originale de ce bâtiment néo-gothique est due à sa situation, sur un terrain exigu à l'angle de la Cinquième Avenue et de la 53e Rue. Il ne possède en effet qu'une seule tour, asymétrique, et sa nef est excentrée. Derrière l'autel, le retable richement sculpté est l'œuvre de l'architecte Bertram Goodhue et du sculpteur Lee Lawrie. Dans le chœur, des niches abritent plusieurs statues des années 1920, dont celles des présidents Roosevelt et Wilson, et de Lee Lawrie lui-même.

## Museum of Modern Art (MoMA) ❺

*P. 170-173.*

## American Craft Museum ❻

40 W 53rd St. **Plan** 12 F4. *956-3535.* *5th Ave-53rd St.* ***Ouv.*** *de 10h à 18h le mar., mer., ven.-dim., de 10h à 20h le jeu.* ***Entrée payante.*** ***Conférences, films.***

C'est le meilleur endroit pour découvrir la richesse et la diversité de l'artisanat contemporain américain. On peut y admirer de superbes couettes cousues main, des céramiques, de la verrerie, etc., ainsi que des objets originaux de toutes sortes datant du début du siècle à nos jours. Le comptoir de la réception, en érable, a été sculpté par James Schneider ; il est déjà une œuvre d'art à lui tout seul. Le musée a rouvert ses portes au public en 1987 et occupe maintenant les trois premiers étages d'une tour de bureaux. Les objets exposés ne sont pas à vendre.

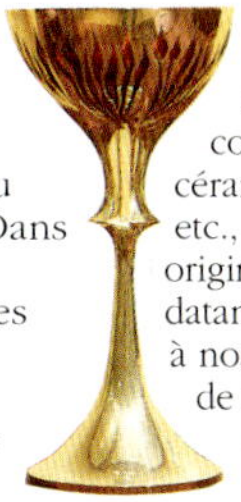

**Calice en argent de Ronald Hayes Pearson, American Craft Museum**

## Museum of Television and Radio ❼

25 W 52nd St. **Plan** 12 F4. *621-6600.* *5th Ave-53rd St.* ***Ouv.*** *de 12h à 18h du mar. au dim. (20h le jeu.). Cinémas et salles de projection fermés à 21h le ven.* ***F.*** *les j.f.* ***Entrée payante.***

Ce musée unique en son genre vous permettra d'écouter et de voir une multitude de documents audiovisuels (reportages, variétés, sports, documentaires) de toutes les époques. Les 50 000 programmes des archives du musée incluent les débuts télévisés d'Elvis ou des Beatles, des extraits de grandes compétitions sportives, et de nombreuses images de la seconde guerre mondiale. Des cabines individuelles sont à votre disposition, ainsi qu'une salle de projection de 200 places destinée à des rétrospectives. Des expositions de photographies et d'affiches sont aussi régulièrement organisées. Le musée a ouvert ses portes en 1975 sur la 53e Rue, sous le patronage de l'ancien président de CBS, William S. Paley. C'est en 1991 qu'il a emménagé dans cet immeuble high-tech d'un coût de 50 millions de dollars qui, paraît-il, fait penser à une vieille TSF.

**Les Beatles lors d'une émission de télévision américaine en 1964**

**Lucille Ball, star de la TV dans les années 1960**

# Museum of Modern Art (MoMA) ❺

La façade du musée (53e Rue Ouest)

Ce musée abrite l'une des plus belles collections d'art moderne au monde. Fondé en 1929 par de riches mécènes, il est devenu une référence et englobe aujourd'hui l'ensemble des arts visuels. Les nouvelles œuvres exposées à l'occasion du millénaire donneront une vue d'ensemble inédite et des interprétations originales de l'art puissant et imposant de ce siècle.

**Jardin des sculptures**
*Le jardin Abby Aldrich Rockefeller est un havre de sérénité et d'harmonie.*

**Christina's World** *(1948)*
*Andrew Wyeth oppose la perspective écrasante de l'horizon à l'univers minutieusement détaillé qui entoure la jeune handicapée.*

**À NE PAS MANQUER**

★ ***La Nuit étoilée* de Vincent Van Gogh**

★ ***Les Demoiselles d'Avignon* de Pablo Picasso**

**SUIVEZ LE GUIDE !**
*Le rez-de-chaussée est consacré aux expositions temporaires. Le premier étage expose les peintures et les photographies, le second les sculptures et les gravures, tandis que le troisième est réservé à l'architecture et au design ; les films, quant à eux, sont projetés au sous-sol.*

**Bird in Space**
*(vers 1928)*
*L'élégant bronze de Constantin Brancusi semble prêt à quitter son socle.*

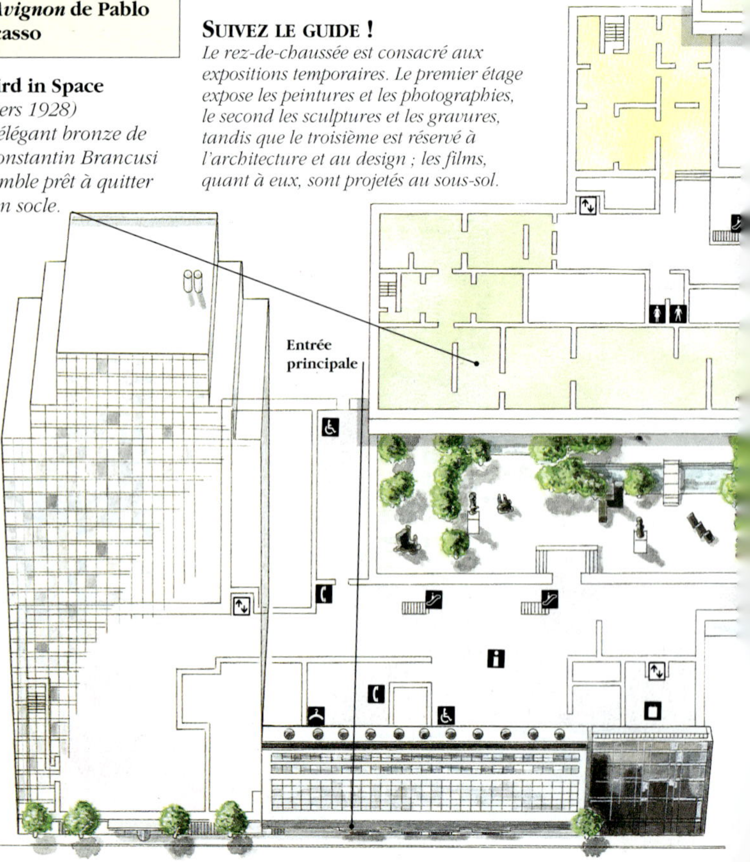

**La Cisitalia « 202 » GT** *(1946)*
*Cet exemple de design industriel illustre l'éclectisme du musée.*

**Mode d'emploi**

11 W 53rd St. **Plan** 12 F4. 708-9400. 5th Ave-53rd St. M1, M2, M3, M4, M27, M50. **Ouv.** de 10h30 à 18h du sam. au mar., de 10h30 à 20h30 jeu. et ven. **F.** 25 déc. **Entrée payante.** **Concerts, conférences, présentations de films.**

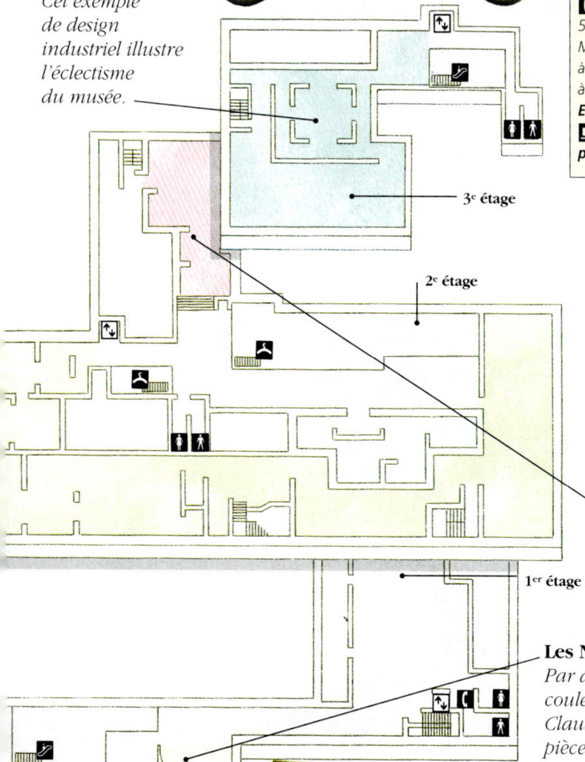


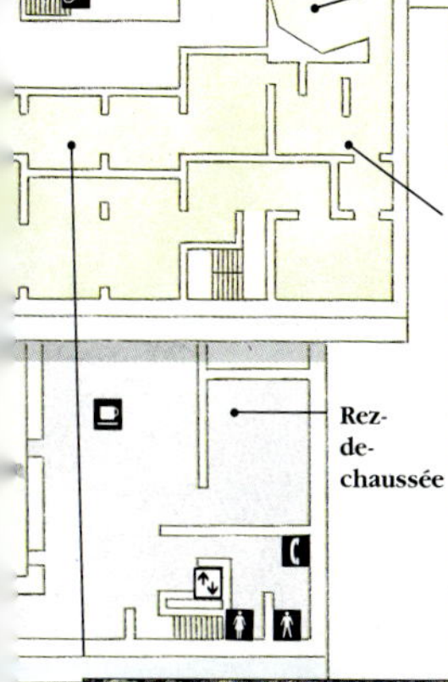

**La Clownesse** *(1896)*
*Cette œuvre est caractéristique de l'art de Toulouse-Lautrec, qui aimait représenter les gens du spectacle.*

**Les Nymphéas** *(vers 1920)*
*Par d'étonnants jeux de couleurs, le triptyque de Claude Monet baigne cette pièce d'une douce atmosphère.*

★**Les Demoiselles d'Avignon**
*Peint en 1907 par Picasso, ce tableau représente un groupe de prostituées. Les premières ébauches comprenaient également deux clients, par la suite supprimés car ils introduisaient dans la toile une note anecdotique inutile.*

★**La Nuit étoilée** *(1889)*
*La dimension réduite de cette œuvre de Van Gogh contraste avec la puissance qui s'en dégage. Ce paysage nocturne tourmenté est une des pièces les plus appréciées de la collection.*

**Légende**

- Architecture et design
- Dessins
- Gravures et illustrations
- Peintures et sculptures
- Photographie
- Expositions temporaires
- Circulations et services

# À la découverte des collections

Le Museum of Modern Art (MoMA) regroupe près de 100 000 œuvres d'art. On y trouve une collection post-impressionniste, les plus beaux échantillons de l'art moderne américain, ainsi que de superbes exemples d'objets de design, de photographies et de films anciens.

## La peinture et la sculpture de 1820 à 1940

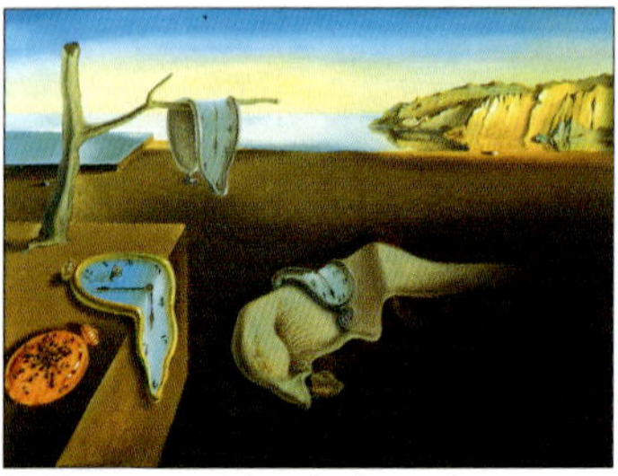

***La Permanence de la mémoire,* par le surréaliste Salvador Dalí (1931).**

Le *Baigneur* de Paul Cézanne et *La Nuit étoilée* de Vincent Van Gogh sont deux des fleurons de la collection de peintures de la fin du XIXe siècle présentée par le musée. Le fauvisme et l'expressionnisme sont illustrés par des toiles de Matisse, Derain, Kirchner et d'autres, tandis que *Les Demoiselles d'Avignon*, de Picasso, marque une transition vers un nouveau style de peinture. Le musée possède une collection unique de tableaux cubistes, témoignant d'un mouvement qui a radicalement remis en question notre perception du monde. Parmi eux, *La Fille à la mandoline* de Picasso, *L'Homme à la guitare* et *Soda* de Georges Braque, et *Guitare et fleurs* de Juan Gris. Le futurisme, qui a apporté au cubisme de la couleur et du mouvement pour décrire le dynamisme du monde moderne, est représenté par Gino Severini *(Dynamic Hieroglyphic of the Bal Tabarin)*, Umberto Boccioni *(Dynamism of a Soccer Player)*, ainsi que par des tableaux de Balla, Carrà et Villon. L'abstraction géométrique des constructivistes est également illustrée au travers des peintures de Malevich, Lissitzky et Rodchenko. L'influence de De Stijl se remarque dans les toiles de Piet Mondrian comme *Broadway Boogie Woogie*. Une salle entière est consacrée à Matisse, dans laquelle on peut admirer *Danse* et le *Grand Intérieur rouge*. Ailleurs, l'étrange beauté des œuvres de Dalí, Miró et Ernst transporte le visiteur dans l'univers du surréalisme.

## La peinture et la sculpture d'après-guerre

Au troisième étage, on découvre un impressionnant éventail de l'art d'après-guerre avec, entre autres, des œuvres de Bacon et Dubuffet. La collection d'art abstrait expressionniste comprend l'énigmatique et étonnant *One* [n° 31, 1950], de Jackson Pollock ; *Woman, I*, de Willem de Kooning ; *Agony*, d'Arshile Gorky ; et *Red, Brown and Black*, de Mark Rothko. Les galeries suivantes exposent des œuvres telles que *Flag*, de Jasper Johns, sans oublier *First Landing Jump* et *Bed*, de Robert Rauschenberg, respectivement réalisées à l'aide de détritus urbains et de draps. La partie réservée au Pop Art présente entre autres *Girl with Ball* et *Drowning Girl*, de Roy Lichtenstein ; le célèbre *Gold Marilyn Monroe*, par Andy Warhol ; et le *Giant Soft Fan*, de Claes Oldenburg. Les œuvres postérieures à 1965 sont montrées sous forme d'expositions temporaires, incluant des travaux de Judd, Flavin, Serra et Beuys.

***Dog* (1952), peinture à l'huile de l'Anglais Francis Bacon**

## Les dessins et les autres œuvres sur papier

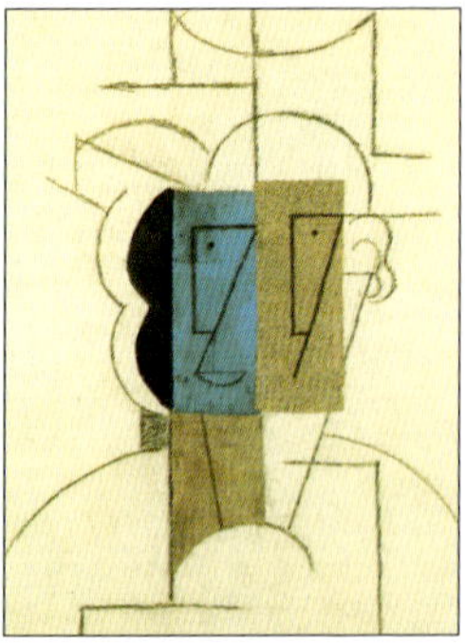

***Homme au chapeau,* de Pablo Picasso, collage et fusain**

Le MoMA possède une des collections les plus complètes de dessins modernes au monde. On y trouve un vaste échantillon de techniques traditionnelles de dessin – crayon, encre et fusain – mais aussi des aquarelles, des gouaches et des collages. On peut y admirer certaines ébauches de tableaux illustres, comme le *Portrait d'un étudiant en médecine*, de Picasso, qui servit d'ébauche aux *Demoiselles d'Avignon*. À ne pas manquer : les œuvres de l'école de Paris, du mouvement dada et du surréalisme. Une exposition tournante, dans les salles du deuxième étage réservées aux dessins, propose des œuvres de Matisse, Ernst, Klee, Pollock, Dubuffet et Rauschenberg. Celles-ci sont parfois présentées ailleurs dans le musée.

### Les gravures et les illustrations

*American Indian Theme,* de Roy Lichtenstein (1920)

Le musée offre de nombreux exemples de gravures anciennes et contemporaines, illustrant diverses techniques classiques (lithographie, eau-forte, sérigraphie, gravure sur bois) ou expérimentales. On peut y voir notamment *Autoportrait à la grimace,* de Marc Chagall. Un des intérêts de cette collection réside dans les travaux de Redon, Munch, Klee, Matisse, Picasso, Dubuffet, Villon et Johns. Leurs gravures, ainsi que celles d'autres artistes, sont en permanence visibles dans le cadre de l'exposition tournante du deuxième étage. En pénétrant dans les galeries consacrées à la gravure, une salle de lecture propose des catalogues et des ouvrages sur le sujet. La première galerie comprend des gravures de 1880 aux années 1950. Celle qui suit est consacrée à l'époque contemporaine (de 1960 à nos jours).

### Département films

Regroupant près de 10 000 films et 4 millions de photos, le musée propose un grand nombre de rétrospectives de metteurs en scène, d'acteurs, de genres particuliers et de travaux expérimentaux, ainsi qu'un vaste catalogue d'expositions diverses. L'archivage des films est l'une des activités majeures du département. Certains metteurs en scène célèbres offrent des copies de leurs films afin de contribuer à ce travail onéreux mais vital.

Charlie Chaplin et Jackie Coogan dans *The Kid* (1921)

### La photographie

La collection photographique du musée débute par une rétrospective sur l'invention de cette technique, vers 1840. Elle comprend des photos d'artistes illustres, journalistes, scientifiques et entrepreneurs, ainsi que des travaux d'amateurs. Au troisième étage, la première galerie de photographie est réservée aux expositions temporaires. Les autres salles proposent une promenade chronologique parmi les plus belles pièces de la collection. On peut y admirer des œuvres d'Atget, Stieglitz, Lange, Arbus, Steichen, Cartier-Bresson, Kertesz, et un éventail de photographies contemporaines de Friedlander, Sherman et Nixon. Les sujets abordés sont aussi divers que variés : paysages, scènes de désolation urbaine, images abstraites et portraits stylisés – dont les superbes nus sur pellicule d'argent du surréaliste français Man Ray. Cette collection photographique est l'une des plus riches au monde.

*Un dimanche sur les bords de la Marne* (1939), par Henri Cartier-Bresson

### L'architecture et le design

Ce musée fut le premier à inclure des objets utilitaires dans ses collections. Appareils électroménagers, chaînes stéréo, meubles, luminaires, textiles, verrerie, roulements à billes, composants électroniques, tout y est ! L'architecture est représentée au travers de maquettes, dessins et photos. Le design graphique est illustré par des travaux typographiques et des affiches. Les maquettes et dessins sont exposés dans la première galerie et précèdent les pièces de la collection de design. Le modèle de voiture Cisitalia, dessiné par Pinin Farina, et l'hélicoptère de Bell font partie des œuvres permanentes présentées au quatrième étage.

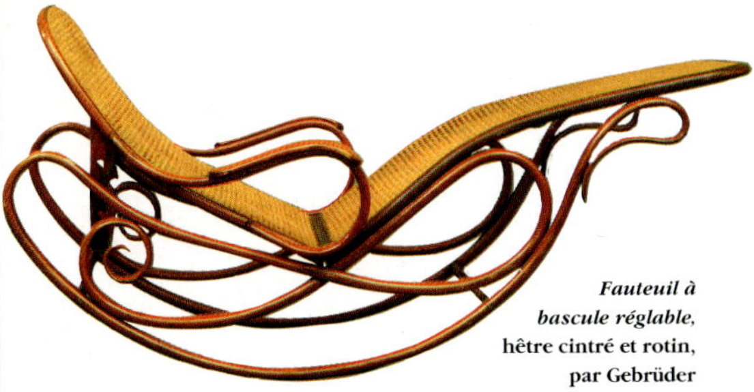

*Fauteuil à bascule réglable,* hêtre cintré et rotin, par Gebrüder Thonet (vers 1900)

## St Patrick's Cathedral ❽

P. 176-177.

## Villard Houses ❾

457 Madison Ave (New York Palace Hotel). **Plan** 13 A4. ☎ *935-3960.* Ⓜ *51st St.* ***Urban Center ouv.*** *de 11h à 17h du lun. au mer., le ven., et le sam.* 📷 🛍 *voir* ***Restaurants et bars p. 296.***

Henry Villard était un immigrant bavarois. Fondateur du *New York Evening Post* et de la compagnie de chemin de fer Northern Pacific Railroad, il achète en 1881 ce lopin de terre situé en face de St Patrick's Cathedral. Il confie à McKim, Mead & White la construction d'un ensemble d'hôtels particuliers. Il y en aura six au total, autour d'une petite cour ouverte sur la rue. L'aile sud est destinée à Villard lui-même, mais des difficultés financières le poussent à vendre avant la fin des travaux.
L'archevêché catholique devient par la suite propriétaire des hôtels, qui se trouvent menacés, dans les années 1970, par l'extension de la cathédrale. Le problème est résolu lorsque la chaîne d'hôtels Helmsley fait construire le Helmsley (désormais New York) Palace Hotel. Les appartements de Villard (aile sud), restaurés dans leur splendeur d'époque, abritent un grand restaurant français, Le Cirque. L'Urban Center, dont la librairie est la meilleure source d'ouvrages d'architecture de New York, occupe toute l'aile nord.

**Les Villard Houses sont désormais l'entrée du New York Palace Hotel**

**St Bartholomew's Church**

## St Bartholomew's Church ❿

109 E 50th St. **Plan** 13 A4. ☎ *751-1616.* Ⓜ *51st St.* ***Ouv.*** *de 7h30 à 18h tlj.* ***F.*** *les j.f. sauf le 25 décembre & Pâques.* ✝ *souvent.* 📷 ♿ ***Conférences, concerts.*** 🛍 *le dim.*

Plus connu sous le nom de « St Bart's », cet édifice néo-byzantin, avec ses briques roses, son parvis et son dôme polychrome, apporte depuis 1919 une note de couleur et de fantaisie sur Park Avenue. L'architecte Bertram Goodhue a intégré à sa construction le portique extérieur et les colonnes de marbre de l'ancienne église du même nom, bâtie en 1903 par Stanford White sur Madison Avenue.
Cette paroisse, réputée pour ses programmes musicaux, comme le célèbre Jazz de la Nativité, propose un répertoire de classique, de chant et d'orgue.

## General Electric Building ⓫

570 Lexington Ave. **Plan** 13 A4. Ⓜ *Lexington Ave.* ***F.*** *au public.*

En 1931, les architectes Cross & Cross furent chargés de dessiner un gratte-ciel en harmonie avec St Bartholomew's Church, voisine. Le résultat connut un succès unanime : les couleurs des deux édifices se mêlent, contrastent, et leurs lignes se répondent à merveille.

**General Electric Building sur Lexington Avenue**

Pour vous en persuader, placez-vous à l'angle de la 50e Rue et de Park Avenue ! General Electric Building, bijou de l'Art déco, est cependant un chef-d'œuvre à lui seul depuis son atrium tout de chrome et de marbre jusqu'à son sommet évoquant les ondes hertziennes. Sur Lexington Avenue, remontez d'un bloc vers le nord et regardez rêveusement les grilles d'aération du métro au-dessus desquelles l'impudique robe blanche de Marilyn Monroe s'envolait dans *Sept Ans de Réflexion*.

## Waldorf - Astoria ⓬

301 Park Ave. **Plan** 13 A5.
*355-3000.* M *Lexington Ave, 53rd St. Voir* ***Hébergement*** *p. 281.*

Voir **Hébergement** p. 281.

Conçu en 1931 par Schultze & Weaver, ce prestigieux hôtel Art déco, qui couvre tout un bloc, symbolise le passé somptueux de la ville. Il a remplacé l'ancien hôtel de la 34e Rue, démoli pour laisser place à l'Empire State Building. Ses deux tours jumelles hautes de 190 mètres ont hébergé nombre de célébrités – comme le duc et la duchesse de Windsor – et tous les présidents américains. La gigantesque horloge de l'entrée, réalisée en 1893 à l'occasion de l'exposition Universelle de Chicago, provient du premier hôtel. Dans le salon Peacock Alley, vous remarquerez le piano sur lequel jouait Cole Porter. lorsqu'il résidait là.

**1946 : Winston Churchill et le philanthrope new-yorkais Grover Whalen au Waldorf-Astoria**

## Lever House ⓭

390 Park Ave. **Plan** 13 A4.
*888-1260.* M *5th Ave-53rd St.* ***Lobby et building fermés au public.*** *Tél. pour infos supplémentaires.*

Premier building en verre de New York, la Lever House sert de miroir aux immeubles chic de Park Avenue, construits en pierre de taille. Son architecture, très dépouillée, se résume à deux dalles d'acier et de verre soutenues par des piliers métalliques. La dalle verticale semble d'air et de lumière et symbolise la pureté des produits des frères Lever – savons et autres détergents. Son caractère d'avant-garde suscita l'intérêt général lors de sa construction en 1952, et, bien que souvent imité, il a toujours sa place dans le cœur des New-Yorkais.

**Lever House sur Park Avenue**

## Seagram Building ⓮

375 Park Ave. **Plan** 13 A4.
*572-7000.* M *5th Ave-53rd St.* ***ouv.*** *de 9h à 17h du lun. au ven.* *15h le mar.*

Grâce à Phyllis Lambert, architecte et fille de Samuel Bronfman (le P.-D.G. des distilleries Seagram), la conception de cette tour, qui ne devait être à l'origine qu'un immeuble commercial ordinaire, fut confiée à Mies van der Rohe. Ainsi s'éleva cet édifice à la sobriété typique des années 1950, constitué de deux rectangles de bronze et de verre qui permettent à la lumière d'inonder l'intérieur. Le luxueux restaurant qui s'y trouve, Four Seasons *(p. 293)*, décoré par Philip Johnson, comprend deux pièces communicantes, l'une ayant en son centre un bassin, et l'autre un bar dominé par une impressionnante sculpture de Richard Lippold.

**Le bassin du Four Seasons, dans Seagram Building**

**Des employés de bureau déjeunent dans le vaste atrium de Citicorp Center**

## Citicorp Center ⓯

153 E 53rd St. **Plan** 13 A4. M *53rd St-Lexington Ave.* ***Ouv.*** *de 7h à 23h tlj* ***St Peter's Lutheran Church*** *935-2200.* ***Ouv.*** *de 9h à 21h tlj* *8h45, 11h le dim.* ***Concert de Jazz*** *17h le dim.* ***Concerts*** *tlj sf le lun.* ***Théâtre à St Peter's Lutheran Church.*** *935-2200.*

Cette aiguille en aluminium qui se dresse sur des « échasses » hautes de dix étages fit sensation lors de son inauguration en 1978. Sa toiture biseautée dressée vers le ciel – à l'origine pour capter l'énergie solaire – n'a jamais fonctionné, mais sa silhouette est unique… Elle surmonte St Peter's Lutheran Church qui ressemble à une sculpture en granit nichée à sa base. Pénétrez dans son intérieur moderne et admirez Erol Beker Chapel, œuvre de Louise Nevelson. La paroisse, qui est renommée pour ses concerts d'orgue et ses sessions de jazz, possède même un petit théâtre.

# St Patrick's Cathedral ❽

Façade de la 5e Avenue

En 1850, l'archevêque John Hugues décide de faire élever une cathédrale sur ce site prévu à l'origine pour accueillir un cimetière, malgré de nombreux détracteurs qui trouvaient ridicule de la construire à l'extérieur de la ville (à l'époque). Créé par l'architecte James Renwick et inauguré en 1879, cet impressionnant édifice néo-gothique contient près de 2 500 places assises : c'est la plus grande cathédrale du pays. Les deux flèches furent rajoutées entre 1885 et 1888.

**Lady Chapel** ★
*Les vitraux de cette chapelle dédiée à la Vierge représentent les mystères du rosaire.*

**La Pietà**
*Réalisée en 1906 par le sculpteur américain William O. Partridge, cette statue se trouve non loin de Lady Chapel.*

★ **Le baldaquin**
*Le grand dais de bronze s'étend au-dessus du maître-autel. Des statues de saints et de prophètes ornent les quatre piliers qui soutiennent la voûte.*

**La façade**
*Le revêtement est en marbre blanc. Les flèches atteignent 101 mètres de hauteur.*

**À NE PAS MANQUER :**

- ★ **Le baldaquin**
- ★ **Les portes de bronze**
- ★ **Lady Chapel**
- ★ **Les grandes orgues et la rosace**

**Le Chemin de Croix**
*Ces bas-reliefs en pierre de Caen obtinrent le premier prix d'Art sacré à l'exposition Universelle de Chicago en 1893.*

**MODE D'EMPLOI**

5th Ave et 50th St. **Plan** 12 F4. *753-2261.* *6 jusqu'à 51st St ; E, F vers 5th Ave.* *M1, M2, M3, M4.* **Ouv.** *de 7h30 à 20h30 tlj.* *fréquent du lun. au sam. ; 7h, 8h, 9h 10h15, 12h, 13h, 16h, 17h30 le dim.* ***Concerts, conférences.***

**Shrine of St Elizabeth Ann Seton**
*Le retable et la statue de bronze illustrent la vie de la fondatrice des sœurs de la Charité, première Américaine canonisée* (p.76).

**Les grandes orgues et la rosace** ★
*Une somptueuse rosace de 8 mètres de diamètre surplombe les orgues monumentales constituées de plus de 7 000 tuyaux.*

**Entrée principale**

**Les grandes portes de bronze** ★
*Ces portes imposantes de 9 tonnes sont ornées des grandes figures religieuses de New York.*

## Central Synagogue ⓰

652 Lexington Ave. **Plan** 13 A4. ☎ *838-5122.* Ⓜ *51st St, Lexington Ave.* ***F. pour travaux jusqu'en 2001.*** ✡ *Les offices ont lieu à Beir Hall à la Community House, 123 E 55th St.*

Cette maison est la plus vieille synagogue de New York. Elle a été dessinée en 1870 par Henri Fernbach qui fut le premier grand architecte américain juif originaire de Silésie. On lui doit aussi quelques-uns des plus beaux bâtiments de SoHo. Elle est considérée comme le meilleur exemple de l'influence architecturale maure et islamique de la ville. Fondée en 1846 sous le nom d'*Ahawath Chesed* (« Amour de la Miséricorde ») par 18 émigrants de Bohème, la première communauté juive new-yorkaise s'était tout d'abord implantée dans le modeste quartier de Ludlow Street, dans Lower Side.

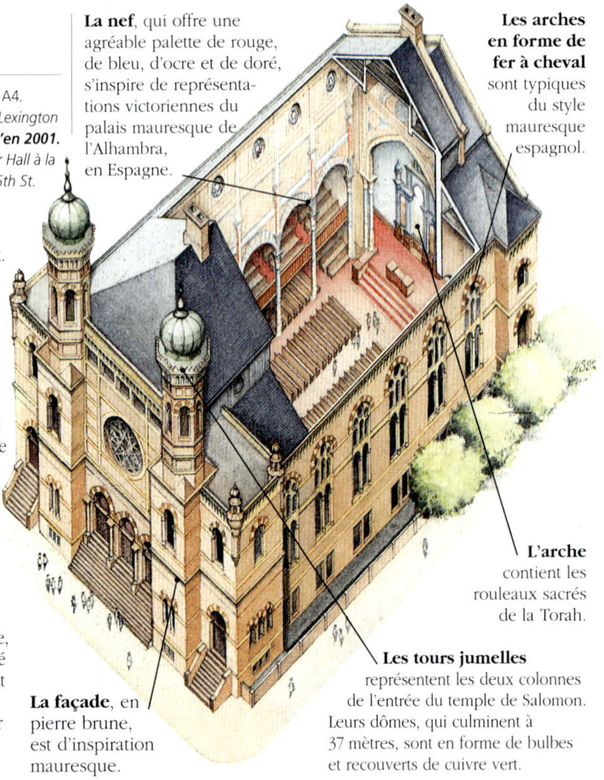

**La nef**, qui offre une agréable palette de rouge, de bleu, d'ocre et de doré, s'inspire de représentations victoriennes du palais mauresque de l'Alhambra, en Espagne.

**Les arches en forme de fer à cheval** sont typiques du style mauresque espagnol.

**L'arche** contient les rouleaux sacrés de la Torah.

**Les tours jumelles** représentent les deux colonnes de l'entrée du temple de Salomon. Leurs dômes, qui culminent à 37 mètres, sont en forme de bulbes et recouverts de cuivre vert.

**La façade**, en pierre brune, est d'inspiration mauresque.

## Sutton Place et Beekman Place ⓱

**Plan** 13 C3, 13 C5. Ⓜ *59th St.*

Sutton Place est un quartier élégant et calme, essentiellement composé d'immeubles bas et d'hôtels particuliers conçus par des architectes de renom. Investi par la bourgeoisie new-yorkaise dans les années 1920, il était auparavant occupé par des usines et des logements modestes. Au n° 3 de Sutton Square réside le secrétaire général de l'Organisation des Nations Unies.

**Le parc de Sutton Place avec sa vue sur Queensboro Bridge et Roosevelt Island**

Jetez un coup d'œil au-delà de Sutton Square et de la 59e Rue pour découvrir Riverview Terrace, une jolie rue privée bordée de cinq hôtels particuliers faisant face à la rivière. Les minuscules squares au bout des 55e et 57e Rues offrent un magnifique spectacle sur le fleuve et Queensboro Bridge. Plus petit et encore plus tranquille que Sutton Place, le quartier de Beekman Place date des années 1920 avec ses demeures familiales et ses appartements aux dimensions réduites. Il a abrité de nombreux résidents célèbres dont Gloria Vanderbilt, Rex Harrison, Irving Berlin ainsi que certains membres de la famille Rockefeller.
River House est un immeuble résidentiel construit en 1931 et situé entre Beekman et Suttton Places. Ses courts de tennis, son embarcadère, sa piscine et sa salle de bal lui conféraient à l'époque un cachet qui a su résister aux assauts du temps.

Non loin de là, Turtle Bay Gardens abrite deux rangées de *brownstones*, ces hôtels particuliers en pierre brune typiques de New York. Tous datent des années 1860 et disposent à l'arrière d'un charmant jardin à l'italienne. De nombreuses personnalités y vécurent, séduites par le caractère très sélect de l'endroit.

## Roosevelt Island ⓲

**Plan** 14 D2. Ⓜ *59th St. Tram au départ de 2nd Ave-60th St.*

C'est un lieu de promenade amusant et inhabituel. Depuis 1976, un téléphérique assure la traversée du fleuve jusqu'à Roosevelt Island, offrant une vue imprenable sur Manhattan et Queensboro Bridge. Vous trouverez près de la station de tramway les ruines de la ferme de Blackwell – qui donna son nom à l'île jusque dans les années 1920. Celle-ci s'est par la suite appelée Welfare Island en raison du nombre importants d'hôpitaux, hospices et asiles implantés sur son sol. C'est au pénitencier de l'île que Mae West fut incarcérée en 1927 pour avoir joué un spectacle jugé trop sexy. Elle demanda – et obtint – de pouvoir porter sa lingerie de soie sous son uniforme de prisonnière. Les ruines des anciens hôpitaux et le phare, construit en 1872 par l'un des pensionnaires de l'asile, sont toujours visibles. La balade en tramway (intégré au réseau N et R du métro) est recommandée pour ses vues de la ville.

**Les statues de l'horloge surplombant l'entrée de Fuller Building**

**L'enseigne de Bloomingdale's**

## Bloomingdale's ⓳

1000 3rd Ave. **Plan** 13 A3. ☎ *355-5900.* Ⓜ *59th St.* ***Ouv.*** *de 10h à 20h30 du lun. au ven., de 10h à 19h le sam., de 11h à 19h le dim. Voir* ***Boutiques et marchés*** *p. 311.*

Dans les années 1980 « Bloomies » était le symbole d'un certain savoir-vivre. Ce n'est qu'après la destruction du métro aérien de la 3e Avenue, vers 1960, que ce grand magasin populaire, fondé en 1872 par Joseph et Lyman Bloomingdale, acquit sa réputation de lieu de shopping chic. La fin des années 1980 vit arriver un nouveau propriétaire – et les soucis financiers. Moins prestigieux que par le passé, l'endroit est néanmoins toujours très bien approvisionné.

## Fuller Building ⓴

41 E 57th St. **Plan** 13 A3. ☎ *André Emmerich Gallery 288-1551.* ***F. au public.*** *Susan Sheehan Gallery 888-42200.* ***Ouv.*** *de 10h à 18h du mar. au sam.* Ⓜ *59th St.*

Bel exemple d'architecture Art déco, ce bâtiment de 1929, avec sa silhouette élancée, est l'œuvre des architectes Walker & Gillette. Les deux statues encadrant l'horloge de l'entrée sont d'Elie Nadelman. À l'intérieur, admirez les motifs de mosaïques sur le sol, dont l'un représente le Flatiron Building, ancien siège de la Fuller Company. L'immeuble abrite aussi de prestigieuses galeries d'art comme celle de Susan Sheehan.

**La façade de style Renaissance du Plaza Hotel**

## Plaza Hotel ㉑

768 5th Ave. **Plan** 12 F3. ☎ *759-3000.* Ⓜ *59th St. Voir* ***Hébergement*** *p. 281.*

Ce bâtiment est l'œuvre d'Henry J. Hardenbergh, architecte du Dakota et du premier Waldorf-Astoria *(p. 216)*. Terminé en 1907, il fut proclamé « meilleur hôtel du monde » avec ses 800 chambres, ses 500 salles de bains, sa salle de réception et ses suites luxueuses destinées aux grandes familles comme les Vanderbilt ou les Gould *(p. 49)*. Cet édifice grandiose de 18 étages s'inspire des châteaux français de la Renaissance et l'essentiel de sa décoration intérieure provient d'Europe. Dans le Palm Court, admirez les murs recouverts de glaces et les colonnes sculptées sur le thème des quatre saisons. Le précédent propriétaire, Donald Trump, a rendu au lieu son éclat d'autrefois (un peu trop même aux yeux de certains) : lustres en cristal, kilomètres de moquettes épaisses et dorures tapageuses. Les halls et les couloirs ont été réaménagés sans rien perdre de leur cachet d'origine.

# Upper East Side

C'est vers 1900 que le gratin new-yorkais s'établit dans Upper East Side. Beaucoup de résidences luxueuses ont depuis été transformées en musées ou ambassades, mais l'élite se sent toujours ici chez elle : on habite sur la 5e Avenue ou Park Avenue et on court les magasins chic et les galeries d'art de Madison. Plus à l'est, vous rencontrerez l'Europe centrale en traversant German Yorkville (entre la 80e et la 90e) puis au sud, Hungarian Yorkville et Little Bohemia. Les Allemands, Tchèques et Hongrois y sont moins nombreux de nos jours, mais églises et commerces témoignent de leur présence.

**Urne africaine au Metropolitan Museum of Art**

**Vue en plongée de l'atrium du Guggenheim Museum**

## LE QUARTIER D'UN COUP D'ŒIL

**Rues et bâtiments historiques**
7th Regiment Armory 10
Henderson Place 14
Gracie Mansion 16

**Musées et galeries**
International Center of Photography 1
Jewish Museum 2
Cooper-Hewitt National Design Museum 3
National Academy of Design 4
*Solomon Guggenheim Museum p. 186-187* 5
*Metropolitan Museum of Art p. 188-195* 6
*Whitney Museum of American Art p. 198-199* 7
*Frick Collection p. 200-201* 8
Asia Society 9
Society of Illustrators 12
Abigail Adams Smith Museum 13
Museum of the City of New York 19

**Églises et synagogues**
Temple Emanu-El 11
Church of the Holy Trinity 17
St Nicholas Russian Orthodox Cathedral 18

**Parcs et squares**
Carl Schurz Park 15

## COMMENT Y ALLER ?

Les « express » des lignes 4 et 5, sur Lexington Ave, s'arrêtent aux 59$^{e}$ et 86$^{e}$ Rues. Les « locaux » de la ligne 6 s'arrêtent aux 68$^{e}$, 77$^{e}$ et 96$^{e}$ Rues. Par le bus : M1, M2, M3 et M4 sur la 5$^{e}$ et Madison, M101/102 sur Lexington et la 3$^{e}$, et M15 sur la 1$^{re}$ et la 2$^{e}$ Avenues. Bus transversaux : M66, M72, M79, M86 et M96.

**LÉGENDE**

- Plan du quartier pas à pas
- M Station de métro
- Terminal du ferry
- Héliport

0 500 mètres
0 500 yards

***VOIR ÉGALEMENT :***


- ***Atlas des rues***, plans 12-13, 16-17
- ***Visite de East Side*** p. 262-263
- ***Hébergement*** p. 274-275
- ***Restaurants*** p. 290-292

**Statue de Diane, National Academy of Design**

# Museum Mile pas à pas

Des édifices aussi divers que les anciens hôtels particuliers de Frick et de Carnegie, ou le bâtiment futuriste du Guggenheim de Frank Lloyd Wright, abritent les nombreux musées regroupés dans Upper East Side, ainsi que l'équivalent américain du musée du Louvre : le Metropolitan. Les expositions y sont aussi variées que l'architecture ; des maîtres anciens à la photographie en passant par les arts décoratifs. La plupart des musées ferment tard le mardi soir. Les visites sont parfois gratuites.

**Jewish Museum**
*On peut y admirer des monnaies anciennes, des pièces archéologiques et la plus vaste collection d'objets de culte israélite au monde* ❷

**Cooper-Hewitt National Design Museum** ★
*Ce musée des arts décoratifs présente un riche échantillon de céramiques, d'objets en verre, de meubles et de textiles* ❸

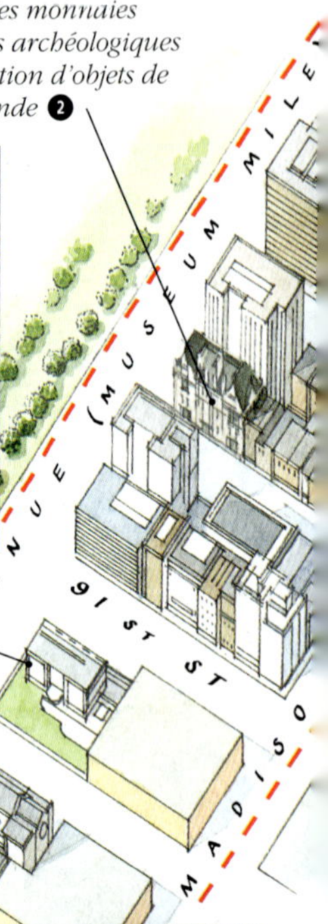

**The Church of the Heavenly Rest** fut édifiée en 1929. Malvina Hoffman a sculpté la Vierge de la chaire.

**National Academy of Design**
*Fondée en 1825, elle fut transférée là en 1940. Sa collection abrite des peintures et des sculptures réalisées par ses membres* ❹

**Graham House** est un immeuble d'habitation construit en 1982 et doté d'une magnifique entrée de style Beaux-Arts.

★ **Solomon Guggenheim Museum**
*Ce bâtiment conçu par Frank Lloyd Wright, s'irise de violet au crépuscule. Prenez l'ascenseur jusqu'en haut et redescendez l'escalier hélicoïdal. Vous y verrez exposées des merveilles de l'art moderne* ❺

**À NE PAS MANQUER :**

★ **Solomon Guggenheim Museum**

★ **Cooper-Hewitt National Design Museum**

**International Center of Photography**
*Ce musée abrite l'une des plus belles collections photographiques d'aujourd'hui* ❶

Unique vestige du bâtiment d'origine, **la façade de l'armurerie de l'escadron A** est devenue un des murs d'enceinte de Hunter High School, dont le style architectural a été conçu pour rappeler celui de l'armurerie.

**Carte de situation**
*Voir carte de Manhattan p. 12-13*

**Légende**

Itinéraire conseillé

0 100 mètres
0 100 yards

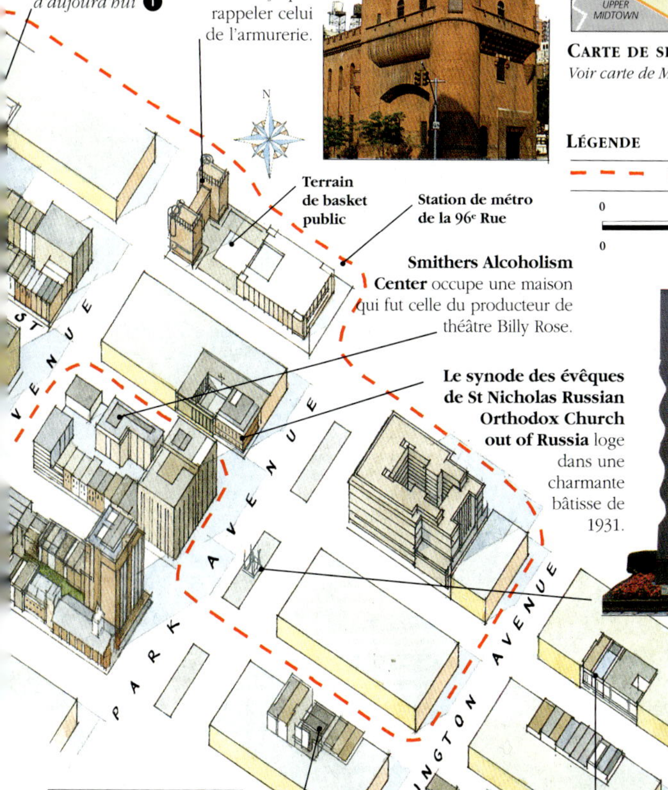


**Terrain de basket public**

**Station de métro de la 96e Rue**

**Smithers Alcoholism Center** occupe une maison qui fut celle du producteur de théâtre Billy Rose.

**Le synode des évêques de St Nicholas Russian Orthodox Church out of Russia** loge dans une charmante bâtisse de 1931.

**Night presence IV** (1972). Selon l'opinion de certains New-Yorkais, cette œuvre de Louise Nevelson, en acier noir, contraste avec le voisinage plutôt conservateur de Park Avenue.

**Aux nos 120 et 122 de la 92e Rue** ont survécu deux des rares maisons de bois de la ville. D'inspiration italienne, elles ont été respectivement bâties en 1859 et 1871.

**Les Marx Brothers** passèrent leur enfance dans un appartement d'une modeste maison au n° 179 de la 93e Rue Est.

International Center of Photography

## International Center of Photography ❶

*1130 5th Ave.* ***Plan*** *16 F2.*
*860-1777. 86th St, 96th St.*
***Ouv.*** *de10h à 17h du mar. au jeu., de 10h à 18h du ven. au dim.*
***F.*** *les j.f.* ***Entrée payante.***
*sur rdv seulement.*

En 1974, Cornell Capa fonda ce musée pour préserver les œuvres des meilleurs reporters dont celles de son frère Robert Capa, d'Ansel Adams ou de Cartier-Bresson. Souvent désigné par les initiales ICP, le musée possède une collection de 12 500 photographies. Un excellent programme d'expositions, de cours de photographie, de films et de conférences permet au public de parfaire ses connaissances dans cette technique.
Une des dernières résidences prestigieuses du nord de la 5e Avenue, ce bâtiment néo-colonial de six étages en brique fut construit en 1915 pour le financier et éditeur Willard Straight.

## Jewish Museum ❷

*1109 5th Ave.* ***Plan*** *16 F2.*
*423-3200. 86th St, 96th St.*
***Ouv.*** *de 11h à 17h45 le lun., mer., jeu., dim., de 11h à 20h le mar.*
***F.*** *le ven., sam.,* ***F.*** *les j.f. et fêtes juives*
***Entrée payante.***

Ce somptueux manoir du célèbre banquier et membre éminent de la communauté juive, Félix M. Warburg, fut conçu par C.P. Gilbert en 1908. Il abrite maintenant l'une des plus belles collections d'objets de culte et d'ornements traditionnels, reflet des 4 000 ans d'histoire israélite. Les sculptures de la nouvelle section du musée ont été réalisées par les tailleurs de pierre de Cathedral of St John's the Divine *(p. 224-225)*.
On peut y admirer, entre autres, la célèbre arche abritant la Torah de la collection Benguiat, une délicate mosaïque persane du IVe siècle qui parait la façade d'une synagogue, et l'*Holocauste*, œuvre puissante du sculpteur George Segal. De nombreuses expositions relatent et illustrent la chronique et la culture du peuple juif au cours des siècles.

**Aiguière et bassin du XIXe s. provenant d'Istanbul, Jewish Museum**

## Cooper-Hewitt National Design Museum ❸

*2 E 91st St.* ***Plan*** *16 F2. 849-8300, 849-8387. 86th St.* ***Ouv.*** *de 10h à 21h le mar., de 10h à 17h du mer. au sam., de 12h à 17h le dim.* ***F.*** *les j.f.*
***Entrée payante.***

Ouvert en 1879, ce musée réunit une des collections de design les plus importantes au monde. Ses modèles, recueillis par les sœurs Hewitt, furent d'abord présentés à Cooper Union *(p. 118)*, puis rachetés par la Smithsonian Institution en 1967 pour être installés dans l'ancienne maison de l'industriel Andrew Carnegie.
Ce choix judicieux permet d'apprécier les boiseries et l'escalier ouvragé de cette demeure qui fut également

**L'entrée de Cooper-Hewitt National Design Museum**

à la pointe du progrès de son époque avec son chauffage central, sa climatisation, son ascenseur et son solarium.

## National Academy of Design ❹

*1083 5th Ave.* ***Plan*** *16 F3. 369-4880. 86th St.* ***Ouv.*** *de 12h à 17h du mer. au dim., 10h à 18h le ven.*
***Entrée payante*** *sauf de 17h à 18h le ven.*

La collection de l'école d'art, commencée en 1825 par un groupe d'artistes dans le but de former ses membres et de présenter leurs œuvres, est dépositaire de plus de 6 000 peintures, dessins et sculptures de créateurs tels que Soyer, Eakins ou Lloyd Wright. La maison qui les abrite est un don du philanthrope Archer Huntington. Les motifs de marbre au sol, la décoration des plafonds et la statue de Diane d'Anna Hyatt Huntington sont remarquables.

**Statue de Diane, National Academy of Design**

## Solomon Guggenheim Museum ❺

*P. 186-187.*

## Metropolitan Museum of Art ❻

*P. 188-195.*

## Whitney Museum of American Art ❼

*P. 198-199.*

## Frick Collection ❽

*P. 200-201.*

## Asia Society ❾

725 Park Ave. **Plan** 13 A1. *288-6400.* *68th St.* ***Ouv.*** *de 11h à 18h du mar. au sam. (20h le jeu.), de 12h à 17h le dim.* ***F.*** *le lun. et les jf.* ***Entrée payante*** *sauf le jeu. de 18h à 20h.*

**Sculpture sud-asiatique, Asia Society**

Dans le but d'améliorer la connaissance de l'Asie et de ses différentes cultures, John D. Rockefeller III créa en 1956 cette société dont le siège fut installé dans un bâtiment de granit rose dessiné par Edward Larrabee Barnes et construit en 1981, qui abrite aussi les sculptures, céramiques et bronzes collectionnés par le fondateur au cours de ses voyages. Vous menant d'Iran en Australie, expositions, films, conférences, spectacles de danse et une librairie spécialisée vous livreront les secrets de l'Extrême-Orient.

**Le vestibule d'entrée de Seventh Regiment Armory**

## Seventh Regiment Armory ❿

643 Park Ave. **Plan** 13 A2. *452 3067.* *68th St.* ***Ouv.*** *du lun. au ven. sur rdv.* ***F.*** *les j.f.*

De 1912 aux deux guerres mondiales, le 7th Regiment a joué un rôle particulier en tant qu'unité d'élite où servaient les fils de familles illustres. Les bureaux de son armurerie unique aux États-Unis s'ouvrent sur Park Avenue. L'immense salle d'exercice s'étend jusqu'à Lexington Avenue. Bien qu'ayant l'aspect extérieur d'une forteresse, la caserne recèle un ameublement luxueux de l'époque victorienne, ainsi que des objets d'art ou des reliques du régiment. Le salon des vétérans et la bibliothèque sont l'œuvre de Louis Comfort Tiffany. La salle d'exercice abrite maintenant le salon d'hiver des antiquaires *(p. 53)* et de nombreux bals de charité.

## Temple Emanu-El ⓫

1 E 65th St. **Plan** 12 F2. *744-1400.* *68th St, 60th St.* ***Ouv.*** *de 10h à 16h30 du dim. au ven., de 12h30 à 16h45 le sam. (Dernière visite le ven. à 15h30)* ***F.*** *les j.f. juifs* *17h30 du dim. au jeu., 17h15 le ven., 10h30 le sam.*

C'est une des plus grandes synagogues au monde et une des plus anciennes paroisses de New York. Cet imposant édifice de 1929 peut contenir 2 500 personnes dans sa nef. On peut y admirer les grilles de bronze de l'arche d'Alliance, des vitraux représentant le bouclier de David et le lion de Juda, ainsi qu'une magnifique rosace du côté de la 5e Avenue. La structure à deux dômes de Beth-El Chapel est de style byzantin. Cette synagogue a été bâtie sur l'emplacement de l'ancien hôtel particulier de Madame Astor, figure légendaire de la société new-yorkaise, dont la famille possédait les célèbres hôtels Waldorf et Astoria. Elle décida en effet de quitter l'endroit et d'emménager dans Upper East Side à la suite d'un différend avec son neveu, au moment où celui-ci entreprenait la construction du Waldorf tout proche.

**L'arche de Temple Emanu-El**

# Solomon Guggenheim Museum ❺

Le bâtiment conçu par l'architecte Frank Lloyd Wright est peut-être en lui-même le plus éclatant chef-d'œuvre du musée. On l'a comparé à un coquillage géant. En descendant à pied sa rampe intérieure hélicoïdale et en visitant la nouvelle petite rotonde et les galeries de la tour, vous pourrez admirer les œuvres majeures de nombreux artistes des XIXᵉ et XXᵉ siècles. En 1992, un nouvel espace a été ouvert, le Guggenheim Museum SoHo *(p. 105)*.

**La façade sur Fifth Avenue**

**Paris par la fenêtre**
*Les couleurs vibrantes de ce chef-d'œuvre peint en 1913 par Marc Chagall donnent l'image d'une cité mystérieuse où rien n'est tout à fait ce qu'il paraît.*

**La Repasseuse** *(1904)*
*Œuvre de la période bleue de Picasso, symbolisant lassitude et dur labeur.*

**La Vache jaune** *(1911)*
*Ici, Franz Marc a été influencé par le mouvement allemand de retour à la nature.*

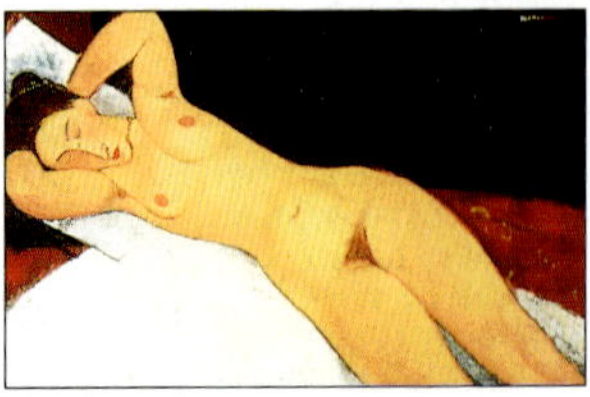

**Nu** *(1917)*
*Silhouette endormie typique du style longiligne de Modigliani.*

**SUIVEZ LE GUIDE !**
*La grande rotonde abrite des expositions temporaires et la petite rotonde de célèbres tableaux impressionnistes et postimpressionnistes. La collection permanente et des œuvres contemporaines occupent les galeries de la tour. La terrasse des sculptures domine Central Park. La collection n'est jamais visible en totalité.*

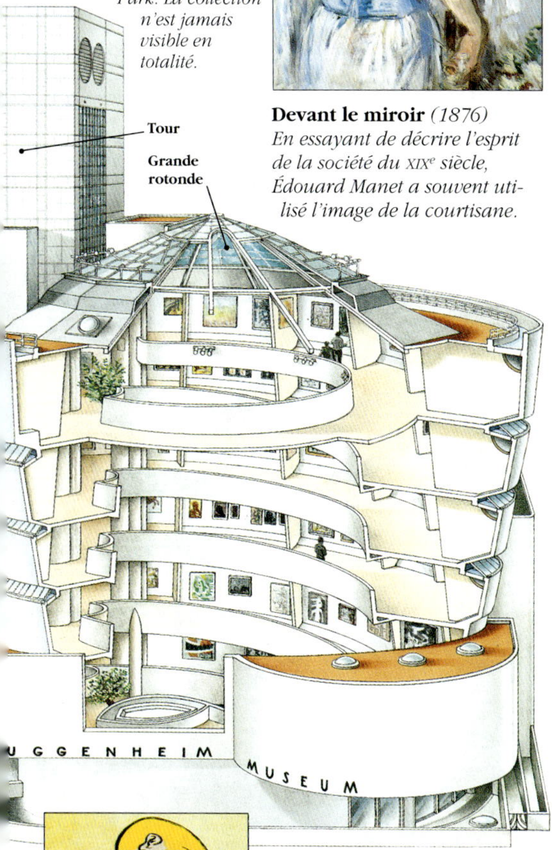

**Devant le miroir** *(1876)*
*En essayant de décrire l'esprit de la société du XIXe siècle, Édouard Manet a souvent utilisé l'image de la courtisane.*

**MODE D'EMPLOI**
1071 5th Ave at 89th St. Plan 16 F3. *423-3500.* *4, 5, 6 jusqu'à 86th St.* *M1, M2, M3, M4.* **Ouv.** *de 9h à 18h du dim. au mer. de 9h à 20h le ven. et le sam.* **F.** *25 déc., 1er jan.* **Entrée payante.** **Concerts, conférences, théâtre.**

**Femme tenant un vase**
*Fernand Léger a incorporé des éléments cubistes dans cette peinture de 1927.*

**Lignes Noires** *(1913)*
*Ce tableau est l'une des premières œuvres non-figuratives de Kandinsky.*

**La Femme aux cheveux jaunes** *(1931)*
*Picasso s'est souvent inspiré de la douce silhouette de sa maîtresse.*

**FRANK LLOYD WRIGHT**
Connu pour ses résidences de style « prairie » et l'utilisation du verre et du ciment dans ses immeubles de bureaux, Wright a été considéré de son vivant comme le grand innovateur de l'architecture américaine. Le Guggenheim, commencé en 1942 et terminé peu après sa mort, est sa seule création new-yorkaise.

**Intérieur de la grande rotonde du Guggenheim**

# Metropolitan Museum of Art ❻

Cette collection, parfois considérée comme la plus complète du monde occidental, a été créée en 1870 par un groupe d'artistes et de mécènes désirant fonder un musée des beaux-arts capable de rivaliser avec ceux d'Europe. Des œuvres provenant de tous les continents, de la préhistoire à nos jours, y sont exposées.

**L'entrée de Metropolitan Museum of Art**

★ **Gertrude Stein** *(1905-1906)* *Portrait de l'écrivain par Picasso. On remarque au travers de ce visage les influences des arts africain et antique.*

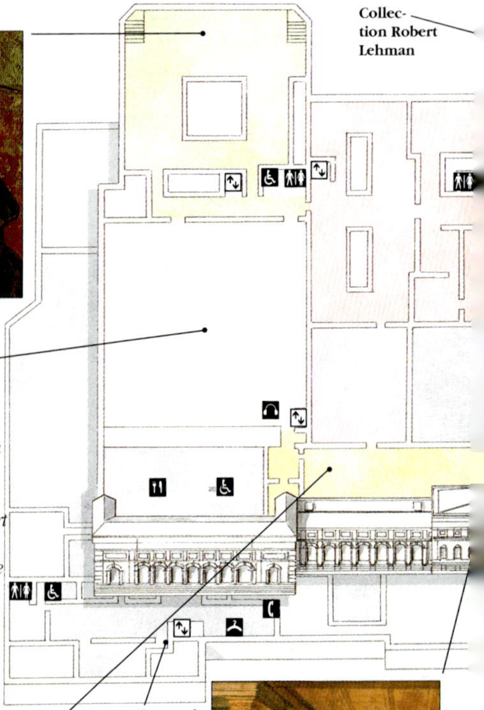

**Masque** *La République populaire du Bénin (qui fait maintenant partie du Nigeria) est renommé pour son art ancien. Ce masque date du XVIe siècle.*

**Le Harpiste** *Statue des îles des Cyclades (vers 3 000 av. J.-C.).*

**Les Noces de Cana** *Ce panneau du XVIe siècle peint par Juan de Flandes, fait partie de la collection Linsky.*

**SUIVEZ LE GUIDE !**
*Il existe 19 départements. La plupart des collections se trouvent dans les deux étages principaux où certaines galeries abritent aussi des expositions temporaires. Les peintures, sculptures et arts décoratifs européens occupent les parties centrales du rez-de-chaussée et du premier étage, tandis que les ailes abritent diverses autres collections.*

**Le buste de Diderot** *(1773)*
*Ce buste de Jean Antoine Houdon fut sculpté pour un comte russe.*

★ **Le Portrait de la princesse de Broglie**
*Peint en 1853, c'est le dernier de J. A. D. Ingres.*

**MODE D'EMPLOI**

1000 5th Ave. **Plan** 16 F4. ☎ *535-7710.* Ⓜ *4, 5, 6 jusqu'à 86th St.* 🚌 *M1, M2, M3, M4.* **Ouv.** *de 9h30 à 17h15 le dim., mar.-jeu. ; de 9h30 à 20h45 le ven. et sam.* **F.** *25 déc., 1er jan., Thanksgiving.* ***Entrée payante.*** ***Concerts, conférences, présentations film/vidéo.***

**Les colonnes Tiffany** *(vers 1905)*
*Elles sont tout ce qui reste de la maison d'Oyster Bay de Louis Comfort Tiffany.*

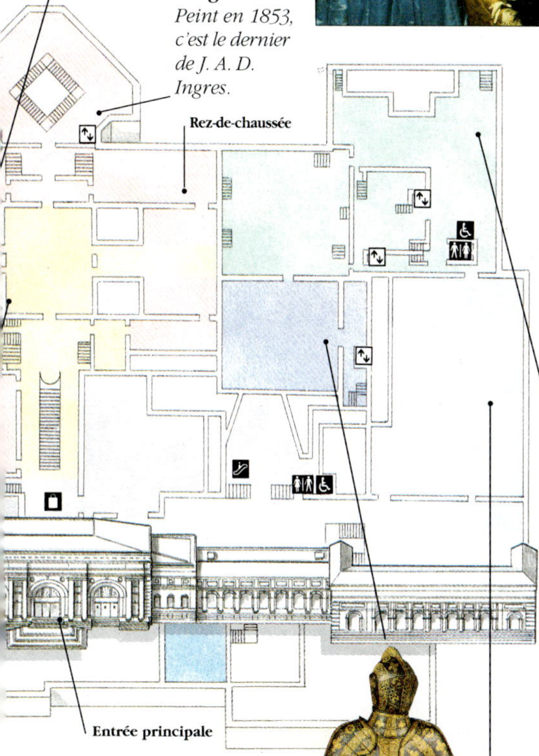


**À NE PAS MANQUER :**

- ★ **Le temple de Dendur**
- ★ ***Le Portrait de la princesse de Broglie* par Ingres**
- ★ ***Gertrude Stein* par Pablo Picasso**

**LÉGENDE**

- Peintures, sculptures et arts décoratifs européens
- Arts africain, océanien et des Amériques
- Art contemporain
- Art américain
- Antiquités égyptiennes
- Antiquités grecques et romaines
- Art médiéval
- Armes et armures
- Institut du Costume
- Expositions temporaires
- Circulations et services

**Armure anglaise**
*Réalisée pour George Clifford vers 1580.*

★ **Le temple de Dendur** *(15 av. J.-C.)*
*C'est l'empereur romain Auguste qui fit bâtir ce temple. Sur un bas-relief, il est représenté apportant des offrandes.*

# Metropolitan Museum of Art : les étages supérieurs

**Marrakech**
*Cette œuvre de 1964, l'une des peintures « marocaines » de Frank Stella, semble hypnotiser par ses rayures fluorescentes disposées géométriquement.*

**Sculpture Garden**
*Ces sculptures sur le toit de l'aile consacrée au XXe siècle sont renouvelées chaque année.*

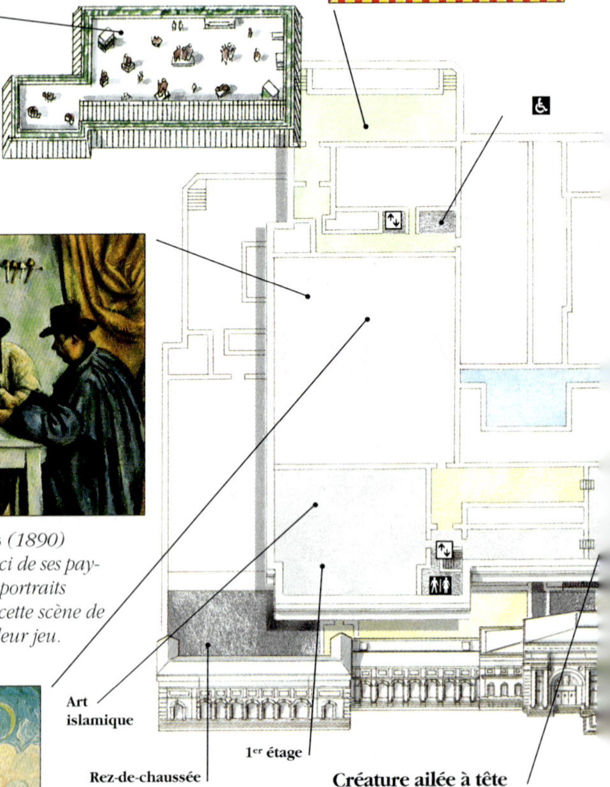

**Les Joueurs de cartes** *(1890)*
*Paul Cézanne s'éloigne ici de ses paysages, natures mortes et portraits habituels, pour peindre cette scène de paysans concentrés sur leur jeu.*

★ **Les Cyprès** *(1889)*
*Van Gogh a réalisé cette toile l'année précédant sa mort. Les coups de pinceau et le style tourbillonnant sont caractéristiques de ses dernières œuvres.*

**À NE PAS MANQUER :**

- ★ **L'autoportrait de Rembrandt, 1960**
- ★ ***George Washington traversant la Delaware*, par Leutze**
- ★ ***Les Cyprès*, de Vincent Van Gogh**
- ★ ***Le Diptyque*, de Jan van Eyck**

**Créature ailée à tête d'aigle pollinisant l'arbre sacré** *(vers 900 av. J.-C.)*
*Ce bas-relief provient d'un palais assyrien.*

★ **Diptyque** *(1425-1430)*
*Œuvre de l'un des premiers maîtres de la peinture à l'huile, le Flamand Jan van Eyck. Ces scènes de la Crucifixion et du Jugement Dernier en font aussi un précurseur du réalisme.*

★ **Washington traversant la Delaware**
*Emanuel Gottlieb Leutze a peint en 1851 cet épisode épique (mais imaginaire !) de la célèbre traversée de George Washington.*

**LÉGENDE**

- Peinture, sculpture et arts décoratifs européens
- Art islamique et du Proche-Orient
- Art contemporain
- Art américain
- Art d'Extrême-Orient
- Antiquités grecques et romaines
- Instruments de musique
- Dessins, estampes et photographies
- Expositions temporaires
- Circulations et services

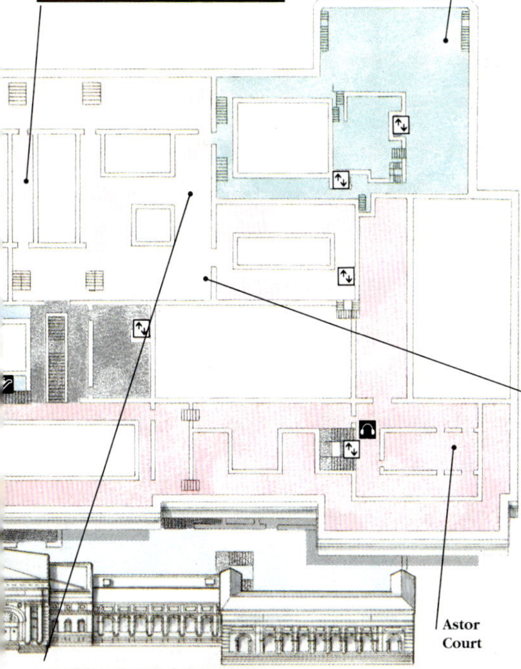

**La Mort de Socrate** *(1787)*
*David nous montre Socrate préférant prendre la ciguë, plutôt que de renoncer à ses idéaux.*

★ **Autoportrait** *(1660)*
*Rembrandt a peint près d'une centaine d'autoportraits. Sur celui-ci, il est âgé de 54 ans.*

## ASTOR COURT

En 1979, 27 artisans chinois sont venus à New York créer un jardin de style Ming dans le musée. Cette action constituait le premier échange culturel entre les États-Unis et la Chine populaire. Les jardiniers ont utilisé des techniques millénaires et des outils faits à la main, transmis de génération en génération, afin de façonner ce havre de méditation, équivalent occidental du jardin du Maître des Filets de Suzhou.

# À la découverte du Metropolitan

Les salles du « Met » recèlent une vaste collection d'œuvres américaines, plus de 3 000 peintures européennes dont des toiles de Rembrandt et Vermeer, de nombreux joyaux de l'art islamique et la seconde collection d'antiquités égyptiennes au monde.

Tête en cuivre proche-orientale à l'origine mystérieuse, vieille de 5 000 ans

## Les arts primitifs

Masque funéraire recouvert d'or (xe-xive s.) provenant de la nécropole péruvienne de Batan Grande

Nelson Rockefeller a fait construire l'aile Michael C. Rockefeller en 1982, à la mémoire de son fils décédé au cours d'une expédition en Nouvelle Guinée. Plus de 2 000 magnifiques objets d'Afrique, des îles du Pacifique et des Amériques y sont exposés. La collection africaine regroupe des sculptures en ivoire et bronze du Bénin ainsi que d'étonnantes œuvres sur bois des tribus maliennes dogons, bamanas et senufos. Sculptures asmats de Nouvelle Guinée, masques et parures des îles mélanésiennes et polynésiennes illustrent l'art du Pacifique, alors que des objets en or et en céramique évoquent l'Amérique précolombienne… sans oublier un ensemble d'objets utilitaires des Indiens Inuit.

## L'art américain

Le premier portrait de George Washington par Gilbert Stuart, *Marchands de Fourrures sur le Missouri,* de George Caleb Bingham ; le fameux *Portrait de Madame X,* par John Singer Sargent ; et l'imposant *George Washington traversant la Delaware,* d'Emanuel Gottlieb Leutze, sont quelques-unes des toiles majeures présentées dans cette aile du « Met ». De l'époque coloniale au temps présent, c'est une partie du patrimoine culturel américain qui défile ici sous les yeux du visiteur, au travers des toiles d'Edward Hopper et des reconstitutions de pièces d'époque – du salon dans lequel George Washington célébra son dernier anniversaire jusqu'à l'élégante salle à manger champêtre dessinée en 1912 par Frank Lloyd Wright.
Le petit jardin de sculptures intérieur comprend de magistraux éléments architecturaux, dont une superbe loggia en mosaïque et verre teinté provenant de la résidence d'été de Louis Comfort Tiffany et la façade d'une banque de 1824.

***The Lighthouse at Two Lights* (1929), par Edward Hopper**

## L'art islamique et les antiquités du Proche-Orient

Des statues massives de lions ailés à visage humain, originaires du palais assyrien d'Assurnasirpal II, gardent l'entrée des salles consacrées aux antiquités du Proche-Orient. Cette collection couvre une période de 7 000 ans où les bronzes iraniens côtoient les ivoires anatoliens, les sculptures sumériennes et les objets précieux des Sassanides. Une galerie voisine dévoile la diversité de l'art islamique du VIIe au XIXe siècle au travers d'objets de fer et de verre mésopotamiens et égyptiens, de miniatures mongoles et persanes, de tapis des XVIe et XVIIe siècles, sans oublier une salle syrienne du XVIIIe.

## Les armes et les armures

Ces galeries sont les préférées des enfants et de tous ceux que le Moyen Âge fascine. Elles exposent des sabres superbement ornés de pierres précieuses et d'or, des armes à feu aux incrustations d'ivoire et de perles, de flamboyantes oriflammes et des boucliers multicolores. Ne manquez pas d'admirer l'armure du

Pistolet de Charles Quint (XVIe s.)

gentleman-pirate George Clifford, favori de la reine Elizabeth d'Angleterre et celle, étincelante, d'un seigneur japonais du XIVe siècle. Vous y découvrirez aussi la collection de pistolets du célèbre fabricant d'armes Samuel Colt.

## Les arts d'Extrême-Orient

*Le Vieux Prunier*, **portes japonaises coulissantes en papier du début de la période Edo (env. 1650)**

Une enfilade de salles extraordinaires propose les merveilles des arts chinois, japonais, coréen, indien et d'Asie du Sud-Est, du second millénaire av. J.-C. à nos jours, ainsi qu'une réplique de jardin Ming, exécutée par des artisans chinois de la ville de Suzhou, qui marque le premier échange culturel officiel entre les États-Unis et l'Empire du Milieu. Le musée possède aussi l'une des plus belles collections de peintures Sung et Yuan, des sculptures bouddhiques monumentales, des céramiques, céladons et objets anciens chinois.
Les dix salles consacrées au Japon présentent, sous forme d'expositions chronologiques et thématiques, de splendides laques, céramiques, peintures, sculptures, textiles et paravents. D'autres salles sont réservées aux arts indien, coréen et des pays du Sud-Est asiatique.

## L'Institut du Costume

Les 45 000 pièces de cet institut, qui couvrent une période allant du XVIIe siècle à nos jours, sont exposées par roulement. Elles retracent de manière éclectique l'évolution de l'habillement en proposant aussi bien des créations « shocking pink » d'Elsa Schiaparelli, des accessoires, des modèles de Worth, Quant et Balenciaga, que des tenues napoléoniennes et victoriennes. Vous pourrez également y contempler les costumes des Ballets russes ou la tenue de scène de David Bowie.
La partie régionale de la collection rassemble de nombreuses tenues originaires d'Europe, Asie, Afrique et Amérique.
La renommée de cet institut est telle que la Nasa l'a même consulté pour avoir son avis sur les meilleures techniques de nettoyage de ses combinaisons d'astronautes.

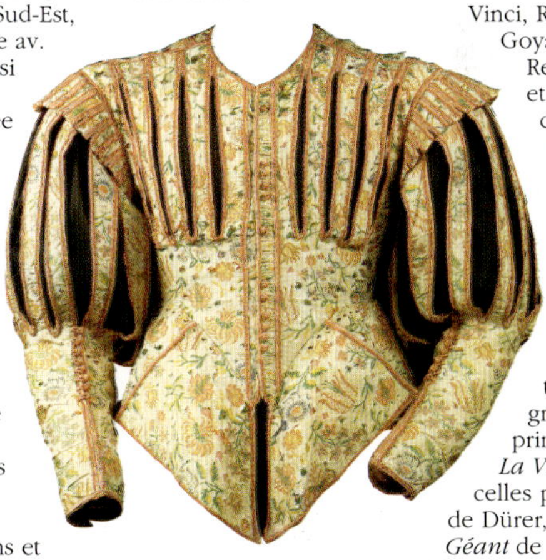

**Doublet européen du XVIIe s. en soie et satin**

## Les dessins, les estampes et les gravures

Une galerie récente met à l'honneur les innombrables chefs-d'œuvre de dessins, gravures et photographies du musée. La

**Étude d'une sibylle libyenne réalisée par Michel-Ange pour le plafond de la chapelle Sixtine (1508)**

collection de dessins est particulièrement riche en arts italien et français du XVe au XIXe siècle. Exposée par roulement en raison de la fragilité du papier, elle permet d'admirer des travaux de Michel-Ange, Léonard de Vinci, Raphaël, Ingres, Goya, Rubens, Rembrandt, Tiepolo et Seurat. La collection de 12 000 estampes et d'environ autant de livres illustrés, qui comprend des œuvres de grands maîtres, témoigne de toutes les techniques : d'une gravure allemande primitive sur bois, *La Vierge et l'Enfant,* à celles plus sophistiquées de Dürer, en passant par *Le Géant* de Goya.
La photographie est aussi mise à l'honneur au « Met » – grâce entre autres à l'extraordinaire collection léguée par Alfred Stieglitz – qui offre un éventail particulièrement riche en images d'entre les deux guerres. Des affiches et des publicités constituent une autre partie intéressante de cette collection.

### Les antiquités égyptiennes

Le département le plus visité est l'aile consacrée à l'Égypte ancienne. Des objets de la période préhistorique au VIIIe siècle après J.-C. y sont exposés par centaines, du plus grand au plus petit, du temple de Dendur aux éclats brisés d'un visage royal du XVe siècle av. J.-C. On y trouve de nombreuses découvertes archéologiques provenant d'expéditions financées par le musée dont des sculptures représentant la célèbre reine Hatshepsout (elle s'empara du pouvoir à Thèbes au XVIe siècle av. J.-C.), une centaine de bas-reliefs du règne d'Aménophis IV et des figurines provenant de tombes, comme l'hippopotame de faïence bleue devenu la mascotte du musée.

**La reine Tiyi, épouse d'Aménophis III (1417-1379 av. J.-C.)**

### Les peintures, les sculptures et les arts décoratifs d'Europe

Cette section forme le cœur du musée, avec une extraordinaire collection de 3 000 peintures européennes.

***Jeune Femme à l'aiguière* (1660), de Jan Vermeer**

L'école italienne est représentée, entre autres, au travers de la *Dernière communion de saint Jérôme* par Botticelli et *Portrait d'un jeune homme* par Bronzino. La collection de toiles de maîtres hollandais et flamands est une des plus belles au monde ; elle comprend *Les Moissonneurs*, de Brueghel, plusieurs Rubens et Van Dyck, plus d'une douzaine de Rembrandt et de nombreux Vermeer. Sont exposés également des chefs-d'œuvre espagnols et français du Gréco, de Vélasquez, Goya, Poussin et Watteau. Il abrite aussi de nombreuses toiles impressionnistes et postimpressionnistes dont trente Monet, dix-sept Cézanne, ainsi que les célèbres *Cyprès*, de Van Gogh. On découvre en outre, dans l'aile Kravis et les salles adjacentes, une collection de 60 000 sculptures et objets d'arts décoratifs européens parmi lesquels la sculpture d'Adam en marbre par Tullio Lombardo, une statuette de cheval en bronze d'après un modèle de Vinci, et une douzaine d'œuvres de Degas et Rodin. Un patio de château espagnol du XVIe siècle, de somptueux intérieurs français du XVIIIe siècle et un jardin à la française (The Petrie European Sculpture Court) servent de décor à certaines parties de la collection.

### Les antiquités grecques et romaines

Un sarcophage romain offert au musée en 1870 a inauguré cette collection. On peut toujours le voir dans la section grecque et romaine fort bien restaurée. À côté, ne manquez pas le panneau mural d'une villa recouverte par la lave du Vésuve en 79 ap. J.-C. Une imposante figure grecque d'un jeune homme et la statue *Old Market Woman* témoignent de l'évolution du réalisme des sculptures hellènes. Des miroirs étrusques, des bustes romains, de délicats objets de verre et d'argent et des centaines de vases grecs dépeignant les mœurs antiques présentent les multiples facettes de cette civilisation.

**Une amphore d'Exechias décorée d'une scène de noces (VIe s. av. J.C.)**

### Maquettes d'une tombe égyptienne

En 1920, un chercheur du « Met » découvrit dans la chambre funéraire du noble Mekutra 23 maquettes intactes évoquant des scènes de sa vie quotidienne et chargées d'assurer son confort dans l'au-delà. On y voit sa maison, son jardin, ses bateaux et son troupeau, mais aussi Mekutra lui-même, dans sa barque, en train de humer le parfum d'une fleur de lotus et d'écouter son chanteur et son harpiste.

### Lehman Collection

Le banquier Robert Lehman possédait l'une des plus belles collections privées avant de la léguer au musée en 1971. Le pavillon Lehman est une pyramide de verre abritant des œuvres très variées, de la Renaissance au XIXe siècle, dessins, estampes, meubles, bronzes,

**Partie de vitrail de la cathédrale Saint-Pierre de Troyes, représentant *La Mort de la Vierge* (XII$^{e}$ s.)**

verres vénitiens et émaux. Parmi les toiles européennes exposées, vous trouverez des chefs-d'œuvre hollandais et espagnols, ainsi que des tableaux français post-impressionnistes et fauves.

## L'ART MÉDIÉVAL

La collection, qui couvre une période s'étendant de la chute de Rome au début de la Renaissance (du IV$^{e}$ au XVI$^{e}$ siècle), se situe en partie dans le bâtiment principal du musée, et en partie dans le cloître au nord de Manhattan *(p. 234-237)*. On y trouve, sinon le saint Graal, du moins le calice de ce nom, six assiettes en argent byzantines décorées de scènes de la vie de David, une chaire en forme d'aigle par Giovanni Pisano, plusieurs sculptures monumentales de la Vierge et l'Enfant, des bijoux, des vases sacrés, des vitraux, des émaux, des ivoires et des tapisseries des XIV$^{e}$ et XV$^{e}$ siècles.

## LES INSTRUMENTS DE MUSIQUE

Le plus vieux piano du monde, les guitares d'André Ségovia, une cithare en forme de paon et quelques instruments bizarres des six continents et de toutes les époques illustrent l'histoire de la musique à travers les âges. La plupart des instruments ont été restaurés et sont en parfait état de marche. Parmi eux, des violons rares, des clavecins, épinettes et autres instruments des cours européennes du Moyen Âge et de la Renaissance. Vous pourrez également découvrir une reconstitution parfaite d'un atelier de luthier, des tambours africains, des pipas asiatiques et des flûtes indiennes. Un équipement audio est à votre disposition pour vous permettre d'écouter tous ces instruments ainsi que les mélodies de leur époque.

**Stradivarius de Crémone, (Italie, fin du XVII$^{e}$ s.)**

## L'ART CONTEMPORAIN

Depuis sa création en 1870, le musée n'a cessé d'acquérir des œuvres contemporaines, mais ce n'est qu'en 1987 qu'un espace permanent fut aménagé afin d'offrir au public sur trois étages un aperçu de l'art du XX$^{e}$ siècle : la nouvelle aile Lila Acheson Wallace expose toutes les formes d'art plastique postérieures à 1900.

D'autres musées new-yorkais possèdent des collections plus complètes d'art moderne, mais ce département du « Met » se distingue par la qualité de ses pièces. Ses points forts sont les créations d'art moderne américain, particulièrement celles de l'école de New York. Les peintures de Charles Demuth et Georgia O'Keeffe, du régionaliste Grant Wood, de l'expressionniste abstrait Willem de Kooning, sans oublier les travaux sur papier de Paul Klee, les meubles Art déco et la ferronnerie d'art illustrent bien la créativité de notre époque. Parmi les joyaux de cette collection, le *Portrait de Gertrude Stein,* par Picasso ; *I Saw the Figure Five in Gold,* de Demuth ; *Autumn Rhythm,* de Pollock ; et le dernier autoportrait d'Andy Warhol. Au dernier étage du bâtiment, les sculptures contemporaines, dont l'exposition est renouvelée chaque année, se détachent sur fond de gratte-ciel et de Central Park.

***The Midnight Ride of Paul Revere* (1931), par Grant Wood**

Couverture de livre par l'illustrateur N.C. Wyeth (1916)

## Society of Illustrators ⓬

128 E 63rd St. **Plan** 13 A2. *838-2560.* *Lexington Ave.* ***Ouv.*** *de 10h à 17h du mer. au ven., de 10h à 20h le mar., de midi à 16h le sam.* *limité.*

Créée en 1901, et comptant parmi ses membres éminents Charles Dana Gibson, N.C. Wyeth et Howard Pyle, cette association a pour objet de promouvoir l'art de l'illustration. Installé depuis 1981 dans deux salles, le Museum of American Illustration présente des expositions temporaires thématiques qui évoquent l'évolution de cet art dans les livres et les magazines. Chaque année, les plus belles réalisations contemporaines y sont sélectionnées et exposées.

## Abigail Adams Smith Museum ⓭

421 E 61st St. **Plan** 13 C3. *838-6878.* *Lexington Ave, 59th St.* ***Ouv.*** *de 11h à 16h mar.-dim. (en juin et juil. jusqu'à 21h).* ***F.*** *en août et j.f.* ***Entrée payante.***

Le premier bâtiment situé sur l'emplacement du musée était une remise de style fédéral appartenant à Abigail Adams Smith, fille du président des États-Unis John Adams. Après l'incendie de l'habitation voisine en 1926, la remise est transformée en auberge puis en résidence. En 1924, l'association des Dames coloniales d'Amérique en fait l'acquisition et la transforme cette fois en charmante demeure de style néo-fédéral. Des guides costumés font visiter les lieux en commentant l'histoire des objets, dont des porcelaines chinoises et des tapis d'Aubusson. Une chemise de nuit se trouve toujours dans la penderie de sa chambre, ainsi qu'un lit d'enfant et des jouets. La réplique d'un jardin du XVIII^e siècle a été plantée autour de la résidence.

## Henderson Place ⓮

**Plan** 18 D3. *86th St.*

Les maisons de style Queen Ann de Henderson Place

Cette enclave de 24 maisons alignées en brique rouge, construite en 1882, est désormais cernée d'immeubles résidentiels. Le promoteur de l'époque, le chapelier John C. Henderson, avait voulu créer une petite communauté autonome autour de ces habitations. Dessinés par Lamb & Rich, les toits d'ardoises, les frontons, les parapets, les fenêtres et les cheminées donnent un aspect à la fois élégant et pittoresque à cet ensemble au charme rétro.

La promenade de Carl Schurz Park

## Carl Schurz Park ⓯

**Plan** 18 D3. *86th St.*

Ce parc dessiné en 1891 le long de East River est l'un des lieux de promenade favoris des New-Yorkais, offrant une vue saisissante sur les eaux turbulentes de « Hell Gate », le confluent de la rivière et du bras de mer qui longe Long Island. Carl Schurz était originaire de la ville, et il fut ministre de l'Intérieur de 1869 à 1875. La première partie de l'esplanade s'appelle John Finlay Walk, du nom d'un journaliste du *New York Times* rendu célèbre par ses prouesses sportives. Lorsqu'il fait beau, les pelouses du parc sont envahies par les New-Yorkais en goguette.

## Gracie Mansion ⓰

East End Ave et 88th St. **Plan** 18 D3. *570-4751.* *86th St.* ***Ouv.*** *à 10h, 11h, 13h, 14h, le mer. pour visites guidées seulement.* ***Entrée payante.***

Cette demeure surprenante aux balcons de bois, datant de 1799, est la résidence officielle du maire. Construite par le riche marchand Archibald Gracie, c'est l'une des plus belles maisons de style fédéral de New York. Achetée par la ville en 1887, elle était destinée à abriter le musée municipal, mais le

Façade de Gracie Mansion

maire Fiorello La Guardia s'y installe en 1942 prétextant que son palais de Riverside Drive était trop grand pour lui. Appelé plus communément « La petite fleur » (Fiorello) par les New-Yorkais de l'époque, il fut un ardent adversaire de la corruption et réforma la ville.

## Church of the Holy Trinity ⑰

316 E 88th St. **Plan** 17 B3. ☎ *289-4100.* Ⓜ *86th St.* ***Ouv.*** *de 9h à 17h du lun. au ven., de 7h30 à 14h le dim.* ✝ *l'hiver à 8h, 9h, 11h et 19h le dim. ; à 18h30 le mer. ; l'été à 8h et 10h.*

**Portail de Church of the Holy Trinity**

Nichée dans un jardin tranquille sur l'emplacement de la ferme Rhinelander, Church of the Holy Trinity, néo-Renaissance et en brique ocre, date de 1889. Dans sa tour se trouve une belle horloge de fer forgé aux aiguilles de cuivre. Des bas-reliefs représentant saints et prophètes ornent le portail. L'ensemble est un don de Serena Rhinelander en mémoire de ses père et grand-père. Les terres appartenaient à la famille depuis plus de cent ans. Plus bas, au n° 350, se trouvent le Rhinelander Children's Center (également un don) et les bureaux de la Children's Aid Society.

## St Nicholas Russian Orthodox Cathedral ⑱

15 E 97th St. **Plan** 16 F1. ☎ *289-1915* Ⓜ *96 St.* ***Ouv.*** *sur rdv.* ✝ *à 18h le sam., 10h le dim. (russe).*

C'est vraiment « Moscou sur Hudson River », une vision inattendue que cette construction néo-baroque édifiée en 1902, alternant brique rouge et pierre blanche. Elle colore et illumine cette partie de la ville avec ses cinq dômes rehaussés de croix et ses toits d'ardoises bleues et jaunes. Les intellectuels et aristocrates russes, installés aux États-Unis après avoir fui les troubles politiques de leur pays, se sont rapidement intégrés à la société new-yorkaise. Aujourd'hui, cette communauté est éparpillée à travers le pays et les grandes messes en russe n'attirent plus qu'une poignée de fidèles. Une forte odeur d'encens baigne le sanctuaire central aux superbes colonnes en marbre. Un très beau treillis de bois entoure l'autel. La cathédrale est un lieu étonnant qui contraste avec ce quartier bourgeois de Manhattan.

**Façade et dômes de St Nicholas Russian Orthodox Cathedral**

**Façade de Museum of the City of New York**

## Museum of the City of New York ⑲

5th Ave et 103rd St. **Plan** 21 C5. ☎ *534-1672.* Ⓜ *103rd St.* ***Ouv.*** *de 10h à 17h du mer. au sam., de 12h à 17h le dim.* ***F.*** *les j.f.* ***Dons bienvenus.***

Créé en 1923 et installé en premier lieu dans les locaux de Gracie Mansion, ce musée est consacré à l'histoire de la ville et retrace son développement économique. Transféré en 1932 dans ce ravissant bâtiment colonial, le musée présente un bel ensemble de pièces d'époque, comme la chambre et la penderie de John D. Rockefeller, ainsi que des costumes, du mobilier, des objets usuels, des jouets et des maisons de poupées. Commencez la visite par la vidéo *The Big Apple*, puis admirez l'exposition *Broadway : 125 années de music hall*. Le premier étage abrite une magnifique collection d'objets en argent, certains datant de 1678. Alexander Hamilton Gallery contient des meubles et des peintures ayant appartenu au célèbre ministre des Finances. On peut aussi y voir d'anciens équipements de pompiers, des plans et des estampes de la ville représentant l'évolution de celle-ci au fil des siècles.

# Whitney Museum of American Art ❼

Le Whitney Museum expose toutes les tendances de l'art américain de ce siècle. Il est fondé en 1930 par le sculpteur Gertrude Vanderbilt Whitney après le refus par le Metropolitan d'acheter sa collection d'œuvres d'artistes contemporains. On peut y admirer des créations de George Bellows et Edward Hopper. Tous les deux ans, l'exposition Whitney Biennal révèle les nouvelles tendances de l'art aux États-Unis.

**La façade en surplomb de Whitney Museum of American Art**

**Green Coca-Cola Bottles** *(1962)*
*Variation personnelle d'Andy Warhol sur le thème de la production de masse, de l'abondance et du monopole.*

**The White Calico Flower** *(1931)*
*Cette peinture de fleur géante de Georgia O'Keeffe glisse du réalisme à l'abstraction .*

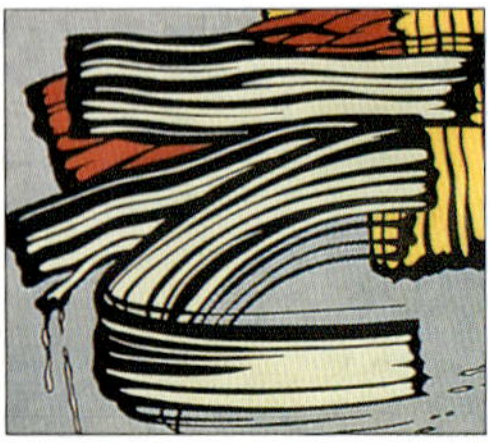

**Little Big Painting** *(1965)*
*Critique ironique de l'expressionnisme abstrait par Roy Lichtenstein.*

**Early Sunday Morning** *(1930)*
*Les peintures d'E. Hopper reflètent souvent le sentiment de vide et de solitude de la vie urbaine américaine.*

**SUIVEZ LE GUIDE !**
*Il n'y a pas d'expositions permanentes. La seule création toujours visible est* Circus, *de Calder. Les expositions temporaires occupent les premier, second et troisième étages.*

**Dempsey et Firpo** *(1924)*
*George Bellows a fixé sur la toile le plus fameux combat du siècle.*

**MODE D'EMPLOI**

945 Madison Ave. **Plan** 17 A5.
570-3600. M 6 vers 77th St.
M1, M2, M3, M4. **Ouv.** de 11h à 18h le mer. et du ven. au dim. ; de 13h à 20h le jeu. **F.** les j.f.
**Entrée payante.**
**Conférences, présentations film/vidéo.**

**Three Flags** *(1958)*
*L'utilisation par Jasper Johns d'objets familiers pour créer une abstraction influença fortement le Pop Art.*

**Owh ! In San Paõ** *(1951)*
*Œuvre de Stuart Davis. Les formes abstraites sont combinées avec des lettres pour créer un style américain tout à fait original.*

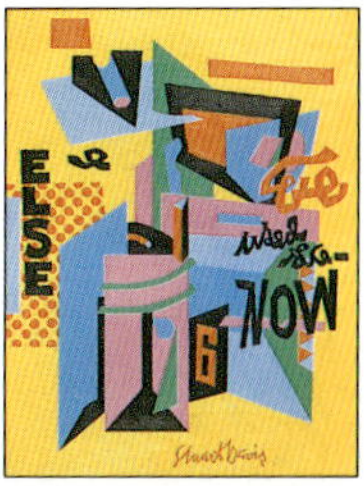

**Circus** *(1926-1931)*
*Création originale de Calder exposée en permanence.*

**Tango** *(1919)*
*Une des meilleures sculptures d'Elie Nadelman, d'origine polonaise.*

**Hudson River Landscape** *(1951)*
*Cette sculpture en acier est l'une des œuvres majeures de David Smith.*

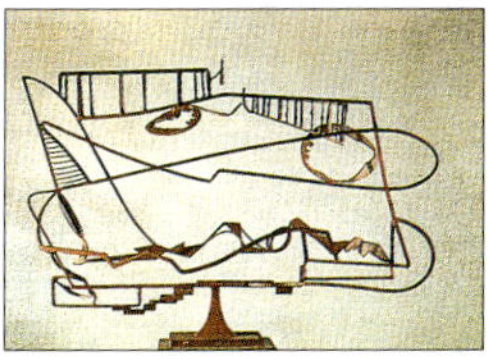

# Frick Collection ❽

L'ancienne résidence du magnat de l'acier, qui expose cette collection inestimable au milieu d'un mobilier d'origine, est elle-même une pièce de musée qui témoigne du train de vie fastueux des riches familles du début de ce siècle. Henry Clay Frick (1849-1919) a fait don à la nation de sa magnifique demeure et de son contenu afin qu'ils perpétuent son souvenir. On y trouve des œuvres de maîtres, du mobilier français, des émaux de Limoges et des tapis d'Orient.

**Façade de Frick Collection donnant sur Fifth Avenue**

**Le Port de Dieppe** *(1826)*
*Turner a été critiqué par certains contemporains pour son utilisation de la lumière, trop méditerranéenne, dans ce port du Nord-Ouest de l'Europe.*

**Le Cheval blanc** *(1819)*
*Paysage familier du Suffolk, par John Constable.*

**Émaux de Limoges**
Les Sept Douleurs de la Vierge *fait partie de la collection d'émaux (1500-1550).*

★ **Sir Thomas More** *(1527)*
*Portrait du conseiller de Henry VIII par Holbein. Huit ans plus tard, More sera condamné à mort et exécuté pour trahison.*

### À NE PAS MANQUER

- ★ ***Sir Thomas More,*** **par Hans Holbein**
- ★ ***Le Mall à St James's Park,*** **par Thomas Gainsborough**
- ★ ***L'Officier et la jeune fille,*** **par Jan Vermeer**
- ★ ***Lady Meux,*** **par James Whistler**

### SUIVEZ LE GUIDE !

*Ne manquez pas la galerie ouest éclairée par sa verrière, qui expose des toiles de Vermeer, Hals et Rembrandt. La galerie est renferme celles de Whistler, la bibliothèque et la salle à manger sont dédiées aux peintres anglais, et le grand salon est décoré par les œuvres du Titien, de Bellini et d'Holbein.*

★ **Lady Meux** *(1881)*
*Avant d'épouser un roi de la bière, la jeune et coquette Lady Meux était actrice. C'est le second des trois portraits d'elle exécutés par Whistler.*

**MODE D'EMPLOI**

1 E 70th St. **Plan** 12 F1. *288-0700.* 6 jusqu'à 68th St. *M1, M2, M3, M4.* **Ouv.** *de 10h à 18h du mar. au sam., de 13h à 18h le dim.* **F.** *les j.f.* **Entrée payante** *(interdit aux enfants de moins de 10 ans).* ***Concerts, conférences, présentations film/vidéo***

★ **L'Officier et la jeune fille**
*(1655-1660)*
*Jan Vermeer joue avec les ombres et la lumière comme aucun autre peintre hollandais du* XVII^e^.

**LÉGENDE**

- Espace d'exposition
- Circulations et services

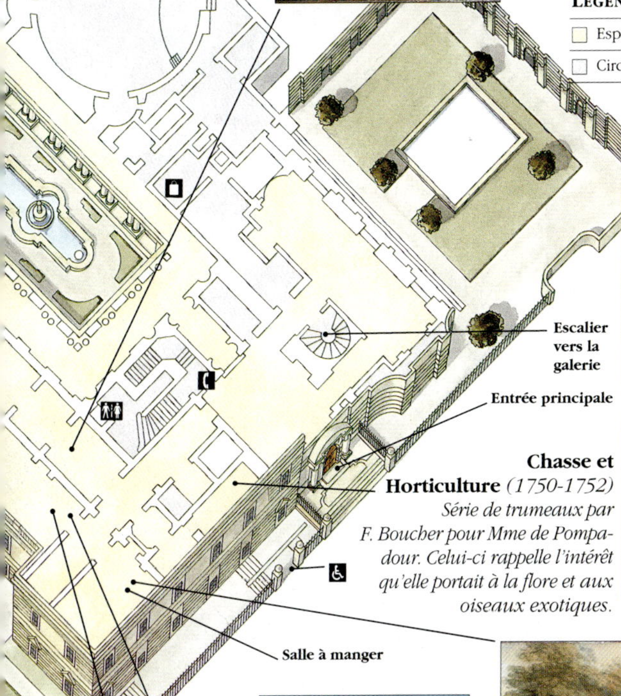

**Chasse et Horticulture** *(1750-1752)*
*Série de trumeaux par F. Boucher pour Mme de Pompadour. Celui-ci rappelle l'intérêt qu'elle portait à la flore et aux oiseaux exotiques.*

**La Poursuite**
*Tableau faisant partie des* Progrès de l'amour *(1771-1773 et 1790-1791) de J.-H. Fragonard. Cet ensemble de toiles décrit les étapes d'une conquête amoureuse idéalisée.*

★ **Le Mall à St James's Park** *(1783)*
*Les trois silhouettes centrales de ce paysage peint par T. Gainsborough sont sans doute celles des filles de George III.*

# CENTRAL PARK

Le « jardin » de la cité fut aménagé en 1958 par Frederick Law Olmsted et Calvert Vaux sur un site à l'abandon : fouillis de carrières, porcheries et bidonvilles. Dix millions de tombereaux de terre et de pierre furent nécessaires pour transformer cette zone marécageuse en 340 hectares de paysage « naturel ». Les 500 000 arbres et buissons, les rochers, les collines, les lacs et les pelouses offrent un lieu de promenade privilégié pour les citadins. Il est également agrémenté de divers terrains de jeux, courts de tennis, patinoires et espaces pour joueurs d'échecs ou de croquet. Les voitures y sont interdites le week-end.

**Statues, Delacorte Theater *(p. 206)***

## LE QUARTIER D'UN COUP D'ŒIL

**Bâtiments historiques**
The Dairy ❶
Belvedere Castle ❸

**Monuments et statues**
Strawberry Fields ❷
Bethesda Fountain and Terrace ❺
Bow Bridge ❹

**Lacs et jardins**
Conservatory Water ❻
Central Park Wildlife Center ❼
Conservatory Garden ❽

***VOIR ÉGALEMENT :***


• ***Atlas des rues***, plans 12, 16

• ***Restaurants*** p. 290-292


## COMMENT Y ALLER ?

Les lignes de métro B et C longent Central Park du côté ouest avec des arrêts aux 59e, 72e, 81e, 86e, 96e et 103e Rues. La station à l'angle de la 59e Rue et de Columbus Circle est également desservie par les lignes 1 et 9 (Broadway/7e Avenue et 8e Avenue) ; les trains locaux de Broadway N et R s'arrêtent à l'angle de la 57e Rue et de la 5e Avenue au sud du parc. Les autobus M1, M2, M3 et M4 longent le côté est du parc.

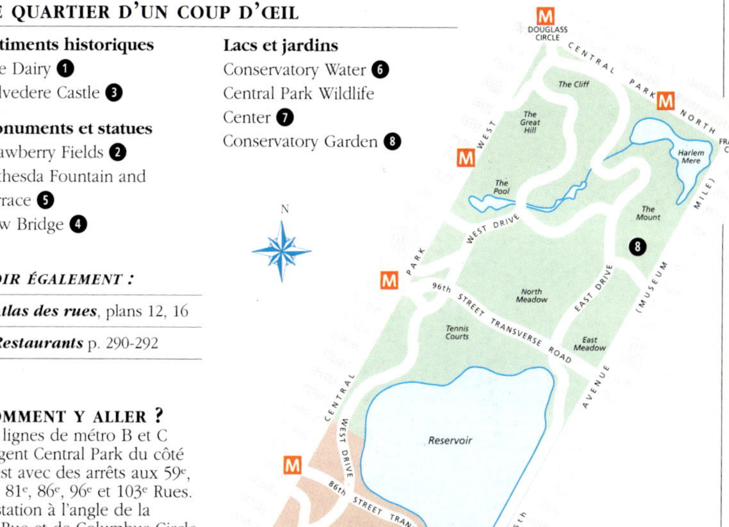
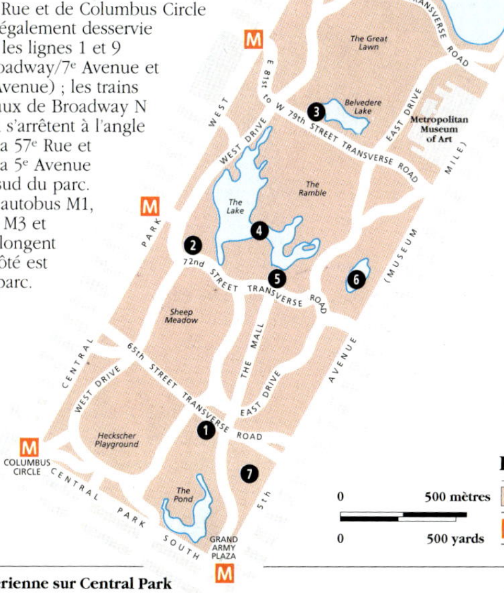


**Vue aérienne sur Central Park**

0 500 mètres
0 500 yards

**LÉGENDE**
Plan détaillé de visite
M Station de métro

**La police montée de Central Park**

# Une promenade à Central Park

Pour une courte visite, promenez-vous de la 59e à la 79e Rue dans les épais sous-bois du Ramble, le long des étangs et en empruntant quelques-uns des 30 ponts élégants qui enjambent le lacis des avenues et des allées cavalières. En été, la température du parc, inférieure à celle de la ville, offre au promeneur une oasis de détente et de fraîcheur.

★ **Strawberry Fields**
*Ce coin paisible du parc, dédié à la mémoire de John Lennon, qui vivait dans le voisinage, est l'un des plus visités* ❷

★ **Bethesda Fountain and Terrace**
*Cette terrasse richement décorée surplombe le lac et les abords boisés du Ramble* ❺

**Wollman Rink :** le milliardaire Donald Trump fit rénover cette ancienne patinoire en 1980.

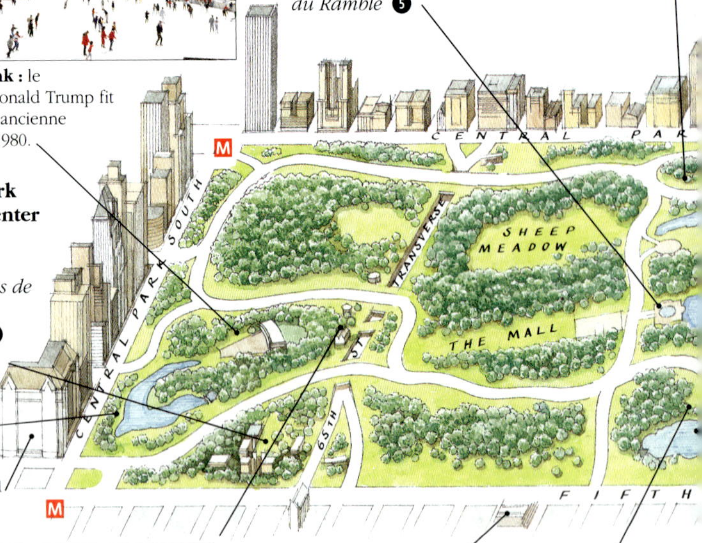


**Central Park Wildlife Center**
*Trois zones climatiques abritent plus de 100 espèces animales* ❼

**The Pond**

**Plaza Hotel**
*(p. 179)*

**Frick Collection**
*(p. 200-201)*

★ **The Dairy**
*Ce bâtiment de style victorien est le centre d'accueil des visiteurs. Dès votre arrivée renseignez-vous sur les activités proposées par le parc* ❶

**La statue de Hans Christian Andersen** est un lieu de rencontre pour les conteurs pendant l'été et constitue une merveilleuse attraction pour les enfants.

**Bow Bridge**
*La magnifique arche de ce pont métallique, haute de 18 mètres, relie le Ramble à Cherry Hill* ❹

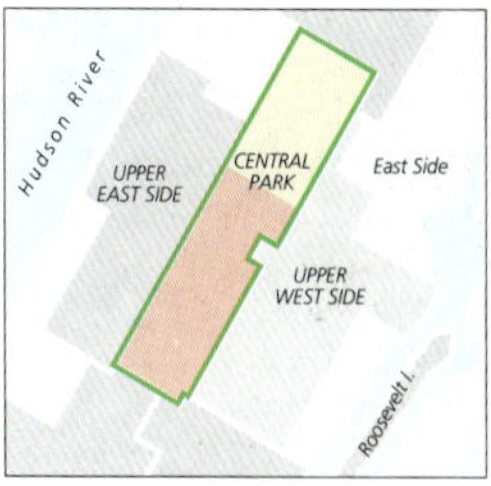


**CARTE DE SITUATION**
*Voir carte de Manhattan p. 12-13*

**À NE PAS MANQUER :**

- ★ **The Dairy**
- ★ **Strawberry Fields**
- ★ **Belvedere Castle**
- ★ **Bethesda Fountain**
- ★ **Conservatory Water**

Lieu d'escalade et de glissade préféré des enfants, cet ensemble de bronze représentant **Alice au pays des merveilles** et ses amis se situe à l'extrémité de Conservatory Water.

**Dakota Building** (p. 216)

**San Remo Apartments** (p. 212)

**American Museum of Natural History** (p. 214-215)

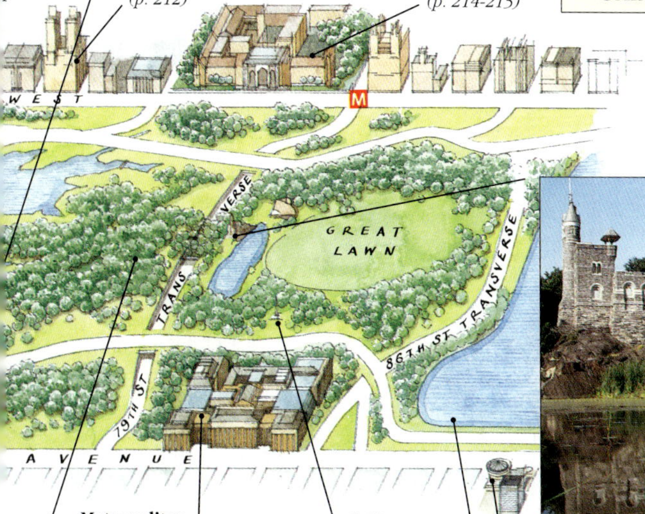

**Metropolitan Museum** (p. 190-195)

**Obélisque**

**The Ramble**, surface boisée de 15 hectares traversée de sentiers et de ruisseaux, est le paradis des ornithologues amateurs. Plus de 250 espèces d'oiseaux y ont été repérées.

**Réservoir**

**Guggenheim Museum** (p. 186-187)

★ **Belvedere Castle**
*Depuis les terrasses, les visiteurs ont une vue imprenable sur la ville et le parc. Central Park Learning Center est situé à l'intérieur* ❸

★ **Conservatory Water**
*De mars à novembre se déroulent chaque samedi des courses de maquettes de bateaux. Beaucoup de ces embarcations sont rangées dans l'abri situé près du lac* ❻

**Le manège de l'aire de jeu des enfants**

## The Dairy ❶

**Plan** 12 F2. ☎ *794-6564.* Ⓜ *5th Ave.* ***Ouv.*** *d'avr. à oct. de 10h à 17h du mar. au dim. ; de nov. à mars de 10h à 16h du mar. au dim.* ***Diaporamas.***

Cette charmante « laiterie » qui sert de centre d'accueil a tout d'abord été destinée aux enfants. Ils pouvaient y jouer, monter sur un caroussel ou découvrir une ferme et ses animaux. En 1873, les vaches paissaient devant The Dairy et les enfants venaient s'y désaltérer et boire du lait frais. Des agneaux, des poules et des paons complétaient ce paysage bucolique. Puis, laissé à l'abandon pendant longtemps, le bâtiment servit de remise avant d'être restauré en 1979. C'est un excellent point de départ pour partir à la découverte du parc car vous pourrez y obtenir toutes les informations et cartes nécessaires sur les événements et curiosités. Vous pourrez aussi y louer des jeux d'échecs et jouer sur les échiquiers de la « colline aux enfants » toute proche.

## Strawberry Fields ❷

**Plan** 12 E1. Ⓜ *72nd St.*

La réhabilitation de ce coin du parc en forme de larme a été dessiné par Vaux et Olmsted et financé par Yoko Ono, en souvenir de John Lennon, son mari assassiné. Les fenêtres de leur appartement de Dakota Building donnent sur ce paysage *(p. 216)*. Les dons affluèrent du monde entier et le jardin, dédié à la paix internationale, abrite maintenant plus de 160 espèces de végétaux – une pour chaque pays – dont des fraisiers, des rosiers et des bouleaux. Une mosaïque offerte par la ville de Naples porte l'inscription *Imagine*, le titre de la chanson la plus connue de la pop star.

**Un image paisible de Central Park, dominé par de luxueux immeubles**

## Belvedere Castle ❸

**Plan** 16 E4. ☎ *772-0210.* Ⓜ *81st St.* ***Ouv.*** *de 10h à 17h du mar. au dim.* *vers le rdc seulement.*

Le château, avec sa tour et ses tourelles, est perché sur Vista Rock et offre depuis la terrasse l'un des plus beaux panoramas du parc et de la ville. Les jeunes peuvent tout apprendre sur la surprenante variété de la faune du parc dans Central Park Learning Center qui se trouve à l'intérieur. Delacorte Theater, que l'on peut apercevoir au nord du château, propose gratuitement chaque été des pièces de Shakespeare jouées par des acteurs célèbres *(p. 335)*. George Delacorte, philanthrope et mécène plein d'humour, a financé de nombreuses attractions du parc.

**Belvedere Castle domine le paysage du parc**

## Bow Bridge ❹

**Plan** 16 E5. Ⓜ *72nd St.*

C'est l'un des sept ponts de fonte de Central Park, sans doute le plus beau. Il a été dessiné par Vaux et sa forme souligne la courbe en nœud papillon du lac. Au XIX^e siècle, le lac se transformait chaque hiver en patinoire, et un ballon rouge hissé au sommet d'une tour de Vista Rock indiquait que la glace était suffisamment solide. Du pont, on peut admirer les immeubles qui longent le parc à l'est et à l'ouest.

Gravure ancienne (1864), représentant Bethesda Fountain and Terrace

## Bethesda Fountain and Terrace ❺

**Plan** 12 E1. Ⓜ *72nd St.*

Située entre le lac et le Mall, c'est le cœur architectural du parc. Son allure formelle contraste avec le naturel du paysage. La fontaine a été inaugurée en 1873. La statue *Angel of the Waters*, érigée en 1842 pour fêter la construction d'un aqueduc qui alimentait la ville en eau pure, évoque l'ange biblique de la fontaine de Bethesda à Jérusalem. Les escaliers et les décorations de style espagnol sont l'œuvre de Jacob Wrey Mould. C'est un plaisir de passer un moment paisible sur cette terrasse en observant les passants.

## Conservatory Water ❻

**Plan** 16 F5. Ⓜ *77th St.*

Plus connu sous le nom de « l'étang des modèles réduits », c'est l'endroit où ont lieu les compétitions de bateaux miniatures. Au nord de l'étang, la statue d'Alice au pays des merveilles fait la joie des enfants. Son donateur George Delacorte est immortalisé sous les traits du Chapelier Fou. À l'ouest, des conteurs, aux pieds de la statue d'Andersen lisant son propre ouvrage *Le Vilain petit canard*, fascinent petits et grands. Comme la statue d'Alice, celle-ci est régulièrement prise d'assaut par les tout petits qui adorent se nicher sur les genoux de l'auteur. Les liens entre Conservatory Water et la littérature touchent aussi l'adolescence : c'est là que Holden Caufield, le héros de J.D. Salinger, se confie aux canards dans *The Catcher in the Rye*.

## Central Park Wildlife Center ❼

**Plan** 12 F2. ☎ *439-6500.* Ⓜ *5th Ave.* ***Ouv.*** *d'avril à oct. de 10h30 à 17h du lun au jeu., de 10h à 17h30 du sam. au dim. ; de nov. à mars de 10h à 16h30 tlj.* ***Entrée payante.***

Rouvert en 1988 après quatre années de rénovation, ce zoo abrite 100 espèces d'animaux représentatifs de trois climats de la planète : les tropiques, le cercle polaire et la côte californienne. L'utilisation astucieuse de l'espace a conquis les New-Yorkais : une mini-forêt tropicale abrite des singes et des oiseaux alors que des pingouins et des ours polaires peuplent un paysage arctique dont on peut aussi voir la vie sous-marine. À l'entrée de Tish Children Zoo (zoo des enfants), se trouve Delacorte Clock (autre exemple de l'infinie générosité de Georges T. Delacorte), où toutes les demi-heures, des animaux de bronze jouent des berceuses. Vers Willowdell Arch se dresse la statue de Balto, le chien de traîneau qui traversa l'Alaska pour livrer le précieux sérum qui devait enrayer une épidémie de diphtérie.

Ours polaire de Central Park Wildlife Center

La statue de Balto, l'héroïque chien de traîneau

## Conservatory Garden ❽

**Plan** 21 B5. Ⓜ *Central Pk N, 103rd St.* ☎ *860-1382.*

La Vanderbilt Gate de la Cinquième Avenue ouvre sur trois jardins où fleurissent des milliers d'arbres et de buissons. L'extrémité de l'immense pelouse du jardin central forme un demi-cercle d'ifs et de taillis surmontés d'une pergola de glycines, et de l'autre côté, d'un bosquet de pommiers sauvages de Sibérie. Dans le jardin sud, la statue de la fontaine représente Mary et Dickon, les héros de l'œuvre de Frances Hodgson Burnett, *The secret Garden*. Le jardin nord, autour de la fontaine en bronze *The Three Dancing Maidens*, resplendit de mille couleurs chaque été, alors que sur un talus glissant vers le parc, des myriades de fleurs sauvages éclosent au printemps.

# Upper West Side

Ce quartier ne devient résidentiel qu'à partir de 1870, quand le métro aérien de Nineth Avenue *(p. 24-25)* rend possible l'accès rapide au centre de la ville. C'est à cette époque qu'est construit le célèbre et luxueux Dakota Building. Rapidement, Broadway et Central Park West s'urbanisent, et les rues voisines se bordent de maisons de pierre brune. Le Lincoln Center et l'American Museum of Natural History élisent également domicile dans Upper West Side.

**Masque indien, Museum of Natural History**

## Le quartier d'un coup d'œil

**Rues et bâtiments historiques**

Les tours jumelles de Central Park West 1
Dakota Building 9
Pomander Walk 13
Riverside Drive and Park 14
Dorilton Building 17

**Musées et galeries**

Museum of American Folk Art 7
New York Historical Society 10
*American Museum of Natural History p. 214-215* 11
Hayden Planetarium 12
Children's Museum of Manhattan 15

**Théâtres célèbres**

Lincoln Center for the Performing Arts 2
New York State Theater 3
Metropolitan Opera House 4
Lincoln Center Theater 5
Avery Fisher Hall 6

**Hôtels et restaurants célèbres**

Hotel des Artistes 8
The Ansonia 16

### Comment y aller ?

Par le métro : lignes B et D (6e Avenue), lignes 1/9, 2 et 3 (7e Avenue/Broadway) ou A, C et E (8e Avenue). Bus : M10 (Central Park West), M7, M11, M104 et M5 ; bus transversaux : M66, M72, M79, M86 et M96.

### Voir également :

- ***Atlas des rues***, plans 11, 15
- ***Hébergement*** p. 274-275
- ***Restaurants*** p. 290-292

**Sculpture de façade, Hotel des Artistes**

### Légende

Plan du quartier pas à pas
M Station de métro

**La façade ouvragée du n° 14, Riverside Drive**

# Lincoln Center pas à pas

Lincoln Center est né à un moment où le Metropolitan House et le New York Philharmonic avaient besoin d'un port d'attache. Faire cohabiter différents styles d'arts vivants peut sembler évident aujourd'hui mais, dans les années 1950, installer le Metropolitan Opera et le New York Philharmonic côte à côte, et ce dans un quartier médiocre, était un pari risqué. L'endroit accueille aujourd'hui plus de cinq millions de visiteurs par an, et de nombreux artistes et amateurs d'art résident dans les alentours.

★ **Lincoln Center for the Performing Arts**
*C'est le temple de la danse, de la musique et du théâtre. Il fait bon s'asseoir près de la fontaine pour observer les passants et prendre le pouls du quartier* ❷

**Lincoln Center Theater**
*Deux salles de spectacle (Vivian Beaumont et Mitzi E. Newhouse) se trouvent à l'intérieur* ❺

**Leonard Bernstein, compositeur** de *West Side Story*. Le quartier pauvre où a été installé Lincoln Center a fourni le décor de la célèbre comédie musicale inspirée de l'histoire de Roméo et Juliette.

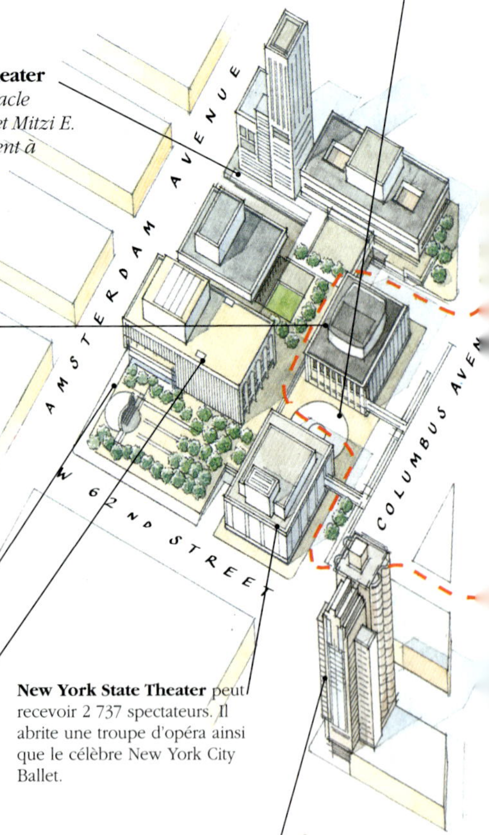


**Guggenheim Bandshell**, dans Damrosch Park, accueille des concerts gratuits.

**New York State Theater** peut recevoir 2 737 spectateurs. Il abrite une troupe d'opéra ainsi que le célèbre New York City Ballet.

**Metropolitan Opera**
*C'est le cœur de Lincoln Center. Le café de son grand vestibule offre une vue incomparable sur le parvis* ❹

**College Board Building**, de style Art déco, abrite l'organisme responsable des examens d'entrée à l'université.

Early American quilt

**Museum of American Folk Art**
*Ses étoffes traditionnelles et ses peintures naïves valent le coup d'œil* ❼

**James Dean** a habité dans un studio au dernier étage du n° 19 de la 68e Rue Ouest.

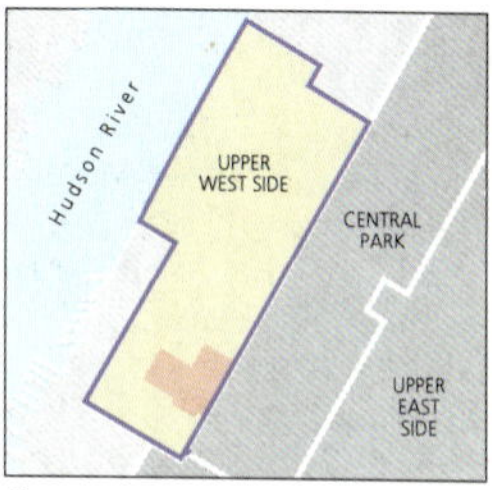


**CARTE DE SITUATION**
*Voir carte de Manhattan p. 12-13*

**LÉGENDE**

Itinéraire conseillé

0 — 100 mètres

0 — 100 yards

★ **Hotel des Artistes**
*Isadora Duncan, Noel Coward et Norman Rockwell y ont vécu. On y trouve aussi un excellent restaurant* (p. 296) ❽

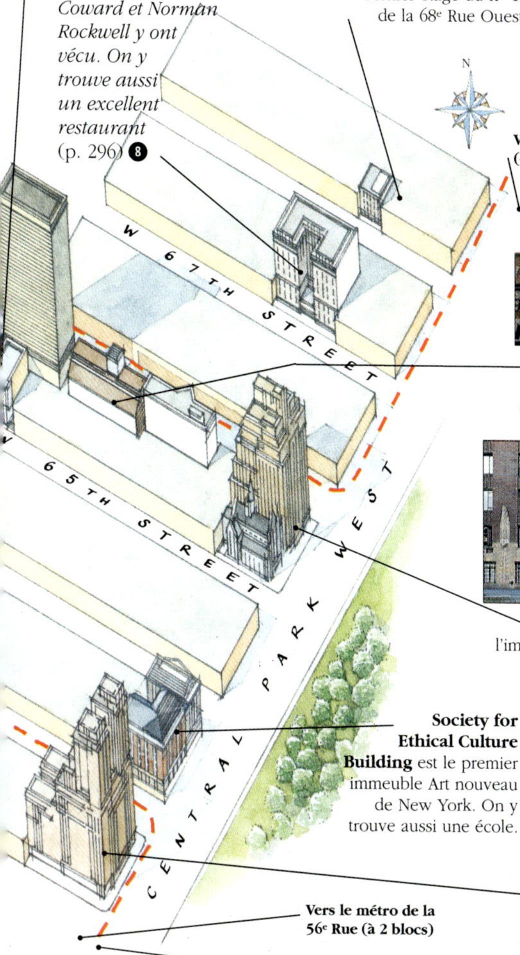


**Vers la station de métro de la 72e Rue (4 blocs)**

L'immeuble de **l'American Broadcasting Company**, une ancienne armurerie, ressemble à une forteresse.

**Le n° 55 de Central Park West** est l'immeuble Art déco que l'on voit dans le film *Ghostbusters*.

**Society for Ethical Culture Building** est le premier immeuble Art nouveau de New York. On y trouve aussi une école.

**Vers le métro de la 56e Rue (à 2 blocs)**

**Central Park West.** De nombreuses personnalités habitent dans ces luxueux appartements qui bordent le parc.

**Century Apartments**
*Ces tours jumelles, visibles depuis Central Park, sont un des symboles de New York* ❶

**À NE PAS MANQUER :**

★ **Lincoln Center**

★ **Hotel des Artistes**

**San Remo, immeuble résidentiel aux tours jumelles conçu par Emery Roth**

## Les tours jumelles de Central Park West ❶

**Plan** 12 D1, 12 D2, 16 D3, 16 D5.
M *59th St-Columbus Circle, 72nd St.*

Parmi les silhouettes les plus familières du paysage new-yorkais, on trouve souvent les quatre immeubles résidentiels à tours jumelles, bâtis sur Central Park Ouest, peu avant la dépression de 1931, et qui comptent aujourd'hui parmi les plus recherchés de la ville. Admirés pour leur élégance et le détail de leur architecture, ils doivent leur forme à un arrêté municipal autorisant dans certaines tours la présence de plafonds plus hauts que la norme.
Dustin Hoffman, Paul Simon et Diane Keaton ont habité au San Remo (n° 145), mais les copropriétaires ont refusé d'accueillir Madonna qui s'est installée juste à côté au n° 1 de la 64e Rue Ouest. Groucho Marx, Marilyn Monroe et Richard Dreyfuss ont vécu dans l'El Dorado (n° 300). Dessiné également par Emery Roth sur le modèle d'une fusée, cet immeuble futuriste possède une toiture unique. Le Majestic (n° 115) et le Century (n° 25) sont des œuvres classiques de l'architecte Art déco Irwin S. Chanin.

## Lincoln Center for the Performing Arts ❷

**Plan** 11 C2. *546-2656.* M *65th St.* *875-5350.* *Voir **Loisirs** p. 338-339.*

En mai 1959, le président Dwight D. Eisenhower et le compositeur Leonard Bernstein participèrent au baptême du principal centre culturel new-yorkais, sur fond d'*Hallelujah Chorus* joué par le New York Philharmonic accompagné par un chœur important. Il couvre désormais les six hectares ayant servi de décor au film *West Side Story*. Flânez du côté de la fontaine de la place – créée par Philip Johnson – afin d'admirer la statue du bassin, *Reclining Figure* sculptée par Henry Moore.
Les visites guidées sont le meilleur moyen de découvrir l'endroit.

## New York State Theater ❸

Lincoln Center. **Plan** 11 D2.
*870-5570.* M *66th St.*
*Voir **Se distraire** p. 334-335.*

Depuis son inauguration en 1964, ce théâtre de 2 800 places – conçu par Philip Johnson – présente les productions du New York City Ballet et du New York City Opera. Il propose des spectacles d'opéra à des tarifs accessibles au plus grand nombre. De gigantesques statues d'Elie Nadelman dominent les quatre étages du foyer. Les décorations intérieure et extérieure de cet édifice lui a valu le nom de « petit coffret à bijoux ».

## Metropolitan Opera House ❹

Lincoln Center. **Plan** 11 D2. *362-6000.* M *66th St.*
*Voir **Se distraire** p. 338-339.*

Siège de la Metropolitan Opera Company et de l'American Ballet Theater, le « Met » est certainement, le monument le plus spectaculaire de Lincoln Center. Cinq grandes arches vitrées laissent entrevoir le foyer et les deux magnifiques peintures murales de Marc Chagall (impossible de les voir le matin, car elles doivent être

**Le parvis devant Lincoln Center**

protégées du soleil). Avant chaque spectacle, les éclatants lustres de cristal de la salle sont remontés jusqu'au

**Concert gratuit et en plein air, Guggenheim Bandshell**

plafond. Des escaliers en marbre blanc et des kilomètres de tapis rouges forment un décor somptueux où semble encore résonner l'écho des plus grandes voix : celles de Maria Callas, de Jessye Norman ou de Luciano Pavarotti. Près du « Met », Guggenheim Bandshell de Damrosch Park est une salle très populaire qui propose des concerts variés et gratuits, allant de l'opéra au jazz. En août, ne manquez pas le festival en plein air de Lincoln Center.

## Lincoln Center Theater 5

Lincoln Center. **Plan** 11 C2.
*362-7600 (Beaumont et Newhouse), 870-1630 (biblio.).*
*66th St.*
*Voir* ***Se distraire*** *p. 338-339.*

Deux compagnies présentent ici des pièces d'avant-garde très éclectiques : Vivian Beaumont Theater et sa salle de 1 000 places, et, plus intime, Mitzi E. Newhouse (petit théâtre de 280 places). Les pièces des meilleurs auteurs contemporains ont été montées au Beaumont, dont *After the Fall,* d'Arthur Miller, lors de l'inauguration de 1962. Newhouse présente des pièces de style expérimental et d'avant-garde, mais a également accueilli des succès comme la célèbre pièce de Samuel Beckett, *En attendant Godot*, avec Robin Williams. New York Public Library for the Performing Arts (fermée pour rénovation jusqu'à l'autonme 2000) abrite des expositions de partitions originales, de programmes et d'affiches de théâtre.

## Avery Fisher Hall 6

Lincoln Center. **Plan** 11 C2. *875-5030.* *66th St.*
*Voir* ***Se distraire*** *p. 338-339.*

C'est le siège du plus ancien orchestre des États-Unis, le New York Philharmonic, mais aussi des Grands Acteurs du Lincoln Center, du festival Mozart et du Jazz au Lincoln Center. Grâce aux nombreux travaux de rénovation, particulièrement ceux de 1992, l'Avery Fisher Hall est devenue l'une des meilleures salles de concert du monde dont l'acoustique est exceptionnelle. Pour une somme modique, le public est admis à écouter les répétitions du mardi matin.

## Museum of American Folk Art 7

Lincoln Sq. **Plan** 12 D2.
*977-7170.* *66th St.*
***Ouv.*** *11h30 à 19h30 du mar. au dim.*
***F.*** *le lun.*

Ce petit et sympathique musée a ouvert ses portes en 1989. Il propose les créations de l'art populaire américain. Parmi les collections permanentes, des sculptures sur bois, des étoffes et des peintures forment un ensemble coloré, complété par des expositions temporaires et des démonstrations d'artisanat traditionnel destinées aux enfants. Une énorme girouette représentant le célèbre chef indien Tammany trône dans la cour centrale. De nouvelles annexes doivent être prochainement aménagées sur la 53e Rue Ouest.

**Girouette de cuivre, Museum of American Folk Art**

## Hotel des Artistes 8

1 W 67th St. **Plan** 12 D2.
*362- 6700.* *72nd St.*
*Voir* ***Restaurants*** *p. 296.*

Cet immeuble de deux étages fut construit en 1918 par George Mort Pollard pour abriter des ateliers d'artistes. Il fut fréquenté par des locataires célèbres comme Isadora Duncan, Rudolph Valentino ou Noel Coward par exemple. À l'intérieur, Le Café des Artistes est réputé pour ses peintures murales romantiques de Howard Chandler Christy et sa bonne cuisine.

**Sculpture décorative, Hotel des Artistes**

# American Museum of Natural History ⓫

C'est le plus grand musée d'histoire naturelle du monde. Ouvert au public en 1877, et occupant aujourd'hui 3 pâtés de maison, il conserve plus de 36 millions de pièces. Parmi les expositions qui décrivent les étapes de l'apparition de la vie sur terre, les salles les plus visitées sont celles des dinosaures, des météorites ainsi que celles des minéraux et des pierres précieuses. Le nouveau Rose Center for Earth and Space *(p. 216)* jouxte le musée.

**L'entrée sur la 77e Rue Ouest**

**À NE PAS MANQUER :**

- ★ **Les barosaures**
- ★ **La baleine bleue**
- ★ **Le canoë haida**
- ★ **L'Étoile des Indes**

★ **L'Étoile des Indes**
*Cette pierre de 563 carats est le plus gros saphir « blue star » du monde. Découverte au Sri Lanka, elle a été donnée au musée en 1901 par le millionnaire J. P. Morgan.*

**SUIVEZ LE GUIDE !**
*Entrez dans le musée par Central Park Ouest au 1er étage admirez les barosaures et les salles consacrées aux peuples et animaux d'Afrique, d'Asie et des Amériques. Minéraux, pierres précieuses, météorites et vie sous-marine occupent le rez-de-chaussée ainsi que la nouvelle salle de la biodiversité. Au 2e étage, les Indiens d'Amérique, les oiseaux et les reptiles. Les dinosaures, les poissons fossiles et les premiers mammifères sont au 3e étage.*

★ **La baleine bleue**
*C'est le plus grand des animaux vivants. Son poids peut dépasser 150 tonnes. Cette copie représente une femelle capturée sur la côte sud des États-Unis en 1925.*

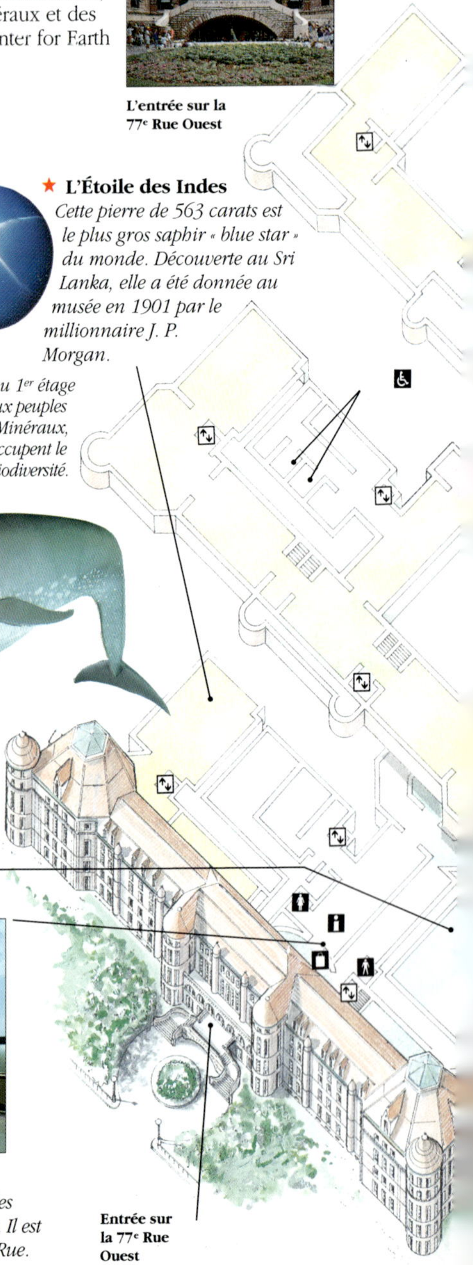

★ **Canoë haida**
*Ce canoë de guerre de 9,7 m a été taillé par les Indiens haidas dans le tronc d'un seul cèdre. Il est exposé dans le vestibule de l'entrée de la 77e Rue.*

**Entrée sur la 77e Rue Ouest**

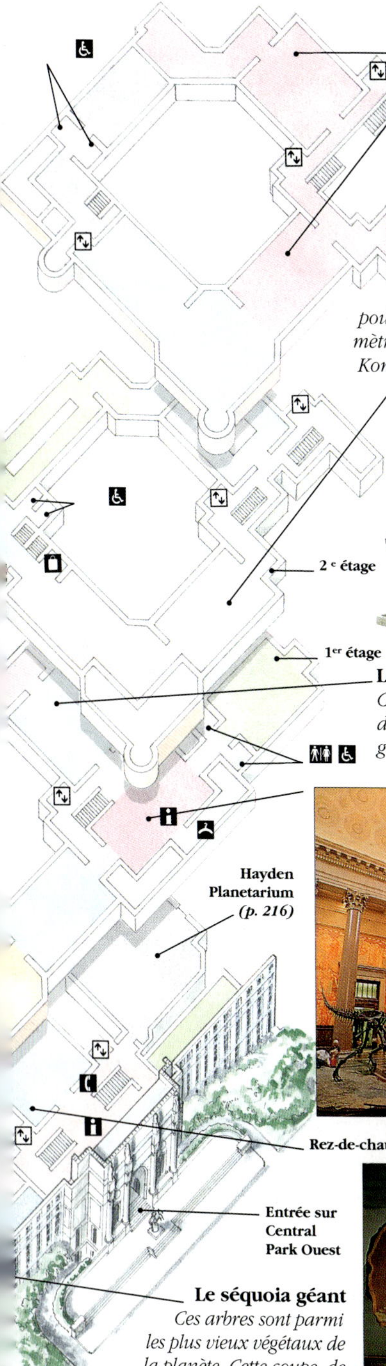


**MODE D'EMPLOI**

Central Park West et 79th St. **Plan** 16 D5. 769-5100. *B, C to 81st St.* *M7, M10, M11, M79.* ***Ouv.*** *10h à 17h45 du lun. au jeu., dim. ; de 10h à 20h45 ven. sam.* ***Dons bienvenus.***

**Les dragons de Komodo**

*Ces lézards pouvant atteindre trois mètres de long peuplent Komodo et d'autres îles de l'océan Indien.*

**Les éléphants d'Afrique de l'Est**

*Carl Akeley créa la salle des mammifères africains du musée dans les années 1920. On y trouve ce groupe d'éléphants qu'il rapporta lui-même.*

**★ Les barosaures**

*Le musée possède le spécimen le plus complet de cet animal préhistorique. Cette scène montre une mère barosaure protégeant son petit de l'attaque d'un prédateur et a été moulée à partir de fossiles originaux.*

**Le séquoia géant**

*Ces arbres sont parmi les plus vieux végétaux de la planète. Cette coupe, de 4,80 m de diamètre, porte 1 342 anneaux (et autant d'années d'existence).*

**LÉGENDE**

- Dinosaures et autres vertébrés fossiles
- Oiseaux
- Poissons
- Mammifères
- Minéraux et pierres précieuses
- Anthropologie
- Invertébrés
- Amphibiens et reptiles
- Environnement et écologie
- Souvenirs
- Expositions temporaires
- Espace libre

## New York Historical Society ⑩

170 Central Park West 77th St. **Plan** 16 D5. *873-3400.* *81st St.* **Ouv.** *de 11h à 17h du mar. au dim* **Biblio. ouv.** *de 11h à 17h du mar. au sam.* **F.** *les j.f.* **Entrée payante** *pour les expos.*

Parmi les trésors du plus vieux musée de New York, ne manquez pas les gravures originales du livre *Birds of America* d'Audubon et plus de 150 lampes Tiffany. Créée en 1804, la société possède une importante collection de peintures et d'arts décoratifs remontant au XVIIe siècle, ainsi que de magnifiques meubles de l'époque fédérale.
Les galeries ont réouvert après deux ans de fermeture, malgré un incendie de dernière minute et d'incessants problèmes financiers.

Sculpture de tête d'Indien surmontant l'entrée de Dakota Building

## Dakota Building ⑨

1 W 72nd St. **Plan** 12 D1. *72nd St.* **F.** *au public.*

Construit en 1880-1884 par l'architecte du Plaza Hotel, Henry J. Hardenberg, c'est le premier immeuble résidentiel de luxe de la ville. Financée par Edward S. Clark, héritier de la dynastie des machine à coudre Singer, cette construction autrefois entourée de terrains vagues et de bétail est aujourd'hui l'une des plus belles adresses de New York. Ses 65 luxueux appartements ont connu des propriétaires célèbres : Judy Garland, Lauren Bacall, Leonard Bernstein et Boris Karloff (dont on dit que le fantôme hante l'endroit). C'est là que fut tourné le film de Roman Polanski *Rosemary's Baby* et que John Lennon fut assassiné. Sa veuve Yoko Ono y habite toujours.

Laserium de Hayden Planetarium

## American Museum of Natural History ⑪

*P. 214-215.*

## Hayden Planetarium ⑫

Central Park West et 81st St. **Plan** 16 D4. *769-5900,* *81st St.* **F.** *pour rénovation et modernisation jusqu'au début 2000.*

Voisin de l'American Museum of National History, le nouveau planétarium est le cœur du Rose Center for Earth and Space. Au cœur d'une sphère de 26 m, il abrite un Space Theater ainsi que le Cosmic Pathway (une rampe en spirale longue de 105 m environ, retraçant la chronologie de 13 milliards d'années d'évolution) et un Big Bang Theater. Le Hall of Planet Earth, construit autour d'échantillons imposants de roche, propose des animations sur ordinateur et des vidéos du dernier cri expliquant les mouvements de la terre et l'histoire géologique de notre planète. Des expositions dans le Hall of the Universe présentent les étonnantes découvertes de l'astro-physique moderne. Quatre secteurs offrent des expositions interactives et de vastes programmes éducatifs. Le Rose Center fut conçu par Polsheck and Partners.

## Pomander Walk ⑬

261–7 W 94th St. **Plan** 15 C2. *72nd St.*

Jetez un coup d'œil à travers la grille pour apercevoir cette double rangée de petites maisons, construites en 1921 sur le modèle d'anciennes ruelles londoniennes. De nombreuses stars de l'époque, comme Rosalind Russell, Humphrey Bogart ou les sœurs Gish, y élurent domicile.

Façade d'une maison de Pomander Walk

## Riverside Drive and Park ⑭

**Plan** 15 B4. *103rd St.*

Riverside est l'une des plus agréables rues de la ville : large, ombragée, dotée d'un superbe panorama sur Hudson River. Ne manquez pas d'admirer les maisons construites à la fin du XIXe par l'architecte Clarence F. True aux nos 40-46, 74-77 ; 81-89 et 105-107, leurs formes galbées se marient à merveille aux courbes que dessinent le

parc et le fleuve. Au n° 243, un étrange immeuble de 1914, est décoré d'une frise montrant des pionniers de l'Arizona. Tout y est, même les serpents à sonnette et les pumas !
Riverside Park fut, quant à lui, dessiné en 1880 par Frederick Law Olmsted, également architecte paysagiste de Central Park *(p. 202-205)*.

**Le monument aux soldats et aux marins, dans Riverside Park**

## Children's Museum of Manhattan ⓯

212 W 83rd St. **Plan** 15 C4.
*721-1223.* M *86th St.* ***Ouv.*** *de sept. à mai de 13h30 à 17h30 lun., mer., ven. ; de 10h à 17h sam. et dim. ; de juin à août de 10h à 17h du mer. au dim.* ***F.*** *25 déc., 1er jan., Thanksgiving.* ***Entrée payante.***

Créé pour les enfants en 1973 sur le thème « apprendre en jouant », ce musée comprend le « Brainatarium » dans lequel la magie du cerveau humain est explorée via des documents multimédias projetés au plafond. Grâce à des équipements high-tech, ils peuvent découvrir leurs cinq sens ainsi que ceux des animaux. Le Time Warner Center for Media transforme les enfants en

**L'entrée de Children's Museum of Manhattan**

cameramen, animateurs, présentateurs et techniciens dans un studio télé reconstitué. Un théâtre de 150 places propose des spectacles pendant le week-end et les vacances : marionnettes, conteurs, etc. Un espace de jeu accueille les enfants de tous âges.

## Ansonia Building ⓰

2109 Broadway. **Plan** 11 C1.
M *72nd St.* ***F.*** *au public.*

Ce palais de style Beaux-Arts fut construit en 1899 par William Earl Dodge Stokes, héritier de la fortune de la Phelps Dodge Company. L'architecte français Paul E. M. Duboy dessina un bâtiment capable de rivaliser avec le Dakota Building.
L'hôtel fut transformé en appartements en 1992. L'immeuble, dont la tour d'angle et les sculptures sont particulièrement renommées, était à l'origine doté de deux piscines et d'un jardin sur le toit pour les canards, les poulets et l'ours apprivoisé du propriétaire.
Protégé du bruit par ses murs épais, l'Ansonia Building était devenu le séjour favori de stars de la musique : Arturo Toscanini, Enrico Caruso, Igor Stravinsky ou Lily Pons y séjournaient régulièrement.

**La tourelle tarabiscotée d'Ansonia Hotel**

## Dorilton Building ⓱

171 W 71st St. **Plan** 15 C5. M *72nd St.* ***F.*** *au public.*

Cet immeuble opulent de neuf étages impressionne par sa haute toiture et son entrée colossale sur la 71e Rue. Au moment de sa construction, en 1902, un critique résuma l'opinion générale en écrivant : « À voir le bâtiment, les hommes poussent des jurons et les femmes des cris d'effroi. » En effet, la richesse et les thèmes de sa décoration avaient de quoi scandaliser à l'époque. Mais qu'auraient dit ses détracteurs en contemplant l'Alexandria Condominium construit en 1927 tout près de là ? La plus grande partie des motifs égyptiens qui paraient cet ancien temple maçonnique fut supprimée lorsqu'il fut converti en immeuble d'appartements, mais on y aperçoit encore certains ornements polychromes : feuilles de lotus, hiéroglyphes, animaux mythiques et, trônant majestueusement assis sur le toit, deux pharaons !

**Un balcon de Dorilton Building, supporté par des personnages grimaçants**

# MORNINGSIDE HEIGHTS ET HARLEM

Le long de Hudson River, Morningside Heights abrite, entre autres, Columbia University et deux magnifiques églises. Un peu plus loin à l'est, au-delà de Hamilton Heights, c'est Harlem, la plus célèbre communauté noire d'Amérique. Harlem n'étant pas la plus tranquille des banlieues de New York, il vaut mieux visiter ce célèbre quartier le dimanche matin *(p. 351)*, passer par St Nicholas Historic District, en s'arrêtant à Abyssinian Baptist Church pour écouter ses sublimes negro spirituals, et terminer par un déjeuner sudiste chez Sylvia's, le restaurant le plus connu de Harlem.

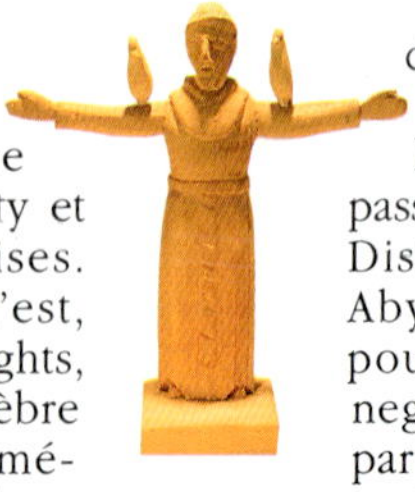

**Saint François d'Assise, Museo del Barrio**

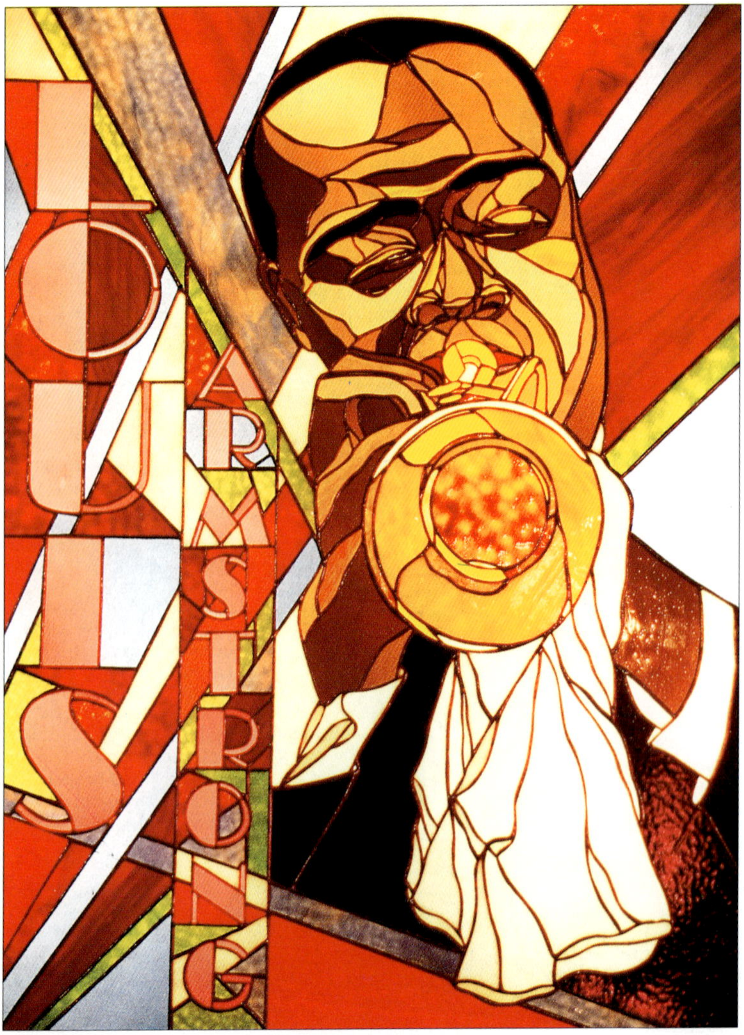


**Louis Armstrong sur un vitrail du célèbre Cotton Club**

## Le quartier d'un coup d'œil

**Rues et bâtiments historiques**
Colombia University 1
St Paul's Chapel 2
Low Library 3
Le tombeau du président Grant 6
City College of the City University of New York 7
Hamilton Grange National Memorial 8
Hamilton Heights Historic District 9
St Nicholas Historic District 10
Mount Morris Historical District 17

**Musées et galeries**
Schomburg Center for Research into Black Culture 12
Studio Museum in Harlem 16
Museo del Barrio 19

**Théâtres célèbres**
Harlem YMCA 13
Apollo Theater 15

**Églises**
*Cathedral of St John the Divine p. 224-225* 4
Riverside Church 5
Abyssinian Baptist Church 11

**Parcs et jardins**
Marcus Garvey Park 18

**Restaurants renommés**
Sylvia's 14

## Comment y aller ?

Par le métro, prendre la ligne 1 ou 9 (7e Avenue/Broadway) jusqu'à la 116e Rue/Columbia University. Les bus M4, M5, M11 et M104 desservent Columbia. Pour aller à Harlem, prendre la ligne A, B, C ou D jusqu'à la 125e Rue, ou le bus M1, M2, M7 ou M101/102.

**Colonne de pierre sculptée de Cathedral of Saint John the Divine**

***Voir également :***


- ***Atlas des rues***, plans 19-20
- ***Hébergement*** p. 174-175
- ***Restaurants*** p. 290-292


0 500 mètres
0 500 yards

**Légende**

Plan du quartier pas à pas
M Station de métro

# Columbia University pas à pas

Une grande université s'illustre par ses hommes, son esprit mais aussi par les bâtiments qui la composent, c'est le cas de Columbia. Après en avoir admiré l'architecture, une balade dans ce quartier, devant les nombreux cafés et bibliothèques (dont Low Library) où les étudiants philosophent et refont le monde, offre un charme tout à fait particulier.

La statue ***Alma Mater*** de Daniel Chester French a survécu à un attentat à la bombe au cours d'une manifestation en 1968.

**Station de métro de la 116e Rue/Columbia University (lignes 1 et 9)**

**School of Journalism**
*Joseph Pulitzer ouvrit en 1912 cette école de journalisme, devenue l'une des meilleures au monde. C'est là qu'est décerné le prix Pulitzer pour les meilleures œuvres littéraires et journalistiques.*

**Butler Library** est la plus grande bibliothèque de Columbia.

**Low Library**
*L'imposante façade et le dôme surbaissé de cette bibliothèque qui dominent la place principale datent de 1895-1897* ❸

★ **Central Quadrangle**
*Les premiers bâtiments, dessinés par McKim, Mead & White, furent édifiés autour d'une place rectangulaire. En face, Butler Library* ❶

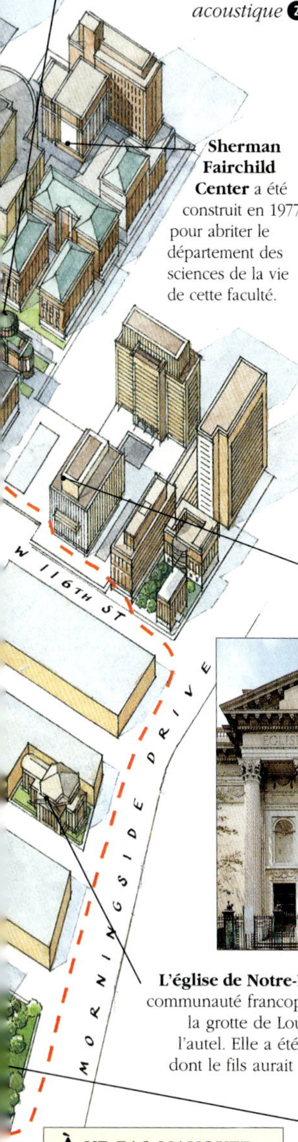


**St Paul's Chapel**
*Dessinée par les architectes Howell & Stokes en 1907, l'église est réputée pour ses beaux panneaux de bois sculptés, la luminosité de sa nef et une excellente acoustique* ❷

**CARTE DE SITUATION**
*Voir carte de Manhattan p. 12-13*

**LÉGENDE**

- - - Itinéraire conseillé

0 100 mètres

0 100 yards

**Sherman Fairchild Center** a été construit en 1977 pour abriter le département des sciences de la vie de cette faculté.

**Les manifestations étudiantes** de l'université de Columbia firent la une des journaux en 1968. Elle avaient pour but, à l'origine, de s'opposer à la construction d'un gymnase dans Morningside Park.

**L'église de Notre-Dame** fut édifiée par la communauté francophone. Une réplique de la grotte de Lourdes se trouve derrière l'autel. Elle a été offerte par une femme dont le fils aurait miraculeusement guéri.

**Une sculpture en pierre** sur la façade de la cathédrale.

★ **Cathedral of St John the Divine**
*Si cette cathédrale de style néo-gothique est enfin terminée, elle sera la plus grande du monde. Construite aux deux tiers, elle peut déjà contenir 10 000 fidèles* ❹

**À NE PAS MANQUER :**

★ **Columbia University**

★ **Cathedral of St John the Divine**

**La statue d'*Alma Mater* devant Low Library de Columbia University**

## Columbia University ❶

Entrée principale W 116th St. **Plan** 20 E3. ☎ *854-1754.* Ⓜ *116th St Columbia Univ.*

King's College, fondé en 1754 tout près de l'endroit où se dresse maintenant le World Trade Center, est devenu, après trois déménagements, la célèbre Columbia University qui compte parmi les plus anciennes et les meilleures du pays.
En 1814, le gouvernement fait don d'un terrain pour accueillir les nouveaux bâtiments de l'université. Celle-ci s'installe aux alentours dudit terrain et le loue de 1857 à 1897 avant de le céder en 1985 à son locataire, le Rockefeller Center, pour un montant de 400 millions de dollars.
Le campus actuel, créé en 1897 par l'architecte McKim sur le site d'un ancien asile d'aliénés, contraste par sa tranquillité et sa verdure avec les trépidations de la ville qui l'entoure, ceci grâce à son emplacement au-dessus du niveau de la rue.
L'université est très renommée pour ses écoles de droit, de médecine et de journalisme, et les près de 19 000 étudiants (10 400 garçons et 8 900 filles) d'aujourd'hui peuvent rêver d'égaler leurs célèbres prédécesseurs tels qu'Isaac Asimov, J. D. Salinger, James Cagney et Joan Rivers, ainsi que 53 prix Nobel.

## St Paul's Chapel ❷

Columbia University. **Plan** 20 E3. ☎ *854-1487, 854-1540 rens. concerts.* Ⓜ *116th St Columbia Univ.* ***Ouv.*** *de 10h à 23h du lun. au sam. (pendant l'année), de 10h à 16h (période de vac.).* ✝ *dim.*

**Voûte en brique de St Paul's Chapel**

Construit en 1904, le plus beau bâtiment de Columbia mélange les styles de la Renaissance italienne, du byzantin et du gothique. La chapelle est baignée par le puits de lumière qui traverse sa voûte de brique rouge. Les concerts d'orgue gratuits sont très appréciés du public en raison de la pureté de l'acoustique de l'église et de ses orgues.

**Façade de St Paul's Chapel**

## Low Library ❸

Columbia University. **Plan** 20 E3. Ⓜ *116th St Columbia Univ.*

Il s'agit d'une construction néo-classique dominant un grand escalier de pierre. La bibliothèque est un don de Seth Low, ancien maire de la ville et président de l'université. *Alma Mater*, la statue de Chester French érigée sur les marches, a été le point de ralliement de nombreuses manifestations étudiantes contre la guerre du Vietnam en 1968. Les 6 millions de volumes ont tous été transférés à la Butler Library, et le bâtiment sert désormais aux cérémonies officielles.

## Cathedral of St John the Divine ❹

*P. 224-225.*

## Riverside Church ❺

490 Riverside Dr 122nd St. **Plan** 20 D2. ☎ *870-6700.* Ⓜ *116th St Columbia Univ.* ***Ouv.*** *de 9h à 17h tlj.* ✝ *10h45 le dim.* *vis. sur dem. spéciale* ***Concerts de carillons.*** ☎ *870-6784. 12h, 15h le dim.* ***Théâtre.*** ☎ *864-2929.*

Admirer le panorama de Upper Manhattan du haut des 21 étages de cette tour néo-gothique, inspirée de la cathédrale de Chartres, est plutôt déconseillé au moment où les cloches sonnent ! En effet, le carillon commandé par John D. Rockefeller en l'honneur de sa mère possède

**La place principale de Columbia University et Low Library**

74 cloches, dont un bourdon de 20 tonnes ; c'est le plus grand du monde. Les orgues de 22 000 tuyaux comptent aussi parmi les plus grandioses du monde.
On peut y découvrir des sculptures de J. Epstein, dont un Christ en Majesté et une Vierge à l'Enfant, respectivement situées au fond de la seconde galerie et dans la cour près du cloître.
Les panneaux du retable retracent l'existence de huit hommes et femmes dont les vies illustrèrent les préceptes du Christ : parmi eux, Socrate et Michel-Ange, mais aussi Florence Nightingale et Booker T. Washington.
Pour vous recueillir un instant, pénétrez dans la paisible Christ Chapel, une reconstitution d'église romane française du XIe siècle. Afin d'admirer le panorama, prenez l'ascenseur jusqu'au vingtième étage, puis grimpez les 140 marches qui mènent à l'observatoire au sommet de la tour, à 120 mètres du sol.

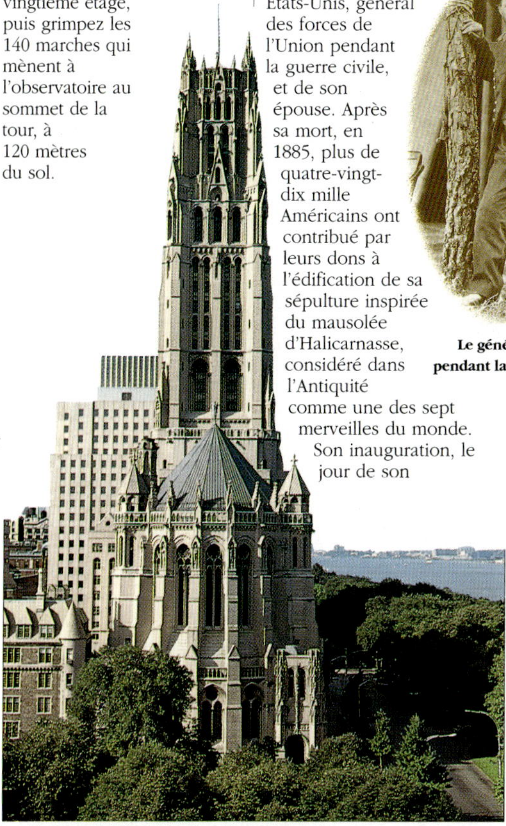

**Les 21 étages de Riverside Church vue du nord**

**Mosaïque murale du tombeau de Ulysses Grant, montrant le président (à droite) et Robert Lee**

## Le tombeau du président Grant ❻

W 122nd St et Riverside Dr.
**Plan** 20 D2. 666-1640.
*116th St Columbia Univ.* ***Ouv.*** *de 9h à 17h tlj.* ***F.*** *25 déc., 1er janv., Thanksgiving.*

Ce monument grandiose honore la mémoire d'Ulysses S. Grant, 18e président des États-Unis, général des forces de l'Union pendant la guerre civile, et de son épouse. Après sa mort, en 1885, plus de quatre-vingt-dix mille Américains ont contribué par leurs dons à l'édification de sa sépulture inspirée du mausolée d'Halicarnasse, considéré dans l'Antiquité comme une des sept merveilles du monde.
Son inauguration, le jour de son 75e anniversaire, draina une foule considérable. Ce jour-là, un défilé magistral réunissant 50 000 personnes et 15 bâtiments de guerre – dont cinq venus d'Europe – dura près de sept heures. L'intérieur ressemble au tombeau de Napoléon aux Invalides. Chaque sarcophage pèse plus de 8 tonnes, et deux salles d'exposition sont consacrées à la vie et à la carrière de l'homme d'État.

**Le général Grant pendant la guerre civile**

Sur les flancs nord et est du bâtiment, on peut apercevoir 17 bancs courbes incrustés de mosaïques dessinées au début des années 1970 par l'artiste Pedro Silva, et réalisées par plus de mille volontaires. Elles représentent des sujets très variés, des Inuit aux taxis new-yorkais, sans oublier Donald Duck ; leur modernité contraste avec le classicisme de l'édifice.
Ces bancs multicolores s'inspirent de l'architecture des œuvres d'Antonio Gaudí à Barcelone.
Tout près du tombeau de Grant et du fleuve, une discrète urne funéraire sur un piédestal, placée là par un père à la mémoire de son enfant mort noyé, porte une inscription simple et touchante : « À la mémoire d'un enfant gentil, St Clair Pollock, décédé le 15 juillet 1797 dans sa cinquième année. »

# Cathedral of St John the Divine ❹

La façade ouest, style gothique

Ce sera la plus grande cathédrale du monde. Sa construction a commencé en 1892 et un tiers de l'édifice reste à construire. L'intérieur dépasse 180 mètres de long et 45 de large. Les architectes initiaux Heins et LaFarge se sont inspirés du style roman, puis Ralph Adams Cram a poursuivi le projet en 1911, créant une nef et une façade néo-gothiques. Des méthodes de construction médiévales sont toujours utilisées actuellement pour l'achèvement de l'ouvrage. La cathédrale accueille des spectacles de théâtre, de musique et d'art d'avant-garde.

**Le chœur**
*Les colonnes entourant le chœur, hautes de 17 mètres, sont en granit gris poli.*

**La nef**
*Les piliers de la nef, dépassant les 30 mètres, soutiennent d'élégants arcs de pierre.*

**La grande rose** ★
*Achevée en 1933. Son motif stylisé en forme de rosace symbolise les divers aspects de l'Église chrétienne.*

★ **Le portail occidental**
*Les portails de la cathédrale sont ornés de nombreuses sculptures représentant des personnages et des scènes religieuses tirés de l'iconographie médiévale. D'autres bas-reliefs, comme la vision apocalyptique des gratte-ciel de la cité par Joe Kinkannon, symbolisent l'implication de la cathédrale dans le monde politique et social contemporain.*

**À NE PAS MANQUER**

- ★ **La grande rose**
- ★ **Le portail occidental**
- ★ **Les autels latéraux**
- ★ **Peace Fountain**

**★ Peace Fountain**
*Cette sculpture est l'œuvre de Greg Wyatt et représente la nature sous toutes ses formes. Elle se dresse dans un bassin de granit sur le Grand Parterre, au sud de la cathédrale.*

**MODE D'EMPLOI**

Amsterdam Ave et W 112th St. **Plan** 20 E4. ☎ *316-7540.* ***Bureau*** ☎ *662-2133.* Ⓜ *1, 9 jusqu'à Cathedral Pkwy (110th St).* 🚌 *M4, M5, M7, M11, M104.* ***Ouv.*** *de 9h à 17h tlj.* ***Dons acceptés.*** ***Concerts, conférences, pièces de théâtre, expositions.***

**Le baptistère**
*Œuvre néo-gothique aux influences italienne, française et espagnole.*

**LE PROJET DÉFINITIF**

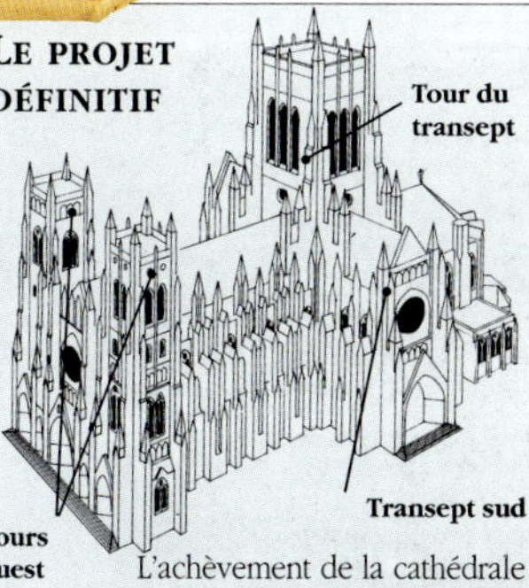


L'achèvement de la cathédrale coûtera environ 400 millions de dollars. Le transept sud, les tours ouest et la tour centrale ne sont pas terminés. Quand l'argent nécessaire aura été recueilli, on estime qu'il faudra encore au moins 50 ans pour terminer le monument.

**★ Les autels latéraux**
*Les vitraux évoquent les efforts de l'humanité, dans tous les domaines ; ceux consacrés aux sports illustrent des performances.*

**Le fauteuil de l'évêque**
*Une réplique de celui de la chapelle Henry VII, dans l'abbaye de Westminster.*

**St Ambrose Chapel**
*Portant le nom d'un évêque italien du IVe siècle, la chapelle est décorée d'éléments de fer forgé de style Renaissance.*

**CHRONOLOGIE**

**1823** Washington Square choisi comme lieu de construction.

**1891** Site définitif choisi : Cathedral Parkway.

**1909** Henry Vaughan dessine la chaire.

**1911** Cram remplace Heins et LaFarge.

**1967** Installation de lampes en bronze provenant de l'ancienne gare de Penn Station.

1800 | 1850 | 1900 | 1950

**1873** Délivrance du permis de construire.

**1888** Heins & LaFarge choisis pour dessiner la cathédrale.

**1892** (27 décembre, jour de la Saint Jean) Pose de la 1re pierre.

**1916** 1ers travaux de la nef.

**1941** Arrêt des travaux à cause de la guerre. Ils ne reprendront qu'en 1978.

**1978** Les tailleurs de pierre inaugurent la 3e phase de la construction.

## City College of the City University of New York ❼

Entrée principale à W 138th St et Convent Ave. **Plan** 19 A2. ☎ *650-7000.* Ⓜ *137th St-City College.*

Bâtie sur une colline à proximité d'Hamilton Heights, la cour carrée construite entre 1903 et 1907 est impressionnante par sa dimension. Les blocs de schiste qui composent les bâtiments d'origine proviennent de la construction du métro. Des immeubles ont été par la suite rajoutés à l'ensemble pour accueillir ses 15 000 étudiants, provenant pour les trois quarts de milieux pauvres et de minorités. En effet, autrefois gratuite pour tous les New-Yorkais, cette université propose aujourd'hui les droits d'inscriptions les plus bas de la ville.

**Shepard Archway, City College of the City University of New York**

## Hamilton Grange National Memorial ❽

287 Convent Ave. **Plan** 19 A1. ☎ *283-5154.* Ⓜ *137th St-City College.* ***Ouv.*** *de 9h à 17h du ven. au dim.* 📷

Aujourd'hui coincée entre une église et des immeubles, la maison de campagne de George Hamilton, fondateur de la Banque Nationale et co-organisateur du système de gouvernement fédéral, fut construite en 1802. C'est d'ailleurs le visage de celui-ci

**La statue d'Alexandre Hamilton, Hamilton Grange National Memorial**

que l'on peut voir sur les billets de dix dollars. Il vécut deux ans à cet endroit avant d'être tué en duel par son rival politique Aaron Burr (Hamilton avait tiré en l'air). Plus tard, en 1889, la maison fut achetée par St Luke's Episcopal Church et déplacée à deux blocs de son emplacement primitif. Elle est aujourd'hui ouverte, en attendant d'être de nouveau déplacée et rénovée.

## Hamilton Heights Historic District ❾

W 141st–W 145th St. **Plan** 19 A1. Ⓜ *137th St-City College.*

Avant l'extension du métro aérien *(p. 24)*, ces hauteurs – que l'on appelle également Harlem Heights – formaient un quartier de luxueuses propriétés.

Leur situation, sur une colline dominant Harlem, en faisait une adresse très convoitée. L'enclave surnommée Sugar Hill était particulièrement recherchée par l'élite de Harlem – Thurgood Marshall, Count Basie, Duke Ellington, Cab Calloway et le boxeur Sugar Ray Robinson y habitèrent. Les charmants petits immeubles de trois ou quatre étages en pierre ont été bâtis au début du siècle dans un style où se mêlent des influences flamandes, romanes et Tudor. Ils sont aujourd'hui le lieu de résidence de nombreux universitaires du City College voisin.

**Maisons dans Hamilton Heights**

## St Nicholas Historic District ❿

202–250 W 138th & W 139th St. **Plan** 19 B2. Ⓜ *135th St (B, C).*

Formant un saisissant contraste avec les environs délabrés, ces deux blocs, connus sous le nom de King Model Houses, ont été construits en 1891 quand Harlem était considéré comme un quartier de la petite bourgeoisie new yorkaise. On peut encore y voir l'un des exemples les plus distinctifs d'alignement de maisons de ville.

Le promoteur David King choisit trois architectes majeurs qui parvinrent à unir leurs différents styles pour créer un

**Maisons de St Nicholas Historic District**

Adam Clayton Powell junior (costume sombre), campagne pour les droits civils

ensemble harmonieux. Le plus célèbre d'entre-eux était le cabinet Mc Kim, Mead &White, architectes de la bibliothèque Pierpont Morgan *(p. 162-163)* et des Villard Houses *(p. 174)*, qui conçurent l'alignement de bâtiments de style Renaissance en brique, situé le plus au nord. Leurs maisons se caractérisent autant par les entrées au rez-de-chaussée que par leurs porches de pierre brune typiquement new yorkais. De même, les étages recherchés possèdent des fenêtres ornées de balcons de fer forgé devant, et de médaillons décoratifs ciselés au-dessus.
Les bâtiments georgiens dessinés par Price & Luce sont faits de briques ocre et de coquettes pierres blanches.
La section faite par James Brown Lord, elle aussi de style architectural georgien, a tendance à s'inspirer du victorien dans la décoration, avec des pierres rouges sailantes en façade et la base faite de pierre brune.
Cet endroit surnommé « le front des lutteurs », attira dans les années 1920 et 1930 des noirs célèbres dont les musiciens W. C. Handy et Eubie Blake.

## Abyssinian Baptist Church ⓫

132 W 138th St. **Plan** 19 C2.
☎ *862-7474.* Ⓜ *135th St (B, C, 2, 3).* ✝ *11h le dim.*

C'est le pasteur Clayton Powell junior (1908-1972), compagnon de route de Martin Luther King junior au sein du mouvement des droits civils, qui fit la renommée de cette paroisse noire – la plus ancienne de New York (1808) mais aussi la plus riche et la plus puissante – en étant élu député. On peut visiter dans l'église une pièce entièrement consacrée à la vie mémorable de ce personnage. Logée dans un édifice néo-gothique de 1923, elle reçoit le dimanche matin de nombreux visiteurs désireux d'écouter sa superbe chorale.

## Schomburg Center for Research into Black Culture ⓬

515 Malcom X Blvd. **Plan** 19 C2.
☎ *491-2200.* Ⓜ *135th St (2, 3).* ***Ouv.*** *de midi à 20h du lun au mer., de 10h à 16h du jeu. au sam. (horaires variables).* ***F.*** *les j.f.*

Ouvert en 1991, c'est le plus grand centre consacré à la connaissance de la culture afro-américaine. Sa vaste collection fut réunie par Arthur Schomburg, un Noir d'origine portoricaine à qui l'un de ses professeurs avait affirmé qu'il n'existait pas « d'histoire noire ». Il passa sa vie à prouver le contraire en réunissant une quantité impressionnante de documents.
La Carnegie Corporation achète cette collection en 1926 avant d'en faire don à la bibliothèque municipale de New York – sous la responsabilité de Schomburg lui-même. La bibliothèque du centre devient à cette époque le lieu de rencontre des écrivains de la renaissance littéraire noire, tels Du Bois et Zora Neale Hurston. Son excellente organisation permet la conservation et la consultation d'archives passionnantes : ouvrages rares, œuvres d'art et enregistrements. De nos jours, l'endroit sert de centre culturel, avec un théâtre et deux galeries d'exposition.

Kurt Weill, Elmer Rice et Langston Hughes au Schomburg Center

## Harlem YMCA ⓭

180 W 135th St. **Plan** 19 C3.
☎ *281-4100.* Ⓜ *135th St (2, 3).*

Le sociologue W. E. B. Du Bois

À la fois lieu de rencontre et d'hébergement temporaire, c'est ici que Paul Robeson fit ses premiers pas sur les planches au début des années 1920, et que fut lancée par Du Bois et ses Krigqa Players la première campagne de lutte contre l'image des Noirs dans les revues de Broadway. L'écrivain Ralph Ellison y logea également lors de son arrivée aux États-Unis.

**Chanteurs de gospel dans le restaurant Sylvia's pendant le brunch du dimanche**

## Sylvia's ⓯

328 Lenox Ave. **Plan** 21 B1.
*996-0660. M 125th St (2,3). Voir* ***Restaurants et bars*** *p. 294.*

Le plus célèbre restaurant de Harlem sert des spécialités du Sud des États-Unis, comme le poulet frit, les travers de porc épicés ou la tarte aux patates douces *(p. 287)*. Tous les dimanches,

des chanteurs de gospel accompagnent le déjeuner. Prenez aussi le temps d'explorer le marché au coin de la 125ᵉ Rue et de Lenox Avenue (en face de chez Sylvia's), qui s'étend sur deux pâtés de maisons, et vend un assortiment de vêtements africains, bijouterie et art – de qualité inégale !

## Apollo Theater ⓰

253 W 125th St. **Plan** 21 A1.
*531-5305. M 125th St (A, B, C, D).* ***Ouv.*** *aux heures des spectacles. Voir* ***Se distraire*** *p. 341.*

Cette salle de concert ouvre ses portes en 1914, pour les Blancs uniquement. Quand Frank Schiffman en devient le propriétaire en 1934, il décide d'accueillir un public multiracial, et le lieu trouve sa dimension légendaire : Bessie Smith, Billie Holiday, Duke Ellington et Dinah Washington s'y produisent, pour ne citer qu'eux.
Le mercredi soir, les « nuits des amateurs »

**Apollo Theater**

étaient consacrées à des concours dont les vainqueurs étaient élus à l'applaudimètre. C'est ici que débutèrent, entre autres, Sarah Vaughan, Pearl Bailey, James Brown et Gladys Knight.
L'Apollo devient l'endroit à la mode aux temps du swing. Après la seconde guerre mondiale, une nouvelle génération d'artiste prend la relève avec Charlie « Bird » Parker, Dizzy Gillespie, Thelonius Monk et Aretha Franklin. Sauvé du déclin et rénové dans les années 1980, l'Apollo continue à présenter les stars noires du blues, du jazz, du gospel et de la danse.

## Studio Museum in Harlem ⓱

144 W 125th St. **Plan** 21 B2.
*864-4500. M 125th St (2, 3).* ***Ouv.*** *de 10h à 17h du mer. au ven., de 13h à 18h le sam. et dim.* ***F.*** *le 25 déc., le 1ᵉʳ jan., à Thanksgiving.* ***Entrée payante*** *sauf sam.* ***Conférences, programmes pour enfants, films.***

Ce musée, ouvert en 1967 dans un loft du haut de la Cinquième Avenue, a pour objet de préserver et promouvoir les connaissances sur l'art et l'artisanat afro-américains. Les locaux actuels, situés dans un building de cinq étages donnant sur une rue commerçante de Harlem, ont été offerts au musée par la New York Bank for Savings en 1979. Le nouveau musée date de 1982. Dans ses galeries, on trouve les plus intéressantes archives photographiques de Harlem. On peut aussi admirer dans un petit jardin des sculptures particulièrement originales. Deux étages sont consacrés

**Les salles d'exposition du Studio Museum in Harlem**

aux expositions temporaires et trois galeries contiennent la collection permanente composée d'œuvres des plus grands artistes noirs.
Le musée propose également un excellent programme de conférences, de séminaires et de films, ainsi qu'une petite boutique très bien approvisionnée vendant des ouvrages spécialisés et des objets d'artisanat africain.

## Mount Morris Historical District ⓲

W 119th–W 124th St **Plan** 21 B2.
M *125th St (2, 3).*

Cet ancien quartier riche près de Marcus Garvey Park, avec ses maisons cossues de style victorien, est maintenant beaucoup moins prospère. On peut y observer une étonnante juxtaposition de lieux de culte différents – la présence dans un périmètre restreint de plusieurs synagogues et d'églises de différentes obédiences chrétiennes en témoignent : l'impressionnante St Martin's Episcopal Church ou Mount Olivet Baptist Church – autrefois une des plus importantes synagogues de la ville – au n° 201 de Lenox Avenue. La congrégation juive éthiopienne, au n° 1 de la 123e Rue Ouest, accueille une chorale qui chante du gospel en hébreu !

**St Martin's Episcopal Church sur Lenox Avenue**

## Marcus Garvey Park ⓳

120th–124th St. **Plan** 21 B2.
M *125th St (2,3).*

**Le flamboyant nationaliste noir Marcus Garvey**

Ce parc vallonné et rocheux n'est pas un endroit recommandé pour les promenades tranquilles… les mauvaises rencontres y sont fréquentes. On y trouve la dernière tour de surveillance de New York, construite en 1856, encore munie de sa cloche d'alarme. Autrefois appelé Mount Morris Park, cet espace vert porte depuis 1973 le nom de Marcus Garvey Park, un Américain originaire de Jamaïque et fondateur de l'Universal Negro Improvement Agency – un organisme réputé pour sa lutte en faveur du retour aux racines africaines, de la fierté raciale et du développement indépendant des Noirs.

## Museo del Barrio ⓴

1230 5th Ave. **Plan** 21 C5. *831-7272* M *103rd St (6).* ***Ouv.*** *de 11h à 17h du mer. au dim.* ***Dons bienvenus.***

Fondé en 1969, c'est le seul musée des États-Unis consacré à l'art latino-américain, tout particulièrement à la culture portoricaine. Des peintures et sculptures contemporaines, des objets artisanaux et historiques y sont rassemblés, ainsi que 240 magnifiques santons de bois sculptés par des artisans et une *bodega* reconstituée. Ils sont exposés de manière temporaire, mais on peut toujours en admirer certains. Grâce à sa situation privilégiée, à l'extrémité de l'avenue des musées, le Museo del Barrio établit une passerelle entre la culture chic de Upper East Side et le riche héritage de la partie espagnole de Harlem.

**Art populaire du Museo del Barrio : un des *Trois rois mages* et la *Main de la sagesse***

# En dehors du centre

Bien qu'ils fassent administrativement partie de New York, les quatre quartiers extérieurs à Manhattan sont fort différents, ne serait-ce que parce que l'on n'y trouve aucun gratte-ciel. Les habitants du Bronx et de Brooklyn eux-mêmes, lorsqu'ils se rendent à Manhattan, disent qu'ils vont « en ville ». Ces quartiers n'en sont pas pour autant dénués d'intérêt avec leurs musées, zoos, jardins botaniques et plages. Consultez la balade dans Brooklyn, proposée pages 264-265.

## Les environs d'un coup d'œil

**Rues et bâtiments historiques**
Morris-Jumel Mansion 2
George Washington Bridge 3
Wave Hill 5
Yankee Stadium 10
Grand Army Plaza 17
Park Slope Historic District 18
Historic Richmond Town 23
Alice Austen House 26

**Musées et galeries**
Audubon Terrace 1
*The Cloisters p. 234-237* 4
Van Cortlandt House Museum 6
New York Hall of Science 13
American Museum of the Moving Image and Kaufman Astoria Studio 14
Brooklyn Children's Museum 15
*The Brooklyn Museum p. 248-251* 20
Jacques Marchais Center of Tibetan Art 24
Snug Harbor Cultural Center 25

**Parcs et jardins**
*New York Botanical Garden p. 240-241* 8
*Bronx Zoo/Wildlife Conservation Park p. 242-243* 9
Flushing Meadow-Corona Park 12
Prospect Park 19
Brooklyn Botanic Garden 21

**Théâtres célèbres**
Brooklyn Academy of Music 16

**Cimetières**
Woodlawn Cemetery 7

**Plages**
City Island 11
Coney Island 22
Jamaica Bay Wildlife Refuge Center 27
Jones Beach State Park 28

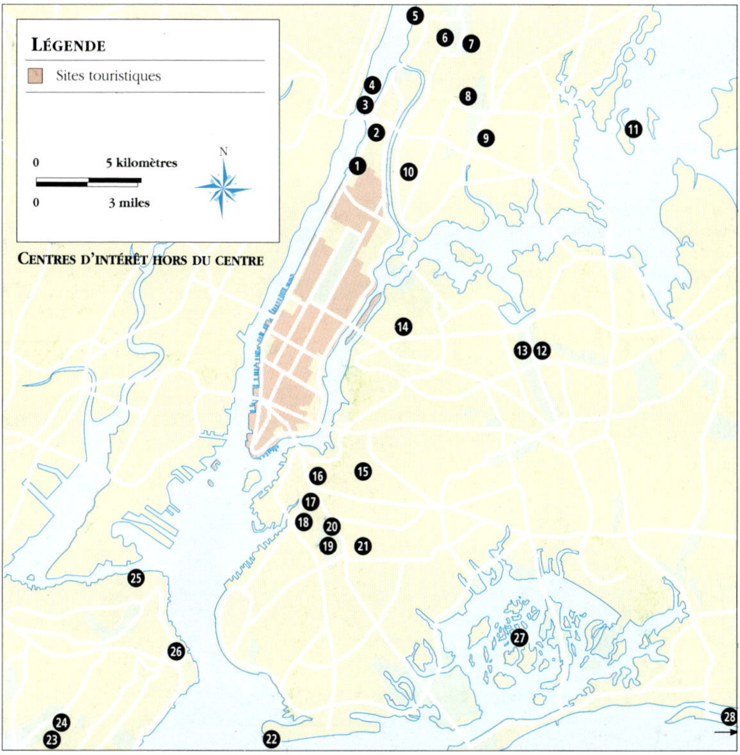


**Jamaica Bay**

# Upper Manhattan

Dans ce quartier du nord de Manhattan s'installèrent au XVIII^e^ siècle les premiers colons hollandais. Aujourd'hui, il fait bon se détendre dans cette zone résidentielle tranquille. Ainsi, les musées sont moins fréquentés que ceux du centre. Dans des bâtiments européens d'époque, The Cloisters *(p. 234-237)* exposent des objets médiévaux. Au nord de Harlem, la Morris-Jumel Mansion, qui servit de quartier général à Washington lors de la défense de Manhattan en 1776, témoigne de l'histoire de la ville.

La façade de l'American Academy of Arts and Letters

## Audubon Terrace ❶

Broadway et 155th St. *157th St.* ***American Numismatic Society*** *234-3130.* ***Ouv.*** *9h à 16h30 du mar. au sam., de 13h à 14h le dim.* ***American Academy of Arts and Letters*** *368-5900.* ***Ouv.*** *pendant les expositions.* ***Hispanic Society of America*** *926-2234.* ***Ouv.*** *de 10h à 16h30 du mar. au sam., de 13h à 16h le dim.* ***F.*** *les j.f.* ***Les dons sont bienvenus.***

Ce groupe de bâtiments de style Renaissance italienne doit son nom au naturaliste Audubon, dont la propriété se trouvait ici et qui est enterré non loin. Sur sa pierre tombale sont représentés les objets qui l'ont rendu célèbre : les oiseaux qu'il a peints, sa palette, ses pinceaux et ses fusils.

C'est au philanthrope Archer Milton Huntington que l'on doit la création de cet ensemble, dessiné par son cousin, Charles Pratt Huntington. Il rêvait d'en faire un lieu d'études et de culture. Sa femme, Anna Hyatt Huntington, sculpta les statues qui ornent la petite place centrale.

Audubon Terrace regroupe plusieurs musées. L'American Numismatic Society est consacrée aux pièces de monnaie et médailles. Une exposition permanente, *le Monde des pièces*, retrace le rôle historique et politique de la monnaie.

Portail de bronze de l'Academy

L'American Academy of Arts and Letters fut fondée en hommage aux artistes américains. Parmi ses membres illustres, on compte les romanciers John Steinbeck et Mark Twain, les peintres Andrew Wyeth et Edward Hopper et le compositeur Aaron Copland. La bibliothèque, ouverte aux chercheurs qui en font la demande, contient manuscrits et éditions originales.

L'Hispanic Society of America qui comprend un musée et une bibliothèque centrés autour de la collection d'Archer M. Huntington, présente des œuvres de Velázquez, de Goya et du Greco.

Le National Museum of the American Indian, autrefois situé dans ses murs, a déménagé vers la Custom House *(p. 73)*.

Statue du Cid par Anna Hyatt Huntington à Audubon Terrace

## Morris-Jumel Mansion ❷

Corner W 160th St et Edgecombe Ave. 923-8008. M 163rd St. **Ouv.** 10h à 16h du mer. au dim. **F** les j.f. **Entrée payante.** Sur rdv.

Ce bâtiment, construit en 1765 pour le lieutenant-colonel Roger Morris et converti depuis en musée, est l'un des rares édifices new-yorkais antérieurs à la révolution. Washington en fit son quartier général pour la défense de Manhattan en 1776.

En 1810, Stephen Jumel, commerçant originaire des Antilles françaises, acheta le bâtiment. Avec sa femme, Elisa, ils meublèrent la maison des souvenirs rapportés de leurs nombreux voyages en France, parmi lesquels un fauteuil qui avait appartenu à Napoléon. Les frasques amoureuses d'Élise faisaient jaser toute la ville et la rumeur veut qu'elle ait laissé mourir son mari afin d'hériter de sa fortune. Elle épousa par la suite Aaron Burr, troisième vice-président américain, dont elle se sépara trois ans plus tard.

On a restauré l'extérieur de cet édifice de style géorgien colonial qui abrite maintenant de nombreux objets ayant appartenu aux Jumel.

Les 1 065 mètres de George Washington Bridge

## George Washington Bridge ❸

M 175th St.

Le Corbusier disait de cet ouvrage qu'il était « le seul lieu de grâce dans cette ville désordonnée. » Bien qu'il ne soit pas aussi célèbre que celui de Brooklyn, ce pont conçu par l'ingénieur Othmar Ammann et son architecte, Cass Gilbert, ne manque pourtant ni de caractère ni d'histoire. La construction d'un ouvrage reliant Manhattan au New Jersey était en projet depuis plus de 60 ans lorsque les autorités portuaires rassemblèrent les 59 millions de dollars nécessaires à sa réalisation. Les travaux commencèrent en 1927, pour s'achever quatre ans plus tard. Les premiers à le franchir furent deux jeunes du Bronx montés sur patins à roulettes. Il joue aujourd'hui un rôle essentiel dans les trajets quotidiens de nombreux banlieusards.

Le phare sous George Washington Bridge

Cass Gilbert avait l'intention d'en décorer les deux tours de sculptures, mais le coût des travaux s'avéra trop important et l'on s'en tint à cette élégante silhouette de plus de mille mètres de long et cent quatre-vingts de haut. Les projets d'Ammann comprenaient aussi un second tablier qui ne fut construit qu'en 1962, autorisant une circulation qui atteint aujourd'hui plus de 50 millions de véhicules par an.

Au-dessous de la tour est se dresse un phare qui échappa à la démolition grâce à la mobilisation des enfants new-yorkais. Des milliers de lettres furent ainsi adressées au maire de New York pour demander la sauvegarde de cet édifice qui jouait un rôle important dans un conte cher à leurs cœurs, *The Little Red Lighthouse and the Great Gray Bridge*, de Hildegarde Hoyt Swift.

Morris-Jumel Mansion, construite en 1765, et son portique d'origine

## The Cloisters ❹

P. 234-237.

# The Cloisters ❹

**The Cloisters, vus de Fort Tryon Park**

Les cloîtres qui ont donné leur nom à ce musée mondialement connu proviennent d'Europe. Ils ont été démontés puis reconstruits pierre par pierre entre 1934 et 1938. Le musée lui-même fut fondé en 1914 par le sculpteur John Barnard pour présenter les œuvres réunies lors de ses voyages. John D. Rockefeller junior finança l'acquisition de la collection par le Metropolitan Museum en 1925 et fit don du terrain à la ville.

**L'éffigie de Jean d'Alluye** (XIIIe s.)
*Jean d'Alluye participa aux croisades.*

**★ Les tapisseries de la Licorne**
*Remarquablement préservées, tissées à Bruxelles vers 1500, elles dépeignent la quête et la capture de la Licorne mythique.*

**Les vitraux de Boppard**
*Ces anges arborent les armes de la guilde des Tonneliers, dont sainte Catherine était la patronne.*

**À NE PAS MANQUER :**

- ★ **Tapisseries de la Licorne**
- ★ ***Belles Heures de Jean, duc de Berry***
- ★ **Le tryptique d'autel, de Robert Campin**

**★ Le triptyque d'autel** (*vers 1425*)
*La Campin Room abrite cette œuvre de Robert Campin de Tournai représentant l'Annonciation, bel exemple de peinture flamande primitive.*

**Le cloître de St-Guilhem**
*Le décor végétal très élaboré des chapiteaux est remarquable.*

**La fresque de la Vierge à l'Enfant**
*Cette fresque du XIIe siècle provient de l'église catalane de San Juan de Tredós.*

### MODE D'EMPLOI

Fort Tryon Park. ☎ 923-3700. M A jusqu'à 190th St (accès ascenseur). 🚌 M4. **Ouv.** de mars à oct. de 9h30 à 17h15, du mar. au dim. de nov. à fév. de 9h30 à 16h45 du mar. au dim. **F** 25 déc., 1er janv., Thanksgiving. **Dons bienvenus**. 📷 Films interdits. ♿ limité. réserver à l'avance. **Concerts**.

**LÉGENDE**

- Espace d'expositions
- Circulations et services

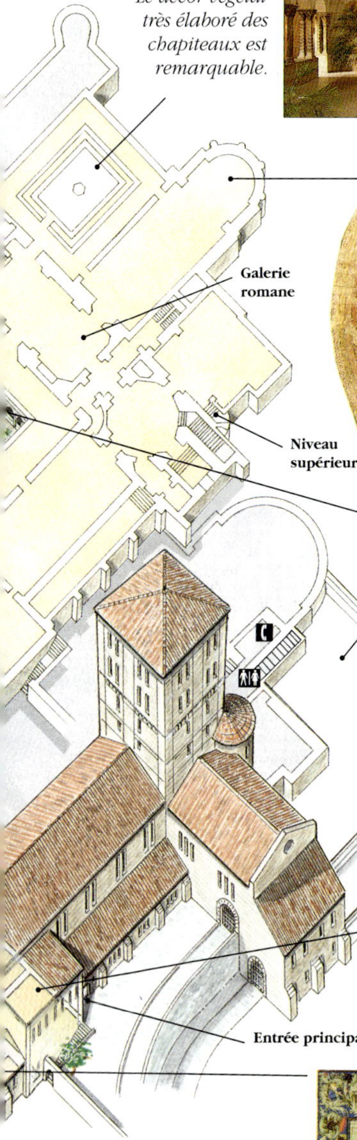

**Le cloître de Cuxa**
*Ce cloître du XIIe siècle est le plus grand du musée.*

**La Vierge à l'Enfant**
*Cette délicate sculpture anglaise du XIIIe siècle est en ivoire.*

**SUIVEZ LE GUIDE !**
*L'organisation du musée suit un ordre chronologique allant de l'art roman du XIe siècle au gothique. Les sculptures, vitraux, peintures et jardins sont exposés au niveau inférieur. Les tapisseries de la Licorne se trouvent à l'étage supérieur.*

★ **Les Belles Heures**
*Ce livre de prières, exécuté pour le duc de Berry, contient 94 miniatures rehaussées d'or.*

# À la découverte des cloîtres

Réputés pour leur architecture romane et gothique, les cloîtres abritent également des manuscrits enluminés, vitraux, émaux, ivoires et peintures. Parmi ces trésors, les tapisseries de la Licorne. Cette collection médiévale est unique en Amérique.

Grain de rosaire en buis d'origine flamande (XVIe siècle)

## L'ART ROMAN

Crucifix espagnol du XIIe siècle

Feuilles d'acanthe, bêtes et personnages mythiques ornent les chapiteaux des colonnes des cloîtres, souvent de style roman (XIe et XIIe siècles). Chapiteaux très ouvragés et marbre rose sont les signes distinctifs du cloître de Cuxa, originaire des Pyrénées françaises (XIIe siècle).
Un dragon, un griffon, un centaure et un basilic figurent parmi les animaux mythiques de l'arche de Narbonne. Dans la galerie romane, vous pourrez admirer un Christ couronné d'or triomphant de la Mort.
Plus solennelle, l'abside de l'église Saint Martin de Fuentiduena, une impressionnante voûte arrondie composée de plus de 3 000 blocs, s'orne d'une Vierge à l'Enfant du XIIe siècle.
Après avoir accueilli au XIIe siècle les moines bénédictins et cisterciens qui s'y rassemblaient assis sur de froids bancs de pierre, la salle capitulaire de Pontaut fut laissée à l'abandon. Au XIXe siècle, elle servait d'étable. Ses voûtes constituent aujourd'hui un bel exemple de transition entre roman et gothique.

## L'ART GOTHIQUE

À l'art roman, massif, allait succéder le gothique (de 1150 à 1520), plus élancé, triomphe des vitraux et de la sculpture. Les représentations de Vierges à l'Enfant illustrent à merveille le talent de l'époque.
Les vitraux très colorés de la chapelle gothique dépeignent des scènes et des personnages tirés de la Bible. Vous y admirerez aussi l'effigie tombale du croisé Jean d'Alluye, enterré à la Clarté-Dieu.

Voûte de la salle capitulaire de Pontaut

Pendant la Révolution française, cette abbaye fut saccagée et la statue jetée sur un petit ruisseau pour servir de pont.
Les merveilleux vitraux allemands de la salle Boppard retracent la vie des saints.
Le chef-d'œuvre de Robert Campin, représentant l'Annonciation, est le centre d'intérêt majeur de la salle Campin, dont le mobilier date du XVe siècle.

### LES JARDINS MÉDIÉVAUX

Plus de 250 variétés de plantes cultivées au Moyen Âge y poussent. Le cloître de Bonnefont est celui des plantes médicinales et aromatiques. Dans le cloître de Trie, on découvrira les plantes des tapisseries de la Licorne et les fleurs symboliques : la rose (la Vierge Marie), la pensée (la Trinité) et la marguerite (l'œil du Christ).

**Le cloître de Bonnefont**

## LES TAPISSERIES

C'est par les somptueuses tapisseries exposées ici que l'on pénètre le mieux l'imaginaire médiéval. Les quatre tapisseries dites des *Neuf Preux* portent les armes de Jean, duc de Berry, frère de Charles V et grand mécène du Moyen Âge. Les autres tapisseries exposées appartenaient au frère de Jean, Louis, duc d'Anjou.
On y voit neuf preux (trois païens, trois hébreux et trois chrétiens) et des personnages de cour : cardinaux, chevaliers, dames et musiciens.
Une salle voisine expose les sept magnifiques tapisseries de la Licorne, tissées à Bruxelles vers l'an 1500, qui dépeignent la chasse et la capture par une jeune fille de la Licorne mythique.
Au XIXe siècle, elles furent utilisées pour protéger du gel des arbres fruitiers. Cela n'a heureusement pas nui à leur état général et l'on peut encore admirer le remarquable soin du détail apporté à ces scènes mythologiques qui fourmillent de plantes et d'animaux rendus avec précision. L'histoire peut se lire comme un récit d'amour courtois, ou bien encore comme une allégorie de la Crucifixion et de la Résurrection du Christ.

**Jules César écoutant des musiciens, motif d'une tapisserie des *Neuf Preux***

## LE TRÉSOR

Au Moyen Âge, les objets précieux étaient gardés dans des sanctuaires. Aux Cloisters, ce sont les salles du trésor qui remplissent cette fonction.
La collection comprend plusieurs livres d'heures enluminés, recueils de dévotion et écrits à l'usage des nobles, tels que les *Belles Heures* des frères Limbourg, réalisées en 1410 pour Jean, duc de Berry, et celui, minuscule, fait par le maître Jean Pucelle pour la reine Jeanne d'Evreux vers 1325.
Parmi les autres objets religieux, on notera une Vierge en ivoire (Angleterre, XIIIe siècle) et un reliquaire en émail ayant appartenu à la reine Élisabeth de Hongrie. On remarquera aussi l'un des plus vieux jeux de cartes ainsi qu'une coupe émaillée, la « Coupe des Singes », qui montre une troupe de singes en train de voler un colporteur assoupi, ou encore un rosaire sculpté dont les perles sont grosses comme des noix.

**Un jeu de cartes du XVe siècle**

Salon ouest du Van Cortlandt House Museum

# Bronx

Le Bronx, autrefois banlieue prospère, est devenu aujourd'hui le symbole de la misère urbaine. Il n'en continue pas moins d'accueillir de nombreuses communautés ethniques et renferme de charmants quartiers comme celui de Riverdale. On y trouve aussi le zoo et le jardin botanique de New York. Régulièrement, les New-Yorkais se pressent au Yankee Stadium, créé il y a plus de cinquante ans, pour encourager les Yankees, l'équipe de base-ball de la ville.

## Wave Hill ❺

W 249th St et Independence Ave, Riverdale. *(718) 549-3200.* *231st St puis bus Bx7, 10, 24.* ***Ouv.*** *de 9h à 17h30 du mar. au dim. (9h à 16h30 de mi-oct à mi-mai).* ***Entrée payante*** *sam. et dim. ; gratuite de nov. à mars.*

Si le béton commence à vous étouffer, allez vous reposer dans les onze hectares de cette oasis de calme et de beauté. Dans cette ancienne propriété du financier George Perkins ont résidé de nombreuses célébrités, parmi lesquelles Theodore Roosevelt, Mark Twain et Arturo Toscanini. Les domaines voisins appartenaient aussi à Perkins. Il y fit édifier un centre de loisirs souterrain relié au bâtiment principal par un tunnel.
La maison et le parc sont ouverts au public et l'on y donne souvent des concerts, en particulier dans le majestueux Armor Hall, aménagé en 1928 pour Bashford Dean, alors conservateur de la collection d'armes et d'armures du Metropolitan Museum.
Les jardins furent dessinés par le paysagiste viennois Albert Millard. Des expositions y sont présentées, couvrant des thèmes aussi divers que la sculpture et l'horticulture.
Le parc de Riverdale, attenant, est réputé pour ses bois et ses promenades le long du fleuve.

Intérieur du majestueux Armor Hall de Wave Hill

## Van Cortlandt House Museum ❻

Van Cortlandt Park. *(718) 543-3344.* *242nd St, Van Cortlandt Park.* ***Ouv.*** *de 10h à 15h du mar. au ven., de 11h à 16h sam. et dim. (dernière visite 30 min avant la fermeture).* ***F.*** *la plupart des j.f.* ***Entrée payante.*** *Voir* ***Histoire de New York*** *p. 18-19.*

Façade de Van Cortlandt House Museum

Cette demeure coloniale de 1748 était la résidence de Frederick Van Cortlandt, riche héritier, parent de nombreuses grandes familles bourgeoises de son époque.

La salle à manger servit de quartier général à Washington ; des escarmouches eurent lieu derrière la maison pendant la guerre d'Indépendance. Le mobilier reconstitue parfaitement un intérieur d'époque. On peut également y découvrir une belle collection de faïences de Delft ainsi qu'une chambre à coucher hollandaise du XVII$^e$ siècle. Regardez aussi les visages sculptés qui ornent les claveaux des fenêtres.

## Woodlawn Cemetery ❼

Jerome and Bainbridge Ave. ☎ *(718) 920-0500.* Ⓜ *Woodlawn.* ***Ouv.*** *de 9h à 16h30 tlj.* ***Bureau F.*** *les j.f. et dim.*

Au Woodlawn Cemetery, remarquablement intégré au paysage, reposent maintes célébrités new-yorkaises. F. W. Woolworth et ses proches sont enterrés dans un mausolée à peine plus discret que l'édifice qui porte le nom de cette illustre famille. Le caveau de marbre rose du magnat de la viande Herman Armour rappelle quant à lui la forme d'un jambon. Parmi les autres personnalités enterrées ici, citons Fiorello LaGuardia, Roland Macy, le fondateur du célèbre grand magasin, Herman Melville, l'auteur de *Moby Dick*, et Duke Ellington.

**Entrée du mausolée Woolworth**

## New York Botanical Garden ❽

*P. 240-241.*

## Bronx Zoo / Wildlife Conservation Park ❾

*P. 242-243.*

## Yankee Stadium ❿

E 161st St at River Ave, Highbridge. ☎ *(718) 293-6000.* Ⓜ *161st St.* *Voir* ***Se distraire à New York*** *p. 344-345.*

Ce stade est l'antre de l'équipe de base-ball des *New York Yankees*, au rang desquels on compte deux des plus grands joueurs de tous les temps : Babe Ruth et Joe DiMaggio (qui épousa Marilyn Monroe en 1954). Le stade fut achevé en 1923 à la demande de Jacob Rupert, le propriétaire de l'équipe. On l'appelle aussi « le stade que Ruth a bâti », en hommage au célèbre gaucher. Après sa rénovation dans les années 1970, la capacité du stade fut portée à 54 000 places. Il peut accueillir des concerts mais si vous allez y voir un match, n'oubliez pas d'emmener vos enfants.

**Joe DiMaggio en action au Yankee Stadium (1941)**

## City Island ⓫

610 City Island Ave. Ⓜ *6 jusqu'à Pelham Parkway, puis Bx12 jusqu'à City Island.* ***North Wind Undersea Institute Museum.*** ☎ *(718) 885-0701.* ***Ouv.*** *de 12h à 16h du lun. au ven. (17h sam. et dim.).*

Au large du Bronx, City Island est un havre marin dont l'ambiance rappelle celle de la Nouvelle-Angleterre. Vous vous y sentirez à des lieues de New York. Ses ravissantes marinas et ses restaurants de fruits de mer sauront vous ravir. Plusieurs bateaux vainqueurs de l'America's Cup sont sortis de ses célèbres chantiers navals. On entre dans le North Wind Undersea Institute en traversant la mâchoire grand ouverte d'une baleine avant de découvrir un musée retraçant l'histoire des baleiniers. Celui-ci présente aussi les seuls phoques policiers du monde, dressés pour repérer armes et drogue sous l'eau. Ils savent même détacher les ceintures de sécurité des passagers de voitures ou avions tombés à l'eau ! Il est parfois possible de les voir à l'entraînement dans leur bassin. City Island est reliée au Bronx par un pont. Non loin se trouve Orchard Beach, une célèbre plage de sable blanc bordée de cabines de bains des années 1930. Elle est très fréquentée le week-end, aussi avez-vous intérêt à vous y rendre en semaine.

**Casque de scaphandrier, North Wind Undersea Institute**

**Vieux remorqueur, North Wind Undersea Institute**

# Le jardin botanique de New York ❽

Hibiscus

L'immense jardin botanique de New York est un plaisir pour les yeux comme pour les mains. De la serre victorienne au Children's Adventure Garden, tout est à découvrir. Avec 28 jardins à thème, une collection de plantes et des forêts originelles, il est parmi les plus anciens et les plus grands du pays. Après sa restauration, la serre Enid A. Haupt a pris le nom de World of Plants, et nous fait pénétrer dans d'humides forêts tropicales et dans des déserts surprenants.

**Entrée de la serre Enid A. Haupt**

**Rock Garden**
*Rochers, corniches, plantes d'altitude, chutes d'eau et ruisseaux reconstituent un paysage montagneux* ④

**La forêt du jardin botanique**
*Une des dernières forêts naturelles de New York. Elle regorge de chênes rouges, de frênes blancs, de tulipiers et d'érables* ⑤

**Children's Adventure Garden**
*Les enfants peuvent y découvrir les merveilles de la nature et du monde des plantes.*

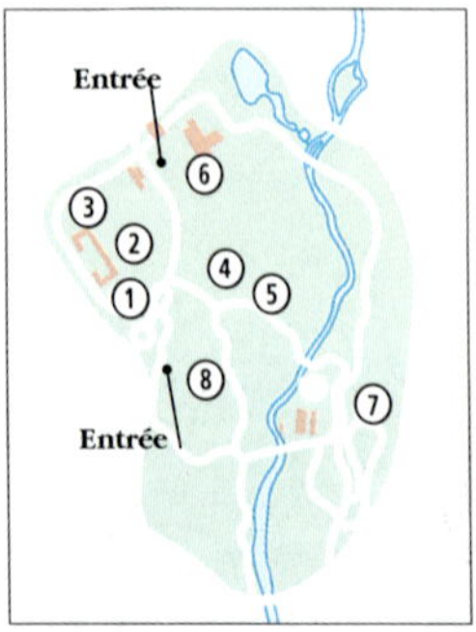

CARTE DE SITUATION

**Le jardin des roses**
*Plus de 2 700 espèces de roses y sont exposées. Il a été réalisé en 1988 selon des plans originaux de 1915* ⑦

**Palm Court**
*Cent palmiers s'élancent sous une coupole de verre de 30 m de haut et se reflètent dans un bassin entouré de plantes tropicales.*

**MODE D'EMPLOI**

Southern Blvd.
*(718) 817-8700.*
*4, D jusqu'à Bedford Park Blvd.*
*Bx12, Bx19, Bx41.*
**Ouv.** *de nov. à mars de 10h à 16h du mar. au dim. ; d'avril à oct. de 10h à 16h du mar. au dim. (dern. vis. de la serre : 1h av. la ferm.).* ***Entrée payante.***
***Conférences.***

**Enid A. Haupt Conservatory** compte 11 serres communicantes qui forment A World of Plants, comprenant forêts tropicales, déserts, plantes exotiques et expositions saisonnières ①

**Les jardins de démonstration**
*Ils peuvent donner des idées aux visiteurs pour l'aménagement de leurs propres terrains* ③

**Jane Watson Irwin Perennial Garden**
*Des plantes vivaces à fleurs y sont disposées par taille, couleur et période de floraison* ②

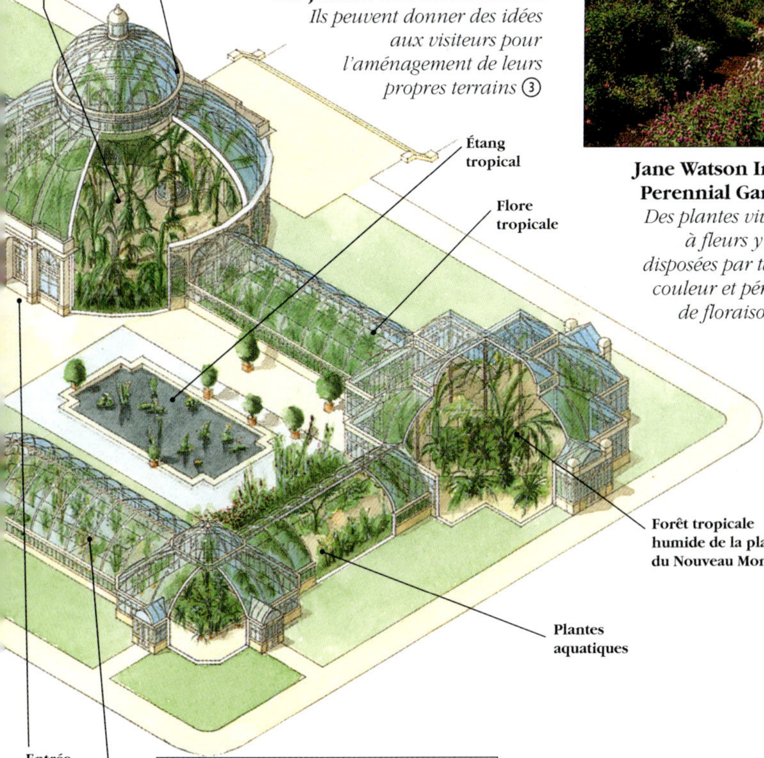

**Garden Café**
*Le nouveau café d'Abigail Kirsch sert déjeuners ou simples snacks. On peut manger à l'intérieur ou sur la terrasse qui surplombe les jardins à thème* ⑥

# Bronx Zoo / Wildlife Conservation Park ❾

Fondé en 1899, le Bronx Zoo / Wildlife Conservation Park est le plus grand zoo américain en milieu urbain. Il héberge quelque 6 500 animaux représentant 600 espèces qui évoluent ici dans de fidèles reconstitutions de leurs habitats d'origine. Ce parc est à l'avant-garde du combat pour la protection des espèces menacées, comme le rhinocéros d'Inde ou le léopard des neiges. Ses 107 hectares de bois et de cours d'eau abritent un zoo pour enfants et un petit train qui transporte les visiteurs. Vous pourrez aussi vous y promener à pied. En saison, le téléphérique, appelé *Skyfari*, offre les meilleures vues sur le zoo.

**Entrée du zoo**

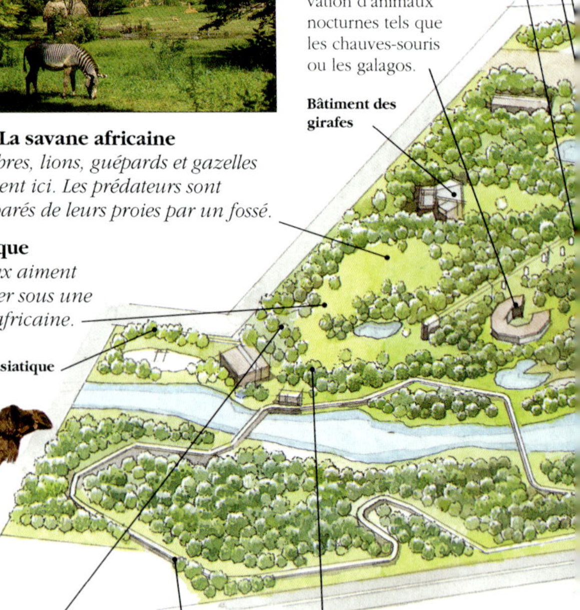

**Marais des oiseaux aquatiques**

**Maison des souris**

**Le monde de l'obscurité**, ce lieu étonnant, inverse le jour et la nuit pour permettre l'observation d'animaux nocturnes tels que les chauves-souris ou les galagos.

**Téléphérique *Skyfari***

**Bâtiment des girafes**

★ **La savane africaine**
*Zèbres, lions, guépards et gazelles vivent ici. Les prédateurs sont séparés de leurs proies par un fossé.*

**L'Afrique**
*Les oryx aiment s'abriter sous une hutte africaine.*

**Entrée asiatique**

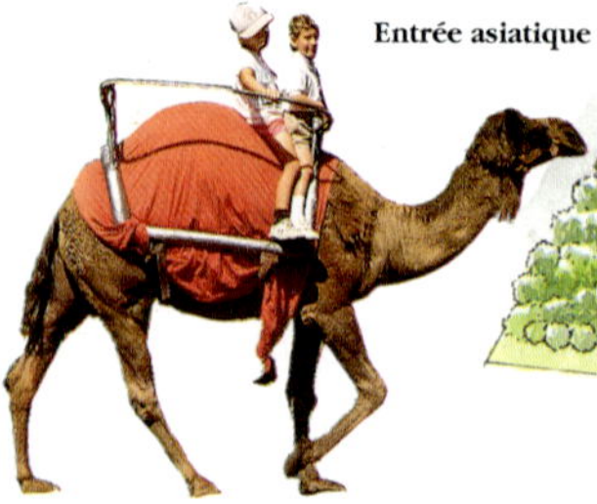

**Promenades à dos de chameau**
*Les enfants apprécient particulièrement cette distraction saisonnière.*

**Train *Bengali Express***

★ **Le monde de la jungle**
*Mammifères, reptiles et oiseaux du Sud-Est asiatique évoluent dans une forêt tropicale au climat contrôlé. Ravins, falaises et cours d'eau séparent les visiteurs des animaux.*

**Singes dans le monde de la jungle**

**La réserve des babouins**
*En vous promenant le long d'une rivière asséchée, vous pourrez observer la faune des montagnes éthiopiennes.*

**Children's Zoo**
*Les petits peuvent ramper dans le terrier d'un chien de prairie, grimper sur une toile d'araignée, porter une carapace de tortue, caresser et nourrir les animaux.*

**MODE D'EMPLOI**

Fordham Rd et Bronx River Pkwy. (718) 220-5100. M 2, 5 jusqu'à E Tremont Ave. Vers Fordham Station. Bx9, Bx12, Bx19, Bx36, BxM11, bus express Q44. **Ouv.** d'oct. à avril de 10h à 16h30 tlj ; de mai à sept. de 10h à 17h tlj (17h30 sam. et dim.). **Entrée payante** ; gratuite le mer. **Children's Zoo.**

**À NE PAS MANQUER :**

- ★ L'Asie sauvage
- ★ La savane africaine
- ★ Le monde de la jungle
- ★ Le monde des oiseaux

**Le centre du zoo** abrite les éléphants, les rhinocéros et les tapirs.

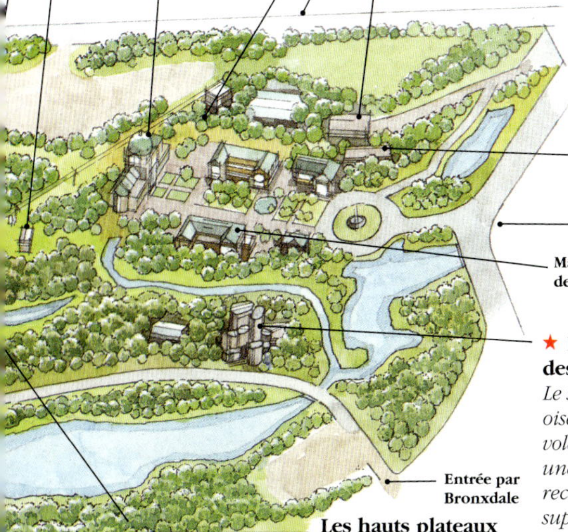


**★ Le monde des oiseaux**
*Le spectacle des oiseaux exotiques qui volent en liberté dans une forêt tropicale reconstituée est superbe. L'endroit abrite une cascade de 15 mètres de haut, et un orage artificiel y est déclenché tous les jours.*

Grand calao

**Les hauts plateaux himalayens**
*Vous y découvrirez des espèces menacées comme le léopard des neiges et le panda rouge.*

**★ L'Asie sauvage**
*Le* Bengali Express, *un train monorail, traverse un paysage asiatique dans lequel vivent en liberté des éléphants, des rhinocéros et des tigres de Sibérie.*

# Queens

Queens est un quartier très étendu où fourmillent distractions et magasins. Il se développa à partir de 1909, lorsque la construction du Queensboro Bridge facilita les transports vers Manhattan. C'est là que se trouvent les deux principaux aéroports de New York et que résident les communautés grecque d'Astoria et asiatique de Flushing – un quartier longtemps fréquenté par des groupes ethniques très divers.

**Un mutoscope de 1900, American Museum of the Moving Image**

## Flushing Meadow-Corona Park ⓬

*Willets Point-Shea Stadium.* *Voir **Se distraire à New York** p. 344-345.*

À l'emplacement même où eurent lieu les deux expositions Universelles de New York s'étendent maintenant, au bord de l'eau, de vastes aires de pique-nique et de jeu. C'est là que se trouve le Shea Stadium, temple de l'équipe de base-ball des *New York Mets* et lieu célèbre de concerts. Flushing Meadow est aussi le siège du très prestigieux tournoi de tennis de l'US Open. Le reste de l'année, les courts sont ouverts au public et aux champions en herbe. Surnommé la « vallée de Cendres » par Scott Fitzgerald, auteur de *Gatsby le magnifique*, cet endroit était, dans les années 1920, un marais noyé dans les fumées et la puanteur d'une décharge publique. On doit son assainissement à Robert Moses, directeur du service des parcs : les montagnes d'ordures furent déblayées, le cours de la rivière retracé, le marais asséché et un système d'égouts mis en place. C'est là que se tint, en 1939, l'exposition Universelle de New York, autour du thème de la paix. L'Unisphère, symbole de l'exposition de 1964, domine encore les lieux. Cette gigantesque boule creuse d'acier vert, construite par l'US Steel Corporation, est haute de douze étages et pèse 350 tonnes.

**La sphère d'acier de l'exposition Universelle de 1964**

## New York Hall of Science ⓭

46th Ave et 111th St, Flushing Meadow, Corona Park. *(718) 699-0005.* *111th St.* ***Ouv.** de 9h30 à 14h du lun. au mer., de 9h30 à 17h du jeu. au dim.* ***F.** les j.f.* ***Entrée payante**.*

Le Pavillon des Sciences, construit pour l'exposition Universelle de 1964 et orné de vitraux, est aujourd'hui le musée des sciences et techniques. Les enfants adorent ses présentations interactives, ses lasers et l'écran vidéo géant qui leur permet d'observer une simple goutte d'eau.

**L'extérieur de New York Hall of Science**

## American Museum of the Moving Image et Kaufman Astoria Studio ⓮

35th Ave et 36th St, Astoria. ***Museum.*** *(718) 784-4520.* ***Studio.*** *(718) 392-5600.* *36th St.* ***Museum ouv.** de 12h à 17h du mar. au ven., de 11h à 18h sam. et dim.* ***Entrée payante**.* ***Studio F.** au public.*

À l'époque où New York était la capitale du cinéma, Rudolph Valentino, W. C. Fields, les Marx Brothers et Gloria Swanson tournaient ici, dans ce qui constituait alors le plus grand ensemble de studios de la ville – inauguré par la Paramount en 1920. Lorsque l'industrie se déplaça vers Hollywood, l'armée prit possession des bâtiments et y réalisa des films, de 1941 à 1971.

**Affiche, American Museum of the Moving Image**

Le complexe demeura inoccupé jusqu'à la création de la fondation Astoria Motion Picture and Television. On y tourna en particulier une comédie musicale de Sidney Lumet avec Michael Jackson et Diana Ross, ce qui permit de financer les travaux de restauration. Ces studios sont aujourd'hui les plus importants de la côte est et tournent de nouveau à plein. C'est ici, par exemple, que fut réalisé *Radio Days* de Woody Allen. En 1981, un des bâtiments a été transformé en musée interactif de l'image animée. Il présente de nombreux souvenirs, des costumes d'*Annie Hall* à ceux de *Star Trek*. L'exposition du niveau principal est un échantillon de la collection du musée, composée de plus de 60 000 pièces. Behind the Screen dévoile les dessous techniques de la fabrication d'un film : montage, éclairage, prise de son. Vous pourrez aussi vous balader dans le décor du film *La Ménagerie de Verre*, tourné en 1988 par Paul Newman. Une salle de cinéma projette des films très divers et des programmes vidéo, des premiers muets aux expérimentations d'avant-garde. Dirigez-vous ensuite vers la 31e Rue, cœur de la communauté grecque d'Astoria. Sur Broadway et Ditmars Boulevard, vous pourrez déguster une pâtisserie ou un plat typique, ou bien encore aller au cinéma grec. Onze églises orthodoxes célèbrent les offices religieux, toujours très émouvants.

## Brooklyn

**Le kiosque de Prospect Park** *(p. 246)*

Si Brooklyn était une municipalité autonome, elle serait la quatrième ville du pays. De nombreuses vedettes comiques (Mel Brooks et Woody Allen pour ne citer qu'eux) savent rendre hommage avec humour à leur ville natale. Brooklyn est aujourd'hui un véritable creuset culturel où se côtoient, entre autres, Antillais, juifs, Russes, Italiens et Arabes. C'est aussi là que sont situés les quartiers résidentiels de Park Slope et Brooklyn Heights.

### Brooklyn Children's Museum ⓯

145 Brooklyn Ave. *(718) 735-4432.* *Kingston.* ***Ouv.*** *de 14h à 17h du mer. au ven., de 10h à 17h le sam. et dim. en juil. et août, de 10h à 17h le lun., de 12h à 18h30 du mer. au dim.* ***F.*** *25 déc., 1er janv., Thanksgiving.* ***Dons bienvenus.***

Ce musée, fondé en 1899, fut le premier exclusivement destiné à un public enfantin. Faisant figure de modèle, il a servi de source d'inspiration pour les 250 autres établissements similaires qui se sont ouverts de par le monde. Depuis 1976, il est installé dans un édifice souterrain ultra-moderne, véritable labyrinthe de corridors reliés à un tunnel principal qui dessert les quatre niveaux de visite. Ici, les enfants ne se contentent pas de regarder. Bien au contraire, on attend d'eux qu'ils fassent preuve de curiosité et partent à la découverte des objets exposés en les manipulant ou en jouant avec. Ils peuvent même se promener sur un piano géant, comme celui du film *Big*. Les enfants de tous âges le trouvent irrésistible. Des expositions et des spectacles sont proposés pour les aider à découvrir notre planète, résoudre leurs problèmes, surmonter leurs appréhensions, comprendre d'autres cultures ou bien découvrir le passé. Les éclats de rire qui résonnent toujours ici sont la preuve du succès de cette approche – la meilleure du genre – selon laquelle les enfants apprennent mieux en s'amusant.

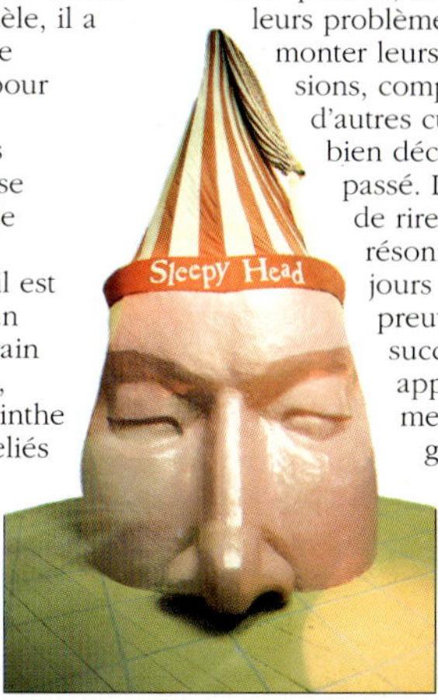


**Masque, Brooklyn Children's Museum**

La façade de la Brooklyn Academy of Music

## Brooklyn Academy of Music ⓰

30 Lafayette Ave. *(718) 636-4100.* *Atlantic Ave.* ***Entrée payante.*** *Voir* ***Se distraire*** *p. 338–339.*

Siège du Brooklyn Philharmonic, la Brooklyn Academy of Music (connue sous le diminutif de BAM) est à la fois le plus vieux et le plus important lieu culturel de Brooklyn. Depuis 1858 s'y produisent des artistes de légende.

Logée dans un édifice de 1908 et inaugurée par une représentation du *Faust* de Verdi interprété par Caruso, la BAM a reçu un nombre impressionnant de stars de premier plan parmi lesquelles l'actrice Sarah Bernhardt, la danseuse Anna Pavlova, les musiciens Pablo Casals ou Sergheï Rachmaninov et le poète Carl Sandburg.

De nombreuses troupes internationales en tournée se sont produites ici, comme la célèbre Royal Shakespeare Company de Londres.

Le festival Next Wave, résolument tourné vers l'avenir, a accueilli des artistes contemporains célèbres comme les musiciens Philip Glass et David Byrne, la chanteuse Laurie Anderson et les chorégraphes Pina Bausch et Mark Morris. Non loin de là, la BAM anime également le Majestic Theater, un ancien cinéma qui présente désormais ballets, représentations théâtrales et concerts.

## Grand Army Plaza ⓱

Plaza St à Flatbush Ave. *(718) 965-8951.* Grand Army *Plaza. Visite de l'****arc de triomphe*** *lors de certains défilés.*

L'arc de triomphe de Grand Army Plaza

Frederick Law Olmsted et Calvert Vaux dessinèrent cette place ovale destinée à servir d'entrée principale à Prospect Park. L'arc de triomphe et les statues furent ajoutés en 1892 pour honorer la victoire nordiste. Le buste de John F. Kennedy est le seul monument new-yorkais officiel dédié au président assassiné. En juin, la place accueille le festival Welcome Back to Brooklyn, hommage aux personnages célèbres originaires de Brooklyn.

La façade de la bibliothèque de Brooklyn sur Grand Army Plaza

## Park Slope Historic District ⓲

Les rues entre Prospect Park W et Flatbush Ave, jusqu'à 8th/7th/5th Avenues. *Grand Army Plaza.*

Un bas-relief du Montauk Club

Ce magnifique quartier de maisons victoriennes a été construit en bordure de Prospect Park autour des années 1880. Là habitaient les banlieusards des classes moyennes qui, après la construction du pont de Brooklyn, pouvaient facilement rejoindre Manhattan. Ses rues ombragées sont bordées de maisons de un à quatre étages, témoins de tous les styles alors en vogue, certaines arborant même les tours et tourelles fort à la mode à la fin du siècle dernier ainsi que des arches d'entrée aux voûtes d'inspiration néo-romane.

Le Montauk Club, au n° 25 de la 8e Avenue, associe le style du palais vénitien Ca' d'Oro à celui des frises et gargouilles des Indiens montauks auxquels ce lieu de villégiature très populaire au XIXe siècle doit son nom.

## Prospect Park ⓳

*(718) 965-8951.* *(718) 965-8999.* *Grand Army Plaza.* *(718) 788-8500.*

Olmsted et Vaux préféraient ce parc ouvert en 1867 à Central Park, leur réalisation antérieure. C'est l'espace vert le plus étendu de New York. Olmsted estimait « qu'en pénétrant dans ces parcs, on se sent soulagé d'avoir échappé au milieu étroit et confiné des rues ». Un siècle plus tard, cette opinion est plus que jamais d'actualité.

Parmi les nombreux centres

d'intérêt de ce parc, ne manquez pas le Croquet Shelter de Stanford White et le kiosque de Music Grove, aux influences japonaises bien marquées, qui accueille pendant l'été des concerts jazz ou classiques.
Le vieil orme de Camperdown, planté en 1872 et sujet d'inspiration de nombreux poèmes et tableaux, vaut lui aussi le détour. L'association des Amis de Prospect Park a d'ailleurs pour objet de trouver les fonds nécessaires pour soigner tous les arbres du jardin. Prospect Park se distingue par la variété de ses paysages mêlant jardins classiques à la française et rocailles parcourues de ruisseaux. Le meilleur moyen de le découvrir consiste à suivre une des visites guidées organisées par les *rangers* du parc.

Un cheval de manège dans Prospect Park

## The Brooklyn Museum ⓴

P. 248-251.

## Brooklyn Botanic Garden ㉑

900 Washington Ave. *(718) 623-7200.* *Prospect Pk, Eastern Pkwy.* **Ouv.** *d'avr. à sep. de 8h à 18h du mar. au ven. (10h le sam. et le dim.) ; d'oct. à mars de 8h à 16h30 (10h le sam. et le dim.).* **F.** *25 déc., 1er jan., Thanksgiving.* **Entrée payante** *pour le jardin japonais.* **Gratuit** *mar. et sam.*

En dépit de sa taille modeste (20 hectares), ce jardin dessiné par les frères Olmsted en 1910 n'est pas dénué de charme. Il abrite, entre autres, l'une des plus importantes roseraies des États-unis.
Allez admirer tout particulièrement le jardin japonais où s'élèvent de petits temples shintoïstes. Fin avril ou début mai, une promenade vous y fera découvrir des cerisiers du Japon en fleurs. Tous les ans, une fête traditionnelle célèbre le pays du Soleil levant autour de musiques et de plats typiques.
Le mois d'avril est aussi l'époque idéale pour apprécier Magnolia Plaza. Plus de 80 arbres y exposent la beauté laiteuse de leurs fleurs sur fond de jonquilles. Dans le jardin des Senteurs, vous pourrez vous enivrer des parfums de nombreux massifs de plantes aromatiques (identifiées en Braille pour les non-voyants).
La nouvelle serre abrite dorénavant l'une des plus vastes collections de bonsaïs d'Amérique, ainsi que certains arbres tropicaux rares dont les scientifiques tirent des substances médicinales. En résumé, le jardin botanique offre un cadre paisible et dépaysant loin de l'agitation urbaine.

Un béluga de l'aquarium de New York

## Coney Island ㉒

Boardwalk and W 8th St, Coney Island. *Stillwell Ave, Coney Island.* ***L'aquarium de New York.*** *(718) 265-3400.* **Ouv.** *de 10h à 18h tlj.*

Au milieu du siècle dernier, le poète Walt Whitman a beaucoup écrit sur Coney Island, avec pour seule compagnie le rugissement des vagues d'une côte atlantique encore sauvage. Dans les années 1920, la présence de trois parcs d'attractions construits entre 1887 et 1904 (Luna Park, Dreamland et Steeplechase Park) permit à Coney Island de s'autoproclamer « plus grand terrain de jeux du monde ». L'arrivée du métro en 1920 et l'installation de trottoirs en bois l'année suivante contribuèrent au succès prolongé du lieu pendant la crise économique. Pour quelques *nickels* (pièces de 5 cents), les New-Yorkais venaient ici prendre l'air et s'évader de la misère urbaine. L'aquarium de New York, transféré de Battery Park à Coney Island en 1955, mérite à lui seul une visite. Ceux qui apprécient les montagnes russes – qui arrachent toujours les mêmes cris de délice à leurs victimes consentantes – seront servis. Et tous constateront que les célèbres hot-dogs de Nathan's Famous sont réellement fameux.

Les nénuphars de Brooklyn Botanic Garden

# The Brooklyn Museum of Art ⑱

Destiné au départ à devenir le plus vaste édifice culturel du monde, le Brooklyn Museum fut la plus impressionnante réalisation de McKim, Mead & White. Les quatre cinquièmes des travaux n'ont jamais vu le jour mais ce musée et son million et demi de pièces, présentées sur plus de quatre hectares de salles d'exposition (41 805 m²), est néanmoins l'un des plus spectaculaires du pays.

Façade nord dessinée par Stanford White

**Vase chinois**
*Des poissons bleus et des plantes aquatiques constituent le motif de cette céramique de la dynastie Yuan (XIVe siècle)*

★ **Textile Paracas**
*Cette cape péruvienne est vieille de plus de 2 000 ans.*

**Légende du plan**

- Art primitif africain, océanien et américain
- Art oriental
- Estampes, dessins et photographies
- Art égyptien et classique
- Arts décoratifs
- Peinture et sculpture
- Murs peints de Williamsburg
- Expositions temporaires
- Circulations et services

**Mère et enfant**
*Dans la tribu zaïroise des Luluwas, ces statuettes servent d'amulettes pour les femmes enceintes.*

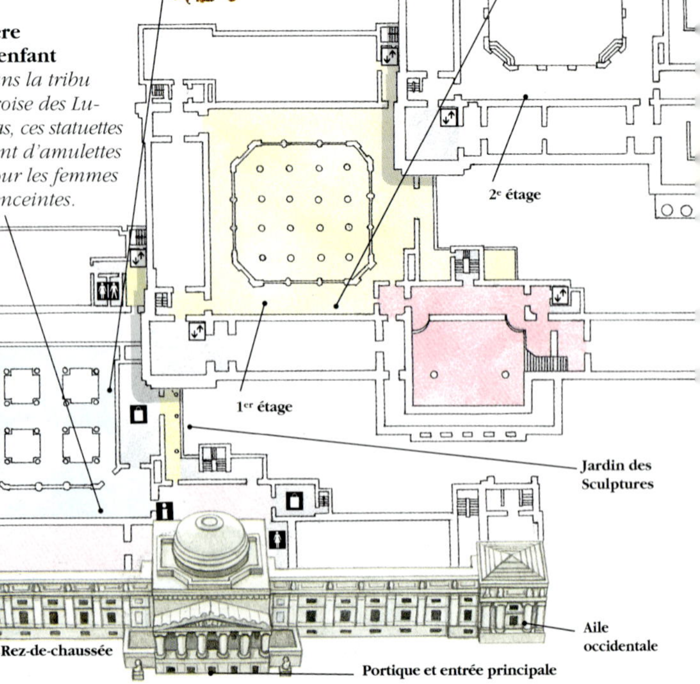

★ **Tempête dans les Rocheuses** *(1866)*
*Albert Bierstadt s'inspira de son voyage dans l'Ouest pour peindre ce tableau.*

**MODE D'EMPLOI**

200 Eastern Pkwy, Brooklyn. (718) 638-5000. M 2, 3 vers Eastern Parkway-Brooklyn Museum. B41, B69, B67, B71. **Ouv.** de 10h à 17h du mer. au ven., de 11h à 21h le sam., de 11h à 18h le dim. **F.** 25 déc., 1er jan., Thanksgiving. **Dons bienvenus.** et équipement pour malentendants. **Concerts, conférences.**

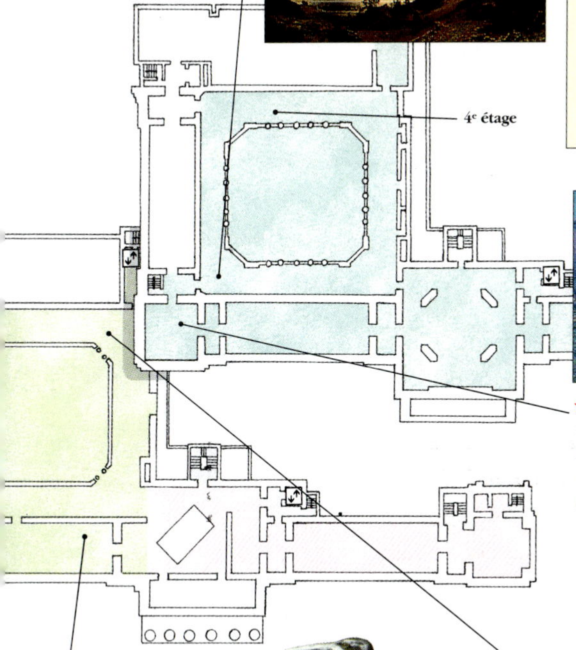

★ **Le Palais des Doges à Venise** *(1908)*
*Monet a parfaitement rendu la magie de la lumière vénitienne.*

★ **Le salon de Nicholas Schenk House**
*Cette pièce est une reconstitution d'un appartement des années 1820.*

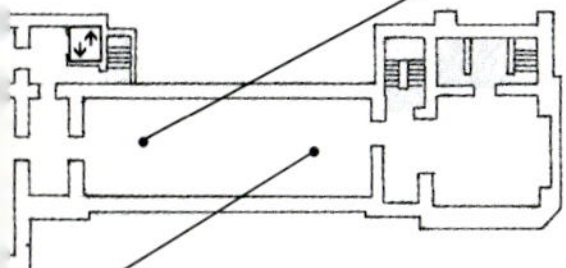

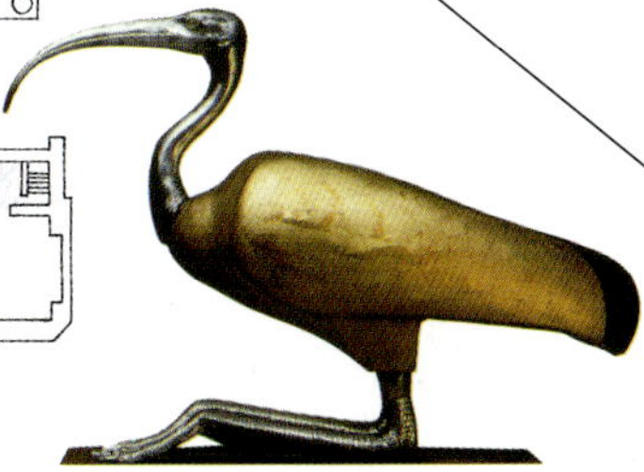

**Sarcophage d'Ibis**
*(332-330 av. J.-C.)*
*L'oiseau sacré des Égyptiens pouvait être inhumé dans un sarcophage.*

**Alexandre le Grand**
*Ce buste d'albâtre date du 1er siècle av. J.-C.*

**SUIVEZ LE GUIDE !**

*Les arts primitifs d'Afrique, d'Océanie et d'Amérique sont au rez-de-chaussée ; l'art asiatique, les estampes et les dessins au 1er étage ; les antiquités égyptiennes et moyen-orientales au 2e ; les arts décoratifs au 3e ; l'art moderne américain et européen au 4e. Vous pourrez aussi admirer des expositions temporaires aux rez-de-chaussée et 3e étage.*

**À NE PAS MANQUER :**

- ★ **La cape péruvienne**
- ★ ***Le Palais des Doges à Venise*, par Claude Monet**
- ★ ***La Tempête dans les Rocheuses*, par A. Bierstadt**
- ★ **Le salon de Nicholas Schenk House**

# À la découverte du Brooklyn Museum

Vous y trouverez dans vingt-huit salles traitant chacune d'une période, une des plus belles collections du pays, particulièrement riche en art primitif américain. De magnifiques objets égyptiens et islamiques enchanteront les amateurs, ainsi que certains chefs-d'œuvre de la peinture européenne et américaine.

Torse de Bouddha indien (fin du IIIe siècle av. J.-C.)

## L'art primitif africain, américain et océanien

Le Brooklyn Museum fut en 1923 le premier à considérer les objets africains comme des œuvres d'art plutôt que des produits artisanaux. Sa collection n'a cessé de s'enrichir depuis.
Il expose un gong d'ivoire du Bénin (XVIe siècle), dont on ne connaît que cinq autres exemples au monde.
Le musée présente aussi des œuvres américaines parmi lesquelles des totems, tissus et poteries. Une chemise en daim ayant appartenu à un chef de la tribu blackfoot (XIXe siècle) porte le récit de ses hauts faits guerriers.
Les traditions artistiques de l'Amérique précolombienne sont illustrées par des tissus péruviens, l'orfèvrerie et les sculptures mexicaines sont un hommage à l'art précolombien.
Vous pourrez contempler une très belle tunique péruvienne du VIe siècle av. J.-C. dont les motifs symboliques tissés sont si serrés qu'ils semblent peints à la surface du tissu.
La collection océanienne comprend des œuvres venues des îles Salomon, de Papouasie-Nouvelle-Guinée et de Nouvelle-Zélande.

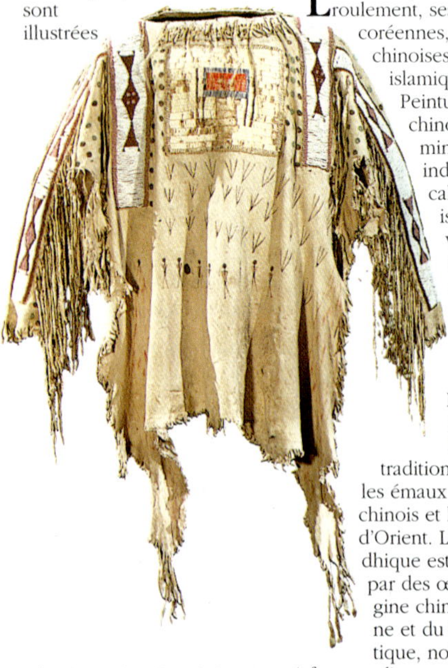

Chemise en daim d'un chef blackfoot (XIXe siècle) ornée d'épines de porc-épic et de perles de verre

## L'art oriental

Le musée présente, par roulement, ses œuvres coréennes, japonaises, chinoises, indiennes et islamiques. Peintures chinoises, miniatures indiennes et calligrammes islamiques viennent compléter la collection de sculptures, céramiques et textiles orientaux. N'oubliez pas d'aller voir les arts traditionnels japonais, les émaux cloisonnés chinois et les tapis d'Orient. L'art bouddhique est représenté par des œuvres d'origine chinoise, indienne et du Sud-Est asiatique, notamment le fronton d'un temple tibétain du XIVe siècle peint de couleurs riches et lumineuses.

## Les arts décoratifs

La section des arts décoratifs s'articule autour de 28 salles reconstituées avec leur mobilier américain d'époque.
La plus ancienne, qui date du XVIIe siècle et provient d'une maison hollandaise de Brooklyn, servait à la fois de salon, salle à manger et chambre. La Moorish Smoking Room était le fumoir mauresque de John D. Rockefeller. Il donne une bonne idée de l'opulence dans laquelle vivaient les classes aisées à la fin du XIXe siècle. Le bar dissimulé dans le bureau d'un appartement de Park Avenue (1928-1930) montre le degré d'ingéniosité déployé pour

*Normandie* (1935), pichet en métal chromé de Peter Müller-Munk

contourner la Prohibition. Le musée expose également des céramiques, du mobilier, des étains et de l'argenterie, parmi lesquels un pichet 1930 inspiré par les cheminées du paquebot *Normandie*.

### L'art antique égyptien et moyen-oriental

Connu à travers le monde pour la richesse de sa collection en la matière, ce musée recèle de nombreux chefs-d'œuvre de l'Antiquité égyptienne dont une figure féminine de 3 500 av. J.-C. Vous y verrez aussi des sculptures, des statues, des peintures et objets funéraires. Le plus étrange de ces derniers est certainement le sarcophage d'un ibis – oiseau sacré représentant le dieu Thot – trouvé dans un cimetière animal d'Égypte. Fait de bois et d'argent, ce sarcophage est recouvert d'or et deux cristaux de roche figurent les yeux de l'animal. Ces galeries ont été rénovées et leur présentation est très rationnelle.
Les objets grecs et romains exposés comprennent des statues, des poteries, des bronzes, des bijoux et des mosaïques.
La collection d'antiquités moyen-orientales regroupe de nombreuses poteries et douze bas-reliefs d'albâtre provenant du palais d'Assurnasirpal II. Datés entre 883 et 859 av. J.-C., ils représentent le roi guerroyant, inspectant ses cultures ou purifiant un arbre sacré ; dans le plus pur style de l'iconographie assyrienne.

### La peinture et la sculpture

Cette section rassemble des travaux datant du XIVe siècle jusqu'à nos jours, dont de célèbres œuvres françaises du XIXe par Degas, Rodin, Monet, Matisse, Cézanne et Pissarro. Elle s'enorgueillit d'une des plus belles collections de toiles nord-américaines. Parmi les plus représentatives de l'art contemporain américain, ne manquez pas le *Pont de Brooklyn,* par Georgia O'Keeffe. Les tableaux espagnols de l'époque coloniale sont également remarquables.
Le jardin des Sculptures héberge des statues prélevées sur des édifices new-yorkais en démolition, comme celles de l'ancienne gare de Pennsylvania Station.

***Pierre de Wiessant* (vers 1886), l'un des *Bourgeois de Calais* de Rodin**

**Fragments gravés provenant de Thèbes, en Égypte (vers 760–656 av. J.-C.), représentant le dieu Amon-Râ et son épouse Mout**

### Les estampes, les dessins et les photographies

La collection d'estampes renferme de nombreux travaux des maîtres de la gravure : Dürer, Piranèse et un grand choix d'impressionnistes et de postimpressionnistes dont Toulouse-Lautrec. Ne manquez pas les œuvres de Mary Cassat, la seule Américaine associée au mouvement impressionniste, et prenez le temps d'admirer les lithographies de James Whistler, les gravures de Winslow Homer et les magnifiques dessins de Fragonard, Klee, Van Gogh, Picasso et Gorky, la plupart en noir et blanc.
L'ensemble de photographies comprend surtout des œuvres américaines de notre siècle, dont un portrait de 1924 de l'actrice Mary Pickford, par Edward Steichen, ainsi que des clichés de Margaret Bourke-White et Berenice Abbott. Les tendances plus récentes sont représentées, entre autres, par Robert Mapplethorpe.

***Rotherhide* (1860), eau-forte de James McNeill Whistler**

# Staten Island

De Staten Island, les New-Yorkais ne connaissent le plus souvent que la traversée en ferry. L'île renferme pourtant bien d'autres curiosités et ses habitants, se sentant méprisés, ont même envisagé à une époque de faire sécession. En descendant du bac, vous serez agréablement surpris par la beauté de l'endroit avec ses collines, lacs, édifices historiques et son superbe panorama sur le port. Le plus étonnant est peut-être de trouver là, dans une réplique de temple bouddhique, une splendide collection d'art tibétain.

## Historic Richmond Town ㉓

441 Clarke Ave. *(718) 351-1611.* *S74 à partir du ferry.* ***Ouv.*** *de janv. à mars : de 13h à 17h du mer. au ven. ; d'avr. à juil. & de sept. à déc. : de 13h à 17h ; de juil. à août : de 10h à 17h du mer. au ven., de 13h à 17h sam. & dim.* ***Entrée payante.***

**Eau de Cologne de Richmond**

Ce village restauré et converti en musée à ciel ouvert est le seul de son genre à New York. Il comporte aujourd'hui 29 bâtiments dont 14 sont ouverts au public. Baptisé en premier lieu « ville des coques » en raison des coquillages de sa grève, le village ne tarda guère à être surnommé « ville des cocus », au grand dam de ses habitants. Après l'indépendance, il fut rebaptisé Richmond Town et fit office de capitale du comté jusqu'à ce que Staten Island soit intégrée à la ville de New York en 1898.

Voorlezer House, construite par les Hollandais avant 1696, est la plus vieille école primaire du pays.

Le magasin Stephens General Store, ouvert en 1837, faisait également office de bureau de poste. Il a été restauré dans les moindres détails.

Tout le village a été réhabilité : ses hangars, son tribunal, ses maisons, plusieurs boutiques et même une taverne. L'ensemble couvre une superficie de 42 hectares.

Plusieurs ateliers sont ouverts au public pour des démonstrations d'artisanat traditionnel.

St Andrew's Church et son vieux cimetière sont situés près de la rivière. Sur place, on peut aussi visiter le Historical Society Museum.

**Voorlezer House dans Richmond Town**

## Jacques Marchais Center of Tibetan Art ㉔

338 Lighthouse Ave. *(718) 987-3500.* *S74 à partir du ferry.* ***Ouv.*** *d'avr. à nov. de 13h à 17h (dernière entrée à 16h45) du mer. au dim. ; de déc. à mars de 13h à 17h du mer. au ven.* ***F.*** *les j.f.* ***Entrée payante.***

Le cadre paisible de cette colline accueille l'une des plus importantes collections privées d'art tibétain au monde. Le bâtiment principal est une copie de temple bouddhique. Dans le jardin sont exposées des sculptures, parmi lesquelles quelques bouddhas de la taille d'un homme. Le centre fut édifié en 1947 par Mme Harry Klauber, une négociante spécialisée en art oriental qui travaillait sous le pseudonyme de Jacques Marchais. Le dalaï-lama est venu le visiter en 1991.

**Sculpture religieuse, Jacques Marchais Center of Tibetan Art**

**Une pagode de Snug Harbor Cultural Center**

## Snug Harbor Cultural Center ㉕

1000 Richmond Terrace. *(718) 448-2500.* *S40 du ferry jusqu'à Snug Harbor Gate.* ***Parcs ouv.*** *de l'aube au crépuscule tlj.* ***Collections et musée pour enfants ouv.*** *de 12h à 17h du mar. au dim..* ***F.*** *25 déc., 1er jan., Thanksgiving.* *limité.*

Cette ancienne maison de retraite pour marins fondée en 1801 est aujourd'hui un centre artistique récemment restauré, comprenant notamment 5 bâtiments inspirés de l'architecture antique et construits entre 1831 et 1880. Le plus vieux abrite le Newhouse Center for Contemporary Art. Snug Harbor Cultural Center est

également le siège du Staten Island Children's Museum et du Veterans Memorial Hall, une chapelle désormais utilisée pour des spectacles.
Les pelouses de Snug Harbor accueillent chaque année un festival de sculpture et diverses attractions. La collection d'orchidées et la roseraie du jardin botanique valent aussi le coup d'œil.
Snug Harbor fut construit à la demande de Robert Randall, un marin écossais qui fit fortune pendant la guerre d'Indépendance, pour héberger des marins moins chanceux. L'emplacement de ce foyer fut choisi afin que ses locataires puissent jouir de la vue du port.

**Clear Comfort, la demeure d'Alice Austen**

## Alice Austen House 26

2 Hylan Blvd. (718) 816-4506. S 51 du ferry jusqu'à Hylan Blvd. **Ouv.** de 12h à 17h du mar. au dim. **F.** jan., fév. et les j.f. **Dons bienvenus**. limité.

Cette charmante fermette du début du XVIII^e siècle, baptisée Clear Comfort, fut la demeure de la photographe Alice Austen qui vécut dans ce cadre splendide la plus grande partie de sa vie. Née en 1866, elle réalisa de nombreux clichés de l'île, de Manhattan, mais aussi du reste du pays. Elle fut ruinée par la crise de 1929 et dut se retirer dans un hospice à l'âge de 84 ans. Un an après, elle fut révélée par le magazine *Life*, ce qui lui procura des revenus suffisants pour aller finir sa vie dans une maison de santé. Elle laissa derrière elle 3 500 négatifs couvrant la période de 1880 à 1930. L'association des Amis d'Alice Austen organise régulièrement des rétrospectives de son œuvre.

# Encore plus loin

**Le village de Broad Channel dans la réserve Jamaica Bay**

## Jamaica Bay Wildlife Refuge Center 27

Traverser Bay Blvd à Broad Channel. (718) 318-4340. M Broad Channel. **Ouv.** de 8h30 à 17h tlj.

Les terres et marécages de cette réserve couvrent une surface égale à celle de Manhattan et abritent plus de trois cents espèces d'oiseaux migrateurs ou sédentaires. Au printemps et à l'automne, son ciel est envahi de vols d'oies ou de canards sauvages. Les *rangers* organisent des visites guidées et des promenades à pied le week-end. Pour bien apprécier ce site magnifique, n'oubliez pas d'emporter des jumelles, un téléobjectif ainsi que des vêtements et des chaussures appropriés. Minuscule hameau composé de maisons construites sur pilotis le long de Cross Bay Blvd, Broad Channel est le seul village de l'île. Une ligne de métro vous emmènera directement depuis Manhattan jusqu'à la réserve et sa plage longue de 16 kilomètres.

## Jones Beach State Park 28

(516) 785-1600. Long Island Railroad de Penn Station jusqu'à Jones Beach. **Ouv.** de fin mai à Labor Day. (718) 217-5477. **Jones Beach Theater.** (516) 221-1000. **Plages ouv.** de fin mai à Labor Day.

Le parc de Jones Beach fut ouvert sur l'initiative de Robert Moses, directeur du service des parcs *(p. 244)*, qui fit de cette étroite bande de terre la plage la plus accessible de Long Island. Sa double exposition permet de profiter des vagues – côté océan – ou des eaux calmes de sa baie. Son golf, ses piscines et ses restaurants en font un agréable lieu de détente, et son théâtre accueille l'été des concerts en plein air.
Le parc Robert Moses est situé à l'est sur Fire Island, une île protégée de 50 kilomètres de long et moins de 800 mètres de large. C'est un paradis pour les marcheurs et les cyclistes qui apprécient le calme de ses plages.
Fire Island attire des habitants très divers dans une ambiance familiale. Un grand nombre de célibataires s'y sont également installés, de même qu'une partie de la communauté homosexuelle new-yorkaise.

**Vacanciers à Jones Beach**

# CINQ PROMENADES À PIED

Marcher dans la ville est un excellent moyen d'en découvrir les charmes. Dans les pages suivantes, vous trouverez les itinéraires de cinq balades regroupées par thème. Elles vous permettront de suivre les traces d'auteurs et d'artistes célèbres dans Greenwich Village et SoHo *(p. 260-261)* ou de passer Brooklyn Bridge pour observer des vestiges du New York du XIXe siècle *(p. 264-265)*.

**Sculpture sur l'US Custom House, Lower Manhattan**

Les plans pas à pas de chacun des quinze quartiers de Manhattan du chapitre *Quartier par quartier* de ce guide vous invitent également à découvrir les endroits les plus intéressants. Différentes associations et organismes locaux vous proposent en outre des promenades accompagnées. Vous saurez tout sur l'architecture si particulière de la ville ou bien sur les célèbres « fantômes » de Broadway. Vous trouverez leurs coordonnées p. 353 ainsi que dans le magazine *New York*. Comme dans toute grande métropole, gardez un œil sur vos affaires au cours vos promenades *(p. 356-357)*. Établissez votre itinéraire à l'avance, marchez dans la mesure du possible de jour et à plusieurs.

**Le jardin chinois du Metropolitan Museum of Art, dans Upper East Side**

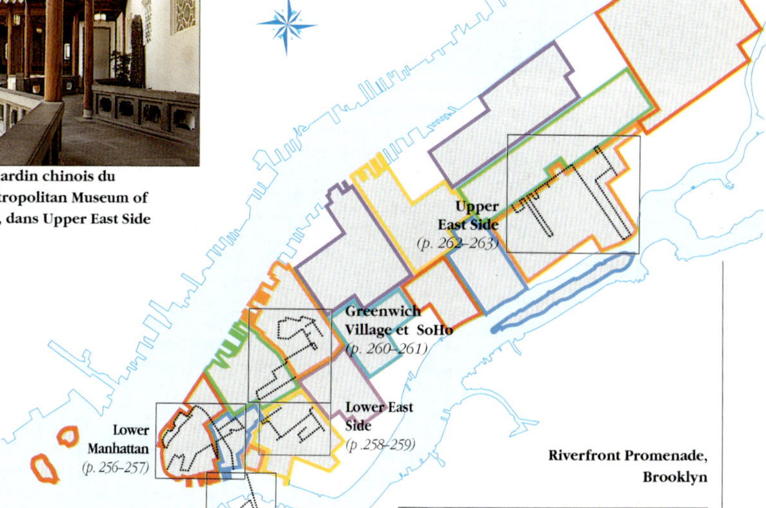


**Riverfront Promenade, Brooklyn**

**Moment de détente dans Grove Street, Greenwich Village**

# Deux heures de promenade dans Lower Manhattan

Cette promenade dans le sud de Manhattan vous entraînera du New York colonial à celui de la finance, à travers des rues bordées de gratte-ciel vertigineux. Vous visiterez aussi le plus récent quartier de la ville : Battery Park City. Vous trouverez de plus amples renseignements sur ce quartier pages 64-79, et sur South Street Seaport pages 80-91.

**Battery Park et New York à l'époque fédérale**

Commencez votre exploration à Battery Park ①, la pointe sud de l'île de Manhattan, qui doit son nom à la batterie de canons qui protégeait jadis le port. En visitant Castle Clinton, arrêtez-vous pour en savoir plus sur la ville en regardant un des dioramas qui retracent son évolution à travers les siècles. Une grande partie du pourtour de Manhattan a été bâti sur un terrain gagné sur l'océan grâce à des travaux de remblayage.

En vous dirigeant vers l'intérieur de la ville, vous passerez devant l'élégant édifice de l'US Custom House ② – prochainement le siège du Museum of the American Indian. Ironie de l'histoire, c'est à proximité de ce lieu que Peter Minuit acheta en 1626 Manhattan aux Algonquins, pour l'équivalent de 24 dollars en verroterie ! Traversez la rue vers Bowling Green, le plus ancien parc municipal (1633) et tournez à droite dans Whitehall puis à gauche dans Pearl Street. Vous atteindrez la Fraunces Tavern ③, un bâtiment de 1719 dans lequel Washington fit ses adieux à ses troupes après la guerre d'Indépendance. L'édifice accueille aujourd'hui un restaurant ainsi qu'un musée à l'étage. Le pâté de maisons attenant est le dernier à abriter des immeubles de style fédéral dans le quartier de la finance.

Le mémorial P. Minuit

**Le « canyon » de Wall Street**

Remontez le long de Broad Street. Cette rue était autrefois coupée en deux par un canal ; son comblement en a fait l'une des plus larges artères du centre-ville. À Wall Street, regardez à gauche pour apercevoir Trinity Church entre les gratte-ciel. Essayez d'imaginer le paysage qui s'offrait ici lorsque son clocher (85 mètres) était le point culminant de New York ! Parmi les nombreux New-Yorkais célèbres inhumés dans son cimetière se trouve A. Hamilton, dont on dit que le fantôme hante la tombe voisine de M. Davis – le témoin de son adversaire lors du duel qui lui fut fatal. À l'angle de Broad Street et de Wall Street se dresse New York Stock Exchange ④, dont on peut observer l'activité fébrile depuis une galerie réservée aux visiteurs (en semaine seulement). Non loin, au n° 26 de Wall Street, le Federal Hall ⑤ témoigne de ce jour de 1789 où une foule en liesse vint voir Washington prêter serment lors de son investiture.

Le mémorial des Immigrants, Castle Clinton

**De Nassau Street jusqu'à City Hall**

Remontez vers le nord *(uptown)* dans Nassau Street. Vous pourrez admirer, à l'extrémité nord de la place ⑥ de Liberty Street, l'imposant édifice de la Federal Reserve Bank ⑦ – où est conservée une partie des réserves d'or du pays. À l'extrémité du même pâté de maisons se trouve Legion Memorial Square, rebaptisé aujourd'hui Louise Nevelson Plaza. Sept statues de la

La tour de City Hall ⑨

**LÉGENDE**

- Itinéraire principal
- Itinéraire secondaire
- Point de vue
- Station de métro

**MODE D'EMPLOI**

***Départ :*** *Battery Park.*
***Parcours :*** *4 km.*
***Comment y aller ?*** *ligne de métro 4 ou 5 jusqu'à Bowling Green ou bien 1 ou 0 jusqu'à South Ferry. Les lignes de bus M1 et M6 sont les plus proches du départ.*
***Où faire une pause ?*** *le World Financial Center et le port sont les meilleurs endroits où se reposer. Depuis la jetée 17, vous profiterez d'un splendide panorama sur le port. Au World Financial Center, vous pourrez vous restaurer d'un bon repas ou d'un snack.*

**Le quatre-mâts *Peking*, amarré dans South Street Seaport ⑫**

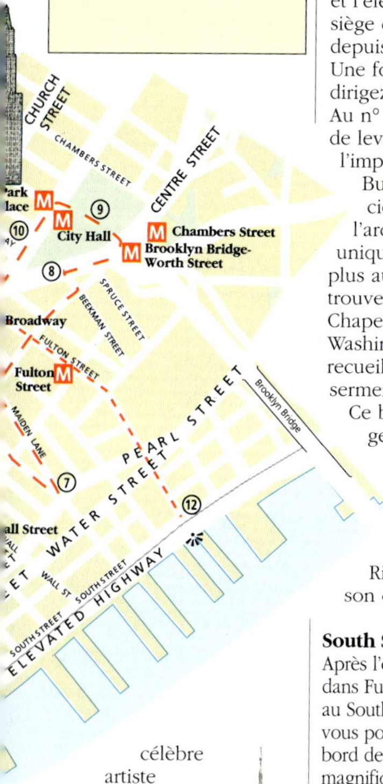


célèbre artiste américaine y sont exposées. Remarquez le petit bâtiment de 1815, au n° 90 de Maiden Lane, rescapé d'une époque révolue et bien isolé au milieu des gratte-ciel. Sa façade date de 1872. Par la suite, continuez vers le nord jusqu'à Park Row ⑧

**St Paul's Chapel ⑪**

et l'élégant City Hall ⑨, siège de la municipalité depuis 1812. Une fois à sa hauteur, dirigez-vous vers Broadway. Au n° 233, ne manquez pas de lever la tête pour admirer l'imposant Woolworth Building ⑩, un gratte-ciel de 1913 à l'architecture unique. Deux blocs plus au sud, vous trouverez St Paul's Chapel ⑪ où Washington alla se recueillir après son serment d'investiture. Ce bijou de style georgien était à l'époque situé au milieu d'un champ de blé, et Hudson River bordait son cimetière.

**Statue de G. Washington, Federal Hall ⑤**

**South Street Seaport**

Après l'église, tournez à gauche dans Fulton Street pour arriver au South Street Seaport ⑫. Là, vous pourrez faire une pause au bord de l'eau ou visiter un des magnifiques navires ancrés sur place. La récente restauration des bâtiments de brique rouge a tendance à faire oublier qu'il s'agit là d'un quartier d'entrepôts et de bureaux du début du siècle dernier. Dans South Street, allez au North Star Pub pour prendre une bière ou faites une pause dans l'un des cafés de la jetée 17 (Pier 17), qui offrent une vue dégagée sur le port.

**De South Street à Battery Park City**

Traversez Broadway en longeant Fulton Street puis le jardin de sculptures situé derrière les tours du World Trade Center ⑬ pour monter sur la plate-forme d'observation du 106ᵉ étage. Vous pourrez alors rejoindre le World Financial Center ⑭ en empruntant le passage supérieur depuis la tour nord du World Trade Center ou en traversant Vesey Street. Son éblouissant jardin d'hiver vous mènera jusqu'à une marina en bordure de Hudson River. Continuez alors le long du fleuve jusqu'à Battery Park City ⑮. En fin de promenade, visitez le Museum of Jewish Heritage *(p. 77)*.

**Le jardin d'hiver du World Financial Center ⑭**

# Une heure et demie dans Lower East Side

Au cours de cette promenade, vous partirez à la rencontre des quartiers habités par les générations d'immigrants qui façonnèrent New York. Vous y découvrirez la culture et la cuisine des communautés les plus chaleureuses de la ville. Pour bien vous imprégner de cette atmosphère cosmopolite, venez-y le dimanche. Ce quartier de Lower East Side est décrit en détail pages 92 à 99.

**Lower East Side**

Le point de départ de votre exploration est situé devant Lower East Side Tenement Museum ① (au n° 97 d'Orchard Street, entre Delancey et Broome). Cet ancien taudis en cours de restauration permet de se faire une idée des conditions de vie des immigrants au début du siècle et constitue à ce titre une excellente introduction à la suite de la promenade. Orchard Street ② était dans le passé le cœur du Lower East Side juif ; les charrettes à bras ont disparu mais les magasins sont toujours là : vous pourrez y acheter des articles de qualité à bas prix. Attention, ils sont fermés le samedi – jour du sabbat, le dimanche étant le jour où l'on peut faire ses achats. Le quartier retrouve son histoire au travers de certains endroits intemporels, comme le n° 35 d'Essex Street (Essex Street Pickle Company ③) où les clients font la queue devant des tonneaux alignés sur le trottoir. Un peu plus loin, sur Hester Street, respirez les effluves parfumés de la boutique Kadouri Import (fruits secs, noix et épices) et de Gertel's, une très ancienne boulangerie juive. Retournez ensuite sur Essex, traversez Delancey et tournez à droite à Rivington. Au n° 126 de cette rue, vous pourrez déguster les vins de la Schapiro's Winery ④. Plus haut, n° 150, Streit's Matzoh est le plus grand fabricant new-yorkais de pain azyme.

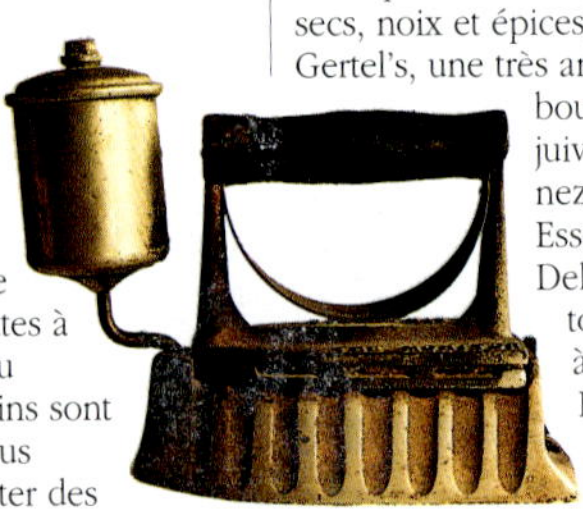

**Un fer à repasser, Lower East Side Tenement Museum ①**

**Une mosaïque de cultures**

Toujours dans Rivington Street, vous constaterez que les *bodegas* espagnoles et les épiceries chinoises ont investi ce quartier jadis exclusivement juif. Cette rue donne une image assez réelle de la nouvelle vie des immigrés. À l'angle de Forsyth Street, une ancienne synagogue a même été transformée en église espagnole ⑤. Faites demi-tour pour retrouver Rivington puis tournez à droite dans Eldridge, une enclave très représentative de l'époque où le quartier était essentiellement occupé par des taudis. L'angle de Grand et Eldridge constitue le cœur du quartier du vêtement, serviettes et tissus y sont vendus bon marché. Au-delà de Canal Street s'élève Eldridge Street Synagogue ⑥, lieu de culte new-yorkais de la communauté juive d'Europe centrale.
Elle est actuellement en cours de restauration.

**Mode d'emploi**

***Départ :*** *Orchard Street.*
***Parcours :*** *3 km.*
***Comment y aller ?*** *Par le métro, ligne F jusqu'à Delancey ; lignes B, D ou Q jusqu'à Grand Street ; lignes J ou M jusqu'à Essex Street. Le bus M15 s'arrête à l'angle des rues Delancey et Allen. Pour revenir de Chinatown et Little Italy, prenez les lignes 4, 5, 6, N et R à Canal Street.*
***Où faire une pause ?*** *Cette balade vous mettra certainement en appétit, aussi n'hésitez pas à vous arrêter dans un restaurant. Les cafés de Little Italy servent de délicieux cafés et gâteaux.*
*Le restaurant du n° 20 de Mott Street propose d'excellentes spécialités chinoises. Si vous préférez l'Italie, attablez-vous à la Grotta Azura (n° 387 Broome Street). Essayez aussi le Ratner's Dairy Restaurant (spécialités juives) au n° 138 de Delancey Street.*

**Légende**

- Itinéraire principal
- Itinéraire secondaire
- Point de vue
- Station de métro

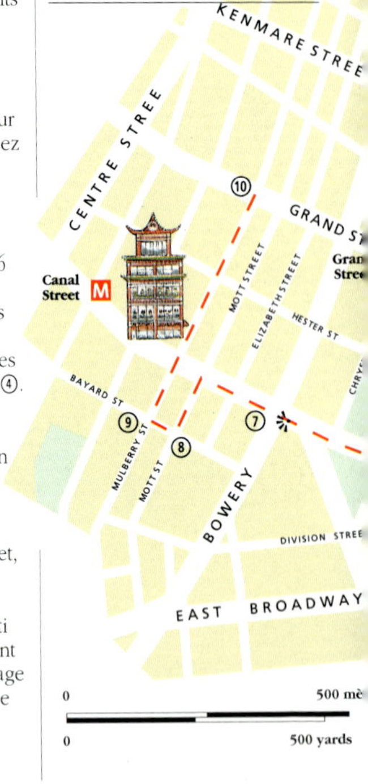

**Un étalage de fripes au marché d'Orchard Street ②**

**Essex Street Pickle Company** ③

**Chinatown**

Revenez dans Canal Street et tournez à gauche. Depuis l'entrée du pont de Manhattan, vous apercevrez au loin les tours du World Trade Center. Traversez Bowery Park pour admirer les vitrines des nombreux bijoutiers de ce qui fut jadis le « quartier des diamants » ⑦. Un peu plus loin, ces boutiques raffinées cèdent la place à des stands de fruits et

**Un marchand de bretzels dans Orchard Street** ②

légumes exotiques et aux étalages de canards laqués. Au n° 200 de Canal Street, Kam Man Food Products constitue l'un des plus grands marchés chinois de l'endroit.

En tournant à gauche dans Mott Street, vous arriverez au cœur de Chinatown. Même les banques et les cabines téléphoniques y ont une forme de pagode ! Le quartier regorge de restaurants, du plus ordinaire au plus raffiné.

**Kam Man Food Products au n° 200 de Canal Street**

Eastern States Buddhist Temple ⑧ sera, quant à lui, à même de satisfaire votre appétit spirituel.

Dans Bayard Street, faites un crochet à gauche pour aller voir le mur de la Démocratie recouvert d'affiches et de slogans politiques chinois, puis faites demi-tour jusqu'à Mulberry Street. Le virage à proximité de Columbus Park, Mulberry Bend ⑨, fut le théâtre de règlements de comptes.

**Une charcuterie de Little Italy** ⑩

**Little Italy**

En remontant Mulberry Street, vous pénétrerez dans Little Italy ⑩, un merveilleux quartier regorgeant de restaurants et de magasins qui vendent pâtes fraîches, saucisses, pains et pâtisseries italiennes. La population d'origine transalpine est moins nombreuse depuis le départ des jeunes générations, mais le quartier a su conserver son atmosphère et son charme.

Chaque année en septembre, les habitants célèbrent San Gennaro, saint patron de la ville de Naples. Mulberry Street est alors envahie de milliers de personnes qui assistent au défilé et font la fête dans la rue onze nuits de suite.

Le cœur de Little Italy se situe entre Mott et Mulberry Streets sur Hester Street, et de Hester à Grand sur Mulberry Street. Une fois hors du secteur délimité par ce triangle, on quitte l'Italie pour l'Asie !

# Une heure et demie de balade dans Greenwich Village et SoHo

En vous promenant dans le dédale de rues du « Village », vous passerez devant les endroits où résidèrent de nombreux écrivains et artistes célèbres, avant de partir à la découverte des galeries et musées de SoHo où sont exposées des œuvres contemporaines. Consultez les pages 106-113 pour de plus amples détails concernant Greenwich Village et les pages 100-105 pour SoHo.

Une des façades de Washington Mews ⑬

L'écrivain Marc Twain a habité dans la 10e Rue

### La 10e Rue Ouest

À proximité des 8e Rue et 6e Av. ①, vous trouverez des librairies, des disquaires et des magasins de vêtements. Remontez de la 6e à la 9e Rue jusqu'à Jefferson Market Courthouse ② et Balducci, marché de produits fins. Dans la 10e Rue Ouest ③, allez jusqu'au centre d'études helléniques A. Onassis. Il y avait là un passage menant jusqu'au Tile Club, où se réunissaient les artistes du studio de la 10e Rue. A. Saint-Gaudens, J. LaFarge et W. Homer y ont vécu et travaillé. M. Twain habitait au n° 24 de la 10e Rue, E. Albee au n° 50. De l'autre côté de la 6e Avenue, ne manquez pas Milligan Place ④, ravissant petit pâté de maisons du XIXe siècle, ainsi que Patchin Place ⑤, où résidèrent les poètes E. E. Cummings et J. Masefield. Un peu plus loin se trouve le Ninth Circle Bar ⑥ qui, lors de son ouverture en 1898, était surnommé « Regnaneschi's ». Il est d'ailleurs représenté sous ce nom dans une toile de J. Sloan, *Regnaneschi's Saturday Night*. L'endroit inspira le dramaturge E. Albee qui aperçut, griffonnée sur un de ses miroirs, la question « Qui a peur de Virginia Woolf ? », futur titre de sa célèbre pièce.

**MODE D'EMPLOI**

***Départ :*** *Angle 8th St et 6th Ave.*
***Parcours :*** *3,2 km.*
***Comment y aller ?*** *Par le métro A, B, C, D, E ou F jusqu'à la station 4e Rue Ouest/Washington Square (sortie 8e Rue). Les bus M2 et M3 s'arrêtent dans la 8e Rue. Marchez ensuite un bloc vers l'ouest pour atteindre la 6e Rue. Le bus M5 fait le tour de Washington Square pour revenir vers la 6e Av. et la 8e Rue.*
***Où faire une pause ?*** *Pour déjeuner, essayez The Pink Tea Cup, au n° 42 de Grove Street. SoHo Kitchen & Bar, au n° 103 de Greene Street, est réputé pour la qualité de ses vins.*

L'entrée discrète du Chumley's ⑩

### Greenwich Village

Prenez à gauche vers Waverly Place, en passant devant la fameuse librairie Three Lives, jusqu'à Christopher Street et le Northern Dispensary ⑦. Remontez Grove Street en longeant Christopher Park jusqu'à Sheridan Square, véritable cœur du Village. À gauche, le Circle Repertory Theater ⑧ où furent jouées les premières des pièces de Lanford Wilson, lauréat du prix Pulitzer, est aujourd'hui fermé. Traversez la 7e Av. et engagez-vous dans Grove Street. À l'angle de Bedford Street, se trouve Twin Peaks ⑨, un foyer pour artistes des années 1920. Prenez à droite dans Bedford jusqu'au n° 86. Derrière sa façade anonyme se dissimulait à l'époque de la Prohibition l'un des bars clandestins de Manhattan, le Chumley's ⑩, repaire de D. Thomas, S. de Beauvoir, J. Steinbeck, E. Hemingway, W. Faulkner, J. D. Salinger, J. Kerouac et de bien d'autres. Ses murs sont tapissés des couvertures de leurs ouvrages. Au n° 75 bis se trouve la plus étroite maison du Village, domicile de la poétesse féministe Edna Saint Vincent Millay. Remontez Carmine Street jusqu'à la 6e Av. puis prenez à droite en direction de Waverly Place. Au n° 116 ⑪, C. Lynch, professeur d'anglais, avait l'habitude de tenir salon chaque semaine avec des amis tels H. Melville et E. A. Poe, qui y fit sa première lecture publique du *Corbeau*. Un détour sur votre gauche vous mènera jusqu'à MacDougal Alley ⑫, une ruelle dans laquelle G. Vanderbilt Whitney installa son atelier. Juste derrière se trouve l'emplacement du premier Whitney Museum,

qu'elle fonda en 1932.

**Washington Square**

Une fois de retour sur MacDougal, prenez à gauche vers Washington Square pour y admirer les plus beaux bâtiments de style néo-grec des États-Unis. Henry James a situé l'action de son roman *Washington Square* au n° 18, où habitait sa grand-mère. Faites ensuite une pause sur la 5e Av. pour y contempler la perspective formée par les deux tours du World Trade Center et l'arc de triomphe de Washington Square. Traversez la 5e Av. En face du n° 2 se trouve l'entrée de Washington Mews ⑬ (n° 14), ancien ensemble de remises et d'écuries, où vécurent J. Dos Passos, E. Hopper et R. Kent. Remontez Washington Square North en longeant ses demeures élégantes, parmi lesquelles celle de la romancière E. Wharton (n° 7). Traversez le parc de Washington Square en passant sous son arc de triomphe. En sortant du parc, jetez un coup d'œil sur votre gauche à Judson Memorial Church and Tower ⑭, dessinée par S. White, et au Loeb Student Center, ancienne pension pour étudiants où T. Dreiser écrivit *An American Tragedy*.

**Washington Square Park et son arc de triomphe**

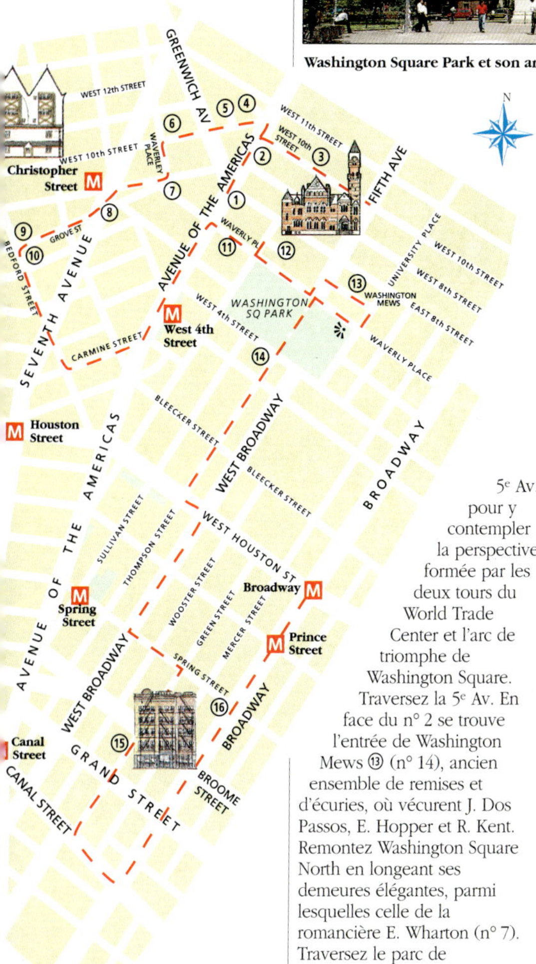


0 500 kilomètres

0 500 yards

**LÉGENDE**

— Itinéraire principal

Point de vue

M Station de métro

**SoHo**

Bordée de clubs, de cafés et de boutiques, Thompson Street est une rue typique du Village que vous longerez vers le sud avant de vous engager à gauche dans Houston Street, la frontière nord de SoHo, puis à droite dans West Broadway. Ensuite galeries d'art et boutiques chic sont de plus en plus nombreuses. Prenez sur votre gauche dans Spring Street ⑮, elle aussi pourvue de vitrines tentatrices, puis à droite dans Greene Street, centre de Cast-Iron Historic District qui doit son nom à son architecture de fonte. À gauche à l'angle de Greene et Canal Street, vous constaterez une fois de plus qu'à New York, le simple fait de traverser une rue vous plonge dans un autre monde : vous êtes au sein de l'univers bruyant des marchands ambulants et des magasins d'électronique à prix discount. Deux blocs plus loin, engagez-vous de nouveau à gauche dans Broadway pour rejoindre le New Museum of Contemporary Art et le Guggenheim de SoHo ⑯, deux temples de l'art contemporain *(p. 105)*.

**Façade de fonte, Greene Street ⑮**

# Deux heures de promenade dans Upper East Side

Cette balade aux alentours de la Cinquième Avenue vous fera découvrir les plus beaux témoignages du New York du début du siècle. Un détour par le vieux quartier allemand de Yorkville vous conduira le long du fleuve jusqu'à Gracie Mansion, résidence officielle du maire de la ville. Pour de plus amples détails sur Upper East Side, voyez les pages 180-201.

**De Frick Collection au « Met »**
Partez de la demeure ① construite en 1913 pour H. Clay Frick, magnat du charbon. Prenez le temps pour visiter sa magnifique collection d'art *(p. 200-201)*. Les grandes familles new-yorkaises rivalisaient d'orgueil en faisant bâtir des résidences d'un luxe royal, inspirées de Versailles, ou des châteaux de la Loire. Celles qui sont encore debout ont le plus souvent été transformées en musées ou en fondations. Sur la 70e Rue, vous pourrez admirer deux des galeries d'art les plus influentes de la ville : la Knoedler Gallery et Hirschl & Adler ②. Remontez Madison jusqu'à l'angle de la 72e Rue. Là se dresse le grand magasin Polo-Ralph Lauren ③, ancienne demeure de G. Rheinlander Waldo, dont l'intérieur a été restauré. En retournant vers la 5e Av. le long du côté nord de la 72e Rue, vous passerez devant deux beaux édifices des années 1890 qui abritent désormais le lycée français de New York ④. Continuez à longer la 5e Av. jusqu'à la 73e Rue puis dirigez-vous vers l'est jusqu'au n° 11, ancienne demeure de J. Pulitzer ⑤. À quelques blocs de là, entre Lexington et la 3e Av. vous pourrez contempler de belles maisons du siècle dernier ⑥.

**Church of the Holy Trinity ⑰**

Revenez sur vos pas jusqu'au n° 1 de la 75e Rue, l'ancienne résidence d'E. S. Harkness, fils du fondateur de la Standard Oil. Cet immeuble accueille maintenant le Commonwealth Fund ⑦. Au n° 1 de la 78e Rue Ouest, le château du « roi du tabac », James B. Duke, est devenu New York University Institute of Fine Arts ⑧. À l'angle de la 79e Rue et de la 5e Av., l'immeuble qui fut jadis la résidence du financier P. Whitney abrite l'ambassade de France ⑨. Quant au n° 2 de la 79e Rue, c'est désormais le siège de l'Ukrainian Institute of America ⑩. À l'angle sud-est de la 82e Rue, vous pourrez admirer Duke-Semans House ⑪, l'un des derniers hôtels particuliers de Manhattan. Consacrez une autre journée pour la visite du Metropolitan Museum of Art ⑫, situé à hauteur de cette même rue.

**LÉGENDE**

- Itinéraire principal
- Point de vue
- Station de métro

**Ukrainian Institute of America ⑩**

Carl Schurz Park Promenade

## Yorkville

En tournant vers l'est dans la 86e Rue, vous découvrez les derniers vestiges de l'ancien quartier allemand : Bremen House ⑬, Kleine Konditorei et Ideal, un petit restaurant aux plats copieux. Traversez la 2e Av. puis tournez à droite vers Heidelberg Café et la charcuterie allemande Schaller & Weber ⑭.

## East River et Gracie Mansion

Henderson Place ⑮, sur East End Av., est un ensemble de 24 maisons de brique rouge de style Queen Anne. Juste en face, Carl Schurz Park doit son nom au plus influent des New-Yorkais d'origine germanique, qui fut rédacteur en chef de *Harper's Magazine* et du *New York Post*. Une promenade dans ce parc vous mènera jusqu'à un superbe point de vue sur le port de New York et Hell Gate, le confluent de East River et du détroit de Long Island. Depuis le chemin, vous pourrez aussi contempler une jolie perspective sur la façade arrière de Gracie Mansion ⑯. Remontez vers l'ouest par la 88e Rue, passez devant Church of the Holy Trinity ⑰ et, sur Lexington Av., dirigez-vous vers la 92e Rue. En prenant vers l'ouest, vous découvrirez deux des dernières maisons de bois de Manhattan ⑱.

Maisons en bois sur la 92e Rue ⑱

### Mode d'emploi

**Départ :** *Frick Collection.*
**Parcours :** *5 km.*
**Comment y aller ?** *Ligne de métro n° 6 jusqu'à Lexington / 68e Rue ; puis vers l'ouest jusqu'à la Cinquième Avenue (3 blocs). En bus, lignes M1, M2, M3 ou M4 jusqu'à la 70e Rue puis vers l'ouest (un bloc).*
**Où faire une pause ?** *Les cafés des musées Whitney et Guggenheim sont agréables. Essayez aussi l'Ideal au n° 238 de la 86e Rue Est ou l'Heidelberg Café, situé sur la Deuxième Avenue. Sur Madison Avenue, entre les 92e et 93e Rues, vous trouverez également de nombreux endroits où vous restaurer (Sarabeth's Kitchen propose un excellent brunch le week-end).*

Cooper-Hewitt National Design Museum ⑳

## Carnegie Hill

De retour sur la Cinquième Avenue, longez les murs du Jewish Museum ⑲ et continuez jusqu'à la 91e Rue, où se dresse le Cooper-Hewitt National Design Museum ⑳, autrefois la demeure d'Andrew Carnegie. Cette réplique d'un manoir anglais, construite en 1902, valut au quartier d'être surnommé Carnegie Hill. James Burden House ㉑, au n° 7, édifiée en 1905 pour Adèle Sloan, héritière des Vanderbilt, abrite un escalier surmonté d'une verrière de vitraux, jadis surnommé « l'escalier du paradis ».
Au n° 9, la résidence de style Renaissance italienne du financier Otto Kahn est intéressante à observer avec son porche d'entrée et sa cour intérieure. Elle abrite aujourd'hui le couvent de l'école du Sacré-Cœur.

# Une promenade de trois heures dans Brooklyn

Une excursion au-delà du plus célèbre pont new-yorkais vous mènera jusqu'à Brooklyn Heights, la plus ancienne banlieue de la ville. Ce quartier tout droit sorti du XIXe siècle a des accents de Moyen-Orient. La promenade le long du fleuve offre une vue imprenable sur Manhattan. Pour plus de détails sur Brooklyn, consultez les pages 244-251.

**La caserne de pompiers d'Old Fulton Street**

### Fulton Ferry Landing

Long d'un kilomètre, Brooklyn Bridge est un lieu privilégié pour photographier le sud de New York. Prenez un taxi ou, si vous vous sentez en forme, faites le trajet à pied.

Suivez la direction de Tillary Street, tournez à droite en bas des escaliers et prenez le premier chemin qui traverse le parc. Puis descendez Cadman Plaza West ① sous la voie express Queens-Brooklyn jusqu'à l'endroit où Cadman devient Old Fulton Street. Vous apercevrez le pont sur votre droite en vous dirigeant vers le fleuve et Fulton Ferry Landing ②. C'est d'ici que les troupes de George Washington s'embarquèrent pour Manhattan pendant la guerre d'Indépendance. En 1814, l'endroit fut converti en embarcadère pour le bac reliant Brooklyn à Manhattan. Cette zone jusque-là agricole se transforma rapidement en quartier résidentiel. À votre droite se trouve River Café : avec son panorama sur le fleuve et sur la silhouette des gratte-ciel de Manhattan, c'est l'une des adresses gastronomiques réputées de New York.

**Eagle Warehouse ④**

### Brooklyn Heights

En partant de l'embarcadère, prenez à droite et remontez jusqu'à Columbia Heights en passant devant l'ancien Eagle Warehouse ④. Le n° 24 ⑤ de Middagh Street est l'une des plus vieilles maisons du quartier (1824). Engagez-vous à droite dans Willow Street puis à gauche dans Cranberry Street. Cette rue est bordée de maisons à l'architecture variée, depuis les vieilles demeures en bois jusqu'aux petits hôtels particuliers de style fédéral. En faisant abstraction des voitures et de quelques immeubles récents, on pourrait se croire revenu au siècle dernier. De nombreuses célébrités ont vécu ici. A. Miller résida au n° 155. Truman Capote écrivit *Breakfast at Tiffany's* et *In Cold Blood* au n° 70 de Willow Street. Lorsqu'il était rédacteur en chef du *Brooklyn Eagle*, le poète Walt Whitman habitait dans Cranberry Street. Les premières épreuves de son ouvrage *Leaves of Grass* furent éditées dans une imprimerie située près de l'angle de Cranberry et Fulton. Tournez à droite dans Hicks Street puis à gauche dans Orange Street jusqu'à Plymouth Church ⑥, où vécut H. W. Beecher, célèbre prêtre anti-esclavagiste et frère d'Harriett Beecher Stowe, auteur de *La Case de l'oncle Tom*. Une fois sur Clark Street, regardez sur votre gauche pour

**L'entrée de River Café**

**Truman Capote et l'un de ses amis à plumes**

admirer les marquises d'hôtels réputés comme le Towers. Longez Clark Street vers Columbia Heights ; Norman Mailer vit au n° 142 ⑦. Au n° 110 vécut l'étonnant Washington Roebling, ingénieur qui, cloué au lit par une paralysie, surveilla les travaux de Brooklyn Bridge à l'aide d'une longue-vue !

### The Promenade

Dans Montague Street, obliquez vers la Promenade ⑧ au bord du fleuve. Une plaque posée à l'entrée marque l'emplacement de Four Chimneys, lieu où résida Washington pendant la bataille de Long Island. En avançant encore un peu, vous découvrirez une vue de Manhattan à vous couper le souffle. Après avoir pris le temps de savourer ce paysage, faites demi-tour par Montague Street et rejoignez Montague Terrace ⑨, où vécut le poète W. H. Auden (n°1), et où Thomas Wolfe acheva *Of Time and the River* (n° 5).

**La statue d'Henry Ward Beecher ⑥**

### Mode d'emploi

***Départ :*** *Brooklyn Bridge.*
***Parcours :*** *5,5 km.*
***Comment y aller ?*** *En métro, ligne 4, 5 ou 6 jusqu'à Brooklyn Bridge/City Hall (arrêt le plus proche du pont). Le bus M15 de la Seconde Avenue s'arrête également à hauteur du City Hall. Retour à Manhattan : ligne N, R, 4 ou 5 depuis Borough Hall ou D depuis Atlantic Avenue.*
***Où faire une pause ?*** *Theresa's, au n°80 de Montague Street, propose des plats polonais à des prix raisonnables. Sinon essayez Henry's End, au n°44 de Henry Street, ou encore la cuisine moyen-orientale du Moroccan Star (n°225, Atlantic Avenue).*

**Légende**

- Itinéraire conseillé
- Itinéraire secondaire
- Point de vue
- Station de métro

0 500 mètres
0 500 yards

**L'ancien tramway de Montague Street conduisait au fleuve et au bac**

### Montague et Clinton Street

De retour dans Montague Street, dirigez-vous vers le cœur de Brooklyn, où foisonnent boutiques et cafés. À l'angle de Montague et de Clinton, n'hésitez pas à entrer dans Church of st Ann pour admirer ses splendides vitraux ⑩. Avancez encore d'un bloc vers la gauche jusqu'à Pierrepont Street, siège de la Brooklyn Historical Society ⑪. Un bloc plus loin, dans Court Street, vous attendent Borough Hall ⑫, la mairie annexe de Brooklyn (1849), ainsi que la station de métro qui vous fera revenir dans Manhattan.

**L'équipe des Brooklyn Dodgers doit son nom au fait qu'ils jouaient à éviter *(to dodge)* les tramways**

### Atlantic Avenue

Si vous choisissez de rester dans Clinton Street et continuer jusqu'à Atlantic Av. Vous découvrirez, sur votre gauche, de nombreux magasins de produits moyen-orientaux, comme Sahadi Imports ⑬ au n° 187 (alimentation), Rashid au n° 191 (ouvrages et disques en arabe) ou Damascus Bakery (pâtisserie orientale). Plus loin, vous tomberez sur des antiquaires ⑭. En arrivant dans Flatbush Av., vous ne pourrez pas manquer à votre gauche la Brooklyn Academy of Music ⑮ et la majestueuse façade de la Williamsburg Savings Bank. Cherchez alors les pancartes qui vous guideront jusqu'au métro à destination de Manhattan.

RENAISSANCE
SAMSUNG
SAMSUNG
SAMSUNG
SUNTORY
WHISKY
Enjoy
Coke
AT THE DOUGLAS
FAIRBANKS THEATRE
SPACE
RENAISSANCE
HOTEL
Miss Saigon
novotel
hotel

# LES BONNES ADRESSES

# HÉBERGEMENT

Les 65 000 chambres de la ville offrent au visiteur un très vaste choix. Les palaces de New York sont moins onéreux que ceux de Paris ou de Londres. Par ailleurs, le nombre des bons hôtels à petit prix augmente. À New York, la location d'appartement, les chambres d'hôtel, les auberges de jeunesse ou les YMCA sont autant de solutions de logement. Nous avons sélectionné 76 hôtels parmi les meilleurs de chaque catégorie, et le chapitre *Choisir un hôtel (p. 274-275)* facilite votre choix. Pour toute information complémentaire, référez-vous aux listes des p. 276-283. Une sélection de dix hôtels considérés comme les meilleurs dans leur catégorie vous est présentée par le plan en p. 272.

**Le piano de Cole Porter dans le bar du Waldorf-Astoria *(p. 281)***

**Une salle de bains de l'hôtel Paramount *(p. 277)***

## OÙ CHERCHER ?

La plupart des palaces sont situés entre la 59e et la 77e Rue, mais certains établissements rénovés ou appartenant à un groupe hôtelier, comme le St Regis ou le Peninsula, leur font concurrence en centre-ville. Les hommes d'affaires, eux, affectionnent particulièrement le centre-ville et les modestes hôtels de Lexington Avenue, ainsi que le quartier de Grand Central Terminal.

Murray Hill séduit ceux qui recherchent un logement paisible non loin du centre-ville. Le quartier de Times Square, récemment rénové, convient particulièrement aux amateurs de spectacles. En effet, tous les spectacles se terminant généralement à la même heure, la recherche d'un taxi libre pour rentrer peut se révéler être un vrai casse-tête – autant résider à proximité.

On trouve quelques bons hôtels pas trop chers autour de Herald Square, ce qui est pratique pour le shopping.

Les hôtels les moins chers se concentrent aussi dans Upper West Side, aux alentours du Lincoln Center – facile d'accès grâce aux transports publics.

Le **New York Convention and Visitors Bureau** publie une brochure gratuite remise à jour chaque année, qui vous indiquera les prix et les numéros de téléphone et de fax des hôtels.

## LES PRIX

Certains établissements proposent des tarifs promotionnels et des réductions hors saison. À New York, les hommes d'affaires désertent la ville en fin de semaine, aussi profitez-en pour vous loger moins cher le week-end. Même les palaces proposent des conditions préférentielles ! *(Spécial week-end p. 270)*. De plus en plus d'hôtels ne proposent que des suites, et ce quelle que soit leur catégorie. Pour le même prix, vous aurez plus d'espace et une cuisine équipée d'un réfrigérateur… Ces suites peuvent accueillir jusqu'à quatre personnes, ce qui est particulièrement intéressant pour une famille.

**Le café Botanica de l'Essex House Hotel *(p. 278)***

**Téléphones dans le hall (pour appeler un client de l'hôtel)**

## LES CHARGES SUPPLÉMENTAIRES

Pour savoir combien vous reviendra une nuit d'hôtel, le prix indiqué de la chambre n'est pas le seul élément à prendre en compte. Les chambres d'hôtels ont toujours été sujettes à diverses taxes. Aujourd'hui, cette taxe est applicable à tous les barèmes de prix et s'élève à 13,25 %, plus 2 dollars par nuit et par chambre.

Dans plusieurs hôtels, le petit déjeuner est maintenant

Suite du Millenium *(p. 276)*

compris dans le prix de la chambre. Quand on sait qu'un petit déjeuner coûte entre 5 et 15 dollars, c'est intéressant. Mais c'est en allant vous restaurer au *deli* le plus proche que vous ferez le plus d'économie.
Le téléphone public du hall d'entrée revient souvent moins cher que celui de la chambre, en particulier pour les appels à l'étranger.
Aux États-Unis, il est d'usage de distribuer des pourboires. L'employé qui monte vos bagages reçoit normalement 1 dollar par valise – davantage dans un hôtel de luxe – mais les réservations et autres services courants rendus par le concierge sont gratuits, sauf en cas d'une requête particulière. En commandant depuis votre chambre, vérifiez si le service est compris ; sinon prévoyez un pourboire de 15 %.
Les personnes qui voyagent seules savent d'expérience que le prix d'une chambre simple revient à peu près à 80 % de celui d'une double – et le plus souvent pour un espace équivalent.

## Les aménagements

On pourrait s'attendre à ce que les chambres d'hôtel de New York soient bruyantes ; fort heureusement, la majorité des établissements offrent une bonne isolation sonore. La climatisation est elle aussi un équipement standard ; vous n'aurez donc pas besoin d'ouvrir les fenêtres en été. N'oubliez cependant pas que les pièces les plus tranquilles donnent toujours sur cour.
Même les plus modestes sont généralement équipées d'une radio, d'un téléviseur et d'un téléphone, ainsi bien sûr que d'une salle de bains attenante. La plupart des bons hôtels mettent à disposition de leurs clients télécopieur, mini-bar dans la chambre et salle de musculation. Un concierge est présent en permanence. Messageries vocales, gestion électronique des messages téléphoniques et du check-out sont en outre de plus en plus courantes.
Les hôtels indiqués sont tous situés à proximité de rues commerçantes et de restaurants. Peu d'hôtels possèdent leur propre parc de stationnement mais un grand nombre d'entre eux proposent des places payantes à la journée à leurs visiteurs. Les employés se chargent d'aller garer votre véhicule. S'il n'y a pas de concierge, la réception sera toujours en mesure de vous indiquer le parking le plus proche.

Le hall Art déco de l'hôtel Edison *(p. 277)*

## Répertoire

### Office du tourisme

**New York Convention and Visitors Bureau**
870 7th Avenue, NY, NY 10019. **Plan** 12 E4.
*(800) 692-8474, n° gratuit : 397-8222, infos en anglais : 484-1222, infos en français : www.nycvisit.com*

### Hôtels avec suites

**Manhattan East Suite Hotels**
Un seul numéro pour toutes les réservations.
*465-3690.*

**Beekman Tower**
3 Mitchell Place. **Plan** 13 C5.

**Dumont Plaza**
150 E 34th St. **Plan** 9 A2.

**Eastgate Tower**
222 E 39th St. **Plan** 9 B1.

**Lyden Gardens**
215 E 64th St. **Plan** 13 B2.

**Lyden House**
320 E 53rd St. **Plan** 13 B4.

**Plaza Fifty**
155 E 50th St. **Plan** 13 B4.

**Shelburne–Murray Hill**
303 Lexington Ave. **Plan** 9 A2.

**Southgate Tower**
371 7th Ave. **Plan** 8 E3.

**Surrey**
20 E 76th St. **Plan** 17 A5.

### Agences se chargeant des réservations

**Assured Accommodations**
Ste 714, 225 Lafayette St, NY, NY 10012. **Plan** 4 F2.
*431-0569.*
FAX *431-7088.*

**Hotel Reservations A Meegan Services**
JFK International Airport, Jamaica, NY 11430.
*(718) 995-9292.*
FAX *(718) 917-6278.*

### Service de réservation à tarifs réduits

**Express**
3800 Arapahoe Boulder, CO 80303.
*(303) 440-8481.*
FAX *(303) 440-0166.*

**Take Time to Travel**
49 W 44th St, NY, NY 10016. **Plan** 12 F5.
*840-8686.*
FAX *221-8686.*

## Comment réserver ?

N'hésitez pas à réserver votre chambre au moins un mois à l'avance, car s'il est peu probable que l'hôtel soit complet, les meilleures chambres et les suites risquent d'être déjà prises, surtout en période de congrès. Les périodes les plus chargées sont Pâques, la semaine du Marathon de New York (fin octobre ou début novembre), Thanksgiving (fin novembre) et Noël. Vous pouvez réserver directement auprès de l'hôtel par lettre, fax ou téléphone. Dans ce dernier cas, une confirmation écrite de votre réservation vous sera demandée, le plus souvent accompagnée d'arrhes ; attention, les éventuels frais d'annulation seront déduits de leur montant. Vous pouvez régler par carte de crédit, chèque ou mandat international, ou encore par traveller's chèques en dollars. Si vous n'avez pas payé d'avance par carte de crédit et que vous prévoyez d'arriver après 18 h, prévenez l'hôtel afin d'éviter que votre chambre ne soit redistribuée. Vous pouvez aussi réserver par l'intermédiaire de votre agence de voyage ou d'une compagnie aérienne. La plupart des hôtels possèdent un numéro d'appel gratuit à l'intérieur des États-Unis, cependant ces numéros ne fonctionnent pas depuis l'Europe. Si l'hôtel appartient à une chaîne internationale, la filiale de celle-ci dans votre pays est en mesure de vous réserver une chambre.

## Spécial week-end

Les hôtels sont plus occupés durant la semaine – les hommes d'affaires sont en ville – c'est pourquoi la plupart d'entre eux proposent des forfaits week-end à des tarifs préférentiels : il est souvent possible d'obtenir une suite pour le prix d'une chambre simple. Des tarifs avantageux sont offerts aux employés de grosses sociétés ; la réception vous accordera fréquemment cette réduction sans vous demander si vous travaillez dans l'une d'entre elles. Certaines agences de réservation offrent elles aussi des réductions. Une bonne agence de voyage est censée proposer les meilleurs tarifs, mais il peut être utile de comparer les prix en contactant directement un service de réservation efficace comme le « Room Express » *(p. 269)*, qui propose des réductions allant de 20 à 50 % sur les réservations de dernière minute, et ce suivant la période de l'année. Vous réglez par carte de crédit, et vous recevez une réservation à présenter à votre arrivée à l'hôtel. Autre formule intéressante, les voyages organisés : vous n'êtes pas obligé de rester avec un groupe, il vous suffit d'utiliser le même vol et le même hôtel. Ces formules peuvent également inclure les transferts depuis (ou vers) l'aéroport… une économie de plus ! Enfin, les compagnies aériennes proposent fréquemment leurs propres formules, surtout en basse saison. N'oubliez pas qu'une bonne agence de voyage doit vous indiquer les meilleures affaires du moment, et que vous trouverez souvent dans la presse des

**Vestibule de l'hôtel St-Regis** ***(p. 282)***

## Répertoire

### Voyageurs handicapés

**Mayor's Office for People with Disabilities**
52 Chambers St, Room 206, NY, NY 10007.
☎ *788-2830.*

### Bed and Breakfast

**Abode Bed and Breakfast Inc**
PO Box 20022, NY, NY 10021. ☎ *472-2000.*

**At Home in New York**
PO Box 407, NY, NY 10185.
☎ *956-3125 / 0407.*
FAX *247-3294.*

**Bed & Breakfast (and Books)**
90 W 92nd St, Apt 2C, NY, NY 10025.
☎ *865-8740.*

**Bed & Breakfast in Manhattan**
PO Box 533, NY, NY 10150.
☎ *472-2528.*
FAX *988-9818.*

**Bed & Breakfast Network of New York**
130 Barrow St, Suite 508, NY, NY 10014.
☎ *645-8134 / (800) 900-8134.*

**City Lights Bed & Breakfast Ltd**
PO Box 20355, Cherokee Stn, NY, NY 10021.
☎ *737-7049.*

**New World Bed and Breakfast Ltd**
150 5th Ave, Suite 711, NY, NY 10011. ☎ *675-5600.*

**Urban Ventures Inc.**
PO Box 426, Planetarium Station, NY, NY 10024.
☎ *594-5650.*

### Auberges de jeunesse et dortoirs

**Hosteling International, NY**
891 Amsterdam Ave at W 103rd St, NY, NY 10025. **Plan** 20 E5.
☎ *932-2300.*

**92nd St Y**
1395 Lexington Ave, NY, NY 10128. **Plan** 17 A2.
☎ *415-5650.*

**YMCA-Vanderbilt**
224 E 47th St, NY, NY 10017. **Plan** 13 A5.
☎ *756-9600.*

**YMCA-West Side**
5 W 63rd St, NY, NY 10023. **Plan** 12 D2.
☎ *875-4273.*

### Logement étudiants

**NYU Summer Housing**
8 Washington Place, NY, NY 10003. ☎ *998-4621.*

### Hôtels à l'aéroport

*P. 364* pour infos sur les hôtels des 2 aéroports principaux, **JFK** et **Newark**.

promotions et offres limitées accessibles directement.

### Les voyageurs handicapés

Selon la loi américaine, les hôtels doivent disposer d'équipements pour handicapés, et beaucoup de vieux bâtiments ont été rénovés pour être conformes. Les chiens d'aveugles sont autorisés dans la plupart des hôtels, mais il est préférable de se renseigner lors de la réservation.
Les possibilités d'accueil des handicapés étant estimées par chaque hôtel, n'hésitez pas à poser des questions au moment de réserver. Pour plus d'informations, consultez le **Mayor's Office for People with Disabilities**.

### Voyager avec des enfants

Les hôtels américains accueillent généralement les enfants à bras ouverts, et mettront à votre disposition des équipements (lits de camp, liste de baby-sitters…) adaptés aux petits.
Voyager avec des enfants peut être plus économique qu'on ne le pense : la plupart des hôtels ne font pas payer les enfants qui dorment dans la chambre de leurs parents (certains comptent un petit supplément). Un ou deux enfants sont tolérés par chambre, avec une limite d'âge – le plus souvent 12 ans. Les enfants plus âgés doivent payer plein tarif, bien qu'en certains endroits l'âge limite soit repoussé à 18 ans. Là encore, renseignez-vous au moment de réserver.

### Les Bed and Breakfast

De plus en plus de particuliers proposent des *bed and breakfast*, de la simple chambre chez l'habitant à l'appartement avec cuisine et salle de bains, mis à votre disposition en l'absence du propriétaire.
En optant pour un appartement, vous vivrez au rythme des New-Yorkais et goûterez au charme des restaurants de quartier, très souvent moins onéreux que ceux du centre-ville. Les formules *bed and breakfast* existent auprès de

**L'entrée de l'hôtel Peninsula *(p. 281)***

tous les services de réservation, certaines agences exigeant deux nuits minimum. Le tarif pour un appartement varie de 70 à 200 dollars la nuit ; celui d'une chambre double entre 60 à 90 dollars, selon que vous désirez une salle de bains privée ou non. Vous trouverez toutes sortes d'appartements, du plus spacieux au plus minuscule, du plus luxueux au plus spartiate. Renseignez-vous, avant de réserver, sur la proximité des commerces : trop de taxis risquent de grever votre budget…

### Les jeunes et leur budget logement

La ville propose une auberge de jeunesse et plusieurs dortoirs YMCA pour les petits budgets. Pour les séjours plus longs, le 92nd St Y, lieu de séjour éclectique situé dans la partie nord de East Side, propose de bons rapports qualité/prix (de 30 à 50 dollars la nuit).
Il n'y a pas de camping à Manhattan, et les chambres d'étudiants sont difficiles à trouver pour ceux qui ne font pas partie d'une université new-yorkaise.

**La piscine panoramique de l'hôtel Plaza *(p. 280)***

### Utiliser le répertoire

Vous trouverez la liste des hôtels pages 276 à 283. Chaque hôtel est répertorié selon sa localisation et sa catégorie de prix. Les pictogrammes après chaque adresse résument les équipements offerts.

toutes les chambres ont une baignoire et/ou une douche, sauf avis contraire
chambres à prix *single* disponibles
chambres pour plus de deux personnes (ou lit supplémentaire)
service d'étage 24h/24
télévision dans chaque chambre
mini-bar dans chaque chambre
chambre non-fumeur
chambre avec vue
climatisation dans chaque chambre
centre de remise en forme dans l'hôtel
piscine dans l'hôtel
services affaires : messagerie, fax à disposition, bureau dans chaque chambre et salles de réunion disponibles
équipement pour les enfants : lits et baby-sitting
accessible aux handicapés
ascenseur
animaux admis dans les chambres (vérifiez lors de la réservation)
voiturier
jardin/terrasse pour les clients
bar
restaurant
bureau d'informations touristiques
cartes de crédit acceptées :
*AE* American Express
*DC* Diners Club
*MC* Mastercard/Access
*V* VISA
*JCB* Japanese Credit Bureau

**Catégorie de prix** pour une chambre double avec baignoire, par nuit, taxes incluses :
$ moins de $150
$$ de $150 à $220
$$$ de $220 à $300
$$$$ de $300 à $400
$$$$$ plus de $400

# Les meilleurs hôtels de New York

Les hôtels new-yorkais vont du palace le plus sophistiqué à la petite adresse bon marché et sympathique. Tous sont à portée des commerces, restaurants et transports. Certains revêtent un intérêt historique ou littéraire, d'autres brillent par leur architecture ultra-moderne ou leur caractère rétro et douillet… le choix est immense. La liste ci-dessous vous propose une sélection des meilleurs hôtels en matière d'originalité, de confort ou de rapport qualité/prix.

**Plaza**
*Cet hôtel est une référence à New York depuis plus de 100 ans. Il vient d'être restauré et a retrouvé l'éclat de ses débuts* (p. 281).

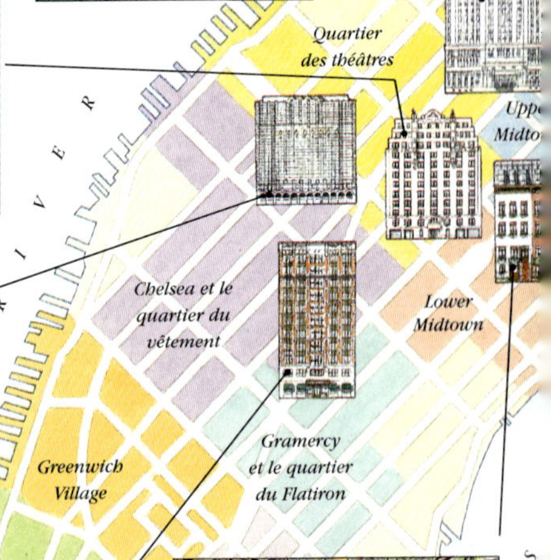

**Wyndam**
*Il est nécessaire de réserver à l'avance pour trouver là un « chez soi » douillet à prix intéressant* (p. 280).

**Paramount**
*L'architecte Philippe Starck a décoré cet hôtel très chic, mais abordable* (p. 278).

**Algonquin**
*Dégustez un cocktail dans ce lieu où se réunissait le cercle littéraire de Dorothy Parker dans les années 1920* (p. 278 et 143).

**Box Tree**
*Deux hôtels particuliers ont été transformés pour créer cette auberge à l'atmosphère intime et au superbe restaurant* (p. 281).

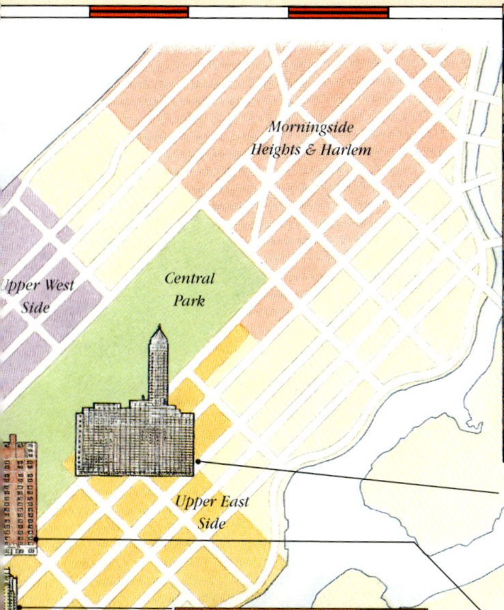

**Carlyle**
*L'élégance d'autrefois, une éblouissante vue sur Central Park et les douces notes du jazz de Bobby Short qui émanent du Café Carlyle font de ce lieu un vrai palace* (p. 282).

**Lowell**
*Ses suites luxueuses semblent aussi confortables qu'une maison de campagne mais se trouvent au nord de East Side. On y trouve aussi deux restaurants* (p. 282).

**Four Seasons**
*Installations modernes et gadgets high-tech associés à un service impeccable dans cet hôtel conçu par I. M. Pei* (p. 281).

0 — 2 kilomètres
0 — 1 mile

**Regal United Nations Plaza**
*Le panorama des chambres n'est surpassé que par celui qu'offrent les baies vitrées de la piscine, au 27e étage* (p. 280).

**Pickwick Arms**
*Meilleure affaire du centre-ville en termes de rapport qualité/prix, l'endroit est sans fioritures mais au cœur de Manhattan. En prime, une belle vue depuis la terrasse sur les gratte-ciel alentour* (p. 280).

# Choisir son hôtel

Les 72 hôtels indiqués dans la liste ci-dessous ont tous reçu notre visite. Les critères que nous avons sélectionnés guideront votre choix. Tous les établissements se situent dans Manhattan, ce qui vous permet de rejoindre à pied les principaux musées, boutiques et restaurants. Ils sont indiqués par ordre alphabétique selon leur catégorie.

| | | Nombre de chambres | Grande chambre | Service affaires | Équipements pour enfants | Restaurant conseillé | Concierge | Emplacement tranquille | Service d'étage 24h/24 |
|---|---|---|---|---|---|---|---|---|---|
| **Lower Manhattan** *(p. 276)* | | | | | | | | | |
| **Millenium Hilton** | $$$$ | 561 | | ■ | ● | | ● | | ● |
| **NY Marriott Financial Center** | $$$$ | 504 | | ■ | ● | | ● | | |
| **SoHo Grand Hotel** | $$$$$ | 367 | | ■ | | | | | ● |
| **Greenwich Village** *(p. 276)* | | | | | | | | | |
| **Washington Square Hotel** | $$ | 170 | | | | ■ | | ■ | |
| **Gramercy et le quartier du Flatiron** *(p. 276)* | | | | | | | | | |
| **Roger Williams** | $$$$ | 186 | ● | | | | | ■ | |
| **The Inn at Irving Place** | $$$$ | 12 | ● | | | | | ■ | |
| **Carlton** | $$$ | 171 | | ■ | ● | | | ■ | |
| **Chelsea et le quartier du vêtement** *(p. 276)* | | | | | | | | | |
| **Best Western Manhattan** | $ | 183 | | | | | | | |
| **Herald Square Hotel** | $ | 120 | | | | | | | |
| **Hotel Metro** | $$ | 180 | | ■ | | | | | |
| **Stanford** | $$ | 130 | | | ● | | | | |
| **Quartier des théâtres** *(p. 277-279)* | | | | | | | | | |
| **Best Western Ambassador** | $ | 70 | | ■ | | | | | |
| **Days Hotel Midtown** | $$ | 366 | | ■ | | | | | |
| **Edison** | $$ | 900 | | | | | | | |
| **Hampshire Hotel and Suites** | $$ | 200 | | ■ | | | | | |
| **Howard Johnson Plaza** | $$ | 300 | | ■ | ● | | | | |
| **Ramada Milford Plaza** | $$ | 1300 | | | | | | | |
| **Wellington** | $$ | 617 | | ■ | | | | | |
| **Doubletree Guest Suites** | $$$ | 460 | | ■ | ● | | ● | | |
| **Iroquois** | $$$ | 106 | | ■ | | | | | |
| **The Mansfield** | $$$ | 124 | | | | | ● | | |
| **Paramount** | $$$ | 610 | | ■ | ● | ■ | ● | | ● |
| **Salisbury** | $$$ | 196 | ● | | | | | | |
| **Algonquin** | $$$$ | 165 | | ■ | | | | | |
| **Crowne Plaza** | $$$$ | 770 | ● | ■ | ● | | ● | | ● |
| **Essex House** | $$$$ | 597 | | ■ | ● | ■ | ● | | ● |
| **Michelangelo** | $$$$ | 178 | ● | ■ | ● | | ● | | |
| **Milennium Broadway** | $$$$ | 627 | | ■ | ● | | | | |
| **Royalton** | $$$$ | 169 | | ■ | ● | ■ | ● | | ● |
| **St Moritz** | $$$$ | 695 | | | | | | | |
| **Le Parker Meridien** | $$$$$ | 700 | | ■ | | | ● | | ● |
| **Rihga Royal** | $$$$$ | 500 | ● | ■ | ● | | ● | | ● |
| **Lower Midtown** *(p. 279-280)* | | | | | | | | | |
| **Quality Hotel** | $$ | 189 | | ■ | | | | | |
| **Helmsley Middletowne** | $$ | 190 | | | | | | ■ | |
| **Jolly Madison Towers** | $$$ | 225 | ● | ■ | | | | | |
| **Morgans** | $$$$ | 113 | | ■ | ● | | ● | ■ | ● |
| **Roger Smith** | $$$ | 130 | ● | ■ | ● | | | | |
| **Doral Park Avenue** | $$$$ | 188 | | ■ | | ■ | ● | ■ | |
| **Doral Court** | $$$$ | 199 | ● | ■ | | ■ | ● | ■ | |
| **Doral Tuscany** | $$$$ | 121 | | ■ | | ■ | ● | ■ | |
| **Sheraton Russell** | $$$$ | 146 | ● | ■ | | ■ | ● | ■ | ● |
| **Regal United Nations Plaza** | $$$$ | 427 | | ■ | ● | ■ | ● | | ● |

**Prix d'une nuit** pour deux personnes, par catégorie et par chambre, taxes et service inclus :
$ moins de $ 150
$$ de $ 150 à $ 220
$$$ de $ 220 à $ 300
$$$$ de $ 300 à $ 400
$$$$$ plus de $ 400

**CONCIERGE**
Concierge disponible pour conseiller, se charger des réservations, etc.

**SERVICE AFFAIRES**
Réception des messages, télécopieurs, bureau et téléphone dans chaque chambre, salle de réunion dans l'hôtel.

**ÉQUIPEMENTS POUR ENFANTS**
Chambres pour plusieurs personnes, lits d'enfants, garderie, repas, chaises hautes dans la salle de petit déjeuner.

**TRANQUILLITÉ**
Voisinage calme ou résidentiel ou rue paisible dans un quartier animé.

| | Prix | Nombre de chambres | Grande chambre | Service affaires | Équipements pour enfants | Restaurant conseillé | Concierge | Emplacement tranquille | Service d'étage 24h/24 |
|---|---|---|---|---|---|---|---|---|---|
| **UPPER MIDTOWN** *(p. 280-282)* | | | | | | | | | |
| **Pickwick Arms** | $ | 400 | | | | | ● | ■ | |
| **Wyndham** | $$ | 200 | ● | | | | | ■ | |
| **W. New York** | $$$ | 720 | | ■ | | | ● | | |
| **Fitzpatrick Manhattan Hotel** | $$$ | 92 | | ■ | | | ● | | |
| **Hotel Benjamin** | $$$$ | 209 | ● | ■ | ● | | ● | | |
| **The Elysee** | $$$$ | 99 | | ■ | ● | | | | |
| **Plaza** | $$$$ | 804 | ● | ■ | ● | ■ | ● | | ● |
| **Waldorf–Astoria** | $$$$ | 1380 | ● | ■ | ● | ■ | ● | | ● |
| **Box Tree** | $$$$$ | 13 | | ■ | | ■ | | ■ | ● |
| **Four Seasons** | $$$$$ | 370 | ● | ■ | | ■ | ● | | ● |
| **New York Palace** | $$$$$ | 800 | ● | ■ | ● | ■ | ● | | ● |
| **Peninsula** | $$$$$ | 242 | ● | ■ | ● | ■ | ● | | ● |
| **Pierre** | $$$$$ | 202 | ● | ■ | ● | ■ | ● | | ● |
| **Ritz-Carlton** | $$$$$ | 428 | | ■ | ● | ■ | ● | | ● |
| **St Regis** | $$$$$ | 314 | ● | ■ | ● | ■ | ● | | ● |
| **Westin Central Park South** | $$$$$ | 207 | | ■ | ● | ■ | ● | | ● |
| **UPPER EAST SIDE** *(p. 282-283)* | | | | | | | | | |
| **Franklin** | $$$ | 53 | | ■ | ● | | | ■ | ● |
| **Hotel Wales** | $$$ | 87 | | ■ | | | ● | | |
| **Surrey Hotel** | $$$$ | 130 | ● | ■ | ● | ■ | ● | ■ | ● |
| **Mark** | $$$$$ | 180 | ● | ■ | ● | ■ | ● | ■ | |
| **Carlyle** | $$$$$ | 190 | ● | ■ | ● | ■ | ● | ■ | ● |
| **Lowell** | $$$$$ | 67 | ● | | ● | ■ | ● | ■ | |
| **Plaza Athénée** | $$$$$ | 152 | | ■ | | ■ | ● | ■ | ● |
| **Regency** | $$$$$ | 384 | ● | ■ | ● | ■ | ● | | ● |
| **Stanhope** | $$$$$ | 183 | ● | ■ | ● | ■ | ● | ■ | ● |
| **UPPER WEST SIDE** *(p. 283)* | | | | | | | | | |
| **Beacon** | $$ | 100 | | | | | ● | ■ | |
| **Empire** | $$ | 381 | | ■ | ● | ■ | ● | | |
| **Excelsior** | $$ | 196 | ● | | | | | ■ | |
| **Milburn** | $$ | 111 | ● | ■ | ● | | ● | ■ | ● |
| **On the Ave** | $$ | 251 | ● | | | | | | |
| **Mayflower** | $$$ | 377 | ● | ■ | | | | ■ | |

## LOWER MANHATTAN

### Millenium Hotel

55 Church St, NY, NY 10007. **Plan** 1 B2. *693-2001.* FAX *571-2316.* ***Chambres*** *: 561.* *AE, DC, MC, V.* $$$$

Les 58 étages de l'élégant Millenium Hotel attirent les hommes d'affaires aisés de Wall Street. L'espace est si aéré dans les chambres de taille moyenne que les meubles semblent encastrés dans les murs. Du marbre noir décore les salles de bains. Chaque chambre dispose de deux postes téléphoniques avec haut-parleur et possibilité de conférence, une messagerie vocale et un système vidéo pour commander à l'étage ou régler la note. La plupart des fenêtres donnent sur le World Trade Center ; les étages inférieurs donnent sur la cour, tandis que depuis les derniers, vous pourrez apercevoir le fleuve. C'est néanmoins depuis la salle d'exercice et la piscine qui surplombent la cour ombragée de St Paul's Chapel que le panorama est vraiment exceptionnel.

### New York Marriott Financial Center

85 West St, NY, NY 10006. **Plan** 1 B3. *385-4900.* FAX *227-8136.* ***Chambres*** *: 504.* *AE, DC, MC, V, JCB.* $$$$

Un nouveau venu dans le quartier. Rien à redire sur les chambres et le service. À noter : une très belle piscine couverte, une salle de musculation et surtout la splendide vue sur Hudson River depuis les étages supérieurs. Idéal pour un week-end d'exploration dans Lower Manhattan.

### SoHo Grand Hotel

310 W Broadway, NY, NY 10013. **Plan** 4 E4. *965-3000.* FAX *965-3113.* ***Chambres*** *: 367.* *AE, DC, MC, V, JCB.* $$$$$

Premier hôtel à avoir ouvert en 1996 dans le SoHo artiste, c'est un lieu chic et bien situé dans un quartier idéal pour flâner. Le hall, construit sur deux niveaux, évoque l'esprit des immeubles du quartier : de fières colonnes de briques massives et de pierres taillées, des plafonds aux poutres apparentes en acier, et un escalier en verre et en fer suspendu par des câbles. Les chambres sont modernes, dans les tons neutres, avec de très grands lits et deux lignes de téléphone avec messagerie vocale. De vieilles photos de New York décorent les murs. L'hôtel propose également une salle de gym et un bistrot qui sert des plats américains.

## GREENWICH VILLAGE

### Washington Square Hotel

103 Waverly Pl, NY, NY 10011. **Plan** 4 E2. *777-9515.* FAX *979-8373.* ***Chambres*** *: 170.* *170.* *AE, MC, V, JCB.* $$

Nous vous recommandons ce petit établissement du centre de Greenwich Village. Son atmosphère chaleureuse compense la dimension réduite de ses chambres. Les couloirs ornés de tuiles mexicaines et le parfum de vieille Europe du hall sont uniques. Les salles de bains disposent de tout le confort nécessaire, et l'endroit comprend une salle de musculation ainsi qu'un café. C'est le seul hôtel situé en plein centre du Village.

## GRAMERCY ET LE QUARTIER DU FLATIRON

### Carlton

22 E 29th St, NY, NY 10016. **Plan** 8 F3. *532-4100.* FAX *889 8683.* ***Chambres*** *: 171.* *AE, DC, MC, V.* $$$

La rénovation en cours de cet hôtel de style Beaux-Arts en fera un hôtel de première classe aux prix raisonnables ; mais aucune date n'est donnée pour la fin des travaux. L'hôtel est situé non loin des magasins de la 34e Rue.

### The Inn at Irving Place

54 Irving Place, NY, NY 10003. **Plan** 9 A5. *533-4600.* FAX *533-4611.* ***Chambres*** *: 12.* *AE, MC, V, JCB.* $$$$

Cette maison discrète du XIXe siècle semble sortir tout droit d'un roman de Jane Austeen. Le salon avec son plafond haut décoré de frises en plâtre et ses douze chambres pleines d'antiquités sont d'une élégance discrète : têtes de lit en cuivre, en fer ou sculptées, armoires de style victorien, canapés avec accoudoirs en bois, chaises longues, lampes anciennes et cheminée (inutilisable). Deux lignes de téléphone, la télévision câblée et la vidéo attestent cependant bien la présence du XXe siècle. Les clients peuvent prendre un agréable petit déjeuner dans la salle à manger/bar où l'on sert également dans l'après-midi un *tea* avec cinq plats. Le quartier près de Gramercy Park évoque lui aussi le vieux New York.

### Roger Williams

131 Madison Ave, NY, NY 10016. **Plan** 8 F3. *448-7000.* FAX *576-4343.* ***Chambres*** *: 186.* *AE, DC, MC, V.* $$$$

L'hôtel récemment renové par le Gotham Hospitality Group est devenu un lieu étonnant. Les chambres sont équipées de lecteurs de CD et de magnétoscopes. Musique dans le hall d'entrée et déjeuner copieux.

## CHELSEA ET LE QUARTIER DU VÊTEMENT

### Best Western Manhattan

17 W 32nd St, NY, NY 10001. **Plan** 8 E3. *736-1600.* FAX *563-4007.* ***Chambres*** *: 183.* *AE, MC, V, JCB.* $.

Voici une excellente nouvelle adresse bon marché, située dans l'immeuble de New Korea, et récemment rénovée, à la décoration noir et blanc, avec un mobilier moderne chic et de nouvelles salles de bains. Sur le thème de New York, de séduisantes photos de Manhattan ornent le hall et on note des détails amusants comme les lampes en forme de statue de la Liberté dans chaque chambre. Les suites confortables sont à recommander pour les familles de quatre personnes.

### Herald Square Hotel

19 W 31st St, NY, NY 10001. **Plan** 8 F3. *279-4017.* FAX *643-9208.* ***Chambres*** *: 120.* *108.* *AE, MC, V, JCB.* $. *P. 131.*

Ce repaire pour budgets modestes a été remis en état avec beaucoup de goût. Le chérubin doré qui surmonte la porte d'entrée de cet immeuble de style Beaux-Arts dessiné par Carrère & Hastings remonte à l'époque de la création de *Life Magazine*. En souvenir de cette époque, les corridors sont décorés de couvertures de *Life*. Les chambres sont petites mais bien décorées, les salles de bains neuves. Il n'y a pas beaucoup de restaurants dans le quartier, mais Little Korea est tout près, ainsi que le grand magasin Macy's et l'Empire State Building.

## Hotel Metro

45 W 35th St, NY, NY 10001. **Plan** 7 C2. *947-2500.* FAX *279-1310.* ***Chambres*** *: 180.* *AE, DC, MC, V.* $$

Cet hôtel récent et animé a un petit air frais et sophistiqué, avec son hall moderne et spacieux de style Art déco, ses murs décorés d'immenses photos de Greta Garbo et Marlène Dietrich, ses affiches de vieux films et ses anciennes photos de scènes de rues new-yorkaises. Les chambres sont d'une bonne taille. Tout est en coordonnés de noir et de marron, les papiers peints sont à rayures, et des équipements (réfrigérateur, sèche-cheveux…) sont à la disposition du client. Au dernier étage se trouve une petite salle de gym, et la terrasse sur le toit avec une vue imprenable sur l'Empire State Building se transforme en bar en été. Les clients peuvent aussi profiter de la grande salle à manger double au niveau du hall où l'on sert un petit déjeuner et du café gratuitement toute la journée. Très populaire auprès de la jeune clientèle du monde de la mode, l'Hotel Metro, au prix raisonnable, est un bon choix pour tous.

## Stanford

43 W 32nd St, NY, NY 10001. **Plan** 8 F3. *563-1500.* FAX *629-0043.* ***Chambres*** *: 130.* *AE, DC, MC, V.* $$

Très apprécié par les visiteurs asiatiques, cet hôtel moderne et propre de Little Korea propose des tarifs très corrects. Les chambres sont équipées de réfrigérateurs en plus de l'équipement habituel. Un service d'étage et un pressing sont également à votre disposition. La cuisine coréenne de son restaurant Gamiok est excellente. Prenez un café dans le hall d'entrée avant de partir courir les boutiques toutes proches de Herald Square ou visiter le Javits Convention Center.

# QUARTIER DES THÉÂTRES

## Best Western Ambassador

132 W 45th St, NY, NY 10036. **Plan** 12 E5. *921-7600.* FAX *719-0171.* ***Chambres*** *: 50.* *AE, DC, MC, V, JCB.* $

Cet hôtel simple pratique des prix raisonnables. Il est bien placé pour se rendre dans les théâtres tout proches. Le mobilier est nouveau et les salles de bains ont été refaites. Un petit déjeuner gratuit est servi dans le hall d'entrée de l'hôtel.

## Days Hotel Midtown

790 8th Ave, NY 10019. **Plan** 12 D5. *(1800) 572-6232.* FAX *974-0291.* ***Chambres*** *: 366.* *AE, DC, MC, V.* $$

Cet hôtel qui appartient à la chaîne Loews vient d'être rénové. Principale attraction du lieu : sa piscine sur le toit, ouverte de mai à mi-septembre. Le tarif des chambres est plutôt modéré, en particulier pour les familles, les enfants de moins de 12 ans pouvant séjourner gratuitement dans la chambre de leurs parents. Un avantage non négligeable !

## Edison

228 W 47th St, NY, NY 10036. **Plan** 12 E5. *840-5000.* FAX *719-9541.* ***Chambres*** *: 900.* *AE, DC, MC, V, JCB.* $$

Depuis sa restauration, ce vieil hôtel construit en 1931 propose l'un des meilleurs rapports qualité/prix dans le quartier des théâtres. Son entrée Art déco, ses portes de cuivre et sa décoration d'époque confèrent au lieu un charme particulier. Cet hôtel aux chambres confortables possède en outre un restaurant, un café et un bar.

## Hampshire Hotel and Suites

157 W 47th St, NY, NY 10036. **Plan** 12 D5. *768-7573.* FAX *768-3403.* ***Chambres*** *: 200.* *AE, DC, MC, V, JCB.* $$

Le Hampshire Hotel and Suites est à ajouter à la liste des hôtels économiques de Chatwal, pratiques pour les amateurs de spectacles. Le personnel et la clientèle sont très internationaux. Les chambres ne sont pas grandes mais confortables. Là encore, le petit déjeuner est compris. Globalement, un bon rapport qualité/prix.

## Howard Johnson Plaza

851 8th Ave, NY, NY 10019. **Plan** 12 D4. *581-4100.* FAX *974-7502.* ***Chambres*** *: 300.* *AE, DC, MC, V, JCB.* $$

Bien que faisant partie d'une chaîne de motels, le Howard Johnson Plaza vous surprendra. Avec de grandes chambres récemment redécorées, un garage pour votre voiture, un restaurant, la possibilité pour les enfants de moins de 18 ans d'être logés gratuitement dans la chambre de leurs parents, ce motel vous offre un service de qualité à petit prix.

## Ramada Milford Plaza

270 W 45th St, NY, NY 10036. **Plan** 11 C5. *869-3600.* FAX *642-4694.* ***Chambres*** *: 1 300.* *AE, DC, MC, V.* $$

Grand et trépidant, cet hôtel de 28 étages et de 1 300 chambres est très prisé des voyages organisés pour sa situation au cœur du quartier des théâtres. Ne vous attendez pas à trop de manières, mais des équipements sportifs, un restaurant, un bar et un service de vidéos sont à la disposition des clients.

## Wellington

7th Ave at 55th St, NY, NY 10019. **Plan** 12 E4. *247-3900.* FAX *581-1719.* ***Chambres*** *: 617.* *AE, DC, MC, V, JCB.* $$

Un prix convenable pour cet hôtel situé en plein centre-ville. Sa décoration est moderne : éclairage sophistiqué et jeux de miroirs baignent le hall de lumière. Les suites et la plupart des chambres ont une kitchenette, les « familiales » possèdent deux salles de bains. On y trouve aussi un bar, une boutique et un restaurant.

## Doubletree Guest Suites

1568 Broadway, NY, NY 10036. **Plan** 12 E5. *719-1600.* FAX *921-5212.* ***Chambres*** *: 460.* *AE, DC, MC, V.* $$$

Les familles et les hommes d'affaires apprécieront cet endroit spacieux, véritable havre de paix loin de l'agitation de la rue. L'hôtel occupe une partie d'un immeuble de 43 étages, avec à son sommet le Palace Theater, dont le cadre spectaculaire convient très bien au quartier des théâtres : foyer avec vue sur ciel, éclairage « Klieg » et une décoration Art déco brillante et amusante. Les suites de deux chambres offrent toutes les commodités possibles. Les clients ont également à leur disposition un club de gym, une salle de jeux pour les enfants, un café et un service de chambres de 6 h du matin à 4 h de l'après-midi. Le soir, on offre à chaque client des cookies au chocolat aux armes de la maison.

## Iroquois

49 W 44th St, NY, NY 10036. **Plan** 12 F5. *840-3080.* FAX *398-1754.* ***Chambres*** *: 106.* *AE, DC, MC, V, JCB.* $$$

Célèbre pour avoir été la résidence de James Dean de 1951

Légende des symboles *p. 271*

à 1953, cet hôtel a été à la fois ravalé et restauré. De simple, il est devenu élégant et luxueux. Il est également doté d'un excellent restaurant. Bien placé pour le shopping et les théâtres.

## The Mansfield

12 W 44th St, NY, NY 10036. **Plan** 11 B5. *944-6050.* FAX *764-4477.* ***Chambres** : 124.* *AE, MC, V, JCB.* $$$

S'ajoutant à la liste des beaux hôtels du quartier, The Mansfield fut construit en 1904 dans le but de loger de riches célibataires.
Il a été récemment rénové par le Gotham Hospitality Group dont les hôtels à prix modérés et à l'architecture intéressante sont de plus en plus nombreux et appréciés dans la ville. Le bâtiment d'origine en pierre et en fonte, les plafonds à caissons ainsi que les élégants escaliers d'acajou et d'acier ont été restaurés. Les chambres sont modernes et chic, avec des lits-bateaux et des lavabos en acier brillants et immaculés.
À l'étage principal se trouvent un salon avec une lucarne d'époque et une jolie bibliothèque où un harpiste joue et ont lieu des concerts. Le prix inclut le parking, le petit déjeuner, le cappuccino gratuit toute la journée et après le théâtre, un buffet de desserts, ainsi qu'une vidéothèque (cassettes, CD et vidéos), chaque chambre ayant un lecteur de CD et un magnétoscope.

## Paramount

235 W 46th St, NY, NY 10036. **Plan** 12 E5. *764-5500.* FAX *354-5237.* ***Chambres** : 610.* *AE, DC, MC, V, JCB.* $$$

L'escalier aérien et les éclairages de Philippe Starck, inspirés de l'art de Miró, et le décor branché, dessiné par Ian Schrager, prouvent qu'un hôtel bon marché n'est pas forcément morose. Le design original des chambres – comme les reproductions de gravures de Vermeer sur les têtes de lit – fait oublier leurs dimensions réduites. L'endroit comprend une salle de jeux pour les enfants et un traiteur, Dean & DeLuca *(p. 322)*, ainsi que des salles de réunion, une vidéothèque et un magnétoscope dans chaque chambre. Le bar de l'hôtel, le Whiskey, est l'un des endroits branchés de la ville.

## Salisbury

123 W 57th St, NY, NY 10019. **Plan** 12 E3. *246-1300.* FAX *977-7752.* ***Chambres** : 196.* *AE, DC, MC, V, JCB.* $$$

Confortable mais un peu vieillot, le Salisbury offre un bon rapport qualité/prix, juste en face de Carnegie Hall et tout près des boutiques de la 5e Avenue. Les chambres n'ont rien de remarquable mais sont de bonne taille ; la plupart d'entre elles sont équipées d'une kitchenette – un plus pour les familles. L'ambiance est agréable et le quartier sûr.

## Algonquin

59 W 44th St, NY, NY 10036. **Plan** 12 F5. *840-6800.* FAX *944-1419.* ***Chambres** : 165.* *AE, DC, MC, V, JCB.* $$$$ *p. 143.*

Si le club de la Table ronde des années 1920 a disparu, l'Algonquin entretient toujours sa célèbre réputation littéraire. C'est le repaire favori des éditeurs, écrivains et gens de théâtre – même le sympathique barman est soupçonné d'y avoir écrit deux romans. La rénovation a sérieusement rafraîchi la décoration et modernisé la plupart des équipements des salles de bains. Mais le côté vieillot des chambres, dont le confort douillet compense la petite taille, a été soigneusement préservé.

## Crowne Plaza

1605 Broadway, NY, NY 10019. **Plan** 12 E4. *977-4000.* FAX *315-6164.* ***Chambres** : 770.* *AE, DC, MC, V, JCB.* $$$

Pour ceux qui veulent un très grand hôtel en plein cœur de Broadway, voici de bonnes raisons de vous recommander celui-ci. Les parties communes sont tape-à-l'œil et amusantes alors que les grandes chambres ont un mobilier conventionnel. Celles des étages élevés ont une vue imprenable sur New York ou sur Hudson River. Les clients peuvent choisir parmi trois restaurants, profiter d'un *business center* très bien équipé, d'un club de gym et goûter au luxe d'une des plus grandes piscines couvertes de New York.

## Essex House

160 Central Park S, NY, NY 10019. **Plan** 12 E3. *247-0300.* FAX *315-1839.* ***Chambres** : 597.* *AE.* $$$$

Grâce aux millions de dollars dépensés par la chaîne hôtelière japonaise Nikko, l'élégant Essex House resplendit dans un flamboyant style Art déco, avec colonnes de marbre noir dans le hall d'entrée, ornements de cuivre et grandes baies vitrées sur Central Park. Dans les chambres de style anglais (certaines ont vue sur le parc), vous découvrirez des peignoirs moelleux, du cirage et un service à l'étage 24 h sur 24. Un centre d'affaires, des jacuzzis et un équipement de balnéothérapie sont à la disposition des clients.

## Michelangelo

152 W 51st St, NY, NY 10019. **Plan** 12 E4. *765-1900.* FAX *581-7618.* ***Chambres** : 178.* *AE, DC, MC, V, JCB.* $$$$

Il attire peu l'attention parmi la pléiade d'hôtels luxueux de Broadway. Cependant, avec ses 54 étages, c'est l'un des plus hauts hôtels de la ville et la vue depuis les étages supérieurs offre des panoramas spectaculaires. Chaque suite comprend un salon avec baies vitrées et une ou deux chambres à coucher séparées par des portes recouvertes de miroirs. Vous trouverez des mini-bars, trois téléphones, deux télévisions, un magnétoscope ainsi qu'un coffre-fort électronique. On peut aussi profiter du centre de remise en forme, des journaux gratuits, du cirage manuel des chaussures et du transport jusqu'à Wall Street. Le restaurant, l'Halcyon, vient d'être nommé comme l'un des quatre meilleurs restaurants d'hôtel de New York.

## Millennium Broadway

145 W 44th St, NY, NY 10036. **Plan** 12 E5. *768-4400.* FAX *768-0847.* ***Chambres** : 627.* *AE, DC, MC, V, JCB.* $$$$

Cette Mecque de la haute technologie, dont la décoration privilégie les formes lisses et arrondies, est fière de montrer un hall ultra-moderne et des employés vêtus de gris comme des robots. Les chambres sont plutôt petites par rapport au prix mais elles sont truffées de gadgets : messageries vocales en quatre langues ainsi qu'un système informatique dans chaque chambre qui permet aux clients d'avoir accès aux horaires d'avion, menus du restaurant ou d'acheter et réserver des billets de théâtre, de consulter les critiques, et de régler la note. Avec ses autres équipements comme le club de gym et le *business center*, le Millennium Broadway est surtout recommandé aux hommes d'affaires qui peuvent profiter de vastes salles de réunion et de possibilités de conférences.

## Royalton

44 W 44th St, NY, NY 10036. **Plan** 12 F5 *869-4400.* FAX *869-8965.* ***Chambres** : 169.* *AE, DC, MC, V.* $$$$

Ian Schrager et son défunt partenaire Steve Rubell (créateurs du célèbre night-club Studio 54 et de l'hôtel Morgans) ont laissé libre cours à leur imagination pour créer cet univers véritablement unique. Philippe Starck a dessiné un hall d'entrée spatio-temporel et des chambres où l'on se croirait sur un luxueux paquebot transatlantique. Qui apprécie ? Des personnalités comme David Lynch, Oliver Stone, Dudley Moore, Sean Penn, John Malkovich et de nombreux chanteurs comme les Gun's'Roses. Le 44, un restaurant à la mode, attire à l'heure du déjeuner des personnalités branchées du monde de l'édition. Le bar rond judicieusement appelé 44 Round est un endroit très fréquenté par la faune new-yorkaise.

## St Moritz

50 Central Park S, NY, NY 10019. **Plan** 12 E3. *752-7760.* FAX *688-6619.* ***Chambres** : 695.* *AE, DC, MC, V, JCB.* $$$

Extrêmement bien situé, face à Central Park, avec l'une des terrasses de café les plus connues de la ville, le St Moritz a tous les atouts, excepté la jeunesse ! L'hôtel est vieux et cela se voit. Cependant, il permet à un budget modeste de s'offrir un séjour dans un environnement luxueux. La porte à côté, le célèbre glacier Rumplemayer vous attend pour un inoubliable quart d'heure gourmet... Oubliez les calories !

## Parker Meridien

119 W 56th St, NY, NY 10019. **Plan** 12 E3. *245-5000.* FAX *708-7477.* ***Chambres** : 700.* *AE, DC, MC, V.* $$$$$

Les deux points forts de cet hôtel sont les grands espaces publics et un centre de remise en forme exceptionnel comprenant une piscine sur le toit, des courts de squash et une piste de jogging ; de plus, il vous propose un ensemble complet d'appareils de musculation. Le piano-bar est un endroit excellent pour se relaxer. Une rénovation des chambres est en cours, ce qui est une bonne chose, car elles dénotent par rapport à l'ensemble.

## Rihga Royal

151 W 54th St, NY, NY 10019. **Plan** 12 E4. *307-5000.* FAX *765-6530.* ***Chambres** : 500.* *AE, DC, MC, V, JCB.* $$$$$

Le premier hôtel de luxe installé sur Broadway a maintenant de nouveaux propriétaires : la firme italienne Star Hotels. De nouveaux services ont été ajoutés, comme un centre de remise en forme et un petit déjeuner continental gratuit. Les chambres de taille moyenne possèdent des cheminées en marbre et on peut choisir son mobilier : empire, campagnard ou Art déco. À noter, la proximité de deux bons restaurants : le Bellini, près du hall, et le quatre étoiles Le Bernardin, en face dans l'Equitable Enter.

# LOWER MIDTOWN

## Quality Hotel

3 E 40th St, NY, NY 10016. **Plan** 8 F1. *447-1500.* FAX *213-0972.* ***Chambres** : 189.* *AE, DC, MC, V.* $$

Une société canadienne propose cet hôtel propre, moderne et à un prix raisonnable. Le décor est sans surprise, dans le style motel, mais les chambres sont équipées de grandes tables de travail et d'un petit coin salon confortable, de télévisions et de réveils. Les clients reçoivent gratuitement les journaux du matin et le café. Beaucoup de chambres ont un canapé-lit pour les enfants, qui peuvent séjourner gratuitement avec leurs parents. La situation de cet hôtel permet aisément de marcher pour se rendre au théâtre et faire du shopping.

## Helmsley Middletowne

148 E 48th St, NY, NY 10017. **Plan** 13 A5. *755-3000.* FAX *832-0261.* ***Chambres** : 190.* *AE, DC, MC, V, JCB.* $$

Le Helmsley Middletowne est le plus sobre des hôtels new-yorkais de la chaîne Helmsley. Il plaira à ceux qui apprécient l'ambiance d'un petit hôtel en plein cœur d'un quartier bien situé et sûr comme East Side. Le hall d'entrée est minuscule et les chambres petites – mais fraîchement redécorées de tissus aux couleurs vives – sont pleines de charme. Toutes possèdent un réfrigérateur, certaines une kitchenette.

## Jolly Madison Towers

22 E 38th St, NY, NY 10016. **Plan** 9 A1. *802-0600.* FAX *447-0747.* ***Chambres** : 225.* *AE, DC, MC, V.* $$$

Un hôtel confortable de milieu de gamme. Le Jolly Madison Towers n'a rien de fantaisiste – ses tarifs non plus. Les chambres sont assez grandes mais auraient besoin d'être remises à neuf. Un équipement de balnéothérapie et un sauna sont à la disposition des clients. Le bar de l'hôtel, l'élégant Whaler, possède une cheminée ainsi qu'une décoration sur le thème de la mer.

## Roger Smith

501 Lexington Ave, NY, NY 10017. **Plan** 13 A1. *755-1400.* FAX *758-4061.* ***Chambres** : 130.* *AE, DC, MC, V.* $$$

Les nouveaux propriétaires ont fait de ce petit hôtel autrefois très ordinaire un lieu de séjour très agréable ; peintures et sculptures habillent l'entrée, toutes les chambres ont été décorées avec fantaisie – certaines avec des lits à baldaquin. Un petit déjeuner européen est servi au premier étage. Au rez-de-chaussée, le Lily's Restaurant prépare une excellente cuisine continentale. Amateurs d'art, les propriétaires ont inclus des billets pour le MoMA dans leur forfait week-end.

## Doral Court

130 E 39th St, NY, NY 10016. **Plan** 9 A1. *685-1100.* FAX *889-0287.* ***Chambres** : 199.* *AE, DC, MC, V.* $$$$

Ce charmant hôtel est l'un des trois hôtels Doral du quartier de Murray Hill. Les chaleureuses boiseries de sa petite entrée, ses chambres aérées et gaies munies de vestibules étroits et équipées de téléviseurs rendent l'atmosphère du lieu très agréable. Les clients peuvent profiter de son centre de remise en forme et du Courtyard Café, un restaurant très populaire. Demandez à séjourner dans l'une des quatre chambres du 15e étage dotées de splendides terrasses.

## Doral Park Avenue

70 Park Ave, NY, NY 10016. **Plan** 9 A1. *687-7050.* FAX *973-2440.* ***Chambres** : 188.* *AE, DC, MC, V.* $$$$

Cette oasis au cœur de Murray Hill attire les voyageurs exigeants qui préfèrent les hôtels de petite taille.

Légende des symboles *p. 271*

Il offre un décor néo-classique agrémenté de fresques et de fer forgé. Ses chambres luxueuses aux teintes neutres sont équipées de salles de bains en marbre et de mini-bars bien remplis. Les clients ont la possibilité de bénéficier de son centre de remise en forme, ses cireurs de chaussures et ses limousines qui les emmèneront à Wall Street.

## Doral Tuscany

120 E 39th St, NY, NY 10016. **Plan** 9 A1. *686-1600.* FAX *779-7822.* ***Chambres*** *: 121.* *AE, DC, MC, V.* $$$$

Le plus chic des trois hôtels Doral de Murray Hill. La clientèle y apprécie les chambres agrémentées de fleurs et dotées de grands placards, de télévision et de téléphone dans ses salles de bains ainsi que de réfrigérateurs bien garnis. Salle de gym en face ou bicyclette d'appartement dans la chambre. Le restaurant Time and Again jouit d'une bonne réputation.

## Morgans

237 Madison Ave, NY, NY 10016. **Plan** 9 A3. *686-0300.* FAX *779-8352.* ***Chambres*** *: 113.* *AE, DC, MC, V.* $$$$

La propriété à la mode de Ian Schrager n'a rien d'un hôtel classique. Décoré par la designer française Andrée Putnam, on se retrouve dans un monde minimaliste noir et blanc, immaculé et ordonné depuis l'illusion optique des cubes de la moquette du hall jusqu'aux céramiques audacieuses et les lavabos en acier des salles de bains. Le mobilier des chambres plutôt petites est fonctionnel, canapés encastrés, sièges nichés dans les fenêtres avec au-dessus des rangements pour les valises. Chaque chambre possède un lecteur de CD et une ligne privée de téléphone. Télécopie et ordinateurs sont disponibles sur demande. En plus, petit déjeuner continental gratuit, service de thé l'après-midi et possibilité de dîner au restaurant Asia de Cuba.

## Regal United Nations Plaza Hotel

1 United Nations Plaza, NY, NY 10017. **Plan** 13 C5. *758-1234.* FAX *702-5051.* ***Chambres*** *: 427.* *AE, DC, MC, V, JCB.* $$$$. *Voir p. 156.*

Ce gigantesque gratte-ciel dominant la cité héberge souvent le microcosme qui gravite autour du siège des Nations Unies. L'élégant hall d'entrée en marbre est orné de magnifiques compositions florales. Ses chambres modernes et confortables offrent une vue spectaculaire. Le 27e étage abrite le centre de remise en forme et la piscine entourée de baies vitrées. L'hôtel est le seul à Manhattan à disposer d'un court de tennis couvert (au 38e étage). Les œuvres exposées proviennent d'une collection de tapisseries et textiles anciens originaires de tous les pays membres de l'ONU. L'établissement fournit également un excellent service ainsi que le transport gratuit jusqu'à Wall Street – d'autres destinations sont proposées le matin – et vers le quartier des théâtres (le soir).

## Sheraton Russell

45 Park Ave, NY, NY 10016. **Plan** 9 A2. *685-7676.* FAX *889-3193.* ***Chambres*** *: 146.* *AE, DC, MC, JCB.* $$$$

L'atmosphère anglaise de cet hôtel (ancien Sheraton Park Avenue) est due à ses boiseries murales, à ses meubles de style post-moderne et à sa bibliothèque complète de livres richement reliés. Ses chambres sont bien aménagées et confortables. Vous y découvrirez un bon restaurant et un bar où l'on joue du jazz ainsi qu'un concierge polyglotte disponible 24h/24. La tranquillité de l'endroit vaut celle d'une auberge campagnarde.

# UPPER MIDTOWN

## Pickwick Arms

230 E 51st St, NY, NY 10022. **Plan** 13 B4. *355-0300.* FAX *755-5029.* ***Chambres*** *: 370.* *235.* *AE, DC, MC, V.* $

C'est certainement le meilleur choix d'hôtel en centre-ville pour un budget modeste : ses chambres simples avec salle de bains à l'étage sont en effet très bon marché. Toutes viennent d'être rénovées et disposent d'une télévision et du service à l'étage. Les studios, plus spacieux, sont équipés de canapés. Sur place : un bistrot français et un restaurant méditerranéen. Admirez à l'occasion le séduisant panorama sur la ville qu'offre le jardin installé sur le toit.

## Wyndham

42 W 58th St, NY, NY 10019. **Plan** 12 F3. *753-3500.* FAX *754-5638.* ***Chambres*** *: 200.* *AE, DC, MC, V.* $$

Il faut absolument réserver à l'avance pour avoir une chambre dans cet hôtel que beaucoup considèrent comme le plus avantageux de New York. Les propriétaires habitent sur place, ce qui en accentue l'atmosphère chaleureuse. Les chambres sont très grandes, toutes différemment meublées et décorées, et si elles sont parfois un peu défraîchies, elles possèdent un petit cachet personnel et amical. C'est l'endroit préféré des acteurs, spécialement ceux qui, lors d'une tournée à Broadway, doivent y séjourner longtemps. Le restaurant est l'objet d'une restauration importante et doit ouvrir à la fin de l'automne 2000.

## W. New York

541 Lexington Ave, NY, NY 10022. **Plan** 13 A5. *755-1200.* FAX *319-8344.* ***Chambres*** *: 720.* *AE, DC, MC, V, JCB.* $$$

À deux pas de Grand Central Terminal, le W. New York offre un bon rapport qualité/prix dans un cadre agréablement décoré. À la disposition des clients, un club de gymnastique avec courts de squash et sauna, un café ouvert jour et nuit et une laverie automatique. Attention, de nombreux groupes descendent dans cet établissement, ce qui provoque parfois des attentes à la réception.

## Fitzpatrick Manhattan Hotel

687 Lexington Ave, NY, NY 10022. **Plan** 13 A3. *355-0100.* FAX *355-1371.* ***Chambres*** *: 92.* *AE, DC, MC, V, JCB.* $$$

Cet hôtel, résultat de la transformation d'un ancien immeuble d'habitation, contient désormais 92 chambres. Ses tapis émeraude, ses chandeliers Waterford et ses estampes irlandaises témoignent des origines dublinoises de ses propriétaires. Les suites portent des noms de présidents irlandais et sont équipées de télévision câblée, d'une messagerie vocale et d'un ordinateur. Vous pourrez à tout moment demander la possibilité d'utiliser un fax ou les bains à remous. Pour les plus athlétiques, rendez-vous à l'excellent centre de remise en forme Atrium Club, tout près de là. Le restaurant et le bar Fitzers proposent d'exquises spécialités irlandaises de poisson.

## Hotel Benjamin

125 E 50th St, NY, NY 10022. **Plan** 13 A4. *715-2500, 888-4 BENJAMIN.* FAX *715-2525.* ***Chambres*** *: 209.*

AE, DC, MC, V, JCB.
$$$$

Le Benjamin doit son côté pension de famille à une ambiance amicale et sans prétention. Il propose des suites pleines de charme, aérées et rétro, ainsi que des services à des prix bien inférieurs à ceux pratiqués par ses voisins sur Lexington Avenue. C'est un bon choix pour les hommes d'affaires et les familles avec enfants. On y trouve un café amusant et un restaurant abordable.

## The Elysee

60 E 54th St, NY, NY 10022. *753-1066.* FAX *980-9278.* ***Chambres*** *: 99.* *AE, DC, MC, V, JCB.* $$$$.

The Elysee, avec ses 99 chambres, se distingue dans un paysage hôtelier uniforme. Chaque chambre porte un nom plutôt qu'un numéro, chacune étant meublée différemment avec un petit coin confortable pour la lecture et des antiquités comme des bureaux sculptés qui semblent « être dans la famille » depuis des années. Certaines chambres ont des kitchenettes et des terrasses, et toutes sont équipées d'une baignoire en marbre lisse. Sont compris dans le prix le petit déjeuner continental, le thé servi l'après-midi dans un joli salon au deuxième étage, ainsi que du vin gratuit avec du fromage après 5 h. Les fresques du Monkey Bar représentant des caricatures signées Hirschfeld de Tallulah Bankhead, Joe DiMaggio, les sœurs Gish et Tennesse Williams sont célèbres. Le Piano Suite s'enorgueillit d'un Steinway qui a appartenu à Vladimir Horowitz.

## Plaza

5th Ave, 59th St, NY, NY 10019. **Plan** 12 F3. *759-3000.* FAX *759-3167.* ***Chambres*** *: 804.* *AE, DC, MC, V, JCB.* $$$$. *Voir p. 179.*

Le Plaza est un symbole de faste depuis près de cent ans. Ce n'est pas le palace le plus sophistiqué de la ville, mais son histoire, son hall d'entrée et sa situation à l'entrée de Central Park en ont fait une référence. Ne manquez pas d'admirer depuis ses fenêtres le merveilleux panorama de verdure. Les prix sont plus élevés le week-end mais on bénéficie d'un crédit dans les restaurants de l'hôtel. Plusieurs boutiques, un barbier et un coiffeur.

## Waldorf-Astoria

301 Park Ave, NY, NY 10022. **Plan** 13 A5. *355-3000.* FAX *872-7272.* ***Chambres*** *: 1 380.* *AE, DC, MC, V, JCB.* $$$$. *Voir p. 175.*

Il existe en réalité deux Waldorf-Astoria : l'élégant hôtel pour hommes d'affaires et la tour d'appartements ultra-chic avec son entrée privée et son concierge présent 24h/24. Sans aucun doute une des plus belles résidences de Manhattan, c'est l'adresse de prédilection des hauts dignitaires et présidents étrangers en visite. L'entrée principale, restaurée en 1931, est une merveille de style Art déco, ornée de bas-reliefs, de panneaux d'acajou et de colonnes de marbre. L'admirable horloge géante du hall trônait à l'origine dans l'ancien hôtel de la 34e Rue. Le Waldorf-Astoria sait encore combler ceux qui apprécient un bon service et un grand choix de restaurants. Le Peacock Alley est toujours un endroit très populaire pour aller prendre un verre.

## Box Tree

250 E 49th St, NY, NY 10017. **Plan** 13 B5. *758-8320.* FAX *308-3899.* ***Chambres*** *: 13.* *AE.* $$$$$

Seul le tapis rouge des escaliers indique qu'il s'agit d'un hôtel. Le Box Tree est une auberge abritant 13 chambres luxueuses et un restaurant à l'image du goût extravagant de son propriétaire d'origine bulgare, Augustin Peage. Après avoir racheté la maison voisine, celui-ci a l'intention d'augmenter le nombre des chambres. Chacune d'entre elles est somptueusement décorée selon un thème particulier (oriental, néo-gothique, anglais…), munie d'une cheminée en marbre et d'épais rideaux. Le restaurant est onéreux, mais ses tarifs sont dégressifs suivant la quantité de nuits passées à l'hôtel. Les enfants de moins de dix ans ne sont pas admis.

## Four Seasons

57 E 57th St, NY, NY 10022. *758-5700.* FAX *758-5711.* ***Chambres*** *: 370.* *AE, DC, MC, V, JCB.* $$$$$.

Le triomphe de l'immeuble de I. M. Pei, avec ses 52 étages, moderne, élancé, en pierre à chaux, est une évocation de l'apogée de l'Art déco new-yorkais. Rompant avec la tradition de décoration « Ancien Monde » que l'on trouve dans les hôtels de luxe de la ville, la colonne du hall haute de 10 m est aussi austère et extraordinaire qu'un monument. Les chambres sont les plus grandes de la ville avec un mobilier moderne exquis et diverses commandes près du lit (ouverture des rideaux, réglage des stores, extinction des lumières). Beaucoup de chambres ont une entrée, un dressing, et toutes ont une immense salle de bains en marbre avec une baignoire géante et une cabine de douche séparée et vitrée. Ne manquant pas d'équipements et proposant un service incomparable, le Four Seasons s'est vu décerner quatre étoiles juste après son ouverture en 1993. Pour ceux qui ont envie de luxe dans un style urbain et moderne et qui peuvent se permettre une addition élevée, voici le premier hôtel de New York.

## New York Palace

455 Madison Ave, NY, NY 10022. *888-7000.* FAX *303-6000.* ***Chambres*** *: 800.* *AE, DC, MC, V, JCB.* $$$$.

Cet hôtel intègre de façon originale les opulentes Villard Houses de 1882 à une tour moderne de 55 étages. Les chambres immenses ont été joliment meublées dans un style européen traditionnel, chacune équipée d'un coffre-fort, d'un mini-bar et d'une télécopie. Les chambres des étages élevés ont une vue superbe. Un club de gym et un *business center* bien équipé sont à la disposition des clients. On y trouve un café et un bar à olives. Dans l'aile sud des Villard Houses est installé l'un des restaurants les plus célèbres de Manhattan, le Cirque 2000 *(p. 296)*. Une expérience succulente !

## Peninsula

700 5th Ave, NY, NY 10019. **Plan** 12 F4. *247-2200.* FAX *903-3949.* ***Chambres*** *: 242.* *AE, DC, MC ,V, JCB.* $$$$$

Le Peninsula Group de Hong-Kong a repris en main l'ex-hôtel Gotham de style Beaux-Arts construit en 1905. Le hall d'entrée parsemé de meubles anciens est toujours fleuri. Les chambres de style Art nouveau sont élégantes et quelques salles de bains disposent de baignoires de 2 mètres de diamètre équipées de jets. Un centre de remise en forme vous attend, ainsi qu'un équipement de balnéothérapie et une piscine. Le bar Pen-Top ouvre l'été sur une terrasse offrant un magnifique panorama sur la ville.

## Pierre

2 E 61st St, NY, NY 10021. **Plan** 12 F3. *838-8000.* FAX *940-8109.* ***Chambres*** *: 202.* *AE, DC, MC, V, JCB.* $$$$$

Les limousines attendent souvent devant la porte les clients de ce luxueux établissement. Le Pierre appartient au groupe canadien Four Seasons. Le hall et les chambres dotés de meubles anciens sont encore plus splendides depuis leur récente rénovation, ce qui explique que la moitié des chambres soit louée en permanence. Le service est hors pair et le Café Pierre considéré comme l'un des meilleurs de New York pour les petits déjeuners.

## St Regis

2 E 55th St, NY, NY 10022. **Plan** 12 F4. *753-4500.* FAX *787-3447.* ***Chambres*** *: 314.* *AE, DC, MC, V, JCB.* $$$$$

Cette merveille de style Beaux-Arts que fit construire en 1904 John Jacob Astor vient de faire peau neuve : trois ans et 100 millions de dollars de travaux. Les chambres Louis XV aux plafonds élevés, tapissées de soie dans les tons bleu et vert, sont très richement meublées. Sur le toit, le St Regis Roof et sa peinture murale de Nat King Cole, œuvre de Maxfield Parrish, accueillent souvent de somptueuses fêtes privées. Les tarifs de ce palace sont, bien entendu, parmi les plus élevés de la ville.

## Westin Central Park South

112 Central Park South, NY, NY 10019. **Plan** 12 E3. *757-1900.* FAX *757-9620.* ***Chambres*** *: 228.* *AE, DC, MC, V, JCB.* $$$$$

Une somptueuse rénovation a complètement changé le décor. Un style luxueux « vieille Europe », avec des chandeliers en cristal, des tapis orientaux et un mobilier français, fait de ce palace l'un des hôtels les plus élégants de New York. Les chambres ont été agrandies et un club de gym s'est ouvert. La vue splendide sur Central Park n'avait besoin de rien en plus. Le restaurant Fantino a gagné du galon avec ses plats du nord de l'Italie et le bar est toujours un endroit privilégié pour se retrouver. Les clients profitent d'un buffet pour le petit déjeuner.

# UPPER EAST SIDE

## Franklin

164 E 87th St, NY, NY 10028. *369-1000.* FAX *369-8000.* ***Chambres*** *: 53.* *AE, MC, V.* $$$

Les hôteliers du Gotham Hospitality Group ont transformé le Franklin avec ses 53 chambres en un hôtel d'un prix raisonnable. Le manque d'espace est compensé par le style. De grands bouquets et une estampe originale de Picasso accueillent les clients dans un hall minuscule. De l'acier sablé, du granit noir poli, du riche bois de cerisier et des cuirs souples noirs sont déclinés partout. Du mobilier sur mesure et des encastrés sont là pour tromper l'œil. Dans chaque chambre on trouve télévision et vidéo, et une vidéothèque propose gratuitement des films classiques. Le petit déjeuner continental est inclus dans le prix ainsi que le parking. Le quartier est riche en musées, boutiques et restaurants.

## Hotel Wales

1295 Madison Ave, NY, NY 10128. **Plan** 17 A3. *876-6000.* FAX *860-7000.* ***Chambres*** *: 87.* *AE, MC, V.* $$$

Ce petit hôtel très « européen » du début du siècle est une curiosité. Loin d'être sophistiqué, il possède un charme discret avec ses cheminées, ses escaliers de marbre et ses panneaux en chêne. Les lavabos en marbre et la robinetterie en cuivre des salles de bains sont très originaux. Le petit déjeuner et le thé sont servis au deuxième étage dans le Pied Piper, un salon victorien décoré de vieilles illustrations. L'endroit est parfait pour les amateurs de musées, et le quartier propose un grand choix de restaurants.

## Surrey Hotel

20 E 79th St, NY, NY 10021. **Plan** 16 F5. *288-3700.* FAX *628-1549.* ***Chambres :*** *130.* *AE, DC, MC, V.* $$$$

Niché parmi les boutiques et galeries de Madison Avenue, le Surrey Hotel exhale un doux parfum d'Angleterre. Ses chambres sont ravissantes et le lieu, avec ses fauteuils en cuir et ses appliques en cristal, est une véritable oasis de détente. Une salle de musculation a été aménagée, et le restaurant Café Boulud offre une excellente cuisine française.

## Mark

25 E 77th St, NY, NY 10021. **Plan** 16 F5. *744-4300.* FAX *744-2749.* ***Chambres*** *: 180.* *AE, DC, MC, V, JCB.* $$$$$

La rénovation du Mark vient juste de s'achever ; c'est dorénavant l'un des palaces les plus luxueux de Upper East Side. Le hall d'entrée, élégant et contemporain, est meublé en style Biedermeier. Aux murs, les estampes de Piranèse datent du XVIII^e siècle. Un concierge est à votre disposition jour et nuit à la réception. Dans les chambres, vous découvrirez des plantes vertes, d'anciennes estampes, une salle de bains en marbre ou en céramique noire et blanche d'Italie, une literie de qualité et des oreillers en duvet d'oie. Son bar intime et chaleureux est idéal pour prendre un verre.

## Carlyle

35 E 76th St, NY, NY 10021. **Plan** 16 F5. *744-1600.* FAX *717-4682.* ***Chambres*** *: 190.* *AE, DC, MC, V.* $$$$$

Une entrée discrète décorée d'objets anciens accueille le visiteur. Le Carlyle a la réputation d'offrir le meilleur et le plus personnalisé des services. Ses chambres au style traditionnel sont grandes, de bon goût et décorées d'estampes florales. Elles sont équipées de kitchenette, magnétoscope, chaîne stéréo, lecteur de CD, fax et téléphone main libre. Plusieurs suites ont leur salle à manger et terrasse privées. En dépit de son luxe feutré, le Carlyle est très animé la nuit ; c'est un endroit à la mode pour prendre un verre, que ce soit au milieu des étonnantes fresques murales du Bemelmans' Bar ou au Café Carlyle, en écoutant chanter Bobby Short.

## Lowell

28 E 63rd St, NY, NY 10021. **Plan** 13 A2. *838-1400.* FAX *319-4230.* ***Chambres*** *: 67.* *AE, DC, MC, V, JCB.* $$$$$

Ce palace intime fut construit en 1926 et garde le charme de cette époque. Le service y est excellent. Chacune de ses 61 suites dispose d'une cheminée en état de marche, d'une bibliothèque, de plantes vertes, d'une baignoire en marbre et d'une cuisine. La décoration éclectique mélange objets de styles français, Art déco et oriental. Au deuxième étage, la salle Pembroke, avec ses 35 places, est un endroit idéal et discret pour prendre un thé ou un brunch dominical. Le restaurant Post House jouit également d'une très bonne réputation.

## Plaza Athénée

37 E 64th St, NY, NY 10021.
**Plan** 12 F2. *734-9100.*
FAX *772 0958.* ***Chambres*** *: 152.*
*AE, DC, MC, V, JCB.*
$$$$$

Version new-yorkaise du grand hôtel parisien. Ses chambres de style Louis XVI sont plutôt petites, mais proposent de nombreux aménagements pratiques et agréables comme des fleurs fraîches, un coffre fort, des peignoirs, un humidificateur d'air ainsi qu'une réplique dorée de la pendule de l'hôtel parisien. Le restaurant Le Régence, avec son riche plafond peint *(p. 297)*, est particulièrement renommé. L'Institutional Investor Magazine a élu le Plaza « meilleur hôtel de New York ».

## Regency

540 Park Ave, NY, NY 10021.
**Plan** 13 A2. *759-4100.*
FAX *826-5674.* ***Chambres*** *: 384.*
*AE, DC, MC, V, JCB.* $$$$$

Avec ses suites d'un autre temps, le Regency évoque le temps où les grands producteurs d'Hollywood arrivaient en limousines. Le nom de l'hôtel illustre le style opulent de son atrium et de ses chambres. Les capitaines d'industrie se donnent régulièrement rendez-vous au très bon Restaurant 540 pour un petit déjeuner studieux entre muffins et croissants. Le service y est toujours parfait, et des équipements sophistiqués (salle de musculation, centre d'affaires) sont à la disposition des clients.

## Stanhope

995 5th Ave, NY, NY 10028.
**Plan** 17 A4. *288-5800.*
FAX *517-0088.* ***Chambres*** *: 183.*
*AE, DC, MC, V.* $$$$$

Ce petit hôtel luxueux est superbement bien situé, juste en face de la rue du Metropolitan Museum of Art. Le café avec sa terrasse de style parisien est un des endroits de la ville qui jouit d'une grande popularité. Les parties communes sont lourdement ornées d'antiquités françaises. Chaque chambre est meublée de copies Louis XVI, et à la tête du lit les habituels équipements : lecteur de cassettes et de disques compacts. Même si vous n'avez pas les moyens de séjourner ici, cela vaut la peine de venir prendre le thé dans le salon, dans une atmosphère de jardin intérieur.

# UPPER WEST SIDE

## Beacon

2130 Broadway, NY, NY 10023.
**Plan** 15 C5. *787-1100.*
FAX *724-0839.* ***Chambres*** *: 100.*
*AE, DC, MC, V, JCB.* $$

Le Beacon, qui porte le nom du théâtre voisin, est le plus élégant hôtel de Upper West Side, mais ses tarifs sont à la portée des budgets réduits. Ses chambres confortables sont équipées de kitchenettes. Le hall d'entrée, très stylé, vient d'être remis à neuf : sol de tomettes bicolores et tapis oriental.

## Empire

44 W 63rd St, NY, NY 10023.
**Plan** 12 D2. *265-7400*
FAX *315-0349.* ***Chambres*** *: 381.*
*AE, DC, MC, V.* $$

Le vieil Empire a retrouvé une nouvelle jeunesse grâce à sa récente rénovation. Son hall ressemble à celui d'un château écossais avec ses candélabres et sa magnifique cheminée sculptée. Le style des chambres est très fleuri, et le Lincoln Center est si proche que l'on croirait presque entendre les arias. Les amateurs de musique seront enchantés, car chacune contient non seulement une télévision et un magnétoscope, mais aussi une chaîne stéréo. L'Empire Café est de plus un endroit pratique pour dîner avant un concert.

## Excelsior

45 W 81st St, NY, NY 10024.
**Plan** 15 D4. *362-9200.*
FAX *721-2994.* ***Chambres*** *: 196.*
*AE, MC, V.* $$

Une des valeurs sûres de Upper West Side. Le hall de l'Excelsior est accueillant, ses chambres et ses suites spacieuses et confortables ; certaines sont même dotées d'une cuisine. On peut regretter que leur style traditionnel manque un peu de fantaisie. N'hésitez pas à demander une chambre avec vue sur l'American Museum of Natural History.

## Milburn

242 W 76th St, NY, NY 10023.
**Plan** 16 D5. *362-1006.*
FAX *721-5476.* ***Chambres*** *: 111.*
*AE, DC, MC, V.* $$

Remis en état récemment, cet hôtel modeste de Upper West Side, décoré de belles affiches, propose des studios spacieux et quelques suites avec cuisine entièrement équipée (four à micro-ondes, réfrigérateur, etc.). Les salles de bains sont impeccables et une laverie automatique est à la disposition des clients. Son emplacement, non loin du Lincoln Center, est pratique – de nombreux restaurants et boutiques sont à deux pas.

## On the Avenue

2178 Broadway, NY, NY 10024.
**Plan** 15 C5. *362-1100.*
FAX *787-9521.* ***Chambres*** *: 251.* 40.
*AE, DC, MC, V.* $$

Recommandé pour les petits budgets. Il a récemment trouvé une seconde jeunesse, des meubles de styles Art déco et moderne embellissant le rez-de-chaussée et les chambres. L'hôtel jouit d'un emplacement unique dans Upper West Side, au milieu des boutiques et des restaurants. La salle de musculation de l'Equinox, proche de l'hôtel, est à la disposition des clients. Le restaurant situé au rez-de-chaussée a bonne réputation.

## Mayflower

15 Central Park West, NY, NY 10023.
**Plan** 12 D2. *265-0060.*
FAX *265 2026.* ***Chambres*** *: 377.*
*AE, DC, MC, V, JCB.*
$$$

En face de Central Park et à quelques enjambées du Lincoln Center, l'hôtel Mayflower revêt une allure aristocratique malgré son aspect un peu négligé. Ses chambres ont grand besoin d'être rénovées mais sont tout de même confortables et équipées de kitchenettes et de réfrigérateurs. Le Mayflower est apprécié pour sa situation, en particulier par les artistes du Lincoln Center qui aiment fréquenter le Conservatory Café. Les vues sur le parc depuis les étages supérieurs sont magnifiques et valent bien le petit supplément.

Légende des symboles *p. 271*

# Restaurants et bars

Les New-Yorkais aiment la bonne chère : il existe plus de 25 000 restaurants dans les cinq quartiers de la ville. Les chroniques gastronomiques des magazines comme *New York* et *Where* sont lues avec attention par les gourmets désireux d'être vus dans le dernier endroit à la mode. Elles sont prises très au sérieux, car une critique sévère peut faire fermer un restaurant. Nous avons sélectionné les meilleurs. *Choisir un restaurant*, pages 290-292, vous aide à prendre une décision et la carte de la page 288 indique les plus remarquables. *Repas légers et snacks*, pages 304-306, propose quelques-uns des meilleurs endroits de restauration rapide.

## Les menus

Dans la plupart des restaurants, le repas se décompose en trois parties : l'entrée (*appetizer* ou *starter*), le plat principal (*entrée*, ne pas confondre !) et le dessert. On y sert des petits pains et du beurre gratuitement, dès que le client s'assied ; cela fait partie du service. On peut aussi vous offrir un *amuse-gueule*, comme une bouchée de quiche, avant de prendre votre commande. Dans les restaurants élégants, les

**Marchand de hot-dogs au coin d'une rue**

entrées sont souvent les plats les plus originaux. On peut demander deux entrées et omettre le plat. Les menus italiens incluent une deuxième entrée de pâtes, mais la majorité des clients la choisissent comme plat principal. Le café est servi à la fin du repas, toujours à volonté. On viendra systématiquement remplir votre tasse, jusqu'à ce que vous demandiez grâce.
Les plateaux de fromage sont rares, sauf dans les restaurants français. Ce n'est pas une habitude américaine et la campagne anticholestérol n'en a pas favorisé la consommation.

## Les prix

Vous pourrez toujours trouver, à New York, un restaurant qui corresponde à votre budget. Pour 5 dollars, vous ferez un repas correct, dans une chaîne de restauration rapide, ou dans un petit bistrot. Il y a des centaines d'établissements, quelquefois excellents, qui proposent, dans un cadre agréable, un bon repas pour 20 dollars, boisson non comprise. Mais un dîner chez un chef à la mode peut vous revenir de 40 à 60 dollars par personne, sans compter les boissons. Certains grands restaurants offrent cependant des menus à « prix fixe », moins chers que la carte. Le déjeuner y est généralement meilleur marché que le dîner. De nombreux repas d'affaires se règlent avec une carte de société et les restaurants sont souvent bondés à l'heure du déjeuner.

## Les taxes et les pourboires

Une taxe de 8,25 %, spécifique à la ville de New York, est ajoutée à votre addition. Le service n'est généralement pas compris. Il varie de 10 à 25 %, selon l'élégance du lieu. Aux États-Unis, l'addition s'appelle le

**Intérieur du Zen Palate *(p. 301)***

**Un *deli* new-yorkais typique *(p. 304)***

*check*. Les cartes de crédit le plus facilement utilisées sont les VISA, Mastercard et American Express. Les chèques de voyage, en dollars, sont aussi acceptés dans certains restaurants. Les cafés et petits restaurants n'acceptent que des paiements en espèces. Dans les chaînes de restauration rapide, vous commandez au comptoir et payez d'avance, en espèces.

## Pour les budgets modestes

Il est facile de faire des repas bon marché : il suffit de commander moins de plats. Les portions américaines sont énormes et une entrée peut très bien suffire à un repas léger. On peut aussi commander un plat pour deux, ou choisir deux entrées, sans plat principal. Attention au plat du jour, il est souvent plus cher que ceux du menu.
Demandez au serveur s'il y a un menu à prix fixe. Beaucoup de restaurants élégants en offrent pour le déjeuner et, tôt dans la soirée, proposent ce

Au bar de Grand Central Terminal *(p. 309)*

qui s'appelle un « menu d'avant le spectacle ». Essayez aussi les buffets à prix fixe, en particulier dans les restaurants indiens de Manhattan.
Ou encore, allez dans un bar qui sert des amuse-gueule, comme les *tapas* espagnoles qui constituent souvent un véritable repas. Si vous voulez vraiment aller dans un grand restaurant, il faut choisir le déjeuner, bien meilleur marché que le dîner. Si vous souhaitez voir un restaurant célèbre, allez simplement y prendre un verre : l'atmosphère compte plus que la nourriture.
Évitez les petits déjeuners pris à l'hôtel. Sa cafétéria sera toujours plus chère que la *luncheonette* du coin.

## Les horaires

Les heures de petit déjeuner sont habituellement de 7h à 10h30 ou 11h. Le brunch du dimanche est un repas populaire, servi dans les bons restaurants, de 11h à 13h. Les heures de déjeuner s'étalent de 11h30, ou midi, à 14h30. Le dîner est servi à partir de 17h30 ou 18h, mais on s'y rend rarement avant 19h30 ou 20h.
Quelques restaurants ferment à 22h pendant la semaine et à 23h le vendredi et le samedi. Certains petits restaurants, en particulier les chinois, ouvrent sans interruption de 11h30 à 22h. Les *diners* sont parfois ouverts de 7h à minuit.

Pièce d'eau du Four Seasons *(p. 293)*

## La tenue vestimentaire

Pour les hommes, le veston et la cravate sont exigés dans certains grands restaurants. En général, une tenue simple, mais élégante, est admise. Les femmes s'habillent souvent d'une manière plus recherchée pour aller dîner dans les restaurants à la mode. Si vous n'êtes pas sûr de la tenue à adopter, renseignez-vous en réservant.

## Les réservations

Il est prudent de faire des réservations dans tous les restaurants, surtout le week-end, excepté bien sûr pour les *luncheonettes*. Certains d'entre eux n'acceptent pas de réservations pour moins de six couverts. Il est essentiel de réserver pour déjeuner au centre-ville. Mais vous pouvez vous retrouver assis au bar, même si vous avez retenu une table.

## Le tabac

La plupart des restaurants ont des espaces fumeurs et non-fumeurs. Indiquez votre préférence au moment de la réservation.

## Les enfants

Si vous déjeunez avec des enfants, demandez s'il existe des menus spéciaux ; les prix sont parfois réduits de moitié. Les enfants bien élevés sont acceptés dans la majorité des lieux, mais si les vôtres sont particulièrement turbulents, allez à Chinatown, dans un restaurant italien, ou un *delicatessen*.
Quelques restaurants haut de gamme sont équipés pour accueillir les bébés, mais, en général, il n'est pas recommandé d'aller dîner dans un restaurant élégant avec de très jeunes enfants.

## Les handicapés

Beaucoup de restaurants peuvent accueillir un fauteuil roulant, mais il faut le signaler quand vous faites votre réservation. C'est plus compliqué dans les *diners* et les *luncheonettes*, où la place manque.

### Utiliser le répertoire

Légende des symboles des pages 293-303.

- numéro de téléphone
- espace non-fumeurs
- menu à prix fixe
- menus végétariens
- chaise haute et/ou menus enfants
- jardins ou terrasses
- accès pour fauteuils roulants
- veste et cravate exigées
- orchestre
- excellente carte des vins
- ★ vivement recommandé
- cartes de crédits acceptées

*AE* American Express
*DC* Diners Club
*MC* Mastercard/Access
*V* VISA
*JCB* Japanese Credit Bureau

Les prix suivants concernent les menus individuels composés de trois plats et accompagnés d'une demi-bouteille de vin maison, taxes et service compris

$ moins de $25
$$ de $25 à $35
$$$ de $35 à $50
$$$$ de $50 à $70
$$$$$ plus de $70

# Que manger à New York ?

**Hot-dog**

La variété de la gastronomie est aussi grande que celle des groupes ethniques et culturels qui habitent la ville. Si vous désirez des pâtes et du salami, allez dans l'un des restaurants italiens. Pour un repas plus raffiné, essayez les sushis ou les sashimis d'un restaurant japonais. Seriez-vous tenté par des spécialités traditionnelles juives, comme le *pastrami*, les bagels ou les *blintzes* ? Vous en trouverez dans la plupart des *delicatessen*. Vous avez un faible pour les sauces au curry ? Il y a beaucoup de restaurants indiens autour de Manhattan. Si vous avez vraiment faim, entrez dans un gril pour déguster un bon steak et n'oubliez pas le dessert !

**Bagel**
*C'est un petit pain rond, le plus souvent fourré de saumon fumé et de fromage blanc.*

**Pancakes**
*Ces crêpes épaisses sont d'habitude servies avec du sirop d'érable, au petit déjeuner. Des fruits frais ou secs peuvent être incorporés à la pâte, avant la cuisson.*

Tranches fines de **bacon** frit

**Les *home fries*** sont des pommes de terre sautées

**Toast de pain complet**

**Les œufs *over easy*** sont légèrement frits des deux côtés

**Petit déjeuner ou brunch**
*Le petit déjeuner, ou le brunch, s'il est pris au milieu de la matinée, se compose de pommes de terre frites, d'œufs au bacon, de toasts ou de pancakes. Énormes portions et café à volonté.*

**French toast**
*Tranches de pain perdu, trempées dans de l'œuf battu, frites et souvent servies avec du sirop.*

**Egg cream**
*Boisson classique d'un* delicatessen, *composée de lait glacé, de sirop de chocolat et de soda.*

**Corned beef on rye**
*Tranches de bœuf en conserve servies sur du pain de seigle avec moutarde et cornichons doux.*

**Burger and fries « to go »**
*Hamburger et chips à emporter avec souvent salade et oignons coupés en rondelles.*

**Bretzel géant**
*Délicieux tortillon de pain vendu à tous les coins de rue.*

**Clam chowder**
*Version Manhattan de la bisque aux fruits de mer et à la tomate, garnie de croûtons.*

**Soul food**
*Cuisine du sud et spécialité de Harlem. Les aliments épicés ont un goût unique.*

**Pizza**
*Le mets le plus populaire de Little Italy se vend partout. Cette version chic est garnie de cœurs d'artichauts.*

**Sushi**
*Rouleaux japonais de poisson cru et de riz très appréciés des New-Yorkais.*

**Dim sum**
*Petits raviolis cuits à la vapeur, fourrés de poisson, de viande ou de légumes. Une spécialité de Chinatown.*

**Waldorf salad**
*Créée en 1930, au Waldorf, elle est composée de pommes, de noix et de salade verte.*

**Cappuccino et cookies**
*Café au lait mousseux, saupoudré de chocolat et accompagné de petits gâteaux secs.*

**Apple pie « à la mode »**
*La traditionnelle tarte aux pommes n'est « à la mode » que surmontée d'une glace.*

**New York cheesecake**
*Ce dessert juif est un gâteau au fromage, servi nature ou avec des fruits.*

**Banana split**
*Les glaces new-yorkaises sont souvent gigantesques. Personne ne se formalisera si vous réclamez plusieurs cuillères et partagez avec votre voisin.*

# Les meilleurs restaurants, cafés et bars de New York

On en trouve partout, pour tous les goûts et toutes les bourses. Les habitudes alimentaires ont suivi, depuis toujours, les mouvements de population de la ville, comme en témoigne l'implantation de restaurants italiens, chinois et japonais, et des très populaires *delis* juifs. Les 40 pages de restaurants dans l'annuaire de New York vous permettent de trouver tout ce dont vous pouvez rêver : cuisine californienne, cajun, sudiste, thaïlandaise, afghane, indienne ou philippine. Les restaurants indiqués ici sont particulièrement recommandés. Ils ont été sélectionnés dans notre liste des pages 293-303, comme les meilleurs de leur catégorie.

**Carnegie Delicatessen**
*Essayez l'énorme* pastrami on rye *(sandwich au pain de seigle) dans ce* deli *typique* (p. 306).

**Zen Palate**
*Une excellente cuisine végétarienne, mélange de styles orientaux* (p. 301).

**Union Square Café**
*C'est l'endroit rêvé pour déguster une authentique cuisine américaine ; les fruits de mer et les desserts sont vivement recommandés* (p. 295).

**Florent**
*Un bistrot ouvert jour et nuit, connu pour son ambiance et sa cuisine* (p. 306).

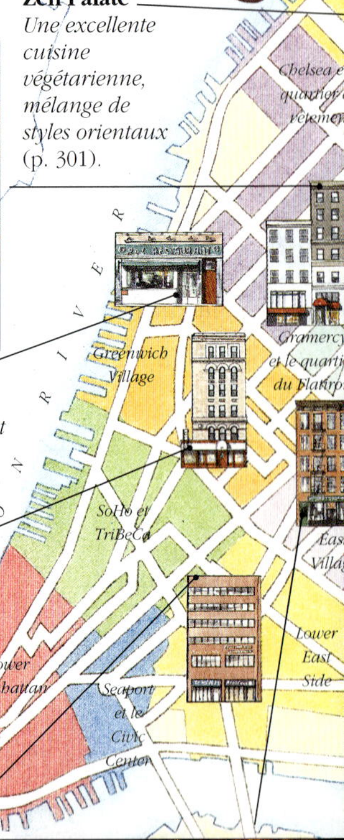

**Café Vivaldi**
*Un charmant décor où sont servies d'exquises pâtisseries* (p. 306).

**Golden Unicorn**
*On y trouve la meilleure cuisine chinoise de Chinatown. Un bon choix : les petits raviolis à la vapeur* (p. 299).

**McSorley's Old Ale House**
*Pour l'atmosphère, c'est le meilleur bar de la ville. Attention à la bière maison, très alcoolisée* (p. 308).

**Café des Artistes**
*Célèbre pour ses peintures murales aux thèmes libertins et son choix incomparable de desserts au chocolat* (p. 296).

**Mezzaluna**
*C'est à quelques pas de Museum Mile et la meilleure pizzeria de New York* (p. 306).

**Serendipity 3**
*Le décor victorien amuse les adultes, et les enfants plébiscitent ce café pour ses glaces et ses sundaes* (p. 306).

**The Four Seasons**
*Cuisines européenne et américaine remarquables, servies dans deux salles superbes. L'une est recouverte de boiseries, les tables de l'autre sont disposées autour d'une piscine* (p. 293).

**Oyster Bar, Grand Central Terminal**
*Le meilleur restaurant de fruits de mer de Manhattan, dans une salle voûtée de la gare principale. La carte des vins américains est excellente* (p. 294).

**Hatsuhana**
*Ce restaurant japonais sert les meilleurs sushis de la ville. Asseyez-vous au bar et observez l'habileté du chef* (p. 301).

0 2 kilomètres
0 1 mile

# Choisir un restaurant

Les restaurants de cette liste ont été sélectionnés pour leur bon rapport qualité/prix ou leur cuisine raffinée. Ce tableau indique les éléments pouvant guider votre choix. Descriptions détaillés pages 293-303. *Repas légers et snacks*, pages 304-306. *Les meilleurs bars de New York*, pages 307-309.

| | | Numéro de page | Menu à prix fixe | Ouvert tard | Accueil des enfants | Terrasse ou jardin | Calme | Plats végétariens | Spécialités de fruits de mers |
|---|---|---|---|---|---|---|---|---|---|
| **Lower Manhattan** | | | | | | | | | |
| **Layla *(Moyen-Orient)*** | $$$ | 302 | ● | ■ | ● | ■ | | ■ | |
| **Hudson River Club *(américain)*** | $$$$ | 294 | ● | | ● | | | | |
| **Windows on the World *(américain)* ★** | $$$$$ | 295 | ● | | | | ● | | |
| **Seaport et le Civic Center** | | | | | | | | | |
| **Bo Ky *(chinois)*** | $ | 299 | ● | | ● | | | | |
| **Lower East Side** | | | | | | | | | |
| **Canton *(chinois)*** | $$ | 299 | | | ● | | | | |
| **Oriental Garden *(chinois)*** | $$ | 300 | | ■ | ● | | | | ● |
| **Golden Unicorn *(chinois)*** | $$$ | 300 | ● | ■ | ● | | | | |
| **Sammy's Famous Roumanian *(juif/roumain)*** | $$$$ | 303 | | | | | | | |
| **SoHo et TriBeCa** | | | | | | | | | |
| **Penang *(malaisien)*** | $ | 301 | | ■ | | | | ■ | |
| **Mekong *(vietnamien)*** | $$ | 301 | ● | | | ■ | | ■ | |
| **Saalam Bombay *(indien)*** | $$ | 302 | ● | | | ■ | | ■ | |
| **Savoy *(méditerranéen)*** | $$ | 294 | | | ● | | ● | ■ | ● |
| **Honmura An *(japonais)*** | $$$ | 300 | ● | | | | ● | ■ | ● |
| **Provence *(français)*** | $$$ | 297 | | ■ | ● | ■ | | | |
| **Alison on Dominick Street *(français)*** | $$$$ | 295 | | | | | ● | | ● |
| **Montrachet *(français)* ★** | $$$$ | 297 | ● | | ● | | | | |
| **TriBeCa Grill *(américain)*** | $$$$ | 295 | ● | | | ■ | | ■ | |
| **Zoë *(américain)*** | $$$$ | 295 | | | ● | | | ■ | ● |
| **Chanterelle *(français)*** | $$$$$ | 296 | ● | | | | ● | | |
| **Greenwich Village** | | | | | | | | | |
| **Moustache *(Moyen-Orient)*** | $ | 303 | ● | ■ | | | | ■ | |
| **Cendrillon *(malaisien/philippin)*** | $$ | 301 | ● | | | | | | |
| **Cent'Anni *(italien)*** | $$$ | 298 | | | | | | ■ | |
| **Riodizio *(brésilien)*** | $$$ | 303 | | ■ | | | | ■ | |
| **Il Mulino *(italien)*** | $$$$ | 298 | | ■ | ● | | | ■ | |
| **La Métairie *(français)*** | $$$$ | 297 | | ■ | | | | ■ | |
| **Nobu *(japonais)*** | $$$$ | 300 | ● | | ● | | ● | ■ | ● |
| **Gotham Bar & Grill *(américain)*** | $$$$$ | 293 | ● | | ● | | | ■ | |
| **East Village** | | | | | | | | | |
| **Iso *(japonais)*** | $$$ | 300 | ● | ■ | | | | | ● |
| **Gramercy et le quartier du Flatiron** | | | | | | | | | |
| **An American Place *(américain)*** | $$$ | 293 | | | ● | | | ■ | |
| **Les Halles *(français)*** | $$$ | 296 | | ■ | | ■ | | ■ | |
| **Mesa Grill *(américain)*** | $$$ | 294 | | | | | ● | | ● |
| **Periyali *(grec)*** | $$$ | 303 | | | | ■ | | | |
| **Verbena *(américain)*** | $$$ | 295 | | | ● | ■ | ● | ■ | ● |
| **Gramercy Tavern *(américain)*** | $$$$ | 294 | ● | | | | | ■ | |
| **Lola *(antillais)*** | $$$$ | 303 | | ■ | ● | | | | ● |
| **Union Square Café *(américain)* ★** | $$$$ | 295 | | | ● | | | ■ | |
| **The Water Club *(américain)*** | $$$$$ | 295 | ● | ■ | | ■ | | | ● |

**Les prix** suivants concernent les menus individuels, composés de trois plats et accompagnés d'une demi-bouteille de vin maison, taxes et service compris.
$ moins de $25
$$ de $25 à $35
$$$ de $35 à $50
$$$$ de $50 à $70
$$$$$ plus de $70

★ Particulièrement recommandé

**Menu à prix fixe**
Un menu à prix fixe revient moins cher
**Ouverture tardive**
On y accepte les dernières commandes après 23h30, excepté le dimanche
**Accueil des enfants**
Chaises hautes et/ou portions spécial enfants
**Calme**
Pas de musique, atmosphère paisible
**Plats végétariens**
Restaurant végétarien ou offrant un bon choix de plats végétariens

| | | Numéro de page | Menu à prix fixe | Ouverture tardive | Accueil des enfants | Terrasse ou jardin | Calme | Plats végétariens | Spécialités de fruits de mer |
|---|---|---|---|---|---|---|---|---|---|
| **Chelsea et le quartier du vêtement** | | | | | | | | | |
| **Da Umberto *(italien)*** | $$$$ | 298 | | | | | | | ● |
| **Le Madri *(italien)* ★** | $$$$ | 298 | | ■ | | ■ | | ■ | |
| **Quartier des théâtres** | | | | | | | | | |
| **Afghan Kebab House *(afghan)*** | $ | 302 | ● | | | | | | |
| **Red Ganlic *(thaïlandais)*** | $ | 301 | ● | | ● | | | ■ | |
| **Jewel of India *(indien)*** | $$ | 302 | ● | | | | | ■ | |
| **Tang Pavilion *(chinois)*** | $$ | 300 | ● | | | | | ■ | |
| **Zen Palate *(chinois)*** | $$ | 301 | ● | ■ | ● | | | ■ | |
| **B Smith's *(américain)*** | $$$ | 293 | | ■ | | | | | |
| **Cabana Carioca *(sud-américain)*** | $$$ | 303 | | | ● | | | | |
| **Orso *(italien)*** | $$$ | 298 | | ■ | | | | ■ | |
| **Tapika *(américain)*** | $$$ | 294 | ● | | | | | ■ | |
| **Barbetta *(italien)* ★** | $$$$ | 297 | ● | ■ | | ■ | ● | | |
| **Osteria del Circo *(italien)* ★** | $$$$ | 298 | | | ● | | | ■ | |
| **Remi *(italien)*** | $$$$ | 299 | | ■ | | ■ | | | |
| **Trattoria Dell'Arte *(italien)*** | $$$$ | 299 | | ■ | | ■ | | ■ | ● |
| **Le Bernardin *(français)*** | $$$$$ | 295 | ● | | | | | | ● |
| **Les Célébrités *(français)*** | $$$$$ | 296 | ● | | ● | | ● | | |
| **Palio *(italien)*** | $$$$$ | 299 | ● | | | | | ■ | |
| **The Rainbow Grill *(américain)* ★** | $$$$$ | 294 | ● | ■ | ● | | | ■ | ● |
| **Jean-Georges *(français)*** | $$$$$ | 296 | ● | ■ | ● | ■ | ● | ■ | |
| **San Domenico *(italien)* ★** | $$$$$ | 299 | | ■ | | | ● | ■ | ● |
| **Lower Midtown** | | | | | | | | | |
| **Ambassador Grill *(américain)*** | $$$ | 293 | ● | | ● | | ● | ■ | ● |
| **Grand Central Oyster Bar *(américain)* ★** | $$$ | 294 | | | ● | | | | ● |
| **Les Halles *(français)*** | $$$ | 296 | | ■ | | ■ | | ■ | |
| **Tropica *(antillais)*** | $$$$ | 303 | ● | | ● | | | ■ | ● |
| **Sparks Steakhouse *(américain)*** | $$$$$ | 294 | | | | | | | ● |
| **Upper Midtown** | | | | | | | | | |
| **Zarela *(mexicain)*** | $$ | 303 | | | | | | | |
| **Arizona 206 *(américain)*** | $$$ | 293 | | ■ | ● | | | ■ | ● |
| **Chin Chin *(chinois)*** | $$$ | 299 | ● | ■ | ● | ■ | | ■ | ● |
| **Le Colonial *(vietnamien)*** | $$$ | 301 | ● | | | | | ■ | ● |
| **Dawat *(indien)*** | $$$ | 302 | ● | | | | | ■ | ● |
| **Il Nido *(italien)*** | $$$ | 298 | | | ● | | | ■ | |
| **Shun Lee Palace *(chinois)*** | $$$ | 300 | | | | | | | ● |
| **Aquavit *(scandinave)*** | $$$$ | 302 | ● | | | | | ■ | ● |
| **Bice *(italien)*** | $$$$ | 298 | | | | ■ | | | |
| **La Caravelle *(français)*** | $$$$ | 296 | ● | | | | ● | | |
| **Darbar *(italien)*** | $$$$ | 302 | | | ● | | ● | ■ | |
| **Felidia *(italien)*** | $$$$ | 298 | | | | | | ■ | |
| **Hatsuhana *(japonais)*** | $$$$ | 300 | ● | | | | | | ● |
| **Inagiku *(japonais)*** | $$$$ | 300 | | | | | | | ● |
| **Lespinasse *(français)* ★** | $$$$ | 297 | | | | | ● | ■ | |
| **Lutèce *(français)*** | $$$$ | 297 | ● | | | | | | |
| **Sushisay *(japonais)*** | $$$$ | 301 | | | | | | | ● |
| **Vong *(thaïlandais)* ★** | $$$$ | 301 | ● | | | ■ | ● | ■ | ● |

**Les prix** suivants concernent les menus individuels, composés de trois plats et accompagnés d'une demi-bouteille de vin maison, taxes et service compris.
$ moins de $ 25
$$ de $ 25 à $ 35
$$$ de $ 35 à $ 50
$$$$ de $ 50 à $ 70
$$$$$ plus de $ 70.

★ Particulièrement recommandé

**Menu à prix fixe**
Un menu à prix fixe revient moins cher
**Ouverture tardive**
On y accepte les dernières commandes après 23h30, excepté le dimanche.
**Accueil des enfants**
Chaises hautes et/ou portions spécial enfants
**Calme**
Pas de musique, atmosphère paisible
**Plats végétariens**
Restaurant végétarien ou offrant un bon choix de plats végétariens

| Restaurant | Prix | Numéro de page | Menu à prix fixe | Ouverture tardive | Accueil des enfants | Terrasse ou jardin | Calme | Plats végétariens | Spécialités de fruits de mer |
|---|---|---|---|---|---|---|---|---|---|
| **La Côte Basque *(français)*** | $$$$$ | 296 | ● | | | | ● | | |
| **The Four Seasons *(américain)* ★** | $$$$$ | 293 | ● | | | | ● | | ● |
| **La Grenouille *(français)*** | $$$$$ | 296 | ● | | ● | | | ■ | |
| **Le Périgord *(français)*** | $$$$$ | 297 | ● | | | | ● | | ● |
| **The '21' Club *(américain)*** | $$$$$ | 295 | ● | | | | ● | ■ | |
| **Upper East Side** | | | | | | | | | |
| **Owen Thai *(thaïlandais)*** | $$ | 301 | | | | | | | ● |
| **Pamir *(afghan)*** | $$ | 302 | | | | | | ■ | |
| **Arcadia *(américain)* ★** | $$$$ | 293 | ● | | ● | ■ | | | |
| **Coco Pazzo *(italien)*** | $$$$ | 298 | | | | | | ■ | |
| **Daniel *(français)* ★** | $$$$ | 296 | ● | | ● | ■ | | ■ | |
| **Jo Jo *(français)*** | $$$$ | 297 | | ■ | | | ● | | |
| **Aureole *(américain)* ★** | $$$$$ | 293 | ● | | | ■ | ● | ■ | |
| **Le Cirque 2000 *(français)* ★** | $$$$$ | 296 | ● | | | | | | ● |
| **Le Régence *(français)*** | $$$$$ | 297 | ● | | | | | | ● |
| **Parioli Romanissimo *(italien)*** | $$$$$ | 299 | | | | | | ■ | |
| **Sign of the Dove *(américain)*** | $$$$$ | 294 | ● | | | ■ | ● | | |
| **Upper West Side** | | | | | | | | | |
| **Lemongrass Grill *(thaïlandais)*** | $ | 301 | ● | ■ | | | | ■ | |
| **Barney Greengrass *(juif)*** | $$ | 302 | ● | ■ | ● | | | ■ | |
| **Monsoon *(thaïlandais/vietnamien)*** | $$ | 301 | ● | ■ | | | | ■ | |
| **Ollie's Noodle Shop & Grill *(chinois)*** | $$ | 300 | | ■ | ● | | | | ● |
| **Rain *(Sud-Est asiatique)*** | $$ | 301 | | | ● | | | ■ | |
| **Santa Fe *(américain)*** | $$ | 294 | | ■ | | | | ■ | |
| **Carmine's *(italien)*** | $$$ | 298 | | | ● | | | | |
| **Shun Lee West *(chinois)*** | $$$ | 300 | | ■ | | | | ■ | |
| **Picholine *(franco-méditerranéen)*** | $$$ | 303 | ● | ■ | ● | | | | |
| **Café des Artistes *(français)* ★** | $$$$ | 296 | ● | ■ | | | | | ● |
| **Morningside Heights et Harlem** | | | | | | | | | |
| **Sylvia's *(américain)*** | $ | 294 | | | ● | | | | |
| **The Terrace *(français)*** | $$$$ | 297 | ● | | | ■ | | | ● |
| **Brooklyn** | | | | | | | | | |
| **Moroccan Star *(marocain)*** | $ | 303 | ● | | ● | | | | |
| **Gage & Tollner *(américain)*** | $$$ | 293 | ● | | ● | | | | ● |
| **Peter Luger Steakhouse *(américain)*** | $$$$ | 294 | ● | | ● | | | | |
| **The River Café *(américain)* ★** | $$$$$ | 294 | ● | | | ■ | | | |
| **Queens** | | | | | | | | | |
| **The Water's Edge *(américain)*** | $$$$$ | 295 | | | ● | ■ | | | ● |

## AMÉRICAINS

Il existe trois sortes de cuisines américaines : traditionnelle, nouvelle et régionale.
La cuisine traditionnelle se compose le plus souvent de viandes grillées, de poissons et coquillages frits, de frites et de salades. Ces restaurants offrent de larges portions à des prix raisonnables et se trouvent dans tous les quartiers.
La nouvelle cuisine américaine est une réplique de la française et se distingue par l'originalité de sa saveur et de sa couleur. Les recettes traditionnelles et régionales sont combinées avec des ingrédients frais ou orientaux comme l'ail, le gingembre, le soja ou la coriandre. Les meilleurs restaurants de la ville, qui sont aussi les plus chers, proposent ce type de cuisine.
Les cuisines régionales varient, des crustacés de la Nouvelle-Angleterre aux barbecues du Sud ou à la cuisine afro-américaine, sans oublier la tradition créole, avec ses recettes de poissons-chats ou ses merveilleux gombos. La cuisine californienne est écologique. Elle utilise des produits frais et s'inspire souvent des recettes orientales. Les restaurants servant des plats régionaux affichent des prix raisonnables.

### Ambassador Grill

United Nations Plaza Hotel, 1 United Nations Plaza. **Plan** 13 C5. 702-5014. ***Ouv.*** *de 7h à 11h du lun. au sam., 7h à 10h30 le dim., de 12h à 14h30 du lun. au sam., de 11h à 13h45 le dim., de 17h à 22h30 tlj.* *AE, DC, MC, V.* $$$

Cuisine américaine avec influence française. Fréquenté par les délégués de l'ONU et les hommes d'affaires. Prix raisonnables, compte tenu de la qualité et de l'emplacement. Recommandé : le brunch-buffet du dimanche, avec homard-champagne à volonté (pour 2 personnes).

### An American Place

125 E 50th St. **Plan** 13 A4. *715-2702.* ***Ouv.*** *de 11h45 à 14h30 du lun. au ven., de 17h45 à 21h30 du lun. au sam.* *AE, DC, MC, V.* $$$

Le propriétaire, Larry Forgione, prépare des menus très variés et des plats originaux de délicieuse cuisine américaine. Le restaurant est maintenant situé dans le nouveau Benjamin Hotel. Le menu change souvent et les plats du jour ne sont jamais décevants.

### Arcadia

21 E 62nd St. **Plan** 12 F2. *223-2900.* ***Ouv.*** *de 12h à 14h30 du lun. au sam., de 18h à 22h du lun. au jeu. (22h30 le ven. et sam.)* ***F.*** *certains j.f.* ★ *AE, DC, MC, V.* $$$$

Cet endroit élégant et superbement décoré situé en plein centre-ville séduira les gourmets, pour lesquels il est un véritable must. Son jeune chef, l'un des plus réputés de New York, est Anne Rosenzweig. Tous les plats sont délicieux et vous garderez un excellent souvenir de votre dîner. Malheureusement, il y a souvent foule et le bruit peut devenir gênant.

### Arizona 206

206 E 60th St. **Plan** 13 B3. *838-0440.* ***Ouv.*** *de 12h à 15h du lun. au sam., de 17h30 à 23h30 ven. et sam., de 17h30 à 22h30 le dim.* *AE, DC, MC, V.* $$$

Dans la salle aux murs blancs, des tables de bois sur un parquet ciré devant un feu de cheminée attendent les clients. Cailles rôties à la polenta, poivrons farcis et foies gras grillés rappellent la cuisine du Sud-Ouest. C'est un endroit très couru, surtout à l'heure du dîner, où la salle peut devenir bruyante. Vous pouvez aussi goûter aux délicieux amuse-gueule de l'Arizona 206 Café qui jouxte le restaurant et dont les menus sont infiniment moins coûteux.

### Aureole

34 E 61st St. **Plan** 12 F3. *319-1660.* ***Ouv.*** *de 12h à 14h30, du lun. au ven., de 17h30 à 23h du lun. au sam.* ★ *AE, DC, MC, V.* $$$$$

Situé dans un vieil immeuble superbement restauré, ce restaurant aux salles étroites est remarquable par son décor de fleurs et de bas-reliefs. Par temps chaud, son jardin est particulièrement agréable. La carte est excellente et régulièrement renouvelée, et le menu fixe permet de savourer le charme de l'endroit à moindre coût.

### B Smith's

771 8th Ave. **Plan** 12 D5. *247-2222.* ***Ouv.*** *de 12h à 23h du lun. au jeu., de 12h à 0h30 ven. et sam., 12h à 22h30 le dim.* *AE, DC, V, MC.* $$$

L'élite du showbiz new-yorkais fréquente ce restaurant spacieux, géré par Barbara Smith, un ancien mannequin. La nouvelle cuisine y est bonne, les prix sont raisonnables. À l'étage supérieur se trouve un café-terrasse, où des orchestres à l'heure du dîner, mettent une musique d'ambiance.

### The Four Seasons

99 E 52nd St. **Plan** 13 A4. *754-9494.* ***Ouv.*** *de 12h à 14h30, de 17h à 21h30 du lun. au ven., de 12h à 14h et de 17h à 23h le sam.* ***F.*** *certains j.f.* *occasionnellement.* ★ *AE, DC, MC, V, JCB.* $$$$$

Véritable institution depuis 1961, le Grill attire, au déjeuner, hommes d'affaires et décideurs. La vaste Pool Room, avec son bassin de marbre, est plus romantique et un bon endroit pour un dîner à prix fixe, avant le spectacle. La nouvelle cuisine se mélange aux plats européens et les desserts sont fantastiques. C'est cher, mais vous ne serez pas déçu. Réservation obligatoire.

### Gage & Tollner

372 Fulton St, Brooklyn. *(718) 875-5181.* ***Ouv.*** *de 11h30 à 15h30 du lun. au ven., de 17h à 22h du lun. au jeu. (23h le ven.), de 15h30 à 23h le sam.* *AE, DC, MC, V.* $$$

C'est l'un des meilleurs restaurants de poissons et crustacés du quartier, et son décor est théâtral. Vous y dégusterez huîtres et praires farcies, ainsi que des spécialités de la Caroline du Sud, telle la soupe de crabe de Charleston, à la crème, aux oignons et au sherry. Les hommes d'affaires y vont souvent déjeuner. La clientèle est plus diversifiée pour le dîner. Prenez un taxi.

### Gotham Bar & Grill

12 E 12th St. **Plan** 4 E1. *620-4020.* ***Ouv.*** *de 12h à 14h30 du lun. au ven., de 17h30 à 22h du dim. au jeu., de 17h30 à 23h ven. et sam., de 17h30 à 21h30 le dim.* *AE, DC, MC, V.* $$$$$

Dans un ancien entrepôt aux très hauts plafonds, entre des colonnes néo-classiques et un bar de marbre rose, vous dégusterez ce qui est certainement la plus fine gastronomie du quartier. Alfred Portale est un jeune chef talentueux, formé en France et spécialiste de la préparation des crustacés (goûtez sa fameuse salade de fruits de mer) et du gibier. Le prix est élevé, mais la nouvelle cuisine américaine y est exquise.

Légende des symboles, *voir p. 285*

## Gramercy Tavern

42 E 20th St. **Plan** 8 F5. *477-0777. **Ouv.** de 12h à 23h du dim. au jeu., de 12h à minuit ven., sam.* *AE, DC, MC, V.* $$$$

Ce restaurant récent, création de Danny Meyer de l'Union Square Café, propose une cuisine nouvelle inventive américaine dans un cadre qui pourrait faire penser à une auberge de campagne française. Goûtez les escalopes rôties au coulis de truffe. Tous les desserts sont délicieux. La cuisine servie dans la Tavern Room est aussi très bonne et beaucoup moins coûteuse.

## Grand Central Oyster Bar

Grand Central Station, Lower Level. **Plan** 9 A1. *490-6650. **Ouv.** 11h30-21h30 lun.-ven. **F.** certains j.f.* ★ *AE, DC, MC, V, JCB.* $$$

C'est un espace immense qui ressemble à une caverne. Peut-être l'une des meilleures adresses de la ville, pour la dégustation des poissons et crustacés. Malheureusement, à l'heure du déjeuner, on ne s'entend pas parler, tellement les sons résonnent sur les voûtes. Mais les aliments sont de première fraîcheur, les recettes simples et toujours excellentes. La carte des vins de Californie est très variée et les prix sont fort raisonnables.

## Hudson River Club

250 Vesey St. **Plan** 1 A2. *786-1500. **Ouv.** de 11h30 à 14h30 du lun. au ven., de 17h à 21h30 du lun. au sam., de 12h à 19h le dim. **F.** certains j.f.* *AE, DC, MC, V.* $$$$

Ce restaurant est situé au second étage de l'une des tours du World Financial Center. Le panorama sur le port et la statue de la Liberté est visible de toute la salle. Le menu, original, comprend des spécialités et des vins de la vallée de Hudson River.

## Mesa Grill

102 5th Ave. **Plan** 8 F5. *807-7400. **Ouv.** de 12h à 14h15 du lun. au ven., de 11h30 à 15h le sam. et dim., de 17h30 à 22h du lun. au jeu, de 17h30 à 22h30 les ven. et sam.* *AE, DC, MC, V.* $$$

Le Far West révisé façon New York. On y trouve des plats épicés et populaires du Sud-Ouest, en particulier de l'Arizona et du Nouveau-Mexique, et des combinaisons inhabituelles de mets grillés. Les prix sont raisonnables. Un public plutôt branché fréquente cet endroit.

## Peter Luger Steakhouse

178 Broadway, Brooklyn. *(718) 387-7400. **Ouv.** de 11h45 à 22h du lun. au jeu., de 11h45 à 23h ven. et sam., de 13h à 22h. le dim.* $$$$

Les connaisseurs affirment que c'est la meilleure *steakhouse* de toute la ville et qu'elle vaut nettement le détour. Les steaks et les doubles côtes d'agneau grillées sont énormes. La salle principale ressemble à un bar à bière allemand et dégage la même atmosphère. Le service est bon enfant et l'on s'y sent bien accueilli, ce qui est plutôt rare dans ce genre d'établissement.

## The Rainbow Grill

65th floor, GE Building, 30 Rockefeller Plaza. **Plan** 12 F5. *632-5000. **Ouv.** tlj pour le déjeuner et le dîner.* ★ *AE.* $$$$$

C'est l'un des endroits les plus magiques et les plus luxueux de la ville. Le panorama embrasse la cité entière. La cuisine vaut l'atmosphère et vous pouvez danser au son d'un orchestre, pour un prix certes élevé, mais justifié.

## The River Café

1 Water St, Brooklyn. **Plan** 12 F5. *(718) 522-5200. **Ouv.** de 12h à 23h tlj.* *AE, DC, MC, V.* $$$$$

L'une des plus belles vues sur les gratte-ciel de la ville. On y trouve une bonne nouvelle cuisine, des menus à prix fixe et des festins gourmets de six plats. Il est très prisé le soir, mais de jour la vue est magnifique et il est plus facile d'avoir une table près d'une fenêtre. Réservez !

## Santa Fe

72 W 69th St. **Plan** 11 C1. *724-0822. **Ouv.** de 12h à 23h le lun., de 12h à minuit du mar. au ven., de 11h30 à minuit le sam., de 11h30 à 23h le dim.* *AE, DC, MC, V.* $$

Une bonne adresse pour les visiteurs du Lincoln Center. Ce restaurant à la décoration du Sud-Ouest des États-Unis, avec sa cheminée, sert depuis des années une bonne cuisine épicée du Nouveau-Mexique.

## Savoy

70 Prince St. **Plan** 4 F3. *219-8570. **Ouv.** 12h-15h du lun. au sam. et 18h-22h30, lun.-jeu., 18h-23h ven.-sam., 18h-22h le dim.* $$

C'est un bistro confortable de SoHo. Le personnel est accueillant et la cuisine méditerranéenne bonne. La spécialité de la maison est le saumon grillé, servi avec une sauce à l'ail et aux amandes.

## Sign of the Dove

Park Ave South et E 25th St. **Plan** 13 B2. *861-8080. **Ouv.** de 12h à 14h30 du mar. au dim., de 17h30 à 23h du lun. au ven., de 17h30 à 23h30 le sam., de 18h à 22h le dim.* *AE, DC, MC, V.* $$$$$

Les couples se retrouvent dans cette charmante retraite aux petits recoins, aux tables bien espacées et aux murs ornés de miroirs. Situé dans un décor neuf et élégant, ce restaurant n'a rien perdu de son charme. C'est l'un des meilleurs restaurants de cuisine franco-américaine : on recommande le filet au foie gras.

## Sparks Steakhouse

210 E 46th St. **Plan** 13 B5. *687-4855. **Ouv.** de 12h à 15h du lun. au ven., de 17h à 23h du lun. au jeu., de 17h à 23h30 ven. et sam.* *AE, DC, MC, V.* $$$$$

Cet établissement, fort bien situé au centre-ville, évoque l'ambiance du film *Le Parrain*. On y savoure des steaks mais aussi des homards, d'une taille incroyable. C'est un restaurant où l'on va surtout déjeuner pour affaires ; il est souvent plein et bruyant. La carte des vins y est exceptionnelle, mais le service laisse à désirer.

## Sylvia's

328 Lenox Ave. **Plan** 21 B1. *996-0660. **Ouv.** de 8h à 22h30 du lun. au sam., de 12h30 à 19h le dim. **F.** à Noël.* *AE.* $ *(p. 228).*

Il est recommandé de s'y rendre en taxi, c'est Harlem. Mais la cuisine typique afro-américaine, côtelettes de porc au barbecue, poulet grillé, jambon aux haricots noirs, vaut le déplacement. Les serveurs peuvent vous appeler *dear* avec un accent merveilleux. N'oubliez pas de goûter à la tarte aux patates douces. On y sert aussi d'énormes et délicieux petits déjeuners.

## Tapika

950 8th Ave. **Plan** 13 D5. *397-3737. **Ouv.** de 12h à 14h30 tlj, de 17h30 à 22h30 du lun. au jeu., de 17h30 à 23h15 ven. et sam., de 17h à 21h le dim.* *AE, DC, MC, V.* $$$

La décoration très colorée est l'œuvre de David Rockwell (qui réalisa celle du Nobu) et la cuisine du Sud-Ouest est superbement innovatrice. À goûter : le thon au coriandre, ou le saumon mariné dans la tequila. Les brunches sont aussi excellents.

## TriBeCa Grill

375 Greenwich St. **Plan** 4 D5. *941-3900.* ***Ouv.*** *11h30-15h lun.-ven., 17h30-22h45 du lun. au jeu., de 17h30-23h15 le ven. , sam., de 11h30 à 15h et de 17h30 à 21h15 le dim.* *AE, DC, MC, V.* $$$$

Peut-être rencontrerez-vous le copropriétaire, Robert De Niro, et d'autres célébrités, près de l'énorme bar rond, au milieu du bistrot. Si vous chassez les stars, c'est là qu'il faut vous asseoir. Dans cet endroit très prisé, le décor est fait de murs de briques. Malgré l'agitation continuelle, la nourriture est bonne. La spécialité de la maison sont les desserts, tous délicieux.

## The '21' Club

21 W 52nd St. **Plan** 12 F4. *582-7200.* ***Ouv.*** *de 12h à 14h30, de 17h30 à 22h30 du lun. au ven. ; de 17h30 à 23h15 le sam.* ***F.*** *les sam. de mai à août.* *AE, DC, MC, V.* $$$$$

Bien que ses jours de gloire, du temps de la Prohibition, soient révolus, l'atmosphère en est encore imprégnée. Un portail de fer flanqué de statues marquent l'entrée. Les jeunes politiciens, ainsi que des personnalités du show business s'y retrouvent. Les prix de cette cuisine américaine sont élevés et le cadre un peu sévère. Les nouveaux propriétaires (Orient Express Hotels, Inc.) doivent y remédier.

## Union Square Café

21 E 16th. **Plan** 8 F5. *243-4020.* ***Ouv.*** *12h à 14h30 du lun. au sam., de 18h à 22h15 du lun. au jeu., de 18h à 23h15 ven. et sam., de 17h30 à 22h le dim.* ★ *AE, DC, MC, V.* $$$$

C'est l'un des meilleurs restaurants de New York, connu pour ses recettes originales aux influences américaine, italienne et française. Les prix sont modérés. Les hauts plafonds donnent une acoustique excellente qui permet de discuter tranquillement. La clientèle appartient essentiellement au monde de l'édition. L'accueil et le service sont de qualité. Spécialités de poissons. Les desserts sont délicieux, en particulier les tartes au citron et celles aux poires.

## Verbena

54 Irving Place. **Plan** 9 A5. *260-5454.* ***Ouv.*** *12h à 14h30, 17h à 22h lun. et mar., de 17h à 23h du mer. au sam., de 17h à 21h le dim.* *AE, DC, MC, V.* $$$

Ce nouveau restaurant, avec son charmant jardin d'herbes aromatiques à l'arrière, est tenu par la jeune propriétaire et chef Diane Forley qui utilise dans son menu inventif « nouvelle cuisine américaine » les meilleurs ingrédients naturels. Des plats inoubliables comme les raviolis à la courge, la terrine à la queue de bœuf, le thon saisi au concombre à la menthe. Les brunches dans le jardin sont très agréables.

## The Water Club

East River et 30th St. **Plan** 9 C3. *683-3333.* ***Ouv.*** *de 12h à 23h30 tlj.* *AE, DC, MC, V.* $$$$$

Le restaurant ressemble à une grande cage de verre illuminée et relie deux barges. Le parfait endroit pour déguster poissons et crustacés, en admirant la rivière. Les recettes sont originales. On recommandera le feuilleté de saumon aux épinards.

## The Water's Edge

44th Drive et East River, Long Island City. *(718) 482-0033.* ***Ouv.*** *de 12h à 15h du lun. au ven., de 18h à 23h du lun. au sam.* *AE, DC, JCB, MC V.* $$$$$

Par les baies vitrées, on aperçoit Met Life, Chrysler Building et autres symboles de Manhattan, de l'autre côté de la rivière. Il y règne une atmosphère magique, souvent grâce aux chanteurs qui s'y produisent. La nouvelle cuisine est préparée avec soin. Un ferry gratuit assure la traversée de 34th Street au restaurant.

## Windows on the World

1 World Trade Center, 107th Fl, West St. **Plan** 1 B2. *938-1111.* ***Ouv.*** *de 17h à 21h du dim. au mer., de 17h à 22h du jeu., au sam., de 11h à 14h le sam., brunch le dim. au bar.* ★ *AE, DC, MC, V.* $$$$$

Le restaurant est situé au 107e étage du World Trade Center et domine le port. Le panorama est éblouissant. C'est l'endroit idéal pour regarder les Tall Ships, ou les fêtes du 4 juillet. La qualité de la cuisine n'est pas proportionnelle à celle de la vue et les prix sont élevés. Il y a cependant un menu à prix fixe, bien meilleur marché. Le restaurant fonctionne comme un club à l'heure du déjeuner, mais, moyennant supplément, il vous accueillera même si vous n'êtes pas membre.

## Zoë

90 Prince St. **Plan** 4 E3. *966-6722.* ***Ouv.*** *de 12h à 15h du mar. au sam., de 11h30 à 15h le dim., de 18h à 22h30 du lun. au ven., de 17h30 à 23h30 le sam., de 17h30 à 22h le dim.* *AE, DC, MC, V.* $$$$

Artistes de SoHo et yuppies apprécient la nouvelle cuisine de ce restaurant situé dans un immeuble classé du XIXe siècle aux allures de loft, parsemé de hautes colonnes, et à la cuisine visible de la salle. Grand choix de bières à la pression et de vins américains. Viandes et poissons grillés sont les spécialités (filet d'agneau grillé accompagné d'un gratin de pommes de terre au raifort, saumon grillé au herbes).

# FRANÇAIS

Comme partout dans le monde, dîner de qualité rime souvent avec restaurant français. Ceux de New York, plutôt onéreux, servent de la haute cuisine au milieu d'une riche décoration florale. Les plus réputés sont en centre-ville et dans Upper East Side. Une génération plus récente de restaurants propose de la nouvelle cuisine, le plus souvent à des tarifs prohibitifs. Pour un cadre moins tapageur et un prix plus accessible, essayez ceux situés vers West Side et le quartier des théâtres. Nouveaux venus dans le monde de la restauration à la française, les bistrots proposent une nourriture simple et saine et un cadre informel, le tout à des prix intéressants.

## Alison on Dominick Street

38 Dominick St. **Plan** 4 D4. *727-1188.* ***Ouv.*** *de 17h30 à 22h45 du lun. au jeu, de 17h30 à 23h ven. et sam., de 17h30 à 21h30 le dim.* *AE, DC, MC, V.* $$$$

Ce lieu plutôt romantique et hors des sentiers battus sert des spécialités françaises et méditerranéennes ainsi que de la nouvelle cuisine américaine. Son cadre stylé, sombre et chaleureux, est idéal pour un tête-à-tête intime, et son bar est une attraction à lui tout seul.

## Le Bernardin

155 W 51st St. **Plan** 10 E4. *489-1515.* ***Ouv.*** *de 12h à 14h30 du lun. au ven., de 17h30 à 23h30 tlj.* ***F.*** *certains j.f.* *AE, DC, MC, V, JCB.* $$$$$

Légende des symboles, *voir p. 285*

Pour les connaisseurs, poissons et crustacés riment avec Le Bernardin. Plafond lambrissé, murs bleus, chaises recouvertes de tapisserie, le lieu est vaste et magnifique. Le poisson y est légèrement cuit, pour en retrouver la pleine saveur, et les desserts sont exquis ; goûtez les caramels. Ce restaurant est extrêmement cher mais le mérite.

## Café des Artistes

1 W 67th St. **Plan** 12 D2. *877-3500.* ***Ouv.*** *de 12h à 15h, de 17h30 à minuit du lun. au sam., de 10h à 15h, de 17h à 23h le dim.* ***F.*** *à Noël* ★ *après 17h.* ★ *AE, DC, MC, V.* $$$$

Cet endroit est toujours bondé et rayonne de joie de vivre. Peut-être est-ce l'influence des nymphes qui folâtrent sur les peintures murales de 1934, signées Howard Chandler, ou encore celle de l'excellente cuisine française. Il attire les personnalités du théâtre, de la télévision et du monde de l'édition. Spécialités de desserts, en particulier de délicieux biscuits hongrois et d'irrésistibles gâteaux au chocolat.

## La Caravelle

33 W 55th St. **Plan** 12 F4. *586-4252.* ***Ouv.*** *de 12h à 14h30 du lun. au ven., de 17h30 à 22h30 du lun. au sam.* *AE, DC, JCB, MC, V.* $$$$

Depuis plus de trente ans, ce bastion de la gastronomie sert des menus raffinés, dans une salle aux lumières tamisées, à une clientèle fidèle et élégante. Il y a eu récemment quelques timides innovations, mais le foie gras frais et le poisson sont toujours aussi savoureux. Menus à prix fixe pour le déjeuner, le dîner et le repas léger d'avant le spectacle.

## Les Célébrités

Essex House Hotel, 155 W 58th St. **Plan** 12 E3. *484-5113.* ***Ouv.*** *de 18h à 21h30 du mar. au sam.* *AE, DC, MC, V.* $$$$$

Ce restaurant, luxueusement décoré, n'a que quatorze tables. Les tapis sont épais, les colonnes dorées, les murs couverts de tableaux modernes. On y entre par le hall de l'hôtel Essex House. La cuisine y est fine, avec des touches orientales. On y retrouve la patte de l'ancien chef du Maurice. La présentation des poissons est particulièrement soignée.

## Chanterelle

2 Harrison St et Hudson. **Plan** 4 D5. *966-6960.* ***Ouv.*** *de 12h à 14h30 du mar. au sam., de 17h30 à 23h30 du lun. au sam.* ***F.*** *certains j.f.* ★ *AE, DC, MC, V.* $$$$$

Cet élégant petit restaurant de TriBeCa n'accueille pas plus de soixante couverts et propose un menu à prix fixe, excellent bien que limité. Le poisson y est toujours un délice et le plateau de fromages d'une abondance rare à New York. Les plats sont bien présentés. C'est un endroit romantique à souhait, avec de merveilleux arrangements floraux, un linge de table impeccable, de hauts plafonds et de jolies boiseries.

## Le Cirque 2000

455 Madison Ave. **Plan** 13 A2. *794-9292.* ***Ouv.*** *de 11h45 à 14h45, de 17h45 à 23h du lun. au sam., de 11h30 à 14h30 et de 17h30 à 22h30 le dim.* ★ *AE, DC, MC, V.* $$$$$

Sirio Maccioni a monté ce grand restaurant dans la magnificence des Villard Houses *(p. 174)* et la réputation de cet enfant chéri de New York reste intacte. On y déguste des plats excellents comme le *porcini*-risotto ou la sole aux asperges sauvages, ainsi qu'une mousse Arlequin au chocolat noir et blanc.

## La Côte Basque

60 W 55th St. **Plan** 12 F4. *688-6525.* ***Ouv.*** *de 12h à 14h du lun. au sam., de 17h30 à 22h30 du lun. au jeu., de 17h30 à 23h ven. et sam., de 17h à 22h le dim.* ***F.*** *certains j.f.* *AE, DC, JCB, MC, V.* $$$$$

Ce bastion de la cuisine traditionnelle française propose l'une des meilleures cartes des vins de la ville. Les plats sont classiques. Le décor est rustique ; on voit, au fond, une magnifique peinture murale représentant la côte française.

## Daniel

60 E 65th St. **Plan** 13 A2. *288-0033.* ***Ouv.*** *de 12h à 14h30, et de 17h45 à 22h30 du lun. au sam.* ★ *AE, DC, MC, V.* $$$$

Le patron et chef Daniel Boulud, originaire du Cirque, a créé un berceau de verdure avec un étalage fabuleux de fleurs de saison où l'on sert une des meilleures nouvelles cuisines françaises de la ville. Difficile de faire mieux que les cuisses de venaison au foie gras laquées au miel et au cumin ou que le plat de saison comme l'alose de chevreuil aux tomates séchées, aux amandes grillées et aux olives noires. La carte (déjeuner ou dîner) ressemble à un catalogue de créations inspirées et originales, joliment réalisées. Les menus de déjeuner et de dîner à prix fixes offrent, sans être bon marché, un excellent rapport qualité/prix dans ce restaurant extrêmement cher. Ainsi que l'on peut s'y attendre la carte des vins est excellente.

## La Grenouille

3 E 52nd St. **Plan** 12 F4. *752-1495.* ***Ouv.*** *de midi à 14h30, de 17h30 à 23h15 du mar. au sam.* *AE, DC, MC, V.* $$$$$

La Grenouille a tout ce à quoi on peut s'attendre dans un restaurant français de cette classe : des bouquets de fleurs éblouissants, un service discret, des plats habilement cuisinés, et une grande carte des vins. Il faut être là à l'heure du déjeuner, tant pour les excellents menus que pour observer le monde de la mode.

## Les Halles

411 Park Ave. South. **Plan** 9 A3. *679-4111.* ***Ouv.*** *de 12h à minuit tlj.* *AE, DC, MC, V.* $$$

Le quartier des Halles à Paris a donné le nom à cette brasserie française située à l'emplacement d'une boucherie : les spécialités sont tout naturellement des plats de viande servant les meilleurs morceaux. On y savoure le steak-frites, le filet mignon au poivre ou la choucroute. L'atmosphère est à la fête à la française, avec une salle fumeur et un cadre intime pour une soirée en tête-à-tête.

## Jean-Georges

1 Central Park West. **Plan** 11 D3. *299-3900.* ***Ouv.*** *du lun. au ven. de 12h à 15h et de 17h30 à 23h, 23h30 le ven. Le sam. soir seulement de 17h30 à 23h30. Exclusivement non-fumeurs, sauf au bar.* *V, MC, AE, D* $$$$$

Jean-Georges est un des rares restaurants new-yorkais auxquels le *New York Times* ait attribué 4 étoiles. Situé à l'angle de Central Park et de Colombus Circle, il dispose de grandes baies vitrées face au parc. Dans la deuxième salle à manger, Nougatine, l'atmosphère est plus décontractée et le repas moins cher.

## Jo Jo

160 E 64th St. **Plan** 13 A2.
*223-5656.* ***Ouv.*** *de 12h à 14h30, de, 18h à 23h30 du lun. au ven., de 17h30 à 23h le sam.* *AE, MC, V.* $$$$

Jo Jo copie l'intérieur d'une maison parisienne. Si vous voulez vous restaurer tranquillement, demandez une table à l'étage, dans le petit salon de style victorien. La salle de restaurant, toujours bondée, est beaucoup plus animée et souvent bruyante. Les plats sont originaux et les prix corrects. Il y a un déjeuner à prix fixe et une bonne carte des vins.

## Lespinasse

St Regis Hotel, 2 E 55th St. **Plan** 12 F4.
*339-6719.* ***Ouv.*** *de 7h à 10h et de 12h à 14h, de 17h30 à 22h du mar. au sam.* ★ *AE, DC, MC, V.* $$$$$

Un des plus chers de New York mais aussi un des meilleurs. Le calme de la salle de restaurant en est presque lourd, malgré quelques arrangements floraux. Mais ce qui importe ici, c'est cette cuisine chic française agrémentée d'une pointe asiatique. Il n'y a pas de mots pour exprimer la finesse des plats comme le risotto aux herbes avec sa fricassée de champignons, et les côtelettes et le confit de lapin présentés dans une sauce moutarde au romarin. Les desserts sont aussi spectaculaires. On sert aussi un menu végétarien (quatre plats) savoureux bien que coûteux.

## Lutèce

249 E 50th St. **Plan** 13 B4.
*752-2225.* ***Ouv.*** *de 12h à 14h du mar. au ven., de 18h à 22h du lun. au jeu., de 17h30 à 22h30 le ven., sam.* ***F.*** *le lun., en juil.-août et certains j.f.* ★ *AE, DC, JCB, MC.* $$$$

Ce restaurant français qui a fait autorité à New York pendant des années, a aujourd'hui perdu son faste avec l'arrivée d'autres restaurants excellents. Il reste néanmoins un lieu agréable pour dîner : essayez le pigeonneau grillé aux asperges et aux morilles ou la poule cuite sur feuille de choux. Il existe un menu à prix fixe abordable.

## La Métairie

189 W 10th St. **Plan** 3 C2. *989-0343.* ***Ouv.*** *de 17h30 à minuit du lun. au ven., de 12h à minuit le sam. et le dim.* *AE, DC, MC, V.* $$$$

Seulement une vingtaine de couverts, dans ce bistrot, toujours bondé, qui reproduit, avec un peu trop d'ostentation, le décor d'une petite ferme, avec ses volets blancs. On y sert une honnête cuisine française, solide et campagnarde, avec beaucoup d'ail.

## Montrachet

239 W Broadway. **Plan** 4 E5.
*219-2777.* ***Ouv.*** *de 12h à 14h le ven., de 18h à 22h du lun. au jeu., de 18h à 23h ven. et sam.* ★ *AE.* $$$$

Il ne paie pas de mine de l'extérieur et se compose de trois salles à manger assez ordinaires. Pourtant c'est l'un des meilleurs restaurants de la ville. Prenez votre temps pour lire le menu qui est très long. Dès que les plats arrivent, vous oubliez le décor. Le gibier est particulièrement excellent et les desserts irrésistibles. Les vins français et californiens sont à des prix corrects et le choix est large. On ne sert à déjeuner que le vendredi.

## Le Périgord

405 E 52nd St. **Plan** 13 C4.
*755-6244.* ***Ouv.*** *de midi à 15h du lun. au ven., de 17h30 à 22h tlj.* ***F.*** *le dim., en juil.-août, certains j.f.* *AE, DC, MC, V.* $$$$$

Ce restaurant renommé est l'un des favoris du personnel du siège des Nations Unies. On recommandera le rouget sauce langouste et le faisan aux choux. Les murs roses, les fleurs fraîches, l'éclairage tamisé et le calme créent une atmosphère intime et chaleureuse.

## Provence

38 MacDougal St. **Plan** 4 D3.
*475-7500.* ***Ouv.*** *de 12h à 15h, de 18h à 23h tlj.* ***F.*** *25 déc., 1er jan.* *AE.* $$$

Un bistrot aux prix raisonnables, au cœur de Greenwich Village. Il rappelle le midi de la France, par sa décoration et son menu. Les murs sont jaune pâle, les tables décorées de fleurs séchées. On vient y savourer bouillabaisse, ratatouille et tartelettes d'aubergines, dans un jardin d'hiver.

## Le Régence

Hotel Plaza Athénée, 37 E 64th St. **Plan** 13 A2. *606-4647.* ***Ouv.*** *de 7h à 10h, de midi à 14h30, de 18h à 21h30 tlj.* *AE, DC, MC, V.* $$$$$

Les luxueux chandeliers et le plafond peint de nuages en trompe-l'œil induisent en erreur car la cuisine est moderne, originale et particulièrement remarquable. Ce restaurant est cher, mais il propose aussi un menu de dîner à prix fixe.

## The Terrace

400 W 119th St. **Plan** 20 F3.
*666-9490.* ***Ouv.*** *de 12h à 14h30 du mar. au ven., de 18h à 22h du mar. au sam.* *AE, DC, MC, V.* $$$$

Bien qu'il soit trop cher et trop coté, la magnifique vue de la ville compense le service médiocre. Le décor est romantique, les tables éclairées à la bougie, le menu très ambitieux. Prenez un taxi à l'aller et au retour, le voisinage n'est pas sûr.

# ITALIENS

Avec les restaurants chinois, les restaurants italiens sont les plus nombreux et les plus populaires auprès des New-Yorkais. Dans Greenwich Village ou Little Italy, la robuste cuisine du Sud de l'Italie est la plus représentée, mais, depuis quelques années, la cuisine du Nord, plus élaborée, s'est développée dans tous les quartiers de la ville. Les recettes sont différentes, les prix aussi, la cuisine du Nord est en effet plus chère que celle du Sud.
Dans les restaurants italiens du Sud vous trouvez des tables de formica, des serveurs familiers avec les clients et une atmosphère joyeuse et bruyante. On y sert des soupes paysannes, du veau, des crevettes et des plats de légumes dont les fameuses aubergines au parmesan, des poivrons farcis, des sauces à base de tomates et de mozzarella.
Les restaurants du Nord, souvent plus élégants, proposent plutôt une variété de pastas avec des sauces riches en crème et en fromage, de la polenta, des gnocchis, du risotto, du gibier, des truffes et des champignons sauvages, des pains aux herbes, comme la *foccacia* ou le *bruschetta*.

## Barbetta

321 W 46th St. **Plan** 12 D5.
*246-9171.* ***Ouv.*** *de 12h à 14h, de 17h à minuit du lun. au sam.* ★ *AE, DC, MC, V, JCB.* $$$$

Par beau temps, le joli jardin de cette maison du XIXe siècle vous fait oublier que Broadway se trouve juste à deux pas. L'excellente cuisine italienne piémontaise que l'on sert dans ce restaurant élégant est chère mais le menu pré-théâtre est d'un bon rapport qualité/prix et la carte des vins généreuse.

Légende des symboles, *voir p. 285*

## Bice

7 E 54th St. **Plan** 12 F4. 688-1999. **Ouv.** *de 12h à minuit du lun. au sam., de 12h à 23h le dim.* AE, DC, MC, V. $$$$

Depuis son ouverture, en 1987, cette filiale de Bice de Milan a toujours attiré la jet set. On y déguste de délicieuses pâtes fraîches, des raviolis au homard, de la pasta aux cailles et de l'*arugula* dans un décor élégant, de style Art déco. La foule s'y presse. L'addition est à la mesure de la clientèle.

## Carmine's

2450 Broadway. **Plan** 15 C2. 362-2200. **Ouv.** *de 11h30 à 15h du lun. au ven., de 17h à 23h du lun. au jeu., de 17h à minuit le ven., de 11h30 à minuit le sam., de 14h à 22h le dim.* **F.** *25 déc.* AE, DC, MC, V. $$$

C'est le genre d'établissement du Sud de l'Italie que vous vous attendriez à trouver dans Little Italy et non pas dans Upper West Side. Il vaut mieux s'y rendre à plusieurs, car les portions sont énormes. C'est un restaurant sicilien gigantesque, très décontracté, familial et animé. Les plats, dont la qualité est correcte, mais souvent inégale, sont servis copieusement, pour un prix tout à fait acceptable.

## Cent'Anni

50 Carmine St. **Plan** 4 D3. 989-9494. **Ouv.** *de 12h à 16h du lun. au sam., de 17h30 à 22h45 tlj.* **F.** *25 déc., 1er jan.* AE, DC, MC, V. $$$

Pour une expérience dans West Village, c'est parfait. La solide cuisine florentine et les vins de Toscane à des prix raisonnables ont fait du Cent'Anni un endroit apprécié. Néanmoins, le service est médiocre et le restaurant très bruyant.

## Coco Pazzo

23 E 74th St. **Plan** 16 F5. 794-0205. **Ouv.** *de 12h à 15h, 18h à 23h30 tlj.* **F.** *une semaine en août.* AE, DC, MC, V. $$$$

Les *beautiful people*, riches et célèbres, fréquentent cette trattoria à la mode, aux murs ivoire et de style contemporain. C'est l'une des filiales du très chic Le Madri. Les tables sont proches les unes des autres et le bruit est parfois gênant. Le service peut être lent, mais les spécialités du Nord de l'Italie sont excellentes, en particulier le risotto aux fruits de mer.

## Da Umberto

107 W 17th St. **Plan** 8 E5. 989-0303. **Ouv.** *de 12h à 15h du lun. au ven., de 17h30 à 23h du lun. au jeu., de 17h30 à 23h30 le ven. et sam.* **F.** *25 déc. et 1er jan.* AE. $$$$

Dans les deux salles à manger, l'une sombre, aux lumières tamisées, et l'autre, à l'arrière, brillamment illuminée par une verrière, on sert une solide cuisine florentine, à base de gibier et de rôtis. On peut observer ce qui se passe dans la cuisine par des baies vitrées et voir passer les faisans, les côtes de veau ou le porc à l'ail. Bon rapport qualité/prix.

## Felidia

243 E 58th St. **Plan** 13 B3. 758-1479. **Ouv.** *de 12h à 14h30, du lun. au ven., de 17h à 22h30 du lun. au jeu., de 17h à 23h30 ven. et sam.* AE, DC, MC, V. $$$$

Il est fort agréable de dîner dans ce restaurant très couru, au décor rustique, avec des rangées de pots en cuivre bien astiqués, des murs de briques et des casiers à vin. On y sert une cuisine régionale de Trieste. On recommandera les gnocchis aux herbes, les délicieuses pâtes fraîches aux champignons et le risotto.

## Le Madri

168 W 18th St. **Plan** 8 E5. 727-8022. **Ouv.** *de 12h à 15h et de 17h30 à 23h tlj.* **F.** *une semaine en sept.* ★ AE, MC, V. $$$

Baptisé du nom des cuisinières, « les mères », qui préparent la plus savoureuse cuisine du Nord de l'Italie, ce remarquable restaurant est devenu, à juste titre, l'un des établissements les plus à la mode de la ville. Le décor, trop sobre, paraît presque triste, malgré quelques habiles sculptures alimentaires de Gerd Verschoor qui a également réalisé la tour penchée que l'on voit au bar. La caille aux poivrons rouges et à la saucisse est un régal, entre autres, et tous les plats végétariens sont excellents.

## Il Mulino

86 W 3rd St. **Plan** 4 D3. 673-3783. **Ouv.** *de 12h à 14h30 du lun au ven., de 17h à 23h du lun. au sam.* **F.** *en juillet et certains j.f.* AE, MC, V. $$$$

Presque trop sombre pour dîner, la salle aux murs de brique et aux chaises en bois serrées les unes contre les autres est plus agréable pour déjeuner, quand il y a moins d'affluence. Les amuse-gueule, en particulier les courgettes frites, y sont délicieux tout comme les pâtes fraîches. Mais l'attente au bar est toujours insupportable, malgré les réservations. C'est toutefois le meilleur restaurant italien du Village.

## Il Nido

251 E 53rd St. **Plan** 13 B4. 753-8450. **Ouv.** *de 12h à 15h, de 17h30 à23h du lun. au sam.* **F.** *4 Juillet, Thanksgiving et 25 déc.* AE, DC, MC, V. $$$

L'un des premiers restaurants de l'Italie du Nord à s'installer à New York, un peu délaissé aujourd'hui. Un charmant intérieur de ferme de Toscane vous prépare à la dégustation de plats délicieux, comme le risotto Nido ou les scampis au beurre d'anchois et aux câpres.
Le soir, la clientèle est élégante et les femmes très habillées.

## Orso

322 W 46th St. **Plan** 12 D5. 489-7212. **Ouv.** *de 12h à 23h45 du dim. au mar., jeu. et ven., de 11h30 à 23h45 mer. et sam.* **F.** *25 déc.* MC, V. $$$

Restaurant très fréquenté par les journalistes et le monde du théâtre. Le décor est plaisant et bien aéré, la cuisine est ouverte. Il est situé près de Broadway. On y sert de grandes pizzas et autres classiques italiens. La carte des vins est respectable, mais le menu un peu limité.

## Osteria del Circo

120 W 55th St. **Plan** 11 B4. 265-3636. **Ouv.** *de 11h30 à 14h30 du lun. au sam., de 17h30 à 22h30 du dim. au mar., de 17h30 à 23h le mer., jeu., de 17h30 à 23h30 le ven. et sam.* ★ AE, MC, V. $$$$

Que l'Osteria del Circo soit si éblouissante n'est pas surprenant. Sirio Maccioni, le patron du fabuleux restaurant Le Cirque 2000, y a imprimé sa marque et ses fils tiennent ce nouvel endroit avec autant de panache. Le thème du cirque est rappelé par de vives banderoles suspendues d'un bout à l'autre de la salle et les tables sont organisées comme à l'intérieur d'un chapiteau. On peut voir les cuisiniers à l'œuvre dans la cuisine ouverte sur la salle. On y sert une cuisine raffinée du Nord de l'Italie. Parmi de nombreux plats excellents, le carpaccio saisi et pané aux herbes aromatiques, les gnocchis aux crevettes et à la sauce de truffe noire, et les *calamaretti ripieni* (calmars aux crevettes et aux légumes). Ici, il vaut mieux ne pas penser à l'addition ; relaxez-vous, prenez plaisir à rencontrer le monde du showbiz et régalez-vous de cette cuisine délicieuse.

### Palio

151 W 51st St. **Plan** 12 E4.
*245-4850.* ***Ouv.*** *de 12h à 15h du lun. au ven., de 17h30 à 23h du lun. au sam.* ***F.*** *certains j.f.* *AE, DC, MC, V.*
$$$$$

Cet établissement porte le nom du fameux festival de Sienne. Une peinture murale, signée Sandro Chuia, représente les courses de chevaux qui ont lieu à cette occasion et décore le bar du rez-de-chaussée, où l'on peut déjeuner rapidement. À l'étage, la salle à manger est belle, mais la cuisine parfois inégale. Parce qu'il est proche de Broadway et situé dans Equitable Assurance Tower, la clientèle est faite d'assureurs comme de gens de théâtre. Il existe aussi un menu d'avant le spectacle.

### Parioli Romanissimo

24 E 81st St. **Plan** 16 F4.
*288-2391.* ***Ouv.*** *de 17h30 à 23h du lun. au sam.* *AE, DC, MC, V.* $$$$$

Ce simple restaurant situé dans une maison de Upper East Side possède l'atmosphère d'un club privé, avec même une cheminée. Dans ce décor, la cuisine italienne classique et le service sont parfaits, chose à laquelle on ne peut que s'attendre vus les prix ; c'est peut-être le restaurant italien le plus cher de la ville.

### Remi

145 W 53rd St. **Plan** 12 E4.
*581-4242.* ***Ouv.*** *de 12h à 14h du lun. au ven., de 17h30 à 23h30 du lun. au sam., de 17h30 à 22h le dim.* ***F.*** *Thanksgiving et 25 déc.* *AE, DC, MC, V.*
$$$$

La foule d'avant ou d'après la fin des spectacles s'y presse pour être vue. Ce restaurant bruyant et vivant est décoré d'une peinture murale représentant Venise et d'un pan de miroirs, devant une arcade fleurie. Les sièges, confortables, sont installés sur un parquet de bois rouge. Le service est bien fait et la cuisine du Nord de l'Italie excellente, particulièrement les desserts. La carte des vins italiens est très fournie et comprend une interminable liste de grappas.

### San Domenico

240 Central Park South. **Plan** 12 E3.
*265-5959.* ***Ouv.*** *de 12h à 14h30 du lun. au ven., de 17h30 à 23h du lun. au jeu., de 17h30 à minuit le ven. et sam., de 17h30 à 22h le dim.* ★ *AE, DC, MC, V.* $$$$$

C'est un décor romantique et luxueux, terracotta au sol, chaises de cuir et tables espacées, pour savourer la plus originale des cuisines du Nord. Le San Domenico est sans doute le meilleur restaurant italien de New York. L'anguille grillée aux feuilles de vigne est un échantillon du menu. Le soir, on y sert des collations d'avant spectacle à un prix raisonnable.

### Trattoria dell'Arte

900 7th Ave. **Plan** 12 E3.
*245-9800.* ***Ouv.*** *de 11h45 à 14h30, de 17h à 23h30 du lun. au sam., de 11h à 22h30 le dim.* ***F.*** *25 déc.* *AE, DC, MC, V.*
$$$$

Deux avantages principaux, selon les habitués du Carnegie Hall, le design intérieur de Milton Glaser et le plus grand bar d'antipasti de la ville. Partagez un plateau de hors-d'œuvre à prix raisonnable et appréciez le décor exubérant, puis traversez la rue, pour aller au concert. Le reste du menu, pizzas y compris, est quelconque.

## CHINOIS

À New York, les restaurants chinois sont aussi nombreux que les restaurants italiens. Du traiteur ou de la minuscule boutique bon marché, au restaurant de luxe du centre-ville ou Upper East Side, il y en a pour tous les goûts. Pour les visiteurs qui disposent d'un budget modeste, le repas chinois est certainement le choix le plus abordable.
Beaucoup de restaurants chinois de Manhattan sont du type *chop-suey-chow-mein* et se sont américanisés, depuis des décennies. Les restaurants les plus traditionnels sont à Chinatown, pour répondre à la demande de la population chinoise locale. Les restaurants du centre-ville sont plus élégants et servent parfois une nouvelle cuisine occidentalisée.
Dans les années 1980, les cuisines des provinces de Szechuan et du Hunan se sont développées et ont introduit les plats épicés de ces régions du Sud de la Chine. Récemment, les New-Yorkais se sont intéressés à la délicatesse et la subtilité de la cuisine de Canton.
La plupart des restaurants chinois ont des menus variés, et proposent des plats régionaux, épicés ou non. Les desserts sont le plus souvent limités aux glaces et aux fruits au sirop.
Les *dim sum* (petits raviolis cuits à la vapeur ou frits) se vendent à Chinatown le week-end, le matin, ou en début d'après-midi. Ce sont les brunches chinois. On peut choisir les plats sur chariot roulant de table en table et l'on boit du thé pour accompagner le repas.

### Bo Ky

80 Bayard St. **Plan** 4 F5.
*406-2292.* ***Ouv.*** *de 8h à 21h30 tlj.* ***F.*** *les deux jours des fêtes de Nouvel An chinois.* $

Bruyant et agité. On y fait la queue mais jamais longtemps. Vous y serez assis avec des inconnus et les serveurs parlent à peine l'anglais. Les nouilles aux fruits de mer et les soupes sont bon marché et délicieuses. Essayez les spécialités vietnamiennes.

### Canton

45 Division St. **Plan** 5 A5. *226-4441.* ***Ouv.*** *de 12h à 22h du mer. au jeu., de 12h à 22h30 ven. et sam. de 12h à 21h30 le dim.* ***F.*** *cinq semaines de juil. à mi-août.* $$

Le décor, le service et la nourriture y sont meilleurs que dans le reste de Chinatown. Les prix sont plus élevés, mais justifiés, en particulier pour les fruits de mer et les poissons. Le Canton ne sert pas d'alcool, mais vous pouvez apporter votre bouteille. Les cartes de crédit ne sont pas acceptées. Essayez ce que le serveur vous propose, car tous les plats ne sont pas inscrits en anglais sur le menu.

### Chin Chin

216 E 49th St. **Plan** 13 B5.
*888-4555.* ***Ouv.*** *de 12h à 23h45 du lun. au ven., de 17h à 23h45 le sam., de 17h à 23h le dim.* *AE, DC, MC, V.*
$$$

Légende des symboles, *voir p. 285*

On trouve ici, dans un décor occidental, des recettes de toutes les régions de Chine. Nous vous recommandons plutôt des plats originaux, comme les escargots à la coriandre dans un bouillon à l'ail et la salade de canard laqué émincé. Essayez aussi le canard fumé au thé, roulé dans de petites crêpes. Le reste du menu de ce restaurant haut de gamme est plus occidentalisé.

### Golden Unicorn

18 E Broadway. **Plan** 5 A5. *941-0911. **Ouv.** 9h à 23h tlj. AE, MC, V.* $$$

C'est un immense restaurant sur deux étages, à l'image de ceux que l'on trouve à Hong-Kong. Les murs sont ornés de miroirs. L'endroit est bruyant (les serveurs utilisent des talkies-walkies !) mais le lieu reste authentique avec ses tablées de familles asiatiques. Laissez-vous tenter par les raviolis aux ailerons de requin.

### Ollie's Noodle Shop & Grill

2315 Broadway. **Plan** 15 C4. *362-3111. **Ouv.** 11h30 à minuit tlj. AE, MC, V.* $$

C'est un restaurant typique, connu surtout pour ses soupes de nouilles. Ses potages copieux aux légumes, viandes, fruits de mer et *wontons* satisferont tous les appétits et les budgets modestes.

### Oriental Garden

14 Elizabeth St. **Plan** 4 F5. *619-0085. **Ouv.** de 8h30 à 1h du matin tlj. AE.* $$

Vous y goûterez les meilleurs fruits de mer de Chinatown, à condition d'accepter de partager votre table de formica avec des étrangers, de tolérer un mauvais service, la foule et un cadre déplaisant. Les plats cantonais sont également délicieux.

### Shun Lee Palace

155 E 55th St. **Plan** 13 A4. *371-8844. **Ouv.** de 12h à 23h tlj. **F.** Thanksgiving. AE, DC, MC, V.* $$$

Installé depuis vingt ans dans East Side, ce restaurant populaire, vaste et élégant, attire une clientèle fidèle. Le décor est sobre et les pièces sont isolées par des paravents. La carte des vins est bien remplie pour un restaurant chinois. Le menu propose des plats régionaux de Canton et du Szechuan. Les prix sont raisonnables par rapport à la moyenne du quartier.

### Shun Lee West

43 W 65th St. **Plan** 11 D2. *595-8895. **Ouv.** de 12h à minuit tlj. **F.** Thanksgiving. AE DC, MC, V.* $$$

Pratique pour se rendre ensuite au Lincoln Center, c'est l'équivalent du restaurant précédent ; on y trouve également une clientèle de fidèles. Pourtant, la cuisine et le service peuvent être inégaux, en particulier aux heures d'affluence. Goûtez ses spécialités du Szechuan, tels le crabe aux haricots noirs, la langouste en sauce et, en particulier, le délicieux émincé de bœuf.

### Tang Pavilion

65 W 55th St. **Plan** 11 B4. *956-6888. **Ouv.** de 11h30 à 22h30 tlj. AE, DC, MC, V.* $$

Ce restaurant chinois si simple et si haut de gamme dans Carnegie Hall est une aubaine. Qu'en plus, la cuisine y soit si savoureuse et les prix si raisonnables font du Tang Pavilion un vrai bijou. Goûtez aux spécialités de Shanghai, rares à New York.

## JAPONAIS

Les restaurants japonais sont très courus à New York et servent une excellente cuisine. La plupart se trouvent au centre-ville. On peut y déguster des spécialités de *sukiyaki* (légumes et viandes marinés, puis cuits dans une sauce à base de soja et d'alcool de riz), *tempura* (beignets de crevettes ou de légumes) ou *teriyaki* (viandes ou poissons, marinés dans de la sauce de soja, de sucre et d'alcool de riz, puis grillés). Les endroits les plus à la mode sont les *sushi bars*, sur le devant ou à l'arrière des restaurants, où l'on trouve un grand choix de poissons crus et de fruits de mer. Il servent des sushis, des rouleaux au riz, ou des sashimis que l'on trempe dans la sauce au soja et qui s'accompagnent de gingembre mariné et de moutarde verte. On y mange « à la baguette », quelquefois assis par terre, à même les tatamis.

### Hatsuhana

17 E 48th St. **Plan** 12 F5. *355-3345. **Ouv.** de 11h45 à 14h45, de 17h30 à 22h du lun. au ven., de 17h à 22h le sam. AE, DC, MC, V.* $$$$.

À première vue, on se demande pourquoi ce restaurant de sushis et sashimis, qui ne paye vraiment pas de mine, est si apprécié. Mais les connaisseurs savent bien qu'on y sert le poisson et les fruits de mer les plus frais et les plus variés de la ville. Asseyez-vous au bar et observez les chefs préparer les plats devant vous.

### Honmura An

170 Mercer St. **Plan** 4 E3. *334-5253. **Ouv.** de 12h à 14h30 du mer. au sam., de 18h à 22h du mar. au jeu., de 18h à 22h30 ven. et sam. de 18h à 21h30 le dim. **F.** 1re sem. de janv., 4 Juil. week-end de Labor day AE, DC, MC, V.* $$$

C'est un restaurant de création récente. Le service y est très chic, la cuisine fine et le décor élégant. Les spécialités de la maison sont les nouilles à la japonaise, que l'on appelle les *sobas*.

### Inagiku

Waldorf–Astoria Hotel, 301 Park Ave. **Plan** 13 A5. *355-0440. **Ouv.** de 12h à 14h du lun. au ven., de 17h30 à 22h tlj. **F.** certains j.f. AE, DC, JCB, MC, V.* $$$$

Peut-être le plus beau restaurant japonais de la ville. Un décor traditionnel, où vous pouvez déguster les spécialités de *tempura* ou un repas de gala très formel composé de dix plats, le dîner Kaiseki. Il s'agit d'un bouillon, suivi d'un hors-d'œuvre, d'un plat sauté, d'un autre grillé, d'une viande, de légumes, puis d'un poisson frit. Le tout est garni de légumes au vinaigre et servi avec du thé. Les produits utilisés dépendent de la saison.

### Iso

175 2nd Ave. **Plan** 4 F1. *777-0361. **Ouv.** de 17h30 à minuit du lun. au sam. **F.** certains j.f., une semaine en été. AE, MC, V.* $$$

La cuisine moderne d'Iso apprête sushis et fruits de mer d'une manière originale. Le décor est contemporain, l'ambiance de ce restaurant de East Village est chaleureuse, et les prix raisonnables pour le quartier. Nous vous recommandons le *teriyaki*.

### Nobu

105 Hudson St. **Plan** 3 B1. *219-0500. **Ouv.** 11h45-14h30, de 17h45 à 23h tlj. ★ AE, DC, MC, V.* $$$$

Nobu est devenu un *must* pour ses superbes sushis et sashimis et l'iconoclaste fantaisie des créations de son chef (dans lesquelles des ingrédients non japonais sont ajoutés à des plats traditionnels). Un décor ingénieux s'accorde parfaitement au cadre original de TriBeCa. Les prix sont assez élevés, mais les délices excentriques tels que les beignets de crevettes *tempura* à l'huile épicée au poivre rouge et les huîtres Kumamoto aux oignons Maui donnent un nouveau coup de fouet au menu japonais.

## Sushisay

38 E 51st St. **Plan** 13 A4. *755-1780.* ***Ouv.*** *de 12h à 14h15, de 17h30 à 22h du lun. au ven., de 17h à 21h le sam.* *AE, DC, MC, V.* $$$$

De la salle de style japonais, située en sous-sol, se dégage une atmosphère paisible et sereine. En contrepartie, le *sushi bar* du rez-de-chaussée, plus demandé, bourdonne d'activité. Le personnel est accueillant mais le service est parfois un peu lent et les plats proposés au menu manquent d'originalité.

# Sud-Est asiatique

La cuisine traditionnelle thaïlandaise s'est beaucoup développée au cours de ces cinq dernières années, mais les meilleurs restaurants sont à Los Angeles. À New York fleurissent les petits bistrots bon marché servant des plats épicés, aigres-doux et salés, accommodés avec de la coriandre, du galanga (une variété de gingembre), de l'ail, du tamarin et de la sauce aux piments rouges. Les sauces au curry thaïlandaises se différencient des indiennes par leur plus grande délicatesse. On pourra accompagner ces repas de bière thaïlandaise. La cuisine vietnamienne, qui commence à être connue, mêle influence thaïlandaise et recettes chinoises traditionnelles. Les spécialités sont fines, mais moins épicées que dans la cuisine thaïlandaise.

## Cendrillon

45 Mercer St. **Plan** 4 E2. *343-9012.* ***Ouv.*** *de 11h à 23h, du mar. au dim.* *AE, DC, MC, V.* $$

Dans un endroit spacieux et reposant au milieu d'un SoHo animé, on sert une cuisine de Malaisie et des Philippines joliment présentée et d'un prix modeste. Les nouilles aux patates douces avec les calmars grillés aux épices sont l'un des meilleurs plats.

## Le Colonial

149 E 57th St. **Plan** 13 B3. *752-0808.* ***Ouv.*** *de 12h à 14h et de 17h30 à 23h du lun. au ven., de 17h30 à minuit le sam., de 17h à 22h le dim.* *AE, DC, MC, V.* $$$

Un des endroit favoris du showbiz, Le Colonial, bien qu'il soit sous le signe des années d'avant-guerre, sert une cuisine vietnamienne moderne et sa clientèle est complètement « années 1990 ». La nourriture peut être très épicée, mais c'est toujours extra-frais, peu calorique et réellement délicieux. Essayez le savoureux rouget ou le ravioli vietnamien aux crevettes à la sauce noix de coco et curry.

## Lemongrass Grill

2534 Broadway. **Plan** 15 C4. *666-0888.* ***Ouv.*** *de 11h30 à 23h du lun. au ven., de 11h30 à minuit le sam., de 13h à 23h30 le dim.* *MC, V.* $

Alors que bien d'autres établissements tendent vers le haut de gamme, ce restaurant thaï bon marché propose des délices épicées comme de bonnes soupes et des plats de nouilles dans un décor tropical. Deux autres succursalles se trouvent à Greenwich Village et à Brooklyn.

## Mekong

44 Prince St. **Plan** 4 D3. *343-8169.* ***Ouv.*** *de 11h à 23h tlj.* *AE, MC, V.* $$

Ce joyeux petit restaurant vietnamien, à l'éclairage doux et sans chichis, rend service en proposant des plats authentiques à un prix raisonnable compte tenu de sa situation à SoHo.

## Monsoon

435 Amsterdam Ave. **Plan** 15 C4. *580-8686.* ***Ouv.*** *de 11h30 à 23h30 du lun. au jeu.* *AE, MC, V.* $$

Monsoon doit sa popularité à son mélange ingénieux et satisfaisant de cuisines thaï et vietnamienne et à ses prix étonnamment bas.

## Owen Thai

1485 1st Ave. **Plan** 17 C5. *249-5700.* ***Ouv.*** *de 17h à 23h du lun. au ven., de 17h à 23h30 le sam. et dim.* *AE, MC, V.* $$

Une authentique cuisine thaïlandaise épicée aux prix raisonnables dans un cadre spacieux et confortable. Le personnel est très serviable. En fonction du menu choisi (il y en a plusieurs), les prix sont de modérés à chers.

## Penang

109 Spring St. **Plan** 3 C4. *274-8883.* ***Ouv.*** *de 12h à minuit du lun. au jeu., de 12h à 1h du matin ven. et sam., de 13h à 23h le dim.* *AE, MC, V.* $

C'est devenu un rendez-vous à la mode à SoHo grâce à sa cuisine malaisienne originale et légèrement exotique et son décor tropical animé. Le poisson *pompano* servi avec une sauce aux haricots noirs est l'un des nombreux délicieux plats. Un autre restaurant légèrement plus cher se trouve à Queens *(321-2078).*

## Rain

100 W 82nd St. **Plan** 15 B4. *501-0776.* ***Ouv.*** *de 12h à 15h du lun. au ven., de 18h à 23h du lun. au jeu., de 18h à minuit le ven., de 17h à minuit le sam., de 17h à 22h le dim.* *AE, MC, V.* $$

Ce nouveau restaurant branché, bruyant et bondé propose des plats du Vietnam, de Thaïlande et de Malaisie. Repaire des personnalités du show-bizz, cet endroit met un point d'honneur à servir de bons plats comme des poissons entiers croustillants et propose un grand choix de bières. Le service peut être parfois un peu lent.

## Red Garlic

916 8th Ave. **Plan** 12 D5. *489-5237.* ***Ouv.*** *de 12h à 23h30 du lun. au ven., de 16h à 23h30 le sam., de 17h à 23h le dim.* *AE, DC, MC, V.* $$

Le décor de ce minuscule restaurant (l'ancien Siam Inn), très fréquenté, diffère à peine de celui d'un snack mais il est compensé par une excellente cuisine, copieusement servie par des serveurs aimables. La *plalad prig*, perche revenue à l'ail et aux piments, est particulièrement savoureuse. Les prix sont peu élevés. Le menu est d'un bon rapport qualité/prix.

## Vong

200 E 54th St. **Plan** 13 A4. *486-9592.* ***Ouv.*** *de 12h à 14h30, de 18h à 23h du lun. au ven., de 17h30 à 23h30 le sam., de 17h30 à 22h le dim.* ★ *AE, DC, MC, V.* $$$$

Sans doute le plus branché des restaurants thaïlandais à tendance française. Vong, décoré de couleurs brun cuivré, a l'air aussi beau que les élégantes assiettes savoureuses qu'il présente : des plats inoubliables comme le ris de veau grillé au satay réglissé et le sauté de foie gras au gingembre et à la mangue. On salive autant pour les desserts que pour le reste du menu. Les prix sont modérés par rapport à la qualité de la cuisine.

## Zen Palate

663 9th Ave. **Plan** 12 D3. *582-1669.* ***Ouv.*** *de 11h30 à 23h tlj.* *AE, DC, MC, V.* $$

Situé ans le quartier des théâtres, le Zen Palate est un restaurant chinois végétarien de grande classe. Les saveurs sont thaïlandaises, chinoises et japonaises. On trouve une autre filiale située au 34 E Union Square *(614-9291).* Plats à emporter.

Légende des symboles, *voir p. 285*

## Indiens et afghans

La qualité des restaurants indiens de New York s'améliore. Beaucoup proposent des buffets bon marché au déjeuner. Les plus abordables sont situés E 6th St entre 1st et 2nd Avenues. Leurs menus proposent de nombreuses variétés de curries d'agneau, de poulet, de crevettes ainsi que des légumes en sauce. Les restaurants indiens pallient à la pénurie de restaurants végétariens de Manhattan. Certains sont dotés de fours à *tandoori* où cuisent morceaux de poulet et pains. Presque tous servent de l'alcool, mais la meilleure boisson d'accompagnement reste la bière indienne. Il existe aussi une boisson sans alcool à base de yaourt, appelée *lassi*, que l'on peut siroter salée ou sucrée. Mélangée avec de la mangue, elle peut remplacer les desserts traditionnels qui semblent souvent trop sucrés.
Les quelques restaurants afghans de New York sont simples et bon marché. Leur cuisine ressemble à l'indienne mais est moins variée et moins épicée.

### Afghan Kebab House

764 9th Ave. **Plan** 12 D4.
*307-1612.* **Ouv.** *de 11h à 23h du lun. au sam.*

C'est un des trois établissements d'une même chaîne. Le menu diffère légèrement de l'un à l'autre, mais tous sont petits et sommairement décorés. Laissez-vous tenter par les brochettes, vous ne le regretterez pas. On n'y vend pas d'alcool, vous pouvez cependant en apporter. Les deux autres restaurants sont l'Afghan Kebab House II, 1345 2nd Ave. *(517-2776)* et l'Afghan Kebab House III, 155 46e Rue Ouest *(768-3875)*. Les prix sont tout à fait raisonnables.

### Darbar

44 W 56th St. **Plan** 12 F3.
*265-1850.* **Ouv.** *de 12h à 14h45 tlj., de 17h30 à 23h du lun. au sam., de 17h30 à 23h30 du ven. au sam., de 17h30 à 22h30 le dim.* *AE, DC, MC, V.*

On y sert sur plusieurs étages une excellente cuisine relevée à souhait – originaire du Nord de l'Inde – dans un cadre agréable et discret. Choisissez les plats végétariens et le buffet du déjeuner.

### Dawat

210 E 58th St. **Plan** 13 B3.
*355-7555.* **Ouv.** *11h30 à 15h du lun. au sam., de 17h30 à 23h du dim. au jeu., de 17h30 à 23h30 ven. et sam.* *AE, DC, MC, V.*

Tout ici porte la marque du célèbre chroniqueur gastronomique indien Madhur Jaffrey, qui sert de consultant à l'établissement. Dans un décor pêche-abricot, on y savoure une cuisine délicatement parfumée, savoureuse et originale, en particulier une grande variété de plats végétariens à prix modiques.

### Jewel of India

15 W 44th St. **Plan** 12 F5.
*869-5544.* **Ouv.** *de 12h à 15h, de 17h30 à 23h tlj.* *AE, DC, MC, V.*

Très pratique, à l'ouest de la 5e Avenue, pour ceux qui vont voir un spectacle ou explorer les boutiques du centre-ville. Le décor (et les serveurs !) sont typiques de l'Inde du Nord. Vous pourrez savourer d'excellents *tandooris* et autres plats à la carte, traditionnels et épicés mais assez chers. Vous choisirez plutôt le dîner à prix fixe, le buffet du déjeuner et le déjeuner d'affaires, meilleur marché. On peut aussi y grignoter de délicieux amuse-gueule pendant la *happy hour*.

### Pamir

1437 2nd Ave. **Plan** 17 B5.
*734-3791.* **Ouv.** *de 17h à 23h du mar. au dim.* *MC, V.*

La cuisine afghane est encore une nouveauté à New York, pourtant cet endroit au cadre aussi modeste que ses prix propose d'excellents plats à base de mouton, de délicieuses brochettes et sauces au yaourt. L'accueil est chaleureux et l'ameublement confortable. Le week-end, il faut parfois attendre avant d'obtenir une table, mais cela en vaut la peine.

### Saalam Bombay

317 Greenwich St. **Plan** 1 B1.
*226-9400.* **Ouv.** *de 12h à 15h, de 17h30 à 22h30 du dim. au ven.* *AE, DC, MC, V.*

Ce petit nouveau apporte de la grâce et de l'élégance à TriBeCa, avec un menu que l'on peut décrire comme de la grande cuisine indienne. Le meilleur moment pour goûter tous ces plats originaux est le déjeuner-buffet incroyablement bon marché pendant la semaine.

## Européens et orientaux

Certaines cuisines nationales sont peu représentées à New York. Parmi celles-ci, la cuisine méditerranéenne qui se caractérise par l'utilisation de poissons, de viandes grillées, de tomates, d'olives, de poivrons, d'huile d'olive, d'ail et de fines herbes. Peu fréquents également, les restaurants grecs servent des salades à la feta, des aubergines ou des feuilles de vigne farcies, du mouton rôti, du poisson et des desserts au miel comme le baklava. La cuisine marocaine propose du couscous, du poulet ou du mouton rôtis accompagnés de pruneaux, de figues ou d'amandes.
Les quelques restaurateurs scandinaves de Manhattan sont spécialisés dans les fruits de mer et le poisson ; ils sont très classiques et chers. Les restaurants russes et roumains sont plus simples, mais pas forcément bon marché. (Pour les spécialités kascher, voir la rubrique *Les delis, p. 304*).

### Aquavit

13 W 54th St. **Plan** 12 F4.
*307-7311.* **Ouv.** *de 12h à 15h, de 17h30 à 22h30 tlj.* *AE, DC, MC, V.*

C'est devenu le meilleur restaurant scandinave de la ville. Prenez place dans la salle à manger principale, l'Atrium, haute de huit étages, recouverte d'une véranda de verre et décorée d'une cascade et de cerfs-volants géants. Au buffet du Smorgasbord, essayez les hors-d'œuvre traditionnels, comme les harengs marinés, le pâté de renne, l'anguille, le saumon ou le gibier arctique. Au Café Aquavit, surplombant l'Atrium, les prix sont un peu plus abordables.

### Barney Greengrass

541 Amsterdam Ave. **Plan** 15 C3.
*724-4707.* **Ouv.** *de 8h30 à 16h du mar. au ven., de 8h30 à 17h du sam. au dim.*

Ce restaurant juif phare, est au saumon fumé ce que Tiffany est à la joaillerie. Connu pour ses fabuleux poissons fumés, on y sert aussi d'excellents borschts (soupes de betteraves) et un brunch typiquement juif qui propose les bagels, saumon fumé et crème de fromage *(cream cheese)*. On peut faire la queue longtemps aux heures d'affluence.

### Layla

211 West Broadway. **Plan** 4 E5.
*431-0700.* **Ouv.** *de 12h à 14h15 le ven. seulement, de 17h30 à 23h30 tlj.* *AE, DC, MC, V.*

Le nouveau Layla, qui appartient au patron du Nobu à TriBeCa, propose une cuisine du Moyen-Orient de rêve. Ni vraiment turcs, marocains ou égyptiens, les plats évoquent l'esprit du Moyen-Orient au travers de créations telles que les *falafels* et les *fish kebab* (brochettes de poissons) aromatisés au cumin sur du couscous. Goûtez absolument au *mezze* (assortiment d'entrées). On peut même assister à la danse du ventre et le bar à *mezze* reste ouvert jusqu'à minuit.

## Moroccan Star

205 Atlantic Ave, Brooklyn. *(718) 643-0800.* ***Ouv.*** *de 12h à 22h tlj.* *AE, MC, V.* $

L'« Étoile Marocaine » scintille dans cette rue connue pour ses restaurants moyen-orientaux bon marché. Quelques succulents plats marocains au menu. Régalez-vous d'un *tajine* (ragoût) de poulet, d'une *pastilla*, de *houmous* ou d'agneau. Les prix sont bas, l'atmosphère amicale, simple et familiale.

## Moustache

90 Bedford St. **Plan** 3 C2. *229-2220.* ***Ouv.*** *de 12h à minuit tlj.* $ *Fait partie d'une chaîne.*

Ce minuscule restaurant de West Village est une trouvaille pour ses plats du Moyen-Orient tels que les *falafels, ouzis* ou *babaganoughs*. L'addition est modeste et le *pitta bread* est toujours frais.

## Periyali

35 W 20th St. **Plan** 8 F5. *463-7890.* ***Ouv.*** *de 12h à 15h du lun. au ven., de 17h30 à 23h du lun. au sam.* *AE, DC, MC, V.* $$$

Ses murs blancs, son sol carrelé, ses poutres et son ambiance de taverne sont une véritable invitation au voyage… La nouvelle cuisine grecque y est superbe bien qu'un peu chère. Commandez le *spanakopita* et le poulpe grillé au feu de bois, ou un poisson au citron, à l'huile d'olive et aux herbes aromatiques.

## Picholine

35 W 64th St. **Plan** 11 C2. *724-8585.* ***Ouv.*** *de 11h45 à 14h du mar. au sam., de 17h30 à 11h45 du lun. au sam., de 17h à 22h le dim.* *AE, DC, MC, V.* $$$

Il y a mille raisons de se rendre dans ce nouveau restaurant franco-méditerranéen : un décor plutôt attachant qui rappelle la couleur des olives (d'où son nom), ses plats méditerranéens savoureux, sa carte des vins qui a reçu une distinction et un énorme plateau de fromages. Terry Brennan, le cuisinier s'est fait un nom avec de nombreux plats étonnants comme le filet d'agneau marocain aux épices.

## Sammy's Famous Roumanian

157 Chrystie St. **Plan** 5 A4. *673-0330.* ***Ouv.*** *de 15h30 à 22h30 du dim. au jeu., de 15h30 à minuit, ven. et sam.* *AE, MC, V.* $$$$

La cuisine n'est pas kascher, mais juive roumaine. Vous y découvrirez ses choux farcis, ses *kreplachs* frits (petits beignets à la viande ou au fromage, parfois servis dans un bouillon), ou sa soupe de poulet. Nul besoin d'être juif pour apprécier son atmosphère joyeuse, avec sa musique, ses conversations bruyantes et ses rires. Sur chaque table se trouve tout ce qu'il faut pour concocter soi-même un *egg cream* : lait, eau minérale gazeuse et sirop de chocolat. Les hors-d'œuvre comme le *derma* farci (une sorte de saucisse bouillie) sont remarquables, mais évitez les desserts plutôt quelconques.

# SUD-AMÉRICAINS ET ANTILLAIS

Malgré l'immigration massive en provenance d'Amérique latine et des Caraïbes, on ne trouve que peu de restaurants proposant les spécialités de ces régions. La cuisine antillaise, à base de noix de coco, de banane, d'ail, de riz et de haricots secs, est particulièrement relevée. Les restaurants brésiliens sont généralement conviviaux et leurs prix abordables. Allez y goûter la traditionnelle *feijoada* (ragoût aux haricots noirs). La cuisine mexicaine de New York n'a plus rien de typique tant elle est métissée d'influences texanes. Du fromage fondu recouvre les *enchiladas* (crêpes à base de maïs fourrées de bœuf haché ou de poulet). On y déguste aussi des *tamales* au maïs, des *fajitas* (fines tranches de bœuf grillées) et des *quesadillas* (pâte croustillante, remplie de fromage).

## Cabana Carioca

123 W 45th St. **Plan** 12 E5. *581-8088.* ***Ouv.*** *de 12h à 23h du dim. au jeu., de 12h à minuit ven. et sam.* *AE, DC, MC, V.* $$$

Il y a peu de restaurants brésiliens à New York ; celui-ci figure parmi les meilleurs. De plus, ses prix sont modérés. Il vaut mieux avoir faim en y allant, car les portions sont très copieuses. Des fresques, reprenant le folklore local, ornent les murs. La musique est un peu assourdissante mais après quelques verres de *caïpirinha*, la boisson nationale, vous oublierez le bruit environnant. On ne sert la *feijoada* que le mercredi et le samedi. Le reste du temps, ses steaks ou son poulet ne vous décevront pas.

## Lola

30 W 22nd St. **Plan** 8 F4. *675-6700.* ***Ouv.*** *de 12h à 15h du mar. au ven., de 18h à minuit tlj., de 9h à 14h30, de 18h à minuit le dim.* *AE, DC, MC, V.* $$$$

Dans ce restaurant installé dans un ancien entrepôt aménagé avec goût, on prépare de savoureux plats antillais épicés, ainsi que de la cuisine italienne et américaine (gibier, pâtes et fruits de mer). La spécialité demeure le poulet frit aux cent épices. Lola a disparu, mais il reste les chanteurs de blues, les soirées jazz ou reggae, et le gospel qui accompagne le brunch du dimanche.

## Riodizio

417 Lafayette St. **Plan** 4 F2. *529-1313.* ***Ouv.*** *de 17h30 à 22h, du dim. au jeu., de 17h30 à 23h30 le ven. et sam.* *AE, DC, MC, V.* $$$

La rôtisserie de style brésilien jouit d'une situation exceptionnelle près du Public Theater au cœur de Greenwich Village. Ce bel endroit spacieux est une affaire pour les affamés.

## Tropica

MetLife Bldg, 200 Park Ave. **Plan** 13 A5. *867-6767.* ***Ouv.*** *de 11h30 à 15h, de 17h30 à 22h du lun. au ven.* ***F.*** *certains j.f.* *AE, DC, MC, V.* $$$$

Ce séduisant restaurant évoque les tropiques par son décor de palmiers et de meubles en rotin. Il est très cher en raison de sa situation mais vaut le déplacement pour les gourmets. On y savoure une cuisine des îles originale dans laquelle poissons et fruits de mer se mêlent harmonieusement. Goûtez la morue au saké (alcool de riz japonais) avec sa sauce aux haricots noirs.

## Zarela

953 2nd Ave. **Plan** 13 B4. *644-6740.* ***Ouv.*** *de 12h à 15h du lun. au ven., de 17h à 23h du lun. au jeu., de 17h à 23h30 ven. et sam., de 17h à 22h le dim.* *AE, DC, MC, V.* $$

Zarela propose à sa jeune clientèle, pour des prix raisonnables, d'authentiques *tamales* (pâtés de maïs à la vapeur) et des *enchiladas* comme hors-d'œuvre. Des recettes subtiles, en provenance de la côte mexicaine, combleront les amateurs de poisson. Essayez le savoureux thon mariné dans la sauce Oaxacam *mole* ou la truite séchée à peine cuite ou grillée accompagnée de pâtes *chipotle* aromatisées au citron, à l'oignon et à la coriandre.

Légende des symboles, *voir p. 285*

# Repas légers et snacks

À Manhattan, on peut se restaurer quels que soient le lieu ou l'heure. Les New-Yorkais donnent l'impression de manger à longueur de journée : à un coin de rue, dans un bar, une *luncheonette* ou un *deli*, avant ou après le travail, même au petit matin ! Il y en a pour tous les goûts : bretzels, pâtisseries danoises, pizzas, sandwiches, marrons grillés ou *gyros* grecs à la viande de mouton… Que vous choisissiez le calme d'un salon de thé ou l'animation d'un *coffee shop*, d'un *diner* ou d'un bistrot ouverts la nuit ; que vous ayez envie d'un snack avant le théâtre ou en sortant d'une fête, vous trouverez toujours un moyen de satisfaire votre appétit sans vous ruiner, même si la qualité est variable.

## Les delis

Véritable institution new-yorkaise, c'est l'endroit idéal pour déjeuner d'un gros sandwich. **Carnegie Delicatessen**, souvent considéré comme le meilleur *deli* de la ville, en propose de merveilleux au corned-beef ou au pastrami.

Certains, comme **Katz's Deli**, proposent une nourriture kascher traditionnelle, mais la plupart se limitent à la vente à emporter. On s'y presse donc pour acheter d'énormes sandwiches relativement bon marché. Le personnel est généralement grincheux et impatient, et la grossièreté est presque une marque déposée chez **Stage Deli**, désormais plus fréquenté par les touristes que par les stars du showbiz.

Pour une authentique cuisine juive new-yorkaise, essayez **Second Avenue Delicatessen**, célèbre pour ses soupes, pickles, sandwiches au corned-beef, émincé de foie et autres spécialités kascher. Très couru, **Zabar's** a conquis les yuppies grâce à ses délicieux saumon fumé, pickles et salades.

Selon les connaisseurs, **Pastrami King**, dans le Queens, mérite bien son nom de roi du sandwich au pastrami.

## Les cafés, les bistrots et les brasseries

Depuis quelques années, cafés, bistrots et brasseries sont du dernier chic à New York. Chez **Balthazar**, Spring St., le clinquant est à tous les étages sauf à la cuisine, fabuleuse. Le **Café Centro**, près de Grand Central, souvent plein et bruyant à midi, attire une clientèle d'hommes d'affaires ; carte méditerranéo-provençale, avec soupe de poisson et de succulents desserts. Installée de longue date, **The Brasserie** propose une honnête cuisine française 24 h sur 24. Le **Bistro du Nord**, sur Madison Ave, joue la carte franco-américaine, non sans invention. Plus au sud, dans TriBeCa, **Odeon** est prisé pour son menu brasserie et ses horaires tardifs. À SoHo, **Raoul's** est un bistrot français à l'ambiance détendue, apprécié des artistes et autres habitués pour sa cuisine simple mais sûre. À Greenwich Village, l'**Elephant and Castle**, au décor minimal, permet de déjeuner d'une soupe-salade-omelette ou d'autres snacks, mais ses points forts sont le petit déjeuner et le brunch, abondants sans être ruineux. Le bar est en outre très animé. On se presse aussi **Chez Jacqueline** ; ce café exigu, situé à proximité de plusieurs salles de Broadway, propose un menu de bistrot français et attire toute une foule jeune, branchée et cosmopolite pour un dîner à prix modéré ou un souper tardif.

Dans le quartier des théâtres, **Victor's Café 52**, spacieux, vivant, latin, propose, à prix modéré, d'énormes portions d'une authentique cuisine cubaine. Ambiance garantie **Chez Josephine**, bistrot-cabaret animé par un pianiste de jazz. La scène est ici la principale attraction, et la cuisine française est excellente.

Petit, mais français à souhait, La **Boîte en Bois** propose une délicieuse cuisine de bistrot à distance commode de Lincoln Center. Non loin de là, **Vince and Eddie's** sert une cuisine américaine fiable, souvent géniale.

Inclassable, **Sarabeth's**, dans Upper West Side, peut être assimilé à un café. Le meilleur moment pour s'y rendre est le petit déjeuner ou le brunch du week-end, où gaufres, *French toasts*, crêpes et omelettes font le bonheur des familles. Il existe deux autres établissements, dont l'un au Whitney Museum.

New York n'a sans doute guère de bistrot plus français que **Les Halles**, dans le quartier de Gramercy. Tard le soir, il peut être très bruyant pendant le coup de feu, mais les fans estiment que sa cuisine le vaut bien.

## Les pizzerias

On trouve de la pizza partout à New York, pour quelques dollars la part à un comptoir de rue ou dans un fast-food, et dans les pizzerias napolitaines traditionnelles.

Certaines offrent un petit plus. Pâte fine et croustillante cuite au four à bois, et jazz *live* chez **Arturo's Pizzeria**. Menu toscan et délicieuses pizzas aux garnitures inédites chez **Mezzogiorno**. On se régale aussi de pâtes fines cuites au four traditionnel chez **Mezzaluna**, bondé, et chez **John's Pizzeria**, considérée comme la meilleure de Manhattan par ses nombreux fans (dont Woody Allen).

**Totonno Pizzeria**, à Coney Island, mérite un saut à Brooklyn de la part des vrais amateurs de pizza. Les pizzerias sont souvent l'endroit idéal pour un repas simple et peu cher, notamment avec des enfants. On ne peut généralement pas réserver, aussi la queue peut-elle être longue à l'entrée des meilleures.

## Les bars à hamburgers

Vous serez peut-être attirés par l'odeur des étals bon marché dans la rue. New York ne manque pourtant pas de lieux où acheter un hamburger ou un hot-dog de meilleure qualité, même s'il faut parfois compter 10 dollars pour un hamburger pur bœuf.

**Hamburger Harry's** propose, à prix raisonnable, d'épais hamburgers juteux à la viande grillée, avec un large choix de garnitures et une grande salade. Dans les établissements **Hard Rock Café**, les parts sont copieuses et l'ambiance animée.

Présent en cinq lieux, **Jackson Hole** séduit les enfants grâce à ses 28 variétés de hamburgers juteux et bien garnis. Si le décor tape-à-l'œil fait tiquer les adultes, l'addition sera à leur goût. C'est aussi un bon endroit où goûter la boisson new-yorkaise par excellence, l'*egg cream* *(p. 286)*.

Le **Beer Bar** du Café Centro attire une clientèle libérale. On y trouve une carte des bières peu commune, et de délicieux hamburgers.

Outre ses hamburgers savoureux et pas trop chers, sans doute les meilleurs de la ville, **Corner Bistro**, à Greenwich Village, propose un bon choix de bières. Ouvert jusqu'à 4 h du matin, c'est l'endroit idéal où finir la soirée.

## Les diners et les luncheonettes

On trouve des *diners* et des *luncheonettes*, aussi appelés *sandwich shops* ou *coffee shops*, à tous les coins de rue. La nourriture y est d'ordinaire quelconque, mais abondante et bon marché. Ils ouvrent généralement du petit déjeuner jusqu'à tard dans la soirée et l'on peut y prendre un café et se rassasier quasiment à toute heure.

Les années 1990 ont vu fleurir les copies de restos bon marché des années 1930. L'Empire Diner *(p. 136)* en est un exemple chic. **Broadway Diner**, dans Midtown, reproduit fidèlement un *diner* des années 1940. On y sert un bon petit déjeuner américain, avec pommes de terre sautées, hachis de corned-beef maison, et œufs pochés.

Artistes et célébrités ont élu **Jerry's**, à SoHo, pour ses sandwiches, salades et desserts inventifs et de copieux petits déjeuners ; et **Florent**, dans le West Village, pour une honnête cuisine française servie 24 h sur 24. Le **Kiev** ne paie pas de mine mais est réputé pour ses spécialités juives et d'Europe de l'Est, tel le bortsch. Ouvert toute la nuit, **The Coffee Shop**, à Union Square, joue la carte brésilio-américaine.

Dans Upper East Side, **E.A.T.**, d'Eli Zabar, sert des plats juifs haut de gamme (soupe à l'orge et aux champignons, pain *challah*, desserts succulents), mais chers.

Ses adeptes ne jurent que par **Viand**, dans East Side : petits déjeuners américains copieux et peu chers, bons hamburgers, *egg creams*, et les meilleurs sandwiches à la dinde de la ville. **Veselka** est une sandwicherie peu ordinaire, avec des spécialités ukraino-polonaises à prix imbattables.

## Les salons de thé

Les salons des grands hôtels new-yorkais sont pratiquement le seul endroit où trouver une vraie tasse de thé ; on y sert un élégant *afternoon tea* à prix fixe entre 15 h et 17 h.

Il s'accompagne de *cream cakes* et scones chauds beurrés à foison au Palm Court du **Plaza Hotel**. Chic suprême, le thé de l'hôtel **Carlyle** est servi sur mobilier Chippendale. La formule à prix fixe de l'**Hotel Pierre** est une des plus avantageuses. Au **Waldorf-Astoria**, le thé est servi avec de la crème du Devon ; l'hôtel **Stanhope** fait rimer abondance avec élégance, et permet de patienter jusqu'au dîner.

La nouvelle chaîne des charmants salons de thé **Saint's Alp** propose toutes sortes de boissons à base de thé, mousseuses, parfumées et colorées, servies sur de la glace pilée. Elle est présente au 51 Mott Street, près de Chinatown, et dans le quartier récent de Times Square. Au grand magasin Takashimaya, **The Tea Box** sert un véritable thé à la japonaise.

## Les cafés et les pâtisseries

La plupart des *diners*, *luncheonettes* et *coffee shops* permettent de boire un café correct, et en quantité illimitée, à partir de 75 cents. La mode est à présent aux bars à café, où l'on peut goûter de grands crus et des cafés gourmands, tels les cappuccino, espresso et *caffè latte*. Certains magasins de glaces ou pâtisseries ont aussi du bon café et proposent des gâteaux succulents.

Little Italy compte certains des cafés les plus agréables, tel le **Caffè Biondo**, où l'on ne résiste pas à la dégustation de cappuccino et gourmandises délicieuses, ou le **Caffè Vivaldi**, dans lequel on peut, sur ses tables en marbre, profiter de ses cafés, thés et desserts aux prix abordables. Depuis 1892, le **Caffè Ferrara** propose pâtisseries italiennes et bon café à prix doux, et en terrasse. Le **Caffè Dante** séduit, entre autres, les étudiants, qui s'installent volontiers dehors par beau temps.

Avec sa terrasse à l'européenne, le **Fledermaus Café** de South Street Seaport permet de boire un bon café et de profiter de l'animation du quartier.

À Chelsea, le **Candy Bar and Grill** sert d'excellentes pâtisseries et des cafés viennois dans un confortable décor du début du siècle. On peut aussi y dîner agréablement de plats autrichiens. Plus au nord, le **Caffè Bianco** revendique de fabuleux desserts, un bon café et des prix modérés. Beaucoup plus cher, le **Café Guy Pascal** sert de délicieuses pâtisseries françaises, de même que la **Payard Patisserie**. **Sant'Ambroeus** défend somptueusement la *pasticceria* milanaise, avec son bar à espresso et ses succulents desserts. **Rumpelmayer's** est le type même du glacier new-yorkais à l'ancienne ; c'est l'endroit rêvé où s'offrir un *egg cream* *(p. 286)* ou une coupe glacée. **Serendipity 3**, célèbre pour son folklore victorien, ses extraordinaires *sundaes*, son café et ses petits en-cas, le talonne de près. Livres, café et pâtisseries font bon ménage au **Barnes & Noble Café**, dans l'une des plus grandes librairies new-yorkaises.

## RÉPERTOIRE

### LOWER EAST SIDE

**Caffè Biondo**
141 Mulberry St.
**Plan** 4 F5.

**Caffè Ferrara**
195 Grand St.
**Plan** 4 F4.

**Fledermaus Café**
199 Water St.
**Plan** 2 E2.

**Katz's Deli**
205 E Houston St.
**Plan** 5 A3.

**Saint's Alp**
51 Mott St.
**Plan** 4 F4.

### SOHO ET TRIBECA

**Jerry's**
101 Prince St. **Plan** 4 D3.

**Mezzogiorno**
195 Spring St. **Plan** 4 D4.

**Odeon**
145 W Broadway.
**Plan** 1 B1.

**Raoul's**
180 Prince St.
**Plan** 4 D3.

### GREENWICH VILLAGE

**Arturo's Pizzeria**
106 W Houston St.
**Plan** 4 E3.

**Balthazar**
80 Spring St.
**Plan** 3 E4.

**Caffè Dante**
79 MacDougal St.
**Plan** 4 D3.

**Caffè Vivaldi**
32 Jones St. **Plan** 3 C2.

**Chez Jacqueline**
73 MacDougal St.
**Plan** 4 D2.

**Corner Bistro**
331 W 4th St.
**Plan** 3 C1.

**Elephant and Castle**
68 Greenwich Ave.
**Plan** 3 C1.

**Florent**
69 Gansevoort St.
**Plan** 3 B1.

### EAST VILLAGE

**Kiev**
117 2nd Ave. **Plan** 4 F2.

**Second Avenue Delicatessen**
156 2nd Ave.
**Plan** 4 F1.

**Veselka**
.144 2nd Ave. **Plan** 4 F1.

### GRAMERCY ET LE FLATIRON

**Les Halles**
411 Park Ave.
**Plan** 9 A3.

**The Coffee Shop**
29 Union Sq.
**Plan** 9 A5.

### CHELSEA ET LE QUARTIER DU VÊTEMENT

**Candy Bar and Grill**
131 8th Ave.
**Plan** 8 D2.

### LE QUARTIER DES THÉÂTRES

**Broadway Diner**
1726 Broadway.
**Plan** 12 E4.

**Carnegie Delicatessen**
854 7th Ave. **Plan** 12 E4.

**Chez Josephine**
414 W 42nd St.
**Plan** 7 B1.

**Hamburger Harry's**
145 W 45th St.
**Plan** 12 E4.

**Hard Rock Café**
221 W 57th St.
**Plan** 12 E3.

**Rumpelmayer's**
St Moritz Hotel,
50 Central Park S.
**Plan** 12 F3.

**Stage Deli**
834 7th Ave.
**Plan** 12 E4.

**Victor's Café 52**
236 W 52nd St.
**Plan** 11 B4.

### EAST SIDE MIDTOWN

**Beer Bar, Café Centro**
MetLife Building,
200 Park Ave.
**Plan** 9 A2.

### UPPER MIDTOWN

**Barnes & Noble Café**
Citicorp Building,
160 E 54th St.
**Plan** 13 A4.

**Plaza Hotel**
Palm Court, 768 5th Ave.
**Plan** 12 F3.

**The Brasserie**
100 E 53rd St. **Plan** 13 A4.

**The Tea Box**
Takashimaya, 693 5th Ave.
**Plan** 12 F2.

**Waldorf-Astoria**
301 Park Ave.
**Plan** 13 A5.

### UPPER EAST SIDE

**Bistro du Nord**
1312 Madison Ave.
**Plan** 17 A2.

**Café Guy Pascal**
1231 Madison Ave.
**Plan** 17 A3.

**Caffè Bianco**
1486 2nd Ave.
**Plan** 17 B5.

**Carlyle**
35 E 76th St. **Plan** 17 A5.

**E.A.T.**
2 E 61st St.
**Plan** 12 F3.

**Hotel Pierre**
2 E 61st St.
**Plan** 12 F3.

**Jackson Hole**
232 E 64th St.
**Plan** 13 B2.

**John's Pizzeria**
408 E 64th St.
**Plan** 13 C2.
*Fait partie d'une chaîne.*

**Mezzaluna**
1295 3rd Ave.
**Plan** 17 B5.

**Payard Patisserie**
1032 Lexington Ave.
**Plan** 13 A1.

**Sant'Ambroeus**
1000 Madison Ave.
**Plan** 17 A5.

**Serendipity 3**
225 E 60th St.
**Plan** 13 B5.

**Stanhope**
995 5th Ave.
**Plan** 17 A4.

**Viand**
1011 Madison Ave.
**Plan** 17 A5.

### UPPER WEST SIDE

**La Boîte en Bois**
75 W 68th St.
**Plan** 11 C1.

**Sarabeth's**
423 Amsterdam Ave.
**Plan** 15 C4.

**Vince and Eddie's**
70 W 68th St.
**Plan** 11 C1.

**Whitney Museum**
945 Madison Ave.
**Plan** 17 A5.

**Zabar's**
2245 Broadway.
**Plan** 15 C2.

### BROOKLYN

**Totonno Pizzeria**
1524 Neptune Ave.
**Plan** 7 C5.

### QUEENS

**Pastrami King**
124 Queens Blvd,
Kew Gardens.

# Les bars new-yorkais

Véritables institutions new-yorkaises, les bars jouent un rôle important dans la vie sociale de la cité. Il est habituel pour les New-Yorkais de passer la soirée en déambulant de bar en bar, tous offrant quelque chose de plus que la boisson : de bons petits plats, une piste de danse, un concert ou des bières importées. Ils sont innombrables dans Manhattan – il y en a pour tous les goûts et toutes les bourses.

## Les règlements et les usages

La plupart des bars sont ouverts de 11 h du matin à minuit, et certains jusqu'à 2 h ou 4 h du matin, limite de l'horaire légal. De nombreux bars ont des *happy hours* de 17 h à 19 h, et proposent alors deux boissons pour le prix d'une *(twofer)* et des amuse-gueule gratuits. Les serveurs sont autorisés à refuser quiconque leur semble avoir déjà trop bu.

La consommation d'alcool est interdite en-dessous de 21 ans. Le barman peut exiger une pièce d'identité justifiant de votre âge. Les enfants ne sont généralement pas admis dans les bars.

Toutes les consommations se règlent habituellement en bloc, à la sortie. L'usage est de laisser au serveur un pourboire d'environ 10 %, ou de 50 cents par verre. Le barman n'a pas de doseur ; si vous voulez un grand verre, le mieux est d'aller au bar et de régler votre générosité sur la sienne. Les boissons servies en salle sont plus chères qu'au bar.

Une tournée peut revenir très cher ; mieux vaut commander un pichet de bière d'un *quart* (95 cl) ou d'un *half gallon* (190 cl).

Évitez les bars « gratuits pour les dames » : vous y risquez des rencontres suspectes. Certains pubs new-yorkais n'admettent les femmes que depuis peu, par obligation légale. Aujourd'hui encore, nombre de femmes préfèrent ne pas aller seules dans certains bars. Hôtels et bars pour célibataires sont le meilleur refuge contre les importuns, et encore !

## Que boire ?

On trouve pratiquement tout ce que l'on désire dans les bars new-yorkais. La boisson la plus populaire est la bière, servie glacée. La plupart des bars vendent de grandes marques américaines comme Budweiser, Coors ou Miller, ou des bières étrangères cotées, comme Bass, Becks ou Heineken, voire de la Guinness à la pression. Certains pubs anciens, ou bars récents mais chic, offrent un choix beaucoup plus important de bières d'importation ou de petites marques locales, telle la populaire Brooklyn Lager. Les brasseries artisanales sont actuellement à la mode, notamment parmi les jeunes. Elles produisent en petite quantité des bières très parfumées, souvent inspirées des spécialités européennes (allemandes, belges ou anglaises).

Les cocktails – rhum-coca, martini sec, scotch ou bourbon servi *straight up* (sans glace) ou *on the rocks* (avec glace), gin-tonic, vodka-tonic – ont aussi beaucoup de succès. Les bars servent souvent du vin, même si la mode du *wine bar* a été remplacée par celle de l'*olive bar*.

## Que manger ?

Les bars servent généralement des snacks tout au long de la journée : hamburgers, frites, salades, sandwiches ou de délicieuses ailes de poulet épicées. Rien de tel que la *happy hour* pour se rassasier sans bourse délier d'amuse-gueule chauds ou froids. Dans la plupart des bars, la cuisine ferme juste avant minuit.

## Les bars à la mode

Il y a souvent foule chez **BB's** (anciennement Bowery Bar), l'un des bars les plus « in » du moment, pour admirer les stars. La prétention actuelle ferait presque oublier que c'était autrefois une station-service.

Ambiance garantie au **Bar Six**, rendez-vous des fêtards excentriques et branchés du Village ; à la carte, bières artisanales et cuisine à l'accent marocain. **SoHo Kitchen and Bar** est une sorte de loft élégant avec un long bar en brique et des tables sur plusieurs niveaux ; bonnes pizzas, carte de près de 400 vins, et bon choix de bières. L'**Odeon** baigne aussi dans l'atmosphère animée de SoHo et de TriBeCa. Chez **Mortimer's**, dans Upper East Side, mieux vaut observer la « haute société » de notre époque au bar, plutôt que de se ruiner au restaurant, très ordinaire. Les bars à cigares sont le nouveau paradis des fumeurs. **The Cigar Room at Trumpets** propose 36 variétés de cigares premier choix, tout un choix de scotches pur malt, et ouvre la porte de son restaurant aux fumeurs. Ambiance de club anglais au **Bar and Books**, où l'on peut fumer, boire et grignoter devant un bon feu, avec du jazz *live* le week-end. À la même adresse, le Beekman Bar and Book.

## Les bars panoramiques

Le temps d'une bière, les financiers apprécient l'**Edward Moran Bar and Grill**, au World Financial Center, et sa vue sur le port et la statue de la Liberté. **The Greatest Bar on Earth** offre lui aussi un panorama sur la statue de la Liberté et la ville entière. Par beau temps, Midtown ne jure plus que par la terrasse du sympathique **BP Café**. Superbe vue sur Central Park à la **Tavern on the Green**. Dommage que l'intérieur soit si clinquant, car le jardin est fantastique.

### LES BARS HISTORIQUES ET LITTÉRAIRES

Le plus typique des bars new-yorkais est sans doute **McSorley's Old Alehouse**, vieux pub irlandais à l'accueil particulièrement renfrogné. Ouvert depuis 1854, c'est aussi l'un des plus anciens ; au menu, bon choix de bières, et savoureux *ploughman's lunch* (assiette froide).

Dès 1812, on trouve **The Ear Inn** à cet endroit de SoHo. Intérieur sombre et exigu à souhait, avec un long bar en bois où viennent s'accouder poètes et écrivains.

Le Village a quelques très vieux bars, dont **Chumley's**, vrai *speakeasy* (bar clandestin) de l'époque de la Prohibition. Il y fait bon s'arrêter en hiver, quand le feu brûle dans la cheminée.

Refuge favori de Dylan Thomas, et modeste témoin des années 1880, la **White Horse Tavern** reste appréciée des cercles littéraires et universitaires. On peut s'installer dehors par beau temps.

**Peculier Pub** comblera les amateurs de bière avec plus de 360 variétés du monde entier. Revers de la médaille, le personnel est parfois cassant et peu compétent.

Dans le quartier de la finance, **Fraunces Tavern**, datant de 1719 *(p. 76)*, dégage une atmosphère plaisante, quoique un peu trop touristique. Fidèle au poste depuis 1864, **Pete's Tavern** est un des poins chauds de Gramercy jusqu'à 2 h du matin. On apprécie son côté victorien, sa bière maison, la Pete's Ale, et ses nombreuses « pression ». Non loin de là, l'**Old Town Bar**, vieux pub irlandais créé en 1892, plaît aux milieux de la publicité.

S'il n'attire plus autant les célébrités, **Sardi's** sert toujours d'annexe aux reporters du *New York Times* ; les caricatures de gens connus tapissent les murs, et le bar du deuxième étage ne lésine pas sur la quantité.

Plein à craquer aux heures de sortie des bureaux, **P. J. Clarke's** est un pub irlandais apprécié des New-Yorkais depuis sa création, dans les années 1890. Toujours dans East Side, **Elaine's** est le refuge des gens de lettres, de New York ou d'ailleurs. Tâchez de vous installer non loin de la table d'Elaine, où tout se passe. La nourriture est quelconque.

Discret, **P. J. Carney's** accueille les musiciens et les artistes près de Carnegie Hall depuis 1927. On y sert des bières irlandaises et de bonnes *shepherd's pies*.

### LES BARS JEUNES ET BRANCHÉS

Chez les 20-30 ans, la mode est en ce moment aux pubs-brasseries, qui brassent leur propre bière, et aux bars proposant une multitude de bières artisanales ou étrangères. L'ambiance règne à la **Chelsea Brewing Company**, grand pub-brasserie donnant sur Hudson River, au complexe sportif de Chelsea Piers. Dans le quartier tout proche de Gramercy, essayez **Heartland Brewery**, nouvel établissement qui fait fureur, et un des meilleurs dit-on ; cinq bières maison, dont la fabuleuse India Pale Ale, et de nombreuses spécialités de saison, telles ces ales au potiron.

Dans les quartiers résidentiels, la **Westside Brewing Company** séduit une clientèle jeune et de voisinage par des ales et des bières fruitées maison. Dans l'ancien quartier allemand, la **Yorkville Brewery & Tavern** a une ambiance de bar sportif qui plaît bien. Carte des bières fournie, et honnête cuisine de pub servie au bar.

Bons plats, longue liste de bières, musique *live* à l'étage : **Brews**, dans le quartier du vêtement, séduira tous les amateurs de pubs.

Les Britanniques se sentiront comme chez eux au **Manchester**, avec sa confortable ambiance de pub, ses 40 bières en bouteille et 18 à la pression, dont la Watneys ou la Newcastle Brown Ale, pas si fréquentes à New York.

Dans East Village, **d.b.a.** – faut-il comprendre *don't bother to ask* « inutile de demander », ou bien *draft beer available* « bière à la pression » ? – sert 14 bières à la pression, une multitude de bières artisanales, et 50 whiskies pur malt.

**Brother Jimmy's BBQ**, au nord, attire une population étudiante ; ambiance et décibels garantis, mais aussi travers au barbecue, dans la plus pure tradition du Sud.

À South Street Seaport, le **North Star Pub** occupe un bâtiment datant de 1821. Il se recommande notamment par un vaste choix de bières anglaises et irlandaises à la pression, et par près de 70 whiskies pur malt.

La **Park Slope Brewery Company** a deux adresses à Brooklyn, appréciées des jeunes pour leur carte de 12 bières artisanales et bières de saison, leurs en-cas corrects et leur ambiance animée.

### LES BARS POUR CÉLIBATAIRES

Toujours très populaires, ces bars sont parfaits pour lier connaissance. On en trouve dans toute la ville, mais surtout dans les quartiers est du centre de Manhattan. L'addition y est parfois salée, avec la bière à 3 dollars ou plus.

De style Art déco, le **Beer Bar** est le dernier endroit à la mode ; bon choix de bières et plats à la bière intéressants. Ambiance survoltée et cuisine du Sud honorable au **Live Bait**, très fréquenté des mannequins.

### LES BARS GAYS ET LESBIENS

Les bars gays se concentrent à Greenwich Village, ainsi qu'à SoHo, dans East Village, à Chelsea et à Murray Hill ; les bars lesbiens, à Greenwich Village et dans East Village. Les journaux *Native* ou *Village Voice* et le Gay and Lesbian Switchboard *(p. 343)* donnent les adresses du moment.

### LES BARS DES HÔTELS

Central, l'Algonquin Hotel *(p. 143)* était très fréquenté par les gens de lettres dans les années 1920-1930. Le Lobby Bar et le Blue Bar permettent de prendre un verre tranquillement avant de dîner ou de sortir.

Le bar circulaire situé dans l'élégant hall d'accueil du **Royalton Hotel** est le lieu parfait où prendre un verre en observant les allées et venues du monde du spectacle. C'est l'un des rendez-vous favoris des journalistes de mode. Toujours dans le quartier des théâtres, le **Whiskey Bar** du Paramount Hotel, entièrement vitré, est lui aussi très branché. Dans Lower Midtown, le **Sun Garden** offre un décor de verre particulièrement agréable aux beaux jours, lorsqu'il est inondé de soleil.

Le **Bull and Bear** du Waldorf-Astoria, datant de la Prohibition, respire le confort et l'histoire ; carte des boissons exotique, et une « Bull and Bear » à la pression.

Près de Central Park, l'**Oak Room** du Plaza Hotel est un endroit huppé qui permet d'en mettre plein la vue… à prix très élevé. La **King Cole Room** du St Regis tire son nom d'une fresque colorée de Maxfield Parrish, derrière le bar, qui anime cette pièce élégante.

Avec son ambiance de club anglais, ses gravures de chasse et ses lambris en acajou, **Journeys**, à l'Essex House Hotel, ravira les nostalgiques de la vieille Albion.

Prix acceptables au **Randolf's** du Warwick Hotel, surtout pendant la *happy hour*, où les amuse-gueule sont délicieux et gratuits.

## RÉPERTOIRE

### LOWER MANHATTAN

**BB's**
40 E 4th St. **Plan** 4 F2.

**Edward Moran Bar and Grill**
World Financial Center, 250 Vesey St. **Plan** 1 B2.

**Fraunces Tavern**
54 Pearl St. **Plan** 1 C4.

**North Star Pub**
93 South St, South St. Seaport. **Plan** 2 D3.

**The Greatest Bar on Earth**
1 World Trade Center, Church St. **Plan** 1 B2.

### SOHO ET TRIBECA

**Odeon**
145 W Broadway. **Plan** 4 E4.

**SoHo Kitchen and Bar**
103 Greene St. **Plan** 4 E3.

**The Ear Inn**
326 Spring St. **Plan** 3 C4.

### GREENWICH VILLAGE

**Bar Six**
502 6th Ave. **Plan** 4 D1.

**Chumley's**
86 Bedford St. **Plan** 3 C2.

**Peculier Pub**
145 Bleecker St. **Plan** 4 D3.

**White Horse Tavern**
567 Hudson St. **Plan** 3 C1.

### EAST VILLAGE

**d.b.a.**
41 1st Ave. **Plan** 5 A1.

**McSorley's Old Alehouse**
15 E 7th St. **Plan** 4 F2.

### GRAMERCY

**Heartland Brewery**
35 Union Square W. **Plan** 9 A5.

**Live Bait**
14 E 23rd St. **Plan** 8 F4.

**Old Town Bar**
45 E 18th St. **Plan** 8 F5.

**Pete's Tavern**
129 E 18th St. **Plan** 9 A5.

### CHELSEA ET LE QUARTIER DU VÊTEMENT

**Brews**
156 E 34th St. **Plan** 9 A2.

**Chelsea Brewing Company**
Pier 59 11th Ave. **Plan** 7 B5.

### QUARTIER DES THÉÂTRES

**P. J. Carney's**
906 7th Ave. **Plan** 12 E3.

**Randolf's**
Warwick Hotel, 65 W 54th St. **Plan** 12 F4.

**Royalton Hotel**
44 W 44th St et Fifth Ave. **Plan** 12 F5.

**Sardi's**
234 W 44th St. **Plan** 12 F5.

**Whiskey Bar**
Paramount Hotel, 235 W 46th St. **Plan** 12 E5.

### LOWER MIDTOWN

**Beer Bar**
MetLife Bldg, 200 Park Ave. **Plan** 9 A2.

**BP Café**
Bryant Park, 25 W 40th St. **Plan** 7 B1. *Ouvert seulement en été.*

**Sun Garden**
Grand Hyatt Hotel, Grand Central, 42nd St. **Plan** 9 A1.

**The Cigar Room at Trumpets**
Grand Hyatt Hotel, Grand Central Station, E 42nd St. **Plan** 13 A5.

### UPPER MIDTOWN

**Bar and Books**
889 1st Ave. **Plan** 13 C2.

**Bull and Bear**
Ground fl, Waldorf-Astoria Hotel, Lexington Ave et E 49th St. **Plan** 13 A5.

**King Cole Room**
St Regis Hotel, 2 E 55th St. **Plan** 12 F5.

**Manchester**
920 2nd Ave. **Plan** 13 B5.

**Oak Room**
Plaza Hotel, 768 5th Ave. **Plan** 12 F3.

**P. J. Clarke's**
915 3rd Ave. **Plan** 13 B4.

### UPPER EAST SIDE

**Brother Jimmy's BBQ**
1461 1st Ave. **Plan** 17 C3.

**Elaine's**
1703 2nd Ave. **Plan** 17 B4.

**Mortimer's**
1057 Lexington Ave. **Plan** 17 A5.

**Yorkville Brewery and Tavern**
1359 1st Ave. **Plan** 13 C1.

### UPPER WEST SIDE

**Journeys**
Essex House Hotel, 160 Central Park S. **Plan** 12 E3.

**Tavern on the Green**
Central Park, W 67th St. **Plan** 12 D2.

**Westside Brewing Company**
340 Amsterdam Ave. **Plan** 15 C2.

### BROOKLYN

**Park Slope Brewing Company**
356 6th Ave. **Plan** 4 D1. *Fait partie d'une chaîne.*

# Boutiques et marchés

Pendule Tiffany

Tout visiteur à New York, capitale mondiale du shopping, est immanquablement tenté de faire ses achats dans ce paradis de la consommation. Les vitrines sont éblouissantes et l'extraordinaire quantité de marchandises transforme la ville en un gigantesque grand magasin. On peut tout y acheter, de la haute couture aux livres d'enfant les plus rares, de l'électronique de pointe aux produits exotiques inconnus. Si vous cherchez une literie pour singe ou un juke-box Würlitzer, vous les trouverez. Que vous ayez 5 ou 50 000 dollars en poche, c'est l'endroit où il faut les dépenser.

## Les bonnes affaires

À New York, vous pourrez faire des affaires sur tout, des ustensiles ménagers aux vêtements de luxe. Il faut descendre dans Orchard Street et Grand Street, où les boutiques vendent des modèles de haute couture 20 à 50 % moins cher que le prix habituel, ainsi que du linge, des chaussures, des ustensiles ménagers et des appareils électroniques. Les boutiques du quartier ferment le samedi, jour du sabbat, mais pas le dimanche.

**Le magasin Henri Bendel de style 1920 *(p. 311)***

Pour le prêt-à-porter, on peut aussi se rendre dans le quartier du vêtement, entre la 6e et la 8e Avenues, de la 30e à la 40e Rue. Au cœur de ce quartier, la 7e Avenue, surnommée « l'Avenue de la mode » au début des années 1970, regorge de fabricants de prêt-à-porter de luxe, qui ouvrent souvent leurs salons au public en proposant des soldes intéressants, annoncés par des affiches dans le quartier. La meilleure époque pour y aller est celle qui précède celle des cadeaux.

## Les soldes

Les pancartes « Discount » s'affichent partout sur les vitrines de Manhattan tout au long de l'année. Les plus intéressants ont lieu de la mi-juin à la fin juillet et du 26 décembre au mois de février. Les dates précises sont indiquées dans les journaux locaux. Évitez les magasins de la 5e Avenue qui affichent « Lost Our Lease », c'est-à-dire changement de bail et fermeture définitive. Ces notices mensongères sont le plus souvent en place depuis des années !

## Le paiement

On peut généralement payer par carte de crédit, même les petites sommes. Il vous faudra présenter une pièce d'identité pour vos chèques de voyage. Les chèques bancaires en devise étrangère sont refusés. Certains magasins n'acceptent que les espèces, surtout pendant les soldes.

## Les heures d'ouverture

La plupart des boutiques ouvrent de 10 h à 18h, du lundi au samedi. De nombreux grands magasins accueillent le public le dimanche et jusqu'à 21h, deux soirs par semaine. Pour éviter la foule, faites vos achats de préférence le matin en semaine. Les heures d'affluence sont de 12h à 14h30, le samedi matin, ainsi que les périodes de soldes et de vacances.

**L'entrée de Bulgari dans l'hôtel Pierre *(p. 282)***

## Les taxes

La taxe municipale, spécifique à New York, augmente le prix d'achat de 8,25 %. Vous risquez aussi, au-delà d'une certaine somme, d'avoir à acquitter des droits de douane. La taxe municipale n'est pas appliquée sur les marchandises achetées en détaxe *(p. 352)*.

**Robe de couturier en solde**

## Les visites organisées

Si vous avez peur de vous aventurer seul(e) dans New York, vous pouvez participer à des visites organisées. Elles incluent de nombreux grands magasins, et si vous le désirez, les salons de prêt-à-porter, les salles de ventes ou les défilés de mode. Quelques agences de voyage organisent des visites individuelles avec ou sans guide.

**Convention Tours Unlimited**
*545-1160.*

**Guide Service of New York**
*408-3332.*

**Doorway to Design**
*221-1111.*

**The Intrepid New Yorker**
*534-5071.*

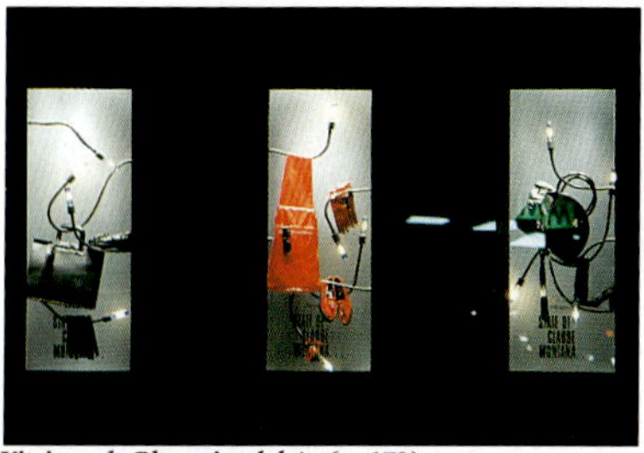

**Vitrines de Bloomingdale's *(p. 179)***

## Les grands magasins

Ils se situent presque tous en plein centre de Manhattan. Soyez sûrs d'avoir prévu suffisamment de temps pour explorer ceux qui vous intéressent particulièrement, car ils sont labyrinthiques. De plus, si c'est possible, évitez de vous y rendre les week-ends ou durant les vacances, car la foule y est si dense qu'elle peut devenir insupportable. Les prix y sont assez élevés mais il y a souvent des soldes. Saks Fifth Avenue, Bloomingdale's et Macy's offrent une gamme étendue de services, y compris la possibilité de faire ses achats par l'intermédiaire d'une tierce personne (mais vous vous priveriez d'une expérience intéressante !). Les yuppies fréquentent **Barney's New York** pour ses modèles de jeunes créateurs, d'une qualité proportionnelle au prix. Le magasin pour hommes se trouve dans le World Financial Center. Les couturiers européens sont particulièrement bien représentés dans l'élégant et luxueux **Bergdorf Goodman**, dont le département homme est situé en face du bâtiment principal. Presque tous les visiteurs de New York vont chez **Bloomingdale's** *(p. 179)*. C'est la star hollywoodienne parmi les grands magasins. Avec ses étalages tape-à-l'œil et ses articles accrocheurs, son athmosphère est celle d'un lieu merveilleux rempli de New-Yorkais à la recherche des nouvelles modes. Les rayons linge de maison et porcelaine sont très réputés pour leur qualité. On y trouve aussi des produits alimentaires de luxe - une de ses boutiques ne propose que du caviar. Un excellent restaurant, le Train Bleu, offre une vue sur Queensboro Bridge. **Henri Bendel's** se compose d'une série de boutiques de luxe de style 1920. Elles proposent une mode pour femmes originale et novatrice, des chaussures sur mesure et de magnifiques bijoux Art déco. La présentation de chaque produit est remarquable. **Lord & Taylor**, apprécié pour son style très classique de vêtements pour hommes et femmes, s'appuie surtout sur des modèles de créateurs américains. Il faut de bonnes

**Une magnifique vitrine de décoration**

jambes, des chaussures confortables et du temps pour explorer ce lieu. **Macy's**, qui s'est autoproclamé le plus grand des grands magasins du monde *(p. 132-133)*, occupe tout un pâté de maisons. On y vend tout, sur dix étages, de l'ouvre-boîtes à la télévision géante. **Saks Fifth Avenue** symbolise le style et l'élégance. Il est considéré depuis toujours comme le grand magasin le plus chic de la ville. Sa collection de prêt-à-porter est tout à fait remarquable.

## Carnet d'adresses

**Barney's New York**
660 Madison Ave. **Plan** 13 A3.
*826-8900.*
Upper Level, 2 World Financial Center. **Plan** 1 A2.
*945-1600.*

**Bergdorf Goodman**
754 5th Ave. **Plan** 12 F3.
*753-7300.*

**Bloomingdale's**
1000 3rd Ave. **Plan** 13 B3.
*705-2000.*

**Henri Bendel's**
712 5th Ave. **Plan** 12 F4.
*247-1100.*

**Lord & Taylor**
424 5th Ave. **Plan** 8 F1.
*391-3344.*

**Macy's**
151 W 34th St. **Plan** 8 E2.
*695-4400.*

**Saks Fifth Avenue**
611 5th Ave. **Plan** 12 F4.
*753-4000.*

# Le shopping : une spécialité new-yorkaise

**Chaussures de marque à Madison Avenue**

Dans une ville où l'on peut pratiquement faire ses achats jour et nuit, imitez les New-Yorkais en explorant les boutiques des divers quartiers. Nous indiquons ici les spécialités de chaque *district*, leur localisation et ce qu'on y trouve. La liste complète est p. 315-325. Si vous disposez de peu de temps, rendez-vous simplement dans l'un des grands magasins *(p. 311)*, ou marchez le long de la 5e Avenue en admirant les plus belles vitrines de Manhattan *(ci-contre)*.

**Greenwich et East Villages**
*Vers la 8e Rue et la St Mark Place, vous trouverez chaussures, boutiques de créateurs, livres et marchés aux puces. Dans Lower Broadway, des antiquités Art nouveau et Art déco* (p. 108-109 et 116-117).

**SoHo**
*Galeries et antiquaires abondent ici, entre les 6e Avenue, Lafayette, Houston et Canal Streets. On y trouve des cadeaux originaux. Visitez les galeries le week-end et le matin* (p. 102-103).

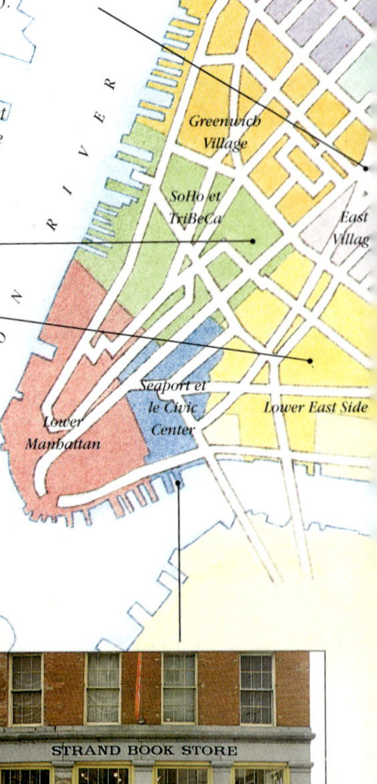


**Lower East Side**
*Le dimanche, New-Yorkais et touristes arpentent Canal, Delancey, Orchard et Essex Streets pour courir les soldes de vêtements, chaussures, joaillerie, électronique et ameublement* (p. 94-95).

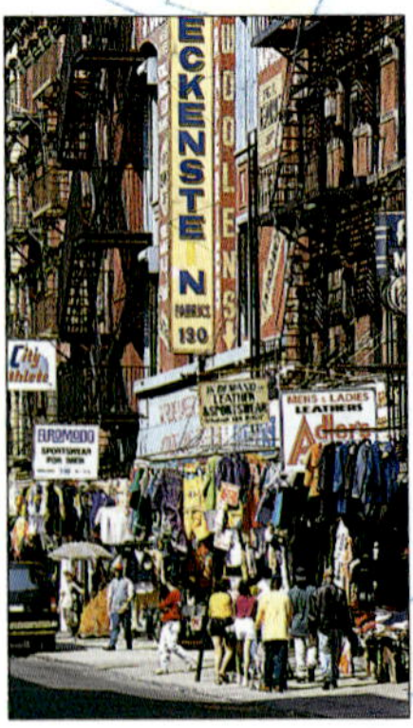

**South Street Seaport**
*Paradis des cadeaux, jouets, souvenirs, livres, objets artisanaux neufs ou anciens, mais souvent sur le thème de la mer* (p. 82-83).

**Columbus et Amsterdam Avenues**
*Boutiques chic, originales et branchées. Certaines vendent des gadgets ou des antiquités, d'autres sont versées dans l'ésotérisme* (p. 210-211).

**Madison et Lexington Avenues**
*Art, antiquités, prêt-à-porter et chaussures classiques. Les boutiques des musées sont à deux pas* (p. 182-183).

**57e et 59e Rues Est**
*Bloomingdale's y est installé, ainsi que des boutiques de haute couture et des antiquaires spécialisés dans les pièces rares* (p. 179).

**Herald Square et le quartier du vêtement**
*Ici, vous trouverez le grand magasin Macy's, qui occupe un pâté de maisons entier. Le quartier environnant (la 7e Avenue en particulier) constitue le centre des grossistes du vêtement – excellent pendant les soldes. Munissez-vous d'espèces* (p. 130-131).

## Cinquième Avenue

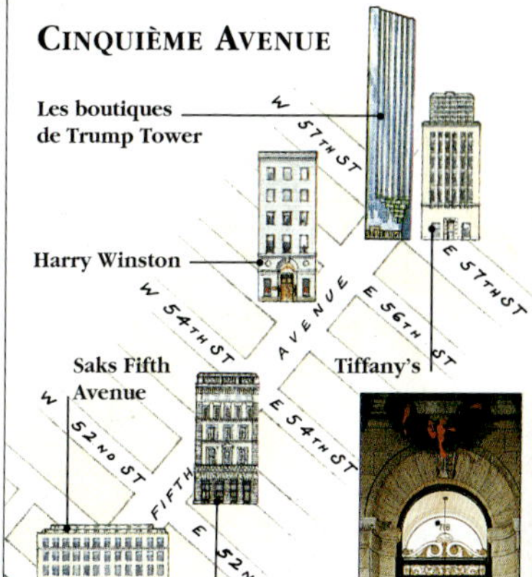

Harry Winston

**De Saks à Tiffany's**
Les plus beaux magasins sont situés sur la 5e Avenue, célèbre dans le monde entier. ***(p. 320)***

# Les curiosités de New York

À New York, chaque boutique attire une clientèle spécifique, qu'on y vende des papillons, des objets en os, des trésors tibétains ou des broderies irlandaises. Il y en a des milliers, partout, et toutes différentes les unes des autres : une rue banale peut cacher une véritable caverne d'Ali-Baba. C'est bien ce qui rend si passionnant le shopping new-yorkais.

## Les boutiques spécialisées

Les amateurs d'échecs iront voir les merveilleux échiquiers du **Chess Shop** – certains en cuivre, en onyx, d'autres en étain, etc. Les amateurs de stylos trouveront leur bonheur chez **Arthur Brown & Bros** (on y vend les marques Mont Blanc et Schaeffer). Au **Big City Kites and Darts**, les fans de cerfs-volants s'extasieront devant les dragons, les ours ou autres formes invraisemblables déployées devant leurs yeux. Pour les courageux, **Blades** vend et loue des patins et des planches à roulettes avec toute la panoplie nécessaire : casque, genouillères, gants…
Si les boutons vous passionnent, allez fouiner chez **Tender Buttons**. Vous y trouverez les plus extraordinaires parmi un stock de plusieurs millions de pièces : de fabrication indienne, en argent navajo, en émail ou en bois. Ils sont même vendus montés en boutons de manchettes ou en boucles d'oreilles.
Pour les collectionneurs avertis, **Leo Kaplan Ltd** offre de magnifiques presse-papiers, et **Rita Ford's Music Boxes** d'extraordinaires boîtes à musique dans une étonnante boutique de style rococo.
Les admirateurs des pompiers se rendront au **New York Firefighter's Friend** pour garnir leur collection de camions miniatures, de vestes, de badges, de T-shirts et d'uniformes pour les enfants. On y vend aussi des chiens dalmatiens en peluche, mascottes des pompiers new-yorkais.
Pour les romantiques, tout ce qui se vend au **Only Hearts** prend la forme d'un cœur : les oreillers, les savons ou les bijoux. Tout le matériel d'art dont vous pouvez avoir besoin se trouve chez **Pearl Paint Co**.
Le **Magickal Childe** propose la panoplie du parfait sorcier, avec potions magiques, tarots et encens (attention, ils n'ont pas de téléphone, et les horaires sont assez hasardeux). Les « astrophiles » se donnent rendez-vous à **Star Magic** pour se fournir en cartes du ciel, hologrammes, prismes et jouets scientifiques.
La plus ancienne pharmacie de la ville, **Caswell-Massey Ltd**, vend encore l'eau de Cologne qui était préparée spécialement pour George Washington et le savon officiel de la Maison-Blanche à l'époque d'Eisenhower.
**Rudy's, Manny's** ou **Sam Ash's** attirent tous les guitaristes. Ce sont les fournisseurs des stars et ils fabriquent les meilleurs instruments de la ville. On peut y rencontrer Eric Clapton ou Lou Reed qui sont depuis toujours leurs fidèles clients.
Les bibliophiles prendront le temps de découvrir la gamme étendue de cadeaux et de papeterie proposée par **New York Public Library Shop** *(p. 144)* et **Pierpont Morgan Library Shop** *(p. 162-163)*.
Les accessoires vendus par le **Yale Club** ou le **Princeton Club** portent tous le logo et les couleurs de l'université qu'ils représentent.
**Hebrew Religious Articles** commercialise l'un des plus importants choix d'objets du culte israélite.
**The Cathedral Shop** de Cathedral of St John the Divine est un marché religieux artisanal chrétien qui propose aussi des bijoux.

## Les souvenirs

Le **Metropolitan Opera Shop** propose aux mélomanes, en plus des cartes postales et autres souvenirs à la gloire de l'opéra, disques, livrets ou jumelles de théâtre.
Au **Performing Arts Shop** et au **Ballet Shop**, se vendent des centaines de souvenirs de spectacles, comme des T-shirts à l'effigie de Noureev.
Pour les photographies de plateau de films anciens et les posters d'époque, rendez-vous au **Jerry Ohlinger's Movie Material Store**.
Si vous cherchez un vieux juke-box Würlitzer ou un distributeur de Coca-Cola, allez au **Back Pages Antiques**. Le **Carnegie Hall Shop** propose jeux, T-shirts et sacs sur le thème de la musique. Pour vous procurer des objets typiquement américains, visitez **Lost City Arts** et **Urban Archeology ;** vous y découvrirez des reliques parmi lesquelles des dînettes de poupées Barbie ou des vieilles enseignes de coiffeur.

## Les jouets, les jeux et les gadgets

Pour un cadeau à un enfant, ne ratez pas le légendaire **FAO Schwarz**. Ce gigantesque magasin regorge de voitures miniatures, d'animaux en peluche et de tous les jouets électroniques imaginables. Attention, il y a foule juste avant Noël. Le **Children's General Store** est l'un des tout nouveaux magasins de jouets de la ville, et certainement l'un des mieux conçus.
Les jouets artisanaux présentés dans la forêt magique de **The Enchanted Forest** *(p. 102)* fascinent petits et grands.
**Penny Whistle Toys** offre une vaste sélection de jeux, jouets et poupées.
Le **Game Show** est renommé

pour ses puzzles et ses jeux destiné aux enfants ou aux adultes, du traditionnel Monopoly à la dernière fantaisie yuppie. Les amateurs de trains électriques se doivent de visiter **Red Caboose**. **Toys'R'Us**, qui commence à s'implanter en France, n'est pas aussi élégant que Schwarz, mais présente plus d'un million de jouets à des prix d'hypermarché. Si vous cherchez un cadeau plus original, allez chez **Little Rickie** sur First Ave. Vous y trouverez des jouets bizarres et merveilleux et des bibelots du monde entier pour le plaisir des petits et des grands.

### LES BOUTIQUES DE MUSÉES

On y déniche les meilleurs souvenirs de la ville. En plus des livres, affiches et cartes postales habituelles, ces boutiques vendent des reproductions des œuvres exposées, y compris bijoux et sculptures. L'**American Craft Museum** *(p. 169)* dispose d'une belle collection d'objets artisanaux américains et vend également des réalisations originales. Outre des modèles réduits de dinosaures, des animaux en plastique, des minéraux et des pierres, l'**American Museum of Natural History** *(p. 214-215)* propose divers produits écologiques ou recyclés, posters, sacs ou T-shirts sur lesquels sont imprimés des slogans pour la protection de la nature, ainsi que toutes sortes d'objets artisanaux. Sa section enfants est richement approvisionnée en coquillages et jouets scientifiques.
L'**Asia Society Bookstore and Gift Shop** *(p. 185)* possède une étonnante collection de livres, d'affiches, de jouets et de bijoux orientaux. Le **Cooper-Hewitt National Design Museum** *(p. 184)* vend des objets au design contemporain. Tous les objets de culte israélite, coupes, livres ou bijoux sont présentés dans la petite boutique du **Jewish Museum** *(p. 184)*.
Les plus belles reproductions de tableaux célèbres sont celles de la boutique cadeaux du **Metropolitan Museum of Art** *(p. 188-189)*. De beaux jouets en bois, couettes, et autres objets réalisés par des artisans sont en vente au **Museum of American Folk Art** *(p. 213)*.
Le **Museum of the City of New York** *(p. 197)* s'est spécialisé dans les photographies anciennes de la ville, tandis que le **Design Store du MoMA** *(p. 170-173)* expose un choix remarquable d'objets, jouets et ustensiles de cuisine inspirés par des créateurs tels Frank Lloyd Wright et Le Corbusier.
Pour les objets de marine, cartes ou maquettes de bateaux, visitez les boutiques du **South Street Seaport Museum** *(p. 82-85)*.
Le **Whitney Museum's Store Next Door** *(p. 198-199)* ne propose que des produits d'origine américaine : bijoux, jouets en bois et objets divers correspondant aux expositions en cours.
Le **Museum of Jewish Heritage** *(p. 77)* comprend une boutique cadeaux intéressante : on y trouve toutes sortes de souvenirs et des documents éducatifs sur l'histoire juive.
Ouvert aux visiteurs munis d'un billet.

### L'ENTREPÔT DU MONDE ENTIER

Le creuset new-yorkais a engendré l'implantation de diverses cultures, nationalités ou groupes ethniques représentés par des boutiques qui vendent leurs produits traditionnels. Parmi les plus intéressantes, on relève l'**Alaska on Madison**, qui présente une importante collection d'art esquimau et la **Chinese Porcelain Company** où s'amoncellent bibelots et meubles chinois. Vous trouverez des bijoux et objets d'Amérique latine au **Back from Guatemala**. **Himalayan Crafts and Tours** vend peintures et tapis tibétains. Chez **Shamrock Imports**, tout est vert jusqu'aux pulls irlandais tricotés main. **Things Japanese** distribue de beaux objets artisanaux et des livres rares. **Surma**, magasin ukrainien, vend des œufs peints à la main et de la lingerie. Si vous cherchez des vanneries, des tissages et des bijoux indiens, **Common Ground** vous attend. **Tibet West** vous propose bracelets d'argent et textiles.

### CARNET D'ADRESSES

**Alaska on Madison**
937 Madison Ave. **Plan** 17 A1.
*879-1782.*

**Back From Guatemala**
306 E 6th St. **Plan** 5 A2.
*260-7010.*

**Chinese Porcelain Company**
475 Park Ave. **Plan** 13 A3.
*838-7744.*

**Common Ground**
19 Greenwich Ave. **Plan** 1 B1.
*989-4178.*

**Himalayan Crafts and Tours**
2007 Broadway.
**Plan** 11 C1.
*787-8500.*

**Shamrock Imports**
Manhattan Mall, 901 Sixth Ave.
**Plan** 8 E1.
*564-7474.*

**Surma**
11 E 7th St. **Plan** 4 F2.
*477-0729.*

**Things Japanese**
127 E 60th St. **Plan** 13 A3.
*371-4661.*

**Tibet West**
19 Christopher St. **Plan** 3 C2.
*255-3416.*

## RÉPERTOIRE

### BOUTIQUES SPÉCIALISÉES

**Arthur Brown and Bros**
2 w 46th St.
**Plan** 12 F5.
*575-5555.*

**Big City Kites and Darts**
1210 Lexington Ave.
**Plan** 17 A4.
*472-2623.*

**Blades**
120 W 72nd St.
**Plan** 11 C1.
*787-3911.*
*Fait partie d'une chaîne.*

**Caswell-Massey Ltd**
518 Lexington Ave.
**Plan** 13 A5.
*755-2254.*

**The Cathedral Shop**
Cathedral of St John the Divine, 1047 Amsterdam Ave. **Plan** 20 E4.
*222-7200.*

**Hebrew Religious Articles**
45 Essex St. **Plan** 5 B4.
*674-1770.*

**Leo Kaplan Ltd**
967 Madison Ave.
**Plan** 17 A5.
*249-6766.*

**Magickal Childe**
35 W 19th St. **Plan** 8 F5.

**New York Firefighter's Friend**
263 Lafayette St.
**Plan** 4 F3. *226-3142.*

**New York Public Library Shop**
5th Ave at 42nd St.
**Plan** 8 F1.
*930-0678.*

**Only Hearts**
386 Columbus Ave.
**Plan** 15 D5.
*724-5608.*

**Pearl Paint Co**
308 Canal St. **Plan** 4 E5.
*431-7932*

**Pierpont Morgan Library Shop**
Madison Ave et 36th St.
**Plan** 9 A2.
*685-0610.*

**The Princeton Club**
15 W 43rd St. **Plan** 8 F1.
*596-1200.*

**Rita Ford's Music Boxes**
19 E 65th St.
**Plan** 12 F2.
*535-6717.*

**Rudy's**
169 W 48th St
**Plan** 12 E5.
*391-1699.*

**Star Magic**
745 Broadway. **Plan** 4 E2.
*228-7770.*

**Tender Buttons**
143 E 62nd St. **Plan** 13 A2.
*758-7004.*

**The Chess Shop**
230 Thompson St.
**Plan** 4 D3.
*475-9580.*

**The Yale Club**
50 Vanderbilt Ave.
**Plan** 13 A5.
*661-2070.*

### SOUVENIRS

**Back Pages Antiques**
125 Greene St. **Plan** 4 E4.
*460-5998.*

**Ballet Company**
1887 Broadway.
**Plan** 12 D2. *246-6893.*

**The Carnegie Hall Shop**
881 7th Avenue.
**Plan** 12 E3.
*903-9610.*

**Jerry Ohlinger's Movie Material Store**
242 W 14th St. **Plan** 3 C1.
*989-0869.*

**Lost City Arts**
275 Lafayette St.
**Plan** 4 F3. *941-8025.*

**Metropolitan**

**Opera Shop**
Metropolitan Opera House, Lincoln Center, 136 W 65th St.
**Plan** 11 C2.
*580-4090.*

**Performing Arts Shop**
Metropolitan Opera House, Lincoln Center, 136 W 65th St.
**Plan** 11 C2. *580-4356.*

**Urban Archaeology**
285 Lafayette St.
**Plan** 4 F3. *431-6969.*

### JOUETS, JEUX ET GADGETS

**The Children's General Store**
2473 Broadway.
**Plan** 15 C4. *580-2723.*

**The Enchanted Forest**
85 Mercer St. **Plan** 4 E4.
*925-6677.*

**FAO Schwarz**
767 5th Ave.
**Plan** 12 F3. *644-9400.*

**Game Show**
474 6th Ave. **Plan** 12 E5.
*633-6328.*

**Little Rickie**
49½ 1st Ave.
**Plan** 5 A2. *505-6467.*

**Penny Whistle Toys**
448 Columbus Ave.
**Plan** 16 D4. *873-9090.*
*Une des filiales.*

**Red Caboose**
23 W 45th St. **Plan** 12 F5.
*575-0155.*

**Toys 'R' Us**
Herald Center, 1293 Broadway. **Plan** 8 E2.
*594-8697.*

### BOUTIQUES DE MUSÉES

**American Craft Museum**
40 W 53rd St. **Plan** 12 F4.
*956-6047.*

**American Museum of Natural History**
W 79th St / Central Park West. **Plan** 16 D5.
*769-5150.*

**Asia Society Bookstore and Gift Shop**
725 Park Ave.
**Plan** 13 A1.
*288-6400.*

**Cooper-Hewitt National Design Museum**
2 E 91st St.
**Plan** 16 F2.
*860-6878.*

**Jewish Museum**
1109 5th Ave.
**Plan** 16 F2.
*423-3200.*

**Metropolitan Museum of Art**
5th Ave et 82nd St.
**Plan** 16 F4.
*535-7710.*

**Museum of American Folk Art**
2 Lincoln Sq.
**Plan** 12 D2.
*496-2966.*

**Museum of the City of New York**
5th Ave et 103rd St.
**Plan** 21 C5. *534-1672.*

**Museum of Jewish Heritage**
18 First Place
Battery Park City
**Plan** 1 B4. *968-1800.*

**Museum of Modern Art/MoMA Design Store**
44 W 53rd St.
**Plan** 12 F4. *767-1050.*

**South Street Seaport Museum Shops**
207 Front St. **Plan** 2 D2.
*748-8600.*

**The Whitney Museum's Store Next Door**
943 Madison Ave.
**Plan** 13 A1.
*606-0200.*

# La mode

Que vous cherchiez la bonne affaire, des fripes rétro ou une robe de bal à faire pâlir Ivana Trump, vous serez satisfait(e). New York est le centre de la mode aux États-Unis et un foyer de création et confection. La diversité de ses boutiques, comme celle de ses restaurants, reflète les styles et cultures des différents quartiers. Pour gagner du temps, mieux vaut explorer une zone à la fois. Pour avoir une vue d'ensemble de la mode fabriquée et vendue à New York, n'hésitez pas à visiter un grand magasin.

## Les couturiers américains

La majorité d'entre eux vendent leurs créations dans les grands magasins, les autres dans leurs propres boutiques. L'un des plus célèbres, Geoffrey Beene, est connu pour ses tenues à la fois sophistiquées, décontractées et confortables. L'humour allié à l'audace des couleurs et des formes ont fait de Bill Blass le roi de la mode américaine. Les modèles de Liz Claiborne plaisent au public à cause de leur élégance simple et de leurs prix raisonnables. Vous retrouverez le style des vêtements sportifs de Perry Ellis sous la patte de son successeur Marc Jacobs ; James Galanos reste le créateur exclusif d'une élite, tandis que les amateurs de fête et de vêtements moulants trouveront leur bonheur chez Betsey Johnson. Calvin Klein a maintenant son nom parmi les grands. Il propose aujourd'hui des lunettes de soleil en plus des sous-vêtements, jeans et toutes sortes de vêtements. Il est renommé pour le confort, la sensualité, la bonne coupe de ses collections très à la mode. Ralph Lauren a la réputation de créer des vêtements aristocratiques et chers, prisés par le monde bon chic bon genre sorti des universités huppées (rassemblées sous le surnom d'Ivy League). John Vass se spécialise dans les tricots aux séduisantes couleurs à prix modérés.

## Les soldes de couturiers

Si vous cherchez des grandes marques au rabais, pensez à **Designer Resale**, **Encore** et **Michael's**. On y trouve, entre autres, des modèles d'Oscar De La Renta, d'Ungaro ou d'Armani. Les vêtements vendus sont en très bon état, la plupart n'ont jamais été portés.

## Les vêtements d'hommes

Deux des meilleures boutiques pour hommes sont **Brooks Brothers** et **Paul Stuart** que vous trouverez dans le centre de Midtown. La première doit son renom à ses vêtements stricts et traditionnels. Elle présente aussi une collection très classique de vêtements pour dames. La seconde, très fière de son style *British*, propose des ensembles de coupe parfaite. Dans le grand magasin **Bergdorf Goodman Men**, on trouve de superbes chemises Turnbull & Asser et des costumes de Gianfranco Ferré ou Hugo Boss. **Barney's New York** déploie la gamme la plus étendue de vêtements pour hommes aux États-Unis ; une de ses succursales au World Financial Center offre une sélection de vêtements de ville et des costumes pour dandys. Chez le « roi du vêtement de sport », le grand magasin **Polo/Ralph Lauren** – tenues simples et classiques, accessoires de style – vous n'aurez que l'embarras du choix. **Matsuda** vend la dernière mode japonaise chic et chère pour hommes et femmes. Chez **Bijan Designer** les clients doivent prendre rendez-vous avant de voir quoi que ce soit. **The Custom Shop Shirt-Makers** se spécialise dans les costumes sur mesure et les chemises de belles étoffes. Allez chez **Burberry Ltd** pour les imperméables classiques anglais. **Beau Brummel** satisfera votre nostalgie de l'élégance européenne. Et pour faire des affaires rendez-vous chez **Moe Ginsburg** qui dispose d'une vaste sélection de vêtements italiens pour hommes. Beaucoup de magasins pour hommes ont un rayon dames.

## Les vêtements d'enfants

Outre les rayons très fournis des grands magasins, New York regorge aussi de boutiques spécialisées dans la mode enfantine. Passez chez **Bonpoint** pour le charme français. **Gapkids** et **Babygap Shops** (au sein des magasins **Gap**) parient sur le confort : salopettes en coton, caleçons, sweaters, vestes en denim. De son côté, **Space Kiddets** vend aussi bien des biberons et des chaussons que des habits de cowboy ou de cowgirl.

## Les vêtements pour femmes

La tendance américaine est plus de marquer la réussite sociale que de lancer le dernier cri, d'où l'intérêt porté avant tout à la griffe du créateur. Les boutiques chic de New York sont regroupées au centre-ville autour de Madison et de la Cinquième Avenue, mais aussi dans les principaux grands magasins *(p. 311)* qui vendent les collections de créateurs américains comme Donna Karan, Ralph Lauren et Bill Blass.

Des marques de renommée internationale comme **Chanel**, **Fendi** et **Valentino** y ont également des boutiques, ainsi que l'Américain **Geoffrey Beene**. **Ann Taylor** est le magasin de prêt-à-porter le plus populaire auprès des jeunes carriéristes en mal de vêtements élégants et confortables.

Au centre du quartier, Trump Tower, rutilante de marbre rose, abrite des boutiques de luxe.

Sur Madison Avenue, les vitrines des créateurs les plus sophistiqués se suivent : **Givenchy** vend de magnifiques robes à des prix astronomiques à deux pas des classiques de Valentino. **Emmanuel Ungaro** présente une gamme très variée de vêtements et de prix, depuis ses vestes impeccablement coupées à ses robes aux imprimés audacieux. Allez admirer les pulls de **Missoni** et les robes du soir de **Yves Saint Laurent Rive Gauche**.

La mode italienne est également représentée par **Giorgio Armani** et **Gianni Versace**. La boutique **Romeo Gigli** est si sélect qu'elle ne possède même pas de plaque sur sa porte. S'habiller chez **Gucci** indique à coup sûr aisance et position sociale établie.

Dans Upper West Side, la boutique **Betsey Johnson** présente des modèles originaux ; **Calvin Klein** a désormais un magasin dans East Side spécialisé dans la mode décontractée du dernier cri.

Au bureau comme à la ville, **French Connection** marie élégance et décontraction. **Variazoni** est *la* boutique pour se procurer une petite robe noire.

Les « Villages » – East Village en particulier – sont le paradis des fouineurs de fripes et de tenues rock des années 1950. Y fleurissent aussi les boutiques de jeunes créateurs ainsi que les modèles des étudiants en stylisme. Chez **APC** vous aurez un grand choix des vêtements à prix raisonnables, bien coupés, classiques ou décontractés. Abondance de Levi's d'occasion, de denims et de vestes de cuir au **Cheap Jack's**. **Dorothy's Closet** vend des robes classiques des années 1920 aux années 1960. **Big Drop** possède une grande sélection de petites robes noires très bien coupées. Vous dénicherez les pantalons pattes d'éléphant et les bottes à semelles compensées de vos rêves chez **Screaming Mimi's**. La chaîne **The Gap** distribue des vêtements d'hommes, de femmes et d'enfants, simples et confortables, à des prix corrects.

Depuis quelque temps, les boutiques de créateurs implantées dans SoHo font concurrence à celles de Madison Avenue, avec des vêtements sans doute plus avant-gardistes que leurs aînées. Parmi elles, **Yohji Yamamoto**, dans le genre ésotérique, et **Comme des Garçons**, plus minimaliste. Ces deux enseignes appréciées des Américains sont les porte-drapeaux de la mode japonaise chic.

Le magasin de SoHo le plus accessible et le plus connu est **Canal Jean Co**, où vous trouverez un choix de tenues « underground ». **What Comes Around Goes Around** est l'endroit idéal pour faire une bonne récolte de jeans en tous genres. Faites un tour du côté de chez **Wearable Energy** pour vos tenues en fibre élastique.

### Table de conversion

Pour les tailles suisses ou belges, suivre les conversions françaises.

**Vêtements d'enfant**

| | | | | | | | | |
|---|---|---|---|---|---|---|---|---|
| Américaine | 2-3 | 4-5 | 6-6x | 7-8 | 10 | 12 | 14 | 16 (taille) |
| Anglaise | 2-3 | 4-5 | 6-7 | 8-9 | 10-11 | 12 | 14 | 14+ (âge) |
| Française | 2-3 | 4-5 | 6-7 | 8-9 | 10-11 | 12 | 14 | 14+ (âge) |

**Chaussures d'enfant**

| | | | | | | | | | |
|---|---|---|---|---|---|---|---|---|---|
| Américaine | 7½ | 8½ | 9½ | 10½ | 11½ | 12½ | 13½ | 1½ | 2½ |
| Anglaise | 7 | 8 | 9 | 10 | 11 | 12 | 13 | 1 | 2 |
| Française | 24 | 25½ | 27 | 28 | 29 | 30 | 32 | 33 | 34 |

**Robes, manteaux et jupes de femme**

| | | | | | | | | |
|---|---|---|---|---|---|---|---|---|
| Américaine | 4 | 6 | 8 | 10 | 12 | 14 | 16 | 18 |
| Anglaise | 6 | 8 | 10 | 12 | 14 | 16 | 18 | 20 |
| Française | 38 | 40 | 42 | 44 | 46 | 48 | 50 | 52 |

**Chemisiers et pulls de femme**

| | | | | | | | |
|---|---|---|---|---|---|---|---|
| Américaine | 6 | 8 | 10 | 12 | 14 | 16 | 18 |
| Anglaise | 30 | 32 | 34 | 36 | 38 | 40 | 42 |
| Française | 40 | 42 | 44 | 46 | 48 | 50 | 52 |

**Chaussures de femme**

| | | | | | | | |
|---|---|---|---|---|---|---|---|
| Américaine | 5 | 6 | 7 | 8 | 9 | 10 | 11 |
| Anglaise | 3 | 4 | 5 | 6 | 7 | 8 | 9 |
| Française | 36 | 37 | 38 | 39 | 40 | 41 | 42 |

**Costumes d'homme**

| | | | | | | | | |
|---|---|---|---|---|---|---|---|---|
| Américaine | 34 | 36 | 38 | 40 | 42 | 44 | 46 | 48 |
| Anglaise | 34 | 36 | 38 | 40 | 42 | 44 | 46 | 48 |
| Française | 44 | 46 | 48 | 50 | 52 | 54 | 56 | 58 |

**Chemises d'homme**

| | | | | | | | | |
|---|---|---|---|---|---|---|---|---|
| Américaine | 14 | 15 | 15½ | 16 | 16½ | 17 | 17½ | 18 |
| Anglaise | 14 | 15 | 15½ | 16 | 16½ | 17 | 17½ | 18 |
| Française | 36 | 38 | 39 | 41 | 42 | 43 | 44 | 45 |

**Chaussures d'homme**

| | | | | | | | | |
|---|---|---|---|---|---|---|---|---|
| Américaine | 7 | 7½ | 8 | 8½ | 9½ | 10½ | 11 | 11½ |
| Anglaise | 6 | 7 | 7½ | 8 | 9 | 10 | 11 | 12 |
| Française | 39 | 40 | 41 | 42 | 43 | 44 | 45 | 46 |

## RÉPERTOIRE

### SOLDERIES DE VÊTEMENTS DE MARQUE

**Designer Resale**
324 E 81st St.
**Plan** 17 B4.
*734-3639.*

**Encore**
1132 Madison Ave.
**Plan** 17 A4.
*879-2850.*

**Michael's**
1041 Madison Ave.
**Plan** 17 A5.
*737-7273.*

### VÊTEMENTS D'HOMMES

**Barney's New York**
660 Madison Ave.
**Plan** 13 A3.
*593-7800.*

**Beau Brummel**
421 West Broadway.
**Plan** 4 E3.
*219-2666.*
*Fait partie d'une chaîne.*

**Bergdorf Goodman Men**
754 5th Ave.
**Plan** 12 F3.
*753-7300.*

**Bijan Designer for Men**
699 5th Ave.
**Plan** 12 F4.
*758-7500.*

**Brooks Brothers**
346 Madison Ave.
**Plan** 9 A1.
*682-8800.*

**Burberry Limited**
9 E 57th St. **Plan** 12 F3.
*371-5010.*

**The Custom Shop Shirtmakers**
618 5th Ave. **Plan** 12 F4.
*245-2499.*
*Fait partie d'une chaîne.*

**J Press**
7 E 44th St. **Plan** 12 F5.
*687-7642.*

**Matsuda**
156 5th Ave.
**Plan** 8 F4.
*645-5151.*

**Moe Ginsburg**
162 5th Ave.
**Plan** 8 F4.
*242-3482.*

**Paul Stuart**
Madison Ave et 45th St.
**Plan** 13 A5.
*682-0320.*

**Polo/Ralph Lauren**
Madison Ave et 72nd St.
**Plan** 13 A1.
*606-2100.*

### VÊTEMENTS D'ENFANTS

**Bonpoint**
1269 Madison Ave.
**Plan** 17 A3.
*722-7720.*

**Gapkids**
60 W 34th St.
**Plan** 8 F2.
*643-8995.*
*Fait partie d'une chaîne.*

**Peanut Butter & Jane**
617 Hudson St.
**Plan** 3 B1.
*620-7952.*

**Space Kiddets**
46 E 21st St.
**Plan** 8 F4.
*420-9878.*

### VÊTEMENTS DE FEMMES

**Ann Taylor**
645 Madison Ave.
**Plan** 13 A3.
*832-2010.*
*Fait partie d'une chaîne.*

**APC**
131 Mercer St.
**Plan** 4 E3.
*966-9685.*

**Betsey Johnson**
248 Columbus Ave.
**Plan** 16 D4.
*362-3364.*
*Fait partie d'une chaîne.*

**Big Drop**
174 Spring St.
**Plan** 3 C4. *966-4299.*

**Calvin Klein**
654 Madison Ave.
**Plan** 13 A3.
*292-9000.*

**Canal Jean Co**
504 Broadway.
**Plan** 4 E4.
*226-0737.*

**Chanel**
15 E 57th St.
**Plan** 12 F3.
*355-5050.*

**Cheap Jack's**
841 Broadway
**Plan** 4 E1.
*777-9564.*

**Comme des Garçons**
116 Wooster St.
**Plan** 4 E3.
*219-0660.*

**Dorothy's Closet**
335 Bleecker St.
**Plan** 3 C2.
*206-6414.*

**Emmanuel Ungaro**
792 Madison Ave.
**Plan** 13 A2.
*249-4090.*

**Fendi**
720 5th Ave.
**Plan** 12 F3.
*767-0100.*

**French Connection**
304 Columbus Ave.
**Plan** 12 D1.
*496-1470.*
*Fait partie d'une chaîne.*

**The Gap**
250 W 57th St.
**Plan** 12 D3.
*315-2250.*
*Fait partie d'une chaîne.*

**Geoffrey Beene**
783 5th Ave.
**Plan** 12 F3.
*935-0470.*

**Gianni Versace**
816 Madison Ave.
**Plan** 13 A2.
*744-5572.*

**Giorgio Armani**
760 Madison Ave.
**Plan** 13 A2.
*988-9191.*

**Givenchy**
954 Madison Ave.
**Plan** 13 A1.
*772-1040.*

**Gucci**
685 5th Ave. **Plan** 12 F4.
*826-2600.*

**Missoni**
836 Madison Ave.
**Plan** 13 A1.
*517-9339.*

**Romeo Gigli**
21 E 69th St.
**Plan** 10 F1.
*744-9121.*

**Screaming Mimi's**
382 Lafayette St.
**Plan** 4 F2.
*677-6464.*

**Valentino**
745 Madison Ave.
**Plan** 13 A2.
*772-6969.*

**Variazoni**
309 Columbus Ave.
**Plan** 6 D2.
*874-7474.*

**Wearable Energy**
73 W Houston St.
**Plan** 4 D3.
*475-0026.*

**What Comes Around Goes Around**
351 West Broadway.
**Plan** 4 E4.
*343-9303.*

**Yohji Yamamoto**
103 Grand St.
**Plan** 4 E4.
*966-9066.*

**Yves Saint Laurent Rive Gauche**
855 Madison Ave.
**Plan** 13 A1.
*472-5299.*

# Les accessoires

Les divers accessoires ainsi que les chapeaux, gants, foulards, etc., vendus par les boutiques indiquées ci-dessous se trouvent également dans les grands magasins.

## La joaillerie

Les plus belles boutiques bordent la Cinquième Avenue. De jour, les vitrines étincellent grâce aux pierres précieuses venues du monde entier, mais la nuit, elles sont vides, les diamants étant soigneusement mis sous clef. **Harry Winston** expose des joyaux du monde entier et **Buccellati** est fort apprécié pour ses créations italiennes d'une remarquable maîtrise artisanale. L'immense collection de **Bulgari** couvre une fourchette de prix allant de quelques centaines à plus d'un million de dollars.
La boutique **Cartier**, réplique d'un palais Renaissance, est elle-même un joyau ; les prix de ses bijoux atteignent des sommes faramineuses. Les dix étages de **Tiffany & Co** étincellent de diamants, cristaux et autres merveilles. Le **Diamond Row,** sur la 47e Rue entre la Cinquième et la Sixième Avenues, consiste en une suite de boutiques où miroitent des milliers de diamants, perles et pierres précieuses du monde entier. Ne manquez pas de voir le **Jewelry Exchange**, un centre dans lequel soixante artisans vendent directement leurs joailleries au chaland dans un vacarme de marchandages ; soyez prêt à jouer le jeu.

## Les chapeaux

**Worth & Worth** est le plus ancien chapelier de la ville. On y trouve tout, du chapeau de brousse australien au haut-de-forme, en passant par les créations les plus romantiques, magiques et vaporeuses. Essayez **Lola Millinery** pour des chapeaux extravagants. **Suzanne Millinery** confectionne les chapeaux des stars telles que Whoopi Goldberg et Ivana Trump.

## Les parapluies

À la première averse, les marchands ambulants de parapluies semblent pousser comme des champignons dans les rues de New York, mais leurs articles très bon marché sont le plus souvent de mauvaise qualité. Pour en acheter de solides, rendez-vous chez **Worth & Worth** qui propose des marques londoniennes (Briggs, entre autres). **Uncle Sam** propose un large éventail de styles, depuis le petit Mickey Mouse que l'on peut trouver à partir de $10 jusqu'au plus grand modèle, et **Barney's New York**, des motifs branchés ou traditionnels. **Gucci** vend des parapluies que l'on peut assortir à sa cravate. En y mettant le prix, on a droit au manche télescopique chez **Hanae Mori**, aux couleurs de l'université ainsi qu'au style portier – teinte noire et taille géante – au **Princeton Club** (noir et orange). Les parapluies du **Yale Club** sont bleus et frappés d'un grand « Y » blanc.

## La maroquinerie

Deux fois par an, pendant les périodes de soldes en janvier et août, une interminable queue d'acheteurs entoure le coin de la 48e Rue et de Madison Avenue en attendant de pénétrer chez **Crouch & Fitzgerald**. C'est une vieille institution new-yorkaise qui propose les marques les plus connues – Judith Leiber, Ghurka, Cooney & Bourke ou Louis Vuitton – ainsi que celle de la maison. **Bottega Veneta** et **Prada** sont des boutiques de luxe qui exposent leurs produits comme des œuvres d'art : c'est beau, c'est cher ! Chez **Furla**, l'esprit italien domine ; la boutique **Il Bisonte** est quant à elle remarquable par son style. L'indispensable du moment, un sac en daim couleur pastel, du créateur Rafé Totengco, peut se trouver chez **TG-170** et chez **Big Drop**. **The Coach Store** est réputé pour ses sacs à main américains à la forme classique et au cuir épais. Pour les bonnes affaires dégriffées, allez chez **Fine & Klein**. Une visite à l'**Altman Luggage** Company – un must – vous permettra de trouver au milieu d'un choix ahurissant la serviette qui vous convient.

## Les chaussures et les bottes

Les magasins de chaussures de Manhattan sont renommés ; il y en a pour toutes les bourses et tous les styles.
Dans les grands magasins, on trouve des marques connues en plus de la collection maison. **Bloomingdale's** *(p. 179)* possède un immense rayon de chaussures de femme et le personnel très accueillant de **Brooks Brothers** fournit les hommes en chaussures classiques de grande qualité. Les chausseurs les plus élégants vous attendent au centre-ville. **Martinez Valero** crée de belles chaussures en cuir et en daim dans des styles élegants et variés. **Ferragamo** et **Botticelli** présentent des créations classiques et raffinées. Pour des chaussures élégantes mais à des prix décents, rendez-vous à **Sigerson Morrison** dans Little Italy. Si vous aimez les bottes de cow-boy, courez chez **Billy Martin's** ; vous y dénicherez tous les modèles classiques et même des bottes en crocodile pour seulement quelques milliers de dollars, une larme ! Billy Martin's vend également divers accessoires de western : en sortant, vous ressemblerez probablement à Clint Eastwood…

Pour des bottes sur mesure, rendez-vous au **Buffalo Chips Bootery**. Le magasin chic et branché des enfants est le **East Side Kids**. Le **Little Eric** se spécialise dans les modèles originaux. **Shoofly** importe des chaussures de tous les styles. Le magasin **Harry's** possède une collection incroyable de chaussures pratiques. De son côté, **Trutred** propose des modèles classiques, privilégiant le confort plutôt que la mode. Pour les amateurs de soldes, le coin des bonnes affaires se trouve dans le voisinage de la 34e Rue Ouest et de la 8e Rue Ouest, entre la Cinquième et la Sixième Avenues, ainsi que sur Orchard Street.

### LA LINGERIE

La lingerie fine importée d'Europe, sexy, élegante et chère se trouve à **La Petite Coquette**. Plus abordable, **Victoria's Secret** propose sur deux étages de ravissants ensembles de sous-vêtements en satin, en soie ou en d'autres matières.

## RÉPERTOIRE

### JOAILLERIE

**Buccellati**
725 5th Ave.
**Plan** 12 F3.
308-5533.

**Bulgari**
730 5th Ave.
**Plan** 12 F3.
315-9000.

**Cartier**
653 5th Ave.
**Plan** 12 F4.
753-0111.

**Harry Winston**
718 5th Ave.
**Plan** 12 F3.
245-2000.

**Jewelry Exchange**
15 W 47th St.
**Plan** 12 F5.

**Tiffany & Co**
5th Ave et 57th St.
**Plan** 12 F3.
755-8000.

### CHAPEAUX

**Lola Millinery**
2 E 17th St.
**Plan** 8 F5.
366-5708.

**Suzanne Millinery**
700 Madison Ave.
**Plan** 13 A3.
593-3232.

**Worth & Worth**
331 Madison Ave.
**Plan** 9 A1.
867-6058.

### PARAPLUIES

**Barney's New York**
*P. 311.*

**Gucci**
10 W 57th St.
**Plan** 12 F4.
826-2600.

**Hanae Mori**
27 E 79th St.
**Plan** 16 F5.
472-2352.

**The Princeton Club**
15 W 43rd St.
**Plan** 8 F1.
596-1200.

**Uncle Sam**
161 W 57th St.
**Plan** 12 E3.
582-1976.

**Worth & Worth**
*Voir Chapeaux.*

**The Yale Club**
50 Vanderbilt Ave.
**Plan** 13 A5.
661-2070.

### MAROQUINERIE

**Altman Luggage Company**
135 Orchard St.
**Plan** 5 A3.
254-7275.

**Big Drop**
174 Spring St.
**Plan** 4 F4.
966-4299.

**Il Bisonte**
72 Thompson St.
**Plan** 4 D4.
966-8773.

**Bottega Veneta**
635 Madison Ave.
**Plan** 13 A3.
371-5511.

**The Coach Store**
710 Madison Ave.
**Plan** 13 A3.
319-1772.

**Crouch & Fitzgerald**
400 Madison Ave.
**Plan** 13 A5.
755-5888.

**Fine & Klein**
119 Orchard St.
**Plan** 5 A3.
674-6720.

**Furla**
705 Madison Ave.
**Plan** 13 A3.
755-8986.

**Prada**
45 E 57th St. **Plan** 12 F3.
308-2332.

**TG-170**
170 Ludlow St.
**Plan** 5 A3.
995-8660.

### CHAUSSURES ET BOTTES

**Billy Martin's**
812 Madison Ave.
**Plan** 13 A1.
861-3100.

**Botticelli**
612 5th Ave.
**Plan** 12 F4.
582-6313.

**Bloomingdale's**
*P. 311.*

**Brooks Brothers**
*P. 319.*

**Buffalo Chips Bootery**
345 W Brodway
**Plan** 4 E4.
253-2228.

**East Side Kids**
1298 Madison Ave.
**Plan** 17 A2.
360-5000.

**Ferragamo**
717 5th Ave.
**Plan** 12 F3.
759-3822.

**Harry's**
2299 Broadway.
**Plan** 15 C4.
874-2035.

**Little Eric**
1331 3rd Ave.
**Plan** 17 B5.
288-8987.

**Shoofly**
465 Amsterdam Ave.
**Plan** 15 C4.
580-4390.

**Martinez Valero**
1029 Third Ave.
**Plan** 13 B3.
753-1822.

**Sigerson Morrison**
249 Mott St.
**Plan** 4 F3.
219-3893.

### LINGERIE

**La Petite Coquette**
51 University Place.
**Plan** 4 E1.
473-2478.

**Victoria's Secret**
34 E 57th St.
**Plan** 12 F3.
758-5592.

# Livres et musiques

New York étant la capitale de l'édition américaine, il semble normal d'y trouver les meilleures librairies du pays, des plus généralistes aux plus ésotériques : science-fiction, suspense, ouvrages rares… Les amateurs de musique peuvent également y trouver à des prix raisonnables les enregistrements les plus rares.

## Les librairies

Barnes & Noble, sur la Cinquième Avenue est incontestablement, avec ses trois millions d'ouvrages, ses meilleurs prix et sa sélection de titres, la plus grande et la plus prestigieuse librairie de Manhattan. Il y a d'autres annexes, comme celle situé de l'autre côté de la rue : on y fait de bonnes affaires. Plus loin, **Strand Book Store**, avec son incroyable stock de deux millions de livres d'occasion, propose des prix particulièrement attirants. On y trouve également un grand choix de premières éditions de livres anciens. **Tower Books** offre autant de choix que son équivalent spécialisé dans la musique : le rayon de littérature générale est très étendu, les livres d'art sont nombreux, on trouve même des ouvrages insolites et peu connus. **Coliseum Books** propose une vaste sélection de livres de poche. Les 2 annexes de **Borders Books & Music** offrent un large choix de CD et de livres. **Rizzoli** distribue un ensemble impressionnant de photographies, d'ouvrages en langues étrangères, de livres d'art ainsi que des publications pour enfants et des vidéos. Au **Gotham Book Mart**, dans un minuscule local, les collectionneurs se délecteront de centaines de livres anciens et d'éditions limitées.
**Shakespeare & Co** ouvre tard le soir et propose une remarquable sélection de titres.

## Les librairies spécialisées

Pour le meilleur choix de livres d'art, allez chez **Hacker Art Books**. **Urban Center Books** est spécialisé dans l'architecture, l'urbanisme et l'environnement. Les livres rares, épuisés et anciens sur New York sont représentés chez **JN Bartfield Books**. **Biography Bookshop** s'est spécialisé dans les journaux intimes, les lettres, les biographies et les autobiographies. **Academy Book Store** est une mine de livres rares épuisés ou anciens. Les amateurs de théâtre trouvent quant à eux leur bonheur à l'**Applause Theater & Cinema Books**. **McGraw-Hill** vaut le détour pour sa richesse en matière d'ouvrages scientifiques et techniques, ainsi que pour son catalogue très convenable de titres généraux.
Pour les fervents du mystérieux, du suspense et du meurtre, un détour s'impose du côté de la librairie **Murder Ink** et du **Mysterious Bookshop**.
Les romans et nouvelles de science-fiction ont pour royaume **Forbidden Planet**, alors que **Village Comics** vous entraînera dans l'univers de la bande dessinée d'hier et d'aujourd'hui.
Rayon enfants, pensez à **Bank Street Book Store** qui possède l'un des plus grands choix de livres en la matière et **Books of Wonder** pour les ouvrages rares.
Livres et accessoires de voyage se trouvent au **Traveler's Choice**. **The Complete Traveler** présente une large sélection de livres de voyage neufs ou anciens pour toutes les destinations (le personnel est très compétent et serviable). **The Civilized Traveler** propose matériel de voyage et cassettes vidéo à louer, ainsi que des conférences données par des voyageurs célèbres.
Si la cartographie vous intéresse, rendez-vous au **Rand McNally Plan & Travel Store** et au **Hagstorm Map and Travel Store**.
Au **Kitchen Arts & Letters**, le monde savoureux de la cuisine vous est révélé.
Les grands révoltés se doivent d'explorer le **Revolution Books** ou le **Mark's Bookshop**.
Les lesbiennes et les homosexuels trouveront au **Oscar Wilde Memorial Bookshop** un grand choix de textes les concernant.

## Les disques, les cassettes et les CD

Du be-bop au rap en passant par le classique, **Tower Records** et **HMV** proposent tout ce qui existe en musique. Chez **J&R Music World**, vous pourrez également vous équiper en matériel audiovisuel. **Record Explosion** possède une gigantesque collection de CD à petits prix. Les collectionneurs de disques se retrouvent au **Gryphon Records**. L'**Academy Book Store** a un excellent choix de titres classiques, de jazz ou d'opéra. Aux nostalgiques et aux obsessionnels, **House of Oldies** propose un grand choix de disques anciens ou épuisés. Il y en a pour tous les goûts. **Dayton's Records** offre une multitude de disques rares, parfois rayés. **Bleecker Bob's Golden Oldies** vous fournit en rock d'importation, punk ou jazz méconnu, alors que **Midnight Records** résonne de rock amateur et de musique psychédélique.

## Les partitions

La **Joseph Patelson Music House Ltd,** juste derrière Carnegie Hall, et la **Frank Music Company** ont un excellent répertoire de partitions classiques. **Charles Colin Publications** est spécialisé dans le jazz. Pour la pop et les variétés, allez plutôt au **Colony Record and Music Center** dans Brill Building.

## RÉPERTOIRE

### LIBRAIRIES

**Barnes & Noble**
105 5th Ave. **Plan** 8 F5.
*807-0099.*
*Fait partie d'une chaîne.*

**Borders Books and Music**
5 World Trade Center
**Plan** 1 B2.
*839-8049.*
*Fait partie d'une chaîne.*

**Coliseum Books**
1771 Broadway.
**Plan** 12 D3.
*757-8381.*

**Gotham Book Mart**
41 W 47th St.
**Plan** 12 F5.
*719-4448.*

**Rizzoli**
31 W 57th St.
**Plan** 12 F3.
*759-2424.*
*Fait partie d'une chaîne.*

**Shakespeare & Co**
716 Broadway.
**Plan** 4 E2.
*529-1330.*

**Strand Book Store**
828 Broadway. **Plan** 4 E1.
*473-1452.*

**Tower Books**
383 Lafayette St.
**Plan** 4 F2.
*228-5100.*

### LIBRAIRIES SPÉCIALISÉES

**Academy Book Store**
10 W 18th St. **Plan** 8 F5.
*242-4848.*

**Applause Theater & Cinema Books**
211 W 71st St. **Plan** 11 C1.
*496-7511.*

**Bank Street Book Store**
610 W 112th St.
**Plan** 21 A4.
*678-1654.*

**Biography Bookshop**
400 Bleecker St. **Plan** 3 C2.
*807-8655.*

**Books of Wonder**
16 W 18th St.
**Plan** 8 E5.
*989-3270.*

**The Civilized Traveler**
2003 Broadway
**Plan** 11 C1.
*875-0306.*

**The Complete Traveler**
199 Madison Ave.
**Plan** 9 A2.
*685-9007*

**Forbidden Planet**
840 Broadway.
**Plan** 4 E1.
*473-1576.*

**Hacker Art Books**
45 W 57th St.
**Plan** 12 F3.
*688-7600.*

**Hagstrom Map & Travel Store**
57 W 43rd St.
**Plan** 8 F1.
*398-1222.*

**JN Bartfield Books**
30 W 57th St.
**Plan** 12 F3.
*245-8890.*

**Kitchen Arts & Letters**
1435 Lexington Ave.
**Plan** 17 A2.
*876-5550.*

**McGraw-Hill Bookstore**
1221 6th Ave.
**Plan** 12 E4.
*512-4100.*

**Murder Ink**
2486 Broadway.
*362-8905.*

**Mysterious Bookshop**
129 W 56th St.
**Plan** 12 E3.
*765-0900.*

**Oscar Wilde Memorial Bookshop**
15 Christopher St.
**Plan** 3 C2.
*255-8097.*

**Rand McNally Plan & Travel Store**
150 E 52nd St.
**Plan** 13 A4.
*758-7488.*

**Revolution Books**
W 19th St.
**Plan** 7 C5.
*691-3345.*

**St Mark's Bookshop**
31 3rd Ave.
**Plan** 5 A2.
*260-7853.*

**Traveler's Choice**
2 Wooster St.
**Plan** 4 E4.
*941-1535.*

**Urban Center Books**
457 Madison Ave.
**Plan** 13 A4.
*935-3595.*

**Village Comics**
214 Sullivan St.
**Plan** 4 D3.
*777-2770.*

### DISQUES, CASSETTES ET CD

**Academy Book Store**
*Voir Librairies spécialisées.*

**Bleecker Bob's Golden Oldies**
118 W 3rd St.
**Plan** 4 D2.
*475-9677.*

**Footlight Records**
113 E 12th St.
**Plan** 4 F1.
*533-1572.*

**Gryphon Records**
233 W 72nd St.
**Plan** 11 D1.
*874-1588.*

**HMV**
2081 Broadway.
**Plan** 15 C5.
*721-5900.*
*Fait partie d'une chaîne.*

**House of Oldies**
35 Carmine St.
**Plan** 4 D3.
*243-0500.*

**J&R Music World**
15, 23, 27 et 33 Park Row.
**Plan** 1 C2.
*732-8600.*

**Midnight Records**
263 W 23rd St.
**Plan** 8 D4.
*675-2768.*

**Record Explosion**
384 5th Ave.
**Plan** 8 F3.
*736-5624.*
*Fait partie d'une chaîne.*

**Tower Records**
692 Broadway.
**Plan** 4 E2.
*505-1500.*
*Fait partie d'une chaîne.*

**Virgin Megastore**
45th et Broadway.
**Plan** 12 E5.
*921-1020.*

### PARTITIONS

**Charles Colin Publications**
315 W 53rd St.
**Plan** 12 D4.
*581-1480.*

**Colony Record and Music Center**
1619 Broadway.
**Plan** 12 E4.
*265-2050.*

**Frank Music Company**
250 W 54th St.
**Plan** 12 D4.
*582-1999.*

**Joseph Patelson Music House Ltd**
160 W 56th St.
**Plan** 12 E4.
*757-5587.*

# Art et antiquités

Tandis que les amateurs d'art en visite à New York pourront occuper tout leur séjour dans les centaines de galeries de la ville, les passionnés de brocante trouveront la possibilité de chiner à leur aise aux puces ou sur les marchés d'antiquaires, devant de magnifiques antiquités de l'ancien ou du nouveau monde. Pour savoir ce qui est proposé à la vente au cours de votre séjour, prenez un exemplaire gratuit du mensuel *Art Now Gallery Guide* dans une librairie ou une galerie et consultez les journaux locaux.

## Les galeries d'art

L'une des galeries les plus célèbres à SoHo est celle de **Leo Castelli**, admirateur fanatique du Pop Art des années 1960 et découvreur de talents. La **Mary Boone Gallery** expose des néo-expressionnistes et la **Pace Gallery** des artistes à la mode. La **Jay Gorney Modern Art** se spécialise dans la peinture et la sculpture contemporaines.
La **John Weber Gallery** est célèbre pour ses nombreux minimalistes et conceptualistes. **Postmasters** est également un trésor d'œuvres conceptuelles.
La vénérable **Sidney Janis Gallery** de la 57e Rue expose des toiles de maîtres du XXe siècle, et la **Holly Solomon Gallery** des peintures, dessins et sculptures contemporaines. La **Marian Goodman Gallery** met plutôt en valeur les créations des avant-gardes européennes.
Dans Upper East Side, on peut encore s'extasier devant les merveilles des galeries **Knœdler & Company**, **Gagosian et Hirschl & Adler**.

## L'art populaire américain

Si vous aimez l'artisanat, précipitez-vous chez **Susan Parrish Antiques**, **Kelter-Malcé** ou **Brian Windsor** pour y découvrir un choix de tapis faits à la main et d'autres objets. Des quilts, des objets d'art et des peintures folk sont exposés chez **American Hurrah Antiques**. Un petit détour chez **Laura Fisher** vous mettra en contact avec les objets les plus insolites.

## Les marchés d'antiquités et les antiquités d'occasion

En plus des centaines de petits magasins qui vendent tout et n'importe quoi, de la dent de tigre jusqu'aux peintures de grande valeur, Manhattan abrite le **Manhattan Art & Antiques Center** où l'on peut trouver des dizaines de vendeurs sous un même toit. **Irving Barber Shop Antiques** est plein de fabuleuses antiquités d'occasion vendues à de très bon prix.

## Le mobilier américain

Pour les meubles des XVIIe et XVIIIe, allez chez **Bernard & S. Dean Levey**, **Eagles Antiques**, **Leigh Keno American Furniture** ou encore le très célèbre **Israel Sack**. **Judith James Milne** vend des meubles country et de très beaux quilts, comme **Kentucky**.
Chez **Thomas K. Woodard American Antiques & Quilts**, faites connaissance avec le style Shaker au travers d'une collection étonnante.
Les collectionneurs de meubles Art déco ou Art nouveau fréquentent **Alan Moss** qui est bourré de meubles et d'objets décoratifs ou **Macklowe Gallery & Modernism**. **Minna Rosenblatt** et **Lillian Nassau** proposent, entre autres, d'exceptionnelles lampes Tiffany.
Quelques boutiques rétro telles **Depression Modern** et **Mood Indigo** recèlent des trésors des années 1930 et 1940.

## Les antiquités internationales

Si le style anglais vous tente, faites un tour chez **Florian Papp** et **Kentshire Galleries**. Pour les antiquités européennes, voyez **Betty Jane Bart Antiques**, **Kurt Gluckselig Antiques**, **The Little Antique Shop, Linda Horn Antiques, La Belle Époque** ou **Pierre Deux**. Les spécialistes de l'art oriental sont **Doris Leslie Blau**, **E&J Frankel** et **Flying Cranes Antiques**.

## Les marchés aux puces

Les rues de New York accueillent de nombreux marchés aux puces ouverts seulement le week-end. Pour faire de bonnes affaires, il est recommandé de s'y rendre tôt le matin. La plupart des marchés aux puces ouvrent officiellement à 9 ou 10h mais le vrai marchandage commence vers 6h du matin. Vous serez peut-être chanceux et trouverez alors des objets précieux de la culture américaine tels qu'une boîte Barbie pour le déjeuner ou des disques rares enregistrés par des inconnus !
À l'**Annex Antiques Fair and Flea Market**, vous trouvez des vêtements d'occasion ou des meubles anciens. **Canal Street Flea Market** est un véritable bric-à-brac. Pour vous renseigner sur ces marchés forains, procurez-vous l'édition du vendredi du *New York Times*.

## Les salles des ventes

Les deux plus célèbres sont **Christie's** et **Sotheby's** qui proposent toutes sortes de pièces : monnaies, bijoux, vins et objets d'art. Un catalogue est publié plusieurs jours avant chaque vente.
Pour plus de précisions, consultez le *New York Times* du vendredi ou du dimanche.

## RÉPERTOIRE

### GALERIES D'ART

**Gagosian Gallery**
980 Madison Ave.
**Plan** 17 A5.
*744-2313.*

**Hirschl & Adler Galleries**
21 E 70th St. **Plan** 12 F1.
*535-8810.*

**Holly Solomon Gallery**
172 Mercer St. **Plan** 4 E3.
*941-5777.*

**Gorney, Bravin and Lee**
534 W 26 St. **Plan** 7 C4.
*352-8372.*

**John Weber Gallery**
529 W 20th St. **Plan** 7 C5.
*691-5711.*

**Knoedler & Company**
19 E 70th St. **Plan** 13 A1.
*794-0550.*

**Leo Castelli**
59 E 79th St. **Plan** 17 A4.
*249-4470.*

**Marian Goodman Gallery**
24 W 57th St. **Plan** 12 F3.
*977-7160.*

**Mary Boone Gallery**
745 5th Ave. **Plan** 12 F3.
*752-2929.*

**Pace Gallery**
32 E 57th St. **Plan** 12 F3.
*421-3292.*

**Postmasters**
80 Greene St. **Plan** 4 E2.
*941-5711.*

**Sidney Janis Gallery**
110 W 57th St. **Plan** 12 E3.
*586-0110.*

### ART POPULAIRE AMÉRICAIN

**Brian Windsor**
272 Lafayette St.
**Plan** 4 F4.
*274-0411.*

**Kelter-Malcé**
74 Jane St. **Plan** 3 C1.
*989-6760.*

**Laura Fisher**
Manhattan Art & Antiques Center,
1050 2nd Ave.
**Plan** 13 B4.
*838-2596.*

**Susan Parrish Antiques**
390 Bleecker St.
**Plan** 3 C2.
*645-5020.*

### MARCHÉS D'ANTIQUITÉS ET ANTIQUITÉS D'OCCASION

**Chelsea Antiques**
110 W 25th St.
**Plan** 8 E4.
*929-0909.*

**Irving Barber Shop Antiques**
210 E 21st St.
**Plan** 9 A4.

**The Manhattan Arts & Antiques Center**
1050 2nd Ave.
**Plan** 13 A3.
*355-4400.*

### MOBILIER AMÉRICAIN

**Alan Moss**
436 Lafayette St.
**Plan** 4 F2.
*473-1310.*

**Bernard Levy and S. Dean**
24 E 84th St.
**Plan** 16 F4.
*628-7088.*

**Depression Modern**
150 Sullivan St.
**Plan** 4 D3.
*982-5699.*

**Eagles Antiques**
1097 Madison Ave.
**Plan** 17 A5.
*772-3266.*

**Israel Sack**
730 5th Ave.
**Plan** 12 F3.
*399-6562.*

**Judith James Milne**
506 E 74th St.
**Plan** 17 C5.
*472-0107.*

**Leigh Keno American Furniture**
980 Madison Ave.
**Plan** 17 A5.
*734-2381.*

**Lillian Nassau**
220 E 57th St.
**Plan** 13 B3.
*759-6062.*

**Macklowe Gallery & Modernism**
667 Madison Ave.
**Plan** 13 A3.
*644-6400.*

**Minna Rosenblatt**
844 Madison Ave.
**Plan** 13 A1.
*288-0250.*

**Mood Indigo**
181 Prince St.
**Plan** 4 E3.
*254-1176.*

**Woodard & Greenstein American Antiques**
506 E 74th St.
**Plan** 17 A5.
*988-2906.*

### ANTIQUITÉS INTERNATIONALES

**La Belle Époque**
280 Colombus Ave.
**Plan** 12 D1.
*362-1770.*

**Betty Jane Bart Antiques**
1225 Madison Ave.
**Plan** 17 A3.
*410-2702.*

**Doris Leslie Blau**
724 5th Ave.
**Plan** 12 F3. *586-5511.*
*Sur rendez-vous seulement.*

**E&J Frankel**
1040 Madison Ave.
**Plan** 17 A5.
*879-5733.*

**Florian Papp**
962 Madison Ave.
**Plan** 17 A5. *288-6770.*

**Flying Cranes Antiques**
1050 2nd Ave. **Plan** 13 B4.
*223-4600.*

**Kentshire Galleries**
37 E 12th St. **Plan** 4 E1.
*673-6644.*

**Kurt Gluckselig Antiques**
1050 2nd Ave. **Plan** 13 B4.
*758-1805.*

**Linda Horn Antiques**
1015 Madison Ave.
**Plan** 17 A5.
*772-1122.*

**The Little Antique Shop**
44 E 11th St. **Plan** 4 E1.
*673-5173.*

**Pierre Deux**
367 Bleecker St. **Plan** 3 C2.
*243-7740.*

### MARCHÉS AUX PUCES

**Annex Antiques Fair and Flea Market**
24th à 27th Sts et 6th Ave.
**Plan** 8 E4. *243-5343.*
*Ouvert le sam. et le dim.*

**Canal Street Flea Market**
335 Canal St. **Plan** 4 E5.
*Ouvert tous les week-ends de mars à déc.*

**Columbus Avenue Flea Market**
Columbus Ave, entre 76th et 77th St.
**Plan** 16 D5.
*721-0900. Ouv. le dim.*

### SALLES DES VENTES

**Christie's**
20 Rockefeller Plaza.
**Plan** 12 F5.
*636-2000.*

**Sotheby's**
1334 York Ave.
**Plan** 13 C1. *606-7000.*

# Alimentation, électroménager et photo

La diversité ethnique et culturelle de New York se reflète dans ses boutiques d'alimentation, aussi nombreuses que variées. Et pour votre électroménager, électronique ou matériel photo, regardez autour de vous, vous n'avez que l'embarras du choix !

## LES ÉPICERIES FINES

La renommée des plus anciennes attire les touristes, n'hésitez cependant pas à vous rendre aussi dans les grands magasins, qui savent rivaliser avec ces palais de la gastronomie.
**Balducci's**, dans Greenwich Village, propose de savoureuses spécialités italiennes : pâtes, charcuterie et poissons y sont à l'honneur. Chez **Dean & Deluca**, les plats à emporter sont tous plus succulents les uns que les autres. **Russ & Daughters**, point de rencontre de toutes les cuisines, se distingue au travers de ses fromages blancs, chocolats et bagels. **The Gourmet Garage** vend toutes sortes de produits frais (en particulier biologiques). Certains ne jurent que par **Zabar's**, qu'ils considèrent comme la meilleure boutique au monde en matière de saumon fumé, caviar, bagels, fromages et cafés.
Si vous êtes pris d'une irrésistible envie de saumon fumé écossais, de caviar ou de chocolats, courez chez **Caviarteria**. **William Poll** offre un grand choix de paniers à pique-nique et de plats préparés.

## L'ALIMENTATION SPÉCIALISÉE ET LES CAVES

Parmi les meilleures pâtisseries, on compte la **Poseidon Greek Bakery** et **H&H Bagels** qui produit 60 000 bagels par jour, et des meilleurs. Des fours de **Vesuvio** émergent des biscuits épicés et un pain fameux. Faites le plein de pâtisseries chinoises chez **Fung Wong** et découvrez la miche sicilienne de **A. Zito & Son**.
**Li-Lac** est connu pour ses chocolats travaillés à la main et **Mondel Chocolates** pour ses animaux en chocolat. **Economy Candy** offre un vaste choix de fruits secs, et pour un vrai régal, allez savourer chez **Teuscher** les truffes au champagne toutes fraîches importées de Suisse. **Myers of Keswick** importe des spécialités anglaises. L'exotique **Kam Man Food Products** est une authentique épicerie orientale. L'**Italian Food Center** offre d'excellentes huiles d'olive pâtes et saucisses, et **Raffeto's Corporation** toutes sortes de pâtes. Rendez-vous au **Jefferson Market** pour acheter viandes et poissons, et au **Citarella's** pour les fruits de mer.
**Angelica's Herbs and Spices** propose environ 2 500 variétés d'herbes et d'épices.
Les meilleurs vins de Bourgogne se trouvent chez **Acker, Merrall & Condit**, les vins et champagnes soldés chez **Garnet Liquors**. La sélection de scotch et de whisky de **SoHo Wines and Spirits** reste incomparable. Le plus important marchand de vins de la ville est **Sherry-Lehman**.
New York a aussi d'excellentes brûleries de café. Les principales sont **The Sensuous Bean**, **Oren's** et **Porto Rico Importing Company**.
Pour les fruits et les légumes, cherchez un marché de produits de la ferme et tâchez d'y aller tôt le matin. Les plus populaires sont ceux de **City Hall**, **Upper West Side**, **St Mark's in-the-Bowery** et **Union Square**. Vous pouvez vous renseigner en téléphonant au 788-7900.

## LES ARTS MÉNAGERS

La plupart des grands magasins ont d'excellents rayons, néanmoins si vous recherchez une boutique spécialisée, allez au **Broadway Panhandler** – son matériel de pâtisserie est remarquable.
**Bridge Kitchenware** traite surtout avec les restaurateurs, en revanche **Williams Sonoma** propose des ustensiles et des livres de cuisine.
Chez **Baccarat**, **Daum**, **Lalique** et **Villeroy & Boch**, vous admirerez les plus fins cristaux et la plus belle porcelaine, tout comme chez **Orrefors Crystal**, **Kosta Boda** et **Tiffany & Co**.
**Avventura** est le royaume du cristal et de la porcelaine. La moins chère des porcelaines américaines se trouve chez **Fishs Eddy**. **Ceramica** expose de belles poteries italiennes artisanales, et **La Terrine** ainsi que **Stuben Glass** sont réputés pour leurs délicates céramiques peintes à la main.
On peut se procurer du linge bon marché dans la plupart des grands magasins. Pour les draps de soie et le blanc de luxe, **Porthault**, **Pratesi** et **ABC Carpet & Home** jouissent d'une excellente réputation, tout comme **Bed, Bath & Beyond** pour ses draps et ses accessoires de cuisine et de salles de bains.
C'est sur Grand Street, dans Lower East Side, que les prix sont les plus bas.

## L'ÉLECTRONIQUE ET LA PHOTOGRAPHIE

Les meilleures affaires sont proposées par les détaillants d'électronique : cela vaut le détour. Si vous cherchez des appareils électriques à rapporter en Europe, assurez-vous qu'ils fonctionnent également en 220V/50Hz.
**B&H Photo** et **Compusa** sont tous deux réputés pour leur matériel électrique et électronique. **J&R Music World** vend également du matériel électronique, à des prix très compétitifs et propose le meilleur choix de CD de la ville. **The Wiz**, chaîne spécialisée en équipements électroniques, offre ungrand choix de matériel et de jeux. **Willoughby's** pratique des prix compétitifs en matériel photo.

## RÉPERTOIRE

### ÉPICERIES FINES

**Balducci's**
424 Ave of the Americas. **Plan** 12 E5. 673-2600.

**Caviarteria**
29 E 60th St. **Plan** 12 F3. 759-7410.

**Dean & Deluca**
560 Broadway. **Plan** 4 E3. 431-1691.

**Gourmet Garage**
453 Broome St. **Plan** 4 E4. 941-5850.
*Fait partie d'une chaîne.*

**Russ & Daughters**
179 E Houston St. **Plan** 5 A3. 475-4880.

**William Poll**
1051 Lexington Ave. **Plan** 17 A5. 288-0501.

**Zabar's**
2245 Broadway. **Plan** 15 C4. 787-2000.

### ALIMENTATION SPÉCIALISÉE ET CAVES

**A. Zito & Son's Bakery**
259 Bleecker St. **Plan** 3 C2. 929-6139.

**Acker, Merrall & Condit**
160 W 72nd St. **Plan** 11 C1. 787-1700.

**Angelica's Herbs and Spices**
147 1st Ave. **Plan** 5 A1. 677-1549.

**Citarella's**
2135 Broadway. **Plan** 15 C5. 874-0383.

**City Hall Green Market**
Centre St et Chambers St. **Plan** 1 C1.

**Economy Candy**
108 Rivington St. **Plan** 5 A3. 254-1531.

**Fung Wong**
30 Mott St. **Plan** 4 F3. 267-4037.

**Garnet Liquors**
929 Lexington Ave. **Plan** 13 A1. 772-3211.

**H&H Bagels**
2239 Broadway. **Plan** 15 C4. 595-8000.
*Fait partie d'une chaîne.*

**Italian Food Center**
186 Grand St. **Plan** 15 C4. 925-2954.

**Jefferson Market**
450 Ave of the Americas. **Plan** 12 E5. 533-3377.

**Kam Man Food Products**
200 Canal St. **Plan** 4 F5. 571-0330.

**Li-Lac**
120 Christopher St. **Plan** 3 C2. 242-7374.

**Mondel Chocolates**
2913 Broadway. **Plan** 20 E3. 864-2111.

**Myers of Keswick**
634 Hudson St. **Plan** 3 C2. 691-4194.

**Oren's**
1144 Lexington Ave. **Plan** 17 A4. 472-6830.

**Porto Rico Importing Company**
201 Bleeker St. **Plan** 3 C2. 477-5421.

**Poseidon Greek Bakery**
629 9th Ave. **Plan** 12 D5. 757-6173.

**Raffeto's Corporation**
144 West Houston St. **Plan** 4 D3. 777-1261.

**St Mark's in-the-Bowery Greenmarket**
E 10th St et 2nd Ave. **Plan** 4 F1.

**The Sensuous Bean**
66 W 70th St. **Plan** 12 D1. 724-7725.

**Sherry-Lehmann**
679 Madison Ave. **Plan** 13 A3. 838-7500.

**SoHo Wines and Spirits**
461 W Broadway. **Plan** 4 E4. 777-4332.

**Teuscher**
25 E 61st St. **Plan** 12 F3. 751-8482.

**Union Square Greenmarket**
E 17th St et Broadway. **Plan** 8 F5.

**Upper West Side Greenmarket**
Columbus Ave et 77th St. **Plan** 16 D5.

**Vesuvio**
160 Prince St. **Plan** 4 E3. 925-8248.

### APPAREILS MÉNAGERS

**ABC Carpet & Home**
888 Broadway. **Plan** 8 F5. 473-3000.

**Bed, Bath & Beyond**
610 Ave of Americas. **Plan** 8 F5. 255-3550.

**Avventura**
463 Amsterdam Ave. **Plan** 15 C4. 769-2510.

**Baccarat**
625 Madison Ave. **Plan** 13 A3. 826-4100.

**Bridge Kitchenware**
214 E 52nd St. **Plan** 13 B4. 688-4220.

**Broadway Panhandler**
477 Broome St. **Plan** 4 E4. 966-3434.

**Ceramica**
59 Thompson St. **Plan** 4 D4. 941-1307.

**Daum**
694 Madison Ave. **Plan** 13 A3. 355-2060.

**Fishs Eddy**
2176 Broadway. **Plan** 15 C5. 873-8819.

**Kosta Boda**
58 E 57th St. **Plan** 12 F3. 753-3442.

**Lalique**
680 Madison Ave. **Plan** 13 A3. 355-6550.

**Orrefors Crystal**
58 E 57th St. **Plan** 13 A3. 753-3442.

**Porthault**
18 E 69th St. **Plan** 12 F1. 688-1660.

**Pratesi**
829 Madison Ave. **Plan** 13 A2. 288-2315.

**Steuben Glass**
715 5th Ave. **Plan** 12 F3. 752-1441.

**La Terrine**
1024 Lexington Ave. **Plan** 13 A1. 988-3366.

**Tiffany & Co**
*P. 321.*

**Villeroy & Boch**
974 Madison Ave. **Plan** 17 A5. 535-2500.

**Williams-Sonoma**
20 E 60th St. **Plan** 12 F3. 980-5155.

**Zabar's**
*Voir Épiceries fines.*

### ÉLECTRONIQUE ET PHOTOGRAPHIE

**B&H Photo**
420 9th Ave. **Plan** 8 D2. 444-6630.

**J&R Music World**
*P. 323.*

**The Wiz**
212 E 57th St. **Plan** 13 A3. 754-1600.
*Fait partie d'une chaîne.*

**Compusa**
420 5th Ave. **Plan** 8 F1. 764-6224.
*Fait partie d'une chaîne.*

**Willoughby's**
136 W 32nd St. **Plan** 8 E3. 564-1600.

# LES SPECTACLES

Danseurs du New York City Ballet

Le cœur de New York bat perpétuellement au rythme de la fête et du divertissement. Quels que soient vos goûts, vous y trouverez votre bonheur. N'hésitez pas à profiter de l'extraordinaire diversité des spectacles : scènes de Broadway, théâtres expérimentaux dans les ateliers, opéras du Met, concerts de jazz dans Greenwich Village, etc. Vous aimez danser ? D'innombrables clubs vous accueillent dans les décors les plus extravagants. Avec un peu de chance, vous pouvez aussi découvrir une représentation d'avant-garde dans un café-théâtre. Quant aux cinémas, ils sont légion dans Manhattan ! Le mieux est encore sans doute de musarder dans les rues pour regarder ce « show » permanent qu'est New York…

## LES RENSEIGNEMENTS PRATIQUES

Pour trouver les programmes de vos soirées, consultez souvent les journaux tels que le *New York Times* ou le *Village Voice*, ou encore les magazines *Time Out New York (TONY)* et *The New Yorker*. Vous pourrez également vous renseigner à l'intérieur sur les moyens de paiement acceptés. À votre hôtel, demandez *Where*, hebdomadaire gratuit qui contient des plans d'orientation et des informations sur les différentes attractions.

Un kiosque TKTS (billets à prix réduit)

Le personnel hôtelier peut non seulement vous renseigner et vous fournir des brochures mais aussi vous réserver des places. Quelques hôtels diffusent une chaîne de télévision d'informations destinée aux touristes.
Le **New York Convention and Visitors Bureau** offre tous les renseignements possibles et distribue des billets gratuits ou des *twofers* (deux places pour le prix d'une). À ne pas manquer car ils donnent droit à des rabais importants.
**NYC On Stage** est un numéro de téléphone réservé au théâtre, à la danse et à la musique. **Broadway Line** offre une description des spectacles, avec horaires et prix, tandis que **Moviefone** informe sur les films et **ClubFone** (777-2582) sur la vie nocturne.

## LES RÉSERVATIONS

Les spectacles à succès affichent complet souvent plusieurs semaines à l'avance, donc réservez vos places en conséquence. Les guichets de théâtre ouvrent tous les jours, excepté le dimanche, à partir de 10h jusqu'à une heure après le début du spectacle. Allez sur place ou téléphonez à une agence de réservation (**Telecharge**, **Ticketmaster** ou **Ticket Central**) et retenez votre place avec votre carte de crédit, moyennant une commission de quelques dollars.
Des agents indépendants comme **Prestige Entertainment**, ou ceux indiqués dans les pages jaunes peuvent aussi vous obtenir de bonnes places. Le prix des billets varie selon la demande.
**Broadway Ticket Center** situé dans le **Times Square Visitors Center** vend des tickets plein tarif.

## LES BILLETS À PRIX RÉDUIT

Ces billets sont vendus le jour du spectacle par les kiosques **TKTS**, avec un rabais de 25 à 50 %. Il faut cependant y ajouter un petit supplément en espèces ou chèque de voyage.
Le TKTS de Broadway vend des billets de 10h à 14h chaque mercredi et samedi pour les matinées ; de 15h à 20h pour le soir même, et de 11h à 19h pour les billets du dimanche.
Le kiosque de la mezzanine du n° 2 World Trade Center vend des billets de 11h à 17h30 du lundi au vendredi et de 11h à 15h30 le samedi. Les billets pour les matinées du samedi peuvent s'acheter ici dès le vendredi.
**Ticketmaster** propose, par téléphone, des tickets valables pour le jour-même avec des réductions de 10 à 75% (faible commission prélevée). On peut aussi réserver ses places sur Internet : www.ticket-master.com.
Le **Hit Show Club** vend des bons de réduction que l'on peut échanger aux guichets. Certains spectacles offrent des places debout pour le

Bobby Short chantant au Café Carlyle *(p. 343)*

Le Booth Theater de Broadway *(p. 333)*

jour-même à prix bon marché. C'est souvent la seule manière d'assister à un spectacle complet dans un délai très court.

## Les revendeurs à la sauvette

Si vous décidez d'acheter un billet à un *scalper* (revendeur clandestin), sachez que vous risquez de vous faire avoir et de vous retrouver avec un faux ticket indiquant une mauvaise date. La police surveille souvent les manifestations sportives ou les spectacles dans l'intérêt des clients.

## Les billets gratuits

On en trouve pour les shows télévisés et quelques événements particuliers au **Times Square Visitors Information Bureau** ouvert de 8h30 à 18h du lun. au ven. et de 9h à 17h le week-end. Consultez la rubrique « Cheap Thrills » du *Village Voice* pour les lectures de poèmes, les récitals et films d'avant-garde. Les premiers arrivés reçoivent un billet gratuit lors du très populaire New York Shakespeare Festival. Au **Delacorte Theater** de Central Park, on fait la queue le jour du spectacle dès midi si bien que les habitués ont appris à se munir de leur pique-nique et de leurs coussins.
Dans certaines agences du **Rockefeller Center** ou en écrivant directement aux chaînes de télévision, on peut obtenir des billets pour assister aux enregistrements.

## L'accès aux handicapés

Les théâtres de Broadway proposent certaines places

Le Royale Theater la nuit *(p. 333)*

et des billets à prix réduits pour les handicapés et leurs accompagnateurs. Appelez **Ticketmaster** ou **Telecharge** pour renseignements et réservations. Pour les théâtres off-Broadway, appelez le guichet de réservation. Certains théâtres proposent un équipement pour les malentendants. **Tap** met à leur disposition un language par signes pour les théâtres de Broadway, et **Hands On** pour les théâtres off-Broadway.

## Carnet d'adresses

**Broadway Line**
☎ *563-2929.*

**Delacorte Theater**
Entrée par 81 St
et Central Park West.
**Plan** 16 E4.
☎ *861-7277.*
*L'été seulement.*

**Hands On**
☎ *627-4898 (n° pour les malentendants).*

**Hit Show Club**
8e étage, 630 9th Ave.
**Plan** 12 D5
☎ *581-4211.*

**Moviefone**
*P. 337.*
☎ *777-FILM.*

**NYC On Stage**
1501 Broadway.
**Plan** 12 D2
☎ *768-1818.*

**Prestige Entertainment**
☎ *697-7788.*

**Tap (Theater Access Project)**
☎ *221-1103 (répondeur),*
☎ *719-4537 (n° pour les malentendants).*

**Telecharge**
☎ *239-6200.*

**Ticket Central**
☎ *279-4200.*

**Ticketmaster**
☎ *307-4100.*

**Times Square Visitors Information Bureau**
810 7th Ave.
**Plan** 12 E 4.
☎ *484-1222.*

**TKTS**
Broadway et W 47th St.
**Plan** 12 E5.
2 World Trade Center.
**Plan** 1 B2.

**Émissions télévisées**

**ABC**
67th St et Columbus Ave.
☎ *456-3537.*

**CBS**
524 W 57th St.
☎ *975-2476.*

# Les meilleurs spectacles à New York

Le Greenwich Village Jazz Club

New York est l'une des capitales mondiales du spectacle et de la fête. Les plus grands artistes s'y produisent, y vivent et y travaillent. De jour comme de nuit, il s'y passe toujours quelque chose et Manhattan mérite bien son surnom de « ville qui ne dort jamais ». Parmi cette myriade de lieux et de distractions, certains sont des classiques dans leur genre, des incontournables de la vie new-yorkaise. Une sélection se trouve pages 332-347. Vous n'aurez pas le temps de les tester tous, mais ils sont aussi importants, pour bien profiter de New York, que le traditionnel coup d'œil du haut de l'Empire State Building.

**Limelight**
*Les night-clubs à la mode naissent puis disparaissent mais cette ancienne église aménagée reste le repaire favori des noctambules new-yorkais* (p. 342).

**Madison Square Garden**
*Le « Garden », haut lieu du sport, accueille notamment le tournoi de boxe des Golden Gloves ainsi que les matches de l'équipe de basket des New York Knicks et de l'équipe de hockey sur glace des Rangers* (p. 340).

**Film Forum**
*Le plus élégant cinéma d'art et d'essai de la ville vous propose de découvrir les derniers films étrangers ou américains « indépendants » et de revoir un classique à l'affiche des rétrospectives* (p. 336).

**Village Vanguard**
*Toutes les légendes du jazz se sont produites à Greenwich Village. Les amateurs vont encore écouter les stars d'aujourd'hui et de demain aux célèbres Village Vanguard et Blue Note* (p. 340).

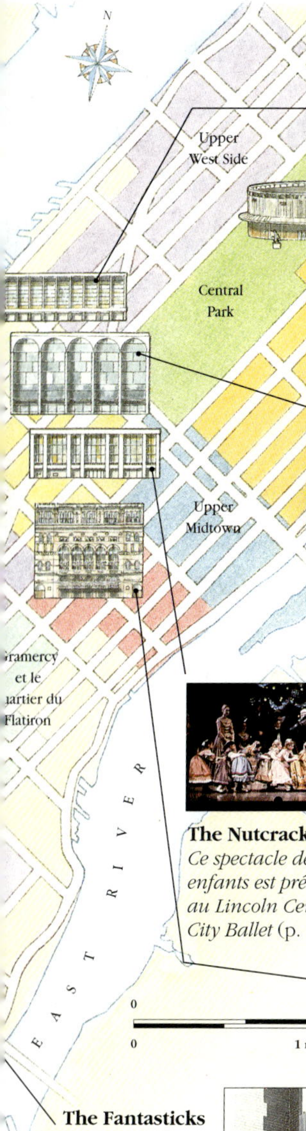

**Répétitions du Philharmonic**
*À l'occasion des répétitions du mardi matin, l'Avery Fisher Hall ouvre ses portes au public, à prix réduit* (p. 338).

**Metropolitan Opera House**
*Réservez vos places et soyez prêts à payer cher le privilège d'écouter les plus belles voix* (p. 338).

**Shakespeare à Central Park**
*Si vous êtes un visiteur estival, prévoyez une journée pour obtenir l'un des rares billets gratuits du Delacorte Theater où vedettes d'Hollywood et de Broadway jouent des œuvres de Shakespeare.*

**The Nutcracker (Casse-Noisettes)**
*Ce spectacle de Noël destiné aux enfants est présenté chaque année au Lincoln Center par le New York City Ballet* (p. 334).

**Carnegie Hall**
*En plein cœur du quartier des théâtres, Carnegie Hall, prestigieux temple de la musique, jouit d'une réputation mondiale. La fascinante visite de ses coulisses vous fera découvrir l'envers du décor* (p. 338).

**The Fantasticks**
*La petite Sullivan Street Playhouse présente la pièce qui a tenu le plus longtemps l'affiche à New York : depuis mai 1960 ! Ceux qui l'ont vue dans leur jeunesse y emmènent maintenant leurs enfants* (p. 332).

# Théâtre et danse

Référence pour le théâtre et la danse, New York est célèbre pour ses comédies musicales extravagantes et ses critiques féroces. Que vous raffoliez des paillettes de Broadway ou du théâtre expérimental, vous trouverez chaussure à votre pied : toutes les alchimies sortent du creuset new-yorkais.

## Broadway

Broadway a longtemps été synonyme de quartier des théâtres, cependant, la plupart des théâtres dits « de Broadway » se trouvent en fait éparpillés entre la 41e et la 53e Rues, de la 6e à la 9e Avenue, quelques autres sont situés aux alentours de Times Square. La majorité d'entre eux fut construite entre 1910 et 1930, aux beaux jours du vaudeville et des Ziegfeld Follies.
Le **Lyceum** *(p. 142)* est le plus ancien (1903) ; le **Ford Center for the Performing Arts** et le **New Amsterdam Theater** sont les plus récents (1997). Ces temples de la comédie ont périclité pendant les années 1980 mais connaissent à présent une seconde jeunesse grâce à une politique de diminution de leurs coûts et à la participation de vedettes célèbres. De plus, le quartier a été entièrement rénové. C'est ici que sont données les productions à succès bénéficiant d'une solide promotion – comédies musicales et reprises jouées principalement par de célèbres acteurs hollywoodiens. De récents succès étrangers sont à l'affiche comme *Les Misérables* ; des créations new-yorkaises comme *Ragtime*, le spectacle favori des enfants *Le Roi Lion* ou encore d'excellentes reprises comme *Cabaret*.

## Off-Broadway et Off-Off-Broadway

Il existe environ 20 théâtres « off-Broadway » et 300 « off-off-Broadway » dont certaines pièces seront sans doute un jour jouées sur Broadway. Les théâtres off-Broadway contiennent de 100 à 499 places, les off-off-Broadway moins de 100. Ces salles sont généralement installées dans les lieux les plus inattendus : greniers, églises ou garages... C'est vers les années 1950 que la formule off-Broadway se développe, avec pour objectif de proposer autre chose au public que les succès commerciaux joués sur Broadway.
Elle se révèle très vite efficace pour les producteurs désirant monter des pièces un peu risquées. Au cours de ces vingt dernières années, cette tendance s'est accentuée dans les théâtres off-off-Broadway qui développent un style délibérément expérimental.
On trouve des théâtres off-Broadway dans tout Manhattan, de Greenwich Village (**Sullivan Street Playhouse** où se joue le spectacle de New York qui a tenu le plus lontemps l'affiche, *The Fantasticks*), à Central Park (**Delacorte Theater**), certains même dans le quartier traditionnel de Broadway. La **Brooklyn Academy of Music (BAM)** *(p. 246)*, le **Manhattan Theater Club** et le **92nd Street Y** sont les plus éloignés du centre.
Les théâtres off-Broadway ont monté les premières représentations à New York des pièces d'auteurs de réputation mondiale comme Sean O'Casey, Tennessee Williams, Eugene O'Neill, Samuel Beckett, Jean Genet, Eugène Ionesco et David Mamet. Ils adaptent parfois les classiques avec irrévérence et osent des mises en scène très novatrices.
Mais le showbiz est impitoyable, et si certaines productions off-Broadway font salle comble, comme, par exemple, *The Fantasticks* et *L'Opéra de Quat'sous*, d'autres spectacles s'achèvent dans des fours retentissants.

## Le théâtre d'avant-garde

Ce style particulièrement novateur règne dans plusieurs théâtres off- et off-off-Broadway. Il est difficile d'en donner une description précise ou de les classer dans une catégorie mais attendez-vous au plus déconcertant et au plus original. Bien représentatifs du genre sont **La MaMa**, **PS 122**, **HERE**. **92nd Street Y**, **Symphony Space** et le **Public Theater** *(p. 118)*. Ce dernier fut fondé par Joseph Papp, initiateur du théâtre populaire présenté à un public défavorisé, et jouit d'une renommée particulière. C'est là que furent créés *Hair* et *A Chorus Line*. Le Public Theater est surtout connu pour ses représentations d'été de pièces de Shakespeare au Delacorte Theater *(p. 206)*. À partir de 18h le jour de la représentation, des billets à prix réduits « Quiktix » sont mis en vente à l'entrée du Public Theater.

## Les écoles de théâtre

Le légendaire **Actor's Studio** de Lee Strasberg pousse l'acteur à une complète identification avec son personnage. Celui que les Américains surnomment le « Gourou de la Méthode » a compté parmi ses disciples Marlon Brando, Dustin Hoffman, Al Pacino et Marilyn Monroe.
Les répétitions sont le plus souvent ouvertes au public. Sandy Meisner a aussi formé de nombreux acteurs, dont Lee Remick, au **Neighborhood Playhouse School of the Theater** où le public est également admis pour observer les comédiens lors de répétitions. La New Dramatists, ouverte en 1949, permet aux auteurs de théâtre d'approfondir leur art (ce fut le cas de William Inge). Les lectures de pièces y sont publiques et gratuites.

## Théâtres de Broadway

① **Ambassador**
215 W 49th St.
239-6200.

② **Barrymore**
243 W 47th St.
239-6200.

③ **Belasco**
111 W 44th St.
239-6200.

④ **Booth**
222 W 45th St.
239-6200.

⑤ **Broadhurst**
235 W 44th St.
239-6200.

⑥ **Broadway**
1681 Broadway.
239-6200.

⑦ **Brooks Atkinson**
256 W 47th St.
307-4100.

⑧ **Cort**
138 W 48th St.
239-6200.

⑨ **Eugene O'Neill**
230 W 49th St.
239-6200.

⑩ **Gershwin**
222 W 51st St.
307-4100.

⑪ **John Golden**
252 W 45th St.
239-6200.

⑫ **Helen Hayes**
240 W 44th St.
307-4100.

⑬ **Imperial**
249 W 45th St.
239-6200.

⑭ **Longacre**
220 W 48th St.
239-6200.

⑮ **Lunt–Fontanne**
205 W 46th St.
307-4100.

⑯ **Lyceum**
149 W 45th St.
239-6200.

⑰ **Majestic**
245 W 44th St.
239-6200.

⑱ **Marquis**
211 W 45th St.
307-4100.

⑲ **Martin Beck**
302 W 45th St.
239-6200.

⑳ **Minskoff**
Broadway et 45th St.
307-4100.

㉑ **Music Box**
239 W 45th St.
239-6200.

㉒ **Nederlander**
208 W 41st St.
307-4100.

㉓ **Neil Simon**
250 W 52nd St.
307-4100.

㉔ **Palace**
1564 Broadway.
307-4100.

㉕ **Plymouth**
236 W 45th St.
239-6200.

㉖ **Richard Rodgers**
226 W 46th St.
307-4100.

㉗ **Roundabout**
1530 Broadway.
869-8400.

㉘ **Royale Theater**
242 W 45th St.
239-6200.

㉙ **St James**
246 W 44th St.
239-6200.

㉚ **Shubert**
225 W 44th St.
239-6200.

㉛ **Virginia**
245 W 52nd St.
239-6200.

㉜ **Walter Kerr**
219 W 48th St.
239-6200.

㉝ **Winter Garden**
1634 Broadway.
239-6200.

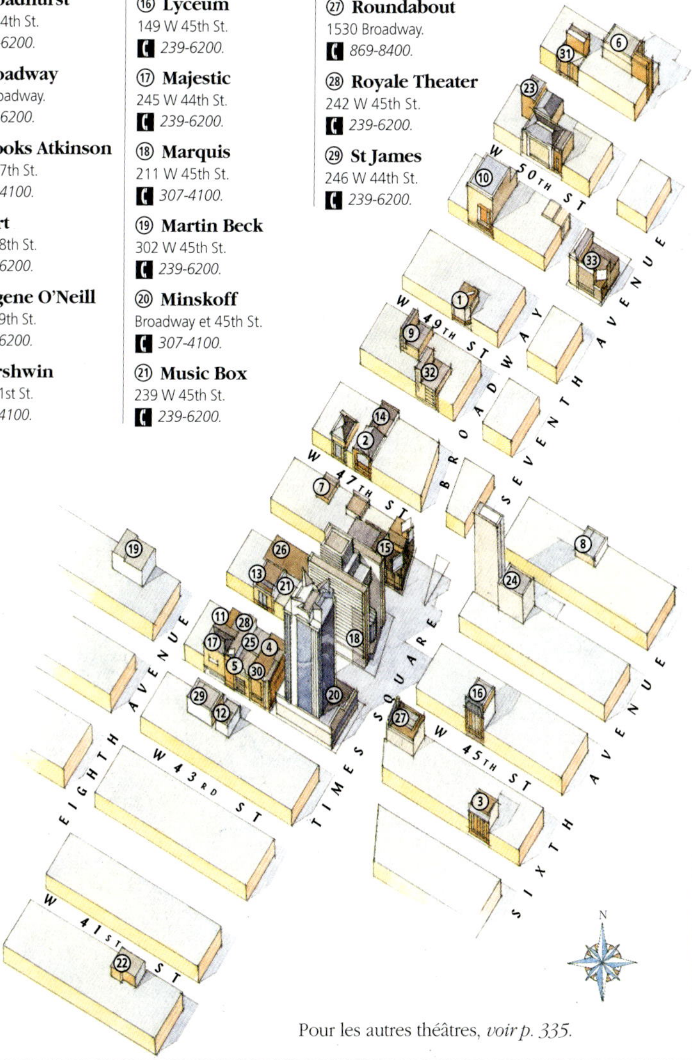


Pour les autres théâtres, *voir p. 335.*

## Les ballets

Le monde new-yorkais de la danse bat au rythme du Lincoln Center *(p. 212)* où le New York City Ballet, fondé par le légendaire Balanchine, présente ses créations au **New York State Theater** *(p. 46)*. Son directeur actuel, Peter Martins, fut l'un des meilleurs danseurs de Balanchine. Il a pour politique de faire évoluer des corps de ballet plutôt que des stars. La saison dure de novembre à février et de fin avril à début juin. L'école de danse du **Juilliard Dance Theater** monte un spectacle de printemps au cours duquel vous admirerez peut-être les vedettes de demain. L'American Ballet Theater se produit au **Metropolitan Opera House**, qui reçoit aussi des troupes étrangères comme le Bolchoï, le Kirov ou les Royal Ballets. Son répertoire s'étend des classiques tel que le *Lac des Cygnes* aux créations de chorégraphes modernes comme Twyla Tharp et Paul Taylor.

## La danse contemporaine

New York est au centre des principaux courants majeurs de la danse contemporaine. Citons en particulier le **Dance Theater of Harlem** réputé pour ses productions modernes, traditionnelles et ethniques. Le **92nd Street Y** et le **Merce Cunningham Studio** de Greenwich Village proposent des chorégraphies expérimentales. **The Kitchen**, **La MaMa**, **Symphony Space** et **PS 122** sont également des lieux de rencontre de toutes les influences, de la danse contemporaine à la musique d'avant-garde. La compagnie du Mark Mossis se produit au **Manhattan Center**. Les amateurs de danse fréquentent le **City Center** *(p. 146)* qui abrita le New York City Ballet et l'American Ballet Theater avant la construction du Lincoln Center. Le City Center accueille le Joffrey Ballet et des performances de grands artistes contemporains tel Alvin Ailey qui mêle danse moderne, jazz et blues, ou encore Merce Cunningham ou Paul Taylor. Évitez les places en mezzanine, vous ne verrez pas grand-chose.
Le **Joyce Theater** connaît une activité intense : s'y succèdent des compagnies bien établies comme le Feld Ballet, des nouveaux venus et des ensembles étrangers.
Chaque printemps, la **Brooklyn Academy of Music (BAM)** *(p. 246)* propose de multiples spectacles à l'occasion du festival de la Danse noire.
Pendant l'automne, le festival Next Wave *(p. 338)* célèbre la danse et la musique avant-gardistes internationales.
L'hiver est la saison privilégiée de l'American Ballet Festival.
En juin, **New York University** *(p. 113)* anime le Summer Residency Festival avec conférences, démonstrations, répétitions et pièces, alors que **Dancing in the Streets** organise une fête de la danse avec des spectacles un peu partout.
Au mois d'août le **Lincoln Center Out of Doors** propose un programme de danse gratuit sur la place, avec des groupes expérimentaux comme l'American Tap Dance Orchestra.
Plusieurs fois par an, **Radio City Music Hall** présente des shows de qualité avec des compagnies provenant du monde entier. À Noël et Pâques, on peut y applaudir les Rockettes.
Les écoles de danse et de chorégraphie admettent souvent les spectateurs dans leurs classes. Parmi les plus intéressantes : l'**Alvin Ailey's Repertory Ensemble** et la **Hunter College Dance Company** qui exécute des œuvres de ses étudiants chorégraphes, et l'**Isadora Duncan International Center for Dance** qui ressuscite les créations de la célèbre danseuse. En matière de danse contemporaine, l'école de chorégraphie du **Juilliard Dance Theater** est la plus réputée.

## Les prix

Les productions coûtent cher, il en va de même avec le prix des billets. Les billets off-Broadway ne sont plus aussi bon marché. Il fut un temps où les billets d'avant-premières étaient vendus à des tarifs très réduits. Ce n'est plus le cas. Ils sont cependant plus faciles à obtenir et vous pourrez ainsi vous faire votre opinion sur un spectacle avant d'être influencé par la critique.
Les prix des places de théâtre à Broadway sont de 60 dollars minimum ; ceux des comédies musicales peuvent atteindre 85 dollars, tandis que ceux des off-Broadway vont de 25 à 40 dollars. Pour les spectacles de danse, le prix habituel est de 20 à 50 dollars et jusqu'à 115 dollars pour l'**American Ballet Theater**. Le **Music and Dance Booth** *(p. 329)* de Bryant Park vend les billets du jour à demi-tarif et cela vaut la peine de faire la queue.

## Les horaires

En général, les théâtres ferment le lundi (excepté les music-halls). Ils jouent en matinée le mercredi, le samedi et parfois le dimanche à 14h. Le spectacle du soir commence à 20h. Vérifiez bien la date et l'heure du spectacle avant de vous y rendre.

## La visite des coulisses et les conférences

Pour les amateurs de coulisses et d'anecdotes sur les stars, **Backstage on Broadway** propose de remarquables visites commentées des théâtres. Le **92nd Street Y** organise des débats avec des metteurs en scène, des acteurs et des chorégraphes. Des écrivains y participent parfois afin de parler de leurs travaux en cours. Le **Radio City Music Hall** organise aussi des visites guidées.

## RÉPERTOIRE

### OFF-BROADWAY

**92nd Street Y**
Lexington Ave.
**Plan** 17 A2.
*415-5420.*

**Actors' Playhouse**
100 7th Ave S.
**Plan** 3 C1.
*463-0060.*

**American Place**
111 W 46th St.
**Plan** 12 E5.
*840-3074.*

**Brooklyn Academy of Music**
30 Lafayette Ave.
*(718) 636-4100.*

**Circle in the Square – Downtown**
159 Bleecker St.
**Plan** 4 D3.
*254-6330.*

**Delacorte Theater**
Central Park. 81st St.
**Plan** 16 E4.
*861-7277.*
*En été seulement.*

**HERE Art Center**
145 6th Ave. **Plan** 4 D4.
*647-0202.*

**John Houseman**
450 W 42nd St.
**Plan** 7 C1.
*967-9077.*

**Lambs Theater**
130 W 44th St.
**Plan** 12 E5.
*997-1780.*

**Manhattan Theater Club**
311 W 43rd St.
**Plan** 4 F2.
*460-5475.*

**New York Theater Workshop**
79 E 4th St.
**Plan** 4 F2.
*460-5475.*

**Public Theater**
425 Lafayette St.
**Plan** 4 F2.
*539-8500.*

**Sullivan Street Playhouse**
181 Sullivan St.
**Plan** 4 D3.
*674-3838.*

**Symphony Space**
2537 Broadway.
**Plan** 15 C2.
*864-5400.*

**Vivian Beaumont**
Lincoln Center.
**Plan** 11 C2.
*362-7600.*

### OFF-OFF-BROADWAY

**Bowerie Lane Theater**
330 Bowery **Plan** 4 F2.
*677-0060.*

**Living Theater**
*865-3957.*
*Groupe touristique. Tél. pour info.*

**Performing Garage**
33 Wooster St.
**Plan** 4 E4.
*966-3651.*

**The Kitchen**
512 W 19th St. **Plan** 7 C5.
*255-5793.*

**Theater at St Peter's Church**
Citicorp Center, 619 Lexington Ave.
**Plan** 13 A4. *935-5824.*

### THÉÂTRES D'AVANT-GARDE

**92nd Street Y**
*Voir Off-Broadway.*

**HERE Art Center**
*Voir Off-Broadway.*

**La MaMa**
74a E 4th St. **Plan** 4 F2.
*475-7710.*

**PS 122**
150 1st Ave. **Plan** 5 A1.
*477-5288.*

**Public Theater**
*Voir Off-Broadway.*

**Symphony Space**
*Voir Off-Broadway.*

### ÉCOLES DE THÉÂTRE

**Actors' Studio**
432 W 44th St.
**Plan** 11 C5.
*757-0870.*

**Neighborhood Playhouse School of the Theater**
340 E 54th St.
**Plan** 13 B4.
*688-3770.*

**New Dramatists**
424 W 44th. **Plan** 11 C5.
*757-6960.*

### DANSE

**92nd Street Y**
*Voir Off-Broadway.*

**Alvin Ailey American Dance Center**
211 W 61st St. **Plan** 11 3C.
*767-0590.*

**Brooklyn Academy of Music**
*Voir Off-Broadway.*

**City Center**
131 W 55th St.
**Plan** 12 E4.
*581-7907.*

**Dance Theater of Harlem**
466 W 152nd St.
*967-3470.*

**Dance Theater Workshop**
219 W 19th St. **Plan** 8 E5.
*690-2800.*

**Dancing in the Streets**
131 Varick St.
**Plan** 4 D4.
*989-6830.*

**Hunter College Dance Company**
695 Park Ave.
**Plan** 13 A1.
*772-4490.*

**Isadora Duncan International Center for Dance**
91 Claremont Ave.
**Plan** 20 D2.
*662-4591.*

**Joyce Theater**
175 8th Ave et 19th St.
**Plan** 8 D5.
*242-0800.*

**Juilliard Dance Theater**
60 Lincoln Center Plaza, W 65th St. **Plan** 11 C2.
*769-7406.*

**La MaMa**
*Voir Théâtres d'avt-garde.*

**Lincoln Center Out of Doors**
Lincoln Center, Broadway et 64th St. **Plan** 11 C2.
*362-6000.*

**Manhattan Center**
311 W 34th St.
**Plan** 8 D2. *307-4100.*

**Merce Cunningham Studio**
55 Bethune St.
**Plan** 3 B2.
*255-8240.*

**Metropolitan Opera House**
Lincoln Center, Broadway et 65th St.
**Plan** 11 C2.
*362-6000.*

**Music and Dance Booth**
*P. 329.*

**New York State Theater**
Lincoln Center, Broadway et 65th St. **Plan** 11 C2.
*870-5570.*

**New York University**
Tisch Hall, 111 2nd Ave.
**Plan** 4 F1.
*998-1984.*

**PS 122**
*Voir Théâtres d'avt-garde.*

**Radio City Music Hall**
50th St et Ave of the Americas. **Plan** 12 F4.
*247-4777.*

**Symphony Space**
*Voir Off-Broadway.*

**The Kitchen**
*Voir Off-Broadway.*

**World Financial Center**
West St, entre Vesey et Liberty St. **Plan** 1 B2.
*945-0505.*

### VISITE DES COULISSES

**92nd Street Y**
*Voir Off-Broadway.*

**Backstage on Broadway**
*575-8065.*

**Radio City Music Hall**
*632-4041.*

# Cinéma

New York est le paradis des cinéphiles. Non seulement les films américains se donnent des mois avant leur sortie à l'étranger, mais on peut voir aussi de nombreux grands classiques et des films étrangers.
La ville sert aussi de banc d'essai aux innovateurs et engendre sans cesse de nouveaux talents. De célèbres réalisateurs comme Spike Lee, Martin Scorsese ou Woody Allen y sont nés et ont été nourris de sa culture si particulière, d'où la présence régulière de la ville dans leurs œuvres. Ils ont ainsi révélé certains côtés plus ou moins insolites de New York. Vous aurez peut-être la chance de les rencontrer sur un tournage au détour d'une rue.
Les studios de télévision offrent des billets gratuits à ceux qui désirent regarder l'enregistrement de leurs programmes. Le *David Letterman Show*, par exemple, est très apprécié des visiteurs.

## Les premières exclusivités

L'accueil du public et des critiques new-yorkais est si important pour le succès des films que les premières ont lieu dans les cinémas les plus prestigieux de Manhattan. Les exclusivités sont projetées le plus souvent dans les établissements appartenant aux chaînes comme le Loews, United Artists et Cineplex Odeon. Les répondeurs téléphoniques de certaines salles indiquent, outre les horaires et les prix, les génériques et la durée des films.
Les séances commencent à 10h ou 11h et se succèdent toutes les deux ou trois heures, de midi à minuit. Il y a moins d'affluence pour les matinées (avant 16h). Le soir et le week-end, il y a inévitablement la queue devant les salles présentant un film à succès. Certains cinémas permettent de réserver avec une carte de crédit moyennant un supplément d'environ 1 dollar par billet. Les personnes âgées peuvent obtenir des billets à tarif réduit à partir de 60, 62 ou 65 ans, suivant les salles.

### Les catégories de films

Aux États-Unis, les films sont désignés selon le code suivant :
**G** Pour tout public.
**PG** Suivant l'appréciation des parents. Certaines scènes peuvent choquer les enfants.
**PG-13** Avertissement aux parents. Certaines scènes ne conviennent pas aux enfants de moins de 13 ans.
**R** Interdit au moins de 17 ans non accompagnés.
**NC-17** Interdit au moins de 17 ans.

## Le festival de films de New York

Né il y a déjà trente ans, il est organisé par la **Film Society du Lincoln Center**. Le festival commence fin septembre et se poursuit pendant deux semaines dans les nombreuses salles du **Lincoln Center**.
Les nouvelles productions américaines et étrangères participent à une compétition où l'on ne gagne aucun prix, sinon le prestige d'une nomination.
La plupart des films présentés pendant le festival continuent généralement à circuler dans le circuit du cinéma d'art et essai.

## Les films étrangers et les cinémas d'art et d'essai

Les six salles de l'**Angelica Film Center** présentent les nouvelles productions étrangères ou indépendantes avec ses six écrans et son bar-café étonnant.
Le **Rose Cinemas** a quatre écrans. Il est situé au Brooklyn Academy of Music. C'est une

### Lieux de tournages

De nombreux lieux à New York ont marqué l'histoire du cinéma. Parmi eux :
**Brill Building** (sur Broadway) abrite l'appartement de Burt Lancaster dans *Le Grand chantage*.
**Brooklyn Bridge** sert de décor à *Mo' Better Blues*, de Spike Lee.
**Brooklyn Heights** et le **Metropolitan Opera** apparaissent dans *Éclair de lune*.
**Central Park** a servi de cadre à d'innombrables films, tels *Love Story* et *Marathon Man*.
**55 Central Park West** fut la maison de Sigourney Weaver dans *SOS Fantômes*.
À **Chinatown** a été en partie tourné *L'Année du dragon*.
Le **Dakota** fut habité par Mia Farrow dans *Rosemary's Baby*.
L'**Empire State Building** en haut duquel *King Kong* livre son héroïque et ultime combat.
**Grand Central Station** rappelle la rencontre entre Robert Walker et Judy Garland dans *Under the Clock* ainsi que l'étonnante scène du bal de *Fisher King*.
**Harlem** est le cadre dans lequel évoluent les musiciens de jazz et les danseurs de *Cotton Club*.
Au **Katz's Deli** a été tournée la mémorable scène de café entre Meg Ryan et Billy Cristal dans *Quand Harry rencontre Sally*.
**Little Italy** a servi de décor pour *Le Parrain I et II*.
C'est au **Russian Tea Room** que Dustin Hoffman déjeune avec son agent dans *Tootsie*.
**Tiffany & Co** est le magasin préféré d'Audrey Hepburn dans *Diamants sur canapé*.
On retrouve l'immeuble des **Nations Unis** dans *La mort aux trousses* de Hitchcock.
**Washington Square** où Robert Redford et Jane Fonda marchent dans le film *Pieds nus dans le parc*.

salle de prestige qui accueille de nombreux films étrangers et d'art et essai. Pour les productions asiatiques, indiennes et chinoises, rendez-vous à l'**Asia Society**. L'**Institut français**, qui projette de nombreux films français sous-titrés, accueille également l'Asian American International Film Festival. Le **Quad Cinema** présente un large éventail de films étrangers (certains sont des perles rares). C'est au **Cinema Village** que se déroule le festival de l'Animation.
Le **Walter Reade Theater** abrite le Film Society of the Lincoln Theater : on peut y voir des rétrospectives de films internationaux et des nouveautés (comme le populaire et annuel festival Spanish Cinema Now).

### Les films classiques et les musées

Les rétrospectives en l'honneur d'un réalisateur ou d'un comédien ont lieu au **Public Theater** et au **Whitney Museum of American Art** *(p. 198-99)*.
Le **Musée d'Art Moderne** *(p. 170-173)* présente non seulement des classiques du cinéma muet ou parlant, mais aussi des documentaires.
L'**American Museum of the Moving Image** *(p. 244)* passe de vieux films et expose des souvenirs de l'industrie du cinéma. Le **Museum of Television & Radio** *(p. 169)* présente régulièrement des classiques et des programmes de radio ou de télévision à ses visiteurs. Quels que soient leurs goûts, les cinéphiles dénicheront des trésors à l'**Anthology Film Archives**.
La salle « Naturemax » de l'**American Museum of Natural History** présente sur écran géant des documentaires en utilisant des technologies de pointe comme l'IMAX en 70 mm, qui confère une incroyable clarté à l'image.
Le samedi matin, emmenez vos enfants à la **Film Society du Lincoln Center** où l'on propose des programmes pour les jeunes.

### Les shows télévisés

De nombreuses émissions de télévision sont produites à New York. Réservez plusieurs mois à l'avance pour pouvoir assister à leur enregistrement. Parmi les plus connues, les très célèbres *talk-shows* de Phil Donahue ou David Letterman. Vous pourrez demander des billets gratuits auprès des chaînes **ABC** et **CBS**. Autre bonne adresse pour obtenir des entrées gratuites, le **Times Square Visitors Informations Bureau** *(p. 329)*.
Certains matins de semaine, sur la 5ᵉ Avenue aux alentours de **Rockefeller Plaza**, des billets gratuits pour les enregistrements télévisés sont parfois distribués par le personnel des sociétés de production, mais c'est aléatoire. Il faut être au bon endroit au bon moment !
Pour ceux qui désirent savoir ce qui se passe dans les coulisses de la télévision, **NBC** organise des visites des studios de 9h à 16h du lundi au samedi.

### Comment choisir ?

Face à l'ampleur du choix proposé par les salles obscures de Manhattan, consultez les rubriques de spectacles dans le magazine *New York* ou dans le *New York Times*, *Village Voice* ou encore *The New Yorker*.
La numéro gratuit *Moviefone* donne par répondeur des détails sur les derniers films.
Un film en première exclusivité coûte environ 7,50 dollars.

### Autour du cinéma

**ABC**
P. 329.

**American Museum of the Moving Image**
35th Ave et 36th St. Astoria, Queens.
*(718) 784-0077.*

**American Museum of Natural History**
Central Park W et 79th St.
**Plan** 16 D5.
*769-5650.*

**Angelika Film Center**
18 W Houston St.
**Plan** 4 E3. *995-2000.*

**Anthology Film Archives**
32 2nd Ave et 2nd St.
**Plan** 5 C2. *505-5181.*

**Asia Society**
725 Park Ave. **Plan** 13 A1.
*517-2742.*

**Rose Cinemas**
Brooklyn Academy of Music.
*(718) 623-2770.*

**CBS**
P. 329.

**Cinema Village**
22 E 12th St.
**Plan** 4 F1.
*924-3363.*

**Film Forum**
209 W Houston St.
**Plan** 3 C3.
*727-8110.*

**French Institute**
55 E 59th St.
**Plan** 12 F3.
*355-6160.*

**Lincoln Plaza Cinema**
1886 Broadway.
**Plan** 12 D2.
*757-2280.*

**Moviefone**
*777-FILM.*

**Museum of Modern Art**
11 W 53rd St.
**Plan** 12 F4.
*708-9480.*

**Museum of Television & Radio**
25 W 52nd St.
**Plan** 12 F4.
*621-6600.*

**NBC**
30 Rockfeller Plaza.
**Plan** 12 F5
*664-4444.*

**New York Film Festival**
*875-5600.*

**Public Theater**
425 Lafayette St.
**Plan** 4 F4.
*666-4444.*

**Quad Cinema**
34 W 13th St.
**Plan** 4 D1.
*225-8800.*

**Rockefeller Plaza**
47th–50th St, 5th Ave.
**Plan** 12 F5.

**Walter Reade Theater/Film Society of the Lincoln Center**
70 Lincoln Center Plaza
**Plan** 12 D2.
*875-5600.*

**Whitney Museum of American Art**
945 Madison Ave.
**Plan** 13 A1.
*570-3600.*

# Musique contemporaine et musique classique

Les New-Yorkais font preuve d'un appétit insatiable en matière de musique. Les plus grands artistes du monde, parfois les plus jeunes ou les plus exotiques, se produisent dans les salles de concert de la ville.

## Les informations pratiques

Consultez la rubrique « spectacles » du *New York Times*, *Village Voice* ou *Time Out New York* pour vous tenir informé de ce qui se passe en ville.

## La musique classique

Le New York Philharmonic est l'orchestre de l'**Avery Fisher Hall** *(p. 213)* où se tiennent chaque année le festival « Mostly Mozart » et les Young People's Concerts. L'**Alice Tully Hall** du Lincoln Center, à l'incomparable acoustique, abrite la Chamber Music Society.
L'une des plus belles salles du monde est le **Carnegie Hall** *(p. 246)*. À l'étage, le Weill Recital Hall propose des concerts de qualité à des prix modérés.
La **Brooklyn Academy of Music (BAM)** *(p. 246)* abrite le Brooklyn Philharmonic. Le **New Jersey Performance Arts Center** à Newark est devenu l'un des hauts lieux de la musique classique, de la danse, de l'opéra, du jazz et de la world music.
Des solistes et ensembles de chambre de haute volée se produisent au **Merkin Concert Hall**. Le **Town Hall** est réputé pour son acoustique exceptionnelle. Au **92nd Street** Y Kaufmann Concert Hall, le programme est riche en musique et en danse. Le Sculpture Garden du **Museum of Modern Art** organise également des concerts de musique de chambre ou contemporaine. **Frick Collection** et **Symphony Space** offrent des programmes musicaux très divers – du gospel à Gershwin. Le bel auditorium Grace Rainey Rogers au **Metropolitan Museum of Art** accueille de la musique de chambre et des solistes, tout comme **Florence Gould Hall**, à l'Alliance Française, offre un programme varié de musique de chambre et de pièces symphoniques.
Les plus célèbres écoles de musique sont la **Juilliard School of Music** et le **Mannes College of Music**. Élèves et enseignants y donnent des récitals gratuits. Elles accueillent aussi des orchestres, groupes de musique de chambre ou troupes d'opéra connues. La **Manhattan School of Music** programme quelque 400 concerts par an (du classique au jazz). Les répétitions du concert du jeudi du New York Philharmonic ont lieu le matin à 9h45 à l'**Avery Fisher Hall**. Le public y est souvent admis et les billets sont bon marché. La **Koscinszko Foundation** est un grand lieu de la musique de chambre. La Chopin Competition s'y tient annuellement.

### Radios FM classique

À New York, quatre stations FM diffusent de la musique classique (et une sélection d'autres genres) : WQXR sur 96.3, la National Public Radio Station WNYC sur 93.9 et WKCR sur 89.9.

## L'opéra

Le **Lincoln Center** *(p. 212)* est le cœur de l'activité lyrique new-yorkaise. Il abrite le New York City Opera et le **Metropolitan Opera House**. Le « Met » présente les meilleurs artistes internationaux mais est souvent critiqué pour son approche trop classique des œuvres. Le New York City Opera, plus accessible et dynamique, met en scène un répertoire varié et permet au public de comprendre l'intrigue grâce à des sous-titres sur écran.
Pour entendre de nouvelles voix, encore inconnues, à prix modéré, faites un tour du côté du **Village Light Opera Group**, de l'**Amato Opera Theater**, du **Kaye Playhouse** au Hunter College ou du **Juilliard Opera Center**.

## La musique contemporaine

New York est un des lieux phares de la musique contemporaine expérimentale, exotique ou ethnique.
La **Brooklyn Academy of Music (BAM)** est à la pointe de l'avant-garde. Chaque automne, elle organise un festival appelé « Next Wave » qui a déjà lancé de nombreux musiciens.
L'**Ethical Culture Society Hall** propose aussi son festival annuel de musique moderne, appelé « Bang on a Can », et invite des compositeurs comme Pierre Boulez et John Cage. Les « expérimentaux », dont David Weinstein et sa musique « test d'acide audiovisuel » (mêlant instruments amplifiés, claviers électroniques et effets sonores) se produisent au **Dance Theater Workshop**. Autre lieu de musique, l'**Asia Society** *(p. 185)* et son merveilleux théâtre reçoivent des artistes asiatiques sans oublier **St Peter's Church**.

## Les visites des coulisses

N'oubliez pas les visites guidées des coulisses de **Lincoln Center** et **Carnegie Hall**.

## La musique religieuse

Rien n'est plus émouvant qu'un concert de Pâques dans **cathedral of St John the Divine** *(p. 224-225). On pourra aussi suivre le* calendrier musical religieux

dans certains musées de la ville, à Grand Central Station *(p. 154-155)*, mais également dans certains halls de banques ou d'hôtels.
Si vous désirez écouter du jazz en fin d'après-midi, rendez-vous à **St Peter's Church** *(p. 173)*. La plupart des concerts sont gratuits mais votre don sera le bienvenu.

### LES CONCERTS EN PLEIN AIR

L'été, **le Bryant Park**, le **Washington Square** et le **Damrosch Park du Lincoln Center** proposent des concerts en plein air. Le New York Philharmonic et le Metropolitan Opera participent à ceux donnés sur la grande pelouse de Central Park et au Brooklyn's Prospect Park. Par beau temps, des musiciens des rues jouent au South Street Seaport sur les marches du **Metropolitan Museum of Art** *(p. 188-189)* ainsi qu'autour de Washington Square.

### LES CONCERTS GRATUITS

Des concerts se tiennent toute l'année au **Citicorp Atrium** *(p. 173)*, aux **Cloisters** *(p. 234-237)* et au Philip Morris Building du **Whitney Museum** *(p. 150)*. On donne des récitals au **Dairy** dans Central Park *(p. 206)*, ainsi qu'au Winter Garden and Plaza du **World Financial Center** *(p. 69)* et au **Federal Hall** *(p. 68)*. Allez savourer au **Lincoln Center** les prestations de la **Juilliard School of Music**. Autres lieux populaires, **Greenwich House Music School** (les récitals d'étudiants sont gratuits) et **Theodore Roosevelt Birthplace** *(p. 125)*, sans oublier **St Paul's Chapel** et **Trinity Church** *(p. 68)* qui proposent des concerts gratuits.

### RÉPERTOIRE

**92nd Street Y**
1395 Lexington Ave.
**Plan** 17 A2.
☎ *996-1100.*

**Amato Opera Theater**
319 Bowery et 2nd St.
**Plan** 4 F2.
☎ *228-8200.*

**Asia Society**
70th St et Park Ave.
**Plan** 13 A1.
☎ *517-2742.*

**Backstage Tours**
☎ *903-9790.*

**Brooklyn Academy of Music**
30 Lafayette Ave, Brooklyn.
☎ *(718) 636-4100.*

**Bryant Park**
**Plan** 8 F1.
☎ *983-4143.*

**Carnegie Hall**
881 7th Ave. **Plan** 12 E3.
☎ *247-7800.*

**Cathedral of St John the Divine**
Amsterdam Ave et 112th St. **Plan** 20 E4.
☎ *316-7400.*

**Citicorp Atrium**
Lexington Ave et 53rd St.
**Plan** 13 A4.
☎ *559-9095.*

**The Cloisters**
Fort Tryon Park.
☎ *923-3700.*

**The Dairy**
Central Park.
**Plan** 12 F2.
☎ *794-6564.*

**Dance Theater Workshop**
*Voir Danse p. 335.*

**Ethical Culture Society Hall**
2 W 64th St.
**Plan** 12 D2.
☎ *874-5210.*

**Federal Hall**
Broad St et Wall St.
**Plan** 1 C3.
☎ *866-2086.*

**Florence Gould Hall (à l' Alliance française)**
55 E 59th St.
**Plan** 13 A3.
☎ *355-6160.*

**Frick Collection**
1 E 70th St. **Plan** 12 F1.
☎ *288-0700.*

**Greenwitch House Music School**
46 Barrow St.
**Plan** 3 C2.
☎ *242-4770.*

**Kaye Playhouse**
695 Park Ave.
**Plan** 13 A1.
☎ *772-4448.*

**Kosciuszko Foundation**
15 E 65th St.
**Plan** 12 F2.
☎ *734-2130.*

**Lincoln Center**
155 W 65th St.
**Plan** 11 C2. ☎ *875-5400.*

**Alice Tully Hall**
☎ *875-5050.*

**Avery Fisher Hall**
☎ *875-5030.*

**Damrosch Park**
☎ *875-5400.*

**Juilliard Opera Center**
☎ *769-7406.*

**Juilliard School of Music**
☎ *799-5000.*

**Metropolitan Opera House**
☎ *362-6000.*

**Manhattan School of Music**
120 Cleremont Ave.
**Plan** 20 E2.
☎ *749-2802.*

**Mannes College of Music**
150 W 85th St.
**Plan** 15 D3.
☎ *580-0210.*

**Merkin Hall**
129 W 67th St.
**Plan** 11 D2.
☎ *501-3330.*

**Metropolitan Museum of Art**
5th Ave et 82nd St.
**Plan** 16 F4.
☎ *570-3949.*

**Museum of Modern Art**
Sculpture Garden
11 W 53rd St. **Plan** 12 F4.
☎ *708-9480.*

**New Jersey Performance Arts Center**
1 Center St. Newark.
☎ *888-466-5722.*

**St Paul's Chapel**
Broadway et Fulton St.
**Plan** 1 C2. ☎ *602-0876.*

**St Peter's Church**
54th St et Lexington Ave.
**Plan** 13 A4.
☎ *935-2200.*

**Symphony Space**
2537 Broadway.
**Plan** 15 C2.
☎ *864-5400.*

**Theodore Roosevelt Birthplace**
28 E 20th St.
**Plan** 8 F5. ☎ *260-1616.*

**Town Hall**
123 W 43rd St. **Plan** 8 E1.
☎ *840-2824.*

**Trinity Church**
Broadway et Wall St.
**Plan** 1 C3. ☎ *602-0800.*

**Village Light Opera Group**
227 W 27th St.
**Plan** 8 E3. ☎ *243-6281.*

**Washington Square**
**Plan** 4 D2.

**Whitney Museum**
Park Ave et 42nd St.
**Plan** 9 A1. ☎ *878-2550.*

**World Financial Center**
West St et Vesey St.
**Plan** 1 A2.
☎ *945-0505.*

# Rock, jazz et world music

Toutes les musiques vibrent à New York, de la world music à la pop des années 60 en passant par la country, le jazz, le blues, la soul et les improvisations de rue. La scène musicale change à un rythme étourdissant : beaucoup d'appelés, peu d'élus. Personne ne peut prédire ce que vous trouverez à votre arrivée, ni ce que seront les derniers tubes.

## Les prix et les places

Dans les clubs, vous payerez un droit d'entrée et un minimum d'une ou deux consommations (à 5 dollars ou plus). Les prix des concerts varient de 8 à 75 dollars en moyenne – de 12 à 25 dollars pour les plus courus. Certaines salles de concert plus petites disposent d'espaces pour s'asseoir et/ou d'autres pour danser, à des prix différents. Des vedettes comme Elton John, Bruce Springsteen ou Prince se produisent dans les grandes arènes : le **Shea Stadium** de Flushing Meadow, le **Meadowlands** ou le **Madison Square Garden** *(p. 133)*. Les billets pour ces concerts s'écoulent en un clin d'œil, achetez-en autant qu'il vous en faut et dès que possible ! Vous risquerez sinon d'avoir à les payer plus tard très cher à un intermédiaire. Pendant l'été, de grands concerts en plein air se déroulent à la plage de Jones Beach *(p. 253)* et au **Central Park Summer Stage**. Des orchestres connus se produisent dans des espaces de taille moyenne comme l'Art Deco Palace du **Radio City Music Hall** et le **Beacon Theater**, la salle la plus populaire de Upper West Side. Les bars constituent la scène privilégiée du rock. Ils proposent généralement un groupe différent chaque soir. Consultez le *New York Times*, *Village Voice* ou *Time Out New York* ou bien appelez-les pour savoir qui joue et à quelle heure.

## Le rock

Il y en a pour tous les goûts : hard, cool, techno, psychédélique, funk, post-punk et alternatif.

Si vous préférez l'ambiance d'un concert live à son image sur écran géant, les lieux suivants devraient vous plaire :

Le **CBGB**, sorte de donjon un peu glauque et berceau de la new wave, a lancé des groupes comme les New York Dolls, Talking Heads ou Blondie dans les années 1970. C'est toujours la rampe de lancement pour les nouveaux groupes.

La **Knitting Factory** présente du jazz et de la new music tandis que le **Limelight** se consacre à l'avant-garde.

Le **Mercury Lounge** est un des lieux les plus branchés, pour des groupes façonnés par MTV. **Tramps** est un loft où jouent des groupes peu connus mais aussi des musiciens de country et de blues célèbres.

Bruce Springsteen a donné son premier concert enregistré – dans les années 1970 – au **Bottom Line**, vitrine pour les groupes en plein essor.

Les groupes qui se produisent au **Acme Underground** sont plein d'avenir dans le monde du rock.

Dans le quartier de la conserverie de viande, le **Cooler** est un nouveau lieu branché pour les fêtards. Rock alternatif, jazz avant-garde et DJ novateurs en font un grand endroit pour danser. L'**Hammerstein Ballroom** au Manhattan Center de Midtown accueille des groupes techno, progressifs et alternatifs.

**Roulette** poursuit sa tradition new-yorkaise de pionniers de la musique innovatrice et retentit de sons d'avant-garde des bien-nommés groupes Woof, Quack et Miaow.

## Le jazz

Les premiers Cotton Club et Connie's Inn, creusets du jazz new-yorkais, ont disparu depuis longtemps, tout comme les bars de l'ère de la prohibition de la 52e Rue Ouest. Des légendes vivantes continuent à se produire, alors que d'autres poursuivent la voie tracée par Duke Ellington et Count Basie.

À Greenwich Village survivent quelques temples du jazz. Le plus fameux est le **Village Vanguard** où les trios de McCoy Tyner et Branford Marsalis se produisent parfois. Le **Blue Note** accueille de grands orchestres. L'addition est salée mais l'ambiance excellente.

**Knitting Factory** et **Bottom Line** présentent du jazz contemporain et d'avant-garde, alors que **Zinno** propose un mélange de cuisine d'Italie du Nord et des musiciens de premier plan. C'est un endroit fréquenté par les musiciens de jazz pendant leurs quartiers libres.

Le **Birdland** présente des disciples de Mingus et Bud Shank. Attendez-vous à écouter du jazz dixieland de petites formations inconnues au **Cajun**, restaurant convivial de style Nouvelle-Orléans.

Le **Café Carlyle** situé dans East Side et réputé pour son pianiste et chanteur de jazz Bobby Short, accueille le clarinetiste et réalisateur Woody Allen aux côtés d'Eddy Davis et de son New Orleans Jazz Band.

Pour un brunch dominical au son du jazz, allez au **Sweet Basil** où jouent souvent le trompettiste Doc Cheatham et son groupe. Le jazz progressif est en vedette au nouveau club-restaurant **Iridium**. **Fez Under Time Café** propose le Mingus Big Band Workshop chaque jeudi.

Ne manquez pas en juin le **JVC Jazz Festival** au cours duquel des stars comme

Oscar Peterson, Nina Simone et BB King jouent ou chantent dans différentes salles de Manhattan. Téléphonez avant de vous déplacer.

Venez assister aux concerts du **Jazz at Lincoln Center** toute l'année, avec notamment le célèbre Lincoln Center Jazz Orchestra dirigé par Wynton Marsalis : on y joue aussi bien des morceaux de Duke Ellington que le jazz Nouvelle-Orléans de Johnny Dodd.

### Le folk et la country

Célèbre mais moins à la mode, **Bitter End** présente des musiques folk, rock et R&B (rhythm and blues). On y trouvait par le passé James Taylor et Joni Mitchell ; aujourd'hui, il se spécialise dans les nouveaux talents. De même, le bar **Kenny's Castaways** mise sur les espoirs locaux.

Le **Fast Folk Café** garantit une athmosphère vivante avec son « New Voices Showcase » chaque mois. Le **Sidewalk Café** est aussi un bon endroit folk.

### Le blues, la soul et la world music

Parmi les choix possibles pour écouter ces types de musique, pensez à l'**Apollo Theater** *(p. 228)* de Harlem, véritable temple de la tradition musicale noire. Depuis près de 60 ans, les soirées pour amateurs du mercredi ont permis de « découvrir » et de lancer des stars parmi lesquelles James Brown et Dionne Warwick.

**Terra Blues** est un bar où l'on joue du blues classique de Chicago et du blues moderne : c'est un endroit intéressant.

Le **Cotton Club** n'est plus au même endroit, mais il propose cependant un excellent programme de blues, de jazz et de gospel. **Chicago B.L.U.E.S.** est désormais considéré comme le meilleur club de blues. Ne manquez pas les « Mambo Mondays » de Nestor Torres au **SOB's** (Sounds of Brazil), une salle spécialisée dans les rythmes afro-latins. Ne ratez pas non plus, si vous le pouvez, les concerts de soul du **Wetlands**.

## Répertoire

### Lieux de concerts

**Beacon Theater**
2124 Broadway.
**Plan** 15 C5.
*496-7070.*

**Central Park Summerstage**
Rumsey Playfield.
**Plan** 12 F1.
*360-2777.*

**Madison Square Garden**
7th Ave. 33rd St. **Plan** 8 E2
*465-MSG1.*

**Meadowlands**
50 Route 120
East Rutherford, NJ.
*(201) 935-3900.*

**Radio City Music Hall**
*Voir Danse p.335.*

**Shea Stadium**
126th St et Roosevelt Ave.
Flushing, Queens.
*(718) 507-8499*

### Rock

**Acme Underground**
9 Great Jones St. **Plan** 4 F2
*677-6963.*

**Bottom Line**
15 W 4th St. **Plan** 4 D2
*228-6300.*

**CBGB**
315 Bowery. **Plan** 4 F2.
*982-4052.*

**Hammerstein Ballroom**
311 W 34th St. **Plan** 8 D2
*564-4882.*

**Knitting Factory**
74 Leonard St. **Plan** 4 E5.
*219-3055*

**Limelight**
47 W 20th St. **Plan** 8 F4.
*473-7171.*

**Mercury Lounge**
217 E Houston St.
**Plan** 5 A3
*260-4700.*

**Roulette**
228 W Broadway.
**Plan** 4 E5.
*219-8242.*

**The Cooler**
416 W 14th St. **Plan** 3 B1.
*229-0785.*

**Tramps**
51 W 21st St. **Plan** 8 F4.
*727-7788.*

### Jazz

**Birdland**
315 W 44th St. **Plan** 12 D5.
*581-3080.*

**Blue Note**
131 W 3rd St. **Plan** 4 D2.
*475-8592.*

**Café Carlyle**
35 E 76th St. **Plan** 17 A5.
*570-7189.*

**Cajun**
129 8th Ave. **Plan** 8 D5.
*691-6174.*

**Fez Under Time Café**
380 Lafayette St. **Plan** 4 F2.
*533-7000.*

**Iridium**
48 W 63rd St. **Plan** 12 D2.
*582-2121.*

**Jazz at Lincoln Center**
*875-5299.*

**JVC Jazz Festival**
*501-1390.*

**Knitting Factory**
*Voir Rock.*

**Sweet Basil**
88 7th Ave. **Plan** 8 E5.
*242-1785.*

**Village Vanguard**
178 7th Ave. South.
**Plan** 3 C1.
*255-4037.*

**Zinno**
126 W 13th St. **Plan** 3 C1.
*924-5182.*

### Folk et country

**Bitter End**
147 Bleeker St. **Plan** 4 E3.
*673-7030.*

**Fast Folk Café**
41 N Moore St. **Plan** 4 D5.
*274-1636.*

**Kenny's Castaways**
157 Bleeker St.
**Plan** 4 E3.
*473-9870.*

**Sidewalk Café**
94 Ave A. **Plan** 5 B2.
*473-7373.*

### Blues, soul et world music

**Apollo Theater**
253 W 125th St.
**Plan** 19 A1.
*531-5305.*

**Chicago B.L.U.E.S.**
73 8th Ave.
**Plan** 3 C1.
*924-9755.*

**Cotton Club**
656 W 125th St.
**Plan** 22 F2.
*663-7980.*

**SOB's**
204 Varick St.
**Plan** 4 D3.
*243-4940.*

**Terra Blues**
149 Bleeker St. **Plan** 4 E3.
*777-7776.*

**Wetlands**
161 Hudson St. **Plan** 4 D5.
*966-4225.*

# Night-clubs, dancings et pianos-bars

La vie nocturne de New York est légendaire. Que vous aimiez les discothèques bruyantes, les variétés ou la douce ambiance d'un piano-bar, vous n'aurez que l'embarras du choix. Parmi les grandes discothèques qui ont fait fureur dans les années 1980, relativement peu d'entre elles ont survécu à la tendance actuelle favorisant le confort et le style *supper clubs*.

## LES INFORMATIONS PRATIQUES

Il est nettement plus branché – et moins onéreux – de fréquenter les night-clubs les soirs de semaine. N'oubliez pas de vous munir de votre carte d'identité prouvant que vous avez plus de 21 ans et restez vigilant car les boissons coûtent souvent très cher.
Les night-clubs les plus branchés restent ouverts jusqu'à 4h du matin ou plus. Les modes comme les horaires changeant régulièrement, renseignez-vous au **Tower Records,** sur Broadway, vérifiez dans les magazines *(p. 328)* ou consultez le *Village Voice*. Le bouche à oreille est également une bonne source d'informations. Au **Limelight** par exemple, vous pourrez avoir de bons tuyaux. On y distribue aussi des invitations pour d'autres night-clubs.

## LES DANCINGS

Les New-Yorkais aiment autant la danse que la musique. On trouve des endroits où danser partout dans la ville, depuis **The Greatest Bar on Earth** (jazz et danse) avec vue du 107e étage et buffet, jusqu'à l'immense salle du **Roseland** ouverte le jeudi et le dimanche. Là règne encore l'atmosphère du Broadway d'autrefois, et le vaste restaurant – avec bar bien approvisionné de 700 places – propose une nourriture convenable.
La musique du **Rainbow Room** permet de danser à l'aise. Si vous cherchez un endroit vraiment original, rendez-vous chez **Barbetta**, où Boris et Yvgeny mixent musique tzigane et valses de Vienne.
Le **Copacabana**, où se produisirent à son ouverture Dean Martin et Frank Sinatra, alterne musique disco et orchestres ; il organise aussi le dernier jeudi du mois des soirées folles peuplées de « go-go boys », de drag-queens et de divas du disco, préparez-vous donc à être scandaleux ou à être scandalisés !
Rénové en 1998, le **Limelight**, avec sa piste de danse au rez-de-chaussée et ses balcons pour les spectateurs, mérite le détour. Elle annonce ses programmes à l'avance ; pour réserver, téléphonez au **Ticketmaster** *(p. 329)*. **Ritz, Acme Underground, Marquee, CBGB, Tramps** et **Knitting Factory** *(p. 341)* sont d'autres lieux très recherchés par les noctambules de Manhattan. Il n'est généralement pas nécessaire d'en être membre. Arrivez tôt et préparez-vous à une file d'attente.

## LES NIGHT-CLUBS

Les shows – de mise dans les vrais night-clubs – sont moins flamboyants que ceux des années 1940 et 1950 mais cependant très variés. En plus du prix d'entrée, beaucoup de night-clubs exigent au moins deux consommations par personne.
**Catch a Rising Star**, à côté d'un restaurant espagnol, est une salle sans chichi et bien aérée où l'on écoute des mélodies de Broadway.
**Maxim's** présente des revues dans une salle, des chanteurs dans une autre. Pour des spectacles originaux dans un décor raffiné, faites un détour du côté de **Rainbow & Stars** ou de **Swing Street Café**.
Après le théâtre, prolongez votre soirée chez **Steve McGraw's**. Au **Supper Club**, sur fond de draperies lamées or, vous aurez le choix entre un orchestre et des chanteurs de cabaret dans leur intime Blue Room. Les dîners du **Tatou** sont très onéreux ; on y écoute aussi bien du jazz que du disco. Quant à la vénérable **Tavern on the Green** de Central Park et son club intérieur et extérieur, elle vous convie à écouter du jazz dans sa Chestnut Room.

## LES CLUBS POUR HOMOSEXUELS ET LESBIENNES

Depuis une vingtaine d'années, les clubs et restaurants destinés à une clientèle homosexuelle se sont répandus. Ces clubs, dans lesquels se produisent des artistes travestis, admettent généralement une clientèle des deux sexes, mais certains peuvent mettre les « intrus » mal à l'aise.
Les cabarets les plus populaires pour les hommes sont le **Duplex**, qui présente des numéros comiques. Parmi les clubs chic, le **Town House**, un piano-bar avec restaurant, et **Julius** dans Greenwich Village. **Don't Tell Mama**, un bar bien établi et adepte du gag dans la tradition homosexuelle, présente des revues musicales.
**Henrietta Hudson**, **Crazy Nanny's** et **Grolier** ne reçoivent que les femmes. Le piano-bar **Marie's Crisis** est mixte et **Splash** ouvre chaque jour avec des *happy hours* entre 17 et 21h.
Le *Village Voice* informe les communautés homosexuelles, tout comme les *Gay Yellow Pages*. Pour tout renseignement complémentaire, téléphonez au **Gay and Lesbian Switchboard**.

## LES CAFÉS-THÉÂTRES

Ces endroits sont spécialisés dans le sketch comique, improvisé ou non. Les meilleurs d'entre eux sont le **Boston Comedy Club**, l'**Original Improv**, **Caroline's**, **Comic Strip**, **Stand Up New York**, **Rebar**, **55 Grove St.**, **Dangerfield's** et **Comedy Cellar**. Leurs spectacles valent le détour – à condition bien sûr de maîtriser les finesses de la langue anglaise.

### LES PIANOS-BARS ET LES SALONS D'HÔTELS

Les cabarets sont devenus une institution new-yorkaise. Souvent situés dans les hôtels sous le nom de *rooms*, ces salons, où l'on écoute de la musique confortablement assis, sont ouverts du mardi au samedi. Ils exigent un tarif d'admission ou une consommation et acceptent les cartes de crédit. Michael Feinstein chante à l'Oak Room de l'**Algonquin**. **Le Beekman Tower**, un piano-bar classique, offre une magnifique vue panoramique de Manhattan. Bobby Short joue du piano depuis plus d'un quart de siècle au Café Carlyle du **Carlyle Hotel** – où l'on peut également découvrir les fantastiques peintures murales du Bemelman's Bar ; ceux qui aiment la chaude voix des crooners s'y retrouvent. Au **Drake Swissôtel**, un piano feutré accompagne de douces mélodies. Des artistes de qualité, telle Barbara Cook, jouent au Mirage Lounge du **Hilton**, alors que la pianiste et chanteuse Kathleen Landis anime le **Café Pierre** de l'hôtel du même nom. Piano encore à l'Ambassador Lounge du **Regal UN Plaza Hotel**.

## RÉPERTOIRE

### DANCINGS

**Barbetta**
321 W 46th St.
**Plan** 12 D5.
*246-9171.*

**Copacabana**
617 W 57th St. **Plan** 11 B3.
*582-2672.*

**The Greatest Bar on Earth**
1 World Trade Center.
**Plan** 1 B2.
*938-1111.*

**Knitting Factory**
*P. 341.*

**Limelight**
*P. 341.*

**Rainbow Room**
30 Rockefeller Plaza.
**Plan** 12 F4.
*632-5100.*

**Roseland**
239 W 52nd St.
**Plan** 12 E4.
*247-0200.*

### NIGHT-CLUBS

**Catch a Rising Star**
253 W 28th St. **Plan** 8 E3.
*244-3005.*

**Maxim's**
680 Madison Ave.
**Plan** 13 A3.
*751-5111.*

**Rainbow & Stars**
30 Rockefeller Plaza.
**Plan** 12 F4.
*632-5000.*

**Supper Club**
240 W 47th St.
**Plan** 12 D5.
*921-1940.*

**Swing Street Café**
253 E 52nd St.
**Plan** 13 B4.
*754-4862.*

**Tatou**
151 E 50th St. **Plan** 13 A4.
*753-1144.*

**Tavern on the Green**
Central Park (côté ouest) et 67th St.
**Plan** 12 D2.
*873-3200.*

### CLUBS POUR HOMOSEXUELS ET LESBIENNES

**Crazy Nanny's**
21 7th Ave South.
**Plan** 3 C1.
*366-6312.*

**Don't Tell Mama**
343 W 46th St.
**Plan** 12 D5.
*757-0788.*

**Duplex**
61 Christopher St.
**Plan** 3 C2.
*255-5438.*

**Gay and Lesbian Switchboard**
*777-1800.*

**Henrietta Hudson**
438 Hudson St.
**Plan** 3 C3.
*243-9079.*

**Julius**
159 W 10th St.
**Plan** 4 D1.
*929-9672.*

**Marie's Crisis Café**
59 Grove St.
**Plan** 3 C2.
*243-9323.*

**Town House**
236 E 58th St.
**Plan** 13 B4.
*754-4649.*

### CAFÉS-THÉÂTRES

**55 Grove St**
**Plan** 3 C2.
*366-5438.*

**Boston Comedy Club**
82 W 3rd St.
**Plan** 4 D2.
*477-1000.*

**Caroline's**
1626 Broadway.
**Plan** 12 E5.
*757-4100.*

**Comedy Cellar**
117 MacDougal St.
**Plan** 4 D2.
*254-3480.*

**Comic Strip**
1568 2nd Ave.
**Plan** 17 B4.
*861-9386.*

**Dangerfield's**
1118 1st Ave.
**Plan** 13 C3.
*593-1650.*

**NY Comedy Club**
241 E 34th St. **Plan** 9 B4.
*696-5223.*

**Stand-Up New York**
236 W 78th St.
**Plan** 15 C5.
*595-0850.*

**The Improv**
346 W 46th St.
**Plan** 12 D5.
*475-6147.*

### PIANOS-BARS ET SALONS D'HÔTELS

**Algonquin Hotel**
Oak Room, 59 W 44th St.
**Plan** 12 F5.
*840-6800.*

**Beekman Tower**
3 Mitchell Pl. **Plan** 13 C5.
*355-7300.*

**Carlyle Hotel**
Café Carlyle, 35 E 76th St.
**Plan** 17 A5.
*744-1600.*

**Drake Swissôtel**
67 E 56th St.
**Plan** 13 A3.
*421-0900.*

**Hilton Hotel**
Mirage Lounge. 53 Ave of the Americas. **Plan** 12 E4.
*586-7000.*

**Pierre Hotel**
Café Pierre, 2 E 61st St.
**Plan** 12 F3.
*940-8185.*

**Regal UN Plaza Hotel**
1 UN Plaza et 44th St.
**Plan** 13 C5.
*758-1234.*

# Sport et remise en forme

Les New-Yorkais sont fous de sport. Si vous avez de l'énergie à dépenser, allez dans un club de remise en forme ou un manège, adonnez-vous aux haltères et autres instruments de musculation, nagez ou faites du jogging. Vous pouvez aussi admirer les équipes de base-ball, hockey, basket-ball ou football américain, ou bien encore suivre les tournois de tennis de l'US Open et de Virginia Slims.

### Les informations pratiques

Pour assister aux événements sportifs, achetez vos billets chez **Ticketron** ou **Ticketmaster** *(p. 329)*. Pour les grandes rencontres, passez par une agence.

### Le football américain

La ville possède deux équipes de football américain, les New York Giants et les New York Jets, qui jouent au **Giants Stadium** dans le New Jersey. Il est presque impossible d'obtenir des billets pour aller voir les Giants, mais il vous reste une chance pour les Jets.

### Le base-ball

Afin de mieux comprendre l'engouement des Américains pour ce sport devenu institution, allez au **Yankee Stadium** – le stade des New York Yankees – ou encore au **Shea Stadium** des Mets. La saison dure d'avril à septembre.

### Le basket-ball

Les NY Knicks défendent les couleurs de la ville d'octobre à avril au **Madison Square Garden** ; c'est également dans ce lieu qu'évoluent les légendaires Harlem Globetrotters.

### Le cyclisme

Louez une bicyclette à **West Side Bicycle Store** et partez à la découverte de Central Park pendant le week-end : les voitures sont alors interdites.

### La boxe

Si vous aimez la boxe, vous avez plus de chances d'assister à des matches à la télévision qu'au **Madison Square Garden.**

### Les centres de remise en forme et gymnases

Les grands hôtels comme **Chelsea Piers Sports and Entertainment Complex** possèdent de luxueux centres de remise en forme. Les gymnases ou clubs ne sont ouverts qu'aux membres inscrits à l'année. Si vous logez au **YMCA**, vous pourrez utiliser gratuitement ses installations. Sinon, des admissions payantes à la journée sont possibles.

### Le golf

Exercez-vous au **Randalls Island Golf Center** ou au golf miniature du **Wollman Memorial Rink**. La ville possède plusieurs terrains de golf en dehors de Manhattan, comme le **Pelham Bay Park** dans le Bronx et le **Silver Lake** à Staten Island. Renseignez-vous au 360-8204 ou réservez au 225-GOLF.

### Les manèges et les courses hippiques

Le seul manège de Manhattan est le **Claremont Riding Academy** ; vous pourrez y monter dans un manège couvert ou vous balader dans Central Park. Le **Yonkers Raceway** accueille toute l'année des courses de trot attelé ; les épreuves de plat se déroulent chaque jour – sauf le mardi – à l'**Aqueduct Race Track** (d'octobre à mai), et au **Belmont Park Race Track** (de mai à octobre).

### Le hockey sur glace

La glace crisse et les coups de crosse volent lorsque les New York Rangers rencontrent leurs adversaires au **Madison Square Garden**. La saison dure d'octobre à avril.

### Le patinage

On trouve 2 patinoires d'extérieur : l'une est la **Rockfeller Plaza Rink**, très jolie à Noël. L'autre est **Wollman Rink** où l'on peut patiner en hiver, faire du patin à roulettes et du minigolf. Le **Sky Rink** et l'**Ice Studio** sont 2 patinoires couvertes.

### Les sports d'intérieur et les jeux de raquettes

Le **Printing House Fitness & Racquet Center**, le **Hackers, Hitters & Hoops**, et le **Chelsea Piers** proposent un large choix d'activités sportives : golf miniature, ping-pong, squash…

### Le jogging

Certains parcs sont dangereux. Demandez conseil au concierge de votre hôtel. Attention, aucun parc n'est sûr la nuit. Une piste très courue contourne le réservoir de Central Park (*p. 206*). Chaque semaine, l'**International Running Center** organise des compétitions.

### Le marathon

Pour être l'un des 25 000 heureux participants au célèbre marathon de New York, le premier dimanche de novembre, il faut s'inscrire 6 mois à l'avance. Renseignements téléphoniques au 860-4455.

### Les bars sportifs

Si vous brûlez de connaître les résultats des épreuves sportives du jour, le tableau électronique du **Sporting Club** et ses 9 écrans géants – comme ceux de **Mickey Mantle's** – vous permettront d'en suivre toutes les péripéties.

### La natation

Vous disposez généralement d'une piscine dans votre hôtel. Vous pouvez nager et faire du surf au **Surfside 3 Maritime Center** à **Chelsea Piers** qui surplombe Hudson River. Si vous préférez l'eau salée, la plage Jones Beach de **State Park,** à Long Island *(p. 253),* est magnifique.

### LE TENNIS

Le principal tournoi de tennis de New York, l'US Open, a lieu en août au **National Tennis Center**. Le tournoi féminin de Virginia Slims se déroule en novembre au **Madison Square Garden** *(p. 133).*
Si vous ne voulez pas vous contenter d'être spectateur, consultez la rubrique « Tennis Courts : Public and Private » dans l'annuaire. Pour les courts privés, le prix peut atteindre 50 dollars l'heure. Pour les terrains publics, il vous faudra un permis acheté 50 dollars au **New York City Parks & Recreation Department**, de même que votre carte d'identité.
Retenez les courts au moins une semaine à l'avance, par exemple au **Crosstown Tennis** et au **Manhattan Plaza Tennis Center**.

### L'ATHLÉTISME

Les Millerose Games ont lieu début février. Les championnats de l'Amateur Athletic Union, au cours desquels concourent les meilleurs athlètes, se tiennent fin février au **Madison Square Garden.**

### LES AUTRES ACTIVITÉS

À Central Park, vous avez le choix entre louer une barque au **Loeb Boathouse** ou emprunter un jeu d'échecs au **Dairy** *(p. 206).*
On trouve un bowling au **AMF Chelsea Piers Bowl** et des salles de billards à **Chelsea Billiards**.
Des parties de pêche en bateau sont organisées depuis **Sheepshead Bay** à Brooklyn.

### ADRESSES SPORTIVES

**Aqueduct Race Track**
Ozone Park, Queens.
☎ *(718) 641-4700.*

**Belmont Park Race Track**
Hempstead Turnpike, Long Island.
☎ *(718) 641-4700.*

**Chelsea Billiards**
54 W 21st St. **Plan** 8 E4.
☎ *989-0096.*

**Chelsea Piers Sports and Entertainment Complex**
Piers 59-62, 11th Ave.
**Plan** 7 B4-5.
☎ *336-6800.*

**Claremont Riding Academy**
175 W 89th St.
**Plan** 15 C3.
☎ *724-5100.*

**Crosstown Tennis**
14 W 31st St.
**Plan** 8 F3.
☎ *947-5780.*

**Giants Stadium**
Meadowlands
East Rutherford, NJ.
☎ *(201) 935-8222. New York Giants.*
☎ *(201) 935-8500. New York Jets.*

**Hackers, Hitters & Hoops**
123 W 18th St.
**Plan** 8 E5.
☎ *929-7482.*

**Ice Studio**
1034 Lexington Ave.
**Plan** 17 A5.
☎ *535-0304.*

**International Running Center**
9 E 89th St.
**Plan** 17 A3.
☎ *860-4455.*

**Loeb Boathouse**
Central Park. **Plan** 16 F5.
☎ *517-4723.*

**Madison Square Garden**
7th Ave et 33rd St.
**Plan** 8 E2.
☎ *465-MSG1.*

**Manhattan Plaza Racquet Club**
450 W 43rd St.
**Plan** 7 C1.
☎ *594-0554.*

**Mickey Mantle's**
42 Central Park South.
**Plan** 12 E3.
☎ *688-7777.*

**National Tennis Center**
Flushing Meadows Park, Queens.
☎ *(718) 760-6200.*

**NY City Parks & Recreation Department**
Arsenal Building,
64th St et 5th Ave.
**Plan** 12 F2.
☎ *408-0100.*

**Pelham Bay Park**
Bronx.
☎ *(718) 885-1258.*

**Plaza Rink**
Rockefeller Center.
1 Rockefeller Plaza,
5th Ave.
**Plan** 12 F5.
☎ *332-7654.*

**Printing House Fitness & Racquet Center**
421 Hudson St.
**Plan** 3 C3.
☎ *243-3777.*

**Randalls Island Golf Center**
Randalls Island
**Plan** 22 F2.
☎ *427-5689.*

**Shea Stadium**
126th St et Roosevelt Ave,
Flushing, Queens.
☎ *(718) 507-TIXX ou (718) 507-8499.*

**Sheepshead Bay**
*(Pour information sur des parties de pêche, appelez* Mike's Tackle & Bait Shop.*)*
☎ *(718) 646-9261.*

**Silver Lake**
915 Victory Blvd, Staten Island.
☎ *(718) 447-5686 ou (718) 225-4653.*

**The Sporting Club**
99 Hudson St. **Plan** 4 D5.
☎ *219-0900.*

**West Side Bicycle Store**
231 W 96th St. **Plan** 15 C2.
☎ *663-7531.*

**Wollman Memorial Rink**
Central Park. 5th Ave et 59th St. **Plan** 12 F2.
☎ *396-1010.*

**Yankee Stadium**
River Ave et 161st St
The Bronx.
☎ *(718) 293-6000.*

**Y at 92nd St**
1395 Lexington Ave.
**Plan** 17 A2.
☎ *427-6000.*

**YMCA 47th St**
224 E 47th St. **Plan** 13 B5.
☎ *756-9600.*

**YMCA West Side**
5 W 63rd St.
**Plan** 12 D2.
☎ *787-4400.*

**Yonkers Raceway**
Yonkers Westchester County.
☎ *(914) 968-4200.*

# New York la nuit

New York est une ville qui ne dort jamais. S'il vous prend en pleine nuit une lubie de pain frais, un désir irrésistible de voir du monde ou de regarder le soleil se lever sur les gratte-ciel de Manhattan, un bon nombre de possibilités s'offrent à vous.

## Les bars et les clubs

Les plus chaleureux sont les bars irlandais. On chante en chœur chez **Mitch's Place** le jeudi, et chaque jour sauf le lundi au **Tommny Makem's**. Éternisez-vous au **Temple Bar** (nocturne le mardi) ou dans les pianos-bars des hôtels : le Café du **Carlyle Hotel** ou l'Oak Room de l'**Algonquin Hotel**. Pour une nuit de jazz *hot*, laissez-vous tenter par le **Sweet Basil** ou le **Blue Note**. Si le jazz traditionnel vous berce, détendez-vous au **Rainbow Room** ou au **Red Blazer Too**. Dans un demi-songe, écoutez des poèmes au **Cornelia Street Café**. D'autres belles voix vous déclameront poésie et théâtre au **Nuyorican Poets Café** entre deux morceaux de musique latino-américaine.

## Les cinémas de minuit

Rejoignez les jeunes cinéphiles de minuit pour revoir le Rocky Horror Picture Show ou d'autres classiques à la **Eighth Street Playhouse,** à l'**Angelika Film Center** et au **Film Forum** *(p. 336-337)*.

## Les boutiques

Le St Mark's Bookshop et Shakespeare & Co ferment également tard. L'Upper West Side HMV ouvre jusqu'à minuit et le East Side HMV jusqu'à 22h. Les deux disquaires Tower Records ainsi que le Gryphon Records ferment à minuit. Bleeker Bob's Golden Oldies Record Shop reste ouvert jusqu'à 3h du matin le week-end *(Boutiques et marchés p. 322-323)*. Les magasins **Palmer Video Store** et **Mrs Hudson's Video Store** tous deux sur Hudson permettent de louer des vidéos la nuit tout comme le **Video Access**. Les boutiques de vêtements du Village, **Antique Boutique** (jusqu'à minuit) et **Trash and Vaudeville** (jusqu'à 20h le vendredi et le samedi) restent ouverts le week-end. La **Rite Aid Pharmacy** vous accueille jour et nuit et **Plaza Pharmacy** jusqu'à 23h.

## Les traiteurs, snacks à emporter et épiceries

Vous trouverez en permanence provisions et plats à emporter au **Delmonico Gourmet Food Market**, au **West Side Supermarket** et dans quelques autres magasins. De nombreux restaurants coréens servent des repas toute la nuit.
Les supermarchés **Food Emporium** sont ouverts jusqu'à minuit et l'un d'eux, sur York Avenue, 24h sur 24. Le samedi, **Zabar's** accueille ses clients jusqu'à minuit. Les marchands de vins et liqueurs ferment habituellement à 22h et beaucoup acceptent de livrer à domicile.
Pour grignoter tardivement de bons bagels, allez chez **H & H Bagels East, Bagels On The Square** ou **Jumbo Bagels and Bialys**. De nombreuses pizzerias et restaurants chinois sont ouvert tard et livrent à domicile. Beaucoup de glaciers ferment tard.

## Où dîner ?

Les membres de clubs ou les branchés friands de cuisine française fréquentent **La Jumelle**, **Florent** et **Les Halles**. Les jeunes vont au **Coffee Shop** pour une dernière bière et des plats brésiliens. Découvrez de fabuleux sandwiches au **Carnegie Deli**. Au **Caffè Reggio**, connu depuis 1927, savourez café, thé et gâteaux. Faites connaissance avec les *supper clubs*. Dégustez de la cuisine vietnamienne au très populaire **Bar Bat** dans un décor de caverne à chauve-souris.
Chez **Tatou**, on sert de la cuisine traditionnelle créole sur fond de jazz et le décor style 1930 du **Rainbow Room** est en lui-même un régal.

## Le sport

On carambole jour et nuit au **Chelsea Billiards** et vous pourrez jouer jusqu'à 5h du matin durant les week-ends au **Billiard Club**. Buvez, mangez et abattez les quilles avec les étudiants de l'université de New York au bowling **Bowlmore Lanes**.

## Les services

Le teinturier **Midnight Express Cleaners** ramasse les vêtements jusqu'à minuit et les rapporte prêts le lendemain. Il livre jusqu'à minuit. **Tudor City Flowers** prépare des bouquets 24 heures sur 24. Le coiffeur **George Michael de Madora Inc**. sur Madison Avenue ouvre jusqu'à 22h le jeudi et coiffe aussi à domicile.

## Les visites guidées et les panoramas

Allez respirer l'air frais le long de Hudson River dans **Battery Park City** – ouvert et sûre à toute heure. Les quais 16 et 17 de South Street Seaport attirent les flâneurs toute la nuit (le restaurant **Harbour Lights** sur le quai 17 ouvre jusqu'à 4h du matin). Vous pouvez aussi embarquer avec **Circle Line** pour admirer, deux heures durant, les illuminations de la ville.
Regardez le soleil se lever sur East River, de Riverview à Sutton Place. C'est en vous promenant vers l'ouest du **River Café** et vers l'est du restaurant **Arthur's Landing** que vous aurez les plus belles vues de Manhattan, à ce moment là !
Prenez le **Staten Island Ferry** pour aller visiter la Statue de la Liberté et voir Manhattan se découper dans la lumière de l'aube.
Vous pouvez aussi prendre un taxi et traverser Brooklyn Bridge pour assister au lever du soleil sur le port. Jusqu'à

1h du matin, depuis le haut de la tour du **Beekman Tower Hotel**, vous pourrez contempler East Side.
Le belvédère le plus fantastique reste le sommet de l'**Empire State Building** – accessible jusqu'à minuit *(p. 134-135)*.
Offrez-vous un petit déjeuner vertigineux au **Windows on the World** (107e étage du World Trade Center) en plongeant le regard sur la rivière, le port et toute la ville.
Faites un tour en calèche depuis **Château Stables** ou envolez-vous grâce à **Island Helicopter** au-dessus d'une cité scintillante.
Si vous voulez faire une expérience nouvelle, essayez un des **Marvelous Manhatan Tours**, tournée des bars accompagnée, ou allez vous griser des lumières de la nuit avec **Happy Apple Tours**.
Et si vraiment vous n'avez toujours pas sommeil, joignez-vous à la bousculade du **Fulton Fish Market** à 6 h du matin (des visites guidées sont proposées d'avril à novembre par le South Street Seaport Museum, *p. 84*).

## RÉPERTOIRE

### BARS ET CLUBS

**Algonquin Hotel**
*Voir Pianos-bars p. 343.*

**Blue Note**
*Voir Jazz p. 341.*

**Carlyle Hotel**
*Voir Pianos-bars p. 343.*

**Cornelia Street Café**
29 Cornelia St. **Plan** 4 D2.
☎ *989-9318.*

**Mitch's Place**
134 Reade St. **Plan** 1 B1.
☎ *226-8928.*

**Nuyorican Poets Café**
236 E 3rd St. **Plan** 5 A2.
☎ *505-8183.*

**Rainbow Room**
*Voir Dancing p. 343.*

**Red Blazer Too**
32 W 37th St.
**Plan** 8 F2. ☎ *262-3112.*

**Sweet Basil**
*Voir Jazz p. 341.*

**Temple Bar**
332 Lafayette St.
**Plan** 4 F4. ☎ *925-4242.*

**Tommy Makem's**
130 E 57th St. **Plan** 12 E3.
☎ *759-9040.*

### BOUTIQUES

**Antique Boutique**
712 Broadway.
**Plan** 4 E2. ☎ *460-8830.*

**Rite Aid Pharmacy**
*Voir Renseignements pratiques p. 357.*

**Mrs Hudson's Video Library**
573 Hudson St.
**Plan** 3 C2.
☎ *989-1050.*

**Palmer Video Store**
470 Hudson St. **Plan** 3 C3.
☎ *463-9377.*

**Plaza Pharmacy**
251 E 86th St.
**Plan** 17 B3. ☎ *427-6940.*

**Trash and Vaudeville**
4 St. Mark's Pl. **Plan** 5 A2.
☎ *982-3590.*

### TRAITEURS ET ÉPICERIES

**Bagels On The Square**
7 Carmine St. **Plan** 4 D3.
☎ *691-3041.*

**Delmonico Gourmet Food Market**
55 E 59th St.
**Plan** 12 F3.
☎ *751-5559.*

**Food Emporium**
1498 York Ave.
**Plan** 17 C4.
☎ *879-9555.*

**H & H Bagels East**
1550 2nd Ave.
**Plan** 17 B4. ☎ *734-7441.*

**Jumbo Bagels and Bialys**
1070 2nd Ave.
**Plan** 13 B3. ☎ *355-6185.*

**West Side Supermarket**
2171 Broadway.
**Plan** 15 C5.
☎ *595-2536.*

**Zabar's**
2245 Broadway.
**Plan** 15 3C.
☎ *787-2000.*

### OÙ DÎNER ?

**Caffè Reggio**
119 MacDougal St.
**Plan** 4 D2. ☎ *475-9557.*

**Carnegie Deli**
*Restaurants et bars p. 306.*

**Coffee Shop**
*Restaurants et bars p. 306.*

**Florent**
*Restaurants et bars p. 306.*

**La Jumelle**
55 Grand St. **Plan** 4 E4.
☎ *941-9651.*

**Le Bar Bat**
311 West 57th St.
**Plan** 12 D3. ☎ *307-7228.*

**Les Halles**
*Voir Restaurants et bars p. 296.*

**Rainbow Room**
*Voir Restaurants et bars p. 306.*

**Tatou**
151 East 50th St.
**Plan** 13 A4. ☎ *753-1144.*

### SPORT

**Billiard Club**
220 W 19th St.
**Plan** 8 E5. ☎ *206-POOL.*

**Bowlmore Lanes**
110 University Pl. **Plan** 4 E1.
☎ *255-8188.*

**Chelsea Billiards**
*Voir Sport p. 345.*

### SERVICES

**George Michael de Madora Inc**
420 Madison Ave.
**Plan** 13 A5.
☎ *752-1177.*

**Midnight Express Cleaners**
3838 13th St.
**Plan** 14 F1.
☎ *921-0111.*

**Tudor City Flowers**
5 Tudor City Place.
**Plan** 9 B1. ☎ *986-1490.*

### VISITES GUIDÉES ET PANORAMAS

**Arthur's Landing**
Port Imperial Marina, Pershing Circle, Weehawken, NJ.
☎ *(201) 867-0777.*

**Battery Park City**
West St. **Plan** 1 A3.

**Beekman Tower Hotel**
1st Ave 49th St.
**Plan** 13 C5. ☎ *355-7300.*

**Château Stables**
608 W 48th St.
**Plan** 15 B3. ☎ *246-0520.*

**Circle Line**
W 42nd St. **Plan** 15 B3
☎ *563-3200*

**Empire State Building**
*P. 134-135.*

**Fulton Fish Market Tours**
☎ *748-8590.*

**Happy Apple Tours**
☎ *(800) 421-4518.*

**Harbour Lights**
89 Fulton St.
**Plan** 2 D2.
☎ *227-2800.*

**Island Helicopter**
☎ *683-4575.*

**Marvelous Manhattan Tours**
☎ *(800) 926-8795.*

**River Café**
*Voir Restaurants et bars p. 306.*

**Staten Island Ferry**
*Voir Se déplacer dans New York p. 369.*

**Windows on the World**
*Voir Restaurants et bars p. 295.*

# Le New York des enfants

Les jeunes visiteurs adorent le mouvement perpétuel de la ville : toujours quelque chose à regarder ou à faire. De multiples attractions leur sont destinées. Plus d'une douzaine de troupes de théâtre, deux zoos et trois musées les attendent, ainsi que des divertissements et programmes spéciaux dans de nombreux musées et parcs. Les enfants adorent gambader dans les studios de télévision et quelle joie d'aller voir le Big Apple Circus ! Un seul séjour ne suffit pas à épuiser les plaisirs, et jamais vous n'entendrez le classique « Je m'ennuie ! » En outre, il n'est pas nécessaire de dépenser une fortune pour bien s'amuser.

**New York, une remarquable aire de jeux pour les enfants**

## Les conseils pratiques

New York aime bien la famille. Dans la plupart des hôtels, les enfants sont logés gratuitement dans la chambre des parents. Pour eux, les musées sont gratuits ou demi-tarif. Les enfants qui ne dépassent pas la taille de 1 m 12 n'ont pas besoin de billet dans le métro ou l'autobus (déplacez-vous entre 9h et 16h pour éviter l'affluence). On se procure facilement des couches et des médicaments ; la pharmacie Rite Aid *(p. 357)* reste ouverte 24h sur 24. Vous ne disposerez pas toujours de tables à langer dans les toilettes mais on en trouve dans les bibliothèques, les hôtels et les grands magasins. Pour faire garder votre enfant, adressez-vous à votre hôtel ou à la **Baby Sitters' Guild**. Demandez un exemplaire du calendrier trimestriel gratuit des activités enfantines du **New York Convention and Visitors Bureau** *(p. 352)*. Le magazine *New York* indique le programme de la semaine.

## Explorer New York

La cité est un grand parc d'attractions pour les enfants. L'ascenseur les emporte jusqu'au sommet des plus hautes « maisons » du monde. On peut leur faire faire le tour de Manhattan en bateau, avec le **Circle Line** ou à bord du voilier **Petrel**, visiter un navire à roue sur E 23rd Street Marina ou un grand bâtiment ancré au South Street Seaport *(p. 84)*, ou encore débarquer sur Staten Island par le ferry *(p. 76)*. Un téléphérique – le Roosevelt Island Tram *(p. 179)* – traverse East River. Dans Central Park *(p. 202-207)*, les enfants ont à leur disposition un manège, des chevaux et des poneys. Le week-end, les plus sportifs se lancent sur leurs planches à roulettes dans le parc, loin des voitures et de l'agitation.

**Fraîcheur estivale autour d'une fontaine de Central Park**

## Les musées

La majorité des musées new-yorkais sont destinés au grand public mais certains sont spécialement réservés aux jeunes. Le **Children's Museum of Manhattan** *(p. 217)* est un univers de sons et d'images où les enfants produisent leurs propres vidéos et émissions. Hors du centre, pensez au **Staten Island Children's Museum** – et sa fourmilière géante – et au **Brooklyn Children's Museum** *(p. 245)*. L'*Intrepid (p. 147)* est un porte-avions converti en musée – on y voit même l'avion espion le plus rapide du monde. Enfin, ne manquez pas les dinosaures de l'**American Museum of Natural History** *(p. 214-215)*.

**Même le Père Noël patine au Rockefeller Center !**

## S'amuser dehors

En été, tous les New-Yorkais jouent dehors – petits et grands ! Central Park est un vrai pays des merveilles avec ses patinoires, ses lacs,

ses sentiers pour bicyclettes et son *crazy golf*.
Les gardiens du parc proposent des visites guidées le samedi ; on peut y regarder des courses de bateaux miniatures ou écouter des conteurs. Le Central Park Widelife Center, le Tish Children's Zoo (plus petit) et le Bronx Zoo *(p. 242-243)* sont des lieux adorés des enfants.
Le métro débouche sur la plage (à Orchard et Rockaway) et Coney Island *(p. 247)* est aussi facile d'accès. L'hiver, on patine au Rockefeller Center ou dans Central Park.

## Les activités couvertes

Les théâtres pour enfants, nombreux et variés, rivalisent de qualité avec ceux des adultes.
Ne manquez pas les spectacles des troupes **Paper Bag Players** et **Theaterworks, USA**. Comme sur Broadway, pensez à réserver vos places le plus tôt possible.
Au moment de Noël, le New York City Ballet présente *Casse-Noisette* au Lincoln Center, et le **Big Apple Circus** monte son chapiteau à proximité. Chaque printemps, les Ringling Brothers et le cirque Barnum & Bailey sont la grande attraction de Madison Square Garden *(p. 133)*.
En hiver, bowlings et patinoires occupent les jeunes New-Yorkais.

## Les achats de jouets

Les bambins ne traîneront pas la jambe si vous les emmenez chez **F A O Schwarz** – l'un des plus grands magasins de jouets du monde –, et à l'**Enchanted Forest**.
Et pour les plus rêveurs, des conteurs animent la librairie pour enfants **Books of Wonder**.

**L'horloge du magasin de jouets F A O Schwarz**

## Où manger ?

Les hamburgers garnis de pâtes, servis à **Ottamanelli's Café**, plaisent beaucoup aux enfants ; même les adultes ont du mal à finir leurs portions pantagruéliques.
Beaucoup d'enfants sont gourmands de cuisine chinoise et italienne.
Les bretzels, hot-dogs et pizzas vendus dans la rue font également très bien l'affaire.
Le délice atteindra son paroxysme dans les *ice-cream parlors* comme **Rumplemayer's** *(p. 305)* et **Peppermint Park**.
De leur côté, les Mac Donald's sont omniprésents dans Manhattan : on en trouve une quarantaine.

**Un conteur en action à South Street Seaport**

## Répertoire

### Conseils pratiques

**Baby Sitters' Guild**
☎ *682-0227.*

### Exploration

**Circle Line**
Pier 83, W 42nd St. **Plan** 7 A1.
☎ *563-3200.*

**Petrel**
Battery Park. **Plan** 1 B4.
☎ *825-1976.*

### Musées

**Staten Island Children's Museum**
1000 Richmond Terr, Staten Is.
☎ *(718) 273-2060.*

### S'amuser dehors

**Orchard Beach**
☎ *(718) 885-2275.*

**Rockaway Beach**
☎ *(718) 474-4600.*

### Activités couvertes

**Big Apple Circus**
☎ *268-0055.*

**Paper Bag Players**
Broadway et 95th St.
**Plan** 15 C2. ☎ *864-5400.*

**Theaterworks USA**
151 W 26th St.
**Plan** 7 C4. ☎ *647-1100.*

### Boutiques

**Books of Wonder**
16 W 18th St. **Plan** 8 C5.
☎ *989-3270.*

**Enchanted Forest**
85 Mercer St. **Plan** 4 E4.
☎ *925-6677.*

**F A O Schwarz**
767 5th Ave. **Plan** 12 F3.
☎ *644-9400.*

**The Last Wound-Up**
1595 2nd Ave. **Plan** 18 B4.
☎ *288-7585.*

### Où manger ?

**Hard Rock Café**
221 W 57th St. **Plan** 12 E3.
☎ *459-9320.*

**Ottamanelli's Café**
305 Madison Ave. **Plan** 8 F1.
☎ *370-5959.*

**Peppermint Park**
1225 First Ave. **Plan** 13 C2.
☎ *288-5054.*

1Y84
6H52
1L34

# Renseignements pratiques

# Informations générales

À New York, les touristes sont traités comme tout le monde, mais si vous respectez quelques consignes essentielles de sécurité *(p. 356-357)*, vous pourrez explorer la ville aussi librement qu'un New-Yorkais d'origine. Les bus et les métros sont sûrs et bon marché. Il y a de nombreux distributeurs automatiques *(p. 358-359)* et l'on peut facilement changer de l'argent dans les banques, les hôtels et les bureaux de change. Un voyage à New York ne vous ruinera pas, car vous trouverez toujours des hôtels *(p. 274-275)*, des restaurants *(p. 290-292)* et des spectacles *(p. 328-347)* abordables.

**Touristes se reposant sur les marches de Metropolitan Museum of Art**

## Les conseils pratiques

À New York, les heures de pointe s'étalent entre 8h et 10h, 11h30 et 13h30 ainsi que 16h30 et 18h30, du lundi au vendredi. Tous les transports publics sont alors bondés et les trottoirs très encombrés. Pour ne pas s'épuiser inutilement, il vaut mieux regrouper les endroits intéressants à visiter et étudier les plans de chacun en tenant compte des distances. Les autobus, confortables et pratiques, constituent le meilleur moyen de transport. Ils vous permettent aussi de découvrir la ville pendant le trajet.

Il vaut mieux s'abstenir de traverser certaines zones, en particulier la nuit *(p. 356-357)*.

Évitez les toilettes publiques des arrêts d'autobus et des métros, ce sont les lieux de prédilection des drogués et sans-abri, même s'il y a un gardien. Penn Station et Grand Central Terminal disposent de toilettes propres et sans danger.

Si vous avez besoin d'un renseignement quelconque, adressez-vous à un portier d'hôtel. Il sont généralement de service, jour et nuit.

**Portier d'hôtel**

## Les heures d'ouverture

En général de 9h à 17h, sans pause à l'heure du déjeuner. Les banques ferment plut tôt, à 15h, mais quelques-unes ouvrent de 8h à 18h, ainsi que le samedi matin. Les musées sont souvent fermés le lundi et les jours fériés. Certains restent ouverts tard le mardi ou le jeudi soir ; renseignez-vous.

## Les musées

À New York, le terme « museum » comprend aussi ce que les Européens appellent « galeries ». Description des musées, p. 34-37. Le prix d'entrée le plus bas est de 2 dollars ; s'ils sont gratuits, on vous demandera une « donation ». Il y a des réductions pour les personnes âgées, les étudiants et les enfants.

Les principaux musées proposent des visites guidées et des conférences gratuites.

L'Avenue des musées *(p. 166-167)* en rassemble le plus grand nombre. Frick Collection et Cooper-Hewitt National Design sont assez petits pour être visités en deux heures, mais le Whitney et le Guggenheim demandent beaucoup plus de temps.

## L'étiquette

Il est maintenant interdit de fumer dans tous les lieux publics ou bâtiments de New York. Certains restaurants réservent des espaces fumeurs mais mieux vaut se renseigner avant.

Les hommes d'affaires n'offrent pas de cadeau à leurs hôtes américains. Un tel geste serait inattendu et peut-être mal perçu. Si vous tenez absolument à ne pas arriver les mains vides, choisissez un petit cadeau typique de votre région.

Les pourboires sont indispensables. Comptez 10 à 15 % pour le taxi, 15 à 20 % pour les serveurs, 15 % dans un bar, vestiaire 1 dollar, femme de chambre 1 ou 2 dollars par jour, groom 1 dollar par valise, le coiffeur, 10 à 20 %.

## Syndicat d'initiative

Tous les renseignements souhaités peuvent être obtenus au **New York Convention and Visitors Bureau**. Les présentoirs du bureau croulent sous les brochures et plaquettes sur les divers événements artistiques.

**Information utile** New York Convention and Visitors Bureau, 810 7th Ave, NY, NY 100/9. **Plan** 12 E4. *(800) 692-8474. (n° gratuit), 397-8222. (infos en anglais), 484-1222. (infos en français) ; site internet : www.ny@visite.com* ***Ouv****. de 9h à 18h du lun. au ven. et de 10h à 18h sam. et dim.*

**Présentoirs et brochures au New York Convention and Visitors Bureau**

## LES GUIDES DES SPECTACLES

On trouve partout dans les kiosques, les hôtels et les galeries, des publications gratuites ou bon marché qui indiquent les expositions ou activités du moment. Les plus populaires sont le magazine *New York* et la rubrique « Goings On About Town » du *New Yorker*. Le *Village Voice* se concentre sur SoHo, TriBeCa et Greenwich Village, ainsi que sur les expositions majeures. Les éditions du vendredi et du dimanche du *New York Times* donnent la liste des expositions et des spectacles dans ses rubriques « Weekend » et « Arts and Leisure ». Le mensuel *Art News* indique les expositions et les ventes aux enchères. On peut y lire des critiques détaillées sur les événements courants.
Les concierges d'hôtel donnent aussi des magazines d'information gratuits. *Where* décrit les grands musées, leurs heures d'ouverture, leur emplacement et les expositions qu'ils présentent. *Art Now/New York Gallery Guide* paraît chaque mois et est distribué dans les galeries d'art ; il décrit les expositions en cours et fournit des plans pour s'y rendre.

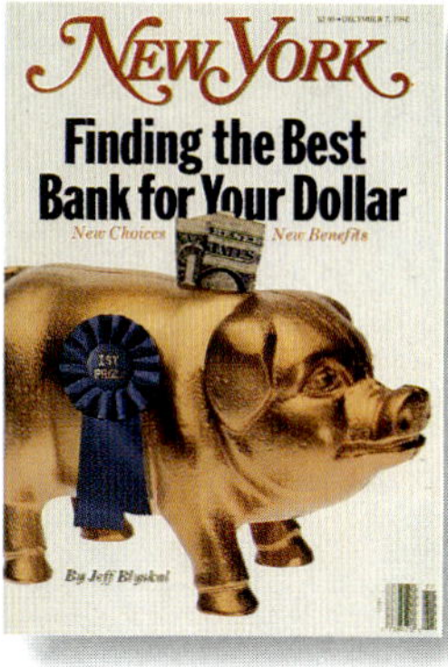

**Le magazine *New York* donne la liste complète des spectacles**

## LES VISITES GUIDÉES

Quoi que vous désiriez voir à New York, n'hésitez pas à suivre des visites guidées, en bateau, à pied, en fiacre ou en hélicoptère – elles sont bien faites et peuvent vous faire gagner du temps et de l'argent.

### Visites guidées en bateau

Circle Line Sightseeing Yachts. Pier 83, W 42nd St. **Plan** 7 A1. ☎ *563-3200. Une promenade de 3h autour de Manhattan.*

Circle Line Statue of Liberty Ferry
South Ferry, Battery Park. **Plan** 1 C4. ☎ *269-5755.*

Spirit of New York
W 23rd et 8th Ave.
**Plan** 8 D4.
☎ *741-4266. Croisières déjeuner ou dîner compris.*

Dept. of Transportation Staten Island Ferry
South Ferry. **Plan** 2 D4.
☎ *(718) 727-2508. Manhattan – Staten Island.*

World Yacht, Inc
Pier 81 W 41st St.
**Plan** 2 D5. ☎ *630-8100. Croisières avec déjeuner ou dîner et spectacle.*

### Visites guidées en fiacre

59th St et Fifth Ave, et le long de Central Park S.
**Plan** 12 F3,
*Les fiacres sont attelés devant Plaza Hotel. Ils vous conduisent à travers Central Park.*

**Visite en hélicoptère**

### Visites guidées en autocar

Allied Tours
165 W 46th St.
**Plan** 12 E5.
☎ *869-5100.*

Gray Line of New York
42nd St et 8th Ave.
**Plan** 8 D1.
☎ *397-2600.*

Short Line Tours/American Sightseeing NY
166 W 46th St.
**Plan** 12 F5.
☎ *(800) 631-8405.*

### Visites guidées en hélicoptère

*Promenades privées*
Helicopter Flight Service Sightseeing, lun.- ven. sur le Pier 6, East River. **Plan** 2 D4. Sam. - dim.à l'héliport : W 30th St et 12th Ave. **Plan** 7 B3.
☎ *355-0801.*

### Promenades guidées à pied

Backstage on Broadway
228 W 47th St.
**Plan** 12 E5.
☎ *564-1343.*
*Coulisses de Broadway.*

Big Onion Walking Tours
Po Box 250201, Columbia University.
**Plan** 20 E3.
☎ *439-1090.*
*Histoire et ethnologie.*

CityWalks
410 W 20th St. **Plan** 7 C5.
☎ *989-2456.*
*Quartiers historiques.*

Harlem Spirituals, Inc.
690 8th Ave.
**Plan** 8 D1.
☎ *757-0425.*
*Harlem, sa culture et son histoire.*

Museum of the City of New York
103rd St et Fifth Ave.
**Plan** 21 C5.
☎ *534-1672.*
*Architecture et histoire.*

NBC Studio Tour
30 Rockefeller Plaza.
**Plan** 12 F5.
☎ *664-4444.*

92nd Street Y
1395 Lexington Ave.
**Plan** 17 B5.
☎ *427-6000.*
*Culture et histoire.*

Talk-a-Walk
30 Waterside Plaza.
**Plan** 9 C4.
☎ *686-0356.*
*Cassettes enregistrées.*

**Promenade en fiacre dans Central Park**

## Les voyageurs handicapés

New York est plus accessible pour eux que bien d'autres villes. Tous les bus ont des rampes adaptables pour chaises roulantes et facilitent l'accès des personnes âgées.
Les hôtels, les grands magasins et les bureaux sont également équipés. Quelques musées proposent des visites guidées pour les sourds, les aveugles et les handicapés. Les théâtres et les téléphones peuvent être munis de systèmes adaptés aux malentendants. *Access Guide to New York City,* distribué gratuitement par la **Junior League of the City of New York**, donne la liste des bâtiments accessibles aux handicapés.
**Information pratique** Junior League of the City of New York, 130 E 80th St. **Plan** 17 A4. ☎ *288-6220.* The Mayor's Office for People with Disabilities. ☎ *788-2830.*

**Un bus de New York « s'agenouillant » pour aider les personnes âgées**

## La douane et l'immigration

Les Belges, Français et Suisses voyageant en touristes, pour affaires, ou comme étudiants, n'ont pas besoin de visa s'ils restent aux États-Unis moins de 90 jours. D'autres nationalités doivent présenter passeport, visa et billet de retour. Certains étrangers sont tenus de posséder sur eux 500 dollars ou plus. En cas de doute, vérifiez dans une agence de voyage.
Sont admis à l'arrivée : 200 cigarettes, 50 cigares ou 2 kg de tabac. Pas plus d'un litre d'alcool et des cadeaux dont la valeur individuelle ne dépasse pas 100 dollars. Les viandes ou dérivés (même en conserve), les graines, les plantes ou les fruits frais sont interdits.
Dans les aéroports, vous devrez présenter votre passeport aux guichets du service d'immigration indiquant « other than American passports ». Puis, vous récupérerez vos bagages en suivant les flèches. Vous serez en général arrêté par un douanier qui examinera la fiche de déclaration que l'on vous a distribuée dans l'avion et que vous avez remplie durant le vol. On vous indiquera la sortie ou bien l'on fouillera vos bagages.
Selon des statistiques américaines, seuls 5 % des voyageurs subissent une fouille. Il n'y a pas de couloir de douane rouge ou vert – vous pourrez partir dès que le douanier aura visé votre déclaration dûment remplie.

## Les étudiants

De nombreux musées et théâtres font des réductions pour les étudiants mais vous devrez apporter la preuve de votre statut.
À condition d'y avoir droit, on peut facilement acquérir une carte d'étudiant internationale chez **Council Travel** (trois bureaux à New York)
Demandez aussi un exemplaire du *ISIC Student Handbook* qui vous donne la liste exhaustive des endroits qui accordent des réductions étudiants : musées, théâtres, visites guidées, attractions, night-clubs, restaurants et même les transports Carey (navette de Manhattan jusqu'aux aéroports new-yorkais, *p. 363*).
Il est très difficile d'obtenir un permis de travail aux États-Unis – mais pas pour les étudiants. Les bureaux du centre de documentation de la Commission franco-américaine fournissent des détails sur les opportunités d'études pendant les vacances à New York. Pour y travailler (90 jours maximum), renseignez-vous auprès du C.I.E.E. à Paris (1, pl. de l'Odéon, 75006. ☎ *01 56 24 43 95).*

## Information étudiants

**Bunac**
895 Amsterdam Ave. **Plan** 20 E5.
☎ *316-5312.*
*En été seulement.*

**Council on International Educational Exchange**
205 E 42nd St.
**Plan** 9 B1. ☎ *822-2600.*

**Council Travel**
254 Greene St.
**Plan** 4 E2. ☎ *254-2525.*

**Œuvres universitaires et scolaires (CROUS)**
39, av. G.-Bernanos, 75005 Paris
☎ *01 40 51 36 00.*

## Table de conversion

**Système impérial :**
1 inch = 2,5 centimètres
1 foot = 30 centimètres
1 mile = 1,6 kilomètre
1 ounce = 28 grammes
1 pound = 454 grammes
1 US pint = 0,5 litre
1 US gallon = 4,6 litres

**Système métrique :**
1 millimètre = 0,04 inch
1 centimètre = 0,4 inch
1 mètre = 3 feet 3 inches
1 kilomètre = 0,6 mile
1 gramme = 0,04 ounce

**Carte d'étudiant internationale**

Quotidiens new-yorkais

Un distributeur de journaux

## Les journaux, la télévision et la radio

On trouve des journaux étrangers de la veille chez **Hotalings**, dans les aéroports, les hôtels et les kiosques à proximité du World Trade Center et de Wall Street.

Le magazine *TV Guide* hebdomadaire et la rubrique télévision du *New York Times* du dimanche donnent les horaires des programmes.

On peut capter de nombreuses chaînes de télévision à New York. CBS occupe la 2, NBC la 4 et ABC la 7. PBS propose des programmes culturels et éducatifs, sur la chaîne 13. Le réseau câblé offre un vaste choix d'émissions qui vont de l'art à la variété (chaîne 16). WCBS News (880Hz) et WFAN Sports (660Hz) sont des stations AM. On trouve parmi les stations FM, WNEW rock (102,7Mz), WBGO jazz (88,3Mz) et WQXR musique classique (96,3Mz).

**Information pratique**

Hotalings, 142 W 42nd St. **Plan** 8 E1.
*840-1868.*

## L'équipement électrique

Aux États-Unis, le courant standard est de 115-120 volts CA (courant alternatif). Munissez-vous d'un transformateur et d'une prise adaptable. Les prises américaines ont deux fiches plates.

La plupart des hôtels modernes de New York ont des sèche-cheveux dans les salles de bains ; en outre, certaines sont équipées de prises murales où l'on peut brancher des rasoirs électriques de 110 et 220 volts, mais presque rien d'autre, même une radio. En fait, il peut être dangereux de brancher un appareil plus puissant. Si vous voyagez avec un équipement plus sophistiqué, n'oubliez pas les piles. Vous aurez aussi besoin d'un adaptateur pour recharger les batteries.

Peu de chambres d'hôtel ont des presses à repasser automatiques, des cafetières ou théières électriques. Si vous désirez repasser vos vêtements, demandez un fer à la femme de ménage.

Prise standard

## Consulats et ambassades

**Consulat général de Belgique**
50 Rockfeller plaza. **Plan** 12 F5.
*586-5110.*

**Consulat général du Canada**
1251 6th Ave et 50th St. **Plan** 12 E4. *596-1783.*

**Consulat général de France**
934 Fifth Ave. **Plan** 16 F5.
*606-9870.*

**Consulat général du Luxembourg**
801 Second Ave. **Plan** 13 B5.
*370-9870.*

**Consulat général de Suisse**
665 Fifth Ave. **Plan** 12 F5.
*758-2560.*

## Les services religieux

Il existe environ 4 000 lieux de culte à New York, toutes confessions confondues. Tous les hôtels ont la liste, les adresses et les horaires des services religieux.

**Baptiste**
Riverside Church
122nd St et Riverside Dr.
**Plan** 20 D2.
*870-6700.*

**Catholique**
St Patrick's Cathedral
Fifth Ave et 50th St.
**Plan** 12 F4.
*753-2261.*

**Épiscopalien**
St Bartholomew's Church
109 E 50th St. **Plan** 13 A4.
*751-1616.*

**Juif orthodoxe**
Fifth Avenue Synagogue
5 E 62nd St. **Plan** 12 F2.
*838-2122.*

**Juif libéral**
Emanu-El Temple
Fifth Ave et 65th St.
**Plan** 12 F2.
*744-1400.*

**Luthérien**
St Peter's Church
619 Lexington Ave.
**Plan** 17 A4. *935-2200.*

**Méthodiste**
Christ Church United Methodist
520 Park Ave.
**Plan** 13 A3.
*838-3036.*

Riverside Church

# Sécurité personnelle et santé

**Insigne policier**

En 1998, New York a été classée comme la ville la plus sûre parmi les grandes villes américaines de plus d'un million d'habitants, et au 166e rang des villes de plus de 100 000 habitants. Les policiers effectuent des rondes à pied et à vélo dans les zones touristiques et le système de sécurité est renforcé au centre-ville, dans les transports et les aéroports. Mais certains lieux sont dangereux de nuit comme de jour ; suivez nos indications et vous ne devriez pas avoir d'ennuis.

**Le fondateur des Guardian Angels, Curtis Sliva**

## L'APPLICATION DE LA LOI

La police de New York patrouille jour et nuit à pied, à cheval, en vélo et en voiture, surtout dans certaines zones comme le quartier des théâtres. Certains policiers verbalisent les stationnements interdits, d'autres parcourent les métros et les trains.
Vous rencontrerez aussi des jeunes portant des bérets rouges et des T-shirts avec l'inscription « Guardian Angels ». Ces milices de sécurité sont tolérées par la police et sont souvent rassurantes, mais ses hommes ne sont pas armés et n'ont aucun pouvoir officiel.

## LES CONSEILS DE PRUDENCE

New York n'est pas une ville aussi dangereuse qu'on le prétend, mais il y a quand même des règles de sécurité élémentaires à respecter comme dans toutes les grandes villes. Il vaut mieux éviter de se rendre dans certains quartiers après 18 heures comme le Bronx, East Harlem, Central Park, Chinatown, certaines rues de Soho et TriBeCa et la partie de la ville au nord de la 82e Rue.
En général, évitez de vous promener en pleine nuit dans les rues désertes, en particulier si vous êtes seul. Préférez le taxi à la marche à pied !
Le jour, si l'on ne souhaite pas être abordé en pleine rue, il est conseillé de marcher d'un pas décidé. Attention également aux personnes en rollerblades dans Central Park ; certaines sont les spécialistes des vols de sac à main et autres objets en bandoulière. Autres lieux sensibles : Times Square où il vaut mieux éviter de retirer de l'argent aux distributeurs, les gares, les fast-foods où il est déconseillé de laisser ses affaires sur le dossier des chaises. Les parcs sont souvent le théâtre de nombreux trafics de drogue, mais vous pourrez vous y promener et faire du jogging en toute sécurité quand il y a du monde. Vous pouvez aussi demander au concierge de l'hôtel un plan des chemins les plus sûrs.
Laissez vos bijoux et objets de valeur dans le coffre de l'hôtel et ne laissez personne porter vos bagages excepté le personnel de l'hôtel ou de l'aéroport.
Une dernière chose, quoi qu'il vous arrive, sachez que des policiers sont postés dans chaque quartier, et ils ont la réputation d'être les plus serviables des États-Unis.
Et pensez aussi qu'à New York, la criminalité est proportionnellement moins élevée qu'à Boston ou Phœnix restez donc vigilants, mais ne soyez pas parano !

**Police montée**

## LES OBJETS PERDUS

Il y a peu de chance de retrouver ce que l'on perd à New York. Il n'existe pas de point de regroupement unique

**Officiers de police new-yorkais en service**

Casquette et insigne de la police urbaine

des objets trouvés ; mais les deux centres de Grand Central Terminalet Penn Station, bien tenus, peuvent être très utiles.

## Les informations utiles

**Centres d'objets trouvés**
Pour les bus et métros
☎ *712-4500.*

Pour les taxis
☎ *692-8294.*

**Cartes de crédit perdues**
American Express
☎ *(800) 528-4800 (appel gratuit).*

Diners Club
☎ *(800) 234-6377 (appel gratuit).*

JCB
☎ *(800) 366-4522 (appel gratuit).*

MasterCard
☎ *(800) 627-8372 (appel gratuit).*

VISA
☎ *(800) 336-8472 (appel gratuit).*

## L'assurance voyage

Nous vous recommandons fortement de vous assurer, compte tenu du coût élevé sur place des frais médicaux. Les polices varient selon la durée du séjour et le nombre de bénéficiaires concernés. Les clauses les plus importantes couvrent le décès accidentel, les mutilations, les urgences médicales et dentaires, l'annulation de moyen de transport et la perte de bagages ou de billets d'avion. Votre agence de voyage doit vous conseiller l'assurance appropriée.

## Les soins médicaux

Soyez prêt à dépenser beaucoup d'argent. Si les soins sont excellents, les honoraires ne sont pas conventionnés. Prenez donc une bonne assurance. Certains médecins et dentistes acceptent les cartes de crédit, mais ils préfèrent généralement les paiements en liquide ou les chèques de voyage. Les hôpitaux acceptent la plupart des cartes de crédit *(p. 358)*.

Une des pharmacies ouverte la nuit de la ville.

## Les urgences

En cas d'accident ou de malaise grave, allez immédiatement aux **urgences d'un hôpital**. Pour appeler une ambulance, composez le 911. Si vous avez une police d'assurance correcte, vous n'aurez pas à vous préoccuper des coûts. À moins d'être particulièrement démuni, il vaut mieux éviter les hôpitaux publics surpeuplés qui figurent dans les pages bleues de l'annuaire. Choisissez plutôt l'un des nombreux hôpitaux privés que vous trouverez dans les pages jaunes, ou composez le 411 et demandez à la standardiste de vous indiquer l'hôpital public ou privé le plus proche. Vous pouvez également prier votre hôtel de faire venir un dentiste ou un docteur dans votre chambre, ou téléphonez vous-même à **NY Hotel Urgent Medical Services** (757-1212), **Dial-A-Doctor** ou **NYU Dental Care**. Pour toute information supplémentaire, téléphonez au **Traveller's Aid**, un organisme public au service des voyageurs.

## En cas d'urgence

**Toutes les urgences**
☎ *911 (ou 0). Pour des alertes au feu et soins médicaux.*

**Dial-A-Doctor**
☎ *971-9692.*

**Ligne rouge pour victimes de crimes**
☎ *577-7777.*

**NYU Dental Care**
☎ *998-9487, 998-9988, 998-9828 (le week-end).*

**Service d'urgence dans les hôpitaux**
St Vincent's,
11th St et Seventh Ave.
**Plan** 3 C1.
☎ *604-7998*

**St Luke's Roosevelt**
58th St et Ninth Ave.
**Plan** 12 D3.
☎ *523-6800.*

**Organisation nationale des femmes (NOW)**
☎ *260-4422.*

**Pharmacies de garde**
Rite Aid
200 W 70th St.
**Plan** 11 C1.
☎ *787-2903.*

**Centre antipoison**
☎ *764-7667.*

**Vols et agressions**
☎ *911. Aide d'urgence.*

**Crime sexuel**
☎ *267-7273.*

**Assistance voyageurs**
☎ *944-0013.*

Ambulance new-yorkaise

# Les banques et les monnaies

New York est le plus grand centre bancaire du pays. Les banques nationales, régionales ou locales y sont représentées ainsi que des branches des principales banques étrangères comme celles de Belgique, de Suisse, de France ou du Canada.

## Les banques

Les banques de New York ouvrent en semaine de 9h à 15h. Certaines peuvent ouvrir plus tôt ou fermer plus tard. Dans la majorité des établissements, les employés acceptent les chèques de voyage et changent les monnaies étrangères.

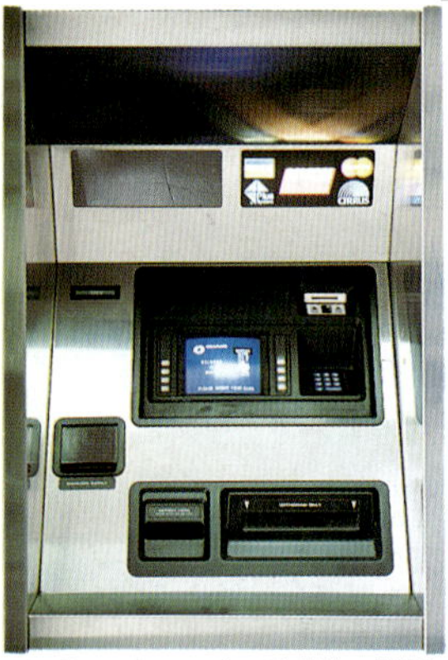

Distributeur automatique de billets (ATM)

## Les distributeurs automatiques

Ces machines (ATM) se trouvent dans presque toutes les banques et vous permettent de retirer de l'argent américain (généralement en billets de 20$) 24 heures sur 24. Avant votre départ pour les États-Unis, demandez à votre banque quelles banques new-yorkaises et quels distributeurs automatiques acceptent votre carte bancaire, ainsi que les honoraires et commissions de chaque transaction. La plupart des distributeurs appartiennent aux réseaux Cirrus ou Plus qui acceptent différentes cartes bancaires américaines, la MasterCard, la VISA et quelques autres. L'un des avantages présentés par l'ATM est de pouvoir changer votre argent au taux interbancaire.
Il est prudent de regarder autour de soi lorsque l'on retire de l'argent et d'utiliser les distributeurs pendant la journée ou dans des rues fréquentées.

## Les cartes de crédit

Les MasterCard, American Express, VISA, JBC et Diners Card sont acceptées dans tous les États-Unis, sans considération de la société ou de la banque émettrice. Elles servent aussi à retirer de l'argent dans les distributeurs jusqu'à un certain plafond. Aux États-Unis, on peut presque tout payer par carte de crédit : des denrées alimentaires au restaurant, notes d'hôtel ou réservations téléphoniques de billets de cinéma et de théâtre. Il vaut mieux régler les visites guidées, les voyages et les locations avec une carte de crédit. Évitez toujours d'avoir sur vous des sommes trop importantes.

## Les chèques de voyage

La plupart des grands magasins, boutiques, hôtels et restaurants acceptent, sans commission, les chèques de voyage en dollars émis par American Express et Thomas Cook. Par contre, les chèques personnels libellés dans d'autres monnaies peuvent poser des problèmes. Certains hôtels acceptent de les changer, mais l'idéal est de vous rendre dans une banque. Pour connaître les taux de change du jour,

Guichet de change à Chequepoint USA

consultez le *New York Times* ou le *Wall Street Journal*, ou encore les panneaux affichés par les agences bancaires. Les chèques American Express sont toujours échangés sans commission supplémentaire aux guichets de l'American Express. De leur côté, les grands hôtels disposent tous d'un caissier en mesure de vous changer vos chèques de voyage.
Les grandes sociétés de change étrangères sont peu nombreuses à New York. Parmi les plus réputées, vous trouverez Thomas Cook Currency Services et MTB Banking Corporation. Les agences ouvertes tard le soir sont indiquées ci-dessous. Il en existe d'autres dans les pages jaunes de l'annuaire sous la rubrique « Foreign Exchange Brokers », mais elles exigent le plus souvent un supplément variable ainsi qu'une commission.
De nombreux petits bureaux de change indépendants figurent dans les pages jaunes. Attention, tous ne sont pas disposés à changer vos chèques de voyage, encore moins ceux libellés en monnaie étrangère.

## Les adresses de courtiers

**Thomas Cook Currency Services**
1590 Broadway
**Plan** 12 E5. *265-6049.*
*Fait partie d'une chaîne.*

**MTB Banking Corporation**
90, Broad St.
**Plan** 1 C3. *858-3300.*

### Les pièces de monnaie

*Ces pièces de monnaie (taille réelle) valent respectivement 25, 10, 5 et 1 cents ; les pièces de 50 cents et de 1 dollar sont rarement utilisées. Les pièces de 25 cents sont appelées* quarters *; celles de 10 cents,* dimes *; celles de 5 cents,* nickels *et celles de 1 cent,* pennies.

**Pièce de 25 cents (le *quarter*)**

**Pièce de 10 cents (le *dime*)**

**Pièce de 5 cents (le *nickel*)**

**Pièce de 1 cent (le *penny*)**

**L'aigle américain imprimé sur les billets de $1**

### Les billets de banque

*Les unités monétaires américaines sont le dollar et le cent. Un dollar vaut 100 cents. Les* bills *(billets) valent 1 dollar, 5 dollars, 10 dollars, 20 dollars, 50 dollars et 100 dollars. Ils ont tous la même couleur : vérifiez leur valeur avant de régler. De nombreux billets de 20, 50 et 100 dollars reconnaissables à leurs grands chiffres, circulent désormais.*

### Les points de change

**American Express**
822 Lexington Ave. **Plan** 13 A2.
☎ *758-6510.* ***Ouv.*** *de 9h à 18h du lun. au ven., de 10h à 16h le sam. Assistance* ☎ *(800) 221-7282.*

**Avis Currency Exchange**
1451 Broadway. **Plan** 8 E1.
☎ *944-7600.* ***Ouv.*** *de 8h à 20h du lun. au ven., de 12h à 20h sam. et dim.*

**Cirrus**
☎ *(800) 424-7787.*

**Chequepoint USA**
22 Central Park South. **Plan** 12 F3.
☎ *750-2400.* ***Ouv.*** *de 8h à 20h du dim. au ven.*

**Plus**
☎ *(800) 843-7587.*

**Thomas Cook**
1590 Broadway. **Plan** 12 E5.
☎ *265-6049.* ***Ouv.*** *de 9h à 19h du lun. au sam., de 9h à 17h le dim.* Aussi : 317 Madison Ave.
☎ *883-0400 et (800) CURRENCY. Assistance* ☎ *(800) 223-7373.* ***Ouv.*** *de 9h à 17h tlj.*

**Billet de 1 dollar ($1)**

**Billet de 5 dollars ($5)**

**Billet de 20 dollars ($20)**

**Billet de 50 dollars ($50)**

**Billet de 100 dollars ($100)**

# Utilisation des téléphones

**Téléphone public**

Il y a des téléphones publics à chaque coin de rue, dans les hôtels, entrées d'immeubles, restaurants, bars, théâtres et grands magasins. Peu acceptent les cartes de crédit, mais vous pouvez acheter des cartes téléphoniques. Ils utilisent des pièces de 5, 10 et 25 cents. Les hôtels imposent leurs propres tarifs, il vaut donc mieux appeler d'un téléphone public ou du hall de votre hôtel, plutôt que de votre chambre.

## Les téléphones publics

L'appareil standard a un récepteur et un cadran de douze touches. On le trouve installé sur un pied ou fixé à un mur. Ces téléphones appartiennent parfois à une société privée et les appels coûtent plus cher. Comme les appareils se ressemblent, il est difficile de les distinguer. La loi exige que chaque téléphone public indique clairement les tarifs, les numéros d'appel gratuits et la manœuvre à effectuer. Cherchez le nom ou logo Bell Atlantic Telephone Company sur le boîtier pour payer le prix standard. En cas de réclamation, appelez la **Public Service Commission**.

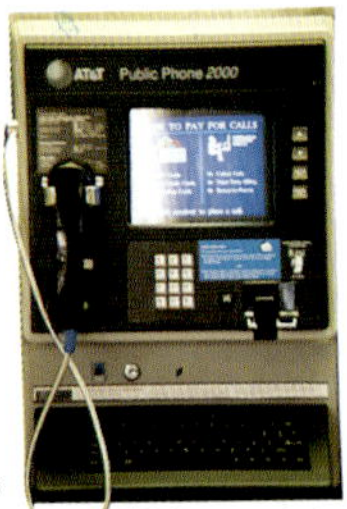


**Téléphone privé**

**Information pratique**

Public Service Commission

(800) 342-3355 (appel gratuit).

## L'heure de New York

New York est à l'heure de la côte est. Avant de composer un appel international, calculez l'heure du pays que vous cherchez à joindre. Pour la Belgique, la France et la Suisse ajouter 6h ; pas de décalage avec Montréal.

## Le tarif public

Toutes les communications dans New York coûtent environ 25 cents les 3 minutes. Si l'appel dure plus longtemps, la standardiste vous demandera un supplément.

Beaucoup de kiosques vendent des cartes téléphoniques pour les appels longue distance (cartes de 5, 10 et 25 dollars). Ces cartes permettent de faire des économies substancielles par rapport aux prix standard. Mais les appels, connectés sur Internet, sont d'une qualité inférieure aux autres.

## Utilisation des appareils à pièces

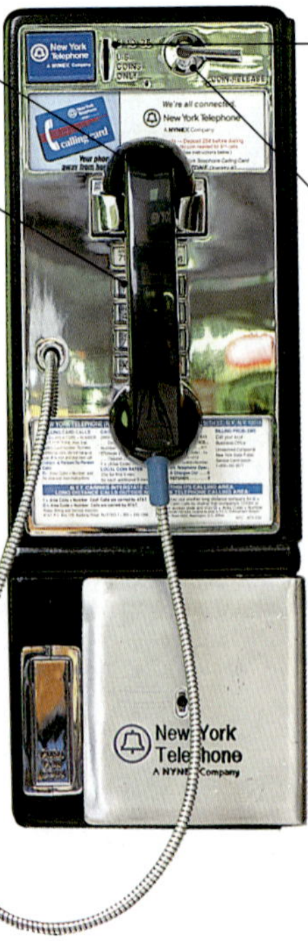


1 Décrochez.

2 Mettez la ou les pièces. Vous les entendrez tomber.

3 Composez le numéro.

4 Si vous ne voulez pas poursuivre l'appel ou si la communication ne s'établit pas, récupérez la pièce en appuyant sur « coin return ».

5 Si la communication est établie et que vous parlez plus de trois minutes, l'opérateur interrompt l'appel et vous demande de rajouter des pièces. Les appareils ne rendent pas la monnaie.

**Les pièces**
*Assurez-vous d'avoir suffisamment de monnaie avant de composer le numéro.*

**5 cents**

**10 cents**

**25 cents**

**Une borne téléphonique de la Bell Atlantic Telephone Company**

Les tarifs internationaux varient selon le pays appelé. Pour la France, la réduction s'applique à partir de 14h ; le tarif économique, de 19h à 8h le lendemain.

### Les numéros utiles

**Renseignements**
☎ *411 ; 10-10-9000.*

**Poste centrale**
☎ *967-8585.*

**Standard**
☎ *0.*

**Horloge parlante**
☎ *976-1616.*

**Renseignements internationaux**
☎ *00.*

### Obtenir le bon numéro

- Il existe cinq codes à New York : 212, 917, 646 pour Manhattan ; les autres municipalités utilisent le 718 et le 347. Les 800, 888, et 877 servent aux appels gratuits.
Pour appeler un abonné hors de votre zone, composez d'abord le 1.
- Pour appeler le Queens depuis Manhattan composez le 1+(718)+(le numéro).
- Pour appeler un autre État d'un téléphone public, composez le 0 suivi du code de la zone, puis du numéro de votre correspondant. Un opérateur va répondre et vous dire combien de pièces vous devez introduire.
- Pour un appel international direct : composez le 011, puis le code du pays, le code de la ville ou de la zone (moins le 0) et le numéro local.
- Pour un appel international avec l'aide de l'opérateur, composez le 01, suivi du code du pays, du code de la ville (moins le premier 0) et du numéro local.
- Composez le 00 pour obtenir les renseignements internationaux et le 01 pour appeler l'opérateur international.
- **En cas d'urgence, composez le 911.**

## Envoyer une lettre

Logo de la poste

On peut déposer son courrier à la poste, chez le concierge de l'hôtel (qui vend parfois des timbres), ou le mettre dans les boîtes postales de certains halls d'immeubles, gares ferroviaires ou routières ainsi que dans les aéroports et dans les rues – peintes en bleu ou en rouge, blanc et bleu. Le courrier n'est pas relevé pendant le week-end. Les bureaux de poste sont indiqués sur les cartes de l'Atlas des rues *(p. 378-379).*

### Le service postal

La **General Post Office** reste ouverte jour et nuit. Les timbres s'achètent à la poste ou bien dans les distributeurs automatiques des pharmacies, des grands magasins et des gares. Toutes les lettres sont acheminées en tarif normal. La poste fédérale propose deux services rapides moyennant un supplément. **Express Mail** est l'équivalent d'un Chronopost, le **Priority Mail** demande deux jours pour la livraison et, si vous payez le prix, votre courrier partira même pendant le week-end. International Express Mail expédie le courrier pour l'étranger.
Pour les messageries privées, adressez-vous au concierge de l'hôtel ou appelez l'un des services indiqués dans l'annuaire, en particulier trois sociétés internationales : **DHL, UPS** ou **Federal Express**.

**Timbres américains**

**Information pratique** General Post Office, 421 8th Ave. **Plan** 8 D2. ☎ *967-8585.* Priority Mail and Express Mail ☎ *(800) 222-1811.* FedEx ☎ *(800) 463-3339.* DHL ☎ *(800) 225-5345.* UPS ☎ *(800) 742-5877.*

### La poste restante

Le General Post Office's General Delivery garde lettres et paquets pendant 30 jours. On peut faire suivre le courrier vers d'autres postes. Le courrier doit être adressé ainsi : nom, Poste Restante, c/o General Delivery, New York, NY 10001.

**Express Mail**

**Priority Mail**

**Postboxes**
*Les boîtes à lettres ne se trouvent pas partout, il peut être plus simple d'aller directement à la poste* (voir Atlas des rues, p. 378-379). *Sur chaque boîte à lettres sont affichées les instructions à suivre. Si vous utilisez Express ou Priority, pesez votre courrier au préalable pour connaître l'affranchissement requis.*

**Boîte à lettres**

# ALLER À NEW YORK

De nombreuses compagnies aériennes ont des vols directs pour New York. Aux États-Unis, la guerre des prix a augmenté le nombre des charters, et ceux-ci ont obligé les vols intérieurs à s'aligner sur leurs tarifs. En clair, il est souvent moins cher de voyager par avion que par le train ou en voiture. Le *Queen Elizabeth II* est l'un des navires de ligne qui desservent le port. Les trains sont confortables, les autobus climatisés et équipés de toilettes. Consultez le plan p. 366-367 pour toute information concernant l'arrivée à New York.

Vue aérienne de Manhattan

## SE RENDRE À NEW YORK PAR AVION

Il existe des vols directs en provenance de presque toutes les grandes villes. De Paris, le voyage prend environ sept heures. Pour plus d'informations, renseignez-vous auprès de votre agence de voyage. Les principales compagnies aériennes sont **Air Canada, Air France, American Airlines, Sabena** (Belgique) **et Swissair**. Tous les vols internationaux arrivent à Newark ou à JFK *(p. 364-365)*. Les billets APEX sont les moins chers – mis à part ceux pour les groupes. Ils s'achètent à l'avance et sont valables pour un séjour de 7 à 30 jours. Quelques compagnies proposent des charters meilleur marché à des périodes spécifiques. Les personnes âgées bénéficient aussi de tarifs réduits. Réservez votre vol par téléphone en utilisant votre carte de crédit.

## LES Nos DE TÉLÉPHONE DES COMPAGNIES AÉRIENNES

**Principales compagnies**

Air Canada
☎ *393-3333 (appel gratuit).*

Air France
☎ *01 44 08 22 22.*

American Airlines
☎ *(800) 433 7300 (appel gratuit).*

Sabena
☎ *(02) 511 9030 (appel gratuit).*

Swissair
☎ *(19 41) 22 79931111 (appel gratuit).*

## LES BATEAUX

Le *Queen Elisabeth II*, en provenance de Southampton, accoste environ 25 fois par an à New York. Il fait parfois escale à Cherbourg pour y embarquer quelques passagers français. Le voyage est hors de prix mais l'arrivée à New York par bateau est un souvenir inoubliable. Les bateaux accostent aux quais de Hudson River, au centre de Manhattan, tout près, en taxi ou en autobus, de la plupart des hôtels.

Autocar long-courrier Greyhound

Le *Queen Elizabeth II* approchant Manhattan

## LES AUTOCARS

Le terminus des cars effectuant de longs trajets, comme les **Greyhound Bus Lines** est le **Port Authority Bus Terminal**. Les bus pour les aéroports partent aussi de là. Environ 6 000 autocars et 172 000 passagers transitent quotidiennement par cette gare routière. Il existe des navettes entre les hôtels et les terminaux.

**Information pratique** Greyhound Bus Lines ☎ *(800) 231-2222 (24h/24).* Port Authority Bus Terminal. W 40th St et 8th Ave. **Plan** 8 D1. ☎ *564-8484 (24h/24).*

## LES CHEMINS DE FER

Les trains Amtrak venant du Canada, des États du Sud, du Nord-Est et de l'Ouest arrivent à Penn Station *(p. 376)*. Les lignes Metro North et celles du Connecticut, à Grand Central Terminal.

# Les aéroports de New York

Jet transatlantique

Les trois aéroports principaux (Newark, JFK et LaGuardia) sont bien reliés au centre de Manhattan. Cherchez les porteurs en uniforme et casquette rouge qui arborent des badges pour s'occuper de vos bagages (ne les confiez à personne d'autre, vous risqueriez de ne plus les retrouver). Les préposés aux taxis vous aideront à trouver une voiture et à y prendre place.

## L'ARRIVÉE À MANHATTAN

Le centre « Ground Transportation » de chaque aéroport vous indique comment procéder. Les navettes les plus pratiques de LaGuardia et JFK sont le **New York Airport Service** et le **Gray Line Air Shuttle**. La première vous dépose à Grand Central, la seconde n'importe où dans Manhattan entre la 23e et la 63e Rues. Les bus du New Jersey Transit et **Olympia Airport Express** vont aussi à Manhattan.
On peut aussi partager un véhicule à JFK ou LaGuardia avec **Classic Airport Share Ride** et **Westchester Express**. La ligne A du métro rejoint la navette de bus et prend des passagers de/vers JFK. Le bus M60 part de/vers JFK. Les sociétés de location de voitures ont des téléphones gratuits dans la zone de récupération des bagages. Les numéros de téléphone pour réserver à l'avance sont p. 370.

Panneau de LaGuardia indiquant les navettes de Manhattan

## LES COMPAGNIES D'AUTOBUS

**Classic Airport Share Ride**
(516) 567-5100.

**Gray Line Air Shuttle**
315-3006.

**New York Airport Service**
(718) 706-9658.

**Olympia Airport Express**
964-6233.

**Westchester Express**
(800) 532-3730.

Préposé aux taxis

## LAGUARDIA (LGA)

Surtout fréquenté par les hommes d'affaires, LaGuardia se situe à 13 km à l'est de Manhattan dans le Queens, sur le côté nord de Long Island.
À votre arrivée, prenez un chariot à bagages près des tapis roulants. Des porteurs sont là pour vous aider. La consigne se trouve dans le centre Tele-Trip, au niveau départ. Vous trouverez des bureaux de change dans l'aérogare principale.
Des préposés aux taxis sont de service aux heures d'affluence mais vous pourrez aussi vous adresser à la Port Authority Police. N'utilisez que des taxis jaunes ayant une licence officielle. Le prix des péages, taxé d'un supplément après 20h et le dimanche, s'ajoutent au prix du compteur (entre 25 et 40 dollars pour le centre de Manhattan).
**Information pratique** Airport Information Service. (718) 533 3400.

Comptoir d'enregistrement de LaGuardia

## PLAN DE L'AÉROPORT DE LAGUARDIA

*Un service gratuit de navettes relie les terminaux et les parkings. Les bus et les taxis allant dans Manhattan et la banlieue partent du 1er étage de Central Terminal Building.*

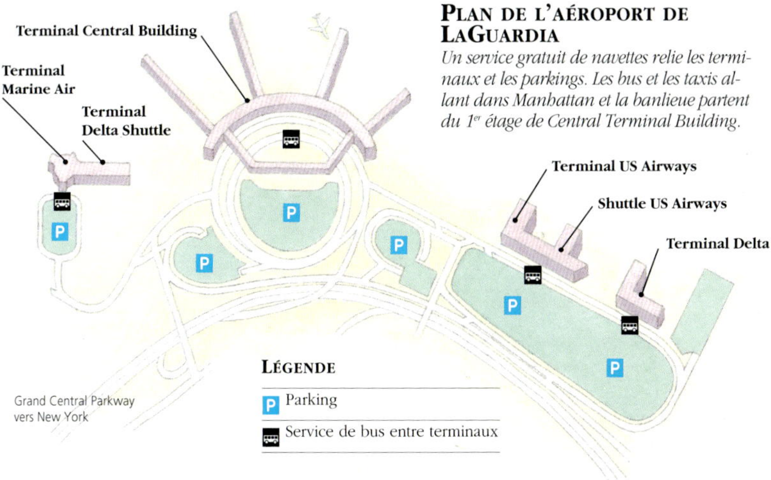

## JFK Airport

JFK, le principal aéroport international de New York, est à 24 km au sud-est de Manhattan dans le Queens. American Airlines, British Airways, Delta, TWA et United ont leurs propres terminal et services de douanes. Les autres compagnies utilisent les terminaux 1, 2 ou 4. Attention, tous les numéros des terminaux ont été récemment changés. Pour vos bagages à l'arrivée, des chariots sont disponibles gratuitement au point-rencontre. La consigne se trouve dans l'International Arrival Building. Vous trouverez des bureaux de change dans tous les terminaux. Le bureau d'accueil est au rez-de-chaussée, près de l'arrivée des bagages. De jour comme de nuit, tous les moyens pour se rendre à Manhattan fonctionnent. L'hélicoptère est le moyen le plus rapide mais le prix d'un vol de 15 minutes coûte plus du double du trajet en taxi. On peut appeler gratuitement les sociétés de location de voitures qui ont une navette jusqu'à leurs parcs. Les taxis attendent devant les terminaux – la course jusqu'à Manhattan prend environ une heure : le prix fixé est de 30 dollars plus les charges. Le New York Airport Service offre 24h/24 un service de bus bon marché et efficace. On peut réserver une chambre d'hôtel au guichet de Meegan Services. Les voyageurs matinaux pourront se reposer dans des hôtels près de l'aéroport.

**Panneaux indicateurs de JFK**

**Hall principal, International Arrival Building de JFK**

### Les adresses utiles

**Service information de l'aéroport**
(718) 244-4444.

**Hilton JFK Airport**
138–10 135th Ave, Queens.
(718) 322-8700.

**Holiday Inn JFK**
144–02 135th Ave, Queens.
(718) 659-0200.

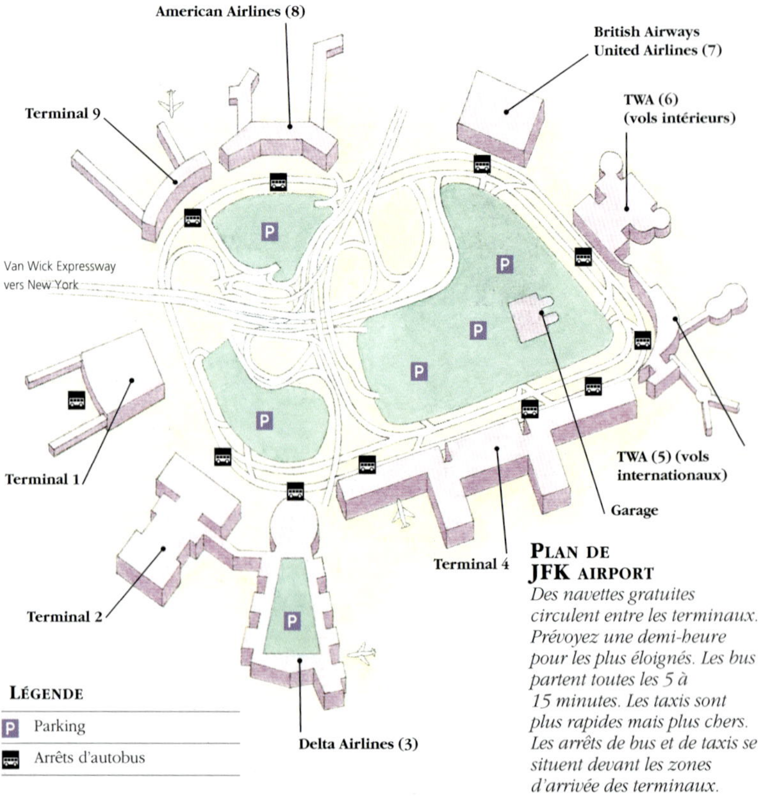


### Plan de JFK Airport

*Des navettes gratuites circulent entre les terminaux. Prévoyez une demi-heure pour les plus éloignés. Les bus partent toutes les 5 à 15 minutes. Les taxis sont plus rapides mais plus chers. Les arrêts de bus et de taxis se situent devant les zones d'arrivée des terminaux.*

## Newark Airport

Arrêt de bus de Newark Airport

### Légende

- Parking
- Arrêts d'autobus
- Monorail reliant les terminaux

## Plan de Newark Airport

*Des navettes assurent en permanence le transport entre les terminaux, et ce à des intervalles de 5 à 15 minutes. Prévoyez une demi-heure pour les plus éloignés. Un monorail reliant les terminaux aux parkings est en construction. Les bus et les taxis se trouvent à l'extérieur des zones d'arrivée.*

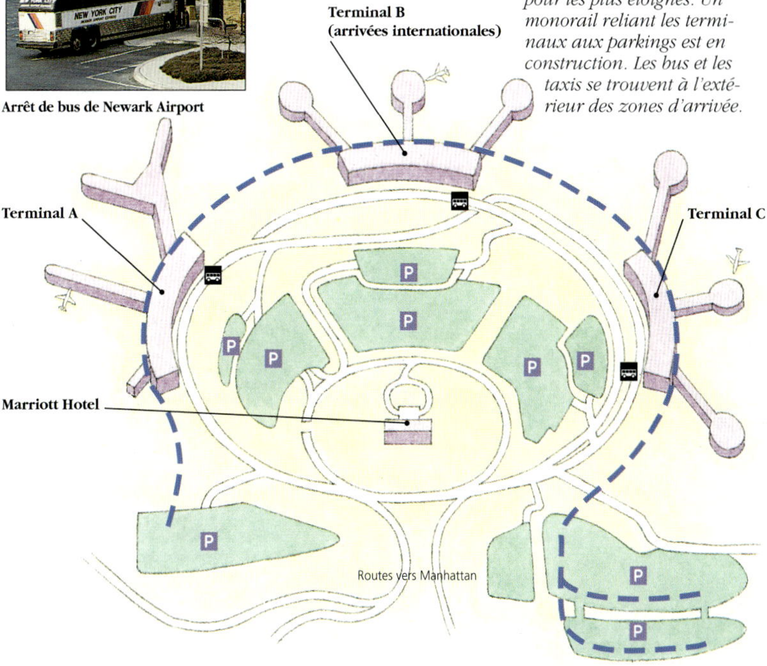


C'est le second aéroport international de New York, situé à 26 km au sud-ouest de Manhattan dans le New Jersey.
Les vols internationaux arrivent tous au terminal B. On trouve des chariots près des tapis roulants de récupération de bagages, au rez-de-chaussée. Il n'y a pas de consigne, mais un bureau de change dans chaque terminal. Le bureau d'accueil, ouvert en permanence, est situé à côté de l'arrivée des bagages. On y trouve les téléphones gratuits des sociétés de location de limousines ou de voitures. Ils proposent souvent une navette gratuite jusqu'à leurs parcs. Des taxis sont à votre disposition devant chaque zone d'arrivée et des employés en uniforme vous aideront à les prendre. Si l'on vous accoste dans le terminal pour vous offrir de vous conduire à votre destination, n'acceptez jamais ; le chauffeur n'est certainement pas assuré et le prix sera sans doute exorbitant.
Le transport jusqu'à Manhattan prend environ 40 minutes et coûte 30 dollars maximum.
Les autobus mettent de 40 minutes à une heure pour faire le même trajet et le ticket coûte environ 10 dollars. Des tableaux électroniques indiquent les horaires.
Pour les voyageurs matinaux, il y a des hôtels dans l'aéroport et les environs. On peut réserver, dès l'arrivée, une chambre d'hôtel à Manhattan en utilisant les téléphones gratuits situés dans tous les terminaux.

## Les adresses utiles

**Port Authority de Newark Airport**
*(973) 961-6000.*
*Parking. (888) 397-4636.*

**Holiday Inn International**
1000 Spring St, Elizabeth, N J.
*(800) 465-4329.*

**Marriott Hotel**
Newark Airport.
*(800) 228-9290.*

Écrans indiquant les horaires des bus de l'aéroport de Newark

# Comment se rendre au centre-ville ?

Cette carte indique les moyens de transport entre les trois aéroports de la ville et le centre de Manhattan. Elle montre aussi les liaisons ferroviaires entre New York, le reste des États-Unis et le Canada. On y précise le temps de trajet en métro, autobus ou hélicoptère. Le terminal maritime, autrefois la porte d'entrée des immigrants de l'après-guerre, se trouve près du centre de Manhattan. Le Port Authority Bus Terminal possède de nombreuses correspondances avec les transports urbains.

Paquebots à quai devant la gare maritime

### GARE MARITIME

*Les quais 88-92 sont réservés au QE2 et autres bateaux de croisière.*

### LÉGENDE

- Aéroport *p. 363–365*
- Port *p. 362*
- Train *p. 362*
- Arrêt d'autobus *p. 362*
- Métro *p. 374–375*
- Navette maritime
- Service d'hélicoptère *p. 364*
- New York Airport Service and Gray Line Air Shuttle *p. 363*
- Navette maritime
- Service d'hélicoptère *p. 364*
- Voie ferrée de Long Is. *p. 376–377*
- Bus New Jersey Transit *p. 363*
- Olympia Airport Express *p. 363*
- Navette de bus *p. 364*
- Ligne A du métro *p. 374*

### PORT AUTHORITY BUS TERMINAL

*Les autocars arrivent et partent de là, ainsi que les navettes vers les aéroports.*

### PENN STATION

*Les trains en provenance du **Canada** et des autres États arrivent et partent de là ; navettes quotidiennes vers **Long Island** et le **New Jersey**.*

*Navette Amtrak, Long Island Rail Road et New Jersey Transit.*

M *A, C, E, 1, 2, 3, 9.*

*Gray Line Air Shuttle conduit les passagers à Manathan entre la 23e et la 63e Rues.*

### NEWARK

*Bus pour le centre de Manhattan toutes les 20-30 min.*

***Olympia Airport Express** toutes les 20-30 min jusqu'à **World Trade Center, Penn Station** et **Grand Central Terminal**.*

*Bus du **New Jersey Transit** toutes les 15-20 min pour le **Port Authority Bus Terminal**.*

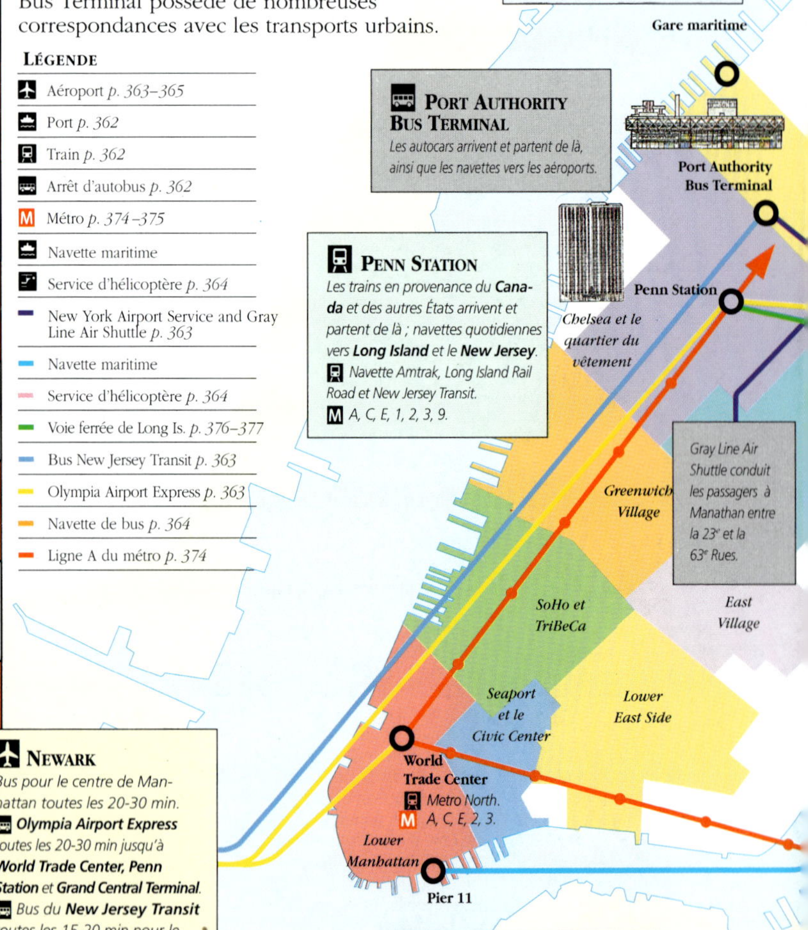

Navette Delta Water de LaGuardia

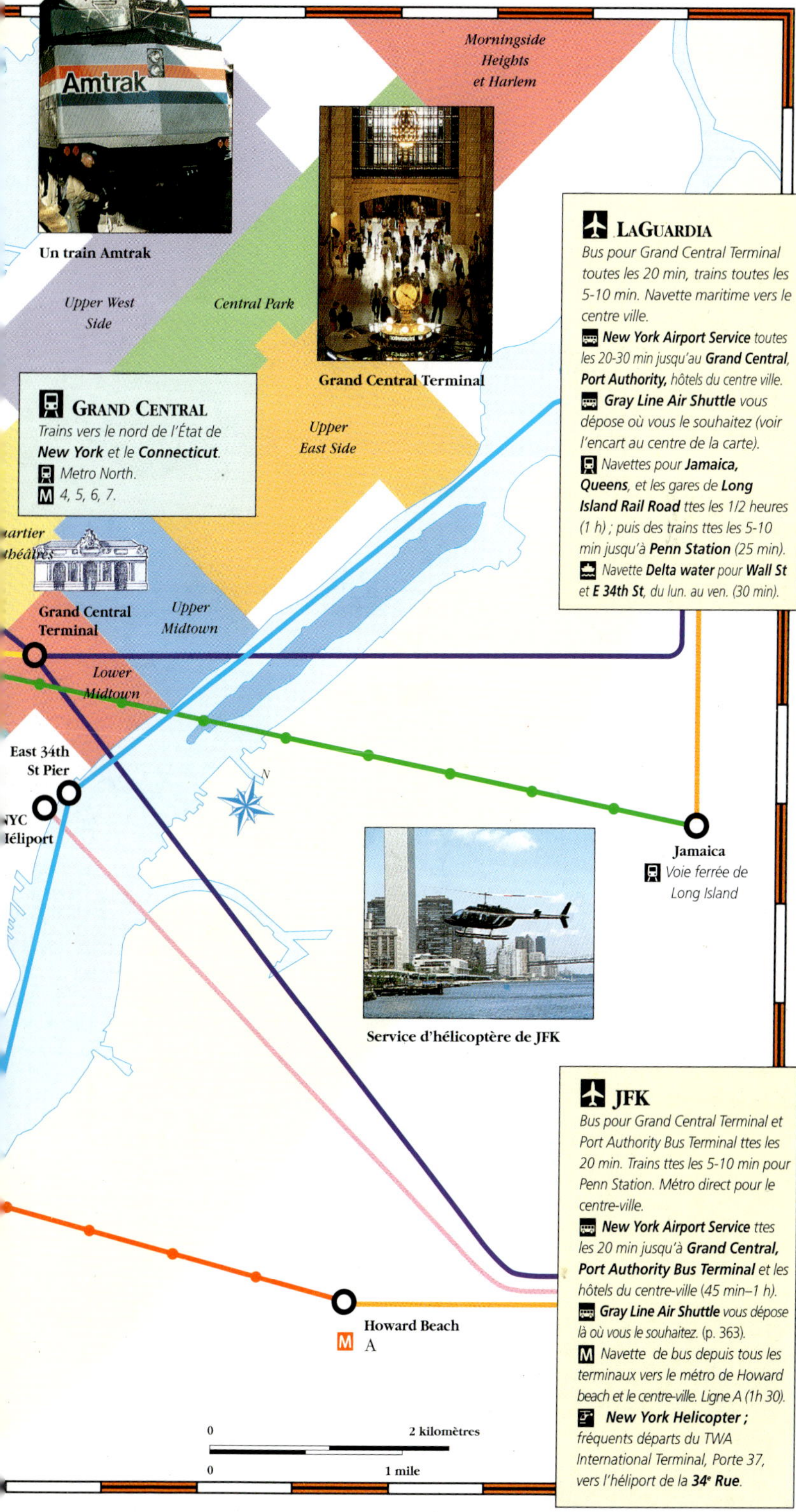


Un train Amtrak

Grand Central Terminal

Service d'hélicoptère de JFK

## GRAND CENTRAL

*Trains vers le nord de l'État de* ***New York*** *et le* ***Connecticut****.*

*Metro North.*

M *4, 5, 6, 7.*

## LAGUARDIA

*Bus pour Grand Central Terminal toutes les 20 min, trains toutes les 5-10 min. Navette maritime vers le centre ville.*

***New York Airport Service*** *toutes les 20-30 min jusqu'au* ***Grand Central, Port Authority,*** *hôtels du centre ville.*

***Gray Line Air Shuttle*** *vous dépose où vous le souhaitez (voir l'encart au centre de la carte).*

*Navettes pour* ***Jamaica, Queens****, et les gares de* ***Long Island Rail Road*** *ttes les 1/2 heures (1 h) ; puis des trains ttes les 5-10 min jusqu'à* ***Penn Station*** *(25 min).*

*Navette* ***Delta water*** *pour* ***Wall St*** *et* ***E 34th St****, du lun. au ven. (30 min).*

## JFK

*Bus pour Grand Central Terminal et Port Authority Bus Terminal ttes les 20 min. Trains ttes les 5-10 min pour Penn Station. Métro direct pour le centre-ville.*

***New York Airport Service*** *ttes les 20 min jusqu'à* ***Grand Central, Port Authority Bus Terminal*** *et les hôtels du centre-ville (45 min–1 h).*

***Gray Line Air Shuttle*** *vous dépose là où vous le souhaitez. (p. 363).*

M *Navette de bus depuis tous les terminaux vers le métro de Howard beach et le centre-ville. Ligne A (1h 30).*

***New York Helicopter ;*** *fréquents départs du TWA International Terminal, Porte 37, vers l'héliport de la* ***34e Rue****.*

# Se déplacer dans New York

Il est certes difficile de parcourir à pied les 10 000 km de rues de New York, mais les sites principaux se visitent quartier par quartier. Pour les courtes distances, le taxi reste le meilleur moyen de transport malgré les embouteillages durant les heures de pointe. Les autobus sont sûrs et bon marché mais souvent lents. Le métro est rapide, efficace et bon marché mais les stations sont parfois mal placées. Il n'y a pas de carte d'abonnement à la semaine ou à la journée dans les transports publics, mais les bus et les trains ont des systèmes équivalents.

**La limousine, moyen de transport préféré de la jet-set new-yorkaise**

## Trouver son chemin dans les avenues et les rues

Les avenues de Manhattan s'étendent du nord au sud et les rues d'est en ouest, sauf dans les vieux quartiers. La 5$^{e}$ Avenue forme une ligne médiane qui sépare arbitrairement l'est et l'ouest et, par conséquent, les adresses.
La plupart des rues du centre-ville sont à sens unique ; la circulation vers l'est se faisant dans les rues paires et vers l'ouest dans les impaires.
Les avenues, également à sens unique, alternent les directions nord et sud.
Les 1$^{re}$, 3$^{e}$ (après la 23$^{e}$ Rue), Madison, 8$^{e}$ Avenues, Avenue of the Americas (6$^{e}$) et la 10$^{e}$ Avenue s'orientent vers le nord, alors que les 2$^{e}$, Lexington, 5$^{e}$, 7$^{e}$, 9$^{e}$ Avenues et Broadway (avant la 59$^{e}$ Rue), se dirigent vers le sud. York, Park, la 11$^{e}$ Avenue, la 12$^{e}$ Avenue et Broadway, à partir de la 60$^{e}$ Rue, sont à double sens.
Les pâtés de maisons de Manhattan, au nord de Hudson Street, sont rectangulaires mais pas uniformes. Un *block* est trois ou quatre fois plus long d'est en ouest que du nord au sud.
Ne pas confondre : Avenue of the Americas est encore appelée la 6$^{e}$ Avenue et Fashion Avenue, la 7$^{e}$. Les carrefours et les petites places commémorent le nom de personnalités célèbres ou d'un événement particulier. Les plans de ce guide indiquent les noms le plus fréquemment utilisés par les New-Yorkais.

**Embouteillage à Manhattan**

## Trouver une adresse

Voici une méthode pratique pour trouver une adresse dans les avenues. Enlevez le dernier chiffre de l'adresse, divisez le reste par deux, puis ajoutez ou soustrayez le chiffre clé indiqué ci-contre – vous obtiendrez ainsi le numéro de la rue la plus proche. Pour trouver, par exemple, le 826 Lexington Avenue, retirez le 6, divisez 82 par 2 ce qui donne 41 et ajoutez 22 (le chiffre clé). La 63$^{e}$ Rue est donc la rue la plus proche.

**Panneau au carrefour d'une rue, indiquant Madison Avenue.**

| Adresses sur une Avenue | Chiffre clé | Adresses sur une Avenue | Chiffre clé |
|---|---|---|---|
| *1$^{re}$ Ave* | *+3* | *9$^{e}$ Ave* | *+13* |
| *2$^{e}$ Ave* | *+3* | *10$^{e}$ Ave* | *+14* |
| *3$^{e}$ Ave* | *+10* | *Amsterdam Ave* | *+60* |
| *4$^{e}$ Ave* | *+8* | *Audubon Ave* | *+165* |
| *5$^{e}$ Ave :* | | *Broadway, après la 23$^{e}$ Rue* | *-30* |
| *- jusqu'à 200* | *+13* | *Central Park W, diviser le nombre par 10* | *+60* |
| *- de 200 à 400* | *+16* | *Columbus Ave* | *+60* |
| *- de 400 à 600* | *+18* | *Convent Ave* | *+127* |
| *- de 600 à 775* | *+20* | *Lenox Ave* | *+110* |
| *- de 775 à 1286, ne pas diviser par 2* | | *Lexington Ave* | *+22* |
| *- de 1286 à 1500* | *+45* | *Madison Ave* | *+26* |
| *- de 1500 à 2000* | *+24* | *Park Ave* | *+35* |
| *6$^{e}$ Ave of the Americas* | *-12* | *Park Ave South* | *+08* |
| *7$^{e}$ Ave, avant la 110$^{e}$ Rue* | *+12* | *Riverside Drive, diviser le nombre par 10* | *+72* |
| *7$^{e}$ Ave, après la 110$^{e}$ Rue* | *+20* | *St Nicholas Ave* | *+110* |
| *8$^{e}$ Ave* | *+10* | *West End Ave* | *+60* |

### PLANIFIER VOS DÉPLACEMENTS

Pendant les heures de pointe (de 8h à 10h, de 11h30 à 13h30 et de 16h30 à 18h30, du lundi au vendredi) il vaut mieux marcher, malgré la foule, plutôt que d'essayer de prendre un autobus, un taxi ou le métro. À d'autres moments et pendant les vacances *(p. 53)*, la circulation est moins dense et permet de se déplacer rapidement. Il faut toujours soigneusement éviter la 5e Avenue les jours de parade (St Patrick's Day et Thanksgiving Day sont les pires). Les visites de personnalités ou les manifestations qui se déroulent fréquemment devant le City Hall *(p. 90)* provoquent des embouteillages monstres. Le quartier du vêtement, situé au sud de la 42e Rue le long de la 7e Avenue, se remplit de camions de livraison pendant la journée.

### À PIED

Les intersections entre les avenues et les rues ont des feux de signalisation et lampadaires portant des panneaux qui indiquent les noms. Pour les véhicules, le rouge signifie arrêt *(stop)*, le vert passez *(go)* et « Walk-Don't Walk » (Traverser ou non) s'adresse aux piétons. Vous remarquerez vite que les New-Yorkais, prudents, ne se fient pas souvent au signal « Walk », mais plutôt à leurs yeux.
Comme en Europe, les véhicules roulent à droite.
Il n'y a pas de panneaux pour prévenir les piétons du sens de la circulation.
Comme de nombreuses rues sont à sens unique, il vaut donc mieux regarder des deux côtés avant de traverser. On trouve des passages pour piétons à certains carrefours. Ils sont facilement repérables (au Rockefeller Center, par exemple) et sont surveillés de près par la police.
La ville dispose de quelques passages souterrains à Central Park.

Passage pour piétons

Ne traversez pas

Traversez

Un ferry de Staten Island quittant Battery Park

Bateau de la Circle Line

### EN FERRY

Deux d'entre eux intéressent les visiteurs *(p. 353)*. Le ferry de la Circle Line fait plusieurs fois par jour le trajet de Battery Park (à l'extrémité sud de Manhattan) à la statue de la Liberté et à Ellis Island. Staten Island Ferry, quant à lui, en service jour et nuit, offre des vues magnifiques sur Manhattan, la statue de la Liberté, les ponts et Governors Island. Sur Staten Island Ferry, l'aller et retour est gratuit.

### À BICYCLETTE

Le moins dangereux pour les cyclistes est de rester sur les pistes aménagées (à Central Park et le long de East et Hudson Rivers) et de ne les utiliser que pendant la journée. Vous pouvez louer des bicyclettes chez West Side Bicycle Store.

**Information pratique** West Side Bicycle Store, W 96th St et Broadway. **Plan** 15 C2. ☎ *663-7531.*

Cycliste dans Central Park

# Conduire à New York

Il est déconseillé de conduire à New York car la circulation y est particulièrement difficile et les voitures de location plutôt chères. La ceinture de sécurité est obligatoire et la vitesse en ville est limitée à 48 km/h (30 mph). La conduite est à droite et la plupart des rues sont à sens unique avec un feu à chaque carrefour.

**Embouteillage sur la 6e Avenue**

## Louer une voiture

Vous devez avoir au moins 25 ans, présenter un permis de conduire valide (le permis de conduire international est utile, mais pas indispensable) et posséder une carte de crédit reconnue, sous peine de devoir laisser une caution importante.
Votre police d'assurance tous risques doit également vous couvrir en cas de dommage matériel ou corporel, de vandalisme et de vol. Faites le plein avant de rendre la voiture sous peine de payer le double du prix normal du carburant. Il est moins cher de louer une voiture en ville que dans les aéroports.

## Se garer

C'est un casse-tête coûteux à Manhattan. Les parkings et garages indiquent toujours leurs tarifs à l'entrée. Certains hôtels incluent un supplément pour le stationnement. Dans certains secteurs, des parcmètres autorisent des arrêts de 20 à 60 min. Ne vous garez pas devant ceux qui sont en panne. Les bandes jaunes indiquent qu'il est interdit de stationner.
Le stationnement alterné est d'usage dans la majorité des petites rues. On peut se garer d'un côté toute la nuit à condition d'enlever sa voiture avant 8h du matin. Pour tout renseignement, appelez le **Transportation Department**.

## Les contraventions

Si vous avez une contravention, il faut payer l'amende dans les 7 jours ou contester en écrivant aux autorités. Si vous avez un problème avec votre véhicule, appelez le **Parking Violations Bureau** entre 8h 30 et 19h les jours ouvrables.
Si vous ne retrouvez pas votre voiture, ne paniquez pas mais renseignez-vous d'abord à la fourrière, ouverte jour et nuit tous les jours, sauf le dimanche. Celles-ci sont très efficaces mais ont tendance à maltraiter les véhicules enlevés. Pour récupérer votre bien, vous devrez payer une amende de 150 dollars augmentée de 10 dollars de gardiennage par jour. Les chèques de voyage, les virements et l'argent liquide sont acceptés. Il y a un distributeur ATM sur les lieux *(p. 358)*. S'il s'agit d'une voiture louée, présentez le contrat de location, seul le conducteur autorisé (ayez votre permis) peut reprendre la voiture. Si votre voiture n'est pas à la fourrière, prévenez la police.

**Informations pratiques** Police ☎ *911* ; Parking Violations Bureau ☎ *477-4430* ; Traffic Dept, Tow Pound (fourrière), Pier 76, West 38th St et 12 th Ave. **Plan** 7 B2 et Uptown 207th St. ☎ *788-7800*. Transportation Dept ☎ *442-7070*.

**Agent de la circulation**

## Les agences de location

Si vous voulez louer une voiture, consultez l'annuaire à la rubrique *Automobile Renting*. Les principales compagnies de location sont :

**Avis**
☎ *(800) 331-1212.*

**Budget**
☎ *(800) 527-0700.*

**Dollar**
☎ *(800) 800-4000.*

**Hertz**
☎ *(800) 654-3131.*

**National**
☎ *(800) 227-7368.*

## La signalisation

*Les passages pour piétions sont marqués par des bandes noires et blanches. Au centre des carrefours, des bandes identiques signalent la zone interdite aux véhicules lorsque le feu est rouge. Contrairement au reste de l'État de New York, il est interdit aux automobilistes de tourner à droite au feu rouge, sauf indication contraire.*

**Sens unique**

**Entrée interdite**

**Vitesse limitée à 80 km/h (50 mph)**

**Vous n'avez pas la priorité**

**Arrêtez-vous à l'intersection**

# Les taxis à New York

Taxis new-yorkais

Tous les taxis dotés d'une licence officielle sont jaunes. Si le numéro sur le toit est allumé, ils sont libres et peuvent être hélés. Les taxis en dehors des heures de service allument l'indication « Off-Duty ». Seuls les taxis officiels sont habilités à s'arrêter pour prendre un client. Il pourrait être non seulement cher mais dangereux d'accepter de monter avec quelqu'un d'autre.

## Prendre un taxi

Tous les taxis jaunes sont équipés d'un compteur et beaucoup donnent des reçus imprimés. Ils acceptent jusqu'à quatre passagers pour le même prix. Les stations de taxis sont rares, les meilleurs endroits pour en trouver sont les hôtels, Penn Station et Grand Central Terminal.

I ♡ NEW YORK
TRIP# 004653
09:11AM 11-15-92
MEDALLION# 6N64
DIST 2.30
FARE $ 6.00
TLC:212-221-TAXI

Reçu imprimé

Les taxis officiels subissent des inspections techniques périodiques et sont assurés contre les accidents et les pertes. Les autres *(gypsy cars)* ne présentent pas ces garanties. Dès le début de la course, le compteur démarre à 2 dollars et le coût augmente de 30 cents tous les 320 m (soit environ $1/km). Comptez des suppléments pour le temps d'attente et les trajets entre 20h et 6h du matin. Certains taxis acceptent des cartes de crédit, mais la majorité préfère les espèces. Le pourboire ne dépasse pas 15 %.

Cette profession est traditionnellement réservée aux immigrants, la communication peut donc poser quelques problèmes – excepté avec les Haïtiens, nombreux dans le métier. Bien que les chauffeurs de taxi passent un examen portant sur leur connaissance de l'anglais et de la ville, ils ne comprennent pas toujours parfaitement cette langue.

Assurez-vous de vous être bien fait comprendre avant de démarrer.

Légalement, un taxi est tenu de vous conduire n'importe où dans la ville à moins qu'il ne soit pas en train de travailler ou qu'il n'y ait pas de lumière sur le toit. Le chauffeur ne peut vous demander votre destination qu'après que vous soyez monté et doit accepter vos requêtes de ne pas fumer, d'ouvrir ou de fermer une fenêtre, de prendre ou déposer des passagers. S'il ne suit pas ces règles, vous pouvez adresser une réclamation à la **Taxi & Limousine Commission.**

Chaque taxi doit posséder la photographie du conducteur et son numéro d'enregistrement près du compteur. Si le conducteur est désagréable ou essaye de vous faire payer trop, notez ce numéro et

Trafic à sens unique dans l'une des avenues de la ville

## Les réclamations et les numéros d'appel

**Taxi & Limousine Commission**
*302-8294 ou 676-1000.*

**Objets trouvés**
*302-8294.*

Si vous préférez appeler un radio-taxi plutôt que le héler dans la rue, vous pouvez appeler :

**Allstate Car and Limousine**
*(800) 453-4099 (numéro gratuit).*

**Chris Limousine**
*(718) 356-3232.*

**Sabra Travel, Inc.**
*777-7171 ou (800) 722-7122 (numéro gratuit).*

**Le compteur** montre le prix à payer, les suppléments sont indiqués séparément.

**La lumière sur le toit** indique le numéro du taxi et l'indicatif « Off-Duty ».

**Les tarifs** sont indiqués clairement sur la portière avant droite.

# Se déplacer en autobus

Les 4 000 bus bleus et blancs de la ville parcourent plus de deux cents itinéraires différents à travers les cinq quartiers. Nombre d'entre eux circulent 24 heures sur 24. Ils sont modernes, propres, climatisés, sûrs, spacieux et rarement bondés. Il est interdit de fumer à l'intérieur et les seuls animaux admis sont les chiens d'aveugles. L'autobus peut être un bon moyen de découvrir la ville.

**La caisse** se trouve à l'entrée près du chauffeur.

## Les tickets

On paye son ticket à l'aide d'une MetroCard *(p. 374)* d'un *token* (jeton) ou avec le montant exact en pièces. Les chauffeurs de bus ne rendent pas la monnaie et on ne peut mettre ni billet ni penny dans la machine.

La MetroCard et les *tokens* sont vendus dans toutes les stations de métro. On peut se déplacer en empruntant le correspondances de métro à bus, de bus à bus ou de bus à métro avec la MetroCard : la correspondance est automatique. Avec un *token* ou le montant exact, vous disposez d'une correspondance valable pendant une heure sur un trajet de bus. Il existe des tarifs réduits pour le troisième âge et les handicapés. Tous les bus s'abaissent pour les aider à monter *(p. 354)* ; il y a un accès pour handicapés à l'arrière du bus.

**Jeton de bus ou de métro**

**Correspondances de bus**

## Monter dans l'autobus

On ne monte qu'aux arrêts. Certains bus suivent des itinéraires nord-sud sur les avenues principales, s'arrêtant toutes les deux ou trois rues, d'autres empruntent une route est-ouest et s'arrêtent à chaque croisement *(p. 368)*. De nombreuses lignes sont desservies en permanence, mais à un rythme plus lent le soir et la nuit. Quelques autobus ne roulent que pendant les heures de pointe, de 7h à 22h. Les arrêts se reconnaissent aux panneaux bleus, blancs et rouges, et au marquage jaune qui longe le trottoir ; la plupart sont équipés d'abri. Une carte de l'itinéraire et des horaires sont affichés à chaque arrêt. Une fois que vous avez identifié votre autobus, montez par la porte avant et déposez vos pièces ou un jeton dans l'appareil prévu à cet effet. Demandez au chauffeur si le bus passe près de votre destination et quel est l'arrêt le plus proche. Les conducteurs d'autobus de New York sont en général très aimables et vous préviennent lorsqu'il faut descendre. Pour demander l'arrêt, appuyez sur la bande verticale d'appel, située entre les fenêtres ; un voyant « Stop Requested » s'allumera devant le conducteur. Descendez par la double porte arrière ; le conducteur la débloque dès que le bus est arrêté, mais vous devez alors la pousser pour l'ouvrir. Tenez fermement la poignée, pour que la porte ne se referme pas brutalement sur vous.

**Un arrêt** d'autobus et son abri vitré.

**Le plan** de la ligne M15 sur un arrêt d'autobus.

### Reconnaître votre bus

*Comme plusieurs lignes passent à chaque arrêt d'autobus, vérifiez bien le numéro indiqué à l'avant et sur le côté, près de la porte avant. Informez-vous auprès du conducteur pour savoir si le bus s'arrête bien à l'endroit où vous souhaitez aller.*

**Le numéro de la ligne** se trouve sur le devant et le côté du bus.

**Montez dans le bus** par les portes avant.

**Descendez du bus** par les portes arrières.

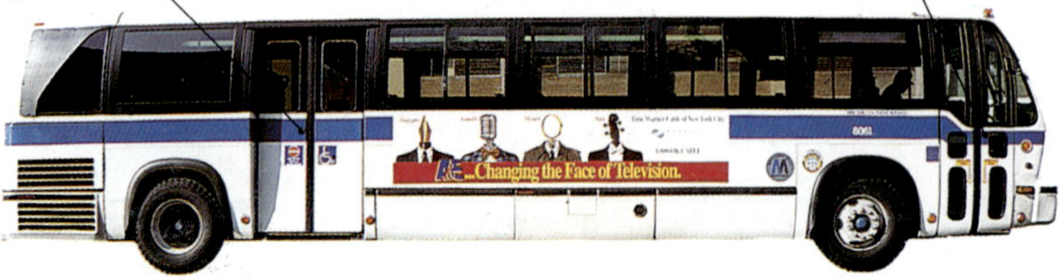

## VOYAGER EN AUTOCAR

Les autocars à destination de tout le continent nord-américain partent du **Port Authority Bus Terminal**. La gare routière située au bout du George Washington Bridge, du côté de Manhattan, dessert uniquement le nord du New Jersey et le Rockland County.

Les billets sont vendus au Port Authority Bus Terminal, dans le hall principal. Les compagnies d'autocar longue distance (Greyhound, Peter Pan et Adirondack), le bus de banlieue Short Line et New Jersey Transit disposent de leurs propres guichets. Aucune réservation n'est possible sur ces lignes. Il y a des toilettes surveillées, ouvertes de 6h du matin à 22h.

**Un autocar de ligne arrivant à New York**

## LES INFORMATIONS SUR LES BUS ET AUTOCARS

**Itinéraires**
*Les plans sont disponibles à MTA, 370 Jay St, Brooklyn, NY 11201 ; ou au New York Convention and Visitors Bureau, 810 7th Ave.* ☎ *484-1222.*

**MTA Travel Information**
☎ *(718) 330-1234 (24 h/24).*

**Port Authority Bus Terminal**
West 40th St et 8 th Ave.
**Plan** 8 D1. ☎ *564-8484.*

**George Washington Bridge Terminal**
178th St et Broadway. ☎ *564-1114.*

**Lost Property**
☎ *712-4500.*

## VISITER NEW YORK EN AUTOBUS

L'autobus est un moyen confortable et bon marché de visiter New York et d'observer ses habitants. L'autobus M1 part de la 59e Rue, longe la 5e Avenue vers Battery Park et se dirige vers le nord par Wall Street et Madison Avenue. L'itinéraire M5 permet d'admirer le beau panorama de Hudson River. Il longe Riverside Drive jusqu'au George Washington Bridge près de la 178e Rue. Le M104 part du siège des Nations Unies sur la 1re Avenue, traverse la 42e Rue et Times Square, puis suit Broadway, avant de passer par Lincoln Center et de remonter jusqu'à Columbia University sur la 125e Rue.

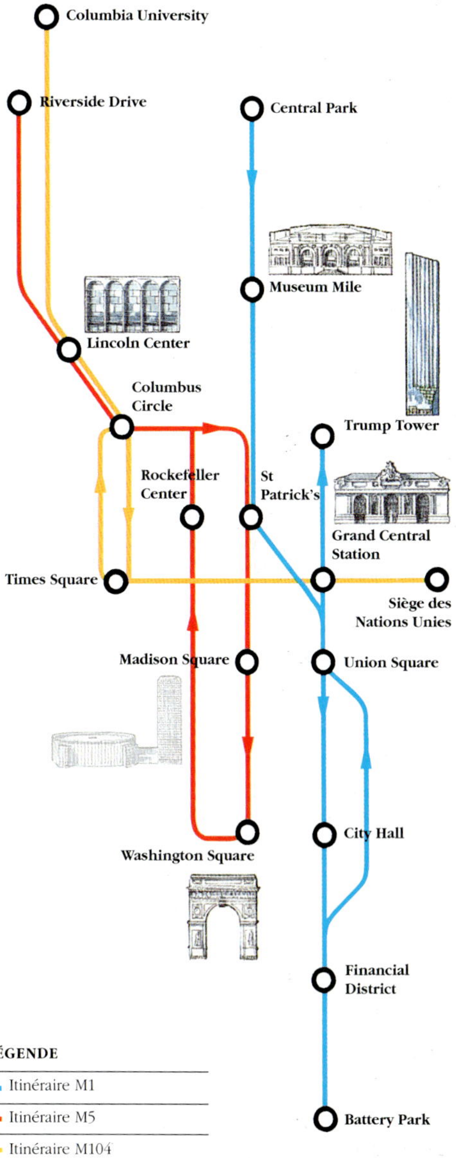


**LÉGENDE**

- Itinéraire M1
- Itinéraire M5
- Itinéraire M104

# Se déplacer en métro

Logo du métro de New York

Le métro est la manière la plus rapide et la plus efficace de voyager dans New York. Son réseau couvre près de 375 km et se compose de 468 stations. La plupart des lignes fonctionnent en permanence, mais il y a moins de trains la nuit et le week-end. Le métro vient d'être complètement rénové et les wagons sont tous climatisés, bien éclairés et modernes.

## Le métro new-yorkais

Certaines bouches de métro sont dotées de boules lumineuses vertes – quand des employés y vendent des jetons jour et nuit – ou rouges. D'autres portent des panneaux qui indiquent le nom de la station ainsi que les numéros ou lettres des lignes y passant. Le métro fonctionne jour et nuit, mais certaines lignes ont des horaires précis.

Il y a deux sortes de trains. Les locaux s'arrêtent à toutes les stations et les express, plus rapides, s'arrêtent moins souvent. Ces deux types sont signalés sur tous les plans de métro.

La sécurité a été renforcée et on peut voyager sans danger n'importe où entre 8h et 18h au sud de Central Park. Cependant, il est dangereux pour tout le monde d'aller dans les quartiers éloignés comme le Bronx ou Harlem – à moins d'être en groupe. Nous déconseillons aux femmes seules de prendre le métro la nuit. Le concierge de l'hôtel vous indiquera les endroits à éviter. Tenez-vous dans des endroits éclairés, utilisez les wagons du milieu et évitez de croiser le regard de personnages déplaisants. En cas de difficulté, adressez-vous au gardien de la station.

**Information pratique** New York City Transit Authority ☎ *(718) 330-1234.* MetroCard Customer Service ☎ *(212) 638-7622.*

La boule verte de la station indique qu'il y a des employés en permanence

## Les jetons de métro

Le prix est fixe, quelle que soit la distance parcourue. Depuis 1997, les voyageurs utilisent de plus en plus la nouvelle MetroCard qui remplace peu à peu les *tokens*. Il existe différents types de MetroCards, offrent ainsi une grande liberté aux voyageurs. Son prix varie de 5$ à 80$ en fonction du nombre de trajets que vous compterez effectuer.

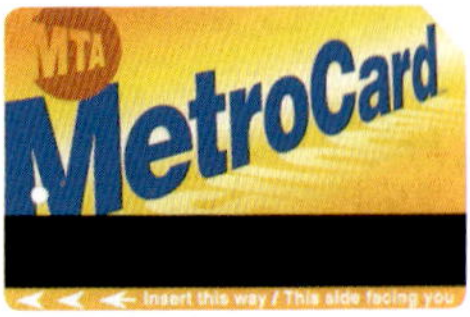


La MetroCard

## Déchiffrer un plan de métro

Chaque ligne est identifiée sur le plan *(voir la page de garde en fin d'ouvrage)* par une couleur, par les noms des terminus et grâce à une lettre ou un nombre. Par exemple, la ligne verte relie Woodland et Utica Avenue et est desservie par les trains portant le n° 4. Les arrêts locaux et express et les correspondances sont clairement marqués. Les lettres et les nombres sous le nom de station indiquent quelles lignes desservent celle-ci. Une lettre ou un nombre écrit en caractères gras indique que les trains s'y arrêtent entre 6h et minuit. Les caractères en maigre signifient un service partiel. Une lettre ou un nombre encadré indiquent le terminus de la ligne. Un plan détaillé est affiché dans toutes les stations de métro et précise les horaires.

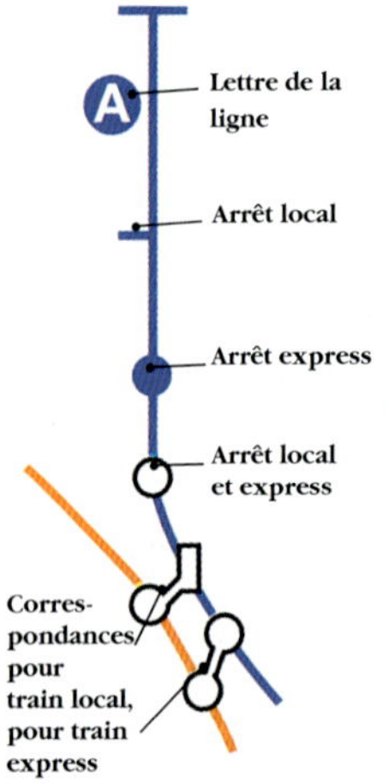


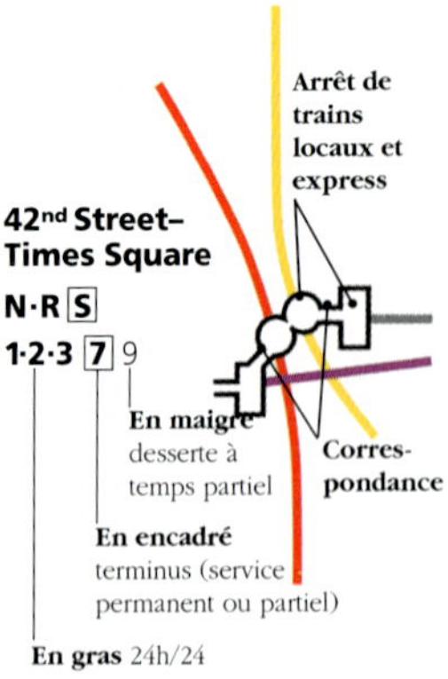

## COMMENT PRENDRE LE MÉTRO ?

1 Il y a un plan de métro sur la page de garde, à la fin de ce livre. De grandes cartes se trouvent en évidence dans chaque station, souvent près du guichet.

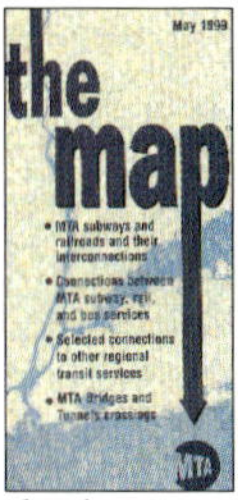


**Plan de métro**

**Guichet avec employé**

2 Achetez une MetroCard ou un *token* à un guichet ou à un distributeur.

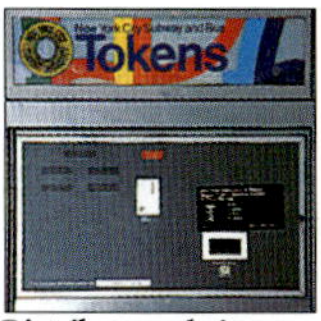


**Distributeur de jetons**

3 Mettez la carte ou un *token* pour passer le tourniquet.

**Tourniquet d'entrée**

4 Suivez la direction indiquée. Ne prenez pas de risques inutiles et restez en vue du guichet en attendant votre train. La nuit, cantonnez-vous aux zones d'attente jaunes.

**Zone d'attente en dehors des heures d'affluence**

5 Sur chaque rame sont indiqués le numéro ou la lettre de la ligne, de la couleur appropriée, et les noms des terminus.

**Identification de la ligne**

6 Une fois à bord, suivez le plan des stations situé près des deux portes de chaque wagon, pour vérifier où vous vous trouvez. Les arrêts sont annoncés par haut-parleur. Le nom de la station est marqué sur chaque quai. Le conducteur contrôle l'ouverture des portes. Pour plus de sécurité, choisissez un wagon bien rempli.

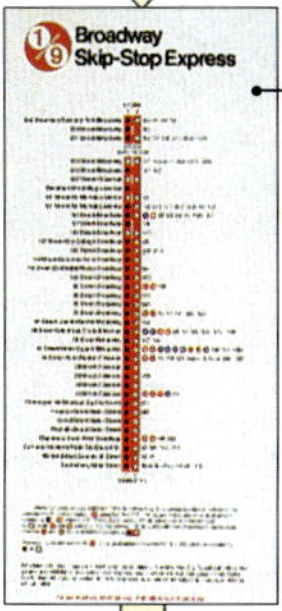


7 En descendant, suivez les panneaux indiquant la sortie. Si vous devez changer de ligne, suivez les indications de correspondance.

# Voyager par le train

Il y a deux gares principales à New York. Grand Central Terminal est le terminus des trains de banlieue de l'État de New York et du Connecticut ; alors qu'à Pennsylvania Station (Penn), arrivent les grandes lignes du reste des États-Unis et du Canada. On ne peut réserver de place sur les trains de banlieue, et la plupart d'entre eux n'offrent pas de wagon-restaurant – il vaut mieux faire ses provisions avant le départ.

**Un train Amtrak**

## Grand Central Terminal

Grand Central Terminal *(p. 154-515)*, sur Park Avenue entre la 41e et la 42e Rues, est le terminus des trains de banlieue **Metro North** (Hudson, New Haven et Harlem), qui traversent le nord et l'est de Manhattan et se dirigent vers le Connecticut et Westchester County. On part de Grand Central pour aller au Bronx Zoo *(p. 242-243)*, au New York Botanical Garden ou dans la proprieté du président Franklin D. Roosevelt à Hyde Park. Les métros 4, 5 et 6 de la ligne verte et 7 de la ligne violette desservent la station de métro Grand Central, située sous la gare. Une navette relie Grand Central à Times Square et de nombreux autobus s'arrêtent à Grand Central.

**Logo de Long Island Rail Road**

**Grand Central Terminal**

## Penn Station

Située entre la 7e et la 8e Avenues et entre la 31e et la 33e Rues, Penn Station a été modernisée et reconstruite en 1963 sous Madison Square Garden *(p. 133)*. Y arrivent des trains de banlieue comme ceux de New Jersey Transit et les **Amtrak** venant du Canada et des autres États du pays. Vous ne trouverez pas de chariots à bagages mais des porteurs à casquette rouge sont à votre disposition.
On trouve des taxis au niveau de la rue. Des autobus partent de Penn Station, en direction de la 7e et de la 8e Avenues. Les stations de métro pour les lignes bleues A, C et E sont situées non loin de la 8e Avenue, à côté de la gare ; celles des lignes rouges 1, 2, 3 et 4, près de la 7e Avenue. Les guichets et salles d'attente sont au niveau de la rue, les trains en sous-sol.
Il faut se rendre à Penn Station pour aller dans le New Jersey, à Long Island, ou plus loin encore avec les Amtrak, vers le Canada, Philadelphie ou Washington.
Près de Penn Station, on trouve les guichets et stations de Long Island Rail Road (LIRR), ligne de banlieue qui conduit aux sites touristiques de Long Island, comme The Hamptons et Montauk Point.

## Les trains PATH

Ils fonctionnent en permanence, entre le New Jersey (Harrison, Hoboken, Jersey City et Newark) et Penn Station. Ils s'arrêtent à Christopher Street, au World Trade Center, à la 9e Avenue, aux 14e, 23e et 33e Rues et à l'Avenue of Americas (6e Avenue).

**Un train de banlieue à Penn Station**

## Amtrak

C'est la compagnie nationale de chemins de fer qui relie New York aux autres villes américaines et au Canada. Quelques trains disposent de sièges inclinables, d'autres, sur les grandes lignes, de wagons-restaurants et de couchettes. Les nouveaux trains express voyagent sur certaines lignes **Amtrak**, comme l'**Acela** qui relie Washington à Boston via New York.
Les billets s'achètent à Penn Station, mais aussi dans les Amtrak Travel Centers. On peut acheter son billet dans le train à condition d'acquitter un supplément. Les personnes âgées bénéficient d'une réduction de 15 %, mais il n'y a pas de tarif étudiant. Si vous réservez par téléphone, avec une carte de crédit, il faut vous y prendre au moins dix jours à l'avance ; vous recevrez vos billets par la poste.
Amtrak propose des tarifs réduits pour les touristes du Great American Vacations et des tarifs promotionnels divers. Renseignez-vous en réservant.

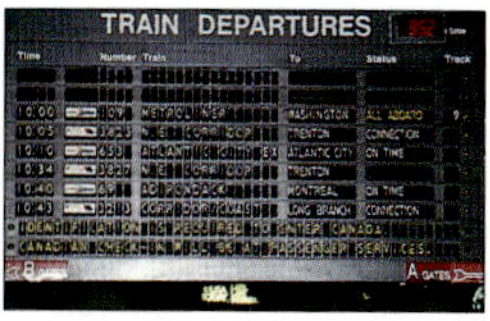


**Tableau d'informations, Penn Station**

## LE TITRE DE TRANSPORT

Les guichets de gare sont sans cesse pris d'assaut par les New-Yorkais. Les paiements par cartes de crédit et en espèces sont acceptés.

Il existe plusieurs sortes de billets, la plupart sont calculés sur la base d'un aller simple. Si vous avez l'intention de faire plusieurs voyages, Metro North et LIRR proposent des cartes hebdomadaires à des prix intéressants.

De grands tableaux électroniques présentent en continu les horaires des trains, leurs destinations et numéros de quai. Vérifiez la liste des arrêts et les gares de correspondances affichées près de l'entrée du quai de départ.

Attendez l'ouverture du quai. Il n'y a qu'une seule classe et pas de places réservées. Le contrôleur ne vérifie les billets qu'après le départ du train.

Penn Station et Grand Central Terminal sont bien équipées en toilettes, banques, magasins, bars et restaurants.

## LES RENSEIGNEMENTS FERROVIAIRES

**Amtrak Travel Centers**

12 West 51st St. **Plan** 12 F4.

1 East 59th St. **Plan** 12 F3.

1 World Trade Center. **Plan** 1 B2.

*(800) USA-RAIL ou (800) 872-7245.*

**Long Island Rail Road (LIRR)**

*(718) 217-LIRR (information).*

*(718) 558-8384 (objets trouvés).*

**Acela**

*(800) 523-8720.*

**Metro North**

*532-4900 (information).*

*340-2555 (objets trouvés).*

**Trains PATH**

*(800) 234-7284.*

## EXCURSION D'UNE JOURNÉE

De nombreux sites, en dehors de la ville, valent une visite. Ceux indiqués ci-dessous se situent dans un périmètre de 200 km autour de Manhattan. Si vous avez le temps, allez-y. Renseignez-vous auprès du New York Convention and Visitors Bureau *(p. 352)*.

**Une vue pittoresque de Tarrytown**

**Westbury House, Old Westbury**

La copie par John Phipps, en 1906, d'un manoir Charles II, avec de jolis jardins à l'anglaise.

*39 km à l'est. Long Island Rail Road à partir de Penn Station. 40 min.*

**Stony Brook**

Un paisible village côtier. Entrée du district historique des trois villages.

*93 km à l'est. Long Island Rail Road à partir de Penn Station. 2h.*

**The Hamptons**

Des bars élégants et des boutiques dans un décor historique. Le Beverly Hills de Long Island.

*161 km à l'est. Long Island Rail Road à partir de Penn Station. 2h50.*

**Montauk Point**

Parc situé à l'extrémité est de Long Island. Belles vues sur l'océan

*193 km à l'est. LIRR à partir de Penn Station. 3h.*

**Tarrytown**

La demeure « Sunnyside » de Washington Irving et la résidence de Jay Gould.

*40 km au nord. Metro North à partir de Grand Central, puis taxi. 40 à 50 min.*

**Hyde Park**

La propriété de Franklin D. Roosevelt et la résidence Vanderbilt.

*119 km au nord. Metro North à partir de Grand Central jusqu'à Poughkeepsie puis bus. 2h.*

**New Haven, Connecticut**

Yale University.

*119 km au nord. Metro North à partir de Grand Central Terminal. 1h46.*

**Hartford, Connecticut**

Maison de Mark Twain, Musée Atheneum et Old State House.

*180 km au nord. Amtrak à partir de Penn Station. 2h45.*

**Winterthur, Delaware**

Collection d'art primitif américain de Henry du Pont, musée et jardins.

*187 km au nord. Amtrak à partir de Penn Station jusqu'à Wilmington, puis bus. 2h.*

**Yale University à New Haven, Connecticut**

# ATLAS DES RUES

Les références accompagnant les indications sur les sites, hôtels, restaurants, bars, boutiques et spectacles se rapportent aux plans de cette partie du guide *(voir, ci-contre, Comment utiliser le plan ?)*. Ces plans couvrent la totalité de Manhattan. Le répertoire des noms de rues et de lieux se trouve dans les pages suivantes. Le plan d'ensemble, ci-dessous, correspond aux différentes zones de l'Atlas. Les sites touristiques – et tout ce qui peut être intéressant à découvrir à Manhattan – y sont indiqués selon un code de couleurs.

**South Street Seaport**

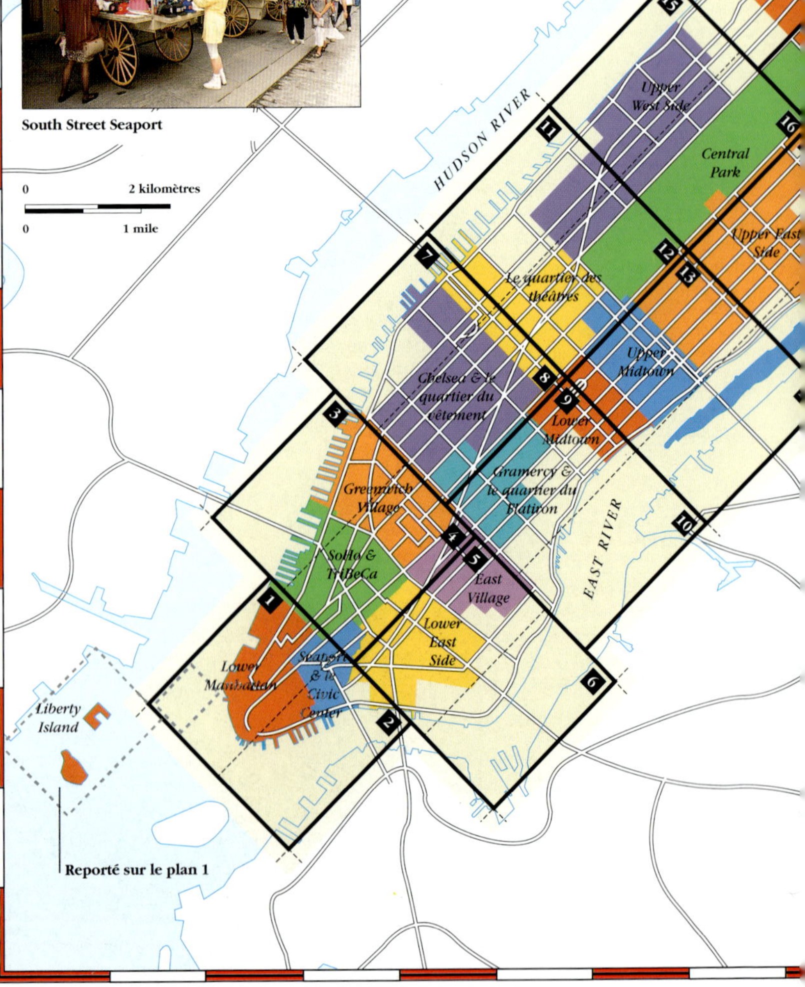

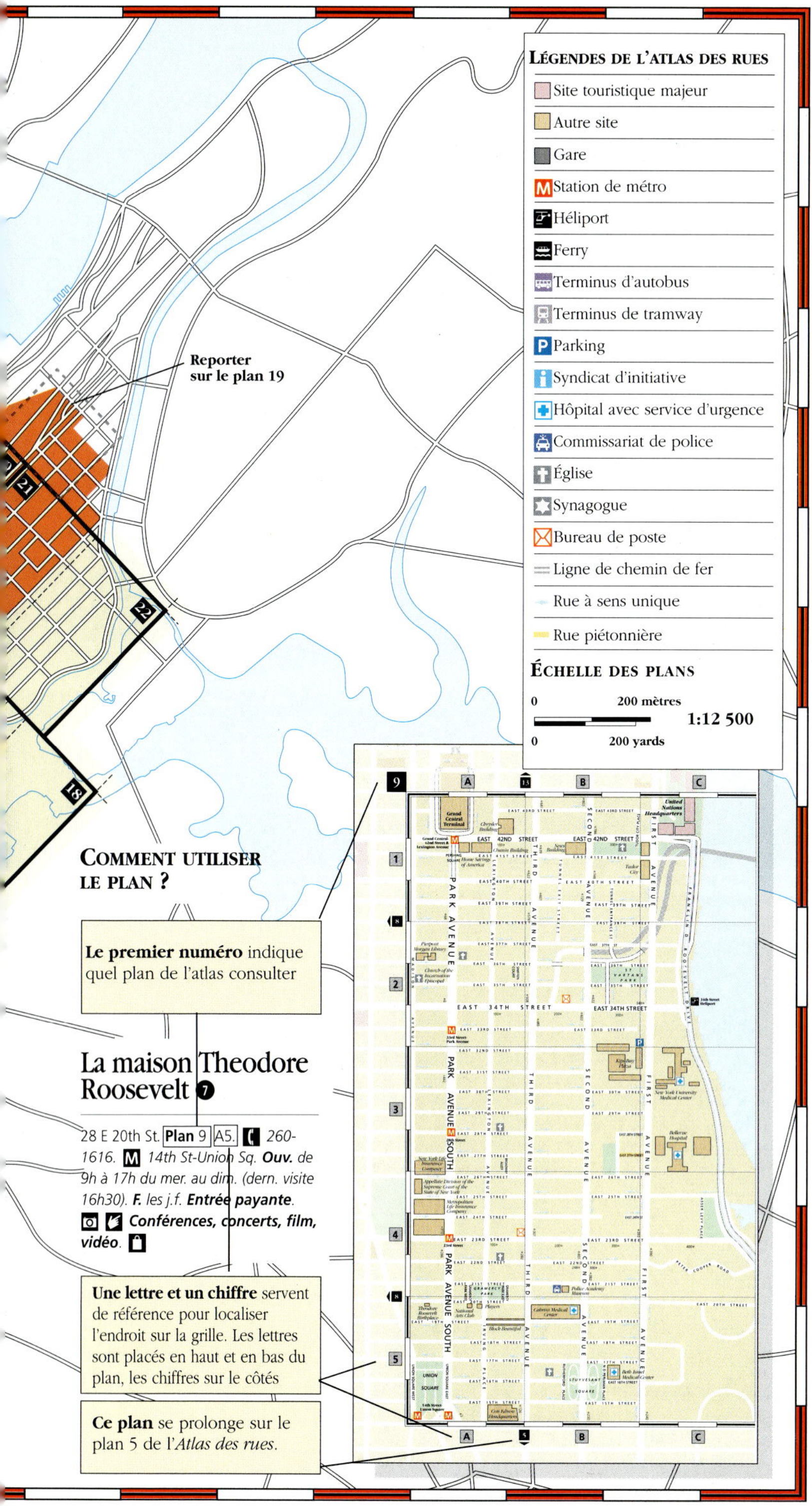


## Légendes de l'atlas des rues

- Site touristique majeur
- Autre site
- Gare
- Station de métro
- Héliport
- Ferry
- Terminus d'autobus
- Terminus de tramway
- Parking
- Syndicat d'initiative
- Hôpital avec service d'urgence
- Commissariat de police
- Église
- Synagogue
- Bureau de poste
- Ligne de chemin de fer
- Rue à sens unique
- Rue piétonnière

## Échelle des plans

0 200 mètres

1:12 500

0 200 yards

## Comment utiliser le plan ?

**Le premier numéro** indique quel plan de l'atlas consulter

### La maison Theodore Roosevelt 7

28 E 20th St. **Plan** 9 A5. 260-1616. 14th St-Union Sq. ***Ouv.*** *de 9h à 17h du mer. au dim. (dern. visite 16h30).* ***F.*** *les j.f.* ***Entrée payante.*** ***Conférences, concerts, film, vidéo.***

**Une lettre et un chiffre** servent de référence pour localiser l'endroit sur la grille. Les lettres sont placés en haut et en bas du plan, les chiffres sur le côtés

**Ce plan** se prolonge sur le plan 5 de l'*Atlas des rues*.

# Répertoire des noms de rues

Chaque nom de lieu est suivi par son quartier (sauf pour Manhattan) et par son report au plan.

## Y

1
A
4
B
C
Manhattan Community College
Harrison St
Independence Plaza
Pier 25
Washington Market Park
Jay Street
Staple Street
Duane St
Duane Park
Hudson Street
Western Union Building
Thomas Street
Trimble Place
Duane Street
Worth Street
Lafayette Street
Centre Street
Pace Plaza
Park Street
Andrew's Plaza
West Street
Greenwich Street
Reade Street
Pier 21
Chambers Street
Chambers St (Church St)
Chambers Street (West Broadway)
Surrogate's Court/Hall of Records
Chambers St (Centre St)
Municipal Building
Warren Street
West Broadway
Church Street
Lower
Broadway
Old NY County Courthouse
City Hall
Brooklyn Bridge (City Hall)
River Terrace
Park Place
Murray Street
North End Avenue
Irving Trust Operation Center
City Hall Park
Frankfort St
Pace University
Spruce St
Park Row
Woolworth Building
Barclay Street
New York Telephone Company
Federal Office
US Post Office
St Peter's Street
Beekman Street
Theatre Alley
Beekman Downtown Hospital
Vesey Street
World Trade Center (Church Street)
Ann Street
Nassau (Pedestrian Way) Street
World Financial Center
St Paul's Chapel
Fulton Street
Fulton Street
World Trade Center
Cortlandt Street-World Trade Center
AT & T Building
Dutch St
John Street
Dey Street
Cortland Street
North Cove Yacht Harbor
Cortlandt Street
Merrill Lynch Liberty Plaza
Maiden Lane
Federal Reserve Bank
Platt
Liberty St
Liberty Street
Cortland Street
Legion Square
Chamber of Commerce
Battery Park City
Cedar Street
Washington Street
Thames St
Chase Manhattan Bank
American Stock Exchange
Albany Street
Carlisle Street
Trinity Place
Pine Street
William Street
Wall St
Federal Hall
Broad St
Wall Street
Trinity Church
Rector Street (Greenwich Street)
Rector Street (Trinity Place)
New York Stock Exchange
Westside Highway 9A (West St)
South End Avenue
Rector Place
Exchange Place
Hanover Street
Bank of New York
Hudson River
Liberty Plaza
New Street
Broad Street
West Thames Street
Exchange Alley
Hanover Square
J P Ward Street
Edgar Street
Beaver Street
South William Street
Coenties Alley
Mill Lane
Third Place
Cunard Building
Marketfield Street
Pearl Street
South Cove
Morris Street
International Plaza
Western Union
Second Place
Downtown Athletic Club
Bowling Green
Whitehall
Stone Street
Fraunces Tavern
South Gardens
First Place
Bowling Green
State Street
US Custom House
Moore St
Water Street
Battery Place
Bridge Street
Battery Plaza
Battery Park
Battery Park City Heliport
Whitehall Street
Pier A
Castle Clinton National Monument
Shrine of Elizabeth Ann Seton
Peter Minuit Plaza
The East Coast War Memorial
South Ferry Plaza
South Ferry
Ferries to Liberty and Ellis Islands
Brooklyn-Battery Tunnel
Ellis Island
US Coast Guard
Liberty Island
Statue of Liberty
2
3
5

D
E
5
F
2
WORTH STREET
NY County Court House
BAXTER ST
CARDINAL HAYES ST
PEARL STREET
CARDINAL ST
US Court House
PARK ROW
ST JAMES PLACE
JAMES ST
OLIVER STREET
HENRY STREET
CATHERINE STREET
MONROE STREET
MARKET STREET
Knickerbocker Village
CHERRY STREET
MARKET SLIP
WATER STREET
CATHERINE SLIP
SOUTH STREET VIADUCT
SOUTH STREET
PIER 35
Manhattan Bridge
Police Head-quarters
PEARL STREET
MADISON STREET
MANHATTAN
AVENUE OF THE FINEST
ROSE ST
STREET
R. F. WAGNER SR PLACE
East River
GOLD STREET
Southbridge Towers
DOVER STREET
PEARL STREET
PECK SLIP
FRONT STREET
Brooklyn Bridge
DOCK STREET
WATER STREET
RYDERS ALLEY
CLIFF STREET
BEEKMAN STREET
WATER STREET
South Street Seaport
FULTON STREET
ST JOHN STREET
Fulton Fish Market
EVERITT ST
OLD FULTON STREET
PIER 18
PIER 17
Schermerhorn Row
DOUGHTY STREET
VINE STREET
FURMAN STREET
COLUMBIA HEIGHTS
MIDDAGH STREET
FLETCHER STREET
MAIDEN LANE
PEARL STREET
PIER 16
PIER 1
PIER 15
CRANBERRY STREET
ORANGE STREET
PIER 14
PIER 13
PINEAPPLE ST
FRONT STREET
GOVERNEUR STREET
WATER STREET
PIER 11 WALL ST FERRY PIER
FERRIES TO FULTON LANDING
-BAY RIDGE AND ROCKAWAY
-NEWPORT
-PORT LIBERTE
JERSEY CITY
PIER 2
CLARK STREET
OLD SLIP
PIER 9
JEANELLE PARK
BROOKLYN - QUEENS EXPRESSWAY 278
Vietnam Veterans' Plaza
New York Plaza
Downtown Manhattan Heliport
PIER 6
PIER 3
East River
PIER 4
SOUTH FERRY
FERRIES TO GOVERNORS ISLAND
Battery Maritime Building
STATEN ISLAND FERRY
FERRIES TO STATEN ISLAND AND WEEHAWKEN
PIER 5
PIER 6
1
2
3
4
5
D
E
F

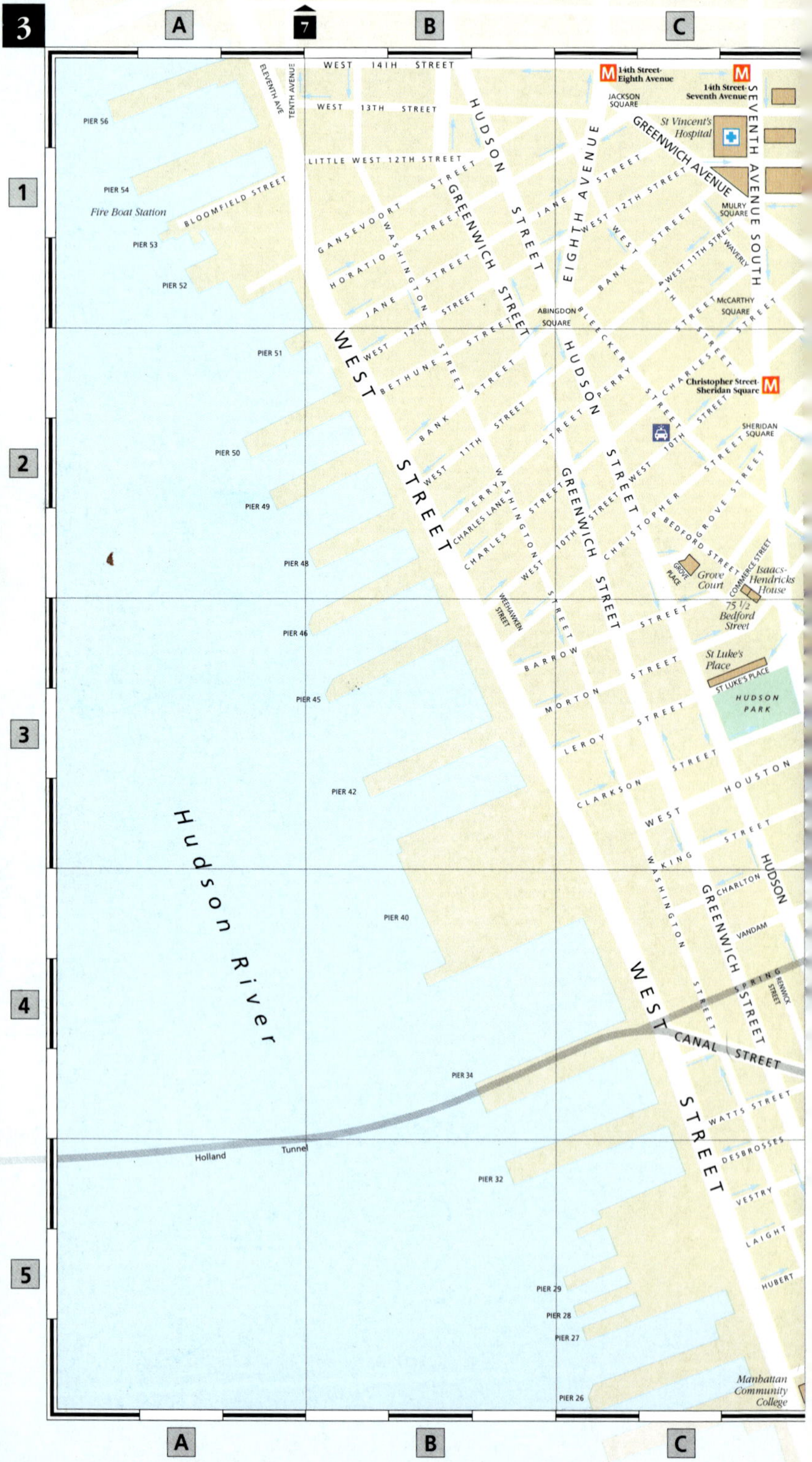
3
A
7
B
C
1
2
3
4
5
WEST 14TH STREET
WEST 13TH STREET
LITTLE WEST 12TH STREET
ELEVENTH AVE
TENTH AVENUE
14th Street-Eighth Avenue
14th Street-Seventh Avenue
JACKSON SQUARE
St Vincent's Hospital
SEVENTH AVENUE SOUTH
GREENWICH AVENUE
MULRY SQUARE
PIER 56
PIER 54
Fire Boat Station
BLOOMFIELD STREET
PIER 53
PIER 52
GANSEVOORT STREET
HORATIO STREET
JANE STREET
WEST 12TH STREET
BETHUNE STREET
BANK STREET
WEST 11TH STREET
PERRY STREET
CHARLES LANE
CHARLES STREET
WEST 10TH STREET
WASHINGTON STREET
GREENWICH STREET
HUDSON STREET
EIGHTH AVENUE
WEST 4TH STREET
WAVERLY
ABINGDON SQUARE
BLEECKER STREET
McCARTHY SQUARE
Christopher Street-Sheridan Square
SHERIDAN SQUARE
CHRISTOPHER STREET
GROVE STREET
BEDFORD STREET
GROVE PLACE
Grove Court
COMMERCE STREET
Isaacs-Hendricks House
75 1/2 Bedford Street
WEEHAWKEN STREET
BARROW STREET
MORTON STREET
St Luke's Place
ST LUKE'S PLACE
HUDSON PARK
LEROY STREET
CLARKSON STREET
WEST HOUSTON STREET
KING STREET
CHARLTON
VANDAM
SPRING STREET
RENWICK STREET
CANAL STREET
WATTS STREET
DESBROSSES
VESTRY
LAIGHT
HUBERT
WEST STREET
PIER 51
PIER 50
PIER 49
PIER 48
PIER 46
PIER 45
PIER 42
PIER 40
PIER 34
PIER 32
PIER 29
PIER 28
PIER 27
PIER 26
Hudson River
Holland Tunnel
Manhattan Community College

4
D
E
8
F
WEST 14TH STREET
EAST 14TH STREET
Sixth Avenue
14th Street-Union Square
Third Avenue
WEST 13TH STREET
EAST 13TH STREET
Seaman's Institute and Marine Museum
Forbes Building
WEST 12TH STREET
EAST 12TH STREET
First Presbyterian Church
Salmagundi Club
WEST 11TH STREET
EAST 11TH STREET
STUYVESANT ALLEY
MILLIGAN PL
PATCHIN PL
Church of the Ascension
St-Mark's-in-the-Bowery Church
WEST 10TH STREET
EAST 10TH STREET
Grace Church
AVENUE OF THE AMERICAS (SIXTH AVENUE)
FIFTH AVENUE
UNIVERSITY PLACE
BROADWAY
FOURTH AVENUE
THIRD AVENUE
STUYVESANT ST
WANAMAKER PLACE
VILLAGE SQUARE
WEST 9TH STREET
EAST 9TH STREET
Jefferson Market Courthouse
Mark Twain's House
Eighth Street-Broadway
WEST 8TH STREET
WASHINGTON MEWS
Astor Place (8th Street)
EAST 8TH STREET
5
GREENWICH VILLAGE
GAY STREET
PLACE
MACDOUGAL ST
MACDOUGAL ALLEY
ASTOR PLACE
Cooper Union Building
WEST 8TH STREET
CHRISTOPHER PARK
Colonnade Row
COOPER SQUARE
EAST 7TH STREET
TARAS SHEVCHENKO PLACE
WASHINGTON SQUARE NORTH
WAVERLY PLACE
WEST WASHINGTON PLACE
WASHINGTON SQUARE PARK
WASHINGTON SQUARE WEST
WASHINGTON SQUARE EAST
GREENE STREET
EAST 6TH STREET
Public Theater
WASHINGTON PLACE
West 4th Street-Washington Square
WEST 4TH STREET
STABLE CT
EAST 5TH STREET
2
New York University
WASHINGTON SQUARE SOUTH
The New York University Law Center
Judson Memorial Church
WEST 3RD STREET
Old Merchant's House
EAST 4TH STREET
SECOND AVENUE
JONES ST
CORNELIA STREET
BLEECKER STREET
MINETTA LANE
FATHER DEMO SQUARE
LEROY ST
MINETTA STREET
Washington Square Village
GREAT JONES STREET
EAST 3RD STREET
SHINBONE ALLEY
LAFAYETTE STREET
BOWERY
EAST 2ND STREET
BLEECKER STREET
JONES ALLEY
Bayard-Condict Building
EXTRA PLACE
EAST 1ST STREET
SULLIVAN STREET
THOMPSON STREET
LA GUARDIA PLACE
MERCER STREET
Bleecker Street (Lafayette Street)
CARMINE STREET
BEDFORD STREET
DOWNING STREET
Broadway Lafayette Street
WEST HOUSTON STREET
EAST HOUSTON STREET
Puck Building
3
Houston Street (Varick Street)
VARICK STREET
AVENUE OF THE AMERICAS (SIXTH AVENUE)
MACDOUGAL STREET
New Museum of Contemporary Art
JERSEY STREET
MULBERRY STREET
MOTT STREET
ELIZABETH STREET
Prince Street (Broadway)
Old Saint Patrick's Cathedral
PRINCE STREET
FREEMAN ALLEY
FATHER FAGAN SQUARE
Singer Building
WEST BROADWAY
Spring Street (Lafayette Street)
Spring Street (Sixth Avenue)
SPRING STREET
New York City Fire Museum
St Nicholas Hotel
CLEVELAND PLACE
KENMARE STREET
DOMINICK STREET
BROOME STREET
WOOSTER STREET
GREENE STREET
MERCER STREET
CROSBY STREET
LITTLE ITALY
Haughwout Building
4
Home Savings of America
SOHO
WATTS STREET
TOLLGATE
CENTRE MKT PLACE
Police Headquarters Building
GRAND STREET
Canal Street
Canal Street (Sixth Avenue)
BAXTER STREET
CENTRE STREET
HOWARD STREET
5
CANAL STREET
Engine Company No 31
HESTER STREET
HUDSON STREET
ST JOHNS LANE
YORK STREET
LISPENARD STREET
Canal Street (Broadway)
Canal Street (Lafayette Street)
COLLISTER STREET
BEACH STREET
WALKER STREET
CORTLANDT ALLEY
Canal Street (Centre Street)
HARRY HOWARD SQUARE
ERICSSON PLACE
GREENWICH STREET
WHITE STREET
FRANKLIN PL
CHINATOWN
Criminal Courts Building
BAYARD STREET
NORTH MOORE STREET
FINN SQUARE
FRANKLIN STREET
Franklin Street
COLUMBUS PARK
PELL STREET
Independence Plaza
CHURCH STREET
BENSON ST
LEONARD STREET
HOGAN PLACE
MOSCO ST
HARRISON ST
CATHERINE LANE
New York State Building

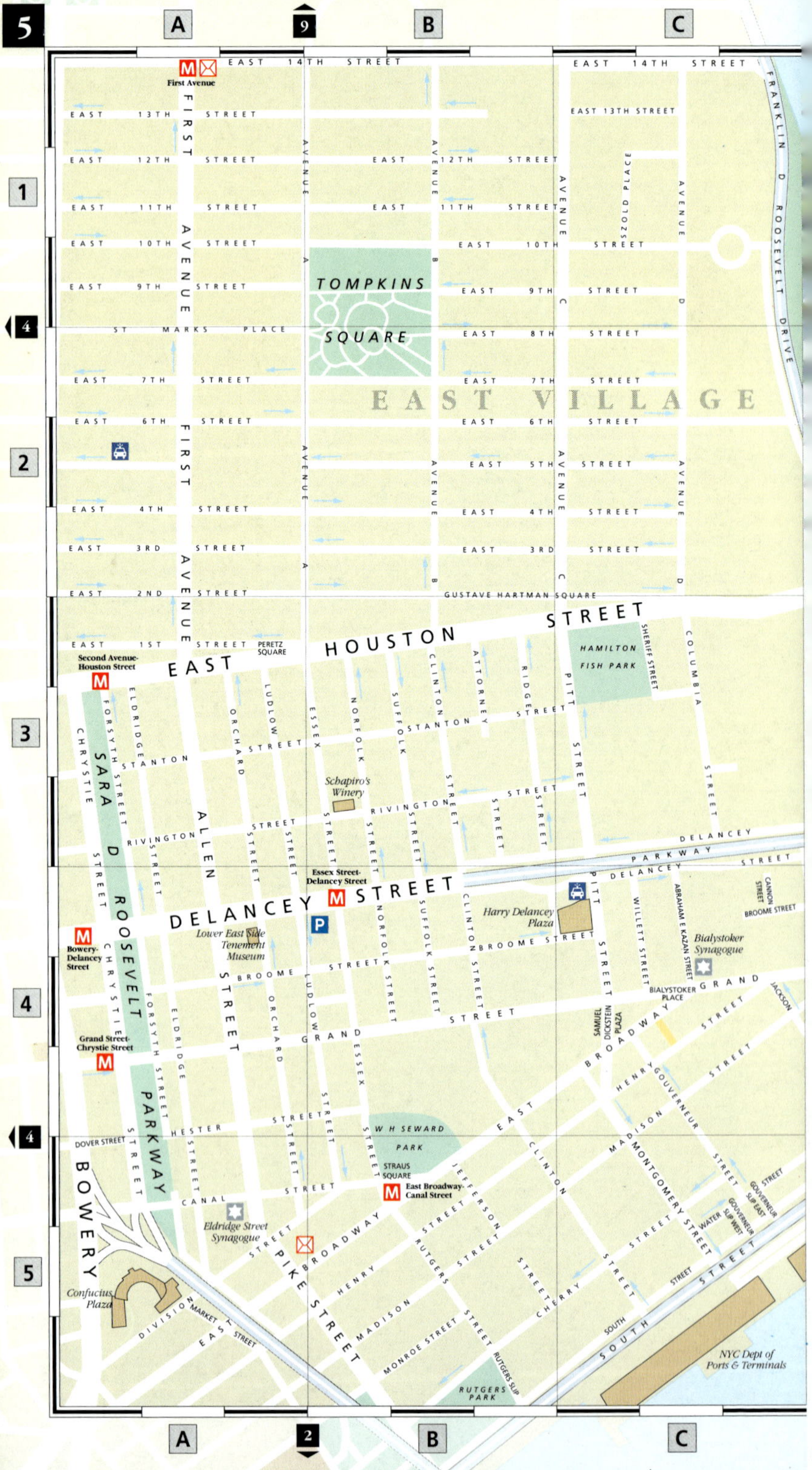
5
A
9
B
C
1
2
3
4
5
4
4
2
First Avenue
EAST 14TH STREET
EAST 13TH STREET
EAST 12TH STREET
EAST 11TH STREET
EAST 10TH STREET
EAST 9TH STREET
ST MARKS PLACE
EAST 7TH STREET
EAST 6TH STREET
EAST 5TH STREET
EAST 4TH STREET
EAST 3RD STREET
EAST 2ND STREET
EAST 1ST STREET
FIRST AVENUE
AVENUE A
AVENUE B
AVENUE C
AVENUE D
SZOLD PLACE
FRANKLIN D ROOSEVELT DRIVE
TOMPKINS SQUARE
EAST VILLAGE
GUSTAVE HARTMAN SQUARE
PERETZ SQUARE
Second Avenue-Houston Street
EAST HOUSTON STREET
HAMILTON FISH PARK
SHERIFF STREET
COLUMBIA STREET
ELDRIDGE
FORSYTH STREET
CHRYSTIE STREET
SARA D ROOSEVELT PARKWAY
ORCHARD STREET
LUDLOW STREET
ESSEX STREET
NORFOLK STREET
SUFFOLK STREET
CLINTON STREET
ATTORNEY STREET
RIDGE STREET
PITT STREET
STANTON STREET
RIVINGTON STREET
ALLEN STREET
Schapiro's Winery
DELANCEY STREET
DELANCEY PARKWAY
Essex Street-Delancey Street
Bowery-Delancey Street
Lower East Side Tenement Museum
Harry Delancey Plaza
WILLETT STREET
ABRAHAM E KAZAN STREET
CANNON STREET
BROOME STREET
Bialystoker Synagogue
BIALYSTOKER PLACE
GRAND STREET
JACKSON
SAMUEL DICKSTEIN PLAZA
Grand Street-Chrystie Street
EAST BROADWAY
HENRY STREET
GOUVERNEUR
HESTER STREET
DOVER STREET
W H SEWARD PARK
STRAUS SQUARE
East Broadway-Canal Street
MADISON
MONTGOMERY STREET
CANAL STREET
BOWERY
Eldridge Street Synagogue
JEFFERSON STREET
CLINTON
GOUVERNEUR SLIP EAST
GOUVERNEUR SLIP WEST
WATER STREET
PIKE STREET
RUTGERS STREET
CHERRY STREET
Confucius Plaza
DIVISION
MARKET STREET
MADISON
MONROE STREET
RUTGERS SLIP
RUTGERS PARK
SOUTH STREET
NYC Dept of Ports & Terminals

D
E
F
6
1
2
3
4
5
NORTH 9TH STREET
NORTH 8TH STREET
NORTH 7TH STREET
NORTH 6TH STREET
NORTH 5TH STREET
NORTH 4TH STREET
NORTH 3RD STREET
METROPOLITAN AVENUE
NORTH 1ST STREET
GRAND STREET
SOUTH 1ST STREET
SOUTH 2ND STREET
SOUTH 3RD STREET
SOUTH 4TH STREET
SOUTH 5TH STREET
SOUTH 6TH STREET
SOUTH 8TH STREET
SOUTH 9TH ST
SOUTH 11TH ST
KENT AVENUE
WYTHE AVENUE
BERRY STREET
RIVER STREET
DUNHAM PLACE
BROADWAY
DIVISION AVENUE
EAST RIVER PARK
Athletic Field
(EAST RIVER DRIVE)
MANGIN STREET
BARUCH PLACE
FRANKLIN D ROOSEVELT DRIVE
Williamsburg Bridge
SOUTH STREET
LEWIS STREET
Fireboat Station
SAMUEL A SPIEGEL SQUARE
CHERRY STREET
CORLEARS HOOK PARK
VIADUCT
Corlears Hook
PIER 44
Wallabout Channel
US Naval Reserve Center
Wallabout Bay

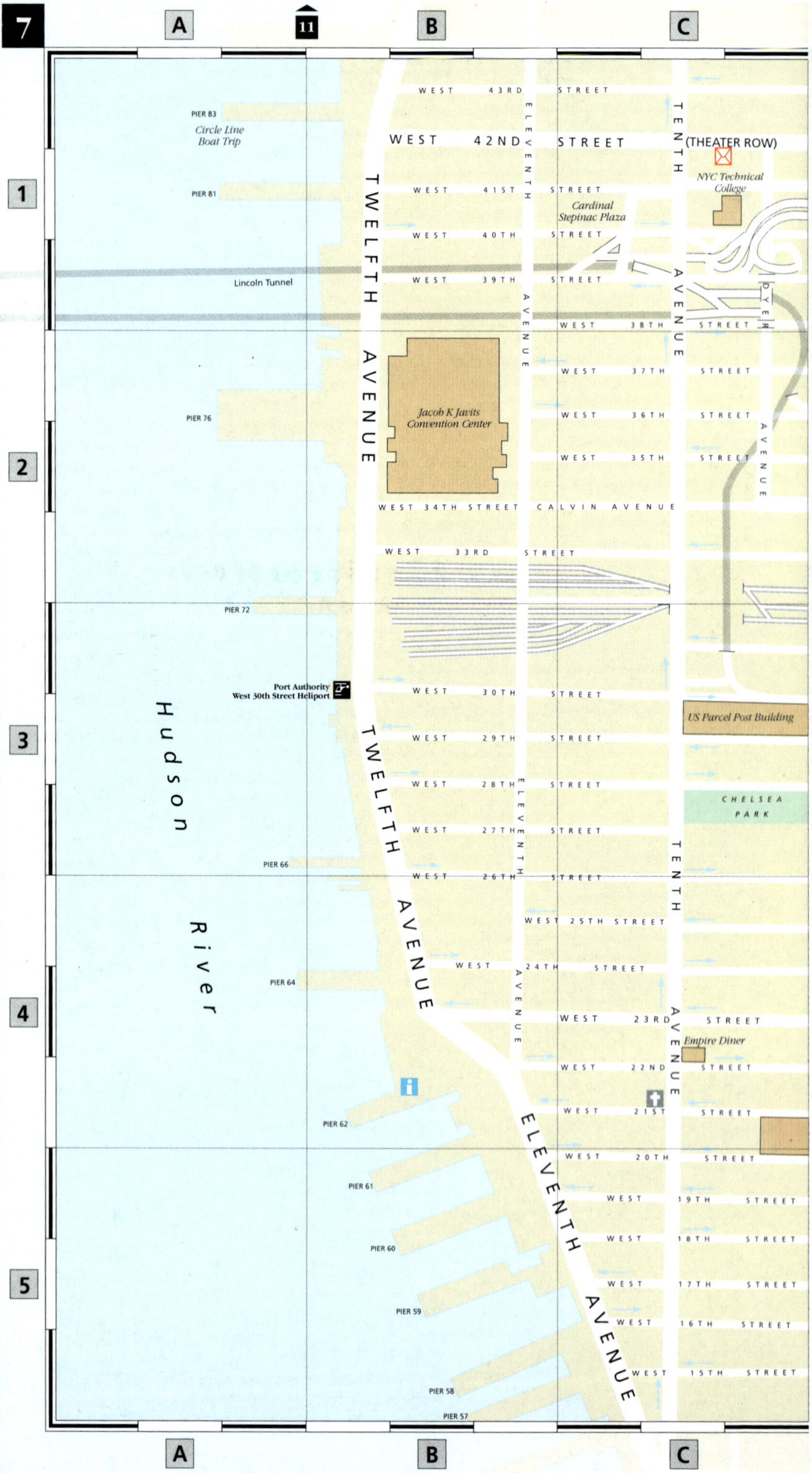
A
11
B
C
1
2
3
4
5
PIER 83
Circle Line Boat Trip
PIER 81
Lincoln Tunnel
PIER 76
PIER 72
Port Authority West 30th Street Heliport
Hudson River
PIER 66
PIER 64
PIER 62
PIER 61
PIER 60
PIER 59
PIER 58
PIER 57
WEST 43RD STREET
WEST 42ND STREET
(THEATER ROW)
NYC Technical College
WEST 41ST STREET
Cardinal Stepinac Plaza
WEST 40TH STREET
WEST 39TH STREET
WEST 38TH STREET
DYER AVENUE
WEST 37TH STREET
WEST 36TH STREET
WEST 35TH STREET
WEST 34TH STREET
CALVIN AVENUE
WEST 33RD STREET
TWELFTH AVENUE
ELEVENTH AVENUE
TENTH AVENUE
Jacob K Javits Convention Center
WEST 30TH STREET
US Parcel Post Building
WEST 29TH STREET
WEST 28TH STREET
CHELSEA PARK
WEST 27TH STREET
WEST 26TH STREET
WEST 25TH STREET
WEST 24TH STREET
WEST 23RD STREET
Empire Diner
WEST 22ND STREET
WEST 21ST STREET
WEST 20TH STREET
WEST 19TH STREET
WEST 18TH STREET
WEST 17TH STREET
WEST 16TH STREET
WEST 15TH STREET

D
E
12
F
8
Paramount Building
WEST 43RD STREET
EAST 43RD STREET
Times Square-42nd Street
Times Square-Broadway
42nd Street-Eighth Avenue
WEST 42ND STREET
TIMES SQUARE
EAST 42ND ST
Fifth Avenue-42nd Street
42nd Street-Sixth Avenue
Group Health Insurance
New Amsterdam Theater
BRYANT PARK
New York Public Library
WEST 41ST STREET
EAST 41ST STREET
Port Authority Bus Terminal
1
WEST 40TH STREET
EAST 40TH STREET
American Standard Building
WEST 39TH STREET
EAST 39TH STREET
WEST 38TH STREET
EAST 38TH STREET
9
WEST 37TH STREET
EAST 37TH STREET
WEST 36TH STREET
EAST 36TH STREET
WEST 35TH STREET
EAST 35TH STREET
2
Macy's
34th Street-Sixth Avenue
WEST 34TH STREET
HERALD SQUARE
EAST 34TH ST
34th Street Penn Street Station-Seventh Avenue
34th Street Penn Station-Eighth Avenue
Empire State Building
WEST 33RD STREET
EAST 33RD STREET
General Post Office
Madison Square Garden Center
Pennsylvania Station
WEST 32ND STREET
GREELEY SQUARE
EAST 32ND STREET
Pennsylvania Plaza
WEST 31ST STREET
EAST 31TH STREET
St John the Baptist Church
WEST 30TH STREET
EAST 30TH STREET
Marble Collegiate Reformed Church
Little Church Around the Corner
EAST 29TH STREET
WEST 29TH STREET
3
28th Street-Seventh Avenue
28th Street-Broadway
WEST 28TH STREET
EAST 28TH STREET
WEST 27TH STREET
EAST 27TH STREET
WEST 26TH STREET
WORTH SQUARE
MADISON SQUARE PLAZA
WEST 25TH STREET
MADISON SQUARE PARK
Worth Monument
WEST 24TH STREET
23rd Street
23rd Street-Broadway
4
23rd Street-Eighth Avenue
WEST 23RD STREET
EAST 23RD ST
Chelsea Hotel
Flatiron Building
WEST 22ND STREET
EAST 22ND ST
WEST 21ST STREET
EAST 21ST ST
Hugh O'Neill Dry Goods Store
General Theological Seminary
WEST 20TH STREET
EAST 20TH STREET
Chelsea Historic District
WEST 19TH STREET
EAST 19TH STREET
WEST 18TH STREET
18th Street
EAST 18TH STREET
WEST 17TH STREET
EAST 17TH STREET
5
WEST 16TH STREET
EAST 16TH STREET
Port Authority Building
WEST 15TH STREET
EAST 15TH STREET
14th Street-Eighth Avenue
Sixth Avenue
14th Street-Union Square
NINTH AVENUE
EIGHTH AVENUE
SEVENTH AVENUE (FASHION AVENUE)
BROADWAY
AVENUE OF THE AMERICAS (SIXTH AVENUE)
FIFTH AVENUE
D
E
F

9
A
13
B
C
Grand Central Terminal
Chrysler Building
United Nations Headquarters
Grand Central-42nd Street & Lexington Avenue
EAST 42ND STREET
Chanin Building
News Building
Pershing Square
Home Savings of America
Tudor City
Tudor City Place
Pierpont Morgan Library
Church of the Incarnation Episcopal
Sniffen Court
St Vartans Park
34th Street Heliport
EAST 34TH STREET
33rd Street-Park Avenue
Kips Bay Plaza
New York University Medical Center
28th Street
Bellevue Hospital
New York Life Insurance Company
Appellate Division of the Supreme Court of the State of New York
Metropolitan Life Insurance Company
23rd Street
Gramercy Park
Police Academy Museum
Theodore Roosevelt Birthplace
National Arts Club
Players
Cabrini Medical Center
Block Beautiful
Union Square
14th Street-Union Square
Stuyvesant Square
Beth Israel Medical Center
Con Edison Headquarters
Park Avenue
Park Avenue South
Lexington Avenue
Third Avenue
Second Avenue
First Avenue
Franklin D Roosevelt Drive
Irving Place
Asser Levy Place
Rutherford Place
Nathan D Perlman Place
Union Square West
Union Square East
1
2
3
4
5
8
5

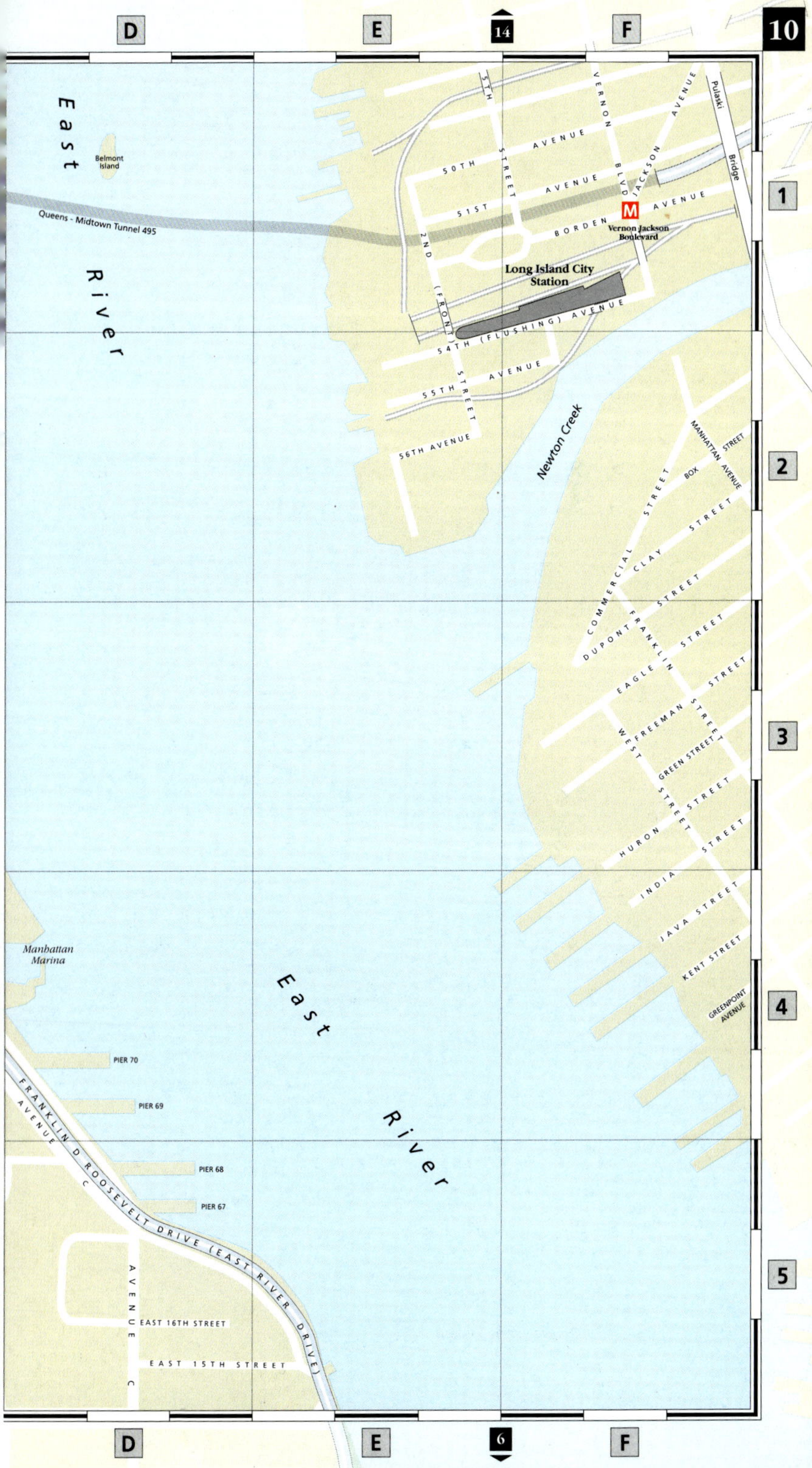
D
E
14
F
1
2
3
4
5
East River
Belmont Island
Queens - Midtown Tunnel 495
5TH STREET
VERNON BLVD
JACKSON AVENUE
Pulaski Bridge
50TH AVENUE
51ST AVENUE
BORDEN AVENUE
Vernon Jackson Boulevard
2ND (FRONT) STREET
Long Island City Station
54TH (FLUSHING) AVENUE
55TH AVENUE
56TH AVENUE
Newton Creek
MANHATTAN AVENUE
BOX STREET
COMMERCIAL STREET
CLAY STREET
DUPONT STREET
FRANKLIN STREET
EAGLE STREET
FREEMAN STREET
WEST STREET
GREEN STREET
HURON STREET
INDIA STREET
JAVA STREET
KENT STREET
GREENPOINT AVENUE
Manhattan Marina
East River
PIER 70
PIER 69
PIER 68
PIER 67
FRANKLIN D ROOSEVELT DRIVE (EAST RIVER DRIVE)
AVENUE C
EAST 16TH STREET
EAST 15TH STREET
D
E
6
F

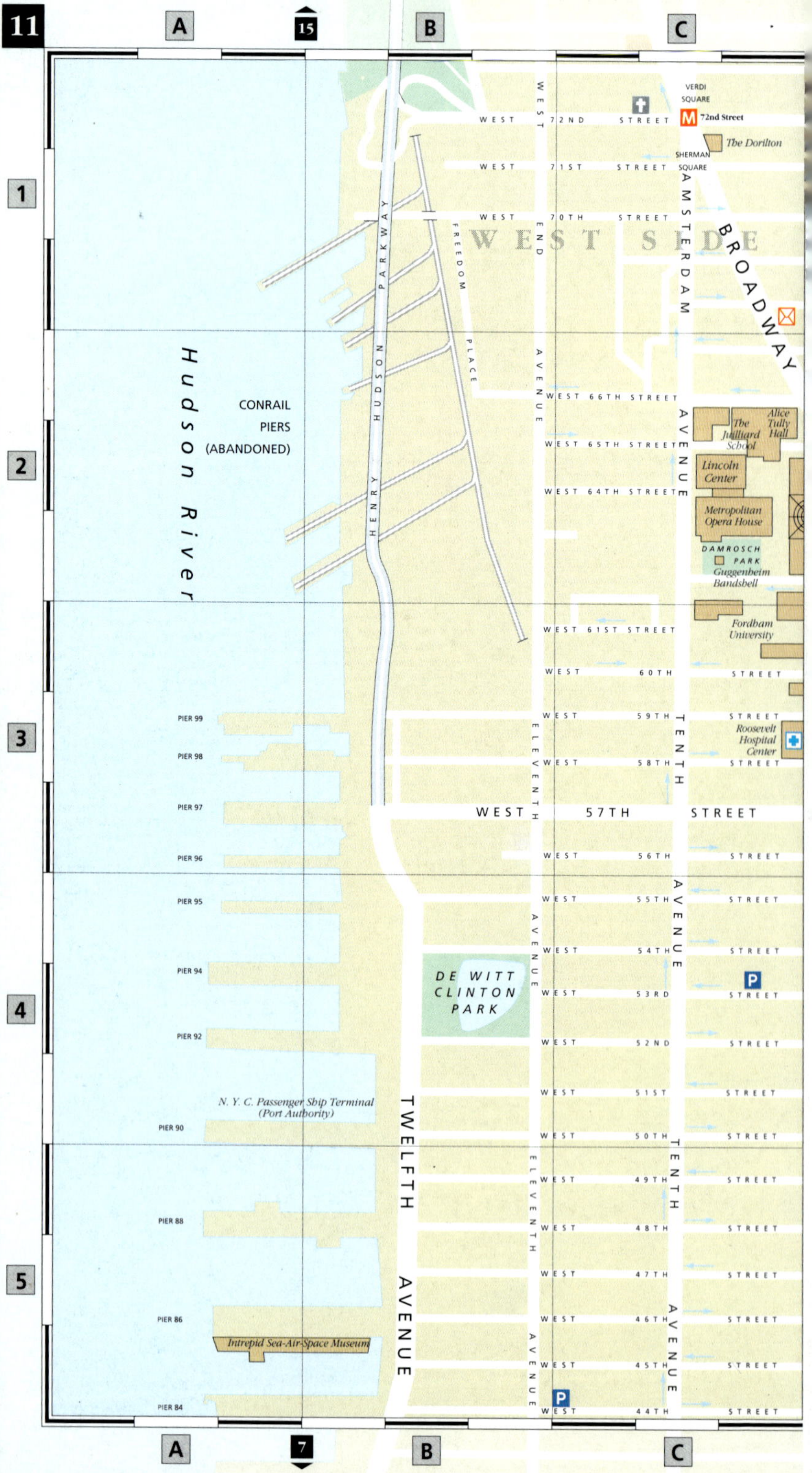
A
15
B
C
1
2
3
4
5
7
Hudson River
CONRAIL
PIERS
(ABANDONED)
HENRY HUDSON PARKWAY
FREEDOM PLACE
WEST SIDE
VERDI
SQUARE
72nd Street
The Dorilton
SHERMAN
SQUARE
BROADWAY
WEST 72ND STREET
WEST 71ST STREET
WEST 70TH STREET
WEST END AVENUE
AMSTERDAM AVENUE
WEST 66TH STREET
WEST 65TH STREET
WEST 64TH STREET
WEST 61ST STREET
WEST 60TH STREET
WEST 59TH STREET
WEST 58TH STREET
WEST 57TH STREET
WEST 56TH STREET
WEST 55TH STREET
WEST 54TH STREET
WEST 53RD STREET
WEST 52ND STREET
WEST 51ST STREET
WEST 50TH STREET
WEST 49TH STREET
WEST 48TH STREET
WEST 47TH STREET
WEST 46TH STREET
WEST 45TH STREET
WEST 44TH STREET
Alice Tully Hall
The Juilliard School
Lincoln Center
Metropolitan Opera House
DAMROSCH PARK
Guggenheim Bandshell
Fordham University
Roosevelt Hospital Center
ELEVENTH AVENUE
TENTH AVENUE
TWELFTH AVENUE
DE WITT CLINTON PARK
PIER 99
PIER 98
PIER 97
PIER 96
PIER 95
PIER 94
PIER 92
N. Y. C. Passenger Ship Terminal
(Port Authority)
PIER 90
PIER 88
PIER 86
Intrepid Sea-Air-Space Museum
PIER 84
P

D
E
16
F
CENTRAL PARK
SHEEP MEADOW
CHERRY HILL
STRAWBERRY FIELDS
Bethesda Fountain and Terrace
EAST GREEN
Bandshell
Frick Collection
The Dakota
72nd Street
Majestic Apartments
Hotel des Artistes
66th Street Lincoln Center
LINCOLN SQUARE
Museum of American Folk Art
Avery Fisher Hall
Lincoln Plaza
New York State Theater
Century Apartments
DANTE PK
WEST 62ND STREET
WEST 63RD STREET
WEST 67TH STREET
WEST 68TH STREET
WEST 69TH STREET
COLUMBUS AVENUE
CENTRAL PARK WEST
WEST DRIVE
EAST DRIVE
65TH ST TRANSVERSE ROAD
HECKSCHER PLAYGROUND
The Dairy
Wildlife Conservation Center
Wollman Rink
Children's Zoo
Temple Emanu-El
BIRD SANCTUARY
The Pond
DORIS C FREEDMAN PLAZA
Fifth Avenue (59th-60th St)
EAST 73RD STREET
EAST 72ND ST
EAST 71ST STREET
EAST 70TH STREET
EAST 69TH STREET
EAST 68TH STREET
EAST 67TH STREET
EAST 66TH STREET
EAST 65TH ST
EAST 64TH STREET
EAST 63RD STREET
EAST 62ND STREET
EAST 61ST STREET
EAST 60TH STREET
EAST 59TH STREET
EAST 58TH STREET
EAST 57TH STREET
EAST 55TH STREET
EAST 54TH STREET
EAST 53RD STREET
EAST 52ND STREET
EAST 50TH STREET
EAST 49TH STREET
EAST 48TH STREET
EAST 47TH STREET
EAST 46TH STREET
EAST 45TH STREET
EAST 44TH STREET
FIFTH AVENUE
1
2
3
4
5
13
St Paul the Apostle Church
New York Coliseum
59th Street Columbus Circle
COLUMBUS CIRCLE
CENTRAL PARK SOUTH (OLMSTED WAY)
GRAND ARMY PLAZA
Plaza Hotel
NINTH AVENUE
EIGHTH AVENUE
BROADWAY
SEVENTH AVENUE
AVENUE OF THE AMERICAS
WEST 58TH STREET
Alwyn Court Apartments
WEST 57TH STREET
57th Street
Carnegie Hall
Russian Tea Room
Trump Tower
IBM Building
WEST 56TH STREET
City Center of Music and Dance
MONY Tower
WEST 55TH STREET
WEST 54TH STREET
The Museum of Modern Art
St Thomas' Church
Seventh Avenue 53rd Street
WEST 53RD STREET
American Craft Museum
Fifth Avenue (53rd St)
W. C. HANDY'S PLACE
WEST 52ND STREET
SWING STREET
Museum of Television and Radio
Saint Patrick's Cathedral
WEST 51ST STREET
Radio City Music Hall
ROCKEFELLER PLAZA
50th Street Eighth Avenue
50th Street Broadway
WEST 50TH STREET
Rockefeller Center
WEST 49TH STREET
49th Street Seventh Avenue
47th-50th Street Rockefeller Center
WEST 48TH STREET
WEST 47TH STREET
Diamond Row
WEST 46TH STREET
DUFFY SQUARE
Lyceum Theater
Fred F French Building
WEST 45TH STREET
Shubert Theater
SHUBERT ALLEY
Algonquin Hotel
New York Yacht Club
WEST 44TH STREET
8

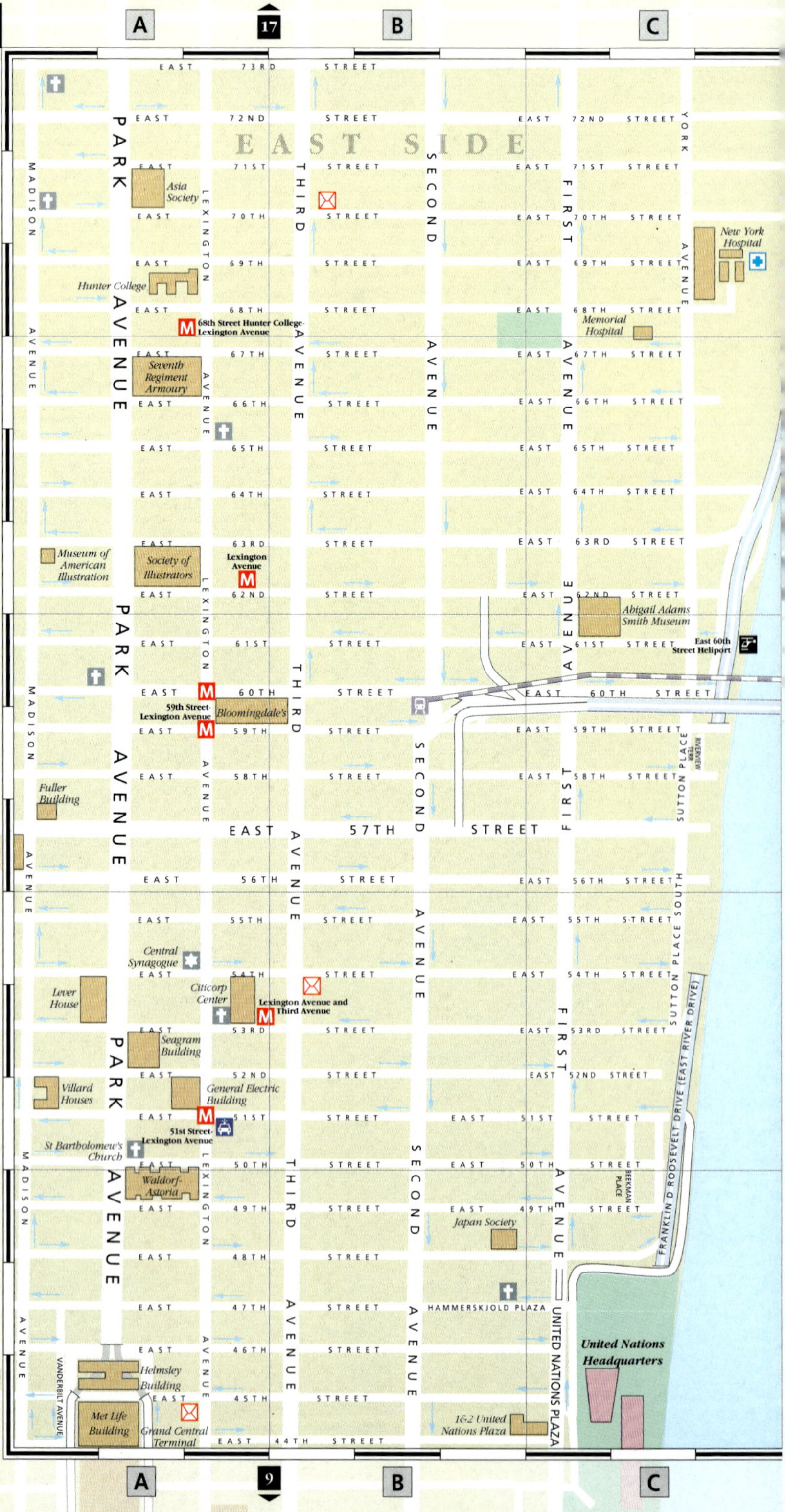
A
17
B
C
EAST SIDE
EAST 73RD STREET
EAST 72ND STREET
EAST 71ST STREET
EAST 70TH STREET
EAST 69TH STREET
EAST 68TH STREET
EAST 67TH STREET
EAST 66TH STREET
EAST 65TH STREET
EAST 64TH STREET
EAST 63RD STREET
EAST 62ND STREET
EAST 61ST STREET
EAST 60TH STREET
EAST 59TH STREET
EAST 58TH STREET
EAST 57TH STREET
EAST 56TH STREET
EAST 55TH STREET
EAST 54TH STREET
EAST 53RD STREET
EAST 52ND STREET
EAST 51ST STREET
EAST 50TH STREET
EAST 49TH STREET
EAST 48TH STREET
EAST 47TH STREET
EAST 46TH STREET
EAST 45TH STREET
EAST 44TH STREET
MADISON AVENUE
PARK AVENUE
LEXINGTON AVENUE
THIRD AVENUE
SECOND AVENUE
FIRST AVENUE
YORK AVENUE
SUTTON PLACE
SUTTON PLACE SOUTH
RIVERVIEW TERR
BEEKMAN PLACE
FRANKLIN D ROOSEVELT DRIVE (EAST RIVER DRIVE)
HAMMERSKJOLD PLAZA
UNITED NATIONS PLAZA
VANDERBILT AVENUE
Asia Society
Hunter College
68th Street Hunter College-Lexington Avenue
Seventh Regiment Armoury
Museum of American Illustration
Society of Illustrators
Lexington Avenue
59th Street-Lexington Avenue
Bloomingdale's
Fuller Building
Central Synagogue
Lever House
Citicorp Center
Lexington Avenue and Third Avenue
Seagram Building
Villard Houses
General Electric Building
51st Street-Lexington Avenue
St Bartholomew's Church
Waldorf-Astoria
Helmsley Building
Met Life Building
Grand Central Terminal
New York Hospital
Memorial Hospital
Abigail Adams Smith Museum
East 60th Street Heliport
Japan Society
1&2 United Nations Plaza
United Nations Headquarters
1
2
3
4
5
12
12
9

D
E
18
F
1
2
3
4
5
10
FRANKLIN D ROOSEVELT DRIVE (EAST RIVER DRIVE)
BLACKWELL PARK
Roosevelt Island Bridge
West Channel
East Channel
MAIN STREET
ROOSEVELT ISLAND
AERIAL TRAMWAY
Queensboro Bridge
WEST ROAD
EAST ROAD
LONG ISLAND CITY
QUEENS COUNTY
VERNON BOULEVARD
36TH AVENUE
37TH AVENUE
38TH AVENUE
40TH AVENUE
41ST AVENUE
41ST ROAD
9TH STREET
10TH STREET
11TH STREET
12TH STREET
13TH STREET
QUEENSBRIDGE PARK
QUEENS PLAZA NORTH
QUEENS PLAZA SOUTH
43RD AVENUE
43RD ROAD
21ST STREET
44TH AVENUE
44TH ROAD
44th Drive
44TH DRIVE
45TH AVENUE
45TH ROAD
46TH AVENUE
46TH ROAD
47TH AVENUE
47TH ROAD
48TH AVENUE
5TH STREET
11TH STREET
JACKSON AVENUE

A
20
B
C
1
2
3
4
5
Hudson River
RIVERSIDE PARK
JOAN OF ARC PARK
RIVERSIDE PARK
HENRY HUDSON PARKWAY 9A
RIVERSIDE DRIVE EAST
RIVERSIDE DRIVE WEST
RIVERSIDE DRIVE
WEST END AVENUE
POMANDER WALK
BROADWAY
AMSTERDAM AVENUE
WEST 102ND STREET
WEST 101ST STREET
WEST 100TH STREET
WEST 99TH STREET
WEST 98TH STREET
WEST 97TH STREET
WEST 96TH STREET
96th Street
WEST 95TH STREET
WEST 94TH STREET
WEST 93RD STREET
WEST 92ND STREET
WEST 91ST STREET
WEST 90TH STREET
WEST 89TH STREET
WEST 88TH STREET
WEST 87TH STREET
Jewish Center
WEST 86TH STREET
86th Street
WEST 85TH STREET
Children's Museum of Manhattan
EDGAR ALLAN POE STREET
WEST 83RD STREET
WEST 82ND STREET
WEST 81ST STREET
WEST 80TH STREET
79th Street
WEST 79TH STREET
Boat Basin
WEST 78TH STREET
WEST 77TH STREET
WEST 76TH STREET
WEST 75TH STREET
WEST 74TH STREET
Ansonia Hotel
11

D
E
21
F
The Pool
NORTH MEADOW
BALL FIELD
WEST DRIVE
EAST DRIVE
EAST MEADOW
WEST 101ST STREET
EAST 101ST ST
WEST 100TH STREET
CENTRAL PARK WEST
COLUMBUS AVENUE
Mount Sinai Medical Center
1
EAST 98TH ST
St Nicholas Russian Orthodox Cathedral
WEST 97TH STREET
97TH STREET TRANSVERSE ROAD
EAST 97TH ST
17
WEST 96TH STREET
96th Street
CENTRAL
EAST 96TH ST
SOUTH MEADOW TENNIS COURTS
WEST 95TH STREET
EAST 95TH ST
International Center of Photography
WEST 94TH STREET
EAST 94TH ST
FIFTH AVENUE (MUSEUM MILE)
2
WEST 93RD STREET
EAST 93RD ST
Jewish Museum
WEST 92ND STREET
EAST 92ND ST
Cooper-Hewitt Museum
WEST 91ST STREET
Reservoir
Eldorado Apartments
(HENRY J BROWNE BOULEVARD)
EAST 90TH ST
National Academy of Design
WEST 89TH STREET
Solomon R Guggenheim Museum
WEST 88TH STREET
EAST 88TH ST
3
WEST 87TH STREET
EAST 87TH ST
WEST 86TH STREET
86th Street
86TH STREET TRANSVERSE ROAD
EAST 86TH ST
WEST 85TH STREET
PARK
EAST 85TH ST
WEST 84TH STREET
EAST 84TH ST
WEST 83RD STREET
THE GREAT LAWN
EAST 83RD ST
WEST 82ND STREET
Metropolitan Museum of Art
EAST 82ND ST
4
WEST 81ST STREET
81st Street Museum of Natural History
EAST 81ST ST
Hayden Planetarium
SHAKESPEARE GARDEN
Delacorte Theater
Belvedere Lake
Belvedere Castle
EAST 80TH ST
79TH STREET TRANSVERSE ROAD
EAST 79TH ST
17
American Museum of Natural History
EAST 78TH ST
WEST 77TH STREET
EAST 77TH ST
New York Historical Society
WEST 76TH STREET
EAST 76TH ST
5
Alice in Wonderland
WEST 75TH STREET
THE RAMBLE
EAST 75TH ST
Boat House
San Remo Apartments
The Lake
WEST 74TH STREET
Conservatory Water
EAST 74TH ST
Bow Bridge
D
E
12
F

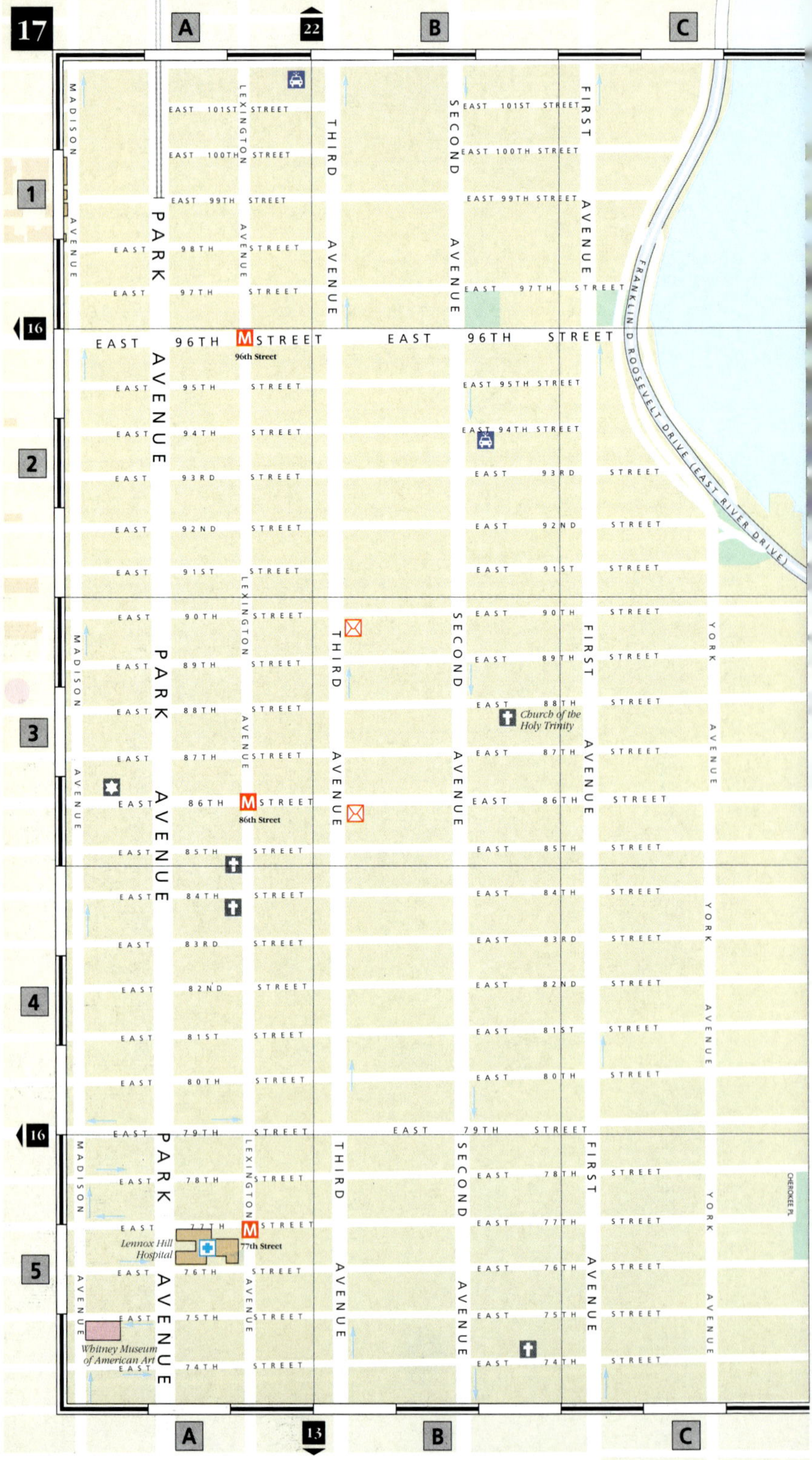

17
A
22
B
C
1
2
3
4
5
16
16
13
A
B
C
MADISON AVENUE
PARK AVENUE
LEXINGTON AVENUE
THIRD AVENUE
SECOND AVENUE
FIRST AVENUE
YORK AVENUE
EAST 101ST STREET
EAST 100TH STREET
EAST 99TH STREET
EAST 98TH STREET
EAST 97TH STREET
EAST 96TH STREET
96th Street
EAST 95TH STREET
EAST 94TH STREET
EAST 93RD STREET
EAST 92ND STREET
EAST 91ST STREET
EAST 90TH STREET
EAST 89TH STREET
EAST 88TH STREET
Church of the Holy Trinity
EAST 87TH STREET
EAST 86TH STREET
86th Street
EAST 85TH STREET
EAST 84TH STREET
EAST 83RD STREET
EAST 82ND STREET
EAST 81ST STREET
EAST 80TH STREET
EAST 79TH STREET
EAST 78TH STREET
EAST 77TH STREET
77th Street
Lennox Hill Hospital
EAST 76TH STREET
EAST 75TH STREET
Whitney Museum of American Art
EAST 74TH STREET
FRANKLIN D ROOSEVELT DRIVE (EAST RIVER DRIVE)
CHEROKEE PL
M

D
E
F
1
2
3
4
5
Harlem River
East River
Hell Gate
Triborough Bridge
SHORE BOULEVARD
ASTORIA PK SOUTH
Pot Cove
MILL ROCK PARK
26TH AVENUE
27TH AVENUE
28TH AVENUE
1ST STREET
2ND STREET
3RD STREET
4TH STREET
8TH STREET
9TH STREET
12TH STREET
14TH STREET
ASTORIA BOULEVARD
MAIN AVENUE
30TH AVENUE
WELLING STREET
VERNON BOULEVARD
30TH ROAD
30TH DRIVE
31ST AVENUE
Hallets Cove
EAST END AVENUE
HENDERSON PL
Gracie Mansion
CARL SCHURZ PARK
GRACIE SQ
GRACIE TERRACE
LIGHTHOUSE PARK
ROOSEVELT ISLAND
FRANKLIN D ROOSEVELT DRIVE (EAST RIVER DRIVE)
West Channel
East Channel
MAIN STREET
JOHN JAY PARK
31ST DRIVE
BROADWAY
33RD AVENUE
33RD ROAD
13TH STREET
RAINEY PARK
34TH AVENUE
9TH STREET
10TH STREET
11TH STREET
12TH STREET
35TH AVENUE
BLACKWELL PARK
D
E
14
F

A
B
C
1
2
3
4
5
145th Street
145th Street
135th Street
135th Street
Jackie Robinson Park
West 145th Street
West 144th Street
West 143rd Street
West 142nd Street
West 141st Street
West 140th Street
West 139th St
West 139th Street
West 138th Street
West 137th Street
West 136th St
West 136th Street
West 135th Street
West 134th Street
West 133rd Street
West 132nd Street
West 131st Street
Amsterdam Avenue
Convent Avenue
Hamilton Place
Hamilton Terrace
Edgecombe Avenue
Bradhurst Avenue
St Nicholas Terrace
Saint Nicholas Avenue
Frederick Douglas Boulevard (Eight Avenue)
Adam Clayton Powell Jr Boulevard (Seventh Avenue)
Lenox Avenue
Aunt Len's Toy and Doll Museum
Hamilton Grange National Monument
Hamilton Heights
City College of the University of NY
St Nicholas Park
St Nicholas Historic District
Abyssian Baptist Church
Schomberg Center for Research in Black Culture
Harlem YMCA
Hudson River
21

D
E
F
1
2
3
4
5
21
15
WEST 130TH STREET
TWELFTH AVE
WEST 125TH STREET
(MARTIN LUTHER KING, JR BOULEVARD)
ST CLAIR PLACE
125th Street
OLD BROADWAY
WEST 126TH STREET
WEST 129TH STREET
CONVENT HILL
CONVENT AVENUE
WEST 128TH STREET
WEST 127TH STREET
ST NICHOLAS TERRACE
ST NICHOLAS AVENUE
TIEMANN PLACE
RIVERSIDE DRIVE EAST
RIVERSIDE DRIVE WEST
CLAREMONT AVENUE
BROADWAY
AMSTERDAM AVENUE
WEST 126TH STREET
ROOSEVELT SQUARE
WEST 125TH STREET
125th Street
HANCOCK PLACE
HANCOCK SQUARE
LA SALLE STREET
HENRY HUDSON PARKWAY 9A
Grant's Tomb
WEST 123RD STREET
Jewish Theological Seminary
WEST 122ND STREET
MANHATTAN AVENUE
Riverside Church
WEST 121ND STREET
WEST 121ST STREET
Teachers' College, Columbia University
MORNINGSIDE PARK
MORNINGSIDE AVENUE
RIVERSIDE PARK
RIVERSIDE DRIVE
REINHOLD NIEBUHR PLACE
WEST 120TH STREET
W 119TH ST
WEST 119TH STREET
Pedestrian Bridge
WEST 118TH STREET
St Paul's Chapel
Low Library
WEST 117TH STREET
MORNINGSIDE DRIVE
Columbia University
116th Street Columbia University
A H Sulzberger Plaza
WEST 116TH STREET
W 115TH ST
WEST 115TH STREET
Butler Library
WEST 114TH STREET
St Luke's Hospital Center
WEST 113TH STREET
WEST 112TH STREET
Cathedral of St John the Divine
WEST 111TH STREET
110th Street-Cathedral Parkway
CATHEDRAL PARKWAY
WEST 109TH STREET
WEST 108TH STREET
COLUMBUS AVENUE
WEST 107TH STREET
STRAUS PARK
WEST END AVENUE
WEST 106TH STREET (DUKE ELLINGTON BOULEVARD)
WEST 105TH STREET
WEST 104TH STREET
WEST 103RD STREET
103rd Street

A
B
C
1
2
3
4
5
20
16
FREDERICK DOUGLASS AVENUE (EIGHTH AVENUE)
ADAM CLAYTON POWELL, JR BOULEVARD (SEVENTH AVENUE)
LENOX AVENUE
MALCOLM X BOULEVARD
FIFTH AVENUE
MADISON AVENUE
PARK AVENUE
MOUNT MORRIS PARK WEST
ST NICHOLAS AVENUE
WEST 130TH STREET
WEST 129TH STREET
WEST 128TH STREET
WEST 127TH STREET
WEST 126TH STREET
WEST 124TH STREET
WEST 123RD STREET
WEST 122ND STREET
WEST 121ST STREET
WEST 120TH STREET
WEST 119TH STREET
WEST 118TH STREET
WEST 117TH STREET
WEST 116TH STREET
WEST 115TH STREET
WEST 114TH STREET
WEST 113TH STREET
WEST 112TH STREET
WEST 111TH STREET
EAST 130TH STREET
EAST 129TH STREET
EAST 128TH STREET
LANGSTON HUGHES PL
EAST 125TH STREET
EAST 124TH STREET
EAST 123RD STREET
EAST 122ND STREET
EAST 121ST STREET
EAST 120TH STREET
EAST 119TH STREET
EAST 118TH STREET
EAST 117TH STREET
EAST 116TH STREET
EAST 115TH STREET
EAST 112TH STREET
EAST 111TH STREET
EAST 110TH STREET
EAST 109TH STREET
EAST 108TH STREET
EAST 107TH STREET
EAST 106TH STREET
EAST 105TH STREET
EAST 104TH STREET
EAST 103RD STREET
Sylvia's
Apollo Theater
125th Street
AFRICAN SQUARE
Studio Museum of Harlem
North General Hospital
MARCUS GARVEY PARK
Mount Morris Historic District
PHILLIP RANDOLPH SQUARE
116th Street
FREDERICK DOUGLASS CIRCLE
CENTRAL PARK NORTH
FRAWLEY CIRCLE
110th Street Cathedral Parkway
Central Park North 110th Street
Boathouse
Harlem Meer
Lasker Rink and Pool
CENTRAL PARK
THE GREAT HILL
WEST DRIVE
EAST DRIVE
The Loch
Conservatory Garden
Museo del Barrio
Museum of the City of New York
CENTRAL PARK WEST

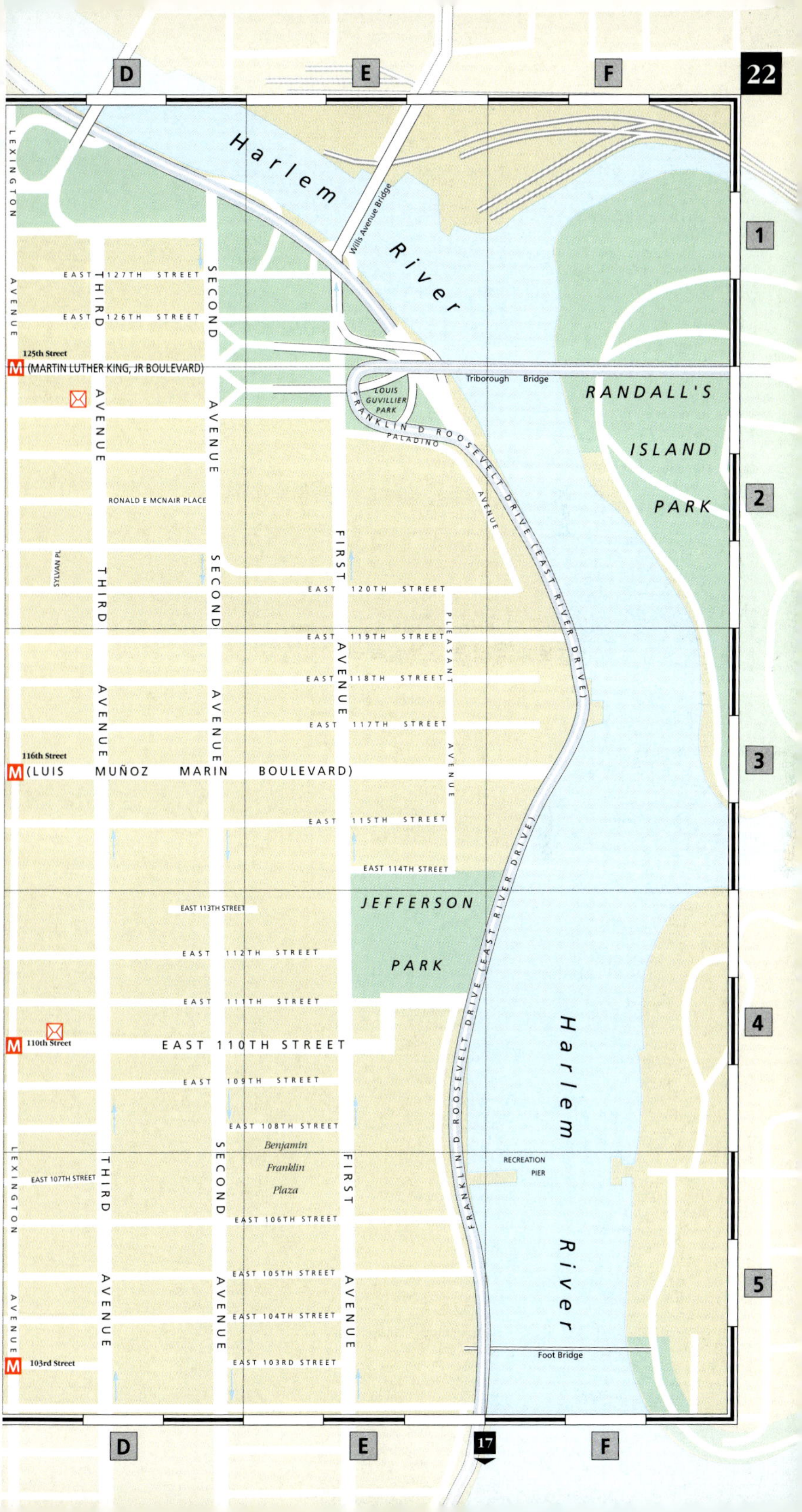
D
E
F
1
2
3
4
5
Harlem River
Wills Avenue Bridge
LEXINGTON AVENUE
THIRD AVENUE
SECOND AVENUE
FIRST AVENUE
EAST 127TH STREET
EAST 126TH STREET
125th Street
(MARTIN LUTHER KING, JR BOULEVARD)
Triborough Bridge
RANDALL'S ISLAND PARK
LOUIS GUVILLIER PARK
FRANKLIN D ROOSEVELT DRIVE (EAST RIVER DRIVE)
PALADINO AVENUE
RONALD E MCNAIR PLACE
SYLVAN PL
EAST 120TH STREET
EAST 119TH STREET
EAST 118TH STREET
EAST 117TH STREET
PLEASANT AVENUE
116th Street
(LUIS MUÑOZ MARIN BOULEVARD)
EAST 115TH STREET
EAST 114TH STREET
JEFFERSON PARK
EAST 113TH STREET
EAST 112TH STREET
EAST 111TH STREET
110th Street
EAST 110TH STREET
EAST 109TH STREET
EAST 108TH STREET
Benjamin Franklin Plaza
EAST 107TH STREET
EAST 106TH STREET
EAST 105TH STREET
EAST 104TH STREET
103rd Street
EAST 103RD STREET
RECREATION PIER
Foot Bridge
17

# Index

## A

## B

# C

# D

## G

# I



# J

# Remerciements


L'éditeur remercie les organismes, les institutions et les particuliers suivants dont la contribution a permis la préparation de cet ouvrage.

**AUTEUR**
Habitant New York, Eleanor Berman est l'auteur de nombreux guides de voyage. Son ouvrage *Away for the Weekend : New York* est un best-seller depuis 1982.
Parmi ses autres guides, citons, dans la collection *Away for the Weekend : Mid-Atlantic*, *New England* et *Northern California ;* aussi les ouvrages *Travelling on Your Own* et *Reflections of Washington D.C.*

**COLLABORATEURS**
Michelle Menendez, Lucy O'Brien, Heidi Rosenau, Elyse Topalian, Sally Williams.

L'éditeur exprime également sa reconnaissance aux documentalistes et chercheurs de Websters International Publishers : Sandy Carr, Matthew Barrell, Sara Harper, Miriam Lloyd, Ava-Lee Tanner, Celia Woolfrey.

**PHOTOGRAPHIE D'APPOINT**
Edward Heuber, Eliot Kaufman, Karen Kent, Norman McGrath, Howard Millard, Paul Solomon, Chuck Spang, Chris Stevens.

**ILLUSTRATION D'APPOINT**
Steve Gyapay, Kevin Jones, Dinwiddie MacLaren, Janos Marffy, Chris D Orr, Nick Shewring, John Woodcock.

**CARTOGRAPHIE**
Cartographie dessinée (Cheshire), Contour Publishing (Derby), Europmap Ltd (Berkshire). Plan de l'atlas des rues : ERA-Maptec Ltd (Dublin) adapté à partir des cartes originales Shobunsha (Japan), avec leur autorisation.

**RECHERCHE CARTOGRAPHIQUE**
Roger Bullen, Tony Chambers, Ruth Duxbury, Ailsa Heritage, Jayne Parsons, Laura Porter, Donna Rispoli, Joan Russell, Jill Tinsley, Andrew Thompson.

**COLLABORATION ARTISTIQUE ET ÉDITORIALE**
Keith Addison, Ron Boudreau, Linda Cabasin, Carey Combe, Maggie Crowley, Guy Dimond, Simon Farbrother, Tom Fraser, Alex Gray, Emily Green, Marcus Hardy, Sasha Heseltine, Pippa Hurst, Kim Inglis, Jeanette Leung, Helen Partington, Leigh Priest, Nicki Rawson, Marisa Renzullo, Ellen Root, Liz Rowe, Anaïs Scott, Anna Streiffert, Clare Sullivan, Andrew Szudek.

**AVEC LE CONCOURS DE :**
Beyer Blinder Belle, John Beatty du Cotton Club, Peter Casey de la New York Public Library, Nicky Clifford, Linda Corcoran de l'International Wildlife Conservation Park, Susan Ely de la Morgan Library, Jane Fischer, Deborah Gaines du New York Convention and Visitors Bureau, Dawn Geigerich du Queens Museum of Art, Peggy Harrington de St John the Divine, Pamela Herrick de la Van Cortlandt House, Marguerite Lavin du Museum of the City of New York, Gary Miller du New York Stock Exchange, Fred Olsson de la Shubert Organization, Dominique Palermo de la Police Academy Museum, Royal Canadian Pancake House, Lydia Ruth de l'Empire State Building, David Schwartz de l'American Museum of the Moving Image, Joy Sienkiewicz de South Street Seaport Museum, Pam Snook du New York City Transit Authority, staff du Lower East Side Tenement Museum, Mgr Anthony Dalla Valla de St Patrick's Cathedral.

**ASSISTANCE RECHERCHE**
Christa Griffin, Steve McClure, Sabra Moore, Jeff Mulligan, Marc Svensson, Vicky Weiner, Steven Weinstein.

**RÉFÉRENCES PHOTOGRAPHIQUES**
Duncan Petersen Publishers Ltd.

**CRÉDITS PHOTOGRAPHIQUES**
L'éditeur remercie les responsables d'institutions qui ont autorisé la prise de vues dans leur établissement :
American Craft Museum, American Museum of Natural History, Aunt Len's Doll and Toy Museum, Balducci's, Home Savings of America, Brooklyn Children's Museum, The Cloisters, Columbia University, Eldridge Street Project, Federal Hall, Rockefeller Group, Trump Tower.

h = haut ; hg = en haut à gauche ; hc = en haut au centre ; hd = en haut à droite ; chg = centre haut à gauche ; ch = centre haut ; chd = centre haut à droite ; cg = centre gauche ; c = centre ; cd = centre droit ; cbg ; centre bas à droite ; bg = bas à gauche ; b = bas ; bc = bas au centre ; bd = bas à droite.

# Le métro de Manhattan

## Comment utiliser ce plan

Les transports en commun fonctionnent 24 heures sur 24, mais cela ne concerne pas toutes les lignes. Les lettres ou numéros de lignes situés sur cette carte sous le nom des stations indiquent les horaires standard d'ouverture (de 6h à minuit). Une lettre ou un numéro en **gras** signifie que toutes les rames s'arrêtent à cette station entre 6h et minuit. Une lettre ou un numéro normal signifie que la ligne ne fonctionne pas en permanence ou que certains trains ne s'arrêtent pas à la station. Ce plan détaille uniquement le réseau de métro de Manhattan. Vous pourrez vous procurer une carte complète du métro new-yorkais dans chaque station. Une grande carte est également consultable dans chaque station près du guichet. Pour toutes vos questions, appelez le NYCTA Travel Information Center au (718) 330-1234, chaque jour de 6h à 21h.

Pour chaque site, dans ce guide, la station de métro la plus proche est indiquée. Pour plus de détails, voir p. 374-375.

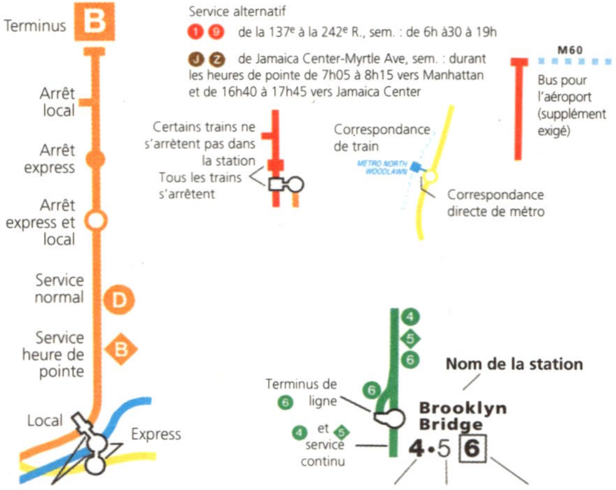

Avec la permission de ELLSWORTH KELLY : 35cd.

Avec la permission de E JAN NADELMAN : 199bd.

Imprimé avec la permission de la NORMAN ROCKWELL FAMILY TRUST © 1961 the Norman Rockwell Family Trust : 161bd.

© 1993 THE ANDY WARHOL FOUNDATION FOR THE VISUAL ARTS, INC : 198cgh.

© THE WHITNEY MUSEUM OF AMERICAN ART, NY : 35br (*The Brooklyn Bridge : Variation On An Old Theme*, 1939, par Joseph Stella), 198bg.

L'éditeur remercie les particuliers, les organismes ou les agences de photos qui l'ont autorisé à reproduire leurs clichés :

ALGONQUIN HOTEL, NY : 272bg ; AQUARIUS, UK : 169c ; AMERICAN MUSEUM-HAYDEN PLANET-ARIUM, NY : 216hg ; AMERICAN MUSEUM OF THE MOVING IMAGE : Carson Collection © Bruce Polin 246hg ; AMERICAN MUSEUM OF NATURAL HISTORY, NY : 37bg, 214ch ; ASHMOLEAN MUSEUM, Oxford : 15hc, 16c ; THE ASIA SOCIETY, NY : 185cg ; AVERY ARCHITECTURAL ET FINE ART LIBRARY, Columbia University in the City of New York : 135cg ; AVERY FISHER HALL : © N McGrath 1976 331hd.

© THE GEORGE BALANCHINE TRUST : *Apollo*, choreography de George Balanchine, photo de P Kolnik 5hc ; *Stravinsky Violin Concerto*, choreography de George Balanchine, photo de P Kolnik 328hc ; George Balanchine's *The Nutcracker*, SM, photo de P Kolnik 331cb ; THE BETTMANN ARCHIVE, NY : 4bd, 16bcg, 17cgh, 17cd, 17bg, 18cg, 20cbd, 20bg, 20-21, 23bd, 25cdh, 26cgh, 26cdh, 26cbd, 26bd, 30cgh, 31hg, 40hg, 43cbg, 47cd, 47bc, 49c, 54bc, 71hg, 74cg, 79cd, 79bd, 109bg, 175cgh, 183bd, 207h, 210cgh, 223cd, 229h, 239hd, 265hd ; BETTMANN NEWS-PHOTOS/REUTERS : 31hd ; BETTMANN/UPI : 27cdh, 27bc, 28bcd, 29bd, 30cdh, 30bg, 30bd, 31ch, 44cg, 47cdh, 48cg, 49bg, 72ch, 72c, 78cg, 151c, 161c, 264bd, 265cd ; BLOOMINGDALE'S : 27cbd ; BFI : courtesy of Paramount Pictures 46b ; © Roy Export Company Establish-ment 173hd ; THE BRITISH LIBRARY, London : 14 ; BROOKLYN HISTORICAL SOCIETY : (détail) 89hg ; THE BROOKLYN MUSEUM : 34cdb (*Climbing Into The Promised Land*, 1908, photo de Lewis Wick Hine), 36cg, 37c, 248cdh, 248bg, 249h, 249cdh, 249c, 249bg, 250h, 250bd, 251cd, 251bg ; la Cantor Collection 251cg ; photo de J Kerr 248c, 250bg ; photo de P Warchol : 249cd ; BROWN BROTHERS : 67bd, 71bg, 82cdh, 90h, 104bd.

CAMERA PRESS : 28cbd, 28bg, 31cb, 125cd ; R Open 48hd ; T Spencer 30cb ; THE CARLYLE HOTEL, NY : 273hd, 328bc ; CARNEGIE HALL : © H. Grossman 331bd ; J ALLAN CASH : 31bg, 362cd ; CATHEDRAL OF ST JOHN THE DIVINE : Greg Wyatt 1985, 225 hg ; CBS ; ENTERTAINMENT/DESILU TOO : « Vacation from Marriage » 169bd ; CHELSEA PIERS : Fred George 31 bg ; COLORIFIC ! : A Clifton 373cg ; Colorific/Black Star 47hg, 79cdh ; T Cowell 221cd ; R Fraser 74h ; H Matsumoto 368cd, 371hd ; D Moore 29bg ; T Spiegel 13cd, 349hg ; CORBIS UK : Gail Mooney 205 b CULVER PICTURES, INC : (insert) 9, 17cdb, 18cbg, 19bg, 21hg, 21bd, 24hg, 24cg, 27cb, 27bg, 46hd, 47cb, 48bd, 49hd, 74bg, 75cd, 75cb, 76hg, 78cdb, 83c, 83cdb, 119bg, 122hc, 125bg, 135cd, 145c, 147cg, 227h, 227bc, 227cd, 257bg, 259cdb.

DAILY EAGLE : (détail) 89cg ; DAILY NEWS : 354hg, 354hd.

ESSEX HOUSE, NY : 268cd ; COLLECTION THE EQUITABLE LIFE ASSURANCE SOCIETY : Photo de G Gorgoni 140hd ; ESTO : P Aaron 330bg ; MARY EVANS PICTURE LIBRARY : 22bd, 46cgb, 47bd, 87bd, 104bg.

CHRIS FAIRCLOUGH COLOUR LIBRARY : 369bcg ; THE FORBES MAGAZINE COLLECTION, NY : 112hg ; FOUR SEASONS HOTEL : Peter Vitale 273 cd ; FRAUNCES TAVERN MUSEUM, NY : 20cgh ; Copyright THE FRICK COLLECTION, NY : 35bg (*Saint François dans le Désert* par Giovanni Bellini), 200ch, 200cg, 200cgb, 200b, 201hg, 201ch, 201cd, 201bc, 201bd.

GARRARD THE CROWN JEWELLERS : 143c ; THE SOLOMON GUGGENHEIM MUSEUM, NY : *Blue, Green, Yellow, Orange, Red*, 1966, par Ellsworth Kelly, photo de D Aronowitz 35cd ; photo de D Heald 186tg, 186bg, 186bc, 186bd, 187h, 187cdh, 187cdb, 187bg.

ROBERT HARDING PICTURE LIBRARY : 362hc, 362bg ; HARPERS NEW MONTHLY MAGAZINE : 87hg ; HARPERS WEEKLY : 351c ; MILTON HEBALD : *Prospero and Miranda* 203h, *Romeo and Juliet* 331cd ; THE HOTEL MILLENIUM, NY : 269hg.

THE IMAGE BANK : 89bd ; M Hilaire 75h ; P McConville 377c ; M Melford 10h, 377bd ; P Miller 367hd ; A Satterwhite 75bd.

THE JEWISH MUSEUM, NY : 182hd, 184c.

Copyright © 1993 K-III MAGAZINE CORPORATION : Tous droits réservés ; reproduit avec la permission de *New York Magazine* 352hd ; T KHAPA : 252bc ; THE KOBAL COLLECTION : 211hc.

FRANK LESLIE'S ILLUSTRATED NEWSPAPER : 86bd, 87hd, 267c ; LIBRARY OF CONGRESS : 18bc, 21cgh, 25bg, 25bd ; LIFE MAGAZINE © Time Warner Inc/Katz/A Feininger : 8-9 ; GEORG JOHN LOBER : *Hans Christian Anderson*, 1956, 204bd ; THE LOWELL HOTEL, NY : 273cg ; MARY ANN LYNCH : 310bc, 356cg. MADISON SQUARE GARDEN : 132d, 330cd ;